Orbis

Gerhard Hellwig/Gerhard Linne

Daten der Weltgeschichte

Von der Altsteinzeit bis heute

Orbis Verlag

Redaktion und Bearbeitung: Dr. Renate Zeltner

Sonderausgabe 1991 Orbis Verlag für Publizistik GmbH, München

Geamtherstellung Mohndruck Graphische Betriebe GmbH, Gütersloh
Printed in Germany · ISBN 3-572-00990-1

Inhaltsverzeichnis

Verzeichnis der Sonderübersichten

Vorwort

Geschichte – das ist im Bewußtsein vieler eine Reihe von Ereignissen, die sich im zeitlichen Nacheinander seit Jahrtausenden vollziehen, und die für uns „nur“ noch historische Bedeutung haben. Wer macht sich schon klar, daß Geschichte bis in die jüngste Gegenwart, bis in die Tagespolitik von gestern und heute reicht?

Geschichte – das ist für manchen die Erinnerung an den Geschichtsunterricht, an das Einpauken von Zahlen und Daten, mit denen sich hier und da noch historische Ereignisse verbinden. Wer erkennt aber Zusammenhänge zwischen geschichtlichen Begebenheiten, wer denkt an ihre Ursachen und Wirkungen?

Geschichte – das ist für viele, die ihr einen gewissen Reiz abgewinnen, vor allem die Geschichte, die Menschen respektive Männer gemacht haben. In einem solchen Geschichtsbild gibt in einer langen Reihe positiver und negativer Helden einer dem anderen das Zepter in die Hand.

Geschichte – das ist schließlich für einen Großteil unserer Zeitgenossen deutsche Geschichte oder europäische Geschichte oder bei „fortgeschrittener“ Bildung Geschichte des Abendlands. Was den „Rest“ der Welt und seine Geschichte angeht, so liegt er entweder im Dunkeln oder belebt sich erst mit dem Beginn der Kolonisation der ganzen Welt durch die Europäer. Noch die Geschichtsschreiber des 19. Jahrhunderts – z. B. Leopold von Ranke – empfanden Weltgeschichte als Geschichte der antiken und der christlichen Welt.

In diesem Band aber wird dem Leser eine *Weltgeschichte in Daten* vorgelegt, die keine „Geschichte des Abendlandes unter gelegentlicher Berücksichtigung der übrigen Welt“ ist. Diese Datensammlung beginnt bei den Anfängen der Menschheitsgeschichte, soweit sie für uns reproduzierbar ist, und endet mit den Ereignissen, die die Welt im Jahre 1987 bewegen. Sie macht durch die Einteilung in vier bzw. fünf Spalten auf jeder Doppelseite die Gleichzeitigkeit von historischen Abläufen auf der ganzen Welt deutlich. Sie informiert oder erinnert daran, daß Jahrtausende lang nicht Europa Herz und Mittelpunkt der Welt war, sondern der Vordere Orient, Ostasien, der Mittlere Osten; Regionen, die blühende Hochkulturen hervorbrachten, als unser Kontinent noch fast ein weißer Fleck auf der Landkarte war. Der Leser erfährt auf einen Blick, was sich im Jahre 500 v. Chr. in Griechenland und Ägypten, in Indien, China und Europa ereignete oder was die Welt 1940 in Atem hielt. Geschehnisse im Raum Australien/Südsee sind in der Asien-Spalte zu finden.

Ereignisse und Daten der Weltgeschichte können natürlich im Rahmen eines Bandes nicht vollständig, die Auskünfte nicht erschöpfend sein.

Die Autoren – *Gerhard Hellwig* zuständig für die deutsche Geschichte, *Dr. Gerhard Linne* (†) verantwortlich für die weltgeschichtlichen Daten – hatten hier eine Auswahl zu treffen, die in manchen Fällen aus Platzgründen noch weiter eingeschränkt werden mußte, um die vorgegebene Form des Buches nicht zu sprengen: so fiel hier und da eine Information dem Spaltenschema zum Opfer, das dem Umfang Grenzen setzte, bisweilen mußte auch eine Information einer noch gewichtigeren weichen. In jedem Fall aber waren Autoren und Redaktion um größtmögliche Objektivität bemüht. Ihr Ziel war es, dem Leser einen kurzgefaßten Querschnitt durch die Geschichte aller Länder und Zeiten zu geben und neben politischen Ereignissen auch das Geschehen der Kultur- und Geistesgeschichte lebendig zu machen.

Ein *Datenlexikon zur Geschichte* kann kein Lesebuch sein; es gibt kurze Informationen über Ereignisse, verschafft einen Überblick und regt zu weiterer Vertiefung eines bestimmten Stoffes durch Spezialwerke an.

Wo aber der Leser über Lesen, Blättern und das Nachspüren von Ereignissen mit Hilfe der chronologischen Zeitleiste hinaus, Namen, Orte und Geschehnisse nachschlagen, kann er sich den gesamten Inhalt auch über das ausführliche Register erschließen, und beispielsweise unter dem Stichwort „Caesar" auch den „Gallischen Krieg", das „Triumvirat" oder die „Iden des März" finden.

Zeitlich gegliedert ist der gesamte Stoff zunächst nach Jahrtausenden und Jahrhunderten, später in Zeitblöcke von 50, 10, 5 und – für die Weltgeschichte ab 1800 – von 1 Jahr aufgelöst. Innerhalb der an den Jahreszahlen auf den Randspalten erkennbaren Zeitabschnitte war eine einheitliche chronologische Gliederung nicht immer möglich, da auch regionale und inhaltliche Zusammenhänge zu berücksichtigen waren. Orientierungspunkte sind also vor allem die Jahreszahlen in den Randspalten.

Grafisch herausgehobene Doppelseiten vermitteln zusätzliche Informationen zu bestimmten Einzelthemen (Deutsche Sozialgesetzgebung, Zweiter Weltkrieg).

Das Buch bietet sich also als Lern- und Nachschlagewerk zur Geschichte, als eine chronologische Sammlung von Daten und Ereignissen aus der ganzen Welt an, als Leitfaden durch die Zeitgeschichte, als ein lebendiges Repetitorium, das zu neuem Wissen verhilft oder die Erinnerung an einmal Gelerntes mobilisieren kann.

Zusammen mit dem jetzt für alle Daten zuständigen Autor Gerhard Hellwig ist der Verlag bemüht, das Werk ständig auf dem neuesten Stand zu halten.

Angesichts der Fülle besonders geschichtsträchtiger Daten in den Jahren 1989 und 1990 wurde bei der vorliegenden Neuausgabe der Umfang des Bandes erweitert, um allen wichtigen Ereignissen der jüngsten Geschichte den gebührenden Platz einräumen zu können.

Dr. Renate Zeltner

Vorgeschichte

600000–100000 **Ältere Altsteinzeit** mit den ersten 3 Eiszeiten und den dazwischenliegenden Warmzeiten Abbévillien – Acheuléen – Micoquien (Freilandfundplätze, Geröllwerkzeuge, Faustkeil, Feuer, Abschläge)

100000–30000 **Mittlere Altsteinzeit** mit der letzten Warmzeit (Riß-Würm-Zwischeneiszeit) und der Vorstoßphase der letzten Eiszeit Moustérien (Neandertaler, Abri- und Höhlenstationen, Bestattungen, Schaber, Spitzen aus Stein, Farbstoffe, bearbeitete Knochen)

30000–10000 **Jüngere Altsteinzeit** bis zum Ende der Würmeiszeit
Aurignacien – Gravettien – Solutréen – Magdalénien – Cro-Magnon-Rasse
Homo sapiens; erste Siedlungen; Klingen aus Knochen, Rengeweih und Elfenbein; weibliche Statuetten aus Stein oder Elfenbein und Reliefbilder. In der Spätzeit (Magdalénien) Geräte mit Ornamenten oder stilisierten Figuren aus Knochen, Rengeweih und Elfenbein; Steingeräte: Bohrer, Papageienschnabel- und Sägeklingen

10000–4000 **Mittelsteinzeit**

Süd-, West-, Mitteleuropa	Nord-, Osteuropa
Mikrolithenkulturen (Azilien, Sauveterrien, Tardenoisien) Muschelhaufenkulturen in Portugal und Nordwesteuropa ostspanische Felsbilder	10000–8000 Rentierjägerkulturen (Hamburger und Ahrensburger Kultur) Jäger-Fischer-Sammlerkulturen (Maglemose-, Erteبölle-, Kunda-Kultur)

Afrika	Vorderasien
Mikrolithenkulturen (in Oberägypten Sébilien, in Nordafrika Capsien und Oranien, in Südostafrika Magosien) Wilton-Kultur in Südafrika mit Übergang zu Pflanzenanbau und Keramik	Natufien mit Übergang zu Pflanzenanbau schon um 8000

8000–1800 **Jungsteinzeit**

Europa	Vorderasien
6000–5000 Präkeramische ackerbautreibende Kulturen in Griechenland und auf dem Balkan 5000–3000 Ägäische bemaltkeramische Kulturen (Sesklo-Kultur); auf dem Innerbalkan Starcevo-Kultur, in den Küstenländern des Mittelmeers Kulturen mit Impressakeramik	8000–6000 Präkeramische ackerbautreibende Kulturen (Jericho, Qal'at Dscharmo) 6000–4000 Bemaltkeramische Kulturen (Hacilar-Kultur, Keramik von Halaf-Art)

Anatolisch-Balkanische Kultur mit dunkler ritzverzierter Keramik (Obed-Kultur, Vinca-, Gumelnitza-Kultur) und Tell-Siedlungen (Catal-Hüyük)

Alte Hochkulturen

	Ägypten/Vorderer Orient	Östliches und westliches Mittelmeer
4000 v. Chr.	Von der Jungsteinzeit zur Kupferzeit; Schmelzen von Edelmetallen wird bekannt; allmähliche Herausbildung einer arbeitsteiligen Gesellschaftsordnung im Vorderen Orient; in Ägypten bemalte Keramik (Tiere, Menschen, Pflanzen), Menschen- und Tierfiguren aus Elfenbein und Ton; Besiedlung Mesopotamiens von Norden und Osten her um 3500 Erfindung der Töpferscheibe; in Ägypten Nagada-I- und -II-Kultur seit 3200 sumerische Stadtstaaten (Tempelanlagen von Uruk); Vorausberechnungen von Fluten (Kalender); künstliche Aufschüttungen als Schutz vor Überschwemmung	Mitte 4. Jahrtausend Larissa-Kultur in Thessalien; Gefäße mit geometrischer Verzierung
3000 v. Chr.	3000–2000 In Ägypten Entwicklung der Bautechnik (Großbauten); Entstehung der ägyptischen Götterwelt; in der bildenden Kunst Herausbildung des typischen ägyptischen rundplastischen Stils; die mesopotamischen Städte häufig durch eindringende Nomadenvölker gefährdet; Anfänge der Keilschrift; früheste Teile des Gilgamesch-Epos, Heldendichtung über einen König von Uruk, bedeutendstes Literaturdenkmal des alten Orients; entwickeltes sumerisches Kunsthandwerk, Tempelbaukunst; verfeinerte Technik der Kupferverarbeitung; älteste überlieferte Urkunden 3000–2900 Beginn des Alten Reiches in Ägypten (1.–8. Dynastie, bis 2134 v. Chr.); in der Frühzeit (1. und 2. Dynastie, bis um 2660 v. Chr.) vereinigt nach späterer Überlieferung König Menes Unter- und Oberägypten zu einem Einheitsstaat; Beispiele frühgeschichtlicher ägyptischer Kunst: Schminkpaletten aus Schiefer mit Relief-	3. Jahrtausend Entwicklung der minoischen Kultur als Teil der kretisch-mykenischen Kultur auf Kreta; Träger: altmediterranes Volk von Bauern, Handwerkern, Fischern und Seefahrern

Übriges Europa	Mittlerer und Ferner Osten	
3500–1800 Bandkeramische Kultur in Mittel- und Südosteuropa; älteste Kultur der Jungsteinzeit in den Lößzonen dieses Raums; benannt nach der mit bandartigen Mustern verzierten Keramik		**4000 v. Chr.**
	Ende 4. Jahrtausend Amri-Kultur in Indien; Steinbauweise, gelbe, schwarz-rot bemalte Töpferware	
seit 3000 in Nord- und Nordosteuropa Kamm- und Grübchenkeramik nordeurasischer Jungsteinzeitgruppen; Felsbilder mit Jagdszenen und figürliche Tierplastik in Nordeuropa um 3000 in West-, Mittel- und Südeuropa Tierkopfplastiken am Dachfirst in der Baukunst der europäischen Jungsteinzeitkulturen; Tonmodelle von Häusern		**3000 v. Chr.**

	Ägypten/Vorderer Orient	Östliches und westliches Mittelmeer
3000 v. Chr.	bildern; Kalksteinstatuen des Gottes Min; Entstehung einer Bilderschrift (Hieroglyphen); im sumerischen Uruk, später in ganz Mesopotamien werden Stufenpyramiden mit abgestumpfter Spitze gebaut, auf denen Tempel errichtet sind, die auch der Beobachtung der Gestirne dienen (Vorläufer der Zikkurat); Stiftmosaik als Schmuck der Wände (10 Zentimeter lange Tonstifte mit gefärbten Köpfen); auf altsumerischen Rollsiegeln erscheinen Bildstreifen mit Motiven aus der Welt des Jägers	um 3000 Im Südosten Spaniens spätneolithisch-kupferzeitliche Almeria-Kultur; Megalithgräber, Höhensiedlungen, Feuersteingeräte, kupferne Flachbeile
2900 v. Chr.	Straff organisierter Beamtenstaat mit zentraler Lenkung von Feldbau und Versorgung; Königsgräber von Abydos (vermutlich unterirdische Nachbildungen von Palastbauten); Wandmalereien in Gräbern	um 2900 Turmtempelbauten in Uruk
2800 v. Chr.	2800–2700 Dschemdet-Nasr-Zeit in Sumer; Weiterentwicklung älterer Formen in der Kunst; lebensgroßer Frauenkopf aus weißem Marmor; schwarzes Basaltrelief mit Darstellung einer Löwenjagd; Kleinplastik; Steingefäße, mehrfarbige bemalte Keramik seit 2750 frühdynastische Zeit in Sumer; Stadtstaaten (Uruk, Ur, Lagasch, Umma u. a.) von Priesterfürsten regiert; Tempel als Mittelpunkt des religiösen Lebens; Sklaven und Handwerker arbeiten in Werkstätten; Verwaltung in den Händen einer vielschichtigen Beamtenschaft	Ende der neolithischen Sesklo-Kultur in Thessalien (bis auf den Peloponnes verbreitet); Beginn der Kultur der Dimini-Gruppe (Verwendung von Kupfer und Gold)
2700 v. Chr.	in Ägypten unter König Djoser (3. Dynastie, um 2650 v. Chr.) Verlegung der Hauptstadt nach Memphis; erste Blütezeit der ägyptischen Kunst: Grabanlage des Königs Djoser als Stufenpyramide mit heiligem Bezirk und Umfassungsmauer in Sakkara; Sitzbild des Königs Djoser aus der Grabkammer der Stufenpyramide von Sakkara 2685–2645 Entstehung der Königsstandarte von Ur; um 2630 Weihplatte des Uransche	Von der Pyrenäen-Halbinsel ausgehende Verbreitung der Glockenbecher-Kultur über West-, Mittel- und Nordeuropa

Übriges Europa	Mittlerer und Ferner Osten	
seit ca. 3000 Auf der Grundlage der bandkeramischen Kultur in Europa entstehen in Deutschland die Michelsberger Kultur, in England die Windmill-Hill-Kultur, in Frankreich die Chassey-Kultur und die Seine-Oise-Marne-Kultur; in Norddeutschland und Jütland Jäger-, Fischer- und Sammler-Kultur; in Finnland und Nordwestrußland Jäger- und Sammlerkulturen (Kenntnis von Keramik und geschliffene Werkzeuge); in Südrußland Hirtenkulturen, in der Ukraine Ackerbaukultur (Tripolje-Kultur)	seit 3000 in China polychrome Keramik, daneben einfache Gefäße mit Kammornamenten; geschliffene Steinwerkzeuge um 3000 Anfänge einer Kultur im Industal und im Pandschab	**3000 v. Chr.**
		2900 v. Chr.
		2800 v. Chr.
	2700 In China soll um diese Zeit mit der Zucht von Seidenraupen begonnen worden sein	**2700 v. Chr.**

	Ägypten/Vorderer Orient	Östliches und westliches Mittelmeer
2600 v. Chr.	2590–2470 In Ägypten Herrschaft der Könige aus der 4. Dynastie (Snofru, Cheops, Chefren, Mykerinos); Bau der großen Pyramiden des Snofru, des Pyramidenfelds von Gizeh (Weltwunder) mit Cheops-, Chefren- und Mykerinos-Pyramiden; Taltempel des Chefren, Sitzstatuen des Prinzen Rahotep und seiner Frau Nofret; Sitzstatue des Königs Chefren um 2600 Mesilim-Zeit in Sumer; statt monumentaler Tempelbauten nun bescheidene Herdhäuser zur Beherbergung der Altäre; die sumerischen Steinschleifer schaffen Figurenbänder mit ornamentierten Bildstreifen; vorwiegend Tiermotive; Gegenstand der sumerischen Plastik häufig Mischwesen (Stiermensch, Adler mit Löwenkopf u. a.) um 2560 Geierstele des Eannatum von Lagasch um 2550 Weihplatte des Eannatum I. oder II.	2600–2000 Frühminoische Periode der kretisch-mykenischen Kultur; Gefäße aus mehrfarbigem Stein; Goldschmuck mit Blüten- und Blätterverzierung; Siegel mit Spiralen oder Wellenlinien; geflammter Stil von Vassiliki
2500 v. Chr.	2470–2320 Herrscher der 5. Dynastie in Ägypten; lassen neben die bereits zu ihren Lebzeiten von Sklaven im Frondienst errichteten Pyramiden Kultstätten für den Sonnengott Re bauen; in der Architektur wird der kantige Pfeiler früherer Bauten durch die Pflanzensäule aus Lotos-, Palmen- oder Reliefbündeln ersetzt (Tempel des Sahure in Abusir) schon im 3. Jahrtausend Blütezeit der Musik in Ägypten (Bogenharfe, Doppelklarinette, Langflöte); Namen höfischer Berufsmusiker überliefert aus der Zeit des Alten Reiches in Ägypten sind Sprachdenkmäler überliefert: Autobiographien, Bestattungstexte in Hieroglyphenschrift (1822 von Champollion mit Hilfe des in drei Sprachen beschrifteten Rosette-Steins entziffert)	seit Mitte des 3. Jahrtausends frühe Schichten des bronzezeitlichen Troja (Kleinasien) 2500–1900 Frühhelladische Kultur in Griechenland; Siedlungen mit städtischem Charakter, Häuser aus Stein; Verwendung von Kupfer und Bronze; glasierte Keramik
2400 v. Chr.	um 2360 Der sumerische Fürst Lugalzaggesi von Umma macht	

Übriges Europa	Mittlerer und Ferner Osten	
	Besiedlung des Landes an den Flüssen Indus und Ganges in Indien	**2600 v. Chr.**
2500–1700 Ausbreitung der Indogermanen in Mitteleuropa; Trichterbecherkultur in Nordeuropa; Megalithkulturen; Felskammergräber in Westeuropa; Heiligtum von Stonehenge (England); anthropomorph ausgestalteter Menhir von Maurels (Frankreich)	2500–1500 In Indien entstehen zur Zeit der Indus-Kultur Städte mit Zitadellen, Säulenhallen, Ziegelhäusern, Bädern (Mohendscho Daro, Lothal, Harappa); schwarzrote Keramik; entwickelte Siegelschnitzkunst mit Darstellung von Buckelrindern; Karneolschmuck	**2500 v. Chr.**
Gegen Ende des 3. vorchristlichen Jahrtausends entstehen in Mittel-		**2400 v. Chr.**

	Ägypten/Vorderer Orient	Östliches und westliches Mittelmeer
2400 v. Chr.	sich zum Herrscher über ganz Sumer, dringt vom Persischen Golf bis zu den Küstenländern des Mittelmeers vor um 2350 Der Akkadier Sargon I. erobert das altsumerische Reich und begründet das Reich von Akkad; erstes semitisches Großreich in Mesopotamien (um 2150 von den Gutäern zerstört) 2320–2160 Zerfall der Regierungsgewalt im Ägypten der 6. Dynastie; Unabhängigkeitsbestrebungen der Priesterschaft; Einfluß der hohen Beamten führt zur Feudalstaatlichkeit 2320 Mastabagräber bei Sakkara	
2300 v. Chr.	um 2295 Tod Sargons I., Fürst von Akkad, nachdem er sein Reich über Sumer, Syrien und Assyrien ausgedehnt hat („König der Welt"); sein Nachfolger Rinusch (bis um 2296) schlägt Aufstände der unterworfenen Völker nieder um 2272–um 2235 Naram-Sin König von Akkad; zahlreiche Kriegszüge gegen Nachbarvölker; Palast des Naram-Sin in Tell Brak um 2270–2234 Siegelstele des Naram-Sin, König von Akkad um 2230 Schwächung des akkadischen Reiches durch Aufstände im Innern; zunehmende Einfälle der Gutäer; Auflösung und Verfall des akkadischen Reiches	um 2300 Burg der zweiten Grabungsschicht in Troja (nach Meinung Schliemanns das homerische Troja) mit sogenanntem Goldschatz des Priamos; um 1240 v. Chr. zerstört
2200 v. Chr.	2160–2134 Zusammenbruch des Alten Reiches in Ägypten unter der 7. und 8. Dynastie; unter der 9. bis 11. Dynastie (2134–2040) zerfällt das Land in mehrere Teilreiche, die von Gaufürsten regiert werden; Hungersnot und soziale Mißstände führen zu Unruhen 2150 Das Bergvolk der Gutäer erobert das akkadische Reich	Hochblüte der frühminoischen Periode der kretisch-mykenischen Kultur
2100 v. Chr.	Ägyptischer Einheitsstaat unter König Mentu-hotep II. aus Theben; Beginn des Mittleren Reiches (um 2040–1650); neue Hochblüte der ägyptischen Kunst; in der Architektur Wieder-	

Übriges Europa	Mittlerer und Ferner Osten	
europa zahlreiche Mischstile; Überlagerung oder Durchdringung bandkeramischer Kulturen, vor allem durch schnurkeramische Elemente (z. B. Altheimer Kultur in Bayern, Mondsee-Kultur der oberösterreichischen Pfahlbauten, auch Badener Kultur genannt); Zusammenhang mit indogermanischen Wanderungen wird vermutet; innereuropäische Auseinandersetzungen, die eine Art kultureller Emanzipation Europas einleiten, trotz bleibender Aufnahmebereitschaft für Einflüsse aus dem Mittelmeerraum	In China Anfänge der Yangschao-Kultur mit geometrischen Mustern und Tierornamenten; bemalte Tongefäße und Tierfigürchen; in der chinesischen Lungschao-Kultur graue und schwarze polierte Keramik	**2400 v. Chr.**
2300–2000 In Spanien Los-Millares-Kultur; Keramik mit Tierdarstellungen; menschliche Steinfiguren aus Kuppelgräbern von Almeria		**2300 v. Chr.**
	um 2200 Gründung der Hia-Dynastie (bis ca. 1760); eine Herrscherliste dieser chinesischen Dynastie ist überliefert	**2200 v. Chr.**
	Im Industal Blütezeit der Harappa-Kultur; an mehr als 60 Plätzen wurden Ruinen und Gegenstände des Kunsthandwerks ausgegraben	**2100 v. Chr.**

	Ägypten/Vorderer Orient	Östliches und westliches Mittelmeer
2100 v. Chr.	verwendung des Vierkantpfeilers; neue Ausdrucksformen in der Rundplastik; Statue Mentu-hoteps II.; Totentempel Mentu-hoteps II. bei Theben; Felsgräber von Beni Hasan um 2100 Der sumerische Priesterfürst Gudea von Lagasch schafft nach dem Ende der Gutäer-Herrschaft ein bedeutendes Reich mit ausgedehnten Handelsbeziehungen; in zahlreichen Statuen dargestellt 2070–1950 Herrschaft der 3. Dynastie von Ur; Begründung des neusumerischen Reichs; Renaissance der sumerischen Kunst; Hochterrassentempel, Skulpturen, Reliefs	
2000 v. Chr.	2000–1000 In Ägypten 12.–21. Dynastie; 1552–1070 Zeit des Neuen Reiches (18.–20. Dynastie); nach einer Stärkung des Reichs unter der 12. Dynastie kommt es unter der 13. und 14. Dynastie zu Zerfallserscheinungen; Schwächung des ägyptischen Reiches durch Einfälle asiatischer Völker; Kämpfe gegen Hethiter (14. Jh.); Angriffe libyscher und ägäischer Völker (unter Ramses III.); große Leistungen ägyptischer Baumeister; Totentempel Der-el-bahari, von Königin Hatschepsut zu Ehren des Reichsgottes Amun errichtet; gigantische Tempelanlagen von Luxor, Amarna, Abydos und Abu Simbel; zeitweilige Residenz Karnak (unter Amenophis IV.), prachtvoll ausgestattet 2000–1900 Pharaonen der 12. Dynastie regieren von 1991–1785 das Reich von Memphis aus; bedeutende Herrscherpersönlichkeiten (Sesostris I., Amenemhet I.); neue Machtstellung des Herrschers; Beschneidung der Rechte des Adels; Eroberung eines Teils von Nubien; Kriegszüge nach Palästina; weitreichender Handel Das semitische Nomadenvolk der Amoriter dringt in Mesopotamien ein; beherrscht das Gebiet Babyloniens bis zum Einbruch der Hethiter um 1530 v. Chr.	2000–1600 Mittelminoische Periode der kretisch-mykenischen Kultur; mehrstöckige Palastanlagen in Knossos, Phaistos und Mallia; Residenzen der Fürsten (auch Priester) und zugleich Verwaltungssitze; vorübergehende Vorherrschaft von Knossos; Villen und Landhäuser einer reichen Oberschicht seit 2000 Einwanderung der Phönizier in Syrien (unter ägyptischem Einfluß) um 2000 Ionier und Achäer wandern nach Griechenland ein (Attika, Euböa, Achaia)

2100 v. Chr.

2000 v. Chr.

um 2000 Beginn der europäischen Bronzezeit; in Spanien befestigte Städte der El-Agrar-Kultur (aus Kupfer, Bronze und Silber gefertigte Waffen und Schmuckstücke); in Mitteleuropa Aunjetitzer Kultur (nach dem Ort Aunjetitz bei Prag); vom Nordharz bis Schlesien und Niederösterreich verbreitet; Fürstengräber mit Totenhäusern; Hütten mit Pfostenkonstruktion, Wohngruben; Bronzeerzeugnisse, Schmuck; unverzierte oder plastisch dekorierte Keramik; in England Wessex-Kultur (Bernsteingegenstände, Zeremonialkeulen, Dolche, Steinsetzungen von Stonehenge)

um 2000 In Europa wird bereits Weizen angebaut, wie entsprechende Funde ergeben haben

um 2000 In den Städten der Induskultur (2500–1500) Karreebauweise unter Verwendung von Backstein; Kanalisation; Keramik mit in Schwarz auf rotem Grund aufgemalten Tier-, Blatt- und Vogelmustern;
in Südturkmenistan Totentempel und Pyramiden; städtische Zivilisation; kunsthandwerkliche Gegenstände aus Elfenbein, Edelmetallen und Halbedelsteinen

	Ägypten/Vorderer Orient	Östliches und westliches Mittelmeer
1900 v. Chr.	Sesostris III. (1878–1842) bedeutendster Herrscher des Mittleren Reiches; Kriegszüge nach Palästina und Nubien; Bau der Pyramide bei Dahschur Amenemhet III. (1842–1798); läßt die Oasenlandschaft um Faiyum kultivieren; Bau des „Labyrinths" um 1850 Aufstieg Assyriens zur Großmacht seit 1830 1. Dynastie von Babylon	Kreta Mittelpunkt der Kultur des östlichen Mittelmeers; Handelsbeziehungen im Vorderen Orient; mächtige Flotte; Kult der Mutter- und Fruchtbarkeitsgöttin bewirkt angesehene soziale Stellung der Frau; Totenbestattung in Nekropolen; kunsthandwerkliche Gegenstände aus Metall, Keramik, Elfenbein, Halbedelstein
1800 v. Chr.	Schwächung des ägyptischen Königtums in der Zeit der 13. und 14. Dynastie (um 1785–1650) 18. Jh. Entstehung des semitischen Staates Babylonien um die Stadt Babylon; bedeutendster Herrscher Hammurapi (1728–1668); Eroberung ganz Babyloniens, Maris und Eschnunnas; hinterläßt den „Codex Hammurapi", eine Sammlung von Gesetzen, und zahlreiche politische Briefe; unter seiner Herrschaft wird Marduk, der Stadtgott Babylons, zur höchsten Gottheit erhoben (im Weltschöpfungsepos als Weltschöpfer dargestellt); Bewässerungssystem	
1700 v. Chr.	1698 Eroberung Larsas durch Hammurapi um 1694 Babylonier besiegen und zerstören Mari um 1685–um 1648 Samsuiluna, Sohn des Hammurapi, König von Babylon; Niederwerfung von Aufständen in eroberten Gebieten; wiederholte Einfälle der Kassiten Innere Kämpfe in Ägypten; die asiatischen Hyksos ergreifen die Macht und beherrschen das ägyptische Reich von 1650–1550 (15. und 16. Dynastie); sie regieren dank ihrer überlegenen Kriegstechnik (Streitwagen) vom östlichen Nildelta aus ganz Unterägypten; in Oberägypten starke Stellung der Gaufürsten, die selbstherrlich über ihre Fürstentümer herrschen; erst durch die thebanischen Könige Kamose und Amasis I. können die Hyksos aus Ägypten vertrieben werden	um 1700 Vernichtung der Palastanlagen von Kreta durch Erdbeben(?); prächtiger Wiederaufbau und erneute Blütezeit der minoischen Kultur

Übriges Europa	Mittlerer und Ferner Osten	
um 1880–1550 In Mittel- und Nordeuropa Entwicklung von Handelszentren überall da, wo Erz gefunden wird; weniger entwickelte Kulturen im nordalpinen Kreis, wo Bronzen in der 1. Hälfte des 2. Jahrtausends nur importiert werden; Verbindungen der mitteleuropäischen Kulturen zu österreichisch-ungarischen Gruppen und zur Rhône-Kultur in Südostfrankreich	Älteste Dokumente der chinesischen Schrift (überlieferte Inschriften)	**1900 v. Chr.**
	um 1800 In China wird bereits das Go-Spiel gepflegt	**1800 v. Chr.**
um 1700 Bronzegeräte als Schmuck und für den Ackerbau sowie bronzene Waffen im Norden Europas	Die Kulturen von Mohendscho-Daro und Harappa haben Handelsbeziehungen bis nach Mesopotamien (aus zahlreichen Siegelfunden nachweisbar)	**1700 v. Chr.**

	Ägypten/Vorderer Orient	Östliches und westliches Mittelmeer
1600 v. Chr.	Ende der 1. Dynastie von Babylon; die Kassiten haben die Macht im Land; um 1530 dringen die Hethiter unter König Mursili ein und zerstören das Reich; bis 1160 Kassitenherrschaft in Babylonien um 1550 Der ägyptische Pharao Amasis I. aus der 18. Dynastie (bis 1305) herrscht nach der Vertreibung der Hyksos wieder über einen Einheitsstaat; Zeit des Neuen Reiches (um 1552–1070); repräsentative Tempelbauten; dekorativere Formen in der Bildhauerkunst; Verzicht auf statuarische Wirkung der Skulpturen	1600–1150 Spätminoische Kultur auf Kreta; Paläste von Knossos, Phaistos, Mallia, Hagia Triada und Zakro in neuem, monumentalem Stil wieder aufgebaut; bis zu 3 Stockwerken hohe Gebäude; um einen Mittelhof gruppierte Palastanlagen mit Wohn-, Fest- und Kulträumen, Künstlerwerkstätten, Magazinen; Wasserleitung, Bäder, Aborte; Innendekoration mit Stuck, Marmor, Gipsplatten; Wandmalereien mit Szenen des täglichen Lebens in Vogelschauperspektive und farbenfrohem Naturalismus; Bestattung der Toten in Kammer-, Schacht- und Kistengräbern, einzelne Kuppelgräber um 1600 Ablösung der kretischen Bilderschrift (um 2000 entstanden) durch die Linearschriften A und B (Entzifferung umstritten); sogenanntes „mykenisches Griechisch"
1500 v. Chr.	Ägypten unter Tuthmosis III. (1490 bis 1437) nach Eroberung von Syrien und Nubien Großmacht; beherrschende Stellung im Vorderen Orient; Hauptstadt Theben; Tuthmosis regiert zunächst unter der Regentschaft seiner Stiefmutter Hatschepsut; Großbauten in Karnak; Weiterentwicklung der Baukunst: Festtempel Tuthmosis' III. in Karnak; Felsgräber in Theben mit Wandmalereien; Hathorkapelle in Der-el-bahari; gesteigerte Monumentalität	1500 Durch Flut- und Erdbebenkatastrophen (Vulkanausbruch des Santorin) Zerstörung der kretischen Paläste
1400 v. Chr.	Glanzvolle Regierungszeit des Pharaos Amenophis III. (um 1400 bis 1364); Prachtentfaltung des Reiches und Blüte der bildenden Kunst; Bau des Totentempels in Theben; Memnonskolosse Amenophis III. sind erhalten; Sohn und Nachfolger Amenophis IV. (um 1364–1346); religiöser Neuerer (nennt sich Echnaton); Versuch der Einführung des monotheistischen Sonnenglaubens gegen den Willen der Priester; Gemahlin Nofretete; Hauptstadt des Reiches Amarna, mit großen Tempel-,	um 1400 Mykenische Fürsten in Kreta; Ende von Knossos um 1380; Weiterentwicklung der Städte (Phaistos, Gurnia u. a.)

Übriges Europa	Mittlerer und Ferner Osten	
1550–1200 Hügelgräberkultur der mitteleuropäischen Bronzezeit (reicht vom Karpatenbecken bis Ostfrankreich) 1550–700 Bronzezeitliche Kultur in Skandinavien (Nordischer Kreis)		**1600 v. Chr.**
In Mitteleuropa vielfältiges Kunsthandwerk: Waffen und Schmuck aus Bronze mit Spiral- und Ritzverzierung; Keramik mit Kerbschnittmustern In Skandinavien und Norddeutschland hochentwickelte Bronzegußtechnik; reich ornamentierte Geräte; Luren	15.–11. Jh. Schang-Dynastie in China (historisch und archäologisch belegbar); Schrift mit mehr als 2000 Zeichen; großer Einfluß des Priestertums; religiöse Stellung des Herrschers um 1500–500 Wedisches Zeitalter in Indien nach Einfall arischer Nomadenvölker bis ins Gangesgebiet	**1500 v. Chr.**
	Befestigte Städte in China in der Hochkultur der Schang; kunsthandwerkliche Herstellung kultischer Geräte (Dreifüße, Opfergefäße); Tierornamente auf Schalen, unglasierte Porzellanmasse; Edelseide in China bekannt	**1400 v. Chr.**

	Ägypten/Vorderer Orient	Östliches und westliches Mittelmeer
1400 v. Chr.	Palast- und Gartenanlagen gestaltet; in seiner Regierungszeit gehen die asiatischen Gebiete Ägyptens an die Hethiter verloren; nach seinem Tod Rückgängigmachung aller religiösen Reformen; in der Kunst dieser Zeit (Amarnakunst) gesteigerter Realismus; Kalksteinbüsten, u. a. der Königin Nofretete; unter Haremhab (um 1330–1305) Wiederherstellung der alten Ordnung	
1300 v. Chr.	Erneute Blütezeit der ägyptischen Kultur unter den Ramsessiden (19. Dynastie, 1305–1196; 20. Dynastie, 1196–1080); unter Sethos I. (1304–1290) Rückgewinnung des unter Echnaton verlorengegangenen Syriens; Tempel in Abydos 1293 Schlacht bei Kadesch in Syrien zwischen ägyptischen und hethitischen Heeren 1290–1224 Ramses II. schließt nach kriegerischen Auseinandersetzungen ein Bündnis mit den Hethitern (durch Heirat befestigt); Errichtung großer Tempel (Ramsesstadt im östlichen Nildelta); 1278 Friedensvertrag zwischen Ramses II. und Hattusili III.; hethitischer Besitz in Nordsyrien von Ägypten anerkannt um 1250 Weitere Ausdehnung des hethitischen Reichs; Reliefs der „1000 Götter“ in den Felsenkammern von Yazilikaya 1234–1198 Unter Tukulti-Ninurta I. wird Assyrien Großmacht um 1220 Moses befreit semitische Fronarbeiter aus Ägypten	Neuartige Architekturformen der mykenischen Kultur auf Kreta; Megaronhaus als Wohnsitz des Fürsten, Verwaltungsbauten, kyklopischer Mauerring; Bestattung in monumentalen Kuppelgräbern (Schatzhaus des Atreus in Mykenä); Vorherrschaft mykenischer Fürsten im östlichen Mittelmeer bis Vorderasien
1200 v. Chr.	um 1200 Zusammenbruch des hethitischen Reichs um 1200 Einwanderung der indogermanischen Phryger in Kleinasien 1194–1163 Unter Ramses III. von Ägypten Abwehr libyscher und ägäischer Völker (Seevölker); Bau der Festung Medinet Habu in der Nähe von Theben mit Totentempel Ramses' III. 1180 Die Philister, im Zug der „Ägäischen Wanderung“ aus ihren	Mit Einsetzen der „Ägäischen Wanderung“ Untergang der mykenischen Kultur durch Einwanderung von Dorern und Nordwestgriechen nach Kreta; Zerstörung der Städte und Burgen (Tiryns)

Übriges Europa	Mittlerer und Ferner Osten	
In Schweden Felszeichnungen, Gravierungen auf Bronzemessern (Göttersymbole, Genreszenen) 14./13. Jh. Sonnenwagen von Trundholm	In Indien einfache Bauformen und schmucklose Keramik der arischen Eroberer	**1400 v. Chr.**
13. Jh. Goldkegel von Schifferstadt Zur Zeit der Hügelgräberkultur Bestattungen unter Grabhügeln, bekleidet und mit Schmuck und Waffen versehen; häufig von einem Baumsarg bedeckt oder durch steinerne Einbauten geschützt	Anlage von Terrassenbauten im China der Schang- oder Yin-Dynastie; in der Bildhauerkunst ein zunehmend abstrahierender Stil.	**1300 v. Chr.**
	Frühe chinesische Lackarbeiten mit Mustern oder Szenen aus Gräbern in Nord- und Mittelchina	**1200 v. Chr.**

	Ägypten/Vorderer Orient	Östliches und westliches Mittelmeer
1200 v. Chr.	Siedlungsgebieten vertrieben, von Ramses III. in Südpalästina angesiedelt; Gründung einer Pentapolis aus den Stadtstaaten Gaza, Askalon, Asdod, Ekron, Gath 1160 Ende der Kassitenherrschaft in Babylonien 1115–1078 König Tiglatpileser I. von Assyrien dringt bis ans Mittelmeer vor; unterwirft Babylonien Ende 12. Jh. Landnahme der Juden in Kanaan abgeschlossen; Besetzung bis dahin unbewohnter Höhenzüge Palästinas; Bildung einzelner jüdischer Stämme	
1100 v. Chr.	1080–945 Schwache 21. Dynastie in Ägypten; Priester des Amun als eigentlicher Beherrscher des ägyptischen Reiches Unterwanderung des Assyrerreiches unter den Nachfolgern Tiglatpilesers I. durch die Aramäer um 1012–1004 Saul erster israelitischer König; Teilerfolge im Kampf gegen die Philister; Mordversuch an David (Schwiegersohn)	1050–700 Protogeometrische und geometrische Kunst in Griechenland nach Untergang der mykenischen Kultur; geometrisch gemusterte Keramik (Schachbrett-, Mäandermuster) seit 1100 Phönizier gründen Handelskolonien in Spanien
1000 v. Chr.	Unter König David (1004–965) Vereinigung der jüdischen Nord- und Südstämme in einer Doppelmonarchie; Eingliederung der kanaanäischen Stadtstaaten; erfolgreicher Kampf gegen die Ammoniter, Edomiter, Philister und Moabiter; Davids Sohn Salomo (965–926) kann das Reich erhalten (Verlust von Randgebieten im Osten); Verwaltungsorganisation; Einteilung des Reichs in Gaue, Fronarbeit auch für Israeliten obligatorisch; Erweiterung Jerusalems, Bau des Tempels; ausgedehnte Handelsfahrten mit Hiram von Tyros seit etwa 1000 Eindringen des aramäischen Volkes der Chaldäer in Babylonien Mitte 10. Jh. Blütezeit von Tyros unter König Hiram 945–720 Pharaonen der 22. Dynastie in Ägypten; Schoschenk I., libyscher Söldner; Eroberung und Plünderung Jerusalems	In Griechenland kleine Städte als politische Zentren; Adelsherrschaft mit einem König an der Spitze Entstehung der Protovillanova-Kultur in Italien

Übriges Europa	Mittlerer und Ferner Osten	
um 1200–800 Schlußabschnitt der Bronzezeit in Europa; Beginn der Urnenfelder-Kulturen in Mittel-, West- und Südeuropa; Brandbestattung in Urnen auf Friedhöfen; mit geometrischen Ritz- und Punzmustern verzierte Bronzen, Sonnenscheiben; Buckelkeramik der Lausitzer Kultur		**1200 v. Chr.**
	um 1100–249 Tschou-Dynastie in China; feudalistischer Staat mit Lehnsfürstentümern, die ihren Machtbereich stetig ausdehnen	**1100 v. Chr.**
Erfindung der Sichel und des Wagens in der Urnenfelderzeit; Technik des Gießens der Bronze in verlorener Form; zweirädriger Streitwagen in ganz Europa verbreitet; kunstvoll gefertigte Waffen und Rüstungen; dünnwandige, mit Ritzen oder Rillen verzierte Keramik	In China Sakralbronzen mit ausführlichen Inschriften über Ereignisse der Sippe oder Dynastie; Funde der ältesten glasierten Keramik aus West-Tschou-Gräbern	**1000 v. Chr.**

	Ägypten/Vorderer Orient	Östliches und westliches Mittelmeer
900 v. Chr.	seit 900 Kriegerische Auseinandersetzungen der Aramäer mit Assyrien und Israel Zerfall des Israelischen Reiches (seit 926 geteilt) und Abhängigkeit von den Nachbarvölkern 883–859 Assurnasipal II. König des Neuassyrischen Reiches; erfolgreiche Feldzüge gegen die Aramäer und Syrien; grausame Kriegführung, Massendeportationen; Hauptstadt Kalach mit prächtigen Palastbauten; geflügelter Stiergott, Ninurta-Tempel von Kalchu, bedeutende Werke der Großplastik und Reliefkunst; Elfenbeinschätze des Assurnasipal teilweise ausgegraben um 860 Gründung des Staates Urartu durch Einigung hurritischer Fürstentümer unter Sardur I.; Kämpfe Urartus gegen Assyrien 858–824 König Salmanassar III. von Assyrien; Kriegszüge bis zum Taurus und zum Mittelmeer; Eroberung Babyloniens; Israel assyrische Provinz; Palast mit Bronzetoren in Balawat um 850 Gründung des Reiches Kusch mit Hauptstadt Napata 836 Das indoiranische Volk der Meder in assyrischen Inschriften erstmals erwähnt 828–785 König Menuas von Urartu; Kriege mit Assyrien; Gebietserweiterung am oberen Euphrat; Bewässerung des Landes 827 Aufstände im assyrischen Reich 810–806 Regentschaft der assyrischen Königin Sammuramat; in der Sage babylonische Königin Semiramis 809–782 König Adadnirari von Assyrien; erfolgreicher Krieg gegen Syrien	9.–5. Jh. In Nord- und Mittelitalien früheisenzeitliche Villanova-Kultur; geometrisch verzierte Grabgefäße von bikonischer Form; in der Spätzeit Übergang in die etruskische Kultur Etrusker setzen sich in Italien fest In Griechenland Gründung von Korinth durch die Dorier
800 v. Chr.	Anfang 8. Jh. Gebietsgewinne des Staates Urartu in Kleinasien; unter König Argistis (785–753) Ausdehnung Urartus bis Aleppo und Georgien 8. Jh. Die Phönizier verlieren ihre beherrschende Stellung in der Seefahrt an die Griechen	seit 800 Griechen legen in dem von Iberern bewohnten Spanien Kolonien an Spätzeit der protogeometrischen und geometrischen Kunst in Griechenland; in der beginnenden Kolonisationszeit Berührung mit orientalischen Kunstformen

Übriges Europa	Mittlerer und Ferner Osten	
Lausitzer Kultur in Ostmitteleuropa; Funde aus Urnengräbern; Buckelurnen und Gefäße mit Riefelverzierung; Zuordnung dieses Kulturkreises zu einem bestimmten Volk (Illyrer) ist umstritten	Indogermanische Iranier dringen in das Gebiet des Iran ein; 836 Erwähnung der Meder in assyrischen Inschriften Indogermanische Skythen wandern ins Schwarzmeergebiet ein	**900 v. Chr.**
800–400 Hallstattzeit, ältere Stufe der mitteleuropäischen Eisenzeit; Unterteilung in Westhallstattkreis (Ostfrankreich, Süddeutschland) und Osthallstattkreis (östliches Österreich und Balkanhalbinsel)	770–711 Westliche Tschou-Dynastie in China (Beginn der geschichtlichen Zeit)	**800 v. Chr.**

	Ägypten/Vorderer Orient	Östliches und westliches Mittelmeer
800 v. Chr.	745–727 Nach vorübergehender Schwächung Assyriens neuer Höhepunkt der Macht unter Tiglatpileser III.; Feldzüge gegen die Hethiter (Ende des Hethiterreiches von Hattin); nach Hilfeersuchen Judas Eroberung eines Teils von Israel; Galiläa Teil des assyrischen Reiches; Gewinn Syriens im Kampf gegen Urartu (739); Sieg über Babylonien; Verwaltungsneuordnung und Reform des Heerwesens; Verpflanzung der Bevölkerung eroberter Gebiete in andere Landesteile 722–705 König Sargon II. von Assyrien; siegreiche Feldzüge gegen Syrien und Eroberung Samarias (Deportation der Bevölkerung Israels); Sieg über die Hethiter und Urartu (königlicher Schatz als Kriegsbeute); Meder werden tributpflichtig seit 720 Unter der 22. und 23. Dynastie Zerfall Ägyptens in Teilstaaten; Eroberung des Landes durch die nubischen Könige von Kusch (25. Dynastie, 712–655) 710 König Midas von Phrygien behauptet sich gegen Assyrien 704–681 König Sanherib von Assyrien; Kämpfe gegen Medien, Syrien, Kilikien	In Athen allmählicher Übergang von der Königsherrschaft zur Aristokratie; Regierung der Archonten (seit 754/53 in 10jährigem Wechsel) um 800 Ausklang der geometrischen Epoche der griechischen Kunst; 1–2 Meter hohe Grabvasen vom Dipylonfriedhof in Athen (Darstellungen von Wagenrennen, Totenklage) seit 776 Aufzeichnung der Siegernamen bei Olympischen Spielen in Griechenland 753 Sagenhafte Gründung Roms; Königszeit in Rom (7 legendäre Könige, bis 510) um 750–550 Zeit der griechischen Kolonisation wegen Überbevölkerung des Mutterlandes, Handelsinteressen; Gründung selbständiger griechischer Stadtgemeinden an den Mittelmeerküsten, dadurch Verbreitung griechischer Kultur und Religion Auf Kreta Entwicklung der Stadtstaaten nach griechischem Vorbild seit 740 Aufstieg Spartas; Eroberung Messeniens Entstehung der Großepen „Ilias“ und „Odyssee“ des Homer (Autorenschaft Homers an der Odyssee zweifelhaft)
700 v. Chr.	680–669 Asarhaddon König von Assyrien; kämpft gegen Meder und vordringende kimmerische Stämme in Kleinasien; Eroberung Unterägyptens mit Memphis (671) 675–653 Phraortes König der Meder; Beginn der medischen Großmachtstellung im Vorderen Orient 668–631 König Assurbanipal von Assyrien, Sohn Asarhaddons; kämpft mit seinem Bruder um die Alleinherrschaft; Einheit des Reiches gewahrt; Verlust Ägyptens; siegreiche Kämpfe im Iran und gegen die Elamiter; Nordpalast in Ninive (668–630) mit künstlerisch bedeutsamen Reliefs (u. a. von der Erstürmung Elams); legt in seinem Palast die größte babylonisch-assyrische Bibliothek von Keil-	7. Jh. Monumentale Grabbauten der Etrusker; archaisch-strenge Formen in der Frühzeit der etruskischen Kultur; Malerei als Wandschmuck in Grabkammern 700–400 In Griechenland Zeitalter der archaischen Kultur; Bau von Monumentaltempeln (Athen, Olympia, Samos, Selinunt), Großplastik, Bauplastik, Vasenmalerei, Terrakotten, Münzen Förderung von Kunst und Kultur zur Zeit der Tyrannis (adlige Führer übernehmen vorübergehend die Macht) um 700 Wirken des Hesiod in Griechenland; bäuerliches Lehrgedicht „Werke und Tage“ und „Theogonie“ über den Ursprung der Götter

Übriges Europa	Mittlerer und Ferner Osten	
Entwicklung der Hallstattkultur in Verbindung mit der Villanova-Kultur und dem etruskischen Kulturkreis in Italien; Einführung des Eisens als Nutzmetall; daneben Bronzegeräte und -schmuck; mythologische Darstellungen auf Gefäßen überliefert; rasches Anwachsen der Produktion und des Handels; gesellschaftliche Differenzierung: Oberschicht adliger Krieger	um 750 In Indien wird die Medizin zunehmend als Wissenschaft betrieben; Ausbildung von Ärzten	**800 v. Chr.**
	722–481 Tschuntsiu-Periode in China; Machtübernahme im Staat durch die Lehnsfürsten; ausschließlich sakrale Funktion des Tschou-Königs („Sohn des Himmels“); jede einzelne Residenz der Fürsten hat Künstlerwerkstätten; zunächst bedeutende Sakralkunst, später Profanierung des künstlerischen Schaffens	
Plastische Bildwerke in der Hallstattzeit: Kultwagen von Strettweg; Goldschmiede- und Elfenbeinarbeiten	In China Blütezeit des Kunsthandwerks (Gold- und Silbertauschierung, Kleinplastiken, erste Funde von bemalten Seidenresten)	**700 v. Chr.**

	Ägypten/Vorderer Orient	Östliches und westliches Mittelmeer
700 v. Chr.	schrifttexten an; unter den Söhnen Zerfall des schon zur Zeit Assurbanipals durch Thronstreitigkeiten geschwächten Reiches 664–610 Psammetich I. von Ägypten (26. Dynastie, 664–525); befreit Ägypten von assyrischer Herrschaft; mit Hilfe griechischer Söldner Vertreibung der Nubier aus Oberägypten um 650 Kyaxares der Große, König der Meder; im Bündnis mit Babylonien Zerschlagung des Assyrerreiches; Gewinn aller Gebiete östlich des Tigris für Medien, Unterwerfung großer Teile des Irans und Armeniens; Heeresreform (Einteilung in Lanzenträger, Reiter, Bogenschützen) 646 Die elamitische Hauptstadt Susa von Assyrern angegriffen und erobert 625–606 Der chaldäische Fürst Nabupolassar erringt die Herrschaft in Babylonien; Vernichtung des assyrischen Reiches mit Hilfe der Meder; Begründer des Neubabylonischen Reiches 605–562 Nebukadnezar II., Sohn Nabupolassars, König von Babylonien; unter ihm Großmachtstellung des babylonischen Reiches; Eroberung weiter Gebiete Syriens (Sieg über Necho II., 605); Ausbau der Stadt Babylon mit monumentalen Bauten: seit 604 Errichtung des Stadtschlosses des Königs Nebukadnezar und des Ischtar-Tors; reliefierte Glasurziegel als Wandverkleidungen der sonst schmucklosen Gebäude 605 Juda wird Vasall des babylonischen Reiches	nach 683 Jährlicher Wechsel der Archonten in Athen um 624 oder 621 Niederlegung der strengen Gesetze der Athener durch Drakon („drakonische Strenge“) Ende 7. Jh. Etruskerstadt Caere (Cerveteri), Mitglied des „Zwölfstädtebunds“, einer der wichtigsten Handelsplätze des Mittelmeers; Funde aus der Nekropole weisen auf enge Verbindungen mit Griechenland und dem Orient hin
600 v. Chr.	597 Vernichtung des Staates Juda durch das Neubabylonische Reich; Einnahme Jerusalems; „Babylonische Gefangenschaft“ der judäischen Oberschicht; Verschleppung nach Babylonien (dauert bis zum Erlaß des Kyros zur Wiederherstellung des Jahwe-Kults in Jerusalem von 538 oder bis zum Wiederaufbau des Tempels 515)	600–500 Vorherrschaft der Etrusker (Tarquinier) in Mittelitalien (Rom und die latinischen Städte); Zwölfstädtebund etruskischer Städte; Blütezeit der etruskischen Kultur; Hauptzentren: Caere, Veji, Tarquinia, Vulco, Chiusi; monumentale Tempelbauten mit reichem Terrakottaschmuck an Giebeln und Dächern; Goldschmiede- und

7. Jh. Ödenburger Urnen des Osthallstattkreises mit Darstellungen kultischer Wagenumzüge	um 660 Gründung des Yamato-Reichs in Japan (nach nicht gesicherter Darstellung); Thronbesteigung Dschimmu-Tennos (Beginn der orthodoxen japanischen Zeitrechnung)	**700 v. Chr.**
um 700 Schmiedearbeiten der Hallstattkultur, z. B. Helme, Schwerter; Entwicklung von unterschiedlichen Schneidwerkzeugen	Ausklang der wedischen Periode der indischen Kultur; Übergang zur historisch-frühindischen Periode	
6. Jh. Erste Erwähnung des westindogermanischen Volks der Kelten bei griechischen und römischen Historikern; Herkunft der Kelten wegen Fehlens von Sprachzeugnissen schwer zu klären 600 Bronzekessel mit Greifenprotomen aus St. Colombe	6. Jh. Als Reaktion auf die Verflachung der Religion und Mißwirtschaft unter der Priesterherrschaft in Indien entstehen neue Religionen	**600 v. Chr.**

600 v. Chr.

Prachtvoller Ausbau Babylons unter Nebukadnezar: Marduktempel (babylonischer Turm), Prozessionsstraße; kunstvolle Gestaltung der Fassaden mit farbigen glasierten Ziegeln; Hängende Gärten (Weltwunder)
um 602–559 Kambyses I. aus dem altpersischen Herrschergeschlecht der Achämeniden; muß die Oberhoheit der Meder anerkennen
595–589 Psammetich II. von Ägypten; Kämpfe gegen Kusch
591–585 Kriegerische Auseinandersetzungen zwischen Kyaxares von Medien und dem lydischen König Alyattes; Fluß Halys als Grenze zwischen beiden Reichen festgelegt; größte Ausdehnung des medischen Reiches
589–570 König Apries von Ägypten; durch Amasis II. entthront
585–550 Astyages Großkönig von Medien; konnte zunächst den Besitzstand seines Reiches halten; 550 vom Perserkönig Kyros II. abgesetzt
570–526 Amasis II. von Ägypten fördert vor allem den Handel mit den Griechen; neue Blütezeit der ägyptischen Kultur
560–547 König Krösus von Lydien; im Besitz großer Reichtümer; im Kampf gegen den Perserkönig Kyros unterlegen, der Lydien ins Achämenidenreich eingliedert
559–530 Kyros II. König der Perser aus achämenidischem Geschlecht; Erhebung gegen medische Vorherrschaft (552); Unterwerfung der Meder; Eroberung Lydiens (546) und weiter Gebiete Kleinasiens; Angliederung Babyloniens und des Chaldäerreiches an Persien; Toleranz und Milde gegenüber unterworfenen Völkern
um 538–522 Polykrates Tyrann von Samos; Ausbau der Flotte und des Handels; Blüte der Künste
521–485 Darius I., der Große; 519/18 Kriegszug nach Ägypten; 513 Siege über Thrakien und Makedonien
518 Baubeginn in Persepolis

Bronzekunst; in der Frühzeit strenge, einfache Formen in der etruskischen Skulptur, später kurvenreicher, bewegter hellenistischer Stil
um 600 Beginn der Aufzeichnung geltenden Rechts in den griechischen Stadtstaaten; Ablösung der Herrschaft der Aristokratie durch demokratische Staatsformen
seit 600 Eindringen der Kelten in Spanien; Vermischung mit der einheimischen Bevölkerung zu Keltiberern
594 oder 593 In Athen Milderung der drakonischen Gesetze durch Solon; neue Verfassung mit regierenden Archonten und beschlußfassender Volksversammlung; Aufhebung der Hörigkeit der Bauern und der Schuldknechtschaft; Wirtschaftsgesetzgebung; Solon gilt als einer der „Sieben Weisen“
560 oder 561 Peisistratos Tyrann von Athen; Reorganisation des Finanz- und Steuersystems; Förderung des athenischen Handels durch gute außenpolitische Beziehungen; nach seinem Tod geht die Macht an seine Söhne Hippias (510 vertrieben) und Hipparchos (514 ermordet) über
Mitte 6. Jh. Sparta übernimmt die Führung auf der Peloponnes (Peloponnesischer Bund)
540 Gründung Bolognas durch die Etrusker
510 Rückkehr des Kleisthenes nach Athen; Verfassungsreform im Geiste Solons; schränkt die Macht des Adels ein; Neugliederung Attikas; Begründer der athenischen Demokratie
510 Nach Vertreibung des letzten römischen Königs Tarquinius Superbus und Sturz der etruskischen Fremdherrschaft wird Rom Republik; gewählte Konsuln an der Spitze des Staates; Verfassungsorgane: Senat, Magistratur, Volksversammlung; in Notzeiten Diktator für 6 Monate mit unbeschränkten Vollmachten

Übriges Europa	Mittlerer und Ferner Osten	
6.–1. Jh. Jastorfkultur in Nord- und Nordwestdeutschland (vorchristliche Eisenzeit); wahrscheinlich älteste, in diesem Raum nachweisbare germanische Kultur; verwandt der Latène-Kultur; statt der keltischen Körperbestattung Brandbestattung; Einteilung in die Stufen Jastorf, Ripdorf, Seedorf	In Indien Entstehung der Religion des Dschinismus, gestiftet von Wardhamana; Askese als Lebensregel; Gebot des Nichttötens	**600 v. Chr.**
	560–um 480 Siddharta Gautama genannt Buddha (Ehrentitel); indischer Stifter der Weltreligion des Buddhismus; in der Form des Mönchsbuddhismus (Hinayana) ein Jahrtausend lang wirksam; dann vom Hinduismus abgelöst; seit Beginn der christlichen Zeitrechnung Entstehung des Mahayana-Buddhismus, der sich über ganz Ostasien verbreitet Ende 6. Jh. Wirken des chinesischen Philosophen Konfuzius (Kung-fu-tse); seine Lehre von Schülern im „Buch der Gespräche“ niedergelegt	

Europa und Asien von den Perserkriegen bis

	Östliches Mittelmeer/Vord. Orient	Westliches Mittelmeer/Westeuropa
500 v. Chr.	Erste Phase der klassischen griechischen Kunst; Tempel, Götterbilder und alle Kunstäußerungen sind vom Kampf gegen die Perser geprägt Attische Zeit der griechischen Literatur; Athen geistiger Mittelpunkt Griechenlands 499–493 Aufstand der ionischen Städte Kleinasiens gegen die Perserherrschaft; nach anfänglichen Erfolgen – Eroberung des Satrapensitzes Sardes – katastrophale Niederlage, auch wegen ausbleibender Hilfe aus dem Mutterland; Vernichtung der ionischen Seemacht bei der Insel Lade (494) und Zerstörung Milets (494)	um 500 Rom befreit sich mit Hilfe der Griechenstadt Kyme (Cumae) von der etruskischen Herrschaft um 500 Vorstoß der Karthager bis Spanien; karthagische Schiffahrt auf dem Atlantik seit 500 Der Aufstieg der phönizischen Kolonie Karthago (Tunis-Algerien) geht einem Höhepunkt entgegen; enge Verbindung mit der etruskischen Seemacht in Italien gegen die Griechenstädte auf Sizilien (Syrakus und Akragas) 5. Jh. Gallische (keltische) Stämme besetzen die Poebene; Schwerpunkt um Mailand
	um 496 Pythagoras, griechischer Mathematiker und Astronom gestorben; pythagoreisches Weltbild, Lehre von der Sphärenharmonie 492–490 Erster Feldzug der Perser – unter Mardonios, dann unter Datis und Artaphernes – gegen Griechenland; Themistokles bereitet in Athen Bau einer großen Flotte vor; Entscheidung fällt zu Lande; der Athener Miltiades besiegt die Perser bei Marathon (490); seither Anspruch Athens auf die Führung in ganz Hellas	494 Errichtung des Volkstribunals in Rom nach langen „Ständekämpfen“
	485–465 Xerxes König der Perser um 483 Heraklit von Ephesos, griechischer Naturphilosoph, gestorben; sein Werk „Über die Natur“ hat eine große Wirkung auf die Zeitgenossen; von Platon abgelehnt 482/81 Bau der attischen Flotte und Befestigung des Hafens von Piräus vollendet	um 490 Rom sichert seine Freiheit durch Bündnisse mit den Nachbarstämmen der Latiner und Herniker
	480/79 Zweiter Perserkrieg; Xerxes bereitet den Großangriff mit der Überbrückung des Hellesponts und dem Bau eines Kanals quer durch die Athoshalbinsel vor; Vormarsch durch Thrakien, Makedonien und Thessalien; vergeblicher Widerstand des Spartaners Leonidas am Thermopylenpaß; Athen wird	um 480 Rom übernimmt die „Sibyllinischen Bücher“ aus Kyme; von großer Bedeutung für das römische Orakelwesen 480 Sieg der Westgriechen auf Sizilien (Syrakus) über die mit den Etruskern verbündeten phönizischen Karthager bei Himera 474 Sieg der Griechen (Syrakus) über die Etrusker bei Kyme

zu den Feldzügen Alexanders des Großen

Übriges Europa	Mittlerer und Ferner Osten	
um 500 Vorstoß des indogermanischen Reitervolks der Skythen aus dem östlichen Steppenraum in das Gebiet der heutigen Mark Brandenburg; die indogermanischen Kimmerier und die Skythen erreichen bei weiteren Vorstößen ganz Ostdeutschland und Bayern um 500 Skythischer Goldschatz von Vettersfelde/Niederlausitz (Fund von 1882): Ausrüstung und Schmuck eines vornehmen Skythen, darunter ein Fisch aus Gold 5. Jh. Germanische Stämme dringen in die bis dahin keltischen Niederlande vor	um 500 In Nordostindien bestehen einige oligarchische Republiken; nach Süden hin schließen sich zahlreiche Königreiche an; in Magadha, dem damals mächtigsten indischen Königreich, kann Buddha, vom König gefördert, seiner Tätigkeit als Prediger nachgehen um 500 In China fortdauernde Kämpfe zwischen den Lehnsstaaten; bedeutungsloses Tschou-Königtum	**500 v. Chr.**
1. Hälfte 5. Jh. Anfänge der Latène-Kultur zwischen Donau und Main, am Mittelrhein und in Ostfrankreich; Übernahme von Techniken der Mittelmer-Kulturen; griechischer und etruskischer Einfluß auf das Kunsthandwerk (Ornament)	Die um 500 den Norden des mittleren Ostens beherrschenden Skythen verdanken ihre Überlegenheit der Kampftechnik der Steppe: Reiter mit leichter Bewaffnung (Bogenschützen); unter skythischem Einfluß bilden sich in der mittelöstlichen Welt die in der Folgezeit die Kriegstechnik bestimmenden Reiterheere	
	480–249 Periode der „Kämpfenden Reiche“ in China; Entwicklung der philosophischen Schulen des Taoismus (begründet durch Lao-tse) und des Konfuzianismus sowie der Rechtsschule	

	Östliches Mittelmeer/Vord. Orient	Westliches Mittelmeer/Westeuropa
500 v. Chr.	preisgegeben; Themistokles besiegt die persische Flotte bei Salamis (480); Rückzug der Perser mit weiteren Niederlagen (479 bei Plataä in Böotien und in der Seeschlacht von Mykale bei Samos) nach 479 Aufstieg Athens zur Großmacht im ägäischen Raum; Beginn der Hochblüte der griechischen Kultur 478/77 Gründung des attisch-delischen Seebunds; Ziel: Fortführung der Perserkriege; Bundeskasse auf Delos 478–431 Politisches Gleichgewicht zwischen Persien und Athen-Sparta um 470 Der Athener Kimon, Sohn des Miltiades, gewinnt Sparta zur Wiederaufnahme des Krieges gegen Persien 470 Themistokles wird in Athen gestürzt; stirbt 459 in Persien in der Verbannung um 469 Sieg Kimons über die Perser am Eurymedon 464 Sparta durch einen Aufstand der Messenier geschwächt; Hilfe Athens (Kimon) abgelehnt 464–425 Artaxerxes I. König der Perser 462–429 Zeitalter des Perikles; politische und kulturelle Blütezeit Athens; Perikles führt die Politik des Themistokles fort (z. B. Ausbau der Flotte); innenpolitisch Einführung einer strikten Demokratie 461 Bruch zwischen Athen und Sparta; Auflösung des Bündnisses um 460 Vollendung der Palastbauten in Persepolis seit 460 Zweite Phase der klassischen griechischen Kunst; einzelne Meister namentlich bekannt; Höhepunkt der Frühklassik die Skulpturen vom Zeustempel in Olympia Höchste Blüte der griechischen Tragödie; Entwicklung der dorischen Komödie in Sizilien 458(?) Esra, persischer Beamter und Schriftgelehrter, gibt dem jüdischen Volk das verbindliche Gesetz (Priesterkodex); Begründung des religiös und politisch eigenständigen Judentums; seine	Bedeutende Werke der etruskischen Kunst; Tempel, Tonstatuen, Terrakottasarkophage Kämpfe der jungen römischen Republik gegen Südetrurien (erst mit der Zerstörung Vejis Anfang 4. Jh. beendet) 466 Vertreibung des Fürsten Trasybulos von Syrakus; Begründung einer Demokratie nach griechischem Vorbild

500 v. Chr.

In China trotz verheerender Kämpfe der Fürsten gegeneinander Blütezeit des geistigen Lebens; Städtebau; rechteckige Palastanlagen, Straßen, Kanäle, Wohnhäuser, meist aus Holz; Gruppierung von Gebäuden um einen Innenhof

Die sich seit ca. 800 in Europa allgemein durchsetzende Eisen-Kultur findet in der Jüngeren Eisenzeit (2. Hälfte des vorchristlichen Jahrtausends) ihren stärksten Ausdruck in der keltischen Latène-Kultur; Einteilung in Latène I (450–300), Latène II (300–100) und Latène III (100 v. bis 50 n. Chr.)

Im Kunsthandwerk der altsibirischen Kultur erscheinen Tierdarstellungen in Metall, Holz, Leder und auf Textilien; reich ausgestattete Hügelgräber in West- und Südsibirien (2. Hälfte 1. Jahrtausend)

	Östliches Mittelmeer/Vord. Orient	Westliches Mittelmeer/Westeuropa
500 v. Chr.	Bedeutung für das orthodoxe Judentum wurde in der Folgezeit stark übertrieben 458–446 Erster peloponnesischer Krieg; weiterer Ausbau des attischen Reiches in Mittelgriechenland; nach einer Niederlage Athens bei Koronea (447) Friedensschluß „auf dreißig Jahre“ 456 Äschylus, griechischer Tragödiendichter gestorben; Hauptwerke: „Die Perser“, „Agamemnon“, „Die Orestie“ bis 456 Giebelskulpturen vom Zeustempel in Olympia; Poseidon vom Kap Artemision (Götterfigur) 454–448 Neuer Perserkrieg; unglücklicher Verlauf einer athenischen Intervention in Ägypten; keine bedeutenden militärischen Entscheidungen	451 Kodifikation des ältesten römischen Rechts in Form des Zwölftafelgesetzes (Bruchstücke überliefert)
450 v. Chr.	448 Der sogenannte Kalliasfriede beschließt den Perserkrieg; gewisse Erleichterungen für die unter persischer Oberhoheit lebenden kleinasiatischen Griechen; Verstärkung des griechisch-persischen Handels 447–432 Phidias Bauleiter und Schöpfer des Parthenon auf der Athener Akropolis nach 446 Pindar, griechischer Lyriker aus Theben gestorben; Verfasser von Chorliedern für Götterfeste; vor allem als Hymnendichter geschätzt 446–431 Athens Macht auf dem absoluten Höhepunkt; großzügige Kulturpolitik; Dichter, Gelehrte, Philosophen und Künstler sammeln sich in Athen; Prachtbauten (Parthenon, Propyläen, Odeion); die große Zeit der attischen Tragödie 445–433 Wiederaufbau der Befestigungen Jerusalems unter dem persischen Satrapen (judäischer Herkunft) der Provinz Juda Nehemias; befiehlt strenge Einhaltung der Sabbatruhe; Verbot der Eheschließung zwischen Judäern und Angehörigen fremder Nachbarvölker	2. H. 5. Jh. Langwierige (schon in der 1. Hälfte des 5. Jh. beginnende) Kämpfe Roms mit den Äquern und Volskern, erst Ende des 5. Jh. beendet; Zeit der (sagenhaften) römischen Heroen: Coriolanus, Cincinnatus u. a.; zugleich auch Kriege gegen die Etrusker 2. H. 5. Jh. Starker karthagischer Druck auf die Griechenstadt Syrakus in Sizilien 2. H. 5. Jh. Meisterwerke etruskischer Bildhauerkunst: Chimäre von Arezzo, architektonische Terrakotten von Orvieto und Falerii; Kapitolinische Wölfin

Übriges Europa	Mittlerer und Ferner Osten	
	458 Aufteilung von Chin – das nördliche China um Peking – in die drei Staaten Han, Wei und Tschou	**500 v. Chr.**
	seit Mitte 5. Jh. Der im Ostiran entstandene Mithras-Kult verbreitet sich über ganz Persien	
Mitte 5. Jh. Kelten besiedeln den Raum im Süden und Südwesten Deutschlands bis nach Österreich, Nordwestdeutschland bis zur Weser und zum Harz, Gebiete am Mittelrhein, in Frankreich und auf den Britischen Inseln um 450 Die festländischen Kelten beginnen mit der Einwanderung auf die britischen Inseln (bis heute sind von Wällen rechteckig eingefaßte Äcker sichtbar)	In China entstehen kunstvolle Muschel- und Lackmalereien mit Szenenbildern von Jagden und Banketten	**450 v. Chr.**

	Östliches Mittelmeer/Vord. Orient	Westliches Mittelmeer/Westeuropa
450 v. Chr.	438 Phidias vollendet die Statue der Athena Parthenon aus Gold und Elfenbein (in Kopien erhalten)	444 Gründung der Stadt Thurioi, der einzigen athenischen Kolonie in Großgriechenland (Unteritalien/ Sizilien)
	436 Gründung der Kolonie Amphipolis in Thrakien durch Athen	
	433 Kerkyra und Athen schließen ein Bündnis; gemeinsamer Sieg über die korinthische Flotte	
	432 Phidias flüchtet aus Athen; wegen Unterschlagungen angeklagt	
	nach 432 Eines der „Sieben Weltwunder", das aus Gold und Elfenbein gearbeitete Kultbild des Zeustempels in Olympia von Phidias entsteht	
	431–404 Zweiter peloponnesischer Krieg; endet mit dem totalen Verlust der Großmachtstellung Athens, aber auch mit der Schwächung aller übrigen Beteiligten	439 Hungersnot in Rom; Getreideverteilung an die Plebejer
	431–421 Archidamischer Krieg; Archidamos, König der Spartaner, verwüstet Attika; Gegenoffensiven der athenischen Flotte an den Küsten der Peloponnes	
	430 In Athen – übervölkert nach der Flucht der attischen Landbevölkerung – bricht die aus dem Orient eingeschleppte Pest aus; jeder Dritte fällt ihr zum Opfer	
	429 Perikles stirbt an der Pest	
	425 Herodot, erster griechischer Historiker, gestorben; u. a. Historiograph der Perserkriege	
	423 Empedokles, griechischer Philosoph und Arzt, gestorben; nach der Überlieferung Freitod im Ätna	
	423–404 Darius II. König von Persien	
	421 Nach wechselvollen Kämpfen zwischen Athen und Sparta wird der archidamische Krieg durch den Nikiasfrieden beendet; de facto Wiederherstellung der Zustände von 432	424 Zusammenbruch der etruskischen Herrschaft in Kampanien durch Erhebung der Samniten
	420 Alkibiades tritt in Athen auf die politische Bühne; der Krieg mit Sparta bricht wieder aus	
	um 420 Polyklet, griechischer Bildhauer, gestorben; Exponent des peloponnesisch-dorischen Stils in der griechischen Plastik; u. a. „Speerträger" und „Diadumenos"	

450 v. Chr.

um 450 Das Gebiet zwischen Oder und Weichsel, in dem schon seit ca. 600 die andrängenden Germanen die Illyrier vertreiben, wird von Germanen besetzt

Im Iran nach Verlust der griechischen Gebiete in Kleinasien Schwächung des Reichs durch Machtkämpfe und Thronstreitigkeiten

Kelten zur Latène-Zeit das bedeutendste Volk Europas; keine staatliche oder ethnische Einheit; gemeinsame Kunst, Kultur und Sprache; verwandte religiöse Traditionen; Ackerbau und Viehzucht als wirtschaftliche Grundlage; Tauschhandel; später Übernahme mittelmeerischer Wirtschafts- und Handelsformen

	Östliches Mittelmeer/Vord. Orient	Westliches Mittelmeer/Westeuropa
450 v. Chr.	418 Sieg der Spartaner bei Mantinea; doch keine wesentlichen Konsequenzen 413–404 Dekeleischer Krieg; durch Besetzung der Stadt Dekeleia in Attika wird Athen von der nördlichen Zufuhr abgeschnitten; Alkibiades erst auf Seiten Spartas, seit 410 wieder in Athen; Sparta mit Persien im Bündnis 407 Das Erechtheion auf der Akropolis in Athen, im attisch-ionischen Stil erbaut, wird vollendet	415–413 Sizilische Expedition der athenischen Flotte; mit Hilfe eines spartanischen Entsatzheeres von Syrakus geschlagen; Vernichtung der Flotte
	406 Euripides, griechischer Tragödiendichter, gestorben; u. a. „Medea“, „Elektra“ und „Iphigenie in Aulis“; Tod des Sophokles, griechischer Tragödiendichter; u. a. „König Ödipus“ und „Antigone“	406–396 Zehnjähriger Krieg Roms mit Veji; endet mit Eroberung und Zerstörung der etruskischen Stadt
	405 Der spartanische Feldherr Lysander zerstört die letzte athenische Flotte bei Aigospotamoi an den Dardanellen 404–359 Artaxerxes II., König von Persien; seit 386 Protektor der Autonomie der griechischen Staaten; Einspruchsrecht in Griechenland 404 Ende des peloponnesischen Krieges; Kapitulation Athens 404–394 Sparta hat die Hegemonie im Ägäischen Meer; außenpolitischer Frontwechsel: Sparta bereitet Feldzug gegen Persien vor (König Agesilaos), Athen nähert sich den Persern 401 Sieg des Perserkönigs Artaxerxes II. über den von ihm abgefallenen Bruder Kyros bei Kunaxa (Babylon); Rückzug der von Kyros angeworbenen 10000 griechischen Söldner an die Küste des Schwarzen Meers; Teilnahme des Geschichtsschreibers Xenophon (Beschreibung des Rückzugs in Xenophons „Anabasis“)	405–367 Dionysios I. von Syrakus; er befreit die Stadt von der karthagischen Gefahr und gründet ein griechisches Großreich in fast ganz Sizilien, mit Besitzungen in Italien und an der illyrischen Adriaküste
400 v. Chr.	um 400 Weitere Verschärfung des Gegensatzes zwischen dem streng-jüdischen Judäa und der sich fremden Kultureinflüssen öffnenden Provinz Samaria im Norden um 400 Beginn der spätklassischen Phase der griechischen Kunst	399 Plebejer können in Rom erstmalig zu Konsulartribunen erhoben werden

Übriges Europa	Mittlerer und Ferner Osten	
Politische und gesellschaftliche Organisation der Kelten: Großsippe (Clan) mit einem Stammesfürsten an der Spitze; ausgedehnter Grundbesitz des Adels; wohlhabender Bauernstand, spezialisiertes Handwerk	Ende 4. Jh. Vollendung der indischen Residenz von Rodschagriha	**450 v. Chr.**
	406 Im chinesischen Wei-Reich Durchführung von Reformen; staatliche Eingriffe in die Landwirtschaft	
	um 401 Die skythische Kunst – seit langem bestimmt vom Stil der griechischen Kolonialstädte – nimmt durch die Sarmaten (nordiranische Nomaden) indisch-persische Einflüsse auf	
seit 400 Reiches Kunsthandwerk der Kelten in Mitteleuropa; Gebrauchs- und Schmuckgegenstände aus Bronze, Eisen, Edelmetallen (Kannen, Kessel, Beschläge)	4. Jh. Ein Emporkömmling bemächtigt sich der Herrschaft im Königreich Magadha (Indien) und begründet die Nanda-Dynastie	**400 v. Chr.**

	Östliches Mittelmeer/Vord. Orient	Westliches Mittelmeer/Westeuropa
400 v. Chr.	399 Sokrates, griechischer Philosoph, Lehrer Platos, hingerichtet (muß den Giftbecher nehmen)	
	396 Thukydides, griechischer Historiker, gestorben; u. a. Geschichte des Peloponnesischen Krieges („Historien“)	396 Rom zerstört das etruskische Veji; der Galliereinfall schwächt die Etruskermacht auch von Norden her
	395–387 Korinthischer Krieg; Krieg Thebens im Bündnis mit Korinth und Athen gegen Sparta; der Athener Konon an der Spitze der persischen Flotte vernichtet die spartanische Flotte (bei Knidos, 394); Wiederaufbau der Mauern Athens und des Piräus	391 Der römische Konsul M. Furius Camillus besetzt die Etruskerstadt Volsinii 390–387 Galliereinfall in Mittelitalien
	386 Königsfriede; der Perserkönig Artaxerxes II. vermittelt Frieden zwischen Sparta und Athen; Ziel: Erhaltung des Gleichgewichts	387 Niederlage Roms an der Allia; die Gallier erobern Rom bis auf das Kapitol; Gallier durch Auslieferung aller Goldbestände zum Abzug bewogen
	385 Tod des griechischen Komödiendichters Aristophanes	
	382 Bruch des Königsfriedens durch Sparta; Spartaner besetzen die Burg von Theben, die Kadmeia	nach 387 Die gerade erst unterworfenen Äquer und Volsker und die Etruskerstädte, im Aufstand gegen Rom, werden von Furius Camillus niedergeworfen; Rom wird wieder aufgebaut
	379 Theben wird durch Pelopidas von der spartanischen Besetzung befreit; Athen verbündet sich mit Theben	380 Die Latinerstadt Tusculum mit Rom vereinigt
	378/77 Athen gründet Zweiten Attischen Seebund	
	377 Hippokrates, Vater der griechischen Heilkunde, gestorben	
	372–362 Vorübergehende Großmachtstellung Thebens unter Epaminondas; Aufbau eines Böotischen Staates (mit Unterstützung durch das benachbarte Thessalien)	
	371 Vernichtung eines in Böotien eingefallenen spartanischen Heeres bei Leuktra; Epaminondas siegt mit der Taktik der sogenannten „schiefen Schlachtordnung“ (von Friedrich II. von Preußen wieder aufgenommen); Zug des Epaminondas in die Peloponnes	367–344 Dionysios II. von Syrakus, Sohn Dionysios' I.; unklares Verhalten gegenüber seinem Gast, dem Philosophen Platon
	362 Epaminondas fällt in der für Theben siegreichen Schlacht bei Mantinea; mit seinem Tode endet auch die thebanische Vormachtstellung	seit 367 Plebejer in Rom können Konsuln werden
	um 360 Spätklassische Werke des athenischen Bildhauers Praxiteles; hohes technisches Können	360 Die Gallier ein zweites Mal in der Nähe Roms

Übriges Europa	Mittlerer und Ferner Osten	
um 400 Inventar der Fürstengräber von Reinheim und Waldalgesheim; 4. Jh. Kanne aus Niederjeutz		**400 v. Chr.**
	4.–1. Jh. In Indien Blütezeit der sogenannten archaischen Kunst	
	4. Jh. Entstehung der Stadt Hsia im chinesischen Yen-Staat	
	4. Jh. Mit mythischen Figuren bemalte Seidenreste in Gräbern der chinesischen Provinz Honan	
	4. Jh. Vereinheitlichung der chinesischen Normalschrift	
In Norddeutschland Weiterentwicklung der seit dem 6. Jh. nachzuweisenden eisenzeitlichen Jastorfkultur der Germanen		
um 360 Der Kultwagen von Dejberg (Dänemark) weist Ornamente in dem in Mitteleuropa vorherrschenden keltischen Latène-Stil auf		

	Östliches Mittelmeer/Vord. Orient	Westliches Mittelmeer/Westeuropa
400 v. Chr.	359–336 König Philipp II. von Makedonien; die seinem großgriechischen Einheitsstreben sich entgegenstellenden hellenischen Demokratien werden überwunden; die makedonische Taktik: geschlossene Phalanx mit schiefer Schlachtordnung; Philipp schafft die Basis für ein makedonisches Weltreich	358 Rom beendet die Unterwerfung der Nachbarstämme der Aurunker und Herniker sowie der Nachbarstädte Latiums: Praeneste, Tibur, (auch Caere?)
	357–355 Philipp II. wirkt – gegen Athen – auf die innergriechischen Verhältnisse ein; die Bundesgenossen des (2.) Attischen Seebundes erheben sich gegen Athen	
	356–346 Sogenannter „Heiliger Krieg" um Delphi gegen die Phoker; Athen und Sparta auf seiten der Phoker gegen Theben, Thessalien u. a.	
	356 Eines der „Sieben Weltwunder", der Artemistempel in Ephesos von Herostrat aus Ruhmsucht angezündet	
	355 Ende der Großmachtstellung Athens, Auflösung des Attischen Seebundes; Griechenland fällt in Kleinstaatlichkeit zurück	
	um 355 Xenophon, griechischer Historiker, gestorben („Anabasis")	
	353 Tod des Königs Mausolos von Karien; Hegemon von Rhodos und Kos; Förderer der Literatur; Ausbau von Halikarnassos zur modernen Großstadt; auf den Grabbau des Mausolos geht die Bezeichnung Mausoleum zurück	353 Die etruskische Stadt Caere wird römisch 354 Vertrag Roms mit den Samniten; die zwischen Rom und Samnium wohnenden Völker (Volsker, Campaner u. a.) werden in den folgenden Jahren aufgerieben
	352 Philipp II. von Makedonien erkämpft im „Heiligen Krieg" die Oberherrschaft über Thessalien	351 Die etruskische Stadt Tarquinia zum Waffenstillstand mit Rom gezwungen
350 v. Chr.	um 350 Der griechische Bildhauer Skopas Mitarbeiter am Artemision von Ephesos und am Mausoleum in Halikarnassos; bewegte Komposition seiner Figuren; Auflösung des klassischen Formkanons; Wegbereiter des Hellenismus	
	um 350 In allen Bereichen hochentwickelte griechische Zivilisation (Bankwesen, Technologie, Wissenschaft u. a.)	
	347 Tod Platons; bedeutender griechischer Philosoph; Schüler des	

Übriges Europa	Mittlerer und Ferner Osten	
	372–289 Mengtse (Mencius); „zweiter Heiliger“ des Konfuzianismus; chinesischer Philosoph; verlangt die Achtung der Moral durch die Regierung	**400 v. Chr.**
In Nordeuropa Herausbildung verschiedener Kulturkreise germanischer Stämme (Nienburg-Harpstedter-Kultur, Nordseeküstenkultur); kulturelle Einflüsse durch die Latènekultur	um 360 Besetzung der Gangesebene durch das Königreich Magadha (Nordindien) unter der Nanda-Dynastie	
Grenze des Einzugsbereichs germanischer Kulturen werden der Harz und das Niederrheingebiet	Vermutliche Entstehungszeit des indischen Kunstepos „Ramajana“ in 24000 Doppelversen (wahrscheinlich 2. Jh. n. Chr. abgeschlossen)	**350 v. Chr.**

	Östliches Mittelmeer/Vord. Orient	Westliches Mittelmeer/Westeuropa
350 v. Chr.	Sokrates; Begründer einer philosophischen Schule in Athen (Akademie); nachhaltige Wirkung bes. durch seine Staatslehre („Politeia“, „Nomoi“ u. a. Werke); Reisen nach Syrakus an den Hof Dionysios' II. und zu den Pythagoreern 346 Unterwerfung der Phoker durch Philipp von Makedonien 343/42 Balkanfeldzüge Philipps II.; Donau im Norden, Schwarzes Meer im Osten erreicht; 341 Thrakien makedonische Provinz 342–336 Aristoteles, Schüler Platos, Lehrer Alexanders am makedonischen Hof	343 Capua erbittet Roms Hilfe gegen samnitische Expansion zur Küste hin 343–341 Erfolgreicher 1. Samnitenkrieg Roms (dank Bedrohung der Samniten im Rücken durch Tarent)
	340 Philipp II. beginnt den Kampf gegen die athenischen Bundesgenossen 338 Philipp II. besiegt bei Chäronea die griechischen Demokratien unter Führung von Athen und Theben; Athen verzichtet auf Erneuerung des attischen Seebundes; Ende der griechischen Gemeindestaaten	340–338 Feldzug Roms gegen Latium und Campanien (Latiner-Krieg); Capua im Bündnisverhältnis mit Rom; Beginn der Kontakte zwischen Rom und den süditalischen Griechenstädten
	337 Panhellenischer oder Korinthischer Bund; Griechenland unter makedonischer Herrschaft; Philipp II. wird in Korinth zum Heerführer gegen Persien gewählt 336 Philipp II. während Kriegsvorbereitungen gegen Persien ermordet; Nachfolger sein Sohn Alexander 336 Aristoteles gründet in Athen die Schule der Peripatetiker 335 Feldzug Alexanders gegen die Illyrier und Thraker im Norden; Persien gewinnt Athen und Theben für einen Aufstand gegen Makedonien; Theben von Alexander zerstört; Athen kapituliert	337 Wahl des ersten plebejischen Praetors; Volksversammlung kann – bei Zustimmung des Senats – Gesetze beschließen
	334 Beginn des Feldzuges gegen Persien; Alexander überschreitet den Hellespont; Sieg am Granikos; die griechischen Städte in Kleinasien öffnen ihm größtenteils kampflos die Tore 333 Vergebliche Vorstöße der persischen Flotte gegen Griechenland; Schlacht bei Issos: Sieg Alexanders über Darius III.; Gewinn Kleinasiens und Syriens gesichert	334 Friedensschluß zwischen Rom und den Galliern

Übriges Europa	Mittlerer und Ferner Osten	
Der Einflußbereich der keltischen Latène-Kultur reicht von Frankreich über Mitteleuropa bis nach Osteuropa (Ungarn)		**350 v. Chr.**
Skythen siedeln im Gebiet Südrußlands und Pannoniens sowie westlich der unteren Donau; kulturell beeinflußt durch die griechischen Städte im Süden; eigenständige Kunstäußerungen sind die Tierdarstellungen; reich ausgestattete Fürstengräber; Frauen und Tiere als Grabbeigaben	Im 4. Jahrhundert ist den Malaien vermutlich bereits der Seeweg zwischen Indien und China bekannt	
	334 in China (noch) sieben sich bekämpfende feudalistische Einzelstaaten; alle Herrscher führen den Königstitel	

	Östliches Mittelmeer/Vord. Orient	Westliches Mittelmeer/Westeuropa
350 v. Chr.	332/21 Alexander nimmt die phönizische Hafenstadt Tyros ein (Ende der phönizischen Handelsmacht), die südpalästinensische Stadt Gaza und Ägypten; Gründung Alexandrias als erste von ca. 70 Städtegründungen im Vorderen Orient 331 Vorstoß Alexanders in die Kerngebiete des persischen Reiches; Entscheidungsschlacht bei Gaugamela (in der Nähe der Ruinen Ninives in Mesopotamien) um 330 Beginn des hellenistischen Zeitalters; gegenseitige Durchdringung des Griechentums und der vorderorientalischen Kulturen 330 Nach der Eroberung von Persepolis durch Alexander Entthronung des Perserkönigs Darius III. (auf der Flucht ermordet) 323 Tod Alexanders in Babylon; in der von ihm gegründeten Stadt Alexandria begraben; kultureller Mittelpunkt des hellenistischen Zeitalters 322 Vergeblicher Aufstand der Griechen gegen die makedonische Herrschaft (Lamischer Krieg) 322 Tod des Aristoteles; nachhaltigste Wirkung unter allen griechischen Philosophen; Werke über Logik, Metaphysik, Naturphilosophie, Ethik, Politik, Psychologie, Kunst 321 Seleukos I. Nikator Satrap von Babylon, seit 312 Begründer der Seleukiden-Dynastie 307 Befreiung Athens durch König Demetrios Poliorketes von Makedonien 306 Epikur aus Samos gründet in Athen die Epikureische Philosophenschule 305 Ptolemäus I. König von Ägypten (Kultbeiname „Soter"); Ptolemäer-Dynastie 301 Nach drei Diadochenkriegen (322/21, 319/16, 315/01) und der Entscheidungsschlacht bei Ipsos in Phrygien (301) Abgrenzung der großen Königreiche 301 Mithridates I. begründet das Königreich Pontos	329 Neapolis erbittet römischen Schutz gegen die Samniten; Samniten rüsten sich erneut zum Kampf gegen die römische Einkreisung 326–304 Zweiter Samnitenkrieg; Anlaß: Eroberung von Neapolis (griechische Gründung) durch Roms campanische Bundesgenossen 326 Anschluß Neapels an Rom; durch das Gesetz des Poetelius wird das Schuldrecht gemildert, Schuldsklaven werden befreit 317–289 Agathokles macht sich zum Herrscher von Syrakus; 305 nimmt er den Königstitel an; schwankende Beziehungen zu den anderen Griechenstädten und zu den Karthagern 312 Römisches Bürgerrecht an alle; Gleichstellung von Bodenzensus und Geldzensus (Reform des Zensors Appius Claudius Caecus) 311–307 Etruskeraufstand gegen Rom wird niedergeschlagen 310 Agathokles, Tyrann von Syrakus, landet in Nordafrika; Karthago erleidet schwere Niederlagen; Friedensschluß gegen hohe Kriegsentschädigung an Agathokles (306)

Kelten dringen ins Siedlungsgebiet illyrischer Stämme auf der Balkanhalbinsel ein und vermischen sich teilweise mit der einheimischen Bevölkerung

330–327 Alexander erkämpft die zentralasiatischen Provinzen des persischen Reiches: Baktrien, Afghanistan und den südlichen Teil Turkestans
327–325 Indienzug Alexanders des Großen; Überschreitung des Indus; ein sich ihm unter König Poros entgegenstellendes Heer wird 326 am Hydaspes vernichtet; Eroberung der indischen Provinz Pandschab; an einem weiteren Vordringen wird er durch Widerstand seiner Soldaten gehindert; Zug bis zur Indusmündung
326–324 Alexander teilt das Heer; Nearchos, sein Admiral, fährt mit der Flotte an der Küste des Indischen Ozeans von der Indus- bis zur Euphratmündung (325); Alexander zieht mit dem Landheer zurück nach Susa (325/24); die in dem eroberten Teil Indiens hinterlassenen Satrapen halten sich nur wenige Jahre
um 320–298 Tschandragupta Maurya beseitigt in Nordwestindien die Nanda-Dynastie und gewinnt nach dem Sieg über die Makedonen die Herrschaft über ganz Nordindien; Maurya-Dynastie bis 185 v. Chr.
303 Seleukos I. Nikator tritt nach einer Niederlage in einem Friedensvertrag mit Tschandragupta alle von Alexander unterworfenen indischen Gebiete ab; von dem Gesandten des Seleukos in Indien, Megasthenes, ist eine Beschreibung des indischen Lebens überliefert („Indika“)

	Westliches Mittelmeer/Westeuropa	Östliches Mittelmeer/Vord. Orient
300 v. Chr.	300 Weiterer Sieg der Plebejer im Ständekampf; Zulassung plebejischer Bewerber zu allen Priesterkollegien in Rom um 300 Vordringen der Kelten nach Spanien; Vermischung mit einheimischen Stämmen (Keltiberer) 299 Allgemeiner Krieg der mittelitalischen Stämme im Bündnis mit Kelten und Etruskern (3. Samnitenkrieg) endet mit dem Sieg Roms (290) 295 Mit der für Rom siegreichen Schlacht bei Sentinum endgültige Unterwerfung der Etrusker; Samniten kämpfen weiter 290 Ende des 3. Samnitenkriegs; Rom festigt bis 280 seine Herrschaft über Mittelitalien 287 Ende des Ständekampfes in Rom nach Verabschiedung der Lex Hortensia; Gleichberechtigung der Plebejer, Gültigkeit der Plebiszite 282–272 Ausbruch des Krieges zwischen Tarent und Rom seit 281 König Pyrrhus von Epirus Bundesgenosse der griechischen Stadt Tarent 280 und 279 Siege des Königs Pyrrhus über die Römer unter hohen Verlusten („Pyrrhus-Siege") 275 Aufstieg Hierons II. von Syrakus (bis 215); stellt sich im 1. Punischen Krieg erst auf die karthagische Seite, dann römischer Verbündeter; König Pyrrhus zieht sich aus Italien zurück 275 Rom herrscht über Unteritalien; 270 wird Rhegion erreicht; kompliziertes System von Bündnissen und Abhängigkeitsverhältnissen Roms 270–264 Festigung der Römerherrschaft über Italien; Einnahme von Caere und Volsinii, den letzten Etruskerstädten, Anlage von Kolonialstädten, z. B. 268 Ariminum (Rimini) an der gallischen Grenze 264–241 1. Punischer Krieg; nach Ausschaltung der Etrusker-	seit 300 Meroë Hauptstadt des äthiopischen Reiches Kusch; Königspaläste, Amuntempel, Pyramiden als Grabstätten der kuschitischen Könige um 291 Menandros, griechischer Komödiendichter, in Athen gestorben 290 Bildung des Ätolischen Bundes im westlichen Griechenland 287 Theophrastos von Eresos, griechischer Philosoph und Schüler des Aristoteles, gestorben 285–247 Ptolemäus II. König von Ägypten, militärisch der erfolgreichste unter den Ptolemäern seit 282 Keltensturm verwüstet Makedonien 280 Bildung des Achäischen Städtebundes in der Nordpeloponnes 279 Delphi durch die Kelten bedroht; ab 279 Raubzüge der Kelten durch Kleinasien, bis zur Begründung eines eigenen Galaterreiches („Galatien")

wanderungen in Europa und Asien

Übriges Europa	Mittlerer und Ferner Osten	
um 300 Die ursprünglich in Südwestdeutschland ansässigen keltischen Boier besetzen Böhmen (germanisch „Boiohaemum“)		**300 v. Chr.**
	297–274 Maurya-König Bindusara; Sohn Tschandraguptas; Eroberung großer Gebiete in Südindien; sein Sohn Aschoka als Statthalter im Pandschab	
um 290 Keltische Stämme dringen bis zum Schwarzen Meer vor		
seit dem 3. Jh. Großplastik der Kelten und Beginn der Verwendung von Stein als Baumaterial statt des bis dahin üblichen Holzes	um 273–236 König Aschoka aus der Maurya-Dynastie; Sohn Bindusaras; Einigung Indiens zum ersten Mal in seiner Geschichte; förderte eine universelle buddhistische Mission; religiöse Reformen, Erziehung der Menschen zu Toleranz, Mitleid und Frieden; Einrichtung von Hospitälern für Menschen und Tiere; gilt in der buddhistischen Überlieferung als Idealgestalt des Herrschers; Hochblüte der Künste im indischen Reich unter Aschoka; Löwenkapitell von Sarnath	

	Westliches Mittelmeer/Westeuropa	Östliches Mittelmeer/Vord. Orient
300 v. Chr.	gefahr und der griechischen Eingriffe (Pyrrhus) stoßen Römer und Karthager in der Auseinandersetzung um Sizilien aufeinander 262 Die Römer gewinnen, unterstützt durch den zu ihnen übergegangenen Hieron von Syrakus, den karthagischen Hauptstützpunkt auf Sizilien, Akragas (Agrigent) 260 Seesieg der Römer (mit der ersten selbst erbauten Flotte) bei Mylae; zum Gedenken an diesen Sieg Errichtung der Columna rostrata auf dem Forum 259 Die Römer erobern Korsika 256 Vorstoß der Römer nach Afrika; nach anfänglichen Erfolgen – Landung bei Clupea östlich von Karthago – gehen Heer und Flotte verloren 254–252 Erfolge der Römer auf Sizilien; Panormos (Palermo) und Lipara erobert	274–239 König Antigonos Herrscher über Makedonien und Griechenland (Antigoniden) 271 Epikur von Samos, griechischer Philosoph, gestorben
250 v. Chr.	249 Niederlage der Römer zur See (bei Drepanum) 247–241 Der karthagische Feldherr Hamilkar Barkas unternimmt von dem Vorgebirge Eryx bei Panormos aus erfolgreiche Angriffe gegen die Römer; der Krieg wird zum beiderseitigen Erschöpfungskrieg 242 Entscheidungsschlacht zur See bei den Ägatischen Inseln vor Lilybaion zugunsten der Römer 241 Friedensschluß unter harten Bedingungen für die Karthager; Sizilien wird erste römische Provinz 241–238 Ein großer Söldneraufstand gegen Karthago wird durch Hamilkar Barkas niedergerungen 238 Rom zwingt Karthago zur Abtretung Sardiniens um 240 Livius Andronicus, griechischer Sklave, überträgt die Odyssee in lateinische Saturnier 235 Erstmalige Schließung des Janustempels in Rom läßt auf eine längere Friedenszeit hoffen 228–223 Unterwerfung der Kelten in Oberitalien; 223 wird der Po überschritten und Mediolanum,	um 250 Entstehungszeit vieler hellenistischer Kunstwerke in Malerei und Plastik (z. B. „Mädchen von Antium", „Alexanderschlacht", „Mediceische Venus", „Venus von Milo") 248 Das griechische Fürstentum Kyrene kommt an Ägypten 247–221 Ptolemäus III. Euergetes („der Wohltäter") König von Ägypten 247 Abfall der von den Parthern eroberten Gebiete im Nordosten des Irans von der Seleukiden-Herrschaft; Begründung des Partherreichs durch Arsakes I. (Arsakiden-Dynastie)

|---|---|---|
| 278 Der keltische Stamm der Galater setzt sich, vom Balkan ausgehend, in Galatien fest; bewahrt trotz römischer Herrschaft eigenes Volkstum und Sprache bis in die römische Kaiserzeit | Bekehrung Ceylons zum Buddhismus durch einen Sohn König Aschokas; auch in Birma und Zentralasien wahrscheinlich buddhistische Mission | **300 v. Chr.** |
| Datierte keltische Inschriften; lassen keine Rekonstruktion der keltischen Ursprache zu; Unterscheidung zwischen dem ausgestorbenen Festlandkeltisch (Spanien, Gallien, Süd- und Westdeutschland) und Inselkeltisch (Gälisch, Walisisch, Kornisch, Bretonisch) | um 250 In Baktrien (nördlich des Hindukusch) entsteht ein selbständiges iranisch-hellenistisches Königreich
um 250 In Nordwestkorea bildet sich ein erster koreanischer Staat, Tsch'ao-hsien, japanisch Chosen
um 250 Einigung der turkomongolischen Stämme in einem Großreich der Hunnen
249 Nach zwei Jahrhunderten der Zersplitterung Chinas (480–249) in sich untereinander bekämpfende absolutistische Einzelstaaten gründet der Herrscher von Ts'in ein zentralistisches Imperium; nennt sich 221 Ts'in Schih Huangti („Erster Erhabener Kaiser"); die Form dieses universalen Kaiserstaates bleibt letztlich bis zum Untergang der Monarchie 1911/12 erhalten | **250 v. Chr.** |

250 v. Chr.

die Hauptstadt der Insubrer, durch Cn. Cornelius Scipio erobert; Anlage römischer Kolonien in Mutina (Modena), Placentia (Piacenza) und Cremona; Ausbau einer Heerstraße von Rom über den Apennin (Via Flaminia)

219–202 2. Punischer Krieg entbrennt um Spanien; Karthagos militärische Führung, erst unter Hamilkar Barkas, dann unter Hasdrubal geht 221 an Hannibal über; dieser verletzt den mit den Römern 226 geschlossenen Ebro-Vertrag 219 durch Einnahme und Zerstörung Sagunts

218 Hannibals Plan, die Römer vom Norden her zu treffen; er überschreitet die Pyrenäen, zieht rhôneaufwärts und überwindet unter schwersten Verlusten die Alpen; Niederlagen der ihm entgegengeworfenen Heere am Ticinus und an der Trebbia; Oberitalien fällt von den Römern ab

217 Schlacht am Trasimenischen See; Sieg Hannibals; Q. Fabius Maximus in Rom zum Diktator ernannt; Hannibal dringt an der Ostküste Mittelitaliens vor

216 Schlacht bei Cannae; größte militärische Niederlage Roms; Hannibal wagt auch jetzt nicht den Angriff auf Rom; hinhaltende römische Taktik

216 römische Erfolge in Spanien; der westnumidische König Syphax wechselt auf die Seite der Römer

215–211 Syrakus fällt nach dem Tode König Hierons von Rom ab; 211 von den Römern gestürmt; Tod des Mathematikers Archimedes; die Römer gewinnen wieder die Kontrolle über Sizilien

211 Belagerung und Einnahme des abgefallenen Capua durch die Römer; Niederlage der Römer in Spanien und Tod von P. und Cn. Cornelius Scipio; dabei der numidische Fürst Masinissa mit den Karthagern verbündet

209 P. Cornelius Scipio, seit 210 Prokonsul in Spanien, überschreitet den Ebro und erobert Neukarthago

229/28 Rom greift erstmalig in die Verhältnisse östlich der Adria ein: Ausräumung eines illyrischen Seeräubernestes um Cattaro; die dadurch ebenfalls entlasteten Griechen lassen daraufhin die Römer zu den Isthmischen Spielen und zu den Eleusinischen Mysterien zu

223–187 Antiochos III., der Große, bedeutendster Seleukidenherrscher; große Erfolge gegen die Parther und Baktrien, gewinnt sogar Teile der indischen Provinzen Alexanders zurück

223 Bei einem Erdbeben stürzt der Koloß von Rhodos, ein 32 Meter hohes Erzstandbild des Sonnengottes Helios des Chares von Lindos, ein

221–205 Ptolemäus IV. Philopator König von Ägypten

215 Ein Bündnis Hannibals mit Philipp V. von Makedonien bringt Rom den ersten Konflikt mit dem griechischen Osten; eine römische Flotte verhindert Philipps Landung an der ostitalienischen Küste

250 v. Chr.

Mitte 3. Jh. Keltische Einwanderer besetzen Mittelengland wahrscheinlich ohne größere Kämpfe gegen die Einheimischen
225 In der Schlacht bei Pavia können die Römer keltische Stämme in Oberitalien schlagen
222 Sieg römischer Heere über Insubrer und Boier

236–um 185 Unter der Herrschaft der Nachfolger König Aschokas zerfällt das indische Großreich
um 220 Beginn des Ausbaus der „Chinesischen Mauer" im Nordwesten Chinas; Verbindung und Verstärkung einzelner schon vorhandener Grenzbefestigungen

214 Bedrohung des chinesischen Reiches durch die Hunnen im Norden erfolgreich abgewehrt
213 Fast die gesamte chinesische Literatur ist von den Bücherverbrennungen im chinesischen Ts'in-Reich betroffen; nur wenige meist naturwissenschaftliche Werke bleiben verschont
210 Aufstände gegen die tyrannische Herrschaft des Ts'in-Kaisers und gewaltsame Vereinheitlichungsmaßnahmen in Verwaltung und Wirtschaft
nach 209–um 174 Mao-tun errichtet ein Großreich der Hiung-nu

	Westliches Mittelmeer/Westeuropa	Östliches Mittelmeer/Vord. Orient
250 v. Chr.	207 Hasdrubal, Bruder Hannibals, wird mit seinem Entsatzheer nach dem Eintreffen in Norditalien am Metaurus völlig geschlagen	
	207/06 Scipio unterwirft ganz Spanien und gewinnt Masinissa für die römische Seite	
	205 Scipio landet von Sizilien aus in Afrika	205–181 Ptolemäus V. Epiphanes König von Ägypten; Ägypten verliert an die Seleukiden alle asiatischen Besitzungen außer Zypern
	203 Waffenstillstand Rom-Karthago; Hannibal verläßt Italien	
	202 Nach Bruch des Waffenstillstands Entscheidungsschlacht bei Zama; Vernichtung des karthagischen Heeres	
	201 Rom diktiert Karthago die Friedensbedingungen, u. a. Verzicht auf alle Besitzungen außerhalb Afrikas; Masinissa wird Herrscher des numidischen Reiches; Oberitalien von Rom wieder unterworfen, Kolonie Aquileia gegründet	
	um 201 Tod des römischen Dichters Gnäus Nävius; Epos über den 1. Punischen Krieg, Beginn der römischen Nationalliteratur	
200 v. Chr.	um 200 Einrichtung der Provinz Gallia cisalpina nach Niederwerfung eines Aufstands in Gallien	200–196 Makedonischer Krieg; König Attalos von Pergamon, Rhodos und Athen bitten Rom um Intervention gegen Bedrohung durch Philipp V. von Makedonien; römische Kontingente landen in Griechenland; der Ätolische Bund schließt sich Rom an, 198 auch der Achäische Bund
	197 Einrichtung der Provinzen Hispania citerior und Hispania ulterior	197 Schlacht bei Kynoskephalai in Thessalien; Philipp besiegt; harte Friedensbedingungen: Philipp muß Griechenland aufgeben
		196 Antiochos III. überschreitet den Hellespont; Ziel ist die Übernahme des westlichen Reichsteils Alexanders des Großen
		196 Der Sieger im Makedonischen Krieg, T. Quinctius Flamininus, verkündet bei den Isthmischen Spielen Autonomie der Griechen
		195–189 Krieg Roms mit Antiochos III., König des Seleukidenreiches; Antiochos' Übergreifen auf europäische Gebiete läßt den Krieg auf griechischem Boden stattfinden

Übriges Europa	Mittlerer und Ferner Osten	
um 220 Der ostgermanische Volksstamm der Bastarnen, ursprünglich an der oberen Weichsel ansässig, zieht in das Gebiet nördlich der Donaumündung (Bastarnien möglicherweise Träger der Gesichtsurnenkultur)	208 Der Reformkanzler der Ts'in-Dynastie, Li Sse, hingerichtet	**250 v. Chr.**
	206–220 n. Chr. Han-Dynastie in China; Schaffung eines zentralistisch mit Hilfe des Beamtenapparats regierten theokratischen Staatswesens; Förderung historisch-literarischer Studien; Verweltlichung und Verfeinerung der Kunst	
vor 200 Der keltische Stamm der Taurisker läßt sich im Tauerngebiet der Alpen nieder		
2. Jh. Germanische Völkerschaften beginnen nach Süden vorzudringen	um 200 Buddhismus herrschende Religion in Ceylon um 200 Wirtschaftsreformen in China; Senkung von Grundsteuer und Abgaben; Besiedlungspläne; Verbesserung und Erneuerung der Bewässerungsanlagen	**200 v. Chr.**
	Im 2. Jahrhundert besteht im westlichen Tarim-Becken ein großes Reich, Groß-Ts'in (iranisch Tschinistan oder Samarkand); Seidenraupenzucht und Baumwollkultur 2. Jahrhundert: Vordringen der Saka (Saken) aus Turan bis zur Nordwestgrenze Indiens	

	Westliches Mittelmeer/Westeuropa	Östliches Mittelmeer/Vord. Orient
200 v. Chr.	194 Rom hat eine Bevölkerung von 243000 römischen Bürgern, die waffenfähig sind	192–189 Der Krieg des Seleukidenreichs mit Rom macht alle Erfolge König Antiochos' III. zunichte
		191 Niederlage Antiochos' III. durch ein römisches Heer an den Thermopylen; Antiochos flieht; die Römer tragen nun den Krieg nach Kleinasien
		190 Die seleukidische Flotte des Antiochos wird bei Myonessas vernichtend geschlagen
		190 Das römische Heer unter L. Cornelius Scipio überschreitet den Hellespont; Entscheidungsschlacht bei Magnesia am Sipylos; römischer Sieg; Antiochos III. muß Kleinasien bis zum Taurus aufgeben und soll den an seinem Hof lebenden Hannibal ausliefern; Hannibal flieht zu König Prusias von Bithynien; Kleinasien von den Römern an Pergamon und Rhodos verteilt
	184 Titus Maccius Plautus, römischer Komödiendichter, gestorben	183 Hannibal, auch in Bithynien von den Römern verfolgt, nimmt Gift
	180 Umsiedlung der besiegten Ligurer nach Samnium	um 180 Heliozentrisches Weltbild des Aristarch von Samos
		171–167 Rom unterwirft Makedonien; in Makedonien setzt sich nach dem Tod Philipps V. (179) unter Perseus d. J. eine romfeindliche Haltung durch; das erste Eingreifen Roms endet mit einer Niederlage
	169 Tod des römischen Dichters und Geschichtsschreibers Quintus Ennius	168 Die Schlacht von Pydna entscheidet den römisch-makedonischen Krieg; das Königreich Makedonien wird in vier Freistaaten umgewandelt
		168 Verbot des jüdischen Kultus durch den Seleukiden Antiochos IV.; Aufstand der Juden
		167 In Jerusalem wird unter Antiochos IV. der Jahwekult abgeschafft; statt dessen Herrscherkult
		162–150 Regierungszeit des Seleukidenherrschers Demetrios' I. Soter
	159 Terenz (Publius Terentius Afer), römischer Komödiendichter, gestorben	161 Nach erfolgreichem Kampf gegen Antiochos IV. Tod des jüdischen Heerführers Judas Makkabäus
	154–133 Aufstand in Spanien; zwei Jahrzehnte wechselvoller Kämpfe mit Lusitaniern und Keltiberern	159 Zeus-Altar in Pergamon unter König Eumenes II.; großer Fries: „Kampf der Götter und Giganten"

Übriges Europa	Mittlerer und Ferner Osten	
2. Jh. Entstehung der keltischen Oppida; stadtartige Siedlungszentren in der Nähe von Burgen; Selbstverwaltungsorgane, Handwerksbetriebe und Münzprägestätten		**200 v. Chr.**
	187–73 Schunga-Dynastie in Indien; gegründet vom Heerführer Puschjamitra nach Ermordung des letzten Maurya-Herrschers; brahmanische Reaktion auf den Buddhismus, der verfolgt wird	
um 175 Einwanderung keltischer Stämme nach Nordirland	um 174–160 Lo-schang, Sohn des Mao-tun, Herrscher im Reich der Hiung-nu	
Eigenständige Form der Latène-Kultur unter den keltischen Einwohnern Britanniens (2.–1. Jh.)		
	168–145 Menandros (griechischer Feldherr aus Baktrien) gründet im Pandschab ein großes indogriechisches Reich; Hauptstadt Sakala	
	167 Strafrechtsreform im Han-Reich in China; Milderung der Strafen für Schwerverbrecher	

	Westliches Mittelmeer/Westeuropa	Östliches Mittelmeer/Vord. Orient
150 v. Chr.	149–146 3. Punischer Krieg; trotz angebotener bedingungsloser Kapitulation wird Karthago zu diesem Krieg gezwungen 146 Nach zweijähriger Belagerung Eroberung und Zerstörung Karthagos durch P. Cornelius Scipio Aemilianus; Begründung der Provinz Africa 135–132 Erster (gefährlicher) Sklavenaufstand in Sizilien; erst 132 niedergeworfen 133 Der 134 nach Spanien entsandte P. Cornelius Scipio Aemilianus wirft mit der Eroberung Numantias den spanischen Aufstand nieder 133 Tib. Sempronius Gracchus, Führer der Partei der Populares, versucht, eine Agrarreform durchzusetzen; wird mit seinen Gesinnungsgenossen von den Anhängern der Senatspartei, der Optimates, auf dem Forum erschlagen 123–121 C. Gracchus, jüngerer Bruder des Tib. Gracchus, erneuert den Versuch, das Ackergesetz durchzusetzen; ein Bürgerkrieg in Rom endet mit seinem Tod (121) und der Hinrichtung seiner Anhänger 111–105 Iugurthinischer Krieg; Rom greift in die numidischen Erbstreitigkeiten gegen Iugurtha, den Enkel Masinissas, ein; durch Bestechung der römischen Optimatenpartei gelingt Iugurtha hinhaltender Widerstand 105 L. Cornelius Sulla setzt die Auslieferung des nach Mauretanien geflüchteten Iugurtha durch; Ende des nordafrikanischen Krieges 105–101 Entscheidungskämpfe zwischen Rom und den Kimbern und Teutonen; C. Marius führt eine Heeresreform durch und besiegt 102 die Teutonen bei Aquae Sextiae (Provence) und 101 die Kimbern bei Vercellae (Norditalien)	Mitte 2. Jh. Die Kraft des Ptolemäer-Reiches erlahmt durch Thronstreitigkeiten; hinzu kommt der wachsende Einfluß Roms im östlichen Mittelmeer 150 Das syrische Seleukidenreich verliert den Nordwestiran (Medien) an die Parther 148–146 Rom annektiert Makedonien und Griechenland 148 Makedonien römische Provinz 146 Zerstörung Korinths und Auflösung des Achäischen Bundes 142 Die Juden erringen nach jahrzehntelangen Kämpfen weitgehende politische Unabhängigkeit von den Seleukiden 133 Attalos III., letzter König von Pergamon, vermacht sein Reich den Römern; 129 Gründung der Provinz Asia nach schweren Widerständen 127 Der Seleukide Antiochos VII. unterliegt und fällt im Kampf gegen den Partherkönig Phraates II. bei Ekbatana 125 Mit Antiochos VIII. beginnen im Seleukiden-Reich ununterbrochene Thronwirren; durch Cn. Pompeius wird Syrien zur römischen Provinz um 125 Hipparchos, griechischer Astronom, Begründer der wissenschaftlichen Astronomie, gestorben um 120 Tod des Polybios, griechischer Historiker (war 168 von den Römern nach Italien deportiert worden)
100 v. Chr.	100 Erster (schwerer) Bürgerkrieg in Rom – Marius gegen die Optimaten – leitet eine lange	um 100 Entstehung der Schriftrollen vom Toten Meer (aus der Essener-Bibliothek in Qumram);

Übriges Europa	Mittlerer und Ferner Osten	
seit 150 Wanderung der Ostgermanen nach Ost-Mitteldeutschland; Germanenstämme überschreiten den Rhein, wo sie keltische Stämme überlagern	140–87 Machthöhepunkt Chinas unter Kaiser Wu; Kontakte mit dem hellenistischen Orient	**150 v. Chr.**
	um 130 Unter dem Druck der nach Westen drängenden Hunnen besetzen die Yüeh-tschih, bisher in Westturkestan, Baktrien; sie drängen die indogermanischen Tocharer und Saka nach Süden und Westen	
	121–119 China treibt den gefährlichsten Gegner, die Hunnen, aus den Grenzgebieten in die Wüste Gobi zurück	
	Prägung von einheitlichen Münzen in China	
um 115 Verheerende Überschwemmungen an der jütländischen Küste veranlassen dort ansässige germanische Stämme zur Wanderung nach Süden	111/110 China unterwirft das südost- und südchinesische Küstengebiet	
113–105 Die wahrscheinlich germanischen, bei den Römern als Kelten geltenden Kimbern, stoßen, von der Nordseeküste kommend, in das keltische Alpengebiet vor; der erste Zusammenstoß der Römer mit den Germanen bei Noreia in Kärnten endet 113 mit einer römischen Niederlage		
109 Die Kimbern, verbündet mit den keltischen (?) Teutonen, bereiten den Römern eine zweite Niederlage	108 Nordwest-Korea wird von China unterworfen; Einteilung in chinesische Verwaltungsbezirke; Hauptstadt in der Nähe des heutigen Pjöngjang	
107 Die mit den Kimbern und Teutonen verbündeten helvetischen Tiguriner besiegen die Römer bei Agen (Garonne)		
105 Kimbern und Teutonen schlagen ein römisches Heer bei Arausio (Orange) in Südgallien	104–102 Chinesische Feldzüge stoßen nach Zentralasien vor; Oasenstaaten im Tarimbecken tributpflichtig; Hunnengefahr zunächst völlig ausgeschaltet; Ausbau des Handels mit Zentralasien und dem Westen über die beiden sogenannten Seidenstraßen	
102 Die Teutonen unter Teutopod werden bei Aquae Sextiae (Aix-en-Provence) von den Römern unter Marius vernichtend geschlagen		
101 Die Kimbern unter Boiorix erleben bei Vercellae in Oberitalien durch den römischen Konsul Marius eine vernichtende Niederlage		
um 100 Druck germanischer Stämme auf die Kelten im (später) mitteldeutschen Raum	1. Jh. v. Chr. Eine zentralasiatische Völkerwanderung beendet die Griechenherrschaft im Pandschab	**100 v. Chr.**

	Westliches Mittelmeer/Westeuropa	Östliches Mittelmeer/Vord. Orient
100 v. Chr.	Bürgerkriegsepoche ein (bis zur augusteischen Zeit ab 30 v. Chr.) 99 Niederschlagung eines zweiten großen Sklavenaufstandes (in den Anfängen seit 103) in Sizilien 91–88 Bundesgenossenkrieg; Aufstand des größten Teils der Italiker wegen der wirtschaftlich-sozialen Lage, Gründung eines neuen Staats „Italia"; Rom gewährt den meisten das Bürgerrecht und überwindet die dann noch widerstrebenden Bundesgenossen	1947 in einer Höhle am Toten Meer bei Jericho entdeckt; Texte aus dem Alten Testament, Kommentare zu den Prophetenbüchern, Schriften der Gemeinde von Qumran; heute z.T. im „Schrein des Buches" des Israel-Museums in Jerusalem
	88–82 Bürgerkrieg in Rom; Sulla (Senatspartei) gegen Marius und Cinna (Volkspartei) 88 Sulla besetzt Rom; Marius flieht nach Mauretanien; extreme Senatsherrschaft; Sulla erhält Oberbefehl gegen Mithridates 87/86 Umschwung in Rom; der Konsul L. Cornelius Cinna ruft Marius nach Rom zurück; Terrorherrschaft der Volkspartei, nach Marius' Tod (86) von Cinna fortgeführt 83 Sulla landet in Brundisium und nimmt, unterstützt durch Cn. Pompeius, den Kampf gegen die Marianer auf 82–79 Diktatur Sullas; Ächtung der politischen Gegner durch Proskriptionen; durchgreifende gesetzgeberische Maßnahmen 79 Sulla legt die Herrschaft nieder; den Rest seines Lebens verbringt der Ex-Diktator auf seinem Landgut; stirbt im Jahre 78 77–71 Pompeius unterwirft die unter dem marianischen Statthalter Q. Sertorius (seit 83) abgefallenen spanischen Provinzen 74 Lucius Licinius Lucullus Konsul in Rom; berühmt durch erlesene Gesellschaften und üppige Gastmähler; vor seinem Feldzug gegen Mithridates soll er den Kirschbaum nach Europa mitgebracht haben	88 Die Cyrenaika (Nordafrika) wird dem Römischen Reich als Provinz angegliedert 88 Mithridates VI., König von Pontos, erobert Kleinasien und dringt in die römische Provinz Asia ein 83–82 2. Mithridatischer Krieg; Mithridates fällt in Griechenland ein; mehrere Siege Sullas, auch über das mit Mithridates verbündete Athen (Athen von nun an Provinzstadt); nach weiteren römischen Erfolgen in Kleinasien Friedensdiktat: Mithridates verzichtet auf alle eroberten Gebiete
	73–71 Großer Sklavenaufstand in Mittel- und Süditalien, ausgehend von den Gladiatorenschulen in Capua, unter Führung des Thrakers Spartacus; nach für Rom gefährlichen Anfangserfolgen durch M. Licinius Crassus niederge-	74–63 3. (letzter) Mithridatischer Krieg; L. Licinius Lucullus wird, obwohl dem Endsieg nahe, vom Senat zurückberufen

100 v. Chr.

um 100 Entstehung der ältesten germanischen Runen (Schrift- und Zauberzeichen)
um 100 Die Kelten werden von den Germanen aus Mitteleuropa nach Südwesten gedrängt; der verbliebene Teil der keltischen Stämme vermischt sich mit den Germanen
um 100–um 200 n. Chr. Gotenwanderung von Südschweden über die Ostsee bis ins Weichselgebiet und weiter zum Schwarzen Meer

72 Suebische Stämme unter Ariovist überschreiten den Oberrhein

1. Jh. Buddhismus verbreitet sich in Hinterindien
um 100–100 n. Chr. Tschola-Dynastie in Südindien
99 Bauernaufstände in mehreren chinesischen Provinzen

um 90–um 80 Die Saka setzen sich im Gandhara-Gebiet (im oberen Pandschab) fest; wahrscheinlich in Abhängigkeit von den Partherkönigen

75–30 Kanwa-Dynastie in Indien in der Nachfolge der Schunga-Dynastie; fördert den Brahmanismus

100 v. Chr.

schlagen; Pompeius, aus Spanien zurückkehrend, besiegt in Norditalien die restlichen Aufständischen
seit 66 Caesars politischer Aufstieg
66 Marcus Tullius Cicero Praetor in Rom;
Schöpfer einer römischen Kunstprosa;
Vermittler griechischer Philosophie und griechischen Gedankenguts
63/62 Catilinarische Verschwörung in Rom; frühere Marianer unter Führung des Patriziers Catilina; Aufstellung eines Heeres in Etrurien; Cicero, Konsul, läßt die in Rom verbliebenen Catilinarier hinrichten; Catilina fällt im Kampf gegen den (2.) Konsul Antonius
60 Erstes Triumvirat; Cn. Pompeius (61 aus Asien zurück), C. Julius Caesar und M. Licinius Crassus halten die ganze Staatsmacht in Händen; Caesar, Konsul für 59, erhält die Statthalterschaft von Gallia Cisalpina, Gallia Narbonensis und Illyricum für 5 Jahre
59 Pompeius heiratet Julia, die Tochter Caesars
58–51 Caesar unterwirft Gallien; Pompeius der Machthaber in Rom
58 Caesar greift in die Verhältnisse des noch freien Gallien ein, besiegt die Helvetier, die in einer zweiten Wanderung Südwestfrankreich anstreben, bei Bibracte und wirft Ariovist nach der Schlacht bei Mülhausen über den Rhein zurück
57 Caesar besiegt die belgischen Stämme (Nervier)
56 Caesar besiegt die Veneter (Bretagne); Erneuerung des Triumvirats in Lucca; Caesars Kommando auf weitere 5 Jahre verlängert
55 Freitod des römischen Philosophen Titus Lucretius Carus (Lukrez); überliefertes Hauptwerk „De rerum natura"; vertritt die Lehre Epikurs, daß sich die ewigen Gesetze des Weltgeschehens ohne Zutun der Götter vollziehen
54 Gaius Valerius Catullus (Catull) gestorben; römischer Dichter, berühmt durch seine Liebeslieder an Lesbia und Trinklieder

67 Pompeius, mit außerordentlichen Vollmachten ausgestattet, zieht im gesamten Mittelmeer gegen die Seeräuberei zu Felde; Zentren der Seeräuberei: Kreta und die Südküste Kleinasiens
66–63 Pompeius beendet die Mithridatischen Kriege; Mithridates gibt sich selbst den Tod; in Vorderasien Pontos und Syria neue römische Provinzen; Judäa Klientelstaat unter dem makkabäischen Hohenpriester Hyrkanos
63 Judäa kommt endgültig unter die Herrschaft der Römer (Scheinkönigtum Herodes des Großen)

um 70 In die nach den Kimbernkriegen von den Helvetiern verlassenen süddeutschen Gebiete sind die germanischen Sueben unter König Ariovist eingedrungen; Ariovist wird unter Caesars Konsulat als „befreundeter und verbündeter König“ anerkannt

um 60 Die in Böhmen ansässigen Boier verlassen unter dem Druck benachbarter germanischer Stämme ihr Siedlungsgebiet und siedeln sich in Noricum, Pannonien und Gallien an. Die in Böhmen verbliebenen Boier werden später von den Markomannen vertrieben

58 Der Suebenfürst Ariovist von Caesar bei Mülhausen im Elsaß vernichtend geschlagen, Reste des Heeres werden zu ihren Stammesgenossen im Gebiet zwischen Neckar und Donau vertrieben; die keltischen Helvetier rücken nach

58–51 Rücksiedlung der Helvetier in den Raum der heutigen Schweiz während des Gallischen Kriegs Caesars

56/55 Die germanischen Usipeter und Tenkterer fallen in Belgien ein, werden von Caesar zurückgeworfen; zur Abschreckung erster Rheinübergang Caesars; erste Landung Caesars in Britannien

58 Die Saka werden bei einem Vorstoß nach Zentralindien durch den indischen König Vikramaditya bei Avanti zurückgeschlagen; die Saka behaupten jedoch das Pandschab-Gebiet und verdrängen endgültig die griechischen Könige aus Indien und Ostiran

	Westliches Mittelmeer/Westeuropa	Östliches Mittelmeer/Vord. Orient
100 v. Chr.	54 2. Überfahrt Caesars nach Britannien; Sieg über ein britisches Heer 53 Nach Niederwerfung eines gefährlichen Aufstands (Treverer und Eburonen) Unterwerfung der Stämme und 2. Rheinübergang des römischen Heers; Triumviratskrise in Rom nach dem Tod des Crassus (gefallen in Mesopotamien im Kampf gegen die Parther) 52 Allgemeiner Aufstand der Gallier unter Vercingetorix; mit der Einnahme von Alesia durch die Römer ist der Widerstand gebrochen 51 Abschluß der Unterwerfung Galliens; Gallien wird romanisiert; neue Grenze gegen die Germanen; Caesar hat mit seinem Heer einen Trumpf gegen Pompeius in der Hand	
50 v. Chr.	um 50 Höhepunkt der klassischen römischen Literatur mit stilistisch vollendeter Prosa. Personalunion von Literat und Politiker (Caesar, Cicero); Vermittlung griechischer Kultur nach Rom 49 Caesar überschreitet den Rubicon (Grenzfluß zwischen der Provinz Gallia Cisalpina und dem eigentlichen Italien) und marschiert auf Rom. Beginn des Bürgerkriegs zwischen Caesar und Pompeius; Pompeius setzt nach Illyrien über; Caesar besiegt zwei pompeianische Heere in Spanien 48/47 Caesar veröffentlicht seine Geschichte des Gallischen Krieges („De bello Gallico") und die des Bürgerkrieges („De bello civile") 47 Caesar wieder in Rom; erneute Sammlung der Pompeianer in Spanien und Afrika 46 Sieg Caesars über die Pompeianer (beide Söhne des Pompeius, M. Porcius Cato und Juba von Mauretanien) bei der Seefestung Thapsus in Afrika 46 Kalenderreform Caesars (durch den alexandrinischen Astronomen Sosigenes); Einführung des ägyptischen Sonnenjahrs mit $365^{1}/_{4}$ Tagen, ein Schalttag alle vier Jahre	49/48 Caesar setzt im November 49 nach Illyrien über; Stellungskrieg bei Dyrrhachium 48 Entscheidungsschlacht bei Pharsalus in Thessalien; Pompeius flieht nach Ägypten (bei der Landung auf Befehl des Königs Ptolemäus XIV. ermordet) 48/47 Caesar in Ägypten; Alexandrinischer Krieg gegen Ptolemäus XIV.; Caesar in Lebensgefahr; Ptolemäus auf der Flucht umgekommen; Verhältnis Caesars mit Kleopatra 47 Feldzug Caesars in Kleinasien; Sieg über Pharnakes von Pontos (Sohn Mithridates' VI.) bei Zela

100 v. Chr.

Übriges Europa

53 Die Römer schlagen das Heer der aufständischen Treverer

53 Nach Niederwerfung von Aufständen der Nervier und Quaden überschreitet Caesar zum zweitenmal den Rhein (bei Andernach)

53 Romanisierung der linksrheinischen Germanen beginnt

um 51 Caesars wohl auf kriegstagebuchartigen Aufzeichnungen beruhendes, aber vermutlich erst gegen Ende bzw. nach Abschluß des Gallischen Kriegs zusammenfassend niedergeschriebenes Werk „Commentarii de bello Gallico“ enthält neben den Angaben über die keltischen Völker und Stämme auch erste Berichte über Germanen und Germanien; nicht sicher ist, ob die betreffenden Exkurse dieses Werkes von Caesar selbst verfaßt wurden oder auf Aufzeichnungen anderer beruhen

50 v. Chr.

Mittlerer und Ferner Osten

2. Hälfte 1. Jh. Verfall der Han-Dynastie in China; Adelscliquen dominieren

seit Mitte 1. Jh. Mehrere Staatengründungen auf der Halbinsel Korea; am bedeutendsten Kao-kü-li (= „Korea“, japanisch Kokorai)

um 50 Bau der Tore von Sanchi; Höhlenklöster in Westindien

um 50 Die „Seidenstraße“ als Handelsweg zwischen China und dem Römischen Reich durch Ost-Turkestan, Pamir und Persien deckt den wachsenden Luxusbedarf der stadtrömischen Gesellschaft

	Westliches Mittelmeer/Westeuropa	Östliches Mittelmeer/Vord. Orient
50 v. Chr.	46 Senat ernennt Caesar zum Diktator auf 10 Jahre; 44 zum Diktator auf Lebenszeit	
	45 Caesar vernichtet das letzte Heer der Pompeianer bei Munda in Spanien; Neuordnung des römischen Staates	
	44 Senatorenverschwörung gegen Caesar unter M. Iunius Brutus und C. Cassius Longinus	44 Kleopatra läßt nach Caesars Ermordung ihren Bruder und Gemahl Ptolemäus XV. beseitigen
	44 (15. März) Caesars Ermordung in der Curia Pompeia; Parteienbildung in Rom; Konsul M. Antonius wendet sich gegen die Caesarmörder; der Adoptivsohn Caesars, C. Iulius Caesar Octavianus, mischt sich ins politische Spiel	
	43 Mutinensischer (Bürger-)Krieg gegen den eigenmächtig handelnden Antonius; Octavian erzwingt in Rom das Konsulat und wird Oberbefehlshaber gegen Antonius	43/42 Krieg der Triumvirn gegen die Caesar-Mörder, die in Makedonien ein großes Heer gesammelt haben
	43 (November) Überraschende Einigung zwischen Octavian und Antonius; Bildung eines zweiten Triumvirats (zusammen mit Lepidus); Proskriptionen gegen die Partei der Caesar-Mörder; Cicero ermordet	42 Schlacht bei Philippi in Makedonien; Antonius besiegt Brutus und Cassius; diese nehmen sich das Leben 41/40 Zerwürfnis zwischen Octavian und Antonius beginnt; Liebesverhältnis Antonius–Kleopatra
	40 Freundschaftsvertrag zwischen Octavian und Antonius in Brundisium; Teilung der Machtbereiche zwischen Octavian (Westen), Antonius (Osten) und Lepidus (Afrika)	39–33 Vier im Vergleich zum römischen Aufgebot relativ ergebnislose Feldzüge des Antonius (oder seiner Legaten) gegen die Parther 37–4 Herodes der Große, von den Römern zum „König der Juden“ ernannt
	38 Verlängerung des Triumvirats	
	36 Die vereinigte Flotte der Triumvirn besiegt unter M. Vipsanius Agrippa die Flotte des gegen Octavian aufständischen Sextus Pompeius bei Naulochos in Sizilien; Lepidus von Octavian ausgeschaltet; Octavian alleiniger Herr des Westens	
	um 35 Gaius Sallustius Crispus (Sallust), römischer Historiker, gestorben: „Die Verschwörung des Catilina“	33 Antonius löst die Verbindung mit Octavian; Octavian läßt Antonius durch den Senat zum Reichsfeind erklären
	30 v. Chr.–14 n. Chr. Octavian Alleinherrscher; Rücksicht auf römische Tradition und Friedenspolitik; Volk und Senat geben ihm das ständige prokonsularische Imperium über die Provinzen und den Ehrentitel Augustus (27)	32–30 Krieg zwischen Antonius und Octavian; die Heere sammeln sich in Westgriechenland/Epirus

50 v. Chr.

44 Gründung der Augusta Raurica (Augst bei Basel) zur Sicherung Galliens gegen germanische Einfälle
38 Mit römischer Erlaubnis siedeln die westgermanischen Ubier links des Rheins im Gebiet des späteren Köln
16 Die von Kelten besiedelte Steiermark wird Teil des Römischen Reiches (Noricum)
16 Nach Überschreiten des Rheins schlagen die germanischen Sugambrer den römischen Statthalter Lollius
15 Tiberius und Drusus, die Stiefsöhne des Kaisers Augustus, stoßen bis zur oberen Donau vor; Unterwerfung der Vindeliker und Räter; Provinzen Raetia und Noricum eingerichtet; Hauptort Rätiens wird Augusta Vindelicorum (Augsburg); das keltische Campodunum (Kempten) wird römisch
15 Gründung von Augusta Treverorum (Trier)
15–13 Augustus trifft am Rhein Vorbereitungen zu einem Großangriff gegen das rechtsrheinische Germanien; Errichtung von rund 50 Drusus-Kastellen am Rhein
13 Die Römer gründen das Kastell Moguntiacum (Mainz), Mainz wird später Hauptort des römischen Obergermanien
13–9 Die Römer erreichen die mittlere Donau; Pannonien wird unterworfen; Vorstoß gegen die Daker in Siebenbürgen
12 Erster Feldzug des Drusus gegen die Germanen; Vorstoß über See entlang der Nordseeküste; Unterwerfung der Bataver, Chauken und Friesen
um 12 Die Ubiersiedlung im Raum des heutigen Köln wird Stadt: Oppidum Ubiorum

um 50–220 n. Chr. Indoskythisches Reich der von den Hunnen aus Ostchina vertriebenen Yüeh-tschih unter der Dynastie Kuschan (Koraner)
seit 50 Im Dekan (Südindien) Großreich der Andhras
33 Indo-skythische Fürsten werden von Antonius zum Kampf gegen das Partherreich herangezogen; Antonius erstrebt Erneuerung des Alexanderreiches von Rom bis Persien
32–7 Kaiser Tsch'eng (Han-Dynastie) in China; zunehmender Einfluß der Sippe Wang (Wang Mang)

	Westliches Mittelmeer/Westeuropa	Östliches Mittelmeer/Vord. Orient
50 v. Chr.	29 Schließung des Janustempels in Rom, erstmals seit 235 27 Nach Verleihung des Ehrentitels Augustus an Octavian lautet der offizielle Name des Kaisers: Imperator Caesar Augustus (der Erhabene), divi filius 19 Einer römischen Expedition unter L. Cornelius Balbus gelingt die Durchquerung der Wüste Sahara im Raum südlich von Tripolis 19 Publius Vergilius Maro (Vergil), römischer Dichter, gestorben; neben seinen „Hirtengedichten“ und „Georgica“ am berühmtesten durch das Epos „Aeneis“ 19 Tod des Albius Tibullus (Tibull); Dichter römischer Liebeselegien 17 Ludi saeculares in Rom, Jahrhundertfeier der Stadtgründung; Festlied von Horaz (erhalten) 15 Sextus Propertius (Properz), römischer Dichter, gestorben; Liebeselegien und patriotische Lieder 9 Einweihung der Ara Pacis, des Friedensaltars, in Rom 8 Aquaedukt bei Nimes (Pont du Gard) erbaut 8 Quintus Horatius Flaccus (Horaz), römischer Dichter, gestorben; neben Vergil größter römischer Dichter der augusteischen Zeit mit Satiren, Briefen, Gedichten; Literaturbrief „Ars poetica“ über die Dichtkunst 8 Tod des Gaius Cilnius Maecenas, größter Förderer der Künste in der augusteischen Zeit; seither der Name „Mäzen“ für solche Verdienste 2 v. Chr. Ehrentitel für Augustus, „Pater patriae“ („Vater des Vaterlandes“); seither bis in die Gegenwart gebräuchlich... „hat sich um das Vaterland verdient gemacht“; Ende der republikanischen Tradition, der Ämterhäufung, Aufhebung der jährlichen Wahlen und der Kollegialität sowie das Verordnungsrecht des Augustus widersprechen; Aufstellung einer Leibgarde für den Kaiser (Praetorianer)	31 Seeschlacht bei Actium; Kleopatra setzt sich mit der ägyptischen Flotte ab; Antonius, geschlagen, flieht nach Alexandria 30 Octavian in Ägypten; Antonius und Kleopatra geben sich den Tod; Ägypten wird römische Provinz; zur Zeit der Römerherrschaft nahm die bildende Kunst noch einmal einen großen Aufschwung 22–19 Augustus reorganisiert den römischen Besitz im Vorderen Orient; die Parther geben die von Crassus und Antonius erbeuteten römischen Feldzeichen heraus; Armenien dem parthischen Einfluß entzogen 7 (oder 6) v. d. Ztw. Geburt Jesu in Bethlehem Ende 1. Jh. Durch Erbfolgestreitigkeiten erlebt das Partherreich einen Niedergang

50 v. Chr.

12–9 Pannonien (Südwestungarn) für das Römische Reich von den Truppen des Tiberius erobert

11 Zweiter Feldzug des Drusus gegen die Germanen; Vorstoß vom Niederrhein aus gegen Cherusker und Sugambrer; römische Truppen erreichen die mittlere Weser

11 Die Römer gründen die Stadt „Aquae Mattiacae“ (Wiesbaden);

10 Vom Raum Mainz aus führt Drusus den ersten Feldzug gegen die Chatten und errichtet Kastelle im Taunus; das Burgenland wird durch Tiberius erobert

9 Von Mainz aus unternimmt Drusus den zweiten Feldzug gegen die Chatten, besiegt die Markomannen, kämpft gegen Quaden, Sueben und Cherusker, stößt bis zur Elbe vor, verunglückt auf der Rückkehr und wird in Mainz beigesetzt; Tiberius tritt seine Nachfolge an

9 Gründung des Römerkastells Confluentes (Koblenz)

9 Die Markomannen weichen unter dem Druck der römischen Vorstöße unter Drusus in Innergermanien in Richtung Böhmen aus (bis ca. 60 von Kelten besiedelt)

8–6 Tiberius’ erstes Kommando in Germanien; römischer Vorstoß von Vetera (Xanten) bis zur Elbe; Teile der germanischen Sugambrer werden linksrheinisch angesiedelt

7/8 Germanien zwischen Rhein und Elbe wird als römische Provinz behandelt

6 Die Markomannen unter Marbod besetzen Böhmen, die Quaden unter Tudrus Mähren

5–1 Der römische Statthalter L. Domitius Ahenobarbus unternimmt eine Expedition von der Donau zum oberen Main, saaleabwärts bis über die Elbe, durch das Cheruskergebiet zum Rhein; Anlage der pontes longi (Knüppeldämme) im Gebiet zwischen Ems und Rhein

Ende 1. Jh. Germanische Kleinkunst; Filigran- und Granulationsarbeiten; entwickelte Gold- und Silberschmiedekunst

Seit der Mitte des vorchristlichen Jahrhunderts ist die Macht der Hunnen (Hsiung-nu) durch innere Kämpfe gelähmt; bis auf einen vorübergehenden Erfolg zur Zeit der Herrschaft des chinesischen Usurpators Wang Mang (10 n. Chr.) geraten sie bis zum 4. Jahrhundert in ein chinesisches Untertänigkeitsverhältnis, vergleichbar mit den germanischen Foederati des römischen Imperiums

6 Einschränkung des Großgrundbesitzes in China als Maßnahme gegen fortschreitende Verarmung der Bauern

	Westliches Mittelmeer/Westeuropa	Östliches Mittelmeer/Vord. Orient
1 v. Chr.	um Chr. Geb. Aldobrandinische Hochzeit, Wandgemälde nach hellenistischem Vorbild, benannt nach dem ersten Besitzer (Kardinal Aldobrandini) um Chr. Geb. Römischer Aquädukt bei Segovia/Spanien	1 v. Chr. C. Caesar, Enkel des Augustus, im Osten; Einsetzung eines neuen Königs in Armenien löst Krieg gegen die Parther aus; C. Caesar verwundet (gestorben 4 n. Chr. nach langer Krankheit)
1 n. Chr.	4 n. Chr. Augustus adoptiert nach dem Tod des letzten Enkels seinen Stiefsohn Tiberius und bestimmt ihn zum Nachfolger 4 n. Chr. Kaiser Augustus erläßt ein Gesetz gegen Ehe- und Kinderlosigkeit	4–39 Herodes Antipas jüdischer König; Sohn Herodes' des Großen, von den Römern abgesetzt und nach Lyon verbannt; in 2. Ehe mit Herodias verheiratet, für deren Tochter Salome er Johannes den Täufer enthaupten ließ
	5 Erfolgreiche Schlacht des Tiberius an der Elbmündung gegen die Langobarden	
		9 Endgültige Niederwerfung des illyrischen Aufstands durch Tiberius

1 v. Chr.

um Chr. Geb. Gotische Besiedlung des Weichselraums; daran angrenzend slawische Besiedlung; als Urheimat der Slawen wird das Gebiet der Pripjat-Sümpfe angesehen, von den Römern Venedi oder Veneti genannt

um Chr. Geb. „Hildesheimer Silberfund" (1868 gefunden), römisches Tafelsilber, vermutlich aus dem Besitz eines hohen römischen Offiziers oder Adligen stammend, möglicherweise Kriegsbeute eines Germanenfürsten

1 n. Chr.

1. Jh. Germanen in Mitteleuropa: Ostgermanen im Gebiet östlich der Elbe (Vandalen, Burgunder, Goten, Rugier) und Westgermanen (Rhein-, Weser-, Nordsee- und Elbgermanen, u. a. Ubier, Cherusker, Bataver, Chatten, Chauken, Friesen, Sachsen, Sueben, Semnonen, Langobarden, Hermunduren, Markomannen, Quaden; aus dem Zusammenschluß der Usipeter, Sugambrer, Tenkterer und Brukterer gehen später die Franken hervor)

1. Jh. Germanische Kultur in Mitteleuropa: Siedlung in Einzelhöfen oder kleinen Dörfern, Holzbauten; als Wirtschaftsform überwiegt Landwirtschaft (Land = Sippeneigentum; Haus, Hof und Vieh = Privatbesitz);
Handel, Handwerk, Verkehr, hochentwickelte Schiffahrt der Germanen; Sippenverfassung unter Gaufürsten; drei Stände: Freie, Halbfreie, Unfreie; Bewaffnung der wehrhaften Männer: Lanze, Schwert, Streitaxt, Holzschild;
Religion: Götterverehrung (Hauptgötter Wodan/Odin, Donar/Thor, Tiwaz/Ziu/Thyr u. a.); Glaube an Fortleben nach dem Tode (Walhall als Heldenparadies, wo die gefallenen Krieger weiterkämpfen);
Helden- und Götterlieder; zunehmende Beeinflussung durch römische Kultur und Sprache, besonders in den besetzten Gebieten; Romanisierung der linksrheinischen Germanen

1. Jh. In Indien Anfänge der Gandhara-Kunst

1. Jh. Elfenbeinstatuette der Sri-Laksmi aus Pompeji

1. Jh. Chinesiche Lackarbeiten tragen nicht nur genaue Daten, sondern auch Meisternamen

	Westliches Mittelmeer/Westeuropa	Östliches Mittelmeer/Vord. Orient
1 n. Chr.	Augusteisches Zeitalter mit höchster kultureller und wirtschaftlicher Blüte des Römischen Reichs; Belebung altrömischer Traditionen; politische und religiöse Reformen, Sittengesetze; rege Bautätigkeit (Augustus-Forum und Pantheon in Rom, Straßenbau, Wasserleitungen, öffentliche Bibliothek auf dem Palatin)	
	9 Drei römische Legionen unter Varus im Teutoburger Wald geschlagen	
	14 Tod des Augustus; sein Regierungsbericht und Testament sind überliefert (Monumentum Ancyranum); sein Nachfolger Tiberius (Claudius Nero) (bis 37)	
	14–68 Julisch-Claudisches Haus regiert in Rom (Tiberius, Caligula, Claudius, Nero)	
	17 Titus Livius, römischer Historiker, gestorben; 142 Bücher über die römische Geschichte „Ab urbe condita libri“ (35 erhalten)	17 Germanicus in Kleinasien; Kappadokien und Kommagene werden römische Provinzen
	um 18 Tod des Publius Ovidius Naso (Ovid), römischer Dichter; Werke: „Ars amandi“ (Liebeskunst), „Metamorphosen“ (Verwandlungssagen) u. a.	19 Tod des Germanicus, Adoptivsohn des Kaisers Tiberius, in Antiochia

1 n. Chr.

4–6 Tiberius' zweites Kommando in Germanien; zur Sicherung des Weges an die Elbe Freundschaftsvertrag mit den Cheruskern (Arminius und sein Bruder Flavus werden zu Offizieren der Hilfstruppen ernannt); die Chauken und Langobarden werden unterworfen; römischer Flottenvorstoß bis zur Elbmündung und zum Skagerrak; Angriff auf das Markomannenreich des Marbod wird wegen eines großen illyrischen Aufstands abgebrochen

5 An der Elbmündung besiegt Tiberius die Langobarden

5 Oppidum Ubiorum, das heutige Köln, erhält den Namen Ara Ubiorum

vor 6 Marbod begründet das erste germanische Reich durch Zusammenschluß der Markomannen mit den Hermunduren, Langobarden, Lugiern, Quaden und Semnonen

6–9 Tiberius wirft den illyrischen Aufstand nieder; Pannonien wird römische Provinz

9–16 Befreiungskrieg der Cherusker und zahlreicher weiterer Germanenstämme unter Arminius gegen die Römer

9 Schlacht im Teutoburger Wald (genaue Lage des Schlachtfeldes unbekannt); der Cheruskerfürst Arminius vernichtet drei römische Elite-Legionen des P. Quintilius Varus; die römischen Kastelle zwischen Weser und Rhein werden erobert, die Römer aus diesem Gebiet vertrieben; die Rheinlinie wird von den Römern gehalten

9 Pannonien endgültig unterworfen

10 Oberbefehl in Germanien wieder an Tiberius

14–16 Germanenfeldzug des Germanicus (Neffe des Tiberius), um die Niederlage des Varus zu rächen; auf dem Höhepunkt seiner Erfolge, nach Siegen über die Brukterer und Cherusker (bei Idistaviso), nach der Gefangennahme Thusneldas, der Gattin des Arminius, von Tiberius abberufen; die Römer verzichten auf die Rückeroberung des Gebiets

9 Wang-Mang verdrängt in China die Han-Dynastie (206 v. bis 220 n. Chr.); Durchführung staatskommunistischer Reformen; Verstärkung der chaotischen Zustände im Land durch Verstaatlichung von Grundeigentum, Bodenreform, Aufhebung der Sklaverei; durch Wang-Mangs unbesonnene Außenpolitik gehen die „Westlande“ (Tarim-Becken) vorübergehend verloren

	Westliches Mittelmeer/Westeuropa	Östliches Mittelmeer/Vord. Orient
1 n. Chr.	von Augustus 8 n. Chr. ans Schwarze Meer verbannt 22–31 Wachsender Einfluß des Prätorianerpräfekten Seianus auf Tiberius und die römische Politik; Seian nach schweren Mordtaten innerhalb der kaiserlichen Familie 31 gestürzt um 35 Phaedrus, griechischer Freigelassener in Rom, schreibt die „Fabulae", zumeist Tierfabeln nach dem Vorbild des Griechen Aesop 37 Tod des Kaisers Tiberius in Misenum 37–41 (Caius Caesar) Caligula Kaiser; er verliert seine anfängliche Beliebtheit durch Einführung eines orientalischen Zeremoniells zur Verehrung seiner Person; seine Regierungszeit ist durch Verschwendungssucht und Grausamkeit gekennzeichnet; Bau eines Isis-Tempels 41 Caligula durch eine römische Verschwörergruppe ermordet 41–54 Claudius (Tiberius Claudius Nero), jüngerer Bruder des Germanicus, von den Prätorianern zum Kaiser ausgerufen; ein Herrscher guten Willens, doch abhängig von seinen Frauen Messalina und Agrippina 42–46 Aufstand in Thrakien; wird römische Provinz 43 Der südliche Teil Britanniens wird römische Provinz seit 48 Skandale am Kaiserhof; Messalina wird nach der Hochzeit mit ihrem Günstling C. Silius auf Betreiben des Freigelassenen Narcissus und mit dem Einverständnis des Claudius, hingerichtet; Agrippina, die zweite Gattin des Claudius, sucht die Nachfolge ihres Sohnes Nero (aus ihrer ersten Ehe) zu sichern, indem sie seine Adoption durchsetzt und ihren Stiefsohn Britannicus als Thronfolger ausschaltet	26–36 Pontius Pilatus römischer Prokurator in Palästina Prokurator in Palästina; während seiner Amtszeit wurde Christus gekreuzigt um 30 Wirken Jesu und Kreuzigung in Jerusalem; nach christlichem Glauben Auferstehung Jesu von den Toten um 33/34 Übertritt des Paulus zum Christentum; fühlte sich zum Zeugendienst vor allem unter Nichtjuden berufen 36 Frieden zwischen Rom und König Artabanos von Parthien; Rom gewinnt für 20 Jahre Ruhe an der vorderasiatischen Ostgrenze 41 Herodes Agrippa König von Judäa und Samaria; Verfolgung der christlichen Urgemeinde in Jerusalem 44 Judäa wird Teil der römischen Provinz Syrien 45–58 Die drei Missionsreisen des Apostels Paulus nach Zypern, Griechenland und Kleinasien 48/49 Apostelkonzil in Jerusalem (Petrus und Paulus); Hauptproblem ist die Aufnahme der Heidenchristen
50	Mitte 1. Jh. Außenpolitische Absicherung des Römischen Reiches; im Innern Aufbau eines kaiserlichen Beamtentums und des Finanzwesens	seit 50 Herodes Agrippa II. König im Libanongebiet mit römischem Aufsichtsrecht über den Tempel in Jerusalem; Sohn Herodes Agrippas I.

Übriges Europa	Mittlerer und Ferner Osten	
zwischen Rhein und Weser		**1 n. Chr.**
14 Germanicus' Einfall ins Marser-Land		
um 15 Gründung von Vindonissa (Windisch)	23 Aufstand chinesischer Bauern gegen Wang-Mang; Wiederherstellung der Han-Dynastie durch Liu Hsiu, der die Aufstände der „Roten Augenbrauen“ und der „Armee aus den grünen Wäldern“ niederwirft	
um 16 Gründung von Carnuntum an der pannonischen Donaugrenze (bei Deutsch-Altenburg und Petronell)		
17 Abfall der Semnonen, Hermunduren und Langobarden von Marbod, unentschiedene Schlacht zwischen Arminius und Marbod		
18–21 Bruderkriege unter den Germanen; Arminius fällt einer Verschwörung der Cherusker zum Opfer (21); Germanien bleibt politisch unorganisiert und bietet den Römern bis zur Mitte des 2. Jh. keinen Anlaß zum Eingreifen	25–220 Spätere Han-Dynastie; Reformmaßnahmen zur Besserung der wirtschaftlichen Situation des Landes; Senkung der Grundsteuer, weniger Beamte, Freilassung von Sklaven	
19 Marbod flieht zu den Römern		
19–50 Quaden-Reich des Vannius		
20–90 Zeit wechselnder germanischer Vorstöße und römischer Gegenstöße		
28 Die Römer ziehen sich aus Friesland zurück		
39 Erfolglose Feldzüge Caligulas gegen Germanien und Britannien		
41–54 Unter Kaiser Claudius erhalten in der Provinz Noricum das Stadtrecht: Aguntum (Lienz), Brigantium (Bregenz), Juvavum (Salzburg), Teurnia (St. Peter im Holz), Virunum (Zollfeld)		
43–51 Unterwerfung Britanniens in langwierigen Kämpfen	39 Registrierung der Bevölkerung in China	
50 Die bisherige Ara Ubiorum erhält römisches Stadtrecht und den Namen Colonia Claudia Ara Agrippina (heute Köln); sie wird		**50**

	Westliches Mittelmeer/Westeuropa	Östliches Mittelmeer/Vord. Orient
50	54 Kaiser Claudius durch Agrippina vergiftet; Nero (Claudius Caesar) Kaiser 54–59 Intrigen am Kaiserhof führen zu neuen Mordtaten; 59 läßt Nero seine Mutter Agrippina ermorden um 64 Märtyrertod des Petrus in Rom (nach christlicher Überlieferung); wahrscheinlicher Tod des Paulus in Rom 64 Neuntägiger Brand Roms; großzügiger Wiederaufbau, u. a. eine neue Palastanlage (Domus aurea); die Schuld an der Katastrophe wird der bis dahin kaum bekannten Christensekte gegeben; Christenverfolgung im Stadtgebiet Roms 65 Aufdeckung einer großen Verschwörung der römischen Aristokratie unter C. Calpurnius Piso gegen Nero; unter den Opfern der Dichter Lucanus und der Philosoph Seneca, Neros ehemaliger Erzieher; Verfasser philosophischer Werke (Lehre von der ursprünglichen Gleichheit aller Menschen) und historischer Dramen („Ödipus" u. a.)	Mitte 1. Jh. Durch Thronstreitigkeiten wird der Zerfall des Partherreichs beschleunigt 55–63 Bei neuen Spannungen und Kämpfen im Osten geht es um die Vorrangstellung der Römer oder der Parther in Armenien, Vertrag 63; der parthische Kandidat für Armenien, Tiridates, soll in Rom das Königsdiadem entgegennehmen
	68 Der Aufstand einiger Statthalter führt zum Sturz Neros; Nero vom Senat zum Staatsfeind erklärt; Nero läßt sich den Tod geben 69 „Dreikaiserjahr", ein Machtkampf der von ihren Legionen ausgerufenen und abhängigen Kaiser Galba, Otho und Vitellius; nach deren Tod behauptet sich als im ganzen Reich anerkannter Kaiser Vespasian 69–79 T. Flavius Vespanianus; Dynastie der Flavier (Vespasian, Titus, Domitian, bis 96); Vespasian läßt die neronischen Prunkbauten abräumen und dafür ein großes Volkstheater errichten, das Colosseum (80 eingeweiht)	66–68 Allgemeiner Judenaufstand; T. Flavius Vespanianus kann Galiläa wiedererobern, doch nur einen Teil Judäas ohne Jerusalem 66–68 Demonstrativ-theatralische Reise Neros nach Griechenland; Teilnahme an den Festspielen von Olympia und Delphi

50

Übriges Europa

Sitz des römischen Statthalters für Niedergermanien

um 50 Chatten dringen in die Maingegend ein und werden zurückgeschlagen

58 Germanenstämme des rechtsrheinischen Flachlandes erkennen römische Oberherrschaft an

59–61 Schwere Kämpfe in Britannien mit aufständischen Stämmen

69–71 Großer Aufstand am Niederrhein; die aus ihrem eigenen Land rekrutierten batavischen Hilfstruppen der Römer verbinden sich mit anderen germanischen und keltischen Stämmen; ein Vergleich beendet den Aufstand

70–250 „Zweihundertjähriger Friede“ am Rhein

73/74 Römischer Vorstoß über den Oberrhein; Annexion der sogenannten „Agri decumates“ und des Neckargebietes als Voraussetzung für den Bau eines Rhein-Donau-Limes

um 77 Der römische Schriftsteller Plinius d. Ä. vermittelt in seiner „Naturalis Historia“ wichtige Kenntnisse und Aufschlüsse über die Germanen

77–83 Cn. Julius Agricola unternimmt einen großen Eroberungszug gegen die Kaledonier im nördlichen Britannien; seine Flotte umsegelt Schottland und stellt den Inselcharakter Britanniens fest

Mittlerer und Ferner Osten

seit 58 buddhistische Literatur aus Indien in China eingeführt; Übersetzung ins Chinesische

seit 73 Feldzüge der Han-Kaiser nach Zentralasien

seit 75 Eroberung des indischen Nordens durch die Indo-Skythen (Kuschan-Dynastie); ihr bedeutendster Herrscher, Kanischka, tritt zum Buddhismus über; das Reich dehnt sich vom Aral-See im Norden bis Benares in der Gangesebene im Süden; in der Blütezeit des Reiches breitet sich der Buddhismus von Indien über Turkestan nach Ostasien aus

	Westliches Mittelmeer/Westeuropa	Östliches Mittelmeer/Vord. Orient
50	79–81 Titus (Flavius Vespasianus) römischer Kaiser; allgemein beliebter Herrscher 79 (25. August) Ausbruch des Vesuv; Untergang der campanischen Städte Pompeii, Herculanum und Stabiae (seit dem 18. Jh. systematisch wieder freigelegt); der Schriftsteller Plinius der Ältere („Historia naturalis"), damals Admiral der Flotte in Misenum, findet bei der Katastrophe den Tod 81–96 (Titus Flavius) Domitianus, Bruder des Titus, römischer Kaiser; nimmt, wie Caligula, das orientalische Gottkönigtum zum Vorbild; von der Überlieferung als grausamer Charakter geschildert 88–96 Wachsende Opposition gegen Domitian; Prozesse und Hinrichtungen; 96 Domitian ermordet 96–98 M. Cocceius Nerva, ein Senator der stadtrömischen Aristokratie, römischer Kaiser 96–193 Blütezeit des Kaiserreiches unter den Adoptivkaisern (Nerva, Trajan, Hadrian, Antoninus Pius, Marc Aurel und Commodus) um 96 Quintilianus, römischer Rhetor aus Spanien, gestorben; Verfasser eines Lehrbuchs der Rhetorik 97 Nerva adoptiert als Nachfolger den Statthalter von Obergermanien, Trajan, einen gebürtigen Spanier 98–117 M. Ulpius Traianus römischer Kaiser um 98 Die „Germania" des Tacitus erscheint; Darstellung der Lebensverhältnisse in Germanien aus römischer Sicht	70/71 Titus, Sohn Vespasians, beendet den jüdischen Krieg 70 Eroberung und völlige Zerstörung Jerusalems; Verstärkung der jüdischen Diaspora; Errichtung des Titusbogens in Rom 71 Vorverlegung römischer Militärstationen bis an den oberen Euphrat und an das Ostufer des Schwarzen Meeres
100	um 100 Zeitalter der sogenannten „Silbernen Latinität"; Geschichtsschreiber Plinius d. J., Tacitus, Plutarch; römischer Dichter Martialis 107–113 Errichtung des Trajansforums in Rom	105 Errichtung der Provinz Arabia nach Eroberung des nabatäischen Königreichs 111–113 Plinius d. J. als Statthalter in Bithynien; Briefwechsel mit dem Kaiser überliefert, u. a. über die Behandlung der Christen; Trajan: Bestrafung nur der „provozierend auftretenden" Christen, kein Gehör für Denunziationen 114–117 Partherkrieg; Höhepunkt der römischen Reichsausdehnung

Übriges Europa	Mittlerer und Ferner Osten	
77 Römische Truppen schlagen einen Aufstand der Brukterer nieder 83 Erster Krieg Domitians gegen die Chatten 85 Domitian stößt über den Rhein bei Mainz gegen die Chatten vor; Baubeginn der rechtsrheinischen Grenzbefestigung (Limes) 85–89 Verlustreiche Kämpfe der Römer im mittleren Donauraum gegen die Daker, die Markomannen und die Sarmaten enden mit einem Kompromißfrieden 89 Zweiter Krieg Domitians gegen die Chatten 90 Die bisherigen römischen Heeresbezirke in Germanien werden Provinzen: Germania superior (Hauptstadt Mainz) und Germania inferior (Hauptstadt Köln) seit 90 weiterer Ausbau des Limes 98 Der römische Schriftsteller und Politiker Tacitus verfaßt die „Germania", die erste „Monographie" über Germanien und seine Bewohner; trotz seiner Tendenz, den Römern einen „moralischen Spiegel" vorzuhalten, gibt das Werk die genaueste Information über das Germanien des 1. Jh. nach 98 Über die kriegerischen Auseinandersetzungen zwischen Römern und Germanen in den Jahren von 14–66 berichtet Tacitus in seinen „Annales" 99 Trajan gründet, ehe er nach Rom kommt, Colonia Ulpia Traiana (Xanten) und Ulpia Noviomagus (Nymwegen); ferner Sicherung der Donaugrenze durch Verträge mit den Germanen	um 90 Nach Rückeroberung Turkestans durch China ist die „Seidenstraße" zum römischen Orient größtenteils in chinesischer Hand	**50**
um 100 Bau des Amphitheaters in Augusta Treverorum/Trier 101/102 Erster Dakerkrieg; Trajan zwingt den Dakerkönig Decebalus zur Unterwerfung 105–107 Der zweite Dakerkrieg endet mit der Vernichtung des Dakerreiches; Dakien (Banat, Siebenbürgen, Walachei, etwa das heutige Rumänien) wird römische Provinz; zur Erinnerung an diese große Eroberung wird auf dem	um 100 Kulturelle Blütezeit des indo-skythischen Reiches in Nordindien unter König Kanischka um 105 Den Römern ist der Seeweg über Hinterindien nach China bekannt	**100**

	Westliches Mittelmeer/Westeuropa	Östliches Mittelmeer/Vord. Orient
100	117–138 P. Aelius Hadrianus (wie Trajan Spanier) römischer Kaiser; kennzeichnend für ihn ist seine Friedenspolitik seit 118 Bau des Pantheons in Rom seit 123 Das ursprünglich keltische Nemausus (Nimes) in Südfrankreich wird durch großzügige Bauten (u. a. Amphitheater, Aquädukt, Dianatempel) zu einer römischen Provinzstadt umgestaltet um 125 Hadrian läßt das Pantheon (110 durch Blitzschlag vernichtet) in Rom wieder aufbauen; seine Kuppel hat eine Spannweite von 43 Metern 127 Hadrian inspiziert die römischen Provinzen in Afrika nach 127 Tod des altrömischen Satirikers Juvenal (Decimus Junius Juvenalis); prangerte den Sittenverfall in Rom an um 130 Hadrian veranlaßt Großbauten in und bei Rom 131 Neuorganisation des römischen Rechts; einzige Gesetzesquelle von nun an das kaiserliche Edikt 138 Hadrian, der Friedenskaiser, nach langer Krankheit gestorben; unter den von ihm veranlaßten Großbauten ragen hervor: die Villa in Tibur (Tivoli) und das Mausoleum am Tiber („Moles Hadriani“ = Engelsburg) 138–161 (T. Aurelius) Antoninus Pius, 136 von Hadrian adoptiert, römischer Kaiser; Fortführung der Friedenspolitik um 140 Tod des römischen Schriftstellers Sueton (Gaius Suetonius Tranquillus); verfaßte Biographien von Kaisern und Dichtern; zeitweise Geheimsekretär Kaiser Hadrians	durch Eroberung Mesopotamiens und Assyriens (beide römische Provinzen); auf die Dauer nur schwer zu haltende Außenpositionen; Rückreise Trajans auf Grund neuer jüdischer Aufstände in Ägypten, Kyrene und auf Zypern; 117 Tod Trajans in Kilikien 117 Hadrian bricht den Partherkrieg ab; allmählicher Rückzug auf die Euphrat-Grenze 123–126 Hadrian bereist das östliche Mittelmeer, u. a. Gründung von Adrianopel; bei einem langen Aufenthalt in Athen gibt er den Auftrag für neue Großbauten um 125 Tod des griechischen Historikers und Philosophen Plutarch; am bekanntesten seine „Vitae parallelae“, Gegenüberstellungen der berühmtesten Griechen und Römer 129–134 Große Orientreise des Kaisers (Kleinasien, Syrien, Ägypten); Gründung einer römischen Kolonie an Stelle Jerusalems löst neuen Judenaufstand aus 132–135 Letzter großer Judenaufstand unter Simon Bar Kochba; endet mit der Entvölkerung Judäas und der nunmehr endgültigen Zersplitterung des jüdischen Volkes 138 Epiktet (Grieche), stoischer Philosoph, in Rom gestorben
150		nach 150 Durch eine Rebellion in Ägypten verschlechtert sich die Getreideversorgung Roms

Übriges Europa	Mittlerer und Ferner Osten	
Trajansforum in Rom die Trajanssäule errichtet (112) 117 Hadrian kontrolliert Mösien und Dakien 117–138 Unter Kaiser Hadrian erhalten das Stadtrecht: Carnuntum, Cetium (St. Pölten), Ovilava (Wels), Vindobona (Wien) 122 Hadrian bestimmt die endgültige römische Nordgrenze in Britannien gegen Schottland durch Bau des (120 km langen) „Hadrianswalles“	107–117 Unter der Han-Dynastie in China Kämpfe gegen aufständische Tibeter	**100**
	um 130 wird in China der erste Seismograph gebaut	
um 138 Ausbau des Saalburg-Kastells am Limes im Taunus; um 245 geräumt; Rekonstruktion unter Kaiser Wilhelm II. 142 Sicherung der Nordgrenze in Britannien durch eine zweite Mauerlinie um 145 Fertigstellung des Limes, der jedoch auch weiterhin verstärkt und verbessert wird; Gesamtlänge 584 km, mit rund 100 Kastellen und 1000 Wachttürmen versehen		
um 150 Durch wandernde Germanenvölker schwere Bedrohung des Römischen Reiches und der Stämme im Donauraum	um 150 setzt sich in China der Buddhismus allmählich durch	**150**

	Westliches Mittelmeer/Westeuropa	Östliches Mittelmeer/Vord. Orient
150	Mitte 2. Jh. Unter Antoninus Pius Verstärkung des Limes in Germanien, Erweiterung der Befestigungen nach Osten	Mitte 2. Jh. In Baalbek (Syrien) entstehen große römische Tempelbauten: Jupitertempel, Rundtempel, sogenannter Bacchustempel
	161–180 Marcus Aurelius Antoninus römischer Kaiser; ein stoischer Philosoph, der auch als Herrscher bemüht ist, die Grundgedanken der Stoa in der Politik durchzusetzen	162–165 Partherkrieg; Armenien zurückerobert, Euphrat und Tigris wieder überschritten; eine aus dem Osten eingeschleppte Seuche dezimiert im Reich große Bevölkerungsteile
	165 Kämpfe der Römer mit den Chauken am Niederrhein	
	177 Marc Aurels Sohn, M. Aurelius Commodus, wird zum Mitregenten erhoben um 180 Apulejus, römischer Schriftsteller, gestorben; schrieb u. a. „Metamorphoses“ oder „Der goldene Esel“	
	180–192 (M. Aurelius) Commodus Antoninus römischer Kaiser; nach Aufdeckung einer Senatsverschwörung (183) despotische Herrschaft 189–198 Bischof Viktor I. von Rom; der schon vor Viktor maßgebliche Einfluß des römischen Bischofs (z. B. gegen Ketzerlehren) entwickelte sich zum Primat 192 Commodus auf Anstiften des Prätorianerpräfekten ermordet 193–225 Die syrischen Kaiser: Septimius Severus (193–211), Caracalla (211–217), Macrinus (217/218), Elagabal (218–222), Severus Alexander (222–235)	um 180 Ptolemäus, griechischer Geograph und Astronom, in Alexandria gestorben; Begründer des Ptolemäischen Weltbildes (Erde Mittelpunkt des Planetensystems) um 180 Lukian, griechischer Schriftsteller, gestorben; Werke u. a.: „Göttergespräche“ und Literaturparodien („Lukios oder der Esel“) 197–199 Partherkrieg; unter Ausnützung der römischen Prätendentenkämpfe Angriffe der Parther auf Mesopotamien, Armenien und Syrien; Septimius Severus überschreitet den Tigris und sichert die römische Provinz Mesopotamien

um 150–250 Römische Grabdenkmäler von Neumagen (u. a. „Weinschiff von Neumagen“)

um 156 Dionysos-Mosaik in Köln; (1941 bei Ausschachtungsarbeiten an der Südseite des Doms entdeckt)

seit 161 Unter Kaiser Marc Aurel gelangen durch die römischen Legionen auch orientalische Religionen nach Mitteleuropa (u. a. der Mithras-Kult)

165 Kämpfe am Niederrhein zwischen Römern und Chauken

166–175 Markomannenkrieg; Markomannen, Quaden und Sarmaten brechen aus Böhmen in die römischen Provinzen Noricum und Pannonien ein; weitere Germanenstämme (Wandalen, Langobarden, Hermunduren) schließen sich an; nach langen Kämpfen römische Siege; der Senat stiftet Reiterstatue für Marc Aurel (heute auf dem Kapitol); ferner Marc-Aurels-Säule (ähnlich der Trajanssäule)

167 Kämpfe an der Donau zwischen Römern und Langobarden

um 170 Die „Geographie“ des Ptolemäus enthält u. a. Angaben über Germanien

178–180 Neue Erhebungen der Markomannen; Marc Aurel und Commodus an der Donaugrenze; Tod des Marc Aurel (180) in Vindobona (Wien); Markomannen von den Römern geschlagen; römische Besetzung Böhmens und Mährens; römische Pläne zur Schaffung einer markomannischen Provinz

179 Castra Regina (Regensburg) gegründet

180 Nach dem Tod Marc Aurels schließt Kaiser Commodus Frieden mit den Markomannen; Wiederherstellung des Limes

155 Das vermutlich mongolische Volk der Hsien-pi (an der mongolisch-mandschurischen Grenze) greift wiederholt die Chinesische Mauer an; die Chinesen siedeln die Reste der nördlichen Hsiung-nu (Hunnen) als Markwächter an der Mauerlinie an **150**

seit 165 Zentralgewalt des Herrschers in China zugunsten der Militärs in den Provinzen geschwächt

um 175 Dezimalsystem in Indien

seit 176 Zerfall des nordindischen Kuschana-Reiches in kleine Stammeskönigreiche

seit 184 Aufstand der „Gelben Turbane“ in China, ausgelöst durch die schlechte Lage der Volksmassen; unter dem letzten Kaiser der Han-Dynastie geht die Macht in die Hände von Militärbefehlshabern über

	Westliches Mittelmeer/Westeuropa	Östliches Mittelmeer/Vord. Orient
200	3. Jh. Rom im Zeichen katastrophalen Niedergangs; die faktische Macht haben die Grenzlegionen und die von ihnen präsentierten Militärkaiser; unablässige Rivalitätskämpfe und Bürgerkriege sind die Folge; die Vorrechte Roms und des Senats ausgeschaltet; Zerfall des wirtschaftlichen Lebens und Münzverschlechterungen; außenpolitische Hauptgegner: Parther und Germanen	
	203 In Rom wird zu Ehren der Siege über die Parther der Triumphbogen für Septimius Severus und seine Söhne errichtet; Kompositkapitelle	
	211–217 Kaiser Caracalla; Abbruch des britannischen Krieges; neue Münzverschlechterung durch Einführung des „Antoninianus"; von seinen Bauten erhalten die Caracalla-Thermen in Rom	214–217 Partherkrieg; Caracalla im Osten; er will das Werk Alexanders des Großen vollenden; bei diesen Feldzugsvorbereitungen wird er auf Veranlassung des Prätorianerpräfekten Macrinus ermordet (217)
	212 Durch die Constitutio Antoniniana gewährt Caracalla allen Freien im Reich das römische Bürgerrecht; Abschluß des politischen Nivellierungsprozesses	217/18 Macrinus Kaiser für ein Jahr; Abbruch des Partherkrieges; die syrischen Legionen erheben einen 14jährigen Großneffen des Septimius Severus zum Kaiser
	218–222 Der Knabe Elagabal als erster Orientale römischer Kaiser; exzentrischer Lebensstil; 222 zusammen mit Mutter und Großmutter von Soldaten erschlagen	
	222–235 Severus Alexander Kaiser; kommt wie sein Vetter Elagabal bereits als Vierzehnjähriger auf den Thron; senatorischer Regentschaftsrat	
		225 Das Partherreich der Arsakiden wird von den Sassaniden, die sich als Erneuerer des Perserreichs fühlen, überrollt; totale Veränderung an der römischen Ostfront
		231 Die Perser vertreiben die römischen Legionen aus Mesopotamien; Angriffe auf Syrien und Kappadokien
		232 Gegenangriffe des Kaisers Severus Alexander haben nur Teilerfolge; Germanengefahr im Nordwesten zwingt ihn zur Rückkehr

200

um 200 Ausdehnung des römischen Einflusses auf Böhmen führt dazu, daß die „Alemannen“ (= Alle Männer), Semnonen u. a. Sachsen und Thüringen verlassen und über den Main bis zum Rhein vordringen

205–211 Neue Kämpfe in Britannien; die Front wird an den Hadrianswall zurückverlegt; Tod des Septimius Severus 211 in Eburacum (York)

211–217 Unter Kaiser Caracalla erhält Lauriacum (Lorch) das Stadtrecht

212 Durch die „Constitutio Antoniniana“ verleiht Kaiser Caracalla auch allen freien Bewohnern der römischen Nordprovinzen das Bürgerrecht

213 Alemannen erreichen den oberen Rhein

213 Das heutige Baden-Baden erhält den Namen Aurelia Aquensis; Bau der Kaiserthermen

213/214 Erstmalig Abwehrkämpfe der Römer gegen die Alemannen am Rhein und gegen die Goten an der unteren Donau; die germanische Völkerwanderung kündigt sich an

222–235 Unter Kaiser Severus Alexander erhalten die Grenztruppen Grund und Boden und werden dadurch zu „Wehrbauern“

233 Neue Alemanneneinfälle

234 Severus Alexander begegnet einem Alemanneneinbruch am Rhein durch Verhandlungen; Maximinus Thrax, ein einfacher Soldat an der Spitze einer Meuterei, läßt den Kaiser 235 ermorden

um 200 Im südlichen Kambodscha einschließlich des Mekong-Stromgebietes und der malaiischen Halbinsel entsteht das Reich Fu-nan; es vermittelt den Handelsverkehr zwischen dem Westen (u. a. Rom) und dem Osten (China)

220 Die in China seit 206 v. Chr. regierende Han-Dynastie wird durch aufständische Bauern gestürzt; Einheit des Reiches beendet

220–265 Soldatenkaiser herrschen über die drei chinesischen Teilreiche (Wei, Schu und Wu)

	Westliches Mittelmeer/Westeuropa	Östliches Mittelmeer/Vord. Orient
200	235–268 Militärmonarchie; Rom unter dem Diktat von Soldatenkaisern: Maximinus Thrax (†238), Gordianus III. (†244), Philippus Arabs (†249), Decius (†251), Gallus (†253), Aemilianus (†253), Valerianus (†260), Gallienus (†268); Roms unrühmlichste Zeit 248 Großartige Feste und Spiele in Rom zur Tausendjahrfeier der Stadt	241–244 Perserkrieg unter Kaiser Gordian; Gordian wird von dem arabischen Prätorianerpräfekten Philippus (der dann Kaiser wird) ermordet
250	250 Kaiser Decius ordnet allgemeine Verfolgung der religiösen Sekten, u. a. der Christen, an, die das Opfer an den Kaiser verweigern Mitte 3. Jh. Die Jahrzehnte um die Mitte des 3. Jh., die „Zeit der dreißig Tyrannen“, wie die zeitgenössischen Historiker schrieben, sind gekennzeichnet durch den totalen Reichszerfall in Provinzimperien 253 Gallus und sein Nachfolgekaiser Aemilianus werden von den eigenen Truppen umgebracht	seit 254 Feldzüge der Römer gegen die Sassaniden 256 Dura Europos und Antiochia von den Persern erobert
	257 Kaiser Valerian ordnet eine Christenverfolgung an	seit 256 Einfälle der Goten in Makedonien und der Seegoten in Kleinasien
	257 Kriegerischer Vorstoß Valerians gegen die Perser	
		260 Gefangennahme Valerians durch die Perser bei Edessa
	261 Sieg der römischen Truppen unter Kaiser Gallienus bei Mailand über die nach Italien eingefallenen Alemannen	

200

235–238 Kaiser Maximinus Thrax kämpft erfolgreich gegen Alemannen, Sarmaten und Daker; die von den Alemannen durchbrochene Limesgrenze wird wiederhergestellt
238–253 Grenzkämpfe am Limes; die Alemannen treten in Rätien und im Decumatenland/Zehntland (Gebiet zwischen Oberrhein und Oberdonau) auf
248 Kaiser Philippus entsendet den Senator Decius zur Sicherung der Provinz Mösien gegen einen Goteneinbruch

250

251 Decius fällt als erster Römerkaiser im Kampf gegen die Barbaren (die in Mösien und Thrakien eingefallenen Goten)
251–253 Gallus, Statthalter Mösiens, von den Legionen zum Kaiser ausgerufen; er erkauft den Frieden mit den Goten durch Bewilligung von Jahrgeldern
256–267 Unter den Kaisern Valerianus und Gallienus kommt durch die erste Welle der Völkerwanderung die gesamte Nordostgrenze des Römerreichs in größte Gefahr; die Franken überschreiten 256 den Rhein, die Alemannen dringen bis Mailand vor, die Goten bis nach Makedonien; Sachsen verheeren die Nordsee- und Atlantikküsten bis nach Spanien; Raubzüge der Seegoten vom Schwarzen Meer aus im nördlichen Kleinasien (263–265); die Heruler plündern (267) Athen, Korinth und Sparta; die Städte im Mittelmeerraum werden befestigt
258/59 Aufgabe und Zerstörung des Limes; die Rheingrenze wird jedoch wiederhergestellt und später gehalten; die bis nach Oberitalien vorgedrungenen Alemannen werden bei Mailand besiegt
259 Alemannen brandschatzen die alte Helvetierhauptstadt Aventicum

Mitte 3. Jh. Das einst mächtige indoskythische Reich der Kuschan-Dynastie ist nur noch auf das Kabul-Tal beschränkt

	Westliches Mittelmeer/Westeuropa	Östliches Mittelmeer/Vord. Orient
250		260 Militärische Katastrophe an der Ostfront im Kampf gegen die Perser 262–267 Ein römischer Gegenstoß vertreibt die Perser aus den Nahostprovinzen bis über den Tigris
	268 Kaiser Gallienus durch seine Generale umgebracht 268–270 Mit Kaiser Claudius II. Goticus setzt eine Restauration des Römischen Reiches ein	
	270–275 Kaiser L. Domitius Aurelianus; ihm glückt die Wiederherstellung der Reichseinheit 270/71 Kaiser Aurelian verteidigt Italien gegen die eingebrochenen Alemannen; seit dem Kimbern-Vorstoß erstmalig wieder unmittelbare Germanengefahr; nach einem Sieg über die Germanen befiehlt Aurelian die Befestigung Roms: Aurelianische Mauer, 19 km lang 274 Nach Rückgewinnung Galliens Aurelian als Restitutor orbis bezeichnet 276–281 Regierungszeit des Kaisers Probus	270 Tod des griechischen Philosophen Plotin; einer der Begründer des Neuplatonismus 271/72 Feldzug gegen Palmyra, die Hauptstadt eines von Rom noch abtrünnigen Provinzialreiches im Vorderen Orient (Kleinasien, Syrien, Ägypten); Palmyra wird zerstört
		280 Der bis tief nach Ägypten vorgedrungene nubische Blemyerstamm wird zurückgeschlagen
	284–305 Diokletian römischer Alleinherrscher; monarchisch-absolutistisches Prinzip (Dominat); Tetrarchie als neue Reichsordnung: zwei Augusti nebeneinander mit je einem Caesar; Neueinteilung des Reiches	296/297 Perserfeldzug unter Kaiser Diokletian; das Land östlich des Tigris fällt an Rom

260 Ansiedlung der Franken links des Rheins

260 Alemannen gelangen über Rätien erstmals an die Grenze Italiens

260–270 Gallisches Teilreich des Postumus mit Residenz Trier; Postumus hält die Rheingrenze für Rom gegen die Germanen

um 265 Der für die „drei Gallien" (Britannien, Gallien, Spanien) ausgerufene Kaiser muß das rechte Rheinufer den Franken überlassen

268–270 Unter Kaiser Claudius II. dauern die Germanenkriege an; Alemannen werden am Gardasee geschlagen

269 Claudius siegt bei Naissus (Nisch) über die Goten und verwandte Stämme (Beiname Goticus)

270–275 Unter Kaiser Aurelian wird die Einheit des Römischen Reiches wiederhergestellt; Kämpfe mit Germanenstämmen

271–275 Frontverkürzung an der Donau durch Räumung des vom Gotenreich immer aufs neue bedrohten Dakien

276/77 Kaiser Probus (276–281) vertreibt die ins Linksrheinische eingefallenen Alemannen und Franken und stellt die Rheingrenze wieder her; Köln und Trier stark befestigt

278 Burgunder und Wandalen aus Rätien vertrieben; römische Donaugrenze gesichert

eit 286 Eindringen von Sachsen, ·ranken und Westherulern in Jallien

Mitte 3. Jh. Die Macht der östlichen Hunnenstämme beginnt Nordchina zu bedrängen, jedoch noch kein bedeutender Machtzuwachs der Steppenvölker

Mitte 3. Jh. In Japan Gebrauch der Töpferscheibe nachweisbar

276 Tod des persischen Religionsstifters Mani, des Begründers des Manichäismus, am Kreuz(?)

280–420 Nach einer Epoche der Wirren Festigung des chinesischen Reiches unter der Tschin-Dynastie; Versuch einer Besserung der Situation des Bauernproletariats durch Bodenreform

	Westliches Mittelmeer/Westeuropa	Östliches Mittelmeer/Vord. Orient
250	297 Das gesamte Römische Reich wird in 12 Verwaltungsbezirke aufgeteilt und hat insgesamt 101 Provinzen	
300	303 Christen werden erneut verfolgt 306–363 Konstantin und seine Dynastie 306–312 Nach dem Rücktritt Diokletians Zerfall der von ihm verfügten Erbfolgeordnung; Machtkämpfe der rivalisierenden Augusti und Caesares; unter ihnen Constantinus 306–312 In Rom und über Italien behauptet Maxentius die Herrschaft 310 Im Zuge der erbitterten Machtkämpfe werden die nordafrikanischen Städte Karthago und Cirta durch Maxentius zerstört 311 Einige Machthaber im römischen Imperium, darunter Konstantin, erlassen ein Toleranzedikt: den Christen wird freie Übung des Gottesdienstes gewährt 311/12 Krieg zwischen Konstantin und Maxentius; Maxentius gilt in Rom und Italien als Beschützer der römischen Traditionen 312 Sieg Konstantins an der Milvischen Brücke vor Rom über Maxentius; Legende von der Erscheinung des Kreuzes „In hoc signo vinces" („Unter diesem Zeichen wirst du siegen") und der Bekehrung Konstantins 313 Konstantin erläßt das Toleranzedikt von Mailand: Gleichberechtigung der Christen mit den Anhängern der alten Religion 315 Bau des Konstantinbogens in Rom	um 300 Bekehrung Armeniens zum Christentum vollzogen 313 Das Mailänder Toleranzedikt wird von Nikomedia aus auch für den Osten proklamiert 314 Ein in der südlichen Balkanhalbinsel ausgetragener Krieg zwischen Konstantin und Licinius endet mit einem Vertrag: Licinius behält den Osten, Konstantin den Westen; für zehn Jahre herrscht Frieden 316 Tod des Altkaisers Diokletian in Dalmatien (Spalato) 324 In einem zweiten Krieg zwischen den Augusti Konstantin und Licinius unterliegt (bei Adrianopel und Chrysopolis) Licinius (stirbt als Gefangener 325) 325 Erste allgemeine Kirchenversammlung in Nicäa (Kleinasien) unter Kaiser Konstantin; die Lehre des Arius (der Arianer) wird verworfen 330 Konstantin weiht als neue Hauptstadt des Reiches das alte Byzanz am Bosporus ein; Constantinopolis wird als „Ersatz für Rom" mit Prachtbauten und (größtenteils aus Rom überbrachten) Kunstschätzen reich ausgestattet; auch ein „Senat" wird eingerichtet

Übriges Europa	Mittlerer und Ferner Osten	
289 Einbruch der Alemannen, Burgunder und Heruler in das linksrheinische Gebiet; der von Kaiser Diokletian zum Mitregenten ernannte Maximian schlägt die Angriffe zurück Einer der von Diokletian berufenen Caesaren, Constantius Chlorus, macht Trier zur Hauptstadt des westlichen Römischen Reiches		**250**
4. Jh. Germanen in Mitteleuropa und auf römischem Gebiet: Westgermanen (Alemannen, Bayern, Chatten, Franken, Friesen, Langobarden, Sachsen, Thüringer), Ostgermanen (Bastarnen, Burgunder, Goten, Rugier, Skiren, Wandalen) um 300 Die Langobarden drängen aus ihrem Siedlungsgebiet an der Elbe nach Süden (568 in Italien) um 300 Zusammenschluß germanischer Stämme zu Völkerbünden (Sachsen, Franken, Thüringer, Alemannen und Goten) wird politisch spürbar 307 Ein „Kaisertreffen“ (darunter auch der Altkaiser Diokletian) in Carnuntum bei Wien bringt keine Einigung über die Machtverteilung	nach 300 „Pantschatantra“, indisches Fabelbuch zu Grundgedanken der Staatskunst 4. Jh. Muschel- und Lackmalereien in China; ins 4. Jh. datierte Funde von Seidenresten, die mit mythischen Figuren bemalt sind (Fundort Hunan/Mittelchina) seit dem 4. Jh. in Japan Nachbildungen ebenerdiger Häuser, die Vorbilder für die Schinto-Schreine wurden	**300**
	310–318 Liu-ts'ung, Führer eines (hunnischen) Stammes aus der Inneren Mongolei, wird der Attila Chinas; unter dem Druck dieser Herrschaft in Nordchina wird die chinesische Hauptstadt nach Nanking verlegt 317–589 China in einen nördlichen und einen südlichen Teil getrennt 320 Tschandragupta I. gründet in Nordindien das Reich der Gupta	
332 Konstantin verlangt von den Goten nach erfolgreichen Kämpfen Heeresfolge		

	Westliches Mittelmeer/Westeuropa	Östliches Mittelmeer/Vord. Orient
300		330 In Äthiopien entsteht eine christliche Gemeinde um 330 Georgien zum Christentum bekehrt
	337–340 Nach Konstantins Tod Rivalitätskämpfe zwischen den Söhnen und Neffen; um 340: Constantius (für den Osten, bis 361) und Constans (für den Westen, bis 350)	337 Tod Konstantins I., des Großen; auf dem Totenbett empfängt er die Taufe durch Bischof Eusebius 339 Eusebius, Bischof von Cäsarea, gestorben; Verfasser der ersten Kirchengeschichte des Christentums und einer Biographie Kaiser Konstantins
350	um 350–um 450 Kleinere westgermanische Stämme, die sich insgesamt „Franken“ nennen, dehnen ihr Siedlungsgebiet von Rhein und Mosel über Maas und Schelde bis zur Somme aus; merowingische Dynastie	
		353–361 Alleinherrschaft des Constantius über das noch einmal vereinigte Römische Reich
	355 Constantius ernennt Julianus, einen Vetter, zum Caesar und sendet ihn nach Gallien 361–363 Julian römischer Kaiser; läßt die alten Götterkulte wiederaufleben und wird deshalb von christlichen Gegnern „Apostata“ (Abtrünniger) genannt	356 Antonius, der erste christliche Einsiedlermönch, Schutzheiliger gegen Feuer, Pest und Seuchen, gestorben 359–361 Konflikt zwischen dem Osten (Constantius) und Westen (Julian) wird durch den natürlichen Tod des Constantius beendet; Julian (Apostata) ist 361–363 anerkannter Alleinherrscher des gesamten Römischen Reiches
	364–375 Flavius Valentinianus I. Kaiser, Illyrier wie alle Kaiser seit Diokletian; er übernimmt die Herrschaft im Westen, sein Bruder Valens im Osten des Reiches; Valentinian verdrängt die Alemannen aus Gallien und gewinnt 375 Pannonien	363 Ein neuer Krieg gegen die Perser bleibt nach Anfangserfolgen stecken; Julian fällt bei einem Rückzugsgefecht; ein vom Heer gewählter Nachfolger (Jovianus) muß vor dem Perserkönig Schapur kapitulieren 364–378 Die valentinianische Dynastie

300

um 340–380 Kaiser Samudragupta erobert Nordindien, Nepal und Assam; dringt im Süden bis Kanchipuram vor

um 340 Aguntum, Teurnia und Virunum werden Bischofssitze
um 345 Wahrscheinliche Gründung des Bistums Speyer

350

um 350 Das Ostgotenreich unter König Ermanarich umfaßt ganz Südrußland und reicht zeitweise bis zur Ostsee
um 350–um 380 Wulfila/Ulfilas (um 311–383), seit 341 Bischof der Westgoten, übersetzt die Bibel aus dem Griechischen ins Gotische; er trägt damit zur Bekehrung der Germanen zum (arianischen) Christentum bei; seine Bibelübersetzung ist das erste germanische Literaturdenkmal; größere Teile sind in dem um 500 entstandenen „Codex argenteus“ (heute in Uppsala) enthalten
um 350 Bau der Basilika in Trier (Augusta Treverorum)
seit 350 Vorstöße der Franken über den Rhein
355 Köln und andere Rheinstädte von den Franken erobert und verwüstet
357 Der spätere Kaiser Julian schlägt die Alemannen (bei Straßburg) und stößt dreimal über den Rhein vor
361–363 Unter Kaiser Julian (Apostata) Neubefestigung der Rheinstädte
364–375 Unter Kaiser Valentinian I. Vorstöße in das rechtsrheinische Alemannengebiet
367–375 Erfolgreiche Kämpfe der Römer gegen Pikten und Skoten in Britannien
375–568 Zeit der großen Völkerwanderung (vom Hunneneinfall bis zur Gründung des langobardischen Königreichs in Italien), deren Träger die Ostgermanen sind;

357 In Kambodscha (Hinterindien) Machtergreifung des Königs Candan (so nach chinesischen Quellen), vermutlich ein von den indischen Guptas vertriebener Indo-Skythe
seit 360 Unter der Sassanidenherrschaft im Iran werden die Weißen Hunnen angesiedelt

372 Einführung des Buddhismus in einem Teilgebiet Koreas; die Südwestküste Koreas zu dieser Zeit noch überwiegend in japanischer Hand

	Westliches Mittelmeer/Westeuropa	Östliches Mittelmeer/Vord. Orient
350	375–383 Gratianus, Sohn Valentinians, regiert den Westen; eifriger Anhänger des Athanasios, entzieht er dem heidnischen Kult jede Beihilfe aus Staatsmitteln	
	376 Die seit 375 aus Innerasien vorstoßenden Westhunnen treiben Alanen, Ostgoten und Westgoten vor sich her; als erste erbitten die Westgoten Aufnahme ins Römische Reich; das Ostgotenreich – zwischen Ostsee und Schwarzem Meer – wird von den Hunnen überrollt; die einsetzende Völkerwanderung bedroht die Grenzen des Römischen Reiches	376–378 Kaiser Valens; eifriger Vertreter des Arianismus 378 Kaiser Valens fällt in einer Schlacht bei Adrianopel gegen die – mit der römischen Verwaltung unzufriedenen – Westgoten 379–450 Theodosius I. und seine Dynastie 379–395 Theodosius, von Gratian zum Augustus des Ostens ernannt
		381 Zweites ökumenisches Konzil in Konstantinopel; die Lehre des Athanasios wird auch von der Ostkirche endgültig übernommen 383 Wulfila, Bischof der Westgoten, in Konstantinopel gestorben
	383–394 Mehrfacher Kaiserwechsel im Westen; alle Rivalen sterben eines unnatürlichen Todes 394 Reichseinheit unter Theodosius I. wiederhergestellt 395 Kaiser Theodosius nach kurzer Regierungszeit in Mailand gestorben 395 Faktische Teilung des Reiches unter den Söhnen des Theodosius; Arcadius regiert in Konstantinopel (395–408), Honorius von Mailand aus den Westen (395–423); Berater des Honorius ist der Wandale Stilicho 397 Ambrosius, Bischof von Mailand, Kirchenlehrer, gestorben; Verfasser der ersten christlichen Ethik, schrieb Hymnen zur Förderung des Kirchengesangs	387 Armenien zwischen Persien und Ostrom aufgeteilt 394/95 Das römische Reich für wenige Monate unter Theodosius wiedervereinigt seit 395 Zu Ostrom gehören seit der Reichsteilung das Gebiet südlich der Donau und die Provinzen im Vorderen Orient 395/96 Die Goten unter Alarich plündern Thrakien, Makedonien und Thessalien; Ostrom verhindert das vom Westen (Stilicho) eingeleitete energische Eingreifen
400	401 Die Goten unter Alarich dringen in Oberitalien ein und belagern Mailand; ein Sieg Stilichos (402) verhindert weiteres Vordringen; 403 ziehen sich die Goten auf Grund eines Vertrages nach Epirus zurück 403 Infolge der Germanengefahr wird anstelle von Mailand Ravenna	400 Ostrom (Arcadius) schließt einen Vertrag mit dem Westgotenführer Alarich

350

Klimawechsel, Bevölkerungszunahme und dadurch bedingte Landnot zwingen die Germanenstämme zu Wanderungen; der Vorstoß der Hunnen nach Europa ist das Signal für die große Völkerwanderung

375 Das türkisch-mongolische Steppenvolk der Hunnen dringt nach Europa vor, vernichtet das Reich der Alanen und unterwirft das Ostgotenreich; germanische Stämme geraten in Bewegung und dringen in römisches Reichsgebiet ein

375 Alemannen stoßen erneut über den Oberrhein vor

376 Westgoten werden als Verbündete auf römischem Boden südlich der Donau angesiedelt

378 Tod des Kaisers Valens bei Adrianopel im Kampf gegen die Westgoten

380 Theodosius gelingt eine Übereinkunft mit den Goten; sie werden in Dakien und Mösien angesiedelt und leisten Heeresfolge

382 Endgültiger Friede zwischen dem Römischen Reich und den Westgoten, die – bei weitgehender Selbständigkeit – Verbündete Roms zum Schutz der Grenze werden

395 Aufgabe Triers als Residenz des Römischen Westreiches

395–410 Alarich, König der Westgoten, erobert den Balkan und wendet sich gegen Italien; Abwehr durch Stilicho, den wandalischen Feldherrn des Kaisers Honorius

etwa 374 Balamir, der Anführer der westlichen Hunnen, überschreitet die Wolga und unterwirft die Alanen des Kubanraumes; die germanisch-sarmatische Herrschaft über Südrußland wird vernichtet

380–414 Tschandragupta II.; Höhepunkt der Macht des Gupta-Hauses; großindisches Reich unter Einschluß Zentralindiens, Baktriens und Bengalens; volle Freiheit für alle Glaubensbekenntnisse

386–535 T'o-pa Kuei, Begründer eines großen (turkmongolischen) nordchinesischen Reiches der T'o-pa (Wei-Dynastie); China wird seit der T'o-pa-Zeit mit dem T'o-pa-Namen (türkisch Tabghač, griechisch Taugast) bezeichnet; im 5. Jh. völlig sinisiert;
Wei-Dynastie fördert die Verbreitung des Buddhismus und schirmt das chinesische Kulturland vor weiteren Eingriffen nördlicher Steppenvölker ab; die Rolle der T'o-pa entspricht etwa der des Frankenvolkes in Europa

400

5. Jh. Fund von Nydam, Süddänemark

um 400 Königreich der Hermunduren (Thüringen)

	Westliches Mittelmeer/Westeuropa	Östliches Mittelmeer/Vord. Orient
400	Residenz des Weströmischen Reiches	
	405 Noch einmal kann ein Einbruch germanischer Stämme in Italien durch Vertrag verhindert werden	
	406 Die germanische Völkerwanderung nähert sich ihrem Höhepunkt; Wandalen, Burgunder, Sueben und Alanen bringen Gallien in ihre Gewalt; allgemeines Chaos in Gallien und Spanien	
	408 Hinrichtung Stilichos auf Befehl Kaiser Honorius' als Reaktion auf den nationalrömischen Unwillen über den Einfluß des germanischen magister militum	408–450 Theodosius II., Sohn des Arcadius, Kaiser in Ostrom (Konstantinopel); relative Ruhe im Osten durch Friedensschlüsse mit Goten und Persern
	408–410 Der Westgotenkönig Alarich bricht in Italien ein und zieht gegen Rom; ein Angriff auf die Residenz des Honorius – nunmehr Ravenna – wird durch Hilfstruppen aus Konstantinopel vereitelt	
	409 Wandalen, Alanen und Sueben erreichen Spanien; 429 unter dem Druck der Westgoten nach Nordafrika (80000 Menschen unter dem Heerführer König Geiserich)	
	410 Rom wird von Alarich erobert und drei Tage geplündert; unter dem Eindruck dieser Katastrophe schreibt der afrikanische Bischof Augustinus seine Bücher über den „Gottesstaat" („De civitate Dei"); Pläne Alarichs zur Eroberung Siziliens und Afrikas; Tod des Alarich	
	412–416 Der Nachfolger Alarichs, Athaulf, wendet sich von Italien nach Gallien, erobert Narbo (413) und vermählt sich mit der (in seiner Gefangenschaft befindlichen) Schwester des Kaisers Honorius, Galla Placidia; den Römern gelingt es, die Goten nach Spanien abzudrängen	
	416 Beginn der Westgotenherrschaft in Spanien; erstes anerkanntes germanisches Königreich auf dem Boden des Römischen Reiches	419 oder 420 Tod des Kirchenvaters Hieronymus; Übersetzung der Bibel ins Lateinische („Vulgata")
	423 Nach dem Tod des Westkaisers Honorius erhebt Theodosius II. Galla Placidia (nach	

400

Übriges Europa	Mittlerer und Ferner Osten
5. Jh. Germanische (thüringische) Bronzefibeln aus Nienberg/Saalkreis (Grabfunde) seit 400 Ausbreitung der Slawen aus dem Gebiet zwischen Karpaten, Pripjat und Dnjepr nach Süden zur Adria und zum Balkan bis nach Griechenland, nach Norden und Osten bis zum Ilmensee, dem oberen Don- und Wolgagebiet, um 450 in das von den Germanen weitgehend geräumte – jedoch nicht völlig entvölkerte – Gebiet zwischen Weichsel und Elbe 405 Römische Truppen werden vom Rhein – 407 auch aus Britannien – abgezogen; die Truppen sollen Italien gegen die Barbareneinfälle schützen 406 Burgundisches Reich am Rhein besteht bis zum Hunneneinfall 406 Linksrheinische Gebiete werden von Franken besiedelt 406–409 Germanenstämme brechen in Gallien und Spanien ein 408 Goten unter Alarich in Kärnten	Seit 400 werden die über die Wüste Gobi herrschenden mongolischen Ju-Juan – so von den Chinesen genannt – die größte Gefahr für Ost- und Südasien 402 Die Führer der Ju-Juan nehmen den Titel Khan an 409–um 450 Bekämpfung der Ju-Juan durch die T'o-pa-Herrscher in Nordchina

	Westliches Mittelmeer/Westeuropa	Östliches Mittelmeer/Vord. Orient
400	Athaulfs Tod 416 Witwe, 421 für ein Jahr die Frau eines römischen Feldherrn) zur Augusta, ihren kleinen Sohn als Valentinianus III. zum Augustus 425–455 Valentinianus III. Kaiser Westroms; Aëtius römischer Feldherr und Staatsmann 427 Der von Westrom abgefallene Feldherr Bonifatius macht sich in Afrika unabhängig und ruft zu seiner Hilfe die Wandalen unter Geiserich aus Spanien herbei 429 Geiserich setzt nach Mauretanien über und erobert sogleich größere Teile Afrikas und Numidiens 430 Tod des Augustinus; Bischof in Nordafrika, bedeutendster Kirchenlehrer; Hauptwerke: „Confessiones" („Bekenntnisse") und „De civitate Dei" („Über den Gottesstaat") 434/35 Aëtius bringt mit Hilfe der Hunnen, denen er Pannonien überläßt, Gallien wieder in römische Gewalt und fügt den Burgundern eine schwere Niederlage zu 435 Valentinian III. muß den sich festigenden Wandalenstaat in Afrika anerkennen 439 Karthago wird von Geiserich erobert 440–461 Papst Leo I. (der Große) 443 Nach der Zerstörung des Burgunderreiches um Worms durch die Hunnen gründen die Burgunder zwischen Genfer See und Rhône ein neues Reich (bis 534)	431 Drittes ökumenisches Konzil in Ephesos; Verdammung der Nestorianer 441 Ein Versuch Ostroms (Theodosius' II.), Geiserich in Sizilien anzugreifen, mißlingt 445–448 Schwere Bedrohung des Ostens durch die Hunnen unter Attila (der damals das heutige Ungarn, Rumänien und Südrußland beherrschte); die Hunnen verwüsten die Balkanprovinzen; durch Konzessionen wird 448 ein Friedensschluß erreicht (Ostrom den Hunnen tributpflichtig)
450	451 Angriff Attilas gegen Gallien, als ihm Valentinian III. die Hälfte des westlichen Reichsteils verweigert; Aëtius wirft sich ihm mit germanischen Hilfstruppen (Franken, Westgoten) in der Schlacht auf den Katalaunischen Feldern (bei Troyes) entgegen; die Schlacht	450–457 Nach Theodosius' II. Tod herrscht in Ostrom Marcianus; ihm gelingt ein Zurückdrängen der Hunnen von den Grenzen Ostroms auf dem Balkan

400

um 430 Patrick organisiert in Irland eine eigenständige christliche Nationalkirche; wird Ausgangspunkt der christlichen Mission im Norden Europas

433–453 Hunnenkönig Attila (Etzel); seit dem Tod seines Bruders Bleda (445) Alleinherrscher

436 Alemannenreich am Oberrhein

443 Burgunder wandern in die Schweiz ein; weitere Niederlassung im mittleren Rhônegebiet

445 Attila errichtet ein sich vom heutigen Ungarn bis zum Oberrhein erstreckendes hunnisches Reich

um 450 Besiedlung der Britischen Inseln durch Angeln und Sachsen

um 425 Die Hunnen beginnen in das heutige Ungarn vorzudringen

um 430 Die Hephalitischen oder Weißen Hunnen lösen sich aus der Ju-Juan-Macht und dringen vom Altai über Turkestan erst gegen das Sassanidenreich und dann nach Indien vor

um 440 Einbruch der sogenannten Weißen Hunnen in Indien

um 446 In Nordchina, bisher Buddhismus-freundlich, setzt eine anti-buddhistische Reaktion ein

um 450 In Indien besetzen die Hunnen trotz starker Abwehrkämpfe des Gupta-Herrschers, Kumaragupta I. (414–455), einen Teil des indischen Westens (Gandharagebiet)

450

	Westliches Mittelmeer/Westeuropa	Östliches Mittelmeer/Vord. Orient
450	endet mit Aetius' Sieg, aber Attila zieht sich über den Rhein zurück 452 Attila verheert die Po-Ebene; ein Angriff auf Rom wird durch eine römische Gesandtschaft unter Papst Leo I. verhindert 454 Valentinian III. tötet den Feldherrn Aëtius, der ihm zu mächtig geworden ist 455 Kaiser Valentinian III. von Anhängern des ermordeten Aëtius auf dem Marsfelde in Rom erschlagen 455 Der Wandalenkönig Geiserich, von der Witwe Valentinians III., Eudoxia, zu Hilfe gerufen, läßt Rom systematisch plündern; der Papst bewahrt die Stadt vor Brandschatzung 455 Franken erobern linksrheinische Gebiete um 457–482 Childerich I., König der salischen Franken; kämpft als Bundesgenosse der Römer gegen Westgoten, Sachsen und Alemannen	451 Viertes ökumenisches Konzil in Chalcedon (am Bosporus); u. a. Gleichrangigkeit des Patriarchen von Konstantinopel und des Papstes festgestellt; endgültige Festlegung des christologischen Dogmas
	457–461 Maioranus in Ravenna Augustus des Westens; unaufhaltsamer Zusammenbruch des weströmischen Reiches im Kampf mit den Westgoten und Wandalen seit 466 Westgotisches Reich unter Eurich in Spanien und Gallien 468 Die vereinten Flotten Ost- und Westroms greifen die Wandalen an, gewinnen Tripolis und Sardinien zurück, werden aber vor Karthago fast völlig vernichtet 475 Der magister militum des Westens (Orestes, ein Pannonier) läßt seinen Sohn Romulus zum Augustus ernennen (Augustulus)	457–474 Nach dem Tod des Marcianus Leo I. der Große Ostkaiser; kämpft ohne Erfolg gegen die Wandalen in Afrika; greift mehrfach in die Thronfolge Westroms ein; verdrängt germanische Offiziere aus ihren Machtpositionen
	476 Die germanischen Hilfstruppen des Westens (Heruler, Skiren u. a.) erheben ihren Anführer Odoaker zum König der Germanen in Italien; der junge Kaiser Romulus wird verschont und erhält Zwangsaufenthalt in Campanien; der oströmische Kaiser Zenon I. erkennt Odoaker als römischen Patricius an, betrachtet sich jedoch nunmehr als einzigen Kaiser des ganzen Reiches	471 Theoderich der Große König der damals noch im Balkanraum ansässigen Ostgoten 474–491 Zenon I. der Isaurier Augustus des Ostens; lenkt die Ostgoten unter Theoderich nach Italien und befreit damit den Osten vom germanischen Druck

450

451 Schlacht auf den Katalaunischen Feldern (bei Troyes): die vereinigten Römer, Franken und Westgoten besiegen unter Aëtius' Führung das hunnische, großenteils aus unterworfenen Germanen bestehende Heer König Attilas; Westgotenkönig Theoderich I. fällt

453 Tod Attilas; das Hunnenreich fällt auseinander; die Hunnen werden vernichtet oder gehen in andern Völkern auf

um 460 Juvavum, Lauriacum und Ovilava – später Favianis – werden Bischofssitze

um 470 Alemannen bleiben in Vorarlberg und der Nordschweiz

473 Ostgoten belagern Teurnia

um 450 Gesandtschaft eines auf der malaiischen Halbinsel und auf Sumatra entstandenen politischen Zentrums in China

um 450 An der Westspitze Javas entsteht das Taruma-Reich; durch Inschriften belegt

5. Jh. „Kamasutra“, indisches Lehrbuch der Liebeskunst

seit 453 Rückzug der Hunnen ins Dnjeprgebiet

455 Erste Gesandtschaft der Sassaniden nach China (Nordstaaten)

um 460 Die Weißen Hunnen oder Hephtaliten setzen sich in Kabul (Afghanistan) fest

	Westliches Mittelmeer/Westeuropa	Östliches Mittelmeer/Vord. Orient
450	476–488 Odoaker regiert unumschränkt in Italien unter Wahrung der politischen und religiösen Einrichtungen Roms	
	482–511 Chlodwig (geb. 466), aus dem Geschlecht der salischen Merowinger, Begründer des Großreiches der Franken	
	482 Childerich-Grab (1653 entdeckt) mit Schmucksachen und Waffen	484–519 Erste große Kirchenspaltung zwischen Ost und West
	486 Chlodwig erobert den Rest des weströmischen Imperiums zwischen Somme und Loire	
	486 Chlodwig erobert Nordgallien; Sieg bei Soissons über den römischen Feldherrn Syagrius	488 Kaiser Zenon I. veranlaßt den Ostgotenkönig Theoderich – als Verbündeten Ostroms im Nordwestbalkan –, Italien für den Osten zu erobern
	487 Einfall der Ostgoten in Italien	
	490 Odoaker wird in Ravenna von den Ostgoten eingeschlossen; Beginn einer dreijährigen Belagerung	491–518 Anastasius I. Kaiser des Ostreiches; unter seiner Regierung wird Konstantinopel zur damals größten Festung der Welt ausgebaut
	493 Odoaker muß sich seinem Rivalen Theoderich ergeben; wird von Theoderich verräterisch erschlagen	
	493 Nach Ermordung Odoakers begründet Theoderich (der Große) das Ostgotenreich in Italien mit der Hauptstadt Ravenna	
	496 Chlodwig besiegt die Alemannen am Oberrhein	
	498/99 Chlodwig tritt zum Katholizismus über	

450

Übriges Europa

spätes 5. Jh. Goldene Zellenmosaik-Adlerfibel aus dem Oßmannstädter Fund als Beispiel des germanischen Kunsthandwerks

493–536 Österreich bis an den Nordrand der Alpen Teil des Ostgotenreichs

493–526 Theoderich der Große, „Dietrich von Bern“, Herrscher in Italien; bemüht sich vergeblich um Aussöhnung germanischer und römischer Interessen; seine Friedenspolitik gegenüber den germanischen Nachbarreichen scheitert

Mittlerer und Ferner Osten

5. Jh. In Nordchina sinkt die kriegerische Kraft der T'o-pa ab; mit Beginn des 6. Jahrhunderts zerfallen die völlig sinisierten T'o-pa in eine östliche und westliche Linie

5. Jh. Beginn der klassischen indischen Malerei, belegt mit den Wandgemälden in Ajanta

	Westliches Mittelmeer/Frankenreich	Östliches Mittelmeer/Vord. Orient
500	500 Chlodwig zwingt die Burgunder zum Anschluß an das Fränkische Reich; das Burgunderreich als solches bleibt aber noch erhalten 507 Frankenkönig Chlodwig besiegt die Westgoten in der Schlacht von Vouillé (Vouglé) und besetzt Aquitanien; das gesamtfränkische Reich erstreckt sich damit vom Rhein-Main-Gebiet bis zur Garonne 507 - um 511 Aufzeichnung des Rechts der salischen Franken in der lateinischen „Lex Salica“ 511 Nach Chlodwigs Tod wird das Frankenreich unter seine vier Söhne aufgeteilt; gemeinsame Außenpolitik wird beibehalten 526 Tod Theoderichs des Großen, Zerfall des Ostgotenreiches; Grabmal Theoderichs in Ravenna um 529 Gründung des ersten europäischen Mönchsklosters auf dem Monte Cassino (Benediktiner) 531–534 Mit Hilfe der Sachsen erobern die Franken das Thüringerreich; auch die Bayern abhängig vom Frankenreich 532–534 Durch Chlothar I., Childebert I. und Theudebert I. wird in der Schlacht von Autun das Burgunderreich besiegt 533–543 Rückeroberung Nordafrikas aus den Händen der Wandalen durch Ostrom (Belisar) 534–548 Unter Theudebert I. wird das Frankenreich bis zur mittleren Donau erweitert und führende Großmacht des Westens 535–537 Die Franken erhalten das restliche Alemannien und die Provence von den Ostgoten und damit den Zugang zum Mittelmeer	518–527 Die Macht in Byzanz in den Händen eines einfachen Soldaten aus Makedonien (Justinus) unter Mitwirkung seines hochgebildeten Neffen Justinianus 519–525 Ausgleich zwischen Byzanz und dem Papsttum; 525 besucht Papst Johannes I. Konstantinopel; Justinian schafft dadurch die religiöse Voraussetzung für den angestrebten Kampf mit den arianischen Germanenkönigen im Westen 527–582 Die dardanische Dynastie in Byzanz 527–565 Justinian I., bedeutendster oströmischer Kaiser der Spätantike; sein Ziel Wiederherstellung der Reichseinheit, der Glaubens- und Rechtseinheit 527–532 Justinians Feldherr Belisar führt einen (ersten) Perserkrieg; wegen der Pläne im Westen 532 abgebrochen mit der Konzession von Tributzahlungen 529 Codex Justinianus; Redigierung und Reduzierung aller seit Kaiser Hadrian erlassenen Kaiseredikte; mit einigen Ergänzungen wird dieses „Corpus iuris civilis“ für fast anderthalb Jahrtausende das verbindliche Lehrbuch der klassischen Jurisprudenz 532 (Januar) Bürgerkriegartiger Aufstand in Konstantinopel führt zu schweren Zerstörungen; darauf Entfaltung einer reichen Bautätigkeit

und das Weltreich der T'ang in China

Übriges Europa	Mittlerer und Ferner Osten	
frühes 6. Jh. Vergoldeter Spangenhelm vom Baldenheimer Typ; Beispiel thüringischer Handwerkskunst; Fundort Stößen (Thüringen) 6. Jh. Entstehung von 7 Königreichen in Britannien; Kelten behaupten sich in Cornwall und Wales, Pikten und Skoten in Schottland um 500 Blütezeit der germanischen Goldschmiedekunst um 500 Mehrere Gaukönigtümer der Dänen in Jütland und auf den Inseln um 500 Die Bajuwaren ziehen aus Böhmen nach Bayern	6. Jh. Wiederholte Hunneneinbrüche in Indien. Ende der Gupta-Dynastie um 570	**500**
	502–550 Kaiser Wu-ti aus der Dynastie Liang in China; versucht die Versöhnung von Buddhismus und Konfuzianismus; begründet eine große Bibliothek 523 Älteste erhaltene Ziegelpagode Chinas auf dem Sung-schan (Honan)	
529 Regensburg wird Hauptstadt des Herzogtums Bayern		
531–534 Bayern in Abhängigkeit vom Fränkischen Reich 531 Thüringen wird Teil des Fränkischen Reichs	531–579 Chosrau I. Anoscharwan König von Persien; schafft ein riesiges Sassanidenreich; umfassende Staatsreform: Steuerreform mit Kopf- und Grundsteuer, neuer Beamtenadel; der zarathustrische Kanon, das Awesta, wird autoritativ; erfolgreiche Kämpfe gegen Indien, die Araber und das Oströmische Reich	

	Westliches Mittelmeer/Frankenreich	Östliches Mittelmeer/Vord. Orient
500	535–555 Wiedereroberung Italiens durch Ostrom; siegreicher Feldzug Belisars von Sizilien über Rom bis Ravenna; Rückschlag nach seiner Abberufung an die Perserfront 541–552 Totila Ostgotenkönig; er erobert Italien zurück 549–555 Narses, Justinians zweiter großer Feldherr neben Belisar, vollendet die Unterwerfung Italiens; er schlägt Totila (552); der letzte Ostgotenkönig Teja fällt am Vesuv; letzte ostgotische Kastelle in Samnium fallen 555	535–555 Siegreiche Feldzüge Ostroms gegen das Ostgotenreich in Italien 540–562 (Zweiter) Abwehrkrieg Ostroms gegen die Perser; Belisar gelingt es, Syrien zu halten (543); gegen Zahlung von Jahrgeldern erlangt Justinian schließlich einen „fünfzigjährigen Frieden“ (562)
550	um 550 Blütezeit frühchristlicher Kunst in Norditalien; Mittelpunkt ist Ravenna mit den Kirchen San Vitale, San Apollinare in Classe, San Apollinare Nuovo, Baptisterium der Orthodoxen 555–567 Narses Statthalter Ostroms in ganz Italien; der Bischof von Rom erhält weitgehende hauptstädtische Verwaltungsbefugnisse (554) 558–561 Chlothar I., König der Franken um 560–680 Verfall des merowingischen Frankenreiches; Emporkommen der „Hausmeier“, der Verwalter des Königsguts in den einzelnen Kernländern seit 561 Nach dem Tode Chlothars I., der noch einmal das gesamte fränkische Reich vereinigt hatte, wird das Frankenreich in Austrien (Hauptstadt Reims), Neustrien (Hauptstadt Paris) und Burgund (Hauptstadt Orléans) aufgeteilt; an der Spitze der Regierung jedes Reichsteils steht ein Hausmeier (maior domus). Diese höchsten Beamten werden allmählich die eigentlichen Herrscher; erbitterte Familienfehden in der merowingischen Dynastie 568 Die Langobarden unter König Alboin fallen in Italien ein und begründen ein Königreich in Oberitalien (Hauptstadt Pavia); nur die Gebiete Ravenna, Rom, Ligurien und Neapel kann Byzanz noch halten	553 V. Ökumenisches Konzil in Konstantinopel; Verurteilung nestorianischer Lehren 559 Belisar besiegt die bis vor Konstantinopel vorgedrungenen (sogenannten kutrigurischen) Hunnen 562 Prokop, byzantinischer Historiograph der Feldzüge Kaiser Justinians, gestorben 565 Justinian I., oströmischer Kaiser seit 527, gestorben 565–578 Kaiser Justinus II., Justinians Neffe; er versucht, die Politik seines großen Vorgängers fortzusetzen

Übriges Europa	Mittlerer und Ferner Osten	
		500
um 550 Teile Kärntens und der Südsteiermark werden byzantinisch (oströmisch)	seit etwa 550 Tschalukya-Dynastie in Südindien um 550 Die seit ca. 400 aus Mittelasien vorgestoßenen tatarischen Awaren nähern sich der Donau	**550**
um 550 In Schottland bestehen vier Königreiche 563 Columban d. Ä. gründet das Kloster Jona auf der Insel vor der Küste Dalriadas (Nordirland); Columban, der „Apostel Schottlands“	552 Gesandtschaft aus Korea bringt eine Buddhastatue an den japanischen Kaiserhof; anhaltende Auseinandersetzungen mit den Vertretern der altjapanischen Schinto-Naturreligion 552 Frühtürkisches Reich in West-Turkestan durch Zusammenschluß nomadischer Stämme; erstes Auftreten des Namens Türken	
566 Das Gepidenreich der Goten wird von Langobarden unter Alboin und Awaren vernichtet	567 Chosrau I. von Persien schlägt die Hephthaliten (oder „Weißen Hunnen“) vernichtend	

	Westliches Mittelmeer/Frankenreich	Östliches Mittelmeer/Vord. Orient
550	nach 580 Cassiodor, römischer Gelehrter und Historiker, gestorben: Verfasser einer Geschichte der Ostgoten, ostgotenfreundliche Tendenz 586 Beim Tod des Westgotenkönigs Leowigild, der Cordoba und das Suebenreich in Spanien erobert hat, umfaßt das westgotische Königreich fast die ganze Pyrenäenhalbinsel 587 Der Westgotenkönig Rekkared wird katholisch 590–604 Papst Gregor I. (der Große) 594 Tod des Gregor von Tours, Bischof und Historiker; sein Werk „Gesta Francorum" ist Hauptquelle für die Geschichte des Merowingerreichs 595 Papst Gregor der Große protestiert gegen den Titel „Ökumenischer Patriarch"	572–591 Verlustreicher Krieg Ostroms mit den Persern 578–610 Politisch-militärische Verfallszeit Ostroms unter Tiberius II. (†582), Maurikios (†602) und Phokas (†610)
600	613 Frankenkönig Chlothar II. vereinigt das Gesamtreich, muß jedoch durch das Edictum Chlotarii (614) dem grundbesitzenden Adel das Recht der Wahl der königlichen Beamten (Grafen) aus ihren Reihen zugestehen 615 Columban, irischer Missionar, Begründer mehrerer Klöster, gestorben	603–628 Letzter Krieg Ostroms gegen die Perser (=Neuperser oder Sassaniden); Sassanidenheere dringen durch Kleinasien bis an Konstantinopels kleinasiatische Gegenküste bei Chalkedon vor 610–641 Kaiser Heraclius, Begründer des (armenischen) Kaiserhauses der Herakliden; seine Politik wendet sich vor allem der kleinasiatischen Reichshälfte zu um 610 Ekstatische Offenbarungserlebnisse des Propheten Mohammed aufgrund jüdischer und christlicher Vorstellungen; verkündet den Glauben an den einzigen Gott Allah 611–622 Trotz Umschulung des Heeres auf die persische Kampfart kann Ostrom ein weiteres Vordringen der Sassaniden nicht verhindern; die Perser erobern Jerusalem (614), Ägypten (619) und stoßen bis Tripolis vor

Übriges Europa	Mittlerer und Ferner Osten	
um 570 Gründung eines awarischen Großreichs im Gebiet zwischen Donau und Theiß unter Kagan Bajan (565–602) um 580 Durchbruch slawischer Stämme bis Thrakien und Griechenland 591–593 In den Awaren- und Slawenfeldzügen dringt der oströmische Feldherr Priscus über die Donau vor	579–590 Hormizd IV. König von Persien; während seiner Herrschaft Einbruch neuer Turkvölker in Persien 590 Wiedervereinigung des chinesischen Reiches unter der Sui-Dynastie 590–628 Chosrau II. König von Persien; Höhepunkt des Sassanidenreiches; große Teile Kleinasiens, Syrien und der Nordteil Ägyptens erobert	**550**
um 600 Weitere Ausdehnung des Siedlungsgebiets der Slawen in Osteuropa um 600 Die Svear, die ihre Herrschaft über ganz Schweden ausgedehnt haben, beherrschen den Ostseeraum um 600 Morkener Fürstengrab (1955 entdeckt): Grabstätte eines fränkischen Edelmannes 610 Zerstörung der keltisch-romanischen Stadt Agunt in Osttirol um 612 Der aus Irland stammende Gallus, Schüler Columbans, predigt in Alemannien und gründet eine Klause, aus der im 8. Jh. das Kloster St. Gallen hervorgeht	607–647 Nordisches Großreich unter König Harscha Anfang 7. Jh. Unter der Tschalukya-Dynastie in Südindien Blütezeit der Baukunst (Ellora, Elephanta)	**600**

600

Westliches Mittelmeer/Frankenreich

seit 622 Arnulf, Bischof von Metz, und Pippin der Ältere regieren gemeinsam Austrien; Pippin bereitet als Hausmeier und Berater der Merowingerkönige Dagobert I. und Sigibert III. in Austrien die Machtstellung der Karolinger vor

um 625 Straßburg wird Bischofssitz

629–638 Dagobert I., König im ganzen Fränkischen Reich; letzter Merowinger mit selbständiger Herrschaft neben seinem Majordomus (Hausmeier); unter König Dagobert I. (Sitz: Paris) bleibt die Reichseinheit noch gewahrt, in Metz wird jedoch sein Sohn als Unterkönig eingesetzt

636–652 Rothari König des Langobardenreiches

Östliches Mittelmeer/Vord. Orient

615 Unter dem Druck der Bedrohung im Osten muß Kaiser Heraclius auf die byzantinischen Besitzungen in Spanien verzichten

622–628 Ein (lange vorbereiteter) „Byzantinischer Kreuzzug“ gegen Persien sichert Ostrom den Besitz Kleinasiens; kurz danach beginnen die Einfälle der Araber

622 „Hedschra“, Auswanderung Mohammeds von Mekka nach Medina; Beginn der mohammedanischen Zeitrechnung (in Mondjahren)

626 Die Konstantinopel bestürmenden Awaren werden besiegt

627 In Byzanz wird der lateinische Imperator-Titel zugunsten des griechischen „Basileus“ abgeschafft

628 Sieg des Kaisers Heraclius I. von Byzanz über die Perser

629 Rückeroberung Jerusalems durch byzantinische Truppen

632 Mohammed, Gründer des Islam, in Medina gestorben

632–696 Erste arabische Angriffswelle gegen Byzanz; Araber erobern Syrien, Ägypten und dann auch Nordafrika; Byzanz verliert zwei Drittcl scincs Gcsamtgcbictcs

634 Beginn der arabischen Welteroberung

nach 634 Wiederaufbau von Hagios Demetrios in Thessaloniki

634–644 Kalif Omar, Begründer des theokratischen arabischen Großreichs

635–642 Ausbreitung des Islams im Vorderen Orient: Eroberung Syriens (635), des Irak (637), Palästinas (638), Ägyptens (642); Damaskus Kalifenstadt (bis 750)

600

618–906 T'ang-Dynastie in China; größte Ausdehnung des Chinesischen Reiches, Blüte von Kunst und Kultur; Vorherrschaft des Buddhismus

625–um 660 Slawisches Großreich des Königs Samo; Anführer der Slawen in Böhmen gegen die Awarenherrschaft

627–649 T'ai-tsung Kaiser von China, einer der größten Herrscher in der chinesischen Geschichte; behauptet China gegen die Türken in Zentralasien; enge Bindungen mit der indischen Geisteskultur

627 Vernichtende Niederlage der Perser bei Ninive durch Ostrom; Chosrau II. gestürzt und getötet; Ende der Macht des Sassanidenreiches; das geschwächte Reich unterliegt dem Ansturm der islamischen Araber

um 630 In Südrußland bildet sich ein Großbulgarisches Reich (bis ca. 650)

634 Nach Berufung irischer Mönche aus dem Kloster Jona dringt von Südschottland her das romfreie iroschottische Christentum in England ein

1. Hälfte 7. Jh. Ältestes Holzbauwerk der Welt in Japan (Horyudschi mit Kondo)

	Westliches Mittelmeer/Frankenreich	Östliches Mittelmeer/Vord. Orient
600	nach 639 Nach Dagoberts Tod neue Reichsteilungen; Regierung der Hausmeier beginnt	641–668 Kaiser Constans II.; residiert seit 663 in Syrakus; erfolgreiche Kämpfe gegen die Slawen; verliert Ägypten an die Araber 641 Die Araber zerstören das Sassanidenreich 642 Mit Alexandria fällt das letzte byzantinische Bollwerk in Ägypten; die Bibliothek verbrennt; die Araber werden mit der Zeit zu Vermittlern des antiken Wissens an das mittelalterliche Europa 642 Omar gründet Kairo als neue ägyptisch-arabische Hauptstadt 644 Ganz Libyen in arabischer Hand
	um 640 Fertigstellung der Kirche S. Agnese in Rom	647/48 Die Araber dringen in die Provinz Afrika ein 649 Der Islam tritt erstmalig auch als Seemacht auf und erobert Zypern; Rhodos wird geplündert (654)
650	um 650 Der Westgote Rekkeswind (649–672) läßt das westgotisch-römische Recht für das Westgotenreich in Spanien kodifizieren	661–75 Kalifen-Dynastie der Omajjaden; unter ihr dehnte sich das Islamische Reich nach Nordafrika, Turkestan, Pandschab und Spanien aus; nach dem Sturz der Dynastie durch die Abbasiden (750) Begründung eines Emirats in Spanien 668–685 Constantinus IV. oströmischer Kaiser 670–678 Erster großer Araberangriff auf Konstantinopel wird von Kaiser Constantinus IV. erfolgreich abgewehrt

600

gegen Mitte des 7. Jh. Von Persien aus greift der Islam auch auf West-Turkestan (Samarkand) über; Kämpfe zwischen Arabern und Türken

644 China bringt den größten Teil Koreas unter seinen Einfluß
645–1192 Zeitalter des sogenannten „Beamtenstaates“ in Japan (Taika-Reform)

650

um 650 Südtirol wird bayerisch
Mitte 7. Jh. Kroaten und Serben in Südosteuropa (Dalmatien)
um 650 Ende des (ersten) Großbulgarischen Reiches
664 Die Synode von Whitby (Northumbria) entscheidet zugunsten der römischen Kirche bei der Christianisierung in England

Mitte 7. Jh. Auf Sumatra entsteht das Reich der Schailendras (Hindu-Reich)

vor 675 Höhlentempelgruppe von Lung-men (Honan) in China

	Westliches Mittelmeer/Frankenreich	Östliches Mittelmeer/Vord. Orient
650	679–714 Pippin II., der Mittlere, Hausmeier Austriens; setzt sich im noch verbliebenen fränkischen Gesamtreich durch 687 Pippin der Mittlere, Hausmeier Austriens, siegt über den Hausmeier von Neustrien; die Pippiniden oder Karolinger gewinnen dadurch die erbliche Hausmeierwürde im ganzen Frankenreich 689 Sieg Pippins II. über die Friesen unter Radbod; Westfriesland wird mit dem Frankenreich vereinigt	671 Hallikinos aus Heliopolis erfindet das „Griechische Feuer“, eine wirksame Abwehrwaffe 678 Die erste Belagerung von Konstantinopel durch die Araber scheitert; Byzanz verliert durch den Krieg die letzte Kontrolle über die Balkanhalbinsel; im Rücken von Byzanz entsteht der Bulgarenstaat 679 Bildung eines Bulgarenstaats (unter Einbeziehung unterworfener Slawenstämme); erste große Balkanmacht (Donau-bulgar. Reich) 680/81 VI. Ökumenisches Konzil in Konstantinopel 695–698 Die Araber erobern Karthago und beenden damit die byzantinische Herrschaft in Nordafrika
700	um 700 Gregor-Codex von Luxueil 711/12 Die arabische Eroberung Spaniens vernichtet das Westgotenreich, doch stoßen die Araber bald auf entscheidenden Widerstand der Franken 712–744 Liutprand König der Langobarden; letzter Höhepunkt der langobardischen Macht in Italien; nur religiöse Bedenken halten ihn von einer Eroberung Ravennas und Roms ab; der Papst ruft die Franken zu Hilfe (754) 714–741 Karl Martell, Sohn Pippins II., reorganisiert das Frankenreich; verstärkte Kontakte zum Papsttum, ohne in Abhängigkeit von der römischen Kirche zu kommen; Wohlwollen gegenüber der Mission durch Bonifatius; stattet seine Anhänger mit Benefizien (Lehen) aus, um sich ihre Gefolgschaft zu sichern; Kämpfe mit den Friesen, Sachsen, Bayern und Alemannen 730 Die Araber stoßen bis an die Pyrenäengrenze vor 732 Papst Gregor III. verdammt den Bildersturm; als Antwort darauf löst Kaiser Leo III. Unteritalien und den Westbalkan kirchlich von Rom und unterstellt diese	710 Bulgaren vor Konstantinopel 716 Die arabische Landarmee dringt bis Pergamon vor 717–741 Kaiser Leo III., Begründer der sogenannten Isaurier-Dynastie (Syrer, bis 797); gilt als militärischer Reorganisator und als Reformkaiser (Abschaffung der Standesunterschiede beim Strafvollzug) 717 Der Islam dehnt sich über Kleinasien bis vor Konstantinopel aus 717/18 Zweiter großer Angriff der Araber auf Konstantinopel durch Leo III. abgewehrt; die Araber verzichten danach auf eine rasche Eroberung des byzantinischen Restreiches

650

um 675–754 Angelsächsischer Benediktinermönch Bonifatius (eigentlich Winfrid), der „Apostel der Deutschen“
687 Der in Ostfranken wirkende irische Wanderbischof Kilian in Würzburg erschlagen
689 Zur Bekehrung der Friesen landet der Angelsachse Willibrord in Friesland
698 Stiftung der Benediktinerabtei Echternach

700

701–705 Große Wildgans-Pagode in Hsian-Fu (China)
um 720 Ostpagode des Yakuschi-Klosters in Nara
705–715 Das Westtürkische Reich (West-Turkestan) wird von den Arabern schwer bedrängt; Buchara und Ferghana werden erobert
710 Nara erste Hauptstadt Japans (bis 784 sogenannte Nara-Zeit)
711 Der Islam breitet sich über Persien (bereits 650) bis ins mittlere Industal aus

722 Papst Gregor II. ernennt Bonifatius zum Bischof
723 Bonifatius fällt die Donarseiche bei Geismar
724 Der Wanderbischof Pirmin (Westgote?) gründet Kloster Reichenau und in der Folgezeit weitere Klöster im Elsaß, in der Pfalz und in Bayern
735 Tod des angelsächsischen Benediktiners Beda Venerabilis; Theologe und Historiker des frühen Mittelalters; erste kritische Darstellung der englischen Geschichte („Historia ecclesiastica“)

	Westliches Mittelmeer/Frankenreich	Östliches Mittelmeer/Vord. Orient
700	Gebiete dem Patriarchat von Konstantinopel	726–842 Ein zunehmender „Bildersturm“ in der Ostkirche entfremdet Byzanz dem lateinisch-christlichen Abendland; Papst Gregor II. bekämpft das Bilderverbot, ausgelöst wird es durch die eingetretene Entartung der Bilderverehrung; in der Folgezeit bekämpfen sich bilderstürmerische und bilderfreundliche Gruppen (Ikonoklasmus)
	732 Karl Martell (Hausmeier des Frankenreiches 714–741) besiegt zwischen Tours und Poitiers die über die Pyrenäen vorgedrungenen Araber	
	seit 737 Karl Martell übt die Herrschaft über das Frankenreich ohne einen merowingischen König aus	
	741 Karl Martell teilt vor seinem Tode das Reich unter seine Söhne Karlmann und Pippin (den Kleinen, den Jüngeren) auf	
	741–768 Pippin III., der Kleine; seit 751 erster König der Franken aus der Familie der Karolinger	741–775 Konstantin V. Kaiser von Byzanz; Kämpfe mit den Arabern auf Grenzkriege beschränkt; mehrere große Kriege mit den Bulgaren; weitgehender Verlust des byzantinischen Besitzes im Westen; Höhepunkt des Bildersturms
	743 Pippin der Kleine setzt den letzten merowingischen (Schatten-) König Childerich III. ein	
	747 Nach Eintritt seines Bruders Karlmann in ein Kloster (das spätere Monte Cassino) wird Pippin der Kleine Alleinherrscher	
750	nach 752 Entstehung der sogenannten „Konstantinischen Schenkung“, einer gefälschten Urkunde, in der Kaiser Konstantin dem Papst (Silvester I.) die Herrschaft über Rom und die Westhälfte des Römischen Reiches übertragen haben soll	750 Nach Ausrottung der Omajjaden erlangen die Abbasiden die Kalifenwürde (bis 1258); Verlegung der Residenz nach Bagdad
	751 König Childerich III. wird vom Hausmeier Pippin dem Kleinen abgesetzt	
	751 Pippin der Kleine wird von den Franken in Soissons zum König erhoben und durch den päpstlichen Legaten als erster fränkischer König mit dem heiligen Öl gesalbt	754–775 Kalif Al-Mansur (Abbasside); der Dynastienwechsel zu den Abbasiden bedeutet ein Übergewicht des persischen Elements über das arabische; der Islam gewinnt übernationale Bedeutung
	751 Die Langobarden nehmen Ravenna und bedrohen Rom	
	754 Papst Stephan II. erbittet Pippins Hilfe gegen die Langobarden	
	754 Königskrönung Pippins durch Papst Stephan II.	
	754 Pippin „Patricius Romanorum“ (Schutzherr der Römer); Errichtung des Kirchenstaates unter fränkischem Schutz („Pippinische Schenkung“)	
	756 Der Frankenkönig Pippin weist nach seinem Sieg über die Lango-	

Übriges Europa	Mittlerer und Ferner Osten	
739–754 Bonifatius gründet in den von ihm missionierten Gebieten zahlreiche Bistümer (Freising, Passau, Würzburg u. a.) 744 Aufhebung des Herzogtums Schwaben 748 Bonifatius Erzbischof von Mainz 748–788 Herzog Tassilo III. von Bayern	um 730–840 Nach Untergang des Zweiten Osttürkischen Reiches Reich der Uiguren um 740–1036 Mit der nordindischen Gurjara-Pratihara-Dynastie wird der Einfluß der Araber in Indien beendet gegen Mitte des 8. Jh. Das Reich der Schailendras in Java reicht bis nach Malaya	**700**
2. Hälfte 8. Jh. Codex Aureus von Canterbury 753 Herzog Tassilo III. von Bayern huldigt dem fränkischen König als Vasall 754 Bonifatius bei einer Missionsreise in Friesland erschlagen	um 750 In China entsteht die „Hanlin-Akademie“ zur Pflege chinesischer Literatur und Geschichtsschreibung (bestand bis ins 20. Jh.) um 750 Nach Niedergang des Zweiten Westtürkischen Reiches durch die nördlichen Türken (Karluken) werden die Türken in Turkestan (Land der Türken) seßhaft; Entstehung einer islamischen Literatur in türkischer Sprache; die Türken werden Vorkämpfer des Islam Mitte 8. Jh. In Tibet Beginn eines lamaistischen Priesterstaats; Verbindung des Buddhismus mit einheimischen Kulturtraditionen um 750 Einfälle der Tibeter im Chinesischen Reich 751 Schlacht am Talas (Usbekistan); China muß die Vormachtstellung im westlichen Asien den Arabern überlassen	**750**

	Westliches Mittelmeer/Frankenreich	Östliches Mittelmeer/Vord. Orient
750	barden das Exarchat von Ravenna, die Pentapolis und die Emilia dem Papst zu	
	756 Gründung des Emirats von Cordoba (929 Kalifat); es wird fortan in schwere Kämpfe mit den im Norden Spaniens neu entstandenen christlichen Staaten und der von Karl dem Großen gegründeten Spanischen Mark verwickelt	
	768–814 Karl der Große; herrscht nach dem Tode seines Bruders Karlmann (771) allein über das Frankenreich	762 Gründung Bagdads als Hauptstadt des arabischen Reiches
	772–804 Karl der Große kämpft gegen die Sachsen, die gewaltsam dem Fränkischen Reich eingegliedert und christianisiert werden	
	774 Karl der Große erobert das Langobardenreich und gliedert es seinem Reiche ein; Erneuerung der Pippinischen Schenkung	775 Kaiser Konstantin V., oströmischer Kaiser seit 741, gestorben
	777 Karl I. (der Große) hält Reichstag in Paderborn	
	778 Der erste Feldzug Karls I. (des Großen) gegen die Araber in Spanien verläuft glücklos für die Franken; in den Nachhutgefechten fällt Roland, Graf der Bretagne; sein Tod wird Thema des „Rolandsliedes“	781 Plünderungszug der Araber durch Kleinasien; Byzanz erkauft Waffenstillstand mit Geldzahlungen
	um 787 Karl der Große erläßt genaue Anweisungen für die Bewirtschaftung der Königsgüter	786–809 Harun al Raschid Kalif in Bagdad; in den Erzählungen von „1001 Nacht“ als Idealbild des Kalifen dargestellt. Bagdad wird Zentrum aller Künste und Wissenschaften; größte Machtausdehnung des Kalifenreiches der Abbasiden
	789 Feldzug Karls gegen die slawischen Wilzen; die Franken dringen bis zur Peene vor	
	789–812 Kriege Karls gegen die Slawen und Dänen	787 VII. Ökumenisches Konzil in Nicäa über die Bilderverehrung, die wieder erlaubt wird
	Ende 8. Jh. Gitter der Empore im Münster zu Aachen	

772–804 Unterwerfung und Christianisierung der Sachsen unter Herzog Widukind (785 getauft); Eingliederung in das Frankenreich

772 Zerstörung der den Sachsen heiligen „Irminsul“ unweit der sächsischen Hauptfestung Eresburg in Westfalen

772 Tassilo III. von Bayern besiegt die Alpenslawen

777 Benediktinerstift Kremsmünster durch Herzog Tassilo von Bayern gestiftet

782 Die Sachsen vernichten ein fränkisches Heer am Süntel; Blutgericht zu Verden an der Aller: 4500(?) Sachsen werden hingerichtet

783–785 Allgemeiner Aufstand der Sachsen unter Herzog Widukind; Niederlagen der Sachsen bei Detmold und an der Haase

785 Sachsenherzog Widukind läßt sich taufen

785 Köln wird Erzbistum

786 Erstmalige Erwähnung der „lingua theodisca“, der deutschen Sprache als Volkssprache (diutisc = volkstümlich) im Gegensatz zur lateinischen Sprache der Gelehrten

788 Absetzung Herzog Tassilos III. von Bayern auf der Reichsversammlung in Ingelheim

788–819 Bau der Pfalz Ingelheim

um 790 Beginn der Wikingerzeit (Wikinger oder Normannen; Waräger = Normannen in Osteuropa); die Wikinger stoßen von See her gegen die Küsten Europas vor, dringen in die Flußmündungen ein, plündern Städte und Länder

762 Tod des chinesischen Lyrikers Li Po (Li T'ai-po); gilt als einer der größten Dichter Chinas

763 Die chinesische Hauptstadt durch die Tibeter geplündert; beginnender Niedergang der T'ang-Dynastie in China

775–943 Großreich der indischen Gurjara-Pratihara-Dynastie; Einigung Nordindiens

um 775 Der Priesterstaat Tibet unterwirft die Himalajaländer; Grenzvertrag mit China

781 Nestorianer-Inschrift von Si-an-fu; der tolerante Buddhismus ermöglicht auch fremden Religionen Zugang nach China; allmählich kommt es zu einer nationalen Reaktion

794–1192 Heian-Zeit in Japan; höfisches Leben und Blüte der schönen Künste (japanische Lyrik); Machtstellung des Adels; Verschmelzung des Buddhismus mit dem Schintoismus

	Westliches Mittelmeer/Frankenreich	Östliches Mittelmeer/Vord. Orient
750	791–796 Karls Sohn Pippin unterwirft die bis in das Ostalpengebiet vorgedrungenen Awaren; Gründung der Awarischen Mark mit Erzbistum Salzburg (798) 792–805 Bau der Pfalzkapelle in Aachen, der Krönungskirche von 30 deutschen Königen; erster vollständig gewölbter Steinbau nördlich der Alpen 793 Begründung der Spanischen Mark südlich der Pyrenäen; erster Ansatz zur christlichen Reconquista (Rückeroberung) Spaniens 795–816 Papst Leo III.	797–802 Kaiserin Eirene; sie kann die Kaiserkrönung Karls des Großen nicht verhindern; ein zur Wiedervereinigung von Ost und West angebahnter Ehebund mit Karl stößt auf scharfen Widerspruch am Hofe in Konstantinopel 797 Gesandtschaft Karls des Großen nach Bagdad; Aufnahme diplomatischer Beziehungen Karls des Großen zu Harun al Raschid
800	800 Krönung Karls des Großen zum Kaiser durch Papst Leo III. in Rom um 800 Tod des Paulus Diaconus; langobardischer Historiker („Historia Langobardorum") seit 800 In den Gelehrtenschulen und Klöstern setzt sich die „Karolingische Minuskel" durch 805/06 Feldzüge Karls des Großen nach Böhmen um 810 Entstehung des Elfenbeindeckels des sogenannten Lorscher Evangeliars 812 Frieden zwischen Byzanz und Karl dem Großen, vermittelt durch den Bischof Haito von Basel; die byzantinischen Besitzungen in Dalmatien, Venetien und Unteritalien bleiben erhalten 813 Krönung von Karls Sohn Ludwig zum Mitkaiser ohne Mitwirkung des Papstes 814 Karl der Große stirbt in Aachen und wird in der Pfalzkapelle beigesetzt 814–840 Kaiser Ludwig der Fromme; unter seiner Herrschaft zerfällt das Reich durch Kämpfe der Söhne gegen den Vater, der Söhne untereinander sowie durch Einfälle der Slawen, Normannen und Sarazenen 816 In Reims wird Ludwig der Fromme vom Papst nochmals gekrönt, wodurch das Kaisertum zu einer vom Papst verliehenen Würde wird	802–811 Nikephoros I. Kaiser von Byzanz; Steuer- und Heeresreform; fällt in einer verlorenen Schlacht gegen die Bulgaren 812 Byzanz/Ostrom erkennt im Vertrag von Aachen das neue Kaisertum im Westen an, nicht die Gleichberechtigung 813 Leo V., der „Armenier" (813–820), erreicht einen „dreißigjährigen Frieden" mit den Bulgaren; die kulturelle Durchdringung Bulgariens beginnt 813–833 Al-Mamun, Sohn Harun al Raschids, Kalif in Bagdad; neue Kämpfe mit Byzanz

Übriges Europa	Mittlerer und Ferner Osten	
794–799 Aufständische Sachsen erneut im Kampf mit den Franken 796 Gründung der Awarischen Mark 797 Erlaß des Capitulare Saxonicum zur Befriedung des Sachsenlandes 798 Salzburg wird Erzbistum und damit Mittelpunkt der bayerischen Kirchenprovinz	792 Kyoto wird japanische Hauptstadt (bis 1868) Ende des 8. Jh. Niedergang des tibetischen Großreichs; dank seiner Lage auf dem „Dach der Welt" ist Tibet von den Nomadenstürmen nicht betroffen	**750**
800 Entdeckung Islands durch irische Seefahrer seit 800 Warägische Herrschaft an der Schleimündung mit dem Handelszentrum Haithabu 802 Gründung des Klosters Münster/Westfalen 804 Endgültige Unterwerfung, Christianisierung und Eingliederung der Sachsen in das Karolingische Reich um 806 Gründung des Bistums Paderborn 810 Errichtung der Nordmark gegen die Dänen 810 Tod König Godfreds von Dänemark, Erbauer des „Danewerks" (zur Abwehr der Franken) um 810 In Europa beginnt sich die durch die karolingische Münzreform eingeführte Silberwährung durchzusetzen (1 Pfund = 20 Schilling = 240 Denare oder Pfennige) um 814 Wessobrunner Gebet: in Stabreimen abgefaßte (unvollständige) Handschrift des Klosters Wessobrunn in Oberbayern; in althochdeutscher Sprache	9./10. Jh. Höhepunkt der Kultur in Insel-Indien (Indonesien); große Tempelbauten (u. a. Borobudur auf Java) 9.–13. Jh. Khmer-Staat in Kambodscha; Hauptstadt Angkor 9. Jh. In China farbige Keramik- und Porzellanwaren, Gold- und Silberarbeiten; in Japan Beginn der Kalligraphie	**800**

800

Westliches Mittelmeer/Frankenreich

817 Ludwig der Fromme ernennt seinen Sohn Lothar zum Mitkaiser und Nachfolger; dessen Brüder werden Könige: Ludwig in Bayern und dem slawischen Südosten des Reiches, Pippin in Aquitanien

823 In Rom wird Lothar vom Papst gekrönt

827–878 Die Araber erobern von Nordafrika aus Sizilien gegen erbitterten byzantinischen Widerstand

829 Ludwig der Fromme gesteht seinem aus zweiter Ehe stammenden Sohn Karl Anteil am Reich (u. a. Alemannien) zu

830 Lothar, Pippin und Ludwig empören sich gegen ihren Vater, nehmen ihn in Haft, setzen ihn jedoch bald wieder in seine Herrschaft ein

833 Ludwig der Fromme entzieht Pippin Aquitanien und gibt es Karl; darauf zweite Empörung der drei älteren Söhne, die zur Absetzung Kaiser Ludwigs führt

834 Wiedereinsetzung Ludwigs

838 Nach Pippins Tod Neueinteilung des Reichs zugunsten Lothars und Karls; Empörung Ludwigs, dessen Besitz auf Bayern beschränkt bleibt

840 Tod Kaiser Ludwigs in Ingelheim, Beisetzung in Metz

840–855 Lothar I. Kaiser; will gegen seine Brüder die Alleinherrschaft im Frankenreich erreichen

840 Tod Einharts, des Verfassers der „Vita Caroli Magni", einer Biographie Karls des Großen

842 „Straßburger Eide" zwischen Ludwig dem Deutschen und Karl dem Kahlen gegen ihren Bruder Lothar I. (in altfranzösischer und althochdeutscher Sprache abgefaßt)

843 Vertrag von Verdun zwischen den Söhnen Ludwigs des Frommen: Lothar erhält zusammen mit der Kaiserwürde Mittelfranken (später: Lotharingien), Burgund, die Provence und Italien; Ludwig der Deutsche bekommt Ostfranken (Grundlage des späteren Deutschen Reichs); Karl II., dem Kahlen,

Östliches Mittelmeer/Vord. Orient

820–829 Michael II. Kaiser von Byzanz; Begründer der amorischen Dynastie

823–828 Besetzung Kretas durch Araber aus Andalusien; islamische Korsaren beunruhigen von Kreta aus bis 960 die ägäische Inselwelt

823 Bürgerkriegsartiger Aufstand gegen die Bilderstürmer; mehr als vierjährige Belagerung Konstantinopels scheitert

829–842 Theophilos Kaiser von Byzanz

838 Die Araber schlagen ein Heer des byzantinischen Kaisers in Kleinasien

842–867 Kaiser Michael III., bis 856 unter der Regentschaft seiner Mutter Theodora

843 Beendigung des Bilderstreits; der Bilderkult wird wiederhergestellt

800

815 Bistum Hildesheim gegründet
816 Gründung der Bibliothek von St. Gallen
820 Normannische Staatsgründung in Irland
822 Gründung der Abtei Corvey an der Weser
826 Dänenkönig Harald wird in Mainz getauft
826–865 Ansgar, der „Apostel des Nordens", missioniert in Dänemark und Schweden; wird 831 zum ersten Erzbischof von Hamburg geweiht
um 830 Muspilli: bruchstückhaft erhaltenes altbayerisches Gedicht, das Schicksal der Seele nach dem Tode darstellend
um 830 Entstehung des „Heliand", einer altsächsischen Evangeliendichtung: Christus als Volkskönig, Jünger als adlige Gefolgsleute dargestellt
um 830 König Egbert von Wessex gewinnt die Vorherrschaft im angelsächsischen Raum
838 Normannen (Sammelbegriff für Dänen, Schweden und Norweger) beginnen die Küsten Englands zu bestürmen

819 Der Kalif Al-Mamun, Sohn Harun al Raschids, gibt den Samaniden die Lehnshoheit über Samarkand, Ferghana, Sasch und Herat
820–873 In Ost-Iran herrschen die Tahiriden
833–842 Al-Mutasin Kalif von Bagdad
840 Kirgisen zerstören das Uiguren-Reich in der Mongolei

	Westliches Mittelmeer/Frankenreich	Östliches Mittelmeer/Vord. Orient
800	wird Westfranken (Grundlage des späteren Frankreich) zugesprochen; damit beginnt die Teilung in ein germanisches und romanisches Sprach- und Herrschaftsgebiet 843–855 Kaiser Lothar I. läßt sich in Italien durch seinen Sohn Ludwig vertreten 843–877 Karl II., der Kahle 843–876 Ludwig der Deutsche (Residenz: Regensburg) führt Kämpfe gegen Westslawen und Normannen	
850	850 Araber erobern Korsika um 850 Isidor Mercator(?) verfaßt die sogenannten „Pseudo-Isidorischen Dekretalen", eine Fälschung, durch die der Einfluß von Kirche und Papst gestärkt werden soll 855 Nach dem Tod Lothars I. Aufteilung des Mittelreiches unter seine Söhne: Ludwig behält Italien und bekommt die Kaiserwürde (Ludwig II)., Lothar II. fällt Lotharingien zu, Karl II. Burgund und die Provence 855–875 Kaiser Ludwig II.; behauptet sich in Italien 861 Die Normannen plündern Paris 870 Im Vertrag von Meersen wird nach dem Tod Lothars II. das fränkische Zwischenreich (nördlich der Alpen) aufgeteilt: Ludwig der Deutsche erhält die Osthälfte Lotharingiens mit Aachen und Metz, Karl II., der Kahle, das westliche Gebiet 875/76 König Karl II. (der Kahle) nach Eroberung Italiens Kaiser; erhält die Kaiserkrone, die sich sein Bruder Ludwig der Deutsche erhofft hatte, aus der Hand des Papstes; erster König „Frankreichs", stärkte das Königtum	860 Erster Angriff der Russen auf Konstantinopel (von See her) wird zurückgeworfen um 860 Der Mönch Kyrillos erfindet das „kyrillische Alphabet" und übersetzt liturgische Schriften ins Slawische 864/65 Beginn der Christianisierung Bulgariens; Fürst Boris I. von Bulgarien (852–907) tritt 864 zum Christentum über; zog sich am Ende seines Lebens in ein Kloster zurück 867–886 Kaiser Basileios I.; mit ihm beginnt das Kaiserhaus der „Makedonier" (bis 1056); die Zeit der „Makedonier"-Herrschaft wird die Blütezeit in der Geschichte von Byzanz 867 Bruch zwischen Ostkirche und Rom; der päpstliche Primat wird zurückgewiesen 869/70 VIII. Ökumenisches Konzil in Konstantinopel; Beseitigung des Schismas; der Primat des Papstes theoretisch wieder anerkannt; Bulgarien bleibt kirchlich unter dem Patriarchat von Konstantinopel

800

845 Nach Zerstörung Hamburgs durch die Normannen wird Bremen Sitz des Erzbistums; 848 mit dem Erzbistum Hamburg vereinigt
846–870 Unter Rastislaw wird Mähren (einschließlich Böhmens und Nordungarns) zur führenden Macht an der Ostgrenze des Fränkischen Reiches; Rastislaw beruft 863 die Slawenapostel Konstantin (= Kyrillos) und Methodios, die die Organisation der Kirche im großmährischen Bereich durchführen

844 Buddhistenverfolgung in China unter Kaiser Wu-tsung; auch die fremden Religionen in China ausgeschaltet; fortschreitender Verfall des T'ang-Reiches

850

853 Gründung der Abtei Gandersheim
856 Tod des Hrabanus Maurus, deutscher kirchlicher Gelehrter, „Praeceptor Germaniae", Abt von Fulda, später Erzbischof von Mainz, Verfasser des ersten Lehrbuches der mittelalterlichen Pädagogik
859 Die Normannen stoßen auf ihren Seeräuberzügen bis nach Kleinasien vor
um 860–933 Harald Haarfagri (Schönhaar) König von Norwegen; besiegt die Stammeskönige und eint das Land unter seiner Herrschaft
862 Erster Ungarnvorstoß gegen das Ostfrankenreich
862 Begründung des warägischen Fürstentums (unter Rurik) in Nowgorod; später Hauptsitz Kiew; die „Waräger" (= Normannen) verschmelzen allmählich mit der slawischen Oberschicht
seit 863 Christianisierung der slawischen Mähren durch Kyrillos und seinen Bruder Methodios; Kyrillos schafft das erste slawische Alphabet
um 870 Evangelienharmonie „Krist" des Otfried von Weißenburg, althochdeutsche Dichtung mit Endreimen; „Folchart-Psalter" von St. Gallen
871–899 Alfred der Große König von England; Sieg über die Dänen, Reorganisation des Staates

858–1069 Die Macht in Japan kommt in die Hände der Fudschiwara-Sippe; sogenannte „Fudschiwara-Zeit"
seit 860 In Java selbständiges Hindu-Reich von Majapahit
874–998 Unter den Samaniden-Fürsten von Ost-Iran (unter Oberhoheit des Kalifen) wird Samarkand Zentrum islamischer Kultur; dort wirkt eine Reihe bedeutender Wissenschaftler (Ärzte, Mathematiker, Geographen)

850

876 Nach dem Tod Ludwigs des Deutschen teilen seine Söhne das Herrschaftsgebiet auf: Karlmann erhält Bayern und die südöstlichen Marken (bis 880), Ludwig III., der Jüngere, Mainfranken, Sachsen und Thüringen (bis 882), Karl III., der Dicke, Alemannien und Churrätien (bis 887); dazu bekommt jeder einen Teil Lotharingiens

880 Im Vertrag von Ribémont erhält Ludwig III. die Westhälfte Lotharingiens

881 Krönung Karls III. zum Kaiser durch den Papst

881 „Ludwigslied" (auf Ludwig III.) in althochdeutscher Sprache

885–887 Kaiser Karl III., der Dicke, Sohn Ludwigs des Deutschen, vereinigt noch einmal das fränkische Gesamtreich

885 Normannenbelagerung von Paris

887–899 Arnulf von Kärnten; Nachfolger Kaiser Karls III., als dieser 887 wegen der schwächlichen Haltung gegenüber den Normannen von den Fürsten abgesetzt wird

888–898 Odo von Paris (Kapetinger) wird König von Frankreich

891 Sieg Arnulfs von Kärnten über die Normannen bei Löwen

892/93 Arnulf von Kärnten unternimmt, von den Ungarn unterstützt, Feldzüge gegen Fürst Swatopluk von Mähren, der das Großmährische Reich gegründet hat

896 Arnulf von Kärnten wird vom Papst zum Kaiser gekrönt; Isolierung des ostfränkischen Reichsteils

872–1045 Byzantinische Machtrenaissance unter den Makedonischen Kaisern; Bulgarien wird unterworfen, Prioritätsansprüche gegenüber dem Westen werden geltend gemacht

872–879 Erfolgreiche Feldzüge der Byzantiner in Kleinasien gegen die durch Bürgerkriege geschwächten Araber

875–885 Byzanz erringt nach langer Zeit wieder Erfolge in Unteritalien; Eroberung von Bari (876) und Tarent (885)

886–905 In Ägypten (und Syrien) vorübergehend die Tuluniden-Dynastie als Statthalter des Kalifen eingesetzt

886–912 Kaiser Leo VI. „der Weise"

893–927 Zar Simeon von Bulgarien; sein Plan, Byzanz zu erobern, wird durch byzantinische Diplomatie zunichte gemacht; Byzanz bietet Serben, Kroaten und die westwärts wandernden Ungarn gegen Bulgarien auf

873 Weihe der Domkirche zu Hildesheim

879 Oleg (879–912) Nachfolger des Warägerfürsten Rurik; wird später Großfürst von Kiew

880 Swatopluk, Herrscher über das mährische Großreich 870–894, unterstellt seine Länder dem Papst

894 Tod des Fürsten Swatopluk, Herrscher des Großmährischen Reiches

895 Die tschechischen Przemysliden Spitihnew und Wratislaw werden Vasallen des Ostfränkischen Reiches

895 Die Ungarn dringen ins Karpatenbecken ein; Beginn der Landnahme der sieben magyarischen Stämme

888–1267 Nach Untergang der Palawa-Macht in Südindien steigt die Tschola-Dynastie zur Großmacht auf

um 890 Bau des Bayon-Tempels in Angkor (Kambodscha)

	Römisch-deutsches Reich	Westeuropa/Italien
900	um 900 Notker Balbulus (= der Stammler), Mönch von St. Gallen: Sequenzen für die Meßliturgie, „Gesta Caroli Magni“ um 900 Tutilo, Mönch von St. Gallen: Baumeister, Dichter, Musiker 900–911 Unter Ludwig IV., dem Kind, Sohn Arnulfs, innere Kämpfe im Ostfrankenreich; ständige Ungarneinfälle führen zu Verheerungen bis nach Sachsen und Alemannien sowie zum Verlust der Ostmark; infolge der Ohnmacht der königlichen Zentralgewalt bilden sich von neuem Stammesherzogtümer: Bayern, Franken, Sachsen, Schwaben, Thüringen	um 900 Gründung der medizinischen Schule von Salerno durch weltliche und geistliche Ärzte um 900 Aus der Spanischen Mark des Frankenreiches entstehen die Königreiche León, Navarra und Barcelona 904–911 Papst Sergius III.; mit ihm beginnt der sittliche Verfall des Papsttums, die Zeit der sogenannten „Pornokratie“
910	911–918 Nach dem Aussterben der ostfränkischen Karolinger wird Konrad, Herzog von Franken, deutscher König (Konrad I.); vergebliche Kämpfe gegen die Stämme und den Adel 919–1024 Sächsische Könige bzw. Kaiser (Ottonen) 919–936 Franken und Sachsen wählen den noch von Konrad I. designierten Herzog Heinrich von Sachsen zum König Heinrich I.; zur Reichsverteidigung Anlage von Burgen, aus denen später Städte hervorgehen, und Aufstellung eines Reiterheeres; Heinrich I. schafft die Grundlagen für die spätere Hegemonie des Deutschen Reiches	910 Benediktinerkloster Cluny gegründet; wird Stammkloster der Cluniazenser 911 Gründung eines normannischen Herzogtums unter Robert I. in der Normandie; Hauptstadt Rouen
920	um 920 Gründung der Kaiserpfalz zu Werla 920 Erstmalige urkundliche Erwähnung des Namens „Regnum Teutonicum“ 921 Endgültige Trennung des west- und ostfränkischen Reiches 924 Durch Tributzahlungen erreicht Heinrich I. den Verzicht der Ungarn auf Einfälle in sein Reich 924 Ekkehart I., Mönch von	923–936 Rudolf von Burgund König von Frankreich um 925 In England Fortführung der unter Alfred dem Großen (871–899) begonnenen erfolgreichen Kämpfe mit den Dänen 929 Das arabische Cordoba-Reich wird Kalifat; hohe kulturelle Blüte unter Abdarrachman III. (912–961), Begründer der maurischen Kultur Andalusiens

der Mongolen in Asien

Ost-, Südost- und Nordeuropa	Vord. Orient/Mittl. u. Ferner Osten	
10. Jh. Slawische Stämme besiedeln Mecklenburg, die Uckermark, die Ukraine und das westliche Galizien (Polen) um 900 Nordische Osebergkunst; Bootgrab der Königin Asa mit künstlerisch hochentwickelter Ornamentik seit 900 Einbrüche der Ungarn in Mitteleuropa 906 Die Ungarn zerstören das (Anfang des 9. Jh. entstandene) Großmährische Reich	906–960 Zeit der Fünf Dynastien in China; politischer Zerfall des Reiches 909–1171 Die Fatimiden beherrschen Nordafrika, seit 969 auch Ägypten; wurden von Saladin gestürzt	**900**
um 910 Entstehung eines Bulgarischen Großreichs 911 Erster Handelsvertrag zwischen Byzanz und Rußland (Fürst Oleg von Kiew) 917 Simeon von Bulgarien (893 bis 927) „Zar der Bulgaren und Griechen"; sein Reich umfaßt fast die gesamte Balkanhalbinsel; gründet das orthodoxe Patriarchat in Tirnowo	um 910 Politische Schwäche Chinas bis zum Beginn der Sung-Dynastie (960) 912–959 Konstantin VII. Kaiser von Byzanz; Geschichtsschreiber; läßt historische und literarische Enzyklopädien anlegen 916–1123 Mongolische Reitervölker gründen in der Mandschurei und in Nordchina ein Reich, seit 937 unter der Liao-Dynastie 918 Beginn der Einigungskämpfe in Korea; Korea macht sich politisch von China unabhängig	**910**
921–935 Herzog Wenzel I., der Heilige fördert Christianisierung Böhmens und dessen Anschluß an das Deutsche Reich um 925 Festigung der Einheitsmonarchien in Skandinavien	920–944 Romanos I. Lakapenos usurpiert zwischenzeitlich den Thron von Byzanz; Siege über die Russen und die Araber 924 Dritte Belagerung Konstantinopels durch die Bulgaren	**920**

	Römisch-deutsches Reich	Westeuropa/Italien
920	St. Gallen, dichtet das „Waltharilied“ (Urheberschaft umstritten) 925 Lothringen, von König Heinrich I. erobert, wird Teil des Deutschen Reiches 928/29 Kämpfe Heinrichs I. gegen die Slawen östlich der Elbe; Eroberung der Stadt Brandenburg (ursprünglich wohl Brendansburg, der slawische Name Brennabor entstammt einer späteren Zeit); Tributhoheit über Böhmen und Slawen bis zur Oder 929 Gründung der Burg Meißen, um die später Kursachsen entstand 929 Erstmalige Erwähnung der Königspfalz Zürich als Stadt	
930	933 Heinrich I. siegt über die Ungarn bei Riade an der Unstrut 936/73 Otto I., der Große; setzt den Unabhängigkeitsbestrebungen der Stammesherzogtümer ein Ende, mehrt Ansehen und Macht des Königtums und verbindet dieses mit dem Kaisertitel; begründet die Bindung der deutschen Kirche an das Reich (Reichskirche); Förderer des geistigen und kulturellen Lebens, dessen Mittelpunkte die Klöster (Fulda, Corvey, Reichenau, St. Gallen u. a.) sind; Beginn der romanischen Baukunst; Beginn des Heiligen Römischen Reiches 936 Königskrönung Ottos I. in Aachen 936/37 Zur Sicherung der Ostgrenze werden unter Hermann Billung und Markgraf Gero Marken organisiert 939 Ottos Bruder Heinrich und die Herzöge von Bayern, Franken und Lothringen erheben sich gegen Otto I.; der Aufstand wird durch Hermann von Schwaben in der Schlacht von Andernach niedergeschlagen; Franken wird Kronland	931 Der Kalif von Cordoba gewinnt Ceuta und ganz Nordwestafrika 934 Königreich Burgund entsteht durch Zusammenschluß der Königreiche Niederburgund (seit 879) und Hochburgund (seit 888) 936 In Frankreich nach dem Tod Rudolfs von Burgund bis zum Beginn der Kapetinger-Herrschaft (987) innere Kämpfe unter den letzten Karolingern
940	948–975 Gründung der Bistümer Schleswig, Oldenburg, Havelberg, Brandenburg, Meißen, Merseburg, Zeitz (später Naumburg), Prag und Olmütz zur Missionierung der Slawen	

Ost- Südost- und Nordeuropa	Vord. Orient/Mittl. u. Ferner Osten	
um 925 Tomislaw König eines selbständigen kroatischen Reiches zwischen Adria und Drau bis zur Westgrenze Bulgariens 927–967 Unter Zar Peter Niedergang Bulgariens; Verwüstung des Landes durch Magyaren und Petschenegen		**920**
933 Tod Haralds I. Haarfagri, König von Norwegen (seit 860), der nach Siegen über die widerstrebenden Stammesfürsten Norwegen zu einem Einheitsstaat gemacht hat	932–1055 Persische Dynastie der Bujiden (schiitisches Bekenntnis) 935 Beginn der Koryo-Dynastie (Wang-Dynastie) in Korea unter General Wang Gon; Ausbau des Erziehungs- und Verwaltungssystems; bedeutende kulturelle Leistungen (Buchdruck) 935 Erfolgreiche Abwehr der von Nordafrika aus auf Ägypten Anspruch erhebenden Fatimiden (bis 969) 937–1123 Mongolische Liao-Dynastie in Nordchina (Mandschurei)	**930**
um 940 König Gorm der Alte und Königin Tyra in Jütland; ihnen zu Ehren wurden der kleine und der große Stein von Jellinge (Runenstein) gesetzt	941 Angriff einer russischen Flotte auf Konstantinopel; abgewehrt durch das (671 erfundene) „Griechische Feuer“ 945 Die Bujiden (Persien) dehnen ihre Herrschaft auch auf Bagdad aus	**940**

	Römisch-deutsches Reich	Westeuropa/Italien
950	um 950 Lehnsabhängigkeit Böhmens um 950–1022 Notker III. Labeo (Teutonicus), Mönch in St. Gallen, Übersetzer antiker Texte ins Althochdeutsche („Anlautgesetz") 951/52 Erster Italienzug Ottos I. nach Pavia; nennt sich ohne Wahl und Krönung „König der Franken und Langobarden" und vermählt sich mit Adelheid, der Erbin des langobardischen Königreiches 953 Aufstände im Reich, neue Slawen- und Ungarneinfälle 953 Erstmalige Erwähnung des Dorfes Gutingi (Göttingen) (neben Königspfalz Grone) 955 Entscheidender Sieg Ottos I. über die Ungarn auf dem Lechfeld bei Augsburg; führt seitdem die Bezeichnung „der Große" 955 Sieg Ottos I. an der Recknitz in Mecklenburg über die Slawen; Oder, Bober und Queiß bilden die Ostgrenze des Reiches um 955 Entstehung Lüneburgs als Salinenstadt (1247 bestätigt)	10. Jh. Das (bereits nach 722 begründete) christliche Königreich Asturien nennt sich (nach Verlegung der Hauptstadt nach León) Königreich León; südlich davon entsteht die Grafschaft Kastilien, im Osten Königreich Navarra 954–986 König Lothar von Frankreich; sein Ziel ist die Rückgewinnung Lothringens für Frankreich 959–975 König Edgar von England;
960	961–965 Zweiter Italienzug Ottos des Großen 962 Otto I., der Große, wird vom Papst in Rom zum Kaiser gekrönt und bestätigt die „Pippinische Schenkung"; Papsttum vom Kaisertum abhängig; Recht des deutschen Königs, zugleich König von Italien, vom Papst die Kaiserkrone zu erhalten, verbunden mit der Verpflichtung zum Schutze der Kirche und der Christenheit 965 Teilung der Mark des Markgrafen Gero in die Nordmark, die spätere Mark Brandenburg, die sächsische Ostmark und die Mark Meißen 966–972 Dritter Italienzug Ottos des Großen 968 Gründung des Erzbistums Magdeburg als Ausgangspunkt der deutschen Ostkolonisation	um 965 Große Moschee von Córdoba (Spanien)
970	um 970 Beginn des Bergbaus (Kupfer, Silber) im Rammelsberg bei Goslar	975–980 Aethelwold-Benediktionale des Erzbischofs Robert, Winchester/England

um 950–um 986 Harald Blauzahn König von Dänemark; tritt zum Christentum über; Missionierung durch Erzbischof Adaldag von Bremen; Bistümer Schleswig, Ripen, Aarhus; Norwegen (Jarl Hakon) unter dänischer Oberhoheit 950 Unterwerfung Herzog Boleslaws von Böhmen um 957 Fürstin Olga als erste russische Fürstin getauft	um 950 Zunehmende Bedrohung der Samanidenherrschaft im Ost-Iran durch von Norden vorstoßende Turkvölker; 962 Niederlage durch den Begründer der Ghasnewiden-Dynastie 955 Der Türke Seldschuk erobert Buchara; der Aufstieg der Seldschuken beginnt	**950**
um 960 Piastenfürst Mieszko I. in Polen 963 Markgraf Gero macht nach Unterwerfung des Piastenfürsten Mieszko I. von Polen das Land zwischen Warthe und Oder tributpflichtig; Mieszko fortan Lehnsmann des deutschen Königs 966 Der Piastenfürst Mieszko I. nimmt das Christentum an 967 Großfürst Swjatoslaw von Kiew macht die Eroberung des bulgarischen Reiches zu seiner Aufgabe; 971 von den Byzantinern vertrieben; erstmaliger Versuch russischer Balkanpolitik	960–1279 Sung-Dynastie in China; Einigung Chinas (ohne den Norden) 961–978 Li Yü Kaiser von China (Hauptstadt Nanking); gründet Maler-Akademie 965 Die Araber verlieren Cypern an Byzanz 966–1027 Michinaga Fudschiwara Kaiser von Japan 969 Nikephoros II. Phokas (963–969) und Johannes Tzimiskes (969–976) Kaiser von Byzanz, gewinnen die Donaugrenze zurück 969 Ägypten sondert sich unter den Fatimiden von dem geschwächten islamischen Bujiden-Reich ab; Gründung Kairos	**960**
972 Großfürst Géza von Ungarn und sein Sohn (der spätere König Stephan I.) werden getauft	971 Byzanz erobert das ostbulgarische Reich	**970**

	Römisch-deutsches Reich	Westeuropa/Italien
970	um 970 Widukind von Corvey verfaßt die Geschichte der Sachsen „Res gestae saxonicae" um 970 „Gero-Kreuz" (im Kölner Dom); „Gero-Codex" (Buchmalerei der Reichenauer Schule) 972 Eheschließung Ottos II. (Sohn Ottos des Großen) mit Theophano, einer Nichte des byzantinischen Kaisers; Byzanz erkennt Otto I. als Kaiser an 973–983 Kaiser Otto II., Sohn Ottos I., 961 zum König gekrönt, setzt die Politik seines Vaters fort; Förderung von Kultur und Wissenschaft 973 Beisetzung Ottos des Großen im Dom zu Magdeburg 974 Feldzug Ottos II. gegen den Dänenkönig Harald Blauzahn, der in Nordalbingien eingefallen war; Harald erkennt die deutsche Oberhoheit wieder an; das deutsche Herrschaftsgebiet reicht im Norden vorübergehend (bis 983) bis zur Schlei 975–1018 Thietmar, Bischof von Merseburg; Verfasser geschichtlicher Werke über Merseburg, das Reich und die Slawenkriege 976 Nach dem Aufstand Herzog Heinrichs des Zänkers von Bayern wird dieser abgesetzt; Kärnten wird selbständiges Herzogtum; Nordgau (Oberpfalz) und Ostmark fallen an die Babenberger Berchtold und Luitpold (Leopold I.)	976–1014 König Brian von Munster beendet die Normannenherrschaft über Irland und versucht eine politische Einigung der Insel; nach seinem Tode wieder Zerfall in mehrere Königreiche 978 Angriff König Lothars von Frankreich auf Aachen
	978–980 Krieg Ottos II. mit König Lothar von Frankreich; Besitz Lothringens für das Deutsche Reich gesichert 979 Feldzug Kaiser Ottos II. bis vor Paris	978–1016 Aethelred II. von England; Kämpfe gegen die Dänen
980	um 980 Baubeginn des romanischen Doms zu Mainz 982 Niederlage Ottos II. gegen Sarazenen und Byzantiner bei Cotrone am Kap Colonne in Unteritalien 983 Großer Slawenaufstand; Slawen überschreiten die Elbe und werden von den Sachsen geschlagen; doch Billungische Mark und	986/87 Ludwig I., letzter karolingischer König von Frankreich 987 Nach dem Aussterben der westfränkischen Karolinger folgt mit Hugo Capet (König 987–996) die Dynastie der Kapetinger in Frankreich (bis 1328)

970

972–1014 Während Ostbulgarien eine byzantinische Provinz wird, hält sich unter Samuel in Westbulgarien eine bulgarische Herrschaft, gestützt auf die Bogumilen; Hauptstadt Ochrid; vorübergehende Expansion bis Durazzo (989) und im Osten bis zum Schwarzen Meer

974 Nach der Niederlage gegen Otto II. wird König Harald Blauzahn von Dänemark von seinem Sohn Svend Gabelbart (986–1014) vertrieben; gestorben in Jomsburg (heute Wollin)

975 Géza von Ungarn schließt sein Land an die deutsche Kirche an

980–1015 Wladimir der Heilige Herr über das Fürstentum Kiew

981 Polen verliert die Grenzgebiete an Bug und San an das Reich von Kiew

986 Erik der Rote läßt von Island aus Grönland besiedeln

972 Gründung der Universität Kairo

bis 972 Bau der Moschee Al-Azhar in Kairo

976–1025 Kaiser Basileios II. von Byzanz; Kriege mit den Fatimiden von Ägypten um die Macht über Syrien; Höhepunkt der byzantinischen Macht

10. Jh. Blütezeit der chinesischen Tuschmalerei

	Römisch-deutsches Reich	Westeuropa/Italien
980	Nordmark bleiben verloren, die Marken Lausitz und Meißen können behauptet werden 983 Tod Ottos II. in Rom und Beisetzung in der Peterskirche 983–1002 Otto III.; will im Zusammenwirken mit dem Papsttum Rom zum Mittelpunkt eines einheitlichen Imperiums machen und damit die deutsche Grundlage des Kaisertums aufgeben 985 Luitpold I. von Babenberg gründet Stift Melk	um 985 Die spanischen Omajjaden verlieren ihre Gebiete in Nordafrika, gewinnen aber zahlreiche Städte in Nordspanien
990	993–1022 Bischof Bernward von Hildesheim um 995–1020 Bronzekunstwerke aus der Werkstatt Bischof Bernwards von Hildesheim (Bernward-Türen, Bernward-Säule, Bernward-Leuchter, Bernward-Kruzifix) 996 Kaiserkrönung Ottos III. durch den Papst Gregor in Rom 998 Nach Vertreibung des Papstes durch den Stadtadel Eroberung von Rom 999 Otto III. setzt seinen Freund Gerbert von Aurillac als Papst ein	996 Erster großer Angriff Venedigs auf Dalmatien 996–1031 Robert II. König von Frankreich
1000	um 1000 Gründung des Klosters Einsiedeln um 1000 Tod der Roswitha (Hrothsvitha) von Gandersheim; mittellateinische Dichterin aus niedersächsischem Adel, Verfasserin von Dramen, Legenden und Gedichten; Kanonisse in Gandersheim um 1000 „Hiddenseer Goldschatz“ um 1000 Früheste romanische Wandmalereien auf der Reichenau um 1000 Evangeliär Ottos III. (Buchmalerei der Reichenauer Schule) 1000–1001 Mit der Errichtung national selbständiger Kirchen in Polen (Erzbistum Gnesen) und Ungarn (Erzbistum Gran) verbindet Otto III. die Absicht, Polen und Ungarn ans Reich zu binden 1002 Tod Kaiser Ottos III., Beisetzung im Dom zu Aachen 1002–1024 Heinrich II., der Heilige, Herzog von Bayern, Sohn Heinrichs des Zänkers, festigt nach der	um 1000 Venedig beherrschende Handelsmacht in der Adria 1001–1035 Sancho III. (der Große) König von Navarra (Nordspanien); vorübergehend Großreichbildung mit Aragon und Kastilien; er teilt sein Reich unter seine Söhne: Königreiche Navarra, Kastilien und Aragon 1001 Otto III. in Venedig; verleiht dem Dogen wegen seiner Erfolge gegen die dalmatinischen Slawen den Titel Dux Venetiae et Dalmatiae 1002 Nach dem Tod Ottos III. Aufstand in der Lombardei; Arduin von Ivrea wird in Pavia zum König gekrönt; gestorben 1014; danach beginnt der Aufstieg Mailands 1002 Verfolgung aller Dänen in England löst dänischen Gegenschlag aus

Ost-, Südost- und Nordeuropa	Vord. Orient/Mittl. u. Ferner Osten	
983 Durch einen Slawenaufstand geht der größte Teil der von den Ottonen unterworfenen ostelbischen Gebiete verloren; zugleich Einfall der Dänen 984 Der Norweger Erik der Rote landet in Grönland (um 900 entdeckt); Westküste wird besiedelt 989 Kiew wird der byzantinischen Kirche angeschlossen	985–1014 Unter Rajaraja I., dem Großen (Tschola-Dynastie) Großmachtstellung Südindiens 986 Die islamischen Ghasnewiden besetzen das Kabul-Gebiet 994 Vordringen der Ghasnewiden bis zum Indus bei Peschawar 989 Großes Erdbeben in Konstantinopel	**980**
992–1025 Boleslaw I. Chrobry begründet ein großpolnisches Reich, krönt sich 1024 zum König 994–999 Polnische Fürsten erobern Pommern und Schlesien 995–1022 Olof Skötkoning König von Schweden; nimmt das Christentum an 997–1038 Stephan I., der Heilige, König von Ungarn	997–1030 Der Türke Mahmud von Ghasni Herrscher über Ost-Iran; 999 Untergang der bisherigen Samaniden-Dynastie; am Hofe Mahmuds der Dichter Firdausi (Firdusi); Ghasnewiden-Dynastie bis 1051	**990**
1000 Norwegen und Island christlich; Olaf Tryggvason, König von Norwegen, gestorben um 1000 Entdeckung Neuschottlands („Vinland“) an der nordamerikanischen Ostküste durch den norwegischen Wikinger Leif Erikson um 1000–1370 Fürstengeschlecht der Piasten herrscht über Polen um 1000 Böhmen und Mähren vereinigt um 1000 „Freisinger Denkmäler“, die ältesten Texte in slowenischer Sprache 1000 Gründung des Erzbistums Gnesen (mit den Bistümern Breslau, Kolberg und Krakau) als Mittelpunkt der polnischen Kirche in Gegenwart Kaiser Ottos III. 1001 Gründung des Erzbistums Gran (Esztergom) in Ungarn	1001 Beginn der byzantinischen Offensive gegen Samuel von Westbulgarien in Makedonien; 1004 Einnahme Skopjes 1001–1004 Flottenvorstoß Rajarajas I. von Südindien nach Ceylon 1001–1026 Wiederholte Vorstöße Mahmuds von Ghasni in Indien 1001 Vertrag zwischen Byzanz und den ägyptischen Fatimiden über Syrien	**1000**

	Römisch-deutsches Reich	Westeuropa/Italien
1000	Königskrönung in Mainz erneut die königliche Macht; wird 1014 in Rom zum Kaiser gekrönt; führt drei Italienzüge durch und sichert die Herrschaft über die langobardischen Fürstentümer gegen das Vordringen der Byzantiner 1004–1018 Der Plan eines großen Slawenreiches unter Führung Polens führt zum Krieg zwischen Polen und dem Deutschen Reich; Heinrich II. kämpft, zeitweilig im Bunde mit Kiew und Ungarn, um die Sicherung der Ostgrenze 1007 Gründung des Bistums Bamberg, von dort Missionierung der Mainslawen 1008–1048 Blütezeit des Klosters Reichenau unter Abt Berno 1009 Erste Reichsversammlung in Goslar	
1010	1012 Weihe des Bamberger Doms um 1015 Perikopenbuch Heinrichs II. (Buchmalerei der Reichenauer Schule) 1015 Erstmalige Erwähnung Leipzigs als Slawensiedlung 1017 Bartholomäuskapelle in Paderborn, auf byzantinische Tradition zurückgehend 1018 Deutsch-polnischer Krieg beendet; Boleslaw von Polen verliert Böhmen 1019 Stiftung des Basler Münsters	1016 Salerno ruft normannische Pilger gegen die Sarazenen zu Hilfe; erste normannische Siedlung am Liris-Ufer
1020	um 1020 Codex Aureus von Echternach 1024–1125 Fränkische (Salische) Könige 1024–1039 Konrad II., der erste Salier um 1025 Bau des ersten Doms in Worms 1026 Krönung Konrads II. mit der „Eisernen Krone" der Langobarden in Mailand 1027 Konrad II. wird in Rom zum Kaiser gekrönt	ab 1020 Die Normannen nehmen von Unteritalien Besitz 1027–1035 Robert I. (der Teufel) Herzog der Normandie (sein Sohn Wilhelm I., der Eroberer)
1030	seit 1030 Bau des Doms zu Speyer um 1030 Erstmalige Erwähnung Wiens als Vienni 1031 Feldzug Konrads II. gegen	um 1030 Nach dem Sturz des letzten omajjadischen Kalifen von Córdoba Zerfall des arabischen Reiches in Teilreiche

Ost-, Südost- und Nordeuropa	Vord. Orient/Mittl. u. Ferner Osten	
		1000
1015–1028 Olaf II. (der Heilige) König von Norwegen; Christianisierung des Landes; vom Dänenkönig entmachtet 1016–1035 Knut der Große König von Dänemark und England; England 1017 durch Knut erobert; dänische Herrschaft über England bis 1042 1019–1054 Jaroslaw (der Weise) Herrscher von Kiew	1012 Hakim-Moschee in Kairo vollendet (Baubeginn 990) 1018 Byzanz erobert das westbulgarische Reich	**1010**
1025 Abtretung der Mark Schleswig an den Dänenkönig Knut den Großen; die Eider wird Reichsgrenze 1025–1034 Mieszko II. König von Polen; Zerfall des polnischen Reiches 1028 König Knut der Große von Dänemark und England auch König von Norwegen; 1031 auch Schottland zur Huldigung gezwungen	1020 Tod des persischen Dichters Firdausi 1025 Herzog Wilhelm von Aquitanien unternimmt eine Reise ins Heilige Land 1025 Flottenexpedition von Südindien (Tschola-Reich) gegen Schriwijaya auf Sumatra 1029 Sieg Mahmuds von Ghasnis (Ost-Iran) über die Bujiden; damit der gesamte arabische Osten in Mahmuds Hand	**1020**
1030 Kriegszug König Mieszkos II. von Polen bis zur Saale	1035 Robert I. von der Normandie stirbt auf einer Pilgerfahrt nach Jerusalem	**1030**

	Römisch-deutsches Reich	Westeuropa/Italien
1030	Mieszko II. von Polen; Polen muß die Lausitz und das Milzener Land zurückgeben 1033 Vereinigung des Königreichs Burgund mit dem Reich 1033 St.-Michaels-Kirche in Hildesheim vollendet 1034 Erste Synagoge in Worms 1037 Kaiserliches Gesetz über Erblichkeit kleiner Lehen 1039 Tod Konrads II., Beisetzung im Dom zu Speyer 1039–1056 Unter Heinrich III. erreicht das Kaisertum größten Einfluß; Höhepunkt der kaiserlichen über die päpstliche Gewalt; Unterstützung der cluniazensischen Kirchenreform; Heinrich setzt drei Päpste ab und ernennt reformwillige deutsche Päpste	1031–1060 Heinrich I. König von Frankreich; die Macht liegt beim Feudaladel 1035 König Sancho III. von Navarra teilt sein Reich unter seine drei Söhne, nachdem er Navarra zur stärksten christlichen Macht in Spanien gemacht hat 1035–1065 Ferdinand I. (der Große) König von Kastilien; nennt sich seit 1054 Kaiser
1040	1040 Verkündigung des Gottesfriedens (Pax Dei) durch den Klerus; die „Treuga Dei“ (Gotteswaffenstillstand) verkündet Waffenruhe von Mittwochabend bis Montagmorgen sowie an allen Festtagen 1041 Heinrich III. besiegt Bretislaw von Böhmen; Böhmen wird deutsches Lehen 1044 Heinrich III. besiegt Ungarn 1045 Ernennung Adalberts zum Erzbischof von Bremen; Missionstätigkeit bis nach Island, Grönland und Finnland 1047 Kaiserkrönung Heinrichs III.	1040–1057 Macbeth König von Schottland 1042 England schüttelt die dänische Oberhoheit ab 1042–1066 Eduard der Bekenner König von England 1043 Normannen erobern Apulien von den Arabern 1048 Tod des Abts Odilo von Cluny (seit 994)
1050	um 1050 „Ruodlieb“, ältester Ritterroman, in lateinischen Hexametern geschrieben (Kloster Tegernsee) um 1050 Baubeginn des Doms zu Hildesheim 1054 Hermannus Contractus, Mönch in Reichenau, vollendet seine Weltchronik um 1055 Kaiserpfalz in Goslar 1056–1106 Heinrich IV.; bis zu seiner Mündigkeit üben seine Mutter, Erzbischof Anno von Köln und Erzbischof Adalbert von Bremen die Regentschaft für den jungen König aus	1053 Der Normanne Robert Guiscard beginnt mit der Eroberung ganz Süditaliens; 1059 erhält er vom Papst Apulien, Kalabrien und Sizilien als Lehen; Gründer des normannischen Reiches 1054 Herzog Wilhelm von der Normandie frei von französischer Lehnshoheit 1059 Die Papstwahl wird vom Papst ausschließlich den Kardinälen übertragen

Ost-, Südost- und Nordeuropa	Vord. Orient/Mittl. u. Ferner Osten	
1033 Deutsche und Russen schlagen König Mieszko II. von Polen; Polen muß die deutsche Lehnsoberhoheit anerkennen 1035–1047 Magnus der Gute König von Norwegen; ab 1042 durch Erbvertrag auch König von Dänemark 1038 Baubeginn der Sophienkathedrale in Kiew 1039–1058 Kasimir I. von Polen; Beginn der polnischen Restauration	1036–1147 Die Dynastie der Almorawiden in Nordafrika 1039–1157 Die großseldschukische Herrschaft; der Seldschuke Togrulbeg (1039–1063) nimmt den Ghasnewiden und den Bujiden die Herrschaft in Vorderasien 1. Hälfte des 11. Jh. Unbedeutende Herrscher auf dem Thron von Byzanz: Konstantin VIII. (1025 bis 1028), Romanos III. (1028–1034), Michael IV. (1034–1041), Konstantin IX. (1042–1055); Verfall der Steuer- und Wehrkraft des Reiches; Übergang zu Söldnerheeren; außenpolitisch wächst die Gefahr durch die Petschenegen (1048), die Seldschuken und die Normannen	**1030**
1041 Böhmen wird deutsches Lehen 1042 Bretislaw von Böhmen, Mähren und Schlesien huldigt Kaiser Heinrich III. 1045 Peter von Ungarn leistet Heinrich III. den Lehnseid, aber 1058 definitive Anerkennung der Unabhängigkeit	1041–1186 Kerman-Seldschuken im Ostteil Persiens 1043 Serbien von Byzanz unabhängig 1044–1077 König Anuruddha begründet ein großburmesisches Reich	**1040**
2. Hälfte des 11. Jh. In Schweden Auseinandersetzungen zwischen den christlichen Göten und den noch heidnischen Svear Upplands 1054 Hoheit über Schlesien von Polen zurückgewonnen 1054 Auflösung des Reiches von Kiew in Teilfürstentümer beginnt (nach dem Tode Jaroslaws)	1050 Gründung der indischen Stadt Delhi 1055 Seldschuken erobern Bagdad 1056 Ende der mazedonischen Dynastie in Byzanz; Dynastie der Komnenen bis 1185 in Byzanz, bis 1462 in Trapezunt	**1050**

	Römisch-deutsches Reich	Westeuropa/Italien
1060	um 1060 Gründung der Bistümer Mecklenburg und Ratzeburg	1060–1108 Philipp I. König von Frankreich 1061 Die Normannen beginnen mit der Eroberung Siziliens von den Arabern; 1091 beendet 1066 Wiederaufbau des Klosters Monte Cassino 1066 Herzog Wilhelm der Eroberer landet von der Normandie aus in England; Schlacht bei Hastings; als Wilhelm I. bis 1087 König von England
1070	1070 Die Welfen werden Herzöge von Bayern 1075 Sieg Heinrichs IV. über die aufständischen Sachsen an der Unstrut 1076 Deutsche Bischofssynode in Worms; Heinrich IV. läßt Papst Gregor VII. für abgesetzt erklären und wird von Gregor exkommuniziert; Gregor nimmt Verbindung mit den deutschen Fürsten auf, die auf dem Fürstentag zu Triburg beschließen, den König abzusetzen, falls nicht binnen eines Jahres die Lösung vom Bann erfolgt 1077 Um die Aufhebung des Banns zu erreichen und damit seine Absetzung zu verhindern, zieht Heinrich IV. nach Canossa (Norditalien) und zwingt durch Kirchenbuße den Papst, ihm Absolution zu erteilen und den Bann aufzuheben; vor Eintreffen der Entscheidung des Papstes wählen die deutschen Fürsten Rudolf von Schwaben zum Gegenkönig 1077–1080 Kampf Heinrichs IV. gegen Rudolf von Schwaben endet mit Rudolfs Tod in der Schlacht an der Elster	um 1070 Größte Machtausdehnung der maurischen Abbassiden-Dynastie in Sevilla; daneben maurische Teilreiche ab 1070 Die christlichen Spanier nehmen in verstärktem Maße den Rückeroberungskampf gegen die Mauren auf 1071 Mit dem Verlust von Bari an die Normannen ist der letzte byzantinische Stützpunkt in Süditalien verloren 1073–1085 Papst Gregor VII. (Hildebrand) strebt die Unterordnung der weltlichen unter die geistliche Gewalt und Beherrschung des Staates durch die Kirche an; fordert den Zölibat, verbietet die Simonie (Kauf geistlicher Ämter) und die Laieninvestitur (Einsetzung Geistlicher durch weltliche Gewalt); 1075 Beginn des Kampfes gegen die Reichskirche
1080	1080 Heinrich IV. zum zweiten Male gebannt; deutsch-italienische Synode zu Brixen wählt Clemens III. zum Gegenpapst 1081–1084 Erster Italienzug Heinrichs IV. 1084 Kaiserkrönung Heinrichs IV. durch den Gegenpapst Clemens III. in Rom; Gregor VII. flieht zu den Normannen	1084 Robert Guiscard befreit den vom deutschen Kaiser belagerten Papst Gregor VII. 1085 Einnahme Toledos durch Alfons VI. von Kastilien 1086 Die Araber schlagen die christlichen Spanier bei Salaka

Ost-, Südost- und Nordeuropa	Vord. Orient/Mittl. u. Ferner Osten	
seit 1068 Das geteilte Kiewer Reich von ständigen Bruderkriegen zerrissen; das politische Bewußtsein in den Städten wird dadurch gestärkt	1063–1072 Der Seldschuke Alp Arslan führt Krieg gegen Byzanz 1069–1073 Kaiser Wang Anschi von China versucht seine Reformpläne zu verwirklichen; kulturelle Blüte des Reiches (Keramikkunst)	**1060**
1076 Boleslaw II. (1058–1079) zum König von Polen gekrönt; Auseinandersetzungen mit dem Adel	1071 Das byzantinische Kleinasien an die türkischen Seldschuken 1072 Melikschah Großsultan der türkischen Seldschuken; Seldschukenreich von der Ägäis bis zum östlichen Persien (1078); die Einheit des Kalifenreiches wiederhergestellt 1073 Der Armenier Dschamali befreit den Fatimiden-Herrscher von Ägypten, Mustanssir (1036 bis 1094), von dem Einfluß seiner türkischen Leibgarde 1075 Die Seldschuken nehmen Damaskus, 1077 Jerusalem (1098 ist Jerusalem wieder ägyptisch)	**1070**
1080–1102 Wladislaw Hermann König von Polen	1081 Militärrevolution in Konstantinopel; der Komnenen-Kaiser Alexios (1081–1118) schlägt die Normannen zurück 1085 Byzanz besiegt die aus Thessalien vertriebenen Normannen auch zur See	**1080**

	Römisch-deutsches Reich	Westeuropa/Italien
1080	1085 Heinrich IV. verkündet in Mainz den Gottesfrieden für das Reich 1087 Königskrönung Konrads, des Sohnes Heinrichs IV.	1087–1100 Wilhelm II. Rufus, Sohn Wilhelms des Eroberers, König von England
1090	1090–1097 Zweiter Italienzug Heinrichs IV. 1093 Abfall Konrads von seinem Vater, Heinrich IV.; läßt sich in Mailand zum König der Langobarden krönen 1093 Kloster Maria Laach gegründet (romanische Basilika) 1096 Judenmetzeleien beim Durchzug ausländischer Kreuzfahrerscharen durch das Reich 1099 Königskrönung Heinrichs (V.), des zweiten Sohnes Heinrichs IV.	1090 Die Almorawiden-Dynastie erobern von Marokko aus das ganze arabische Spanien; 1147 durch die Almohaden entmachtet 1098 Gründung des Zisterzienserordens durch Robert von Citeaux; Ausbreitung der Zisterzienserklöster über ganz Mitteleuropa
1100	1101 Tod Konrads (Sohn Heinrichs IV.) in Florenz 1103 Verkündung eines allgemeinen Reichsfriedens durch Kaiser Heinrich IV. in Mainz 1103 Heinrich IV. nimmt die beim Durchzug von Kreuzfahrerscharen verfolgten Juden unter seinen Schutz 1104 Abfall Heinrichs (V.) von seinem Vater 1106 Heinrich IV. wird von seinem Sohn, der ihn gefangenhält, zur Abdankung gezwungen, entflieht und stirbt nach siegreichen Kämpfen gegen seinen Sohn in Lüttich 1106–1125 Heinrich V.; während seiner Herrschaft wird das Papsttum vom deutschen Königtum unabhängig; Schwächung der Krone, größere Macht der weltlichen Fürsten 1106 Heinrich V. überträgt das Herzogtum Sachsen an Graf Lothar von Supplinburg	ab 1100 Venedigs Aufstieg zur Handelsmacht beginnt 1100–1135 Heinrich I. König von England; Ausgleich zwischen Angelsachsen und Normannen 1101–1134 Alfons I. König von Aragonien 1105–1154 Roger II. von Sizilien 1108–1137 Ludwig VI. König von Frankreich; Erstarken des Königtums 1109 Tod des Anselm von Canterbury, Begründer der scholastischen Theologie
1110	1110 Zur Wiederherstellung der Oberhoheit des Reiches unternimmt Heinrich V. einen Feldzug nach Böhmen 1110 Übergabe der Grafschaft Holstein an Adolf von Schauenburg	

Ost-, Südost- und Nordeuropa	Vord. Orient/Mittl. u. Ferner Osten	
	1089/90 Das großseldschukische Reich erobert Samarkand	**1080**
1097 Fürstenversammlung der Rurikiden in Ljubec; Neuordnung des russischen Gesamtreiches kann den Verfall nicht aufhalten	1096 Beginn des 1. Kreuzzugs 1099 Kreuzfahrerheer unter Gottfried von Bouillon erobert Jerusalem; Syrien, bis dahin unter seldschukischer Herrschaft, geht an die Kreuzfahrer verloren; Gründung der „fränkischen“ Kreuzfahrerstaaten Jerusalem, Antiochia, Tripolis (ab 1109), Edessa (1097); zwischen Antiochia, wo die Normannen eine selbständige Herrschaft unter Bohemund errichten, und Byzanz kommt es zum Krieg	**1090**
um 1100 Ungarn unter den Königen Ladislaus I. und Koloman erobert Kroatien und Dalmatien 1101 Im Zeichen des Zerfalls des Reiches von Kiew wird Minsk Hauptstadt eines selbständigen Fürstentums 1102–1138 Boleslaw III. in Polen: 1121 Pommern unterworfen; 1135 wird Boleslaw auch mit Westpommern und Rügen vom Kaiser belehnt 1104 (Dänisches) Erzbistum Lund (Südschweden) gegründet	um 1100 Hochkultur der Khmer in Hinterindien	**1100**
	um 1110 Kaiser Alexios von Byzanz (1081–1118) sichert sich die Hilfe der Seemacht der italienischen Städte, vor allem Venedigs; Venedig gewinnt dadurch die Vormachtstellung im Orienthandel	**1110**

	Römisch-deutsches Reich	Westeuropa/Italien
1110	1110/11 Erster Italienzug Heinrichs V.; Kaiserkrönung in Rom 1111 Heinrich IV. in Speyer beigesetzt 1114 Heinrich V. heiratet Adelheid, die Tochter König Heinrichs von England um 1114–1158 Bischof Otto von Freising, Verfasser des geschichtsphilosophischen Werkes „Chronicon sive historia de duabus civitatibus“ 1115 Relief „Kreuzabnahme“ an den Externsteinen 1116–1118 Zweiter Italienzug Heinrichs V.	1115 Bernhard von Clairvaux erster Abt des Klosters von Clairvaux seit 1116 Bau der Abteikirche Saint-Gilles-du-Gard in Frankreich 1118 Das Königreich Aragonien gewinnt Saragossa
1120	1120 Gründung von Freiburg im Breisgau 1122 Im Wormser Konkordat wird der Investiturstreit beigelegt; der Kaiser belehnt die Bischöfe mit dem Zepter, der Papst verleiht ihnen Ring und Stab 1123 Übergabe der Mark Meißen an Konrad von Wettin 1124–1128 Bischof Otto von Bamberg („Apostel der Pommern“) unternimmt, von Boleslaw III. von Polen berufen, zwei Pommernzüge um 1124 Gründung der Stadt Stettin 1125 Tod Heinrichs V., Beisetzung in Speyer 1125–1137 Kaiser Lothar III. von Supplinburg, Herzog der Sachsen; behauptet sich gegen den Gegenkönig aus dem Staufergeschlecht, unternimmt zwei Italienzüge, kämpft gegen die Normannen in Süditalien, erweitert und sichert die östlichen Grenzgebiete seit 1125 Verstärkung der deutschen Ostkolonisation; die von slawischen Fürsten und deutschen Territorialherren in die slawisch besiedelten Länder (Böhmen, Mähren, Mecklenburg, Polen, Pommern, Schlesien) gerufenen deutschen Bauern und Bürger bewirken eine friedliche kulturelle Durchdringung; es bilden sich Wohn- und Wirtschaftsgemeinschaften zwischen Slawen und Deutschen	1121 Gründung des Prämonstratenserordens; Haupteinsatz in der Wenden-Mission 1123 Erste Lateransynode unter Papst Kalixt II. über das Wormser Konkordat um 1125 Figuren am Südportal der Kirche St. Pierre in Moissac 1126–1157 Alfons VII. von Kastilien

Ost-, Südost- und Nordeuropa	Vord. Orient/Mittl. u. Ferner Osten	
1113–1125 Wladimir II., Großfürst von Kiew, kann noch einmal einen großen Teil Rußlands vereinigen; danach Zerfall des Rurikiden-Reiches in selbständige Fürstentümer	1113–1153 Bau des Angkor Vat in Kambodscha 1118–1194 Herrschaft der Irak-Seldschuken über Mesopotamien und Syrien; Kämpfe mit Byzanz 1118–1143 Johannes II. Kaiser von Byzanz, der bedeutendste Kaiser unter den Komnenen; 1122 Sieg über die Petschenegen	**1110**
um 1125 Bau der St.-Georgs-Kathedrale bei Nowgorod; Ikone der Muttergottes von Wladimir	1122 Byzanz führt erfolgreiche Abwehrkämpfe gegen Slawen und Seldschuken 1123 Die Kin-Dynastie der Jurdschen entmachtet die Liao-Dynastie in Nordchina seit 1126 Korea unter der Oberhoheit der Kin-Dynastie in Nordchina 1127 Die chinesische Sung-Dynastie wird von der Kin-Dynastie verdrängt 1129 Tod des japanischen Kaisers Schirakawa; Ausweitung der Macht des Schogunats	**1120**

	Römisch-deutsches Reich	Westeuropa/Italien
1130	1133 Kaiserkrönung Lothars III. in Rom 1134 Übertragung der Nordmark (Altmark) an den Askanier Albrecht den Bären 1135 Gründung der Klosterkirche Königslutter 1136 Übergabe der Mark Lausitz an Konrad von Wettin 1136 Albrecht der Bär gewinnt die Prignitz, verbindet sich mit Pribislaw von Brandenburg und sichert sich die Erbfolge 1137 Bauabschluß des Kaiserdoms in Mainz 1138–1254 Deutsche Kaiser und Könige aus dem Haus der Staufer; kulturelle Entwicklung in der Stauferzeit: Rittertum, Blütezeit romanischer Bau- und Bildhauerkunst (Dome von Worms, Speyer und Mainz, Bamberger Reiter, Stifterfiguren im Dom zu Naumburg) und Dichtung („Nibelungenlied", „Gudrunlied" und „Parzival") 1138–1152 Staufer Konrad III.; wird gegen den von Lothar III. als Nachfolger designierten Welfen Heinrich den Stolzen gewählt; Beginn der Auseinandersetzungen zwischen Staufern und Welfen 1139 Tod Heinrichs des Stolzen	1130 Krönung des Normannen Roger II. zum König „beider Sizilien" durch den Papst 1135–1154 Stephan von Blois König von England 1137–1180 Ludwig VII. König von Frankreich 1139 Portugal unter Alfonso Henriquez wird Königreich 1139 Zweite Lateransynode in Rom
1140	1142 Im Frieden zu Frankfurt müssen die Welfen auf Bayern verzichten 1142 Erfolgreicher Böhmenfeldzug Konrads III. 1144 Erstmalige Erteilung des Braurechts an das Kloster Weihenstephan bei Freising 1147 Konrads III. Sohn Heinrich wird zum König erhoben 1147 Der Abodritenfürst Niklot, Stammvater der späteren mecklenburgischen Herzöge, wird von Heinrich dem Löwen (Sohn Heinrichs des Stolzen) tributpflichtig gemacht 1147–1149 Erfolgloser zweiter Kreuzzug Kaiser Konrads III. und des französischen Königs Ludwig VII., initiiert durch Bernhard von Clairvaux	1140 Tod Jehuda Halevis, des bedeutenden jüdischen Dichters und Philosophen aus Spanien 1142 Tod Abaelards, des französischen Scholastikers; vermittelte durch den Konzeptualismus im Universalienstreit 1147 König Alfons I. von Portugal erobert Lissabon von den Arabern 1147 Die Almohaden-Dynastie stürzt in Nordafrika die Almorawiden-Dynastie

Ost-, Südost- und Nordeuropa	Vord. Orient/Mittl. u. Ferner Osten	
1134/35 Der Dänenkönig wird Vasall des Reiches 1135 Boleslaw III. von Polen nimmt Pommern und Rügen als Lehen vom Kaiser 1138 Teilung des polnischen Reiches durch Boleslaw III.; Polen bis zum Ende des 14. Jh. in schwache Kleinfürstentümer aufgesplittert trotz des 1138 eingeführten Seniorats	um 1130 Jerusalems Machtbereich bis zum Golf von Akaba ausgedehnt; trotz der Auseinandersetzungen zwischen Christen und Mohammedanern läuft der Handel der von Byzanz privilegierten italienischen Städte über die Küstenstädte ungestört In Japan sogenannte Ritterzeit; Kämpfe zwischen den Sippen Minamoto und Taira enden mit der Vorherrschaft der Minamoto (1185)	**1130**
1146–1173 Boleslaw IV. von Polen	1141–1203 In Zentralasien kurzfristige Reichsbildung der Kerait unter Yiliutasch; danach folgt das Mongolische Reich 1143–1180 Manuel I. Kaiser von Byzanz; durch Bündnis mit den Staufern und mit Venedig Erfolge gegen die Normannenmacht (1149 Korfu zurückerobert) und gegen die Ungarn und Serben 1144 Die Irak-Seldschuken erobern den Kreuzfahrerstaat Edessa; dadurch wird der 2. Kreuzzug (1147–1149) ausgelöst 1147–1149 Zweiter Kreuzzug; schwere Niederlagen durch die Türken des Sultans von Iconium bei Doryläum	**1140**

1150

1150 Nach dem Tod Pribislaws nennt sich Albrecht der Bär Markgraf von Brandenburg

1150 Gründung Braunschweigs durch Heinrich den Löwen

um 1150 Konrad der Pfaffe verfaßt eine mittelhochdeutsche „Kaiserchronik"

um 1150 Aufkommen der Familiennamen/Nachnamen

um 1150 Anfänge der Hanse, eines lockeren Zusammenschlusses von Kaufleuten, später von Städten, zum Schutz ihrer gemeinsamen Handelsinteressen

1152 Tod König Konrads III.

1152–1190 Friedrich I. Barbarossa; stärkt die Stellung des Reiches und führt den Ausgleich zwischen Staufern und Welfen herbei, durch den die Machtgrundlage des deutschen Königtums verkleinert wird; Friedrich strebt die Erweiterung seiner Macht in Italien an; unternimmt sechs Italienzüge; Aufstieg der lombardischen Städte führt zu Aufständen und heftigen Kämpfen; Beginn der Eindeutschung Schlesiens; Vermehrung des staufischen Besitzes; Gründung zahlreicher Städte

1155 Kaiserkrönung Friedrichs I. in Rom

1155 Älteste deutsche Brauordnung

um 1155 Der erste namentlich bekannte deutsche Minnesänger „Der von Kürenberg" dichtet volkstümliche Lieder

1156–1167 Rainald von Dassel Kanzler Kaiser Friedrichs I. Barbarossa beeinflußt entscheidend die Reichspolitik (Einsetzung von Gegenpäpsten)

1156 Heinrich der Löwe als Herzog von Sachsen und Bayern anerkannt; erwirbt in der Folgezeit Holstein, Westmecklenburg und Pommern

1156 Mark Österreich wird von Bayern abgetrennt und zum selbständigen Herzogtum erhoben

1158 Gründung Münchens durch Heinrich den Löwen

1159 Lübeck wird von Heinrich dem Löwen wiederbegründet

um 1150 Gründung der Universität Paris

1153 Tod Bernhards von Clairvaux

1154–1485 Das Haus der Plantagenets in England

1154–1189 Heinrich II. Plantagenet König von England; unter ihm größte Ausdehnung Englands: England, Irland, Westfrankreich bis zum Mittelmeer

1154–1166 Wilhelm I. König des Normannenreiches in Sizilien

1156 Bündnis zwischen Byzanz und dem Papsttum; Kaiser Manuel I. von Byzanz versucht, von Italien her das Römische Reich zu erneuern; muß 1158 Italien aufgeben

1157–1188 Ferdinand II. von León

1158–1214 Alfons VIII. von Kastilien

1159–1181 Papst Alexander III.; Gegner Kaiser Friedrichs I.

1159–1177 Päpstliches Schisma

1150

Ost-, Südost- und Nordeuropa	Vord. Orient/Mittl. u. Ferner Osten
um 1150 Géza II., König von Ungarn, siedelt deutsche Kolonisten (Moselfranken), die späteren „Siebenbürger Sachsen“, in Siebenbürgen an	
um 1150–1160 Erik IX., der Heilige, König von ganz Schweden; gründete erste Zisterzienserklöster in Schweden; Kreuzzug nach Finnland, Beginn der schwedischen Besiedlung in Finnland (Åbo)	
1152 Die norwegische Kirche erhält ein eigenes Erzbistum in Nidaros (Drontheim)	
1156 Moskau wird erstmals als Stadt erwähnt	1156 Machtkämpfe zwischen japanischen Adelsfamilien; die Samurai sind in der Auseinandersetzung von entscheidender Bedeutung
1157–1182 Waldemar I., der Große, König von Dänemark; leitet die dänische „Großmachtzeit“ ein; nimmt sein Land 1162 vom Kaiser zu Lehen	
1158 Herzog Wladislaw II. von Böhmen erhält die Königskrone; der Königstitel wird erblich	1158 Byzanz besiegt Kleinarmenien

	Römisch-deutsches Reich	Westeuropa/Italien
1160	um 1160 Wirken des Minnesängers Dietmar von Aist, 1139–1171 urkundlich bezeugt seit 1163 Herzöge von Pommern lehnsabhängig von Heinrich um 1165 Heinrich der Löwe gründet die Bistümer Oldenburg und Schwerin um 1165 Beim Erzbischof von Köln wirkt der Dichter „Archipoeta“ 1166 Weihe des Münsters in Bonn; Standbild des Bronzelöwen in Braunschweig 1167 Vereinigung des Veroneser Städtebundes mit Cremona zum lombardischen Städtebund	1160 Tod des Petrus Lombardus, Scholastiker und Bischof von Paris 1163 Baubeginn der Kathedrale Notre-Dame in Paris 1164 Katalonien fällt an Aragonien 1166–1189 Wilhelm II. König von Sizilien
1170	1172 Stadtrecht für Rothenburg ob der Tauber seit etwa 1173 Bau des Lübecker Doms 1173–1195 Bau des Braunschweiger Doms 1176 Friedrich I. Barbarossa, dem Heinrich der Löwe die Heeresfolge verweigert, erleidet eine Niederlage bei Legnano durch den Lombardischen Städtebund 1176–1439 Wiedererrichtung des Straßburger Münsters 1177 Friede von Venedig zwischen Friedrich I. und dem Papst 1179 Tod der Hildegard von Bingen; Verfasserin religiöser und wissenschaftlicher Werke, in denen sie an die tausend neue Wörter verwendet; am bekanntesten der „Liber Scivias“, in dem sie ihre ekstatischen Visionen aufgezeichnet hat	1170 Thomas Becket, Erzbischof von Canterbury, auf Befehl König Heinrichs II. ermordet 1173 Entstehung der Sekte der Waldenser um 1175 In Sevilla Bau des Alkazar (Königspalast) unter den Almohaden 1178 Abschluß der inneren Reformen Heinrichs II. in England; Irland wird erobert, Schottland unterworfen 1179 Drittes Laterankonzil (Bestimmungen zur Papstwahl)
1180	1180 Ächtung Heinrichs des Löwen, der Sachsen und Bayern verliert; Graf Bernhard von Anhalt erhält Sachsen, Otto von Wittelsbach Bayern; Steiermark wird selbständiges Herzogtum um 1180 In Mittelfranken entsteht die Dichtung „Herzog Ernst“ um 1180 Baubeginn der ältesten erhaltenen Teile der Wartburg 1181 Nach dem Reichskrieg Unterwerfung Heinrichs des Löwen, der seine Erbgüter Braunschweig und Lüneburg zurückerhält; der Sturz	1180–1223 Philipp II. August König von Frankreich 1185 Tod des Königs Alfonso Henriquez von Portugal 1186 Konstanze (Tante König Wilhelms II. von Sizilien) mit dem Staufer Heinrich (VI.) verheiratet 1189–1199 Richard I. (Löwenherz) König von England

Ost-, Südost- und Nordeuropa	Vord. Orient/Mittl. u. Ferner Osten	
1164 Uppsala wird Erzbistum für Schweden 1164 Norwegischer Reichstag zu Bergen; starker Einfluß der Geistlichkeit 1167–1196 König Knut von Schweden 1168 König Waldemar I. (der Große) von Dänemark gewinnt Rügen 1169 Großfürst Andrej Bogoljubskij verlegt den russischen Schwerpunkt vom Dnjepr (Kiew) in den Nordosten (Wladimir, Moskau)	1160 Singapur Hauptstadt Malakkas 1166 Tod des arabischen Geographen Idrisi 1169–1193 Sultan Saladin als politischer Führer des Islam; Begründer der Ajjubiden-Dynastie	**1160**
1173–1196 Béla III. König von Ungarn; Ausdehnung Ungarns; nach dem Tode Manuels von Byzanz (1180) Wiederherstellung der ungarischen Herrschaft über Dalmatien, Kroatien und Bosnien	1170 Beginn des Handelskriegs zwischen Byzanz und Venedig; Venedig gewinnt Ragusa 1173–1191 Königreich Jerusalem im Abwehrkampf gegen Saladin um 1175 Der Afghane Mohammed von Ghor löst die Herrschaft der Ghasnewiden in Nordindien ab und unterwirft die mohammedanischen Provinzen (1175–1186) 1175 Wendung der venezianischen Außenpolitik; Kampf Venedigs gegen Byzanz 1176 Niederlage Kaiser Manuels von Byzanz durch die Seldschuken von Iconium	**1170**
um 1180 Waldemar I. von Dänemark beherrscht die Ostsee 1180 Serbien, unter Stephan Nemanja (1151–1196), befreit sich nach dem Tode Kaiser Manuels I. von der byzantinischen Herrschaft	1183 Zypern macht sich von Byzanz unabhängig; wird 1194 deutsches Lehen 1185 Untergang der Taira-Sippe im Kampf gegen die Minamoto-Sippe; Schlacht von Dan-no-Ura	**1180**

	Römisch-deutsches Reich	Westeuropa/Italien
1180	Heinrichs hat nachteilige Folgen für die Christianisierung und Eindeutschung der slawischen Gebiete 1183 Friede von Konstanz zwischen Friedrich I. und den lombardischen Städten 1184–um 1230 Bekehrung und Kolonisation Livlands durch deutsche Ritter um 1185 Älteste deutsche Tierdichtung „Reinhart (Fuchs)" von Heinrich dem Gleisner/Glichezaere 1186 Anwartschaft der Staufer auf das Normannenreich in Sizilien durch Eheschließung zwischen Konstanze und Heinrich (VI.) 1188 Aufzeichnung des Magdeburger Stadtrechts, später übernommen von Breslau, Kulm u. a. 1189–1192 Dritter Kreuzzug, bis 1190 unter Führung Friedrich Barbarossas vor 1190 Mittelhochdeutsche Verserzählung „Eneide" des Heinrich von Veldeke	
1190	1190 Tod Friedrichs I. Barbarossa im Saleph (Kleinasien) während des dritten Kreuzzugs 1190 Gründung des Deutschen Ordens 1190–1197 Kaiser Heinrich VI.; unternimmt drei Italienzüge; führt durch Vereinigung des Reiches mit fast ganz Italien das Reich auf den Höhepunkt seiner Macht 1191 Kaiserkrönung Heinrichs VI. 1191 Hohenzollern werden Burggrafen von Nürnberg 1191 Gründung Berns durch Herzog Berthold V. von Zähringen 1192 Belehnung Leopolds V. von Österreich mit der Steiermark um 1192 Bau des neuen Bamberger Doms 1194 Heinrich VI. unterwirft Sizilien 1194 Krönung Heinrichs VI. zum König des Normannenreiches 1196 Der Versuch Heinrichs VI., das Deutsche Reich zu einem Erbreich zu machen, scheitert 1196 Erste urkundliche Erwähnung Heidelbergs	1194 Richard Löwenherz erkennt die Lehnshoheit Heinrichs VI. über England an 1195 Der Almohadenkalif Almansor schlägt Alfonso VIII. von Kastilien in der Schlacht bei Alarcos 1198–1216 Papst Innozenz III.; große politische Macht des Papsttums 1199–1216 Johann (ohne Land) König von England

1180

1182–1202 Knut VI., König von Dänemark; Sohn Waldemars des Großen; dänische Großmachtpolitik; zusammen mit seinem Schwiegervater Heinrich dem Löwen Gegner Barbarossas; Eroberung Rügens, Pommerns und Mecklenburgs („König der Slawen"); Einnahme Holsteins, Hamburgs, Lübecks und Ratzeburgs

1186–1393 Zweites Bulgarisches Reich von Tirnowo durch die Brüder Peter und Asen von Bulgarien errichtet; seit 1393 bzw. 1396 unter türkischer Herrschaft

1185–1195 Isaak II. Kaiser von Byzanz; unaufhaltsame Auflösung des byzantinischen Staates; im Innern beherrscht der Großgrundbesitz die Verwaltung; von außen Gegnerschaft des westlichen Kaisertums; auch auf dem Balkan geht der byzantinische Einfluß verloren

1187 Sultan Saladin von Ägypten besiegt das Königreich Jerusalem; Akko und Jerusalem erobert; Einnahme Akkos 1191 durch die Kreuzfahrer des 3. Kreuzzugs

1190

1191 Kreuzfahrerheere des 3. Kreuzzugs erobern Akko; Sicherung des Küstenstreifens von Tyros bis Jaffa

1192 Der japanische Schogun (Kronfeldherr) Yoritomo errichtet das Kamakura-Schogunat (Minamoto-Herrschaft)

1192 In Indien Sieg Mohammeds von Ghor über die vereinigten Hindufürsten; auch Delhi erobert

1194 Ende der Seldschukenherrschaft in Choresm (Usbekistan) und Begründung des Reiches des Choresmischen Schahs (1194–1220)

	Römisch-deutsches Reich	Westeuropa/Italien
1190	1198 Doppelwahl: Der Staufer Philipp von Schwaben, Sohn Barbarossas, und der Welfe Otto IV., Sohn Heinrichs des Löwen, zum König gewählt 1198–1208 Philipp von Schwaben; Schwächung des deutschen Königtums durch die Thronkämpfe zwischen Philipp und Otto IV.; Philipp verbündet sich mit Frankreich, Otto mit England; Papst Innozenz III. bannt Philipp und unterstützt Otto; 1208 erkennt der Papst Philipp, der bald darauf ermordet wird, als König an 1198–1218 Otto IV. von Braunschweig; verbündet mit England und unterstützt vom Papst, wird Otto nach Ermordung Philipps auch von der Stauferpartei anerkannt	1199–1216 Johann ohne Land König von England; unter seiner Regierung gehen die französischen Besitzungen Englands verloren
1200	13. Jh. Entstehung der mittellateinischen Liedersammlung „Carmina Burana“ (1803 im Kloster Benediktbeuren entdeckt) um 1200 Erste Anfänge der späteren Doppelstadt Berlin/Cölln als Handelsniederlassung und Rastort am Spreepaß zwischen Barnim und Teltow um 1200 Bau der Wiener Burg durch Leopold VI. (an der Stelle der heutigen Hofburg) um 1200 Entstehung des Patriziertums in den Städten um 1200 Nibelungenlied, mittelhochdeutsches strophisches Epos von einem österreichischen Dichter aus dem Donauraum 1206 Äbte von St. Gallen werden Reichsfürsten 1209 Kaiserkrönung Ottos IV. in Rom	um 1200 Die Waldenser-Bewegung in Südfrankreich breitet sich aus 1209–1229 Albigenser-Kriege gegen eine Gruppe der Katharer (gegen Sakramente, Reliquien- und Heiligenverehrung), ausgelöst durch einen Aufruf Papst Innozenz' III.; 1330 endgültige Ausrottung der Sekte durch die Inquisition
1210	1210 Otto IV. eröffnet den Kampf gegen Sizilien und wird vom Papst gebannt 1212 Friedrich II., Sohn Heinrichs VI., wird von seinem Vormund Papst Innozenz III. als Gegenkaiser aufgestellt und in Frankfurt zum König gewählt	1212 Sieg der Spanier über die Mauren bei Navas de Tolosa; Beginn enger Anlehnung des christlichen Spanien an den Papst 1213–1276 Jakob I. (der Eroberer) König von Aragon; unter seiner Regierung verlieren die Mauren die Balearen und das Königreich Valencia

Ost-, Südost- und Nordeuropa	Vord. Orient/Mittl. u. Ferner Osten	
1198–1230 Der Przemyslide Ottokar I. erreicht die Anerkennung der Erblichkeit des Königstitels durch Kaiser und Papst; Förderung der Siedlungs- und Kulturarbeit in Böhmen	Ende des 12. Jh. In schweren Kämpfen der mongolischen Stämme untereinander setzt sich der Stammesfürst Temudschin durch (nach seiner Wahl zum Großkhan Tschingis-Khan – oder Dschingis-Chan – genannt); Großreich der Mongolen in Zentralasien bis Choresm und zur Wolga, im Osten bis Nordchina einschließlich Peking, im Südosten bis zum Indus	**1190**
1201 Anerkennung des neuen bulgarischen Reiches durch Byzanz 1201 Gründung Rigas durch den Bremer Domherrn Albert von Appeldern 1202–1241 Waldemar II., der Sieger, König von Dänemark; setzt die Eroberungspolitik seines Bruders Knut VI. fort; gewinnt norddeutsche Küstengebiete; 1219/20 Eroberung Estlands; 1227 von den norddeutschen Fürsten geschlagen	1204 Eroberung von Byzanz durch das von Venedig geführte Heer der Kreuzfahrer des 4. Kreuzzugs 1204–1261 „Lateinisches Kaiserreich“ in Ostrom (bis 1261); Errichtung kleiner Fürstentümer durch die Lateiner 1204 Kaisertum Nicäa, von dem die Erneuerung des Reiches ausgeht 1206–1398 Herrschaft der Mohammedaner in Nordindien (Sultanat Delhi des Kutbuddin Aibak) endet mit dem Mongolenvorstoß unter Timur 1206 Mongolische Fürsten wählen Tschingis-Khan zum Oberhaupt	**1200**
1217–1263 Haakon IV. König von Norwegen; Einigung des Landes unter seiner Herrschaft; Erblichkeit des Königtums festgelegt; 1261 Erwerb Grönlands, 1262 Islands	1210 Sieg des Choresmischen Schahs über die Kara-Kitai 1215 Tschingis-Khan erobert Nordchina mit Peking; Beginn des Mongolischen Weltreichs	**1210**

	Römisch-deutsches Reich	Westeuropa/Italien
1210	1212 „Kinderkreuzzug“ von 20000 Kindern unter Führung des zehnjährigen Nikolaus aus Köln endet in Brindisi 1212–1250 Kaiser Friedrich II. von Hohenstaufen; weitgehende Zugeständnisse an die Kirche und die geistlichen und weltlichen Fürsten; Zerfall der kaiserlichen Macht im Reich 1214 Schlacht von Bouvines; Sieg Friedrichs II. (im Bündnis mit Frankreich) über den Welfenkaiser Otto IV. (im Bündnis mit England) 1214 Die den lothringischen Pfalzgrafen gehörende Rheinpfalz kommt als Reichslehen an die Wittelsbacher Herzöge von Bayern; Herzog Ludwig I. von Bayern, der Kelheimer, erwirbt damit die Kurwürde 1215 Nördlingen wird Reichsstadt vor 1216 Stadtgründung Dresdens 1218 Otto IV. stirbt entmachtet in Harzburg 1218 Bern wird Reichsstadt	1214 Nach der Schlacht bei Bouvines verliert England seinen Festlandsbesitz nördlich der Loire 1215 Magna Charta Libertatum in England; Stärkung der Mitbestimmung der englischen Städte und des Hochadels 1215 Viertes Laterankonzil unter Papst Innozenz III.; außer einer Reihe von kirchlich-dogmatischen Bestimmungen Bannspruch gegen die Albigenser 1215–1250 Blüte Siziliens unter Friedrich II. 1216 Dominikus gründet den Dominikanerorden; Einsatz gegen die Albigenser 1216–1272 Heinrich III. König von England 1217–1252 Ferdinand III. (der Heilige) König von Kastilien; beseitigt die Maurenherrschaft bis auf Granada; Vereinigung von Leon und Kastilien
1220	1220 Friedrich II. setzt seinen Sohn Heinrich (VII.) als Statthalter für Deutschland ein 1220 Kaiserkrönung Friedrichs II. in Rom 1220 Kaiserpfalz Wimpfen wird Reichsstadt um 1220–1230 Aufzeichnung des geltenden Gewohnheitsrechts im „Sachsenspiegel“ durch Eike von Repkow nach 1220 Tod des Wolfram von Eschenbach; Dichter des „Parzival“, der „Titurel“-Fragmente, des „Willehalm“ u. a.; Kunst der Menschencharakterisierung und der Komposition 1226 Fertigstellung der Domkirche in Riga 1226 Der polnische Herzog Konrad von Masowien ruft den Deutschen Orden zu Hilfe gegen die baltischen Preußen/Pruzzen und überläßt ihm das Kulmerland; in der Goldenen Bulle von Rimini wird dem Orden das Recht zur Eroberung Preußens zugesprochen	1223–1226 Ludwig VIII. König von Frankreich; Erfolge gegen die Engländer 1223 Päpstliche Bestätigung der 3. (endgültigen) Regel des Bettelordens der Franziskaner (von Franz von Assisi) 1226–1270 Ludwig IX. (der Heilige) König von Frankreich; Stärkung der Königsmacht durch Ausbau des königlichen Beamtentums und Zurückdrängung der Kirche; Erlaß der ältesten Verfassungsordnungen Frankreichs

Ost-, Südost- und Nordeuropa	Vord. Orient/Mittl. u. Ferner Osten	
1217 Serbien (Stephan II. 1196 bis 1228) wird Königreich 1218–1241 Unter Iwan Asen II. erreicht Bulgarien seine größte Machtausdehnung 1219 Die Dänen unter König Waldemar II. erobern Estland; Gründung von Reval	1217/18 Ungarischer Kreuzzug und Angriff auf Damiette (Ägypten); Damiette wird kurzfristig gehalten 1219 Tschingis-Khan erobert Turkestan; ganz Zentralasien und Persien unter mongolischer Herrschaft	**1210**
1221 Sieg der Mongolen über die Russen an der Kalka; Tschingis-Khan erobert Südrußland bis zum Dnjepr 1224 König Andreas II. von Ungarn gibt den Siebenbürger Sachsen die Selbstverwaltung (Privilegium Andreanum) 1227 König Waldemar II. von Dänemark (1202–1241) verliert in der Schlacht von Bornhöved gegen die norddeutschen Fürsten seine wendisch-deutschen Gebiete, behält jedoch Estland, Teile Preußens und Rügen; Ende der dänischen Großmachtzeit	1220 Die Mongolen vernichten das Reich des Choresmischen Schahs 1221 Die Mongolen erobern Afghanistan und das Indusgebiet 1226 Mongolen vernichten das Reich der Tanguten in Nordtibet 1227 Tod Tschingis-Khans, des Eroberers eines Mongolenreiches vom Pazifik bis zum Schwarzen Meer; Teilung des Reiches unter seine drei Söhne 1227–1280 Eroberung Chinas durch die Mongolen	**1220**

	Römisch-deutsches Reich	Westeuropa/Italien
1220	1226 Kaiser Friedrich II. überträgt alle Hoheitsrechte über die eroberten preußischen Gebiete an den Hochmeister des Deutschen Ordens Hermann von Salza 1226 Lübeck wird Reichsstadt und erlangt eine vorherrschende Stellung im Ostseeraum 1227 Entstehung der Bauernrepublik Dithmarschen 1227 Kampf zwischen Papst Gregor IX. und Friedrich II. um die Vormachtstellung in Italien; Friedrich wird gebannt 1228/29 Fünfter Kreuzzug unter Friedrich II.; Friedrich II. König von Jerusalem	1228 Heiligsprechung des Franz von Assisi, Gründer des Bettelordens der Franziskaner 1229 Der Graf von Toulouse muß einen Teil seines Landes an den König abtreten; das Königreich Frankreich erreicht damit die Mittelmeerküste
1230	seit 1230 Eindeutschung der Gebiete östlich der Elbe; Askanier kolonisieren die Mark Brandenburg seit 1230 Der Deutsche Orden erobert nach Übertragung der Hoheitsrechte an Hermann von Salza ganz Preußen; Begründung des Deutschordensstaats um 1230 Tod des Walther von der Vogelweide; deutscher mittelalterlicher Lyriker, Verfasser von politischen „Sprüchen" und Minneliedern 1231 Gründung Thorns durch den Deutschen Orden 1231 Gründung der Deutschen Ordensburg Kulm/Culm 1231 Der Kanton Uri wird reichsunmittelbar 1232 Unter Magister Konrad von Marburg Höhepunkt der Ketzerverfolgung im Deutschen Reich 1233 Kulmer Handfeste regelt die rechtliche Stellung der Untertanen des Deutschordensstaates: Der Orden ist Eigentümer von Grund und Boden, die Bauern genießen persönliche Freiheit 1. Drittel 13. Jh. Dom zu Worms 1235 Kaiser Friedrich II. wirft den Aufstand seines Sohnes Heinrich in Deutschland nieder 1235 Verkündung des Mainzer Landfriedens, des ersten auch in deutscher Sprache veröffentlichten Reichsgesetzes, durch Friedrich II.	1230 Vereinigung des Königreichs León mit dem Königreich Kastilien 1231 Mit den Konstitutionen von Melfi begründet Kaiser Friedrich II. in Sizilien den ersten modernen Beamtenstaat 1231 Papst Gregor IX. setzt die Dominikaner als päpstliche Inquisitoren ein 1235 Begründung einer neuen maurischen Dynastie in Granada durch Achmed ibn Nassir; die Nasriden behaupten das arabische Restgebiet in Spanien bis 1492

1220

nach 1227 Nach dem Tode Tschingis-Khans das Mongolenreich unter seine Söhne geteilt; der Westen an Tschagatai; der Osten an Ögädäi, Großkhan 1229–1241
um 1228 Erstarkung des griechischen Reiches von Nicäa gegenüber dem Lateinischen Kaiserreich der Venezianer in Konstantinopel
1228/29 Durch den 5. Kreuzzug unter Friedrich II. wird Jerusalem auf kurze Zeit wiedergewonnen durch Vertrag mit dem ägyptischen Sultan (1229)

1230

1230–1253 Wenzel I. König von Böhmen; Sohn Ottokars I. von Böhmen und Schwiegersohn des deutschen Königs Philipp von Schwaben; Förderung der deutschen Kolonisation in Böhmen
1230 Sieg des Bulgarenzaren Iwan Asen II. über den Kaiser von Konstantinopel

seit 1231 Wiederholte Mongoleneinfälle in Korea

1234 Mongolen stürzen die Kin-Dynastie in Nordchina

	Römisch-deutsches Reich	Westeuropa/Italien
1230	1235 Fertigstellung des Doms in Limburg/Lahn seit 1236 Erneuter Kampf Friedrichs II. gegen den Papst und die lombardischen Städte 1237 Sieg Kaiser Friedrichs II. bei Cortenuovo über die lombardischen Städte 1237 Der Deutsche Orden erwirbt Livland 1237 Erste urkundliche Erwähnung Cöllns als Stadt 1237 Gründung Elbings durch lübische Kaufleute 1239 Erneuter Bann über Friedrich II.	1236 In Spanien fällt Cordoba an das Königreich Kastilien; der islamische Herrschaftsbereich in Spanien ist nur noch auf das Königreich Granada beschränkt 1238 Das Königreich Aragonien erweitert seinen Machtbereich um maurische Gebiete (Valencia)
1240	um 1240 Weihe des Bamberger Doms 1240 Der Kanton Schwyz wird reichsunmittelbar; kaiserlicher Freibrief von den habsburgischen Landvögten verworfen 1240 Erstmalige Erwähnung Frankfurts als Messestadt 1244 Erste urkundliche Erwähnung Berlins als Stadt 1245 Das Konzil von Lyon erklärt Kaiser Friedrich II. für abgesetzt 1245 Regensburg wird Reichsstadt um 1245 Fertigstellung der Liebfrauenkirche in Trier 1246 Nach dem Tod des letzten Babenbergers, Friedrichs des Streitbaren, werden Österreich und Steiermark als Reichslehen eingezogen 1246/47 Gegenkönige Heinrich Raspe und Wilhelm von Holland um 1248 Baubeginn des Chors im Kölner Dom	1241 Kathedrale in Reims vollendet 1243–1245 Konzil von Lyon; Absetzung Friedrichs II. und Unterstützung der Gegenkönige 1243–1254 Papst Innozenz IV.; Kämpfe gegen die Staufer 1248 Das Königreich Kastilien gewinnt Sevilla 1248–1254 Sechster Kreuzzug unter Führung Ludwigs IX. von Frankreich; Eroberung von Damiette/Nordägypten; auf dem Zug nach Kairo wird Ludwigs Heer geschlagen und der König gefangengenommen (1250); Freilassung gegen hohes Lösegeld
1250	1250 Tod Kaiser Friedrichs II.; mit ihm endet das universale Kaisertum; das Zeitalter der Nationalstaaten beginnt um 1250 Entstehung des „Deutschenspiegels“, der für Süddeutschland vorgenommenen Bearbeitung des „Sachsenspiegels“ um 1250 Ebstorfer Weltkarte (Mittelpunkt: Jerusalem) um 1250 Fertigstellung der Klosterkirche Maulbronn (Zisterzienser-Abtei)	1252–1284 Alfons X. König von Kastilien; läßt eine bedeutende Gesetzessammlung zusammentragen mit dem Ziel der Stärkung des Königtums; Förderer von Kultur und Wissenschaften; Kämpfe gegen die Mauren trotz der Einnahme von Cadiz erfolglos

Ost-, Südost- und Nordeuropa	Vord. Orient/Mittl. u. Ferner Osten	
1235–1270 Béla IV. König von Ungarn; Verheerung des Landes durch die Mongolen (1241); nach der Niederlage des Königs bei Mohi gegen die mongolische Übermacht Ausbau der Landesverteidigung (Burgenbau)	1236 Eingliederung ganz Nordindiens in das islamische Sultanat Delhi	**1230**
1240 Kiew von den Mongolen verbrannt; Ende der Dnjepr-Rus; Tatarenherrschaft bis 1480 (Herrschaft der „Goldenen Horde“) 1241 Die in Schlesien und Ungarn eingefallenen Mongolen vernichten bei Liegnitz ein deutsch-polnisches Ritterheer und besiegen die Ungarn in der Theißebene; der Tod des Groß-Khans Ögädäi rettet das Abendland vor den Mongolen, die sich zurückziehen 1242 Alexander Newskij schlägt das Heer des Deutschen Ordens auf dem Eise des Peipus-Sees	um 1240 „Goldene Horde“ von Kiptschak gegründet; Residenz Jarai an der unteren Wolga 1243 Die Rum-Seldschuken (Reich von Iconium) in Kleinasien kommen unter mongolische Herrschaft (bis 1302); aus einem der türkischen Kleinstaaten, die sich halten, geht das Osmanische Reich hervor 1244 Jerusalem von den Mohammedanern erobert 1245 Reise des Franziskaners Carpini im päpstlichen Auftrag zum tatarischen Groß-Khan; Carpini veröffentlicht nach seiner Rückkehr die Eindrücke dieser Reise	**1240**
seit 1250 Die Besetzung durch die Mongolen unterbricht für zwei Jahrhunderte die Kontakte Rußlands mit dem übrigen Europa 1253 Livländischer Ritterorden gründet Memel (anfangs Neu-Dortmund genannt) 1253–1278 König Ottokar II. von Böhmen; gründet mehr als 60 deutsche Städte (u. a. Königsberg); fördert Baukunst und Minnesang; schafft ein böhmisches Großreich von der Adria bis zum Erzgebirge	1252 In Kamakura (der damaligen Hauptstadt Japans) wird eine Kolossalstatue des Buddha errichtet seit 1253 Die Thai-Völker aus Südchina auf dem Vormarsch ins Gebiet des heutigen Thailand und Birma	**1250**

	Römisch-deutsches Reich	Westeuropa/Italien
1250	1250–1254 Konrad IV., Sohn Friedrichs II. (1237 zum deutschen König gewählt), zieht nach Sizilien, schlägt einen Aufstand nieder und stirbt bald nach der Einnahme Neapels 1254 Gründung des Rheinischen Städtebundes, durch den das Königtum Wilhelms von Holland gestärkt wird 1255 Erste Teilung Bayerns: Niederbayern an Heinrich I., Oberbayern und die Pfalz an Ludwig II.; gemeinsame Ausübung der Kurwürde 1255 Gründung Königsbergs durch den Deutschen Orden (nach Ottokar II. von Böhmen benannt) um 1255 Gründung Stuttgarts 1256–1273 Interregnum („die kaiserlose, die schreckliche Zeit"); Doppelwahl Alfons' X. von Kastilien und Richards von Cornwall als deutsche Könige; Übertragung des Rechts der Königswahl auf die Kurfürsten seit 1257 Zur Wahl des deutschen Königs berechtigte Kurfürsten: Erzbischöfe von Mainz, Trier und Köln, Pfalzgraf bei Rhein, Herzog von Sachsen, Markgraf von Brandenburg, König von Böhmen	1257 Alfons X. von Kastilien zum deutschen König gewählt; gelangt weder in Deutschland noch in Italien zur Herrschaft, wird nicht zum Kaiser gekrönt 1258–1265 „Aufstand der Barone" in England stärkt die Idee des Parlamentarismus; Reformideen Simon von Montforts 1259 Englische Besitzungen in Aquitanien von Ludwig IX. von Frankreich anerkannt; Heinrich III. gibt die Normandie, Anjou und Poitou auf (Vertrag von Paris)
1260	1264 Thurgau kommt als Grafschaft an das Haus Habsburg; 1460 wird es dann eidgenössische Vogtei 1266–1268 Bei Benevent unterliegt König Manfred, unehelicher Sohn Friedrichs II., im Kampf gegen Karl von Anjou; der vom Papst mit Neapel und Sizilien belehnte Karl besiegt Konradin, Sohn Konrads IV., und läßt ihn in Neapel hinrichten	1262 Alfons X. entreißt Cadiz den Mauren, bleibt aber gegen sie letztlich erfolglos 1265 In London kommt es zum Zusammentritt einer Ständeversammlung mit Vertretern des Adels, der Ritter und der Städte; Beginn der Entwicklung eines parlamentarischen Gremiums 1268 Königreich Neapel an das französische Haus Anjou; Karl von Anjou Erbe des Stauferbesitzes im Normannenreich; Hauptstadt Neapel
1270	1273 Wiederherstellung der habsburgischen Herrschaft über Uri, Schwyz und Unterwalden bis zur Gründung des „Ewigen Bundes" zwischen den 3 Kantonen	1270–1285 Philipp III. (der Kühne) König von Frankreich

Ost-, Südost- und Nordeuropa	Vord. Orient/Mittl. u. Ferner Osten	
1258 Fürst Daniel von Galizien-Wolynien muß die tatarische Oberhoheit nach erfolglosen Kämpfen anerkennen; polnische und ungarische Angriffe auf das Fürstentum	2. Hälfte des 13. Jh. Der Mon-Khmer-Staat in Kambodscha wird zwischen dem Thai-Reich (im Westen) und dem Tschampa-Reich (in Annam) vernichtet 1253 Gesandtschaft (in päpstlichem Auftrag) des Flamen Wilhelm von Rubruk an den Hof des Großkhans Mangu in Karakorum (bis 1255); aufschlußreicher Bericht über Zentralasien nach seiner Rückkehr 1255–1269 Reisen des Nicolo und Matteo Polo bis Peking 1257 In Ägypten erlangen die Mamluken (türkische Sklaven im Heeresdienst) nach Ermordung der Ajjubiden die Macht (bis 1517) 1258 Mongolen erobern Bagdad und den Irak; der Mongole Hulagu, Enkel Tschingis-Khans, gründet das Reich der Il-Khane (1255–1355) in Bagdad 1258 Beseitigung des Kalifats von Bagdad durch die Mongolen 1259–1294 Kublai Khan Herrscher der Mongolen; größte Ausdehnung des Mongolenreiches vom Pazifik bis zur Weichsel 1259–1282 Michael VIII., erst Kaiser von Nicäa, ab 1261 von Konstantinopel; Paläologen-Dynastie bis 1453	**1250**
1261/1262 Island und Grönland an Norwegen angeschlossen 1266–1275 König Waldemar von Schweden; erster König aus dem Geschlecht der Folkunger (anfangs unter der Regentschaft seines Vaters Birger)	1260 Die ägyptischen Mamluken setzen in Palästina mit einem Sieg über Hulagu einem weiteren Vordringen der Mongolen ein Ende 1261 Kaiser Michael VIII. (Paläologus) erobert von Nicäa aus mit Hilfe Genuas Konstantinopel und beendet das „Lateinische Kaiserreich“ 1261 Kairo Residenz der Abbassiden	**1260**
1275–1290 Magnus I. König von Schweden, nachdem er seinen Bruder Waldemar gestürzt hat; stärkt die Königsmacht und führt das Lehnswesen ein	1271–1292 Der Venezianer Marco Polo, Sohn des Nicolo Polo, Statthalter des Groß-Khans in der Provinz Kiangnan	**1270**

	Römisch-deutsches Reich	Westeuropa/Italien
1270	1273–1291 Rudolf I. von Habsburg deutscher König (auf Betreiben des zollernschen Burggrafen Friedrich von Nürnberg); Ende des Interregnums; Begründung der habsburgischen Hausmacht 1276 Gründung der Marienburg in Westpreußen als Komturschloß des Deutschritterordens um 1275 Entstehung des süddeutschen Rechtsbuches „Schwabenspiegel"; enthält bes. Augsburger Recht 1278 Sieg Rudolfs I. auf dem Marchfeld über König Ottokar II. von Böhmen aus dem Hause der Przemysliden; Österreich und Steiermark kommen an das Haus Habsburg	1270 Siebter Kreuzzug unter Ludwig IX. von Frankreich nach Tunesien; Abbruch des Unternehmens infolge einer schweren Seuche 1272–1307 Eduard I. König von England; beschränkt den Einfluß des Hochadels 1274 Tod des Thomas von Aquin, Philosoph der Scholastik; Hauptwerk: Summa contra gentiles (Auseinandersetzung mit dem nichtchristlichen Denken) 1279–1325 Diniz (Dionysius) der Gerechte, König von Portugal; Förderer von Kunst und Wissenschaft
1280	1280 Tod des Albertus Magnus; deutscher Theologe der Hochscholastik vor 1282 Das Epos „Meier Helmbrecht" des mittelhochdeutschen Dichters Werner der Gartenaere 1282 Lübeck, Riga und Wisby verbünden sich zur Sicherung des Ostseehandels 1288 Reichsunmittelbarkeit für Köln nach der Schlacht bei Worringen	1282 Von Palermo ausgehender Volksaufstand auf Sizilien, der zur Vertreibung der Franzosen führt („Sizilianische Vesper"); 1296 bzw. 1302 Sizilien an eine aragonische Sekundogenitur 1285–1314 Philipp IV. (der Schöne) König von Frankreich; erwirbt durch Heirat Navarra und die Champagne; Gegner des Papstes Bonifatius IV.; Einzug des Grundbesitzes der Templer; Beschneidung der Rechte des Hochadels
1290	1291 „Ewiger Bund" der drei Urkantone Uri, Schwyz und Unterwalden 1291 Das im 8. Jh. erstmals erwähnte und im 13. Jh. zur Stadt erhobene Luzern wird von Rudolf von Habsburg gekauft; schließt sich bereits 1332 dem Bund der drei Urkantone an und erreicht schon im 14. Jh. die territoriale Ausdehnung des heutigen Kantons 1292–1298 Adolf von Nassau; wird anstelle von Rudolfs Sohn Albrecht von den Kurfürsten, die einen schwachen König wünschen, zum deutschen König gewählt; 1298 abgesetzt um 1295 Gründung der „Städte-Hansa" durch Lübeck	1290 Ausweisung der Juden aus England 1294 Tod des Roger Bacon; englischer Philosoph und Franziskaner; wegen seiner umfassenden Kenntnisse „Doctor mirabilis" genannt; Kritiker der theologischen Methodik seiner Zeit 1294–1303 Bonifatius VIII. Papst

Ost-, Südost- und Nordeuropa	Vord. Orient/Mittl. u. Ferner Osten	
1278 Ottokar II. von Böhmen, von König Rudolf I. von Habsburg auf dem Marchfeld besiegt, fällt im Kampf 1278–1305 Wenzel II. König von Böhmen; 1300–1305 König von Polen, 1302–1305 König von Ungarn; seit 1290 deutscher Kurfürst, Schwiegersohn Rudolfs von Habsburg	1274 Angriff des Mongolenherrschers Kublai Khan auf Japan; mongolische Flotte durch Taifun zerstört 1279/80 Das gesamte chinesische Reich in Mongolenhand; Neugründung Pekings als Residenzstadt durch Kublai Khan; Kublai Khan verzichtet auf das übrige Reich (das ab 1294 in Teilstaaten zerfällt) und wird der Begründer der Yüan-Dynastie in China; Yüan-Dynastie bis 1368	**1270**
1287 Dritter Einfall der Mongolen in polnisches Gebiet; Anlage von Stadtmauern um polnische Städte; Krakau und Sandomierz werden verteidigt	1281 Auch ein zweiter Versuch der Mongolen, Japan zu erobern, scheitert; ein Taifun zerschlägt die Invasionsflotte 1287 Birma von den Mongolen erobert; Einfälle seit 1277 1288–1326 Osman I. Sultan der Türken; begründet das Osmanische Reich	**1280**
1295 Krönung des Herzogs von Groß-Polen (seit 1276) zum König Przemysl II.,; Ende des 100jährigen Interregnums; Widerstand gegen den Ordensstaat; 1296 ermordet	seit 1290 Khaldschi-Dynastie im Sultanat von Delhi (Nordindien); Verwaltungs- und Wirtschaftsreformen; Heeresreform; erfolgreiche Kämpfe gegen den Süden enden mit Unterwerfung Südindiens	**1290**

	Römisch-deutsches Reich	Westeuropa/Italien
1290	1298–1308 Albrecht I. von Österreich; besiegt die rheinischen Kurfürsten, die seine Absetzung betreiben; versucht vergeblich, Böhmen für Habsburg zu gewinnen; wird von seinem Neffen Johann Parricida ermordet	
1300	um 1303 Markgrafen von Brandenburg Inhaber der Herrschaft über die gesamte Mark 1308 Deutscher Orden erwirbt Pom(m)erellen mit Danzig 1308–1313 Wahl des Grafen Heinrich von Luxemburg zum deutschen König Heinrich VII. (1308); begründet die luxemburgische Hausmacht durch Gewinnung Böhmens und Mährens; sein Versuch, die deutsche Herrschaft in Italien wiederherzustellen und sich dadurch eine weitere Machtgrundlage zu schaffen, mißlingt 1309–1457 Die Marienburg in Westpreußen Residenz des Hochmeisters und der Zentralregierung des Ordens	1302 Sporenschlacht bei Kortrijk; Sieg flandrischer Städte über ein französisches Ritterheer 1302 Bulle „Unam sanctam" durch Papst Bonifatius VIII. erlassen; gegen Philipp IV. von Frankreich gerichtet; Vorrang der geistlichen Macht über die weltliche (Zweischwertertheorie) 1303 Gefangennahme des Papstes Bonifatius VIII. durch König Philipp IV. von Frankreich; Wahl eines Gegenpapstes 1306–1329 Robert I. Bruce König von Schottland; 1328 Anerkennung der schottischen Unabhängigkeit durch die Engländer 1307–1327 Eduard II. König von England 1308 Tod des Johannes Duns Scotus; schottischer Philosoph und Theologe; vertritt gegen Thomas von Aquin den Vorrang des Willens vor dem Intellekt (Voluntarismus) 1309–1376 „Babylonische Gefangenschaft der Kirche"; Papstsitz in Avignon; der Papst vom französischen Königtum abhängig
1310	1310 Heinrich VII. belehnt nach Absetzung Heinrichs von Kärnten seinen Sohn Johann, der die Tochter des ehemaligen Böhmenkönigs Wenzel II. heiratet, mit Böhmen 1310–1313 Heinrich VII. zieht nach Italien, wird in Mailand zum König der Lombarden und in Rom vom Papst zum Kaiser gekrönt 1314 Gegensätze zwischen Habsburgern und Luxemburgern führen zur Doppelwahl: Ludwig IV., der Bayer, und Friedrich von Österreich, Sohn Albrechts 1314–1347 Ludwig IV., der Bayer, aus dem Hause Wittelsbach deutscher König; kämpft gegen den als	1312–1350 Alfons XI. König von Kastilien 1314–1316 Ludwig X. (der Zänker) König von Frankreich 1316–1322 Philipp V. (der Lange) König von Frankreich

Ost-, Südost- und Nordeuropa	Vord. Orient/Mittl. u. Ferner Osten	
Ende 13. Jh. Zunehmender Einfluß der Fürstentümer Moskau und Twer; beide streben die Herrschaft im Großfürstentum Wladimir an	1295–1315 Sultan Alauddin Khaldschi; Großmachtstellung des Sultanats von Delhi, das ganz Indien beherrscht (Südindien tributpflichtig)	**1290**
1300 König Wenzel II. von Böhmen in Gnesen zum König von Polen gekrönt 1301 Nach Aussterben des ungarischen Herrscherhauses der Arpaden anarchische Zustände in Ungarn; wachsende Macht der Feudalherren 1308–1342 Karl I. Robert von Anjou König von Ungarn; setzt sich gegen den Feudaladel durch und bringt dem Land eine lange Friedensperiode	1301 Eroberung des kleinasiatischen Raums durch die Türken beginnt 1306 In Indochina breitet sich Vietnam in südlicher Richtung bis nach Danang Tourane aus 1309–1328 Regierungszeit des Djajanagra im indonesischen Königreich Majapahit; Borneo muß dem König Tribute zahlen	**1300**
1316–1341 Gedymin Großfürst von Litauen; Ausdehnung des Reiches über Kiew bis ans Schwarze Meer; Residenz seit 1320 Wilna; setzt dem Vorgehen der Deutschritter harten Widerstand entgegen		**1310**

	Römisch-deutsches Reich	Westeuropa/Italien
1310	Gegenkönig aufgestellten Friedrich (den Schönen) von Österreich; begründet eine Hausmacht durch Erwerb der Mark Brandenburg (1320), Tirols und des Hennegaus; seine Hausmachtpolitik führt zur Wahl Karls von Luxemburg zum Gegenkönig; Ludwig will mit Unterstützung der Städte den Kampf um sein Reich aufnehmen, stirbt aber 1347 1315 Sieg der drei Schweizer Urkantone über Leopold I. von Österreich, den Bruder Friedrichs des Schönen von Österreich, bei Morgarten; der zum König gewählte Herzog Ludwig von Oberbayern bestätigt den Schweizern ihre Reichsunmittelbarkeit	
1320	1322 Schlacht bei Mühldorf; Ludwig IV. besiegt den Gegenkönig Friedrich den Schönen von Habsburg 1323 Entsendung eines Generalvikars nach Italien durch Ludwig führt zum erneuten Kampf zwischen König und Papst 1323 Ludwig IV. belehnt seinen Sohn Ludwig V. mit Brandenburg 1324 Ludwig IV. wird gebannt 1325 Durch Verzichtleistung auf den Thron erhält Friedrich von Österreich die Freiheit zurück und wird als Mitregent eingesetzt 1327 oder 1328 Tod des deutschen Mystikers Meister Eckhart 1327–1330 Ludwig IV. zieht nach Rom, empfängt in Mailand die Langobardenkrone, wird in Rom von einem (gebannten) Bischof gesalbt und von den römischen Stadtsyndici zum Kaiser gekrönt (1328); spricht die Absetzung des Papstes Johann XXII. aus und läßt als Gegenpapst Nikolaus V. wählen	1321 Tod Dante Alighieris; italienischer Dichter; Schöpfer des Epos „Göttliche Komödie“ 1322–1328 Karl IV. (der Schöne) König von Frankreich (letzter Kapetinger) 1326 König Robert I. von Schottland beruft die Ständeversammlung und bereitet damit den Boden eines schottischen Parlamentarismus 1327–1377 Eduard III. König von England 1328 England muß Schottlands Unabhängigkeit anerkennen 1328–1350 Philipp VI. König von Frankreich (Haus Valois bis 1589)
1330	1332–1353 Schweizer Dreiländerbund durch Beitritt Luzerns (1332), Zürichs (1351), Glarus' und Zugs (1352) und Berns (1353) zum eidgenössischen „Ewigen Bund“ erweitert	1337 Tod Giottos; italienischer Maler, erster Meister der Frührenaissance; Hauptwerke: Fresken der Arenakapelle in Padua, um 1305, und Wandmalereien in Sta. Croce in Florenz (nach 1317)

1310

1320

1320–1333 Wladislaw I. (ein Piaste) König von Polen; Krakau polnische Hauptstadt
1325–1341 Iwan I. Danilowitsch (Kalita) Fürst von Moskau und Großfürst von Wladimir; legt den Grundstein für die Hegemonie Moskaus in Rußland; bereitet die Einigung des Landes vor durch Unterwerfung von Teilfürstentümern; für die Mongolen Tributeinnehmer
1326 Der russische Metropolitensitz wird nach Moskau verlegt; seit 1299 in Wladimir; vor 1299 in Kiew

1321 Der indische Gouverneur im Pandschab, Ghisjasuddin Tughlak, gewinnt das Sultanat von Delhi
1325 Mongolen werden durch ein Heer des Sultanats von Delhi zurückgeschlagen
1326 Orchan Sultan der Osmanen, Sohn Osmans I., erobert Bursa, die erste Hauptstadt des Osmanischen Reichs; Gründung der Janitscharen-Armee aus christlichen Sklaven

1330

1331–1346 König Stephan Dušan (Nemanjić); Zar der Serben und Griechen 1331–1355; Gewinn Makedoniens, Albaniens und Thessaliens; Loslösung der serbischen Kirche von Byzanz, serbisches

1331 Byzanz verliert Nicäa an die Türken
1338 Mit Takaudschi beginnt die Herrschaft der Aschikaga-Schogune in Japan (bis 1573); Residenz in Kyoto

	Römisch-deutsches Reich	Westeuropa/Italien
1330	1335 Kärnten fällt an die Habsburger 1337 Kaiser Ludwig IV. schließt ein Bündnis mit Eduard II. von England gegen Frankreich 1338 Kurverein zu Rhens(e); Erklärung der Kurfürsten, daß ein rechtmäßig gewählter deutscher König keiner päpstlichen Bestätigung bedarf; auf dem Reichstag in Frankfurt erklärt Kaiser Ludwig, daß mit der Königswahl ohne Krönung durch den Papst auch der Titel des Kaisers verliehen sei	1338 Beginn des „Hundertjährigen Kriegs" zwischen England und Frankreich (König Eduard III. von England nimmt den französischen Königstitel an; zeitweise beherrschen die Engländer ganz Frankreich; Friedensschluß 1475)
1340	1342 Heirat von Ludwigs IV. Sohn (Ludwig V.) mit Margarete Maultasch von Tirol und Kärnten 1346 Deutscher Orden erwirbt Estland 1346–1437 Luxemburgische Kaiser 1346 Auf Veranlassung des Papstes wählen die Kurfürsten in Rhens(e) den Sohn des luxemburgischen Königs von Böhmen als Karl IV. zum deutschen König 1347–1378 König Karl IV. erweitert seine Hausmacht durch Vereinigung Schlesiens und der Lausitz mit Böhmen und durch den Erwerb Brandenburgs; Böhmen wird Kernland der Hausmacht Karls, Prag von Karl ausgebaut (Hradschin, Dom) 1348–1352 Pestepidemie in Deutschland; Verfolgung der Juden als der vermeintlichen Urheber dieser Seuche 1348 Karl IV. gründet die erste deutsche Universität in Prag 1348 Albrecht II. von Mecklenburg wird reichsunmittelbarer Herzog 1349 Die bayerische Partei wählt den Grafen Günther von Schwarzburg zum Gegenkönig 1349 Zweite Teilung Bayerns um 1350–1500 Blütezeit der Hanse; auswärtige Kontore in Bergen, Brügge, London und Nowgorod; der unter Führung Lübecks als „Vorort" (Hauptstadt) stehende Städtebund bezeichnet sich 1358 erstmals als Bund „van der dudeschen hense"	1340 Sieg der englischen Handelsflotte über die französische in der Seeschlacht bei Sluys 1340 Abwehrsieg der Spanier am Salado über ein marokkanisches Heer 1346 Schlacht bei Crécy; nach dieser und der Schlacht bei Maupertuis 1356 weiteres Vordringen Englands in Frankreich 1347 Cola di Rienzo Volkstribun in Rom; will eine Republik nach altrömischem Vorbild errichten; durch päpstlichen Bann aus Rom ausgewiesen; 1354 bei einem Adelsaufstand getötet 1348–1350 Ein Drittel des englischen Volks von der Pest hinweggerafft

Ost-, Südost- und Nordeuropa	Vord. Orient/Mittl. u. Ferner Osten	
Patriarchat; Serbien stärkste Balkanmacht 1333–1370 Kasimir III. (der Große) König von Polen; erwirbt Galizien und einen Teil Wolyniens; Beginn einer polnischen Ostpolitik; Förderung des Städtewesens; Schutz der Juden; Gründung der Universität Krakau	um 1335–1410 Auflösung des Reiches der Il-Khane in Persien 1336 Gründung des unabhängigen Hindu-Reichs Vidschajanagar	**1330**
1340–1375 Waldemar IV. Atterdag König von Dänemark; Erneuerer der dänischen Königsgewalt; durch Überfall von Visby (1361) Krieg gegen die Hanse; Waldemar muß 1368 außer Landes fliehen 1342–1382 Ludwig (der Große) von Anjou-Neapel König von Ungarn; 1370 auch König von Polen 1343–1380 Haakon VI. Magnusson König von Norwegen 1343 Nach schweren Niederlagen gegen den Deutschen Orden verzichtet der König von Polen auf Ansprüche auf Pom(m)erellen und das Kulmer Land 1344 Prag wird Erzbistum 1346 Stephan Dušan, seit 1331 König von Serbien, nennt sich nach Eroberung Südmakedoniens und Albaniens Zar der Serben und Griechen	1347–1527 Im mittleren Indien (Dekkan) islamische Bahmani-Dynastie; Gegensatz zum Reich von Vidschajanagar	**1340**

	Römisch-deutsches Reich	Westeuropa/Italien
1350	1350 Wittelsbacher erkennen Karl IV. an und erhalten dafür Tirol und Brandenburg 1351–1382 Unter Hochmeister Winrich von Kniprode Machtstellung des Deutschen Ordens; planmäßige Kolonisation, Burgenbau, Städtegründungen 1354/55 Erster Italienzug Karls IV.; erhält in Mailand die Lombardenkrone und wird in Rom zum Kaiser gekrönt (1355) 1356 „Goldene Bulle" Karls IV., Regelung der Königswahl durch das Kurfürstenkolleg (Erzbischöfe von Mainz, Trier und Köln, König von Böhmen, Pfalzgraf bei Rhein, Herzog von Sachsen-Wittenberg, Markgraf von Brandenburg); verbindlich für das Deutsche Reich bis 1806	1350–1364 Johann II. (der Gute) König von Frankreich; löst durch Kriege und Verschwendung wirtschaftlichen Verfall des Landes aus; in der Schlacht von Maupertuis (1356) gefangen 1350–1369 König Peter I. von Kastilien; Zusammenstöße mit dem Adel
1360	1361 Tod des Johannes Tauler; Mystiker und Dominikanerprediger 1363 Tirol fällt an Österreich 1365 Gründung der Universität Wien 1366 Tod des deutschen Mystikers Heinrich Seuse 1368/69 Ergebnisloser zweiter Italienzug Karls IV.	1363 Johann II. von Frankreich belehnt Philipp den Kühnen mit Burgund; Begründung des neuburgundischen Herzogshauses 1364–1380 Karl V. (der Weise) König von Frankreich; verwaltet nach Gefangensetzung seines Vaters das Reich; Beseitigung der Kriegsschäden
1370	1373 Karl IV. erwirbt Brandenburg von dem Wittelsbacher Otto dem Faulen, dem letzten bayerischen Markgrafen von Brandenburg 1376 Wahl des ältesten Sohnes Karls IV., Wenzel, zum Kurfürsten 1376 Trotz des Verbots von Städtebünden durch die Goldene Bulle wird der „Schwäbische Städtebund" (nach Zusammenschluß mit dem „Rheinischen Städtebund" „Süddeutscher Städtebund") gegründet 1377–1389 Süddeutscher Städtekrieg; nach Sieg des Fürstenheeres über den Süddeutschen Städtebund durch den Landfrieden von Eger beigelegt; Ende der selbständigen Politik der Reichsstädte 1378 Vor seinem Tode teilt Karl IV. seine Länder unter seine drei Söhne auf; Böhmen und Schlesien an	1374 Tod des italienischen Dichters Petrarca 1377–1399 Richard II. König von England; bis 1389 regiert er mit einem Regentschaftsrat; seit 1397 Willkürherrschaft; 1399 von Heinrich von Lancaster gefangengenommen und abgesetzt (Zustimmung des Parlaments); wahrscheinlich ermordet 1378 Beginn des Großen Schismas (bis 1417)

Ost-, Südost- und Nordeuropa	Vord. Orient/Mittl. u. Ferner Osten	
	1350 Ayutthaya Hauptstadt des thailändischen Reiches um 1350 Die Küsten Koreas und des Chinesischen Reiches werden von japanischen Piraten geplündert	**1350**
	1359–1389 Murad I. türkischer Sultan	
1361 Eroberung der Hansestadt Visby durch die Dänen 1363–1389 Dmitrij Iwanowitsch Donskoj Großfürst von Moskau; setzt die Politik seines Vorgängers Iwan fort	1361 Murad I., türkischer Sultan, erobert Adrianopel 1368–1644 Ming-Dynastie in China; Vertreibung der Mongolen-Kaiser; Wiederherstellung der großen chinesischen Mauer	**1360**
1370 Erfolgreicher Krieg der Hanse gegen den Dänenkönig Waldemar IV. Atterdag; die Küste von Schonen Fischereigebiet der Hanse (Friede von Stralsund) 1370 Beginn der polnischen Ausdehnung nach Litauen	1370–1405 Timur Herrscher der Mongolen; Hauptstadt Samarkand; Timur Läng (Tamarlan) unterwirft Westturkestan, Iran und den osmanisch-türkischen Sultan Bajezid; Ausdehnung seines Reiches von Ost-Turkestan bis Südrußland; Pflege von Kunst und Wissenschaft am Hof Timurs; Verbesserung der Bodenerträge durch Bewässerungsanlagen	**1370**
	1377 Tod des arabischen Geographen Ibn Battuta; Forschungsreisen durch Vorderasien, China Nord- und Ostafrika und Indien	

	Römisch-deutsches Reich	Westeuropa/Italien
1370	Wenzel, Mark Brandenburg an Sigismund, Herzogtum Görlitz und Neumark an Johann; zwei Neffen, Jobst und Prokop, herrschen in Mähren 1378–1400 Unter Wenzel (dem Faulen), dem ältesten Sohn Karls IV., Zerrüttung des Reiches; wird wegen Unfähigkeit abgesetzt 1379 Teilung des Hauses Habsburg in eine Albertinische (österreichische) und eine Leopoldinische (steirische) Linie	
1380	1382 Triest kommt an die Habsburger 1383 Luxemburg fällt König Wenzel nach dem Tod seines Onkels zu 1386 Schweizer besiegen Leopold III. von Österreich bei Sempach 1386 Gründung der Universität Heidelberg 1388 Schweizer besiegen Österreicher in der Schlacht bei Näfels 1388 Im Süddeutschen Städtekrieg siegt das Fürstenheer unter dem Grafen Eberhard dem Greiner von Württemberg über die schwäbischen Städte 1389 Gründung der Universität Köln 1389 Habsburg erkennt die Unabhängigkeit der Schweizer Eidgenossenschaft an	1380–1422 Karl VI. (der Wahnsinnige) König von Frankreich; verheiratet seine Tochter mit Heinrich V. von England 1381 Bauernaufstand des Wat Tyler in England; Abschaffung der Leibeigenschaft erzwungen; Tyler vom Londoner Bürgermeister erstochen; königliche Versprechungen zurückgenommen 1381 Beendigung des „Hundertjährigen Kriegs“ zwischen Venedig und Genua; glanzvoller Aufstieg Venedigs als Beherrscherin des Orienthandels 1384 Herzogtum Burgund gewinnt die Freigrafschaft Burgund, Artois und Flandern durch Heirat 1384 Tod des englischen Reformators John Wiclif; Kritik an der kirchlichen Dogmatik, Lehre von der Praedestination 1385–1433 Johann I. König von Portugal; behauptet sein Land gegen Übergriffe Kastiliens 1389–1404 Bonifatius IX. Papst; Wiederherstellung der päpstlichen Herrschaft im Kirchenstaat
1390	1392 Gründung der Universität Erfurt 1392 Dritte Teilung Bayerns in die Herzogtümer Ingolstadt, Landshut, München/Straubing 1397–1793 Die ostfranzösische Grafschaft Mömpelgard/Montbéliard bei Württemberg 1398 Ausbau der Marienburg vollendet 1399 Tod des Dombaumeisters Peter Parler	1399–1413 Heinrich IV. aus dem Hause Lancaster König von England

1370

1380

Ost-, Südost- und Nordeuropa

1380–1387 Olaf IV. König von Norwegen und Dänemark; beide Länder von 1387 bis 1814 vereint

1380 Sieg des Moskauer Großfürsten Dmitrij Donskoj (1363 bis 1389) über die Tataren bei Kulikowo am Don erschüttert die Tatarenherrschaft in Rußland

1382 Sofia von den Türken erobert

1386 Polen wird durch Personalunion mit Litauen vereinigt (Großfürst Jagiello von Litauen mit der Tochter Ludwigs des Großen von Polen vermählt); Hauptfeind des Moskauer Großfürstentums

1386–1434 Jagiello nennt sich als König von Polen Wladislaw II. (Jagellonen in Polen bis 1572)

1387 Margarete von Dänemark wird Regentin in Norwegen und Dänemark

1387–1437 Sigismund, Sohn Karls IV., König von Ungarn

1389 Sieg der Türken über Bosnien, Makedonien und Serbien auf dem Amselfeld

Vord. Orient/Mittl. u. Ferner Osten

1382–1517 In Ägypten Herrschaft der Burdschi, der mongolisch-tscherkessischen Garde der Zitadelle von Kairo; die höchsten Mamlukenführer bilden den Staatsrat

1390 Tod des großen persischen Lyrikers Hafis

1390

Ost-, Südost- und Nordeuropa

1396 Bulgarien wird türkische Provinz (bis 1878)

1396 Sigismund von Ungarn unterliegt den Türken in der Schlacht von Nikopolis

1397 Kalmarer Union der drei nordischen Staaten unter Königin Margarete von Dänemark (Schweden bis 1523 in der Union)

Vord. Orient/Mittl. u. Ferner Osten

1392–1910 Yi-Dynastie in Korea; kulturelle Hochblüte im 15. Jh.

1393–1505 In Persien herrschen mongolische Sultane

1398 Timurs Heere erreichen auf ihren Kriegszügen durch Nordindien Delhi; Niedergang des Sultanats von Delhi

	Römisch-deutsches Reich	Westeuropa/Italien
1400	seit 1400 Zeitalter des Humanismus 1400–1410 Ruprecht von der Pfalz deutscher König; Fortdauer der inneren Wirren des Reiches; Entstehung der Territorialstaaten in Deutschland nach 1400 „Der Ackermann aus Böhmen" des Johannes von Saaz (Johannes von Tepl); früheste neuhochdeutsche Prosadichtung; nach Gehalt und Sprache eine der wesentlichsten Dichtungen des Spätmittelalters; beeinflußt von der ritterlichen Lyrik 1401 Hinrichtung der „Vitalienbrüder" und Seeräuber Klaus Störtebecker und Godeke Michels in Hamburg 1401/02 Mißglückter Romzug König Ruprechts 1402 Brandenburgische Neumark an den Ordensstaat 1403–1516 Eroberung des Tessin durch die Schweizer Eidgenossen 1405 Gegen König Ruprecht gerichteter Marbacher Bund zwischen Kurmainz, Straßburg, Baden, Württemberg und 17 schwäbischen Städten	1400 Tod des englischen Dichters Geoffrey Chaucer 1400–1408 Aufstände in England; von Heinrich IV. niedergeschlagen 1407–1435 Schwere Auseinandersetzungen zwischen den Häusern Burgund und Orléans in Frankreich 1408 Reformkonzil zu Pisa
1410	1410 Sieg der vereinigten Polen und Litauer über das von Hochmeister Ulrich von Jungingen geführte Heer des Deutschen Ordens in der Schlacht bei Tannenberg (polnisch: Grunwald); dem Orden gelingt die Rückeroberung der verlorengegangenen Gebiete; Heinrich von Plauen wird zum Hochmeister gewählt 1410–1413 Hochmeister des Deutschen Ordens Heinrich von Plauen; durch seine Steuermaßnahmen zur Bezahlung der Kriegsschulden von Rittern und Städten im Ordensland abgelehnt; 1413 vom Ordensmarschall Küchmeister für abgesetzt erklärt und gefangengenommen 1410 König Sigismund von Ungarn und Markgraf Jobst von Mähren werden zu deutschen Königen gewählt; Sigismund behauptet sich gegen Jobst und den abgesetzten Wenzel	1413–1422 Heinrich V. König von England; bekämpft den Aufstand der „Lollharden" 1415 Heinrich V. von England erneut im Krieg mit Frankreich; ein weiterer großer Teil Frankreichs und Paris von den Engländern erobert (Sieg von Azincourt); Heinrich heiratet die Tochter des Königs von Frankreich; hinterläßt bei seinem plötzlichen Tod chaotische Zustände 1415 Das Gibraltar gegenüberliegende Ceuta (Nordafrika) von den Portugiesen besetzt

Ost-, Südost- und Nordeuropa	Vord. Orient/Mittl. u. Ferner Osten	
	1401 Damaskus von den Mongolen erobert 1402 Sieg Timurs über den türkischen Sultan Bajezid I., bei Ankara 1403–1424 Yung lo, 3. Kaiser der Ming-Dynastie in China (persönlicher Name Tschengtsu); erfolgreiche Feldzüge gegen die Mongolen; Verlegung der Hauptstadt des Reiches von Nanking in das von ihm erbaute Peking zur Sicherung der Nordgrenze	**1400**
1409 Kuttenberger Dekret zur Ausschaltung des deutschen Einflusses an der Prager Universität; deutsche Professoren und Studenten verlassen das Land; Jan Hus Rektor der Prager Universität		
1410 Polen und Litauer besiegen in der Schlacht bei Tannenberg das Heer des Deutschen Ordens 1412 Über Hus, der gegen kirchliche Mißstände und Ablaßhandel predigt, wird das Interdikt verhängt; Hus verläßt Prag, geht nach Südböhmen 1415 Der tschechische Reformator Jan Hus in Konstanz als Ketzer verbrannt	1413–1421 Mehmed I. Sultan der Osmanen; Festigung des nach dem Sieg Timurs zerstörten Reiches 1414–1526 Delhi-Reich der Sayyid-Dynastie in Nordindien 1416 In Korea werden die bis dahin von Ddurdschen bewohnten Grenzgebiete ausgebaut und befestigt	**1410**
1419 Wenzel IV. (der Faule), 1400 als Kaiser abgesetzt, stirbt als König von Böhmen und Schlesien		

	Römisch-deutsches Reich	Westeuropa/Italien
1410	1410–1437 Sigismund, Markgraf von Brandenburg und König von Ungarn, deutscher König; seine Politik wird durch die Ostinteressen des Reiches bestimmt 1411 Im 1. Frieden von Thorn hält der Deutsche Orden seinen alten Besitzstand einschließlich der Neumark 1411–1447 Bau des Tanzhauses Gürzenich in Köln 1414–1418 Das von Sigismund nach Konstanz einberufene Konzil beseitigt das Schisma durch Wahl eines neuen Papstes; Versuch einer Kirchenreform mißlingt 1415 Sigismund überträgt dem Burggrafen von Nürnberg, Friedrich VI. von Hohenzollern, das Kurfürstentum Mark Brandenburg (Belehnung 1417); Friedrich nimmt den Kampf gegen das Raubrittertum in der Mark auf 1419 Gründung der Universität Rostock	1416–1458 Alfons V. (der Weise) König von Aragon 1419–1467 Philipp der Gute Herzog von Burgund; kämpft mit den Engländern gegen Frankreich (1420–1435); erwirbt den Hennegau, Holland, Seeland, Picardie und Brabant; Höhepunkt der burgundischen Macht; Philipp macht Burgund zum europäischen Kultur- und Wirtschaftszentrum
1420	1423 Sigismund belehnt den Markgrafen von Meißen mit dem Kurfürstentum Sachsen-Wittenberg 1426–1437 Johann der Alchimist Kurfürst von Brandenburg	1422–1461 Heinrich VI. König von England; im Tower ermordet 1422–1461 Karl VII. König von Frankreich 1429 Die Jungfrau von Orléans befreit Orléans; Königskrönung Karls VII. in Reims 1429 Beginn der Besiedlung der Azoren durch die Portugiesen
1430	1433 Kaiserkrönung Sigismunds in Rom 1434 „De concordantia catholica" des Nikolaus von Kues (Cusanus); Vorschläge für eine Kirchen- und Reichsreform 1435 Krieg des Deutschen Ordens gegen Polen und die Hussiten endet mit dem „Ewigen Frieden" zu Brest 1438–1806 Habsburger römisch-deutsche Kaiser (mit Ausnahme der Jahre 1742–1745), seit 1806 österreichische Kaiser 1438/39 Albrecht II. von Österreich, Schwiegersohn Sigismunds, deutscher König, zugleich König von Böhmen und Ungarn	1430 Gefangennahme der Jungfrau von Orléans durch die Burgunder; Auslieferung an England 1431 Johanna von Orléans wegen Hexerei und Ketzerei verurteilt, auf dem Scheiterhaufen verbrannt (1920 Heiligsprechung) 1431–1449 Auf dem Konzil zu Basel neuerlicher Versuch einer Kirchenreform; Zugeständnis des Laienkelches an die Hussiten 1438 Pragmatische Sanktion von Bourges; Stärkung der französischen Landeskirche gegenüber dem Papst (Gallikanismus)

Ost-, Südost- und Nordeuropa	Vord. Orient/Mittl. u. Ferner Osten	
	1410 Beseitigung des Dschelairiden-Reiches von Bagdad durch die „Horde vom Schwarzen Hammel“ 1414–1439 Der Venezianer Niccolò dei Conti bereist Indien und vielleicht Südchina; bemerkenswerteste Asienreise des 15. Jh.	**1410**
1419–1422 Erneuter Krieg Polens/Litauens gegen den Deutschen Orden endet mit dem Frieden von Melnosee; der Orden verliert Gebiete links der Weichsel und Schamaiten 1419–1433/36 Hussitenkriege, die sowohl reformatorische als auch nationaltschechische Ziele verfolgen, ausgelöst durch die Erstürmung des Prager Rathauses (Fenstersturz)		
1422 Der Hussitenfeldherr Žižka von Trocnow schlägt ein kaiserliches Heer bei Deutsch-Brod; weitere Niederlagen der gegen die Hussiten aufgebotenen Reichsheere 1426, 1427, 1431	1420 Bau des Himmelsaltars in Peking (Ming-Dynastie) 1421–1451 Murad II. Sultan der Osmanen; erfolgreiche Kriegszüge führen zu türkischer Vormachtstellung in Kleinasien 1422 Belagerung Konstantinopels durch die Türken	**1420**
1433 Spaltung der Hussitenbewegung in einen radikalen und einen gemäßigten Flügel 1434 Schlacht bei Lipany (Böhmen) zwischen gemäßigten und radikalen Hussiten führt zur Niederlage der Radikalen, deren Führer Prokop fällt 1435 Beendigung des Krieges zwischen Polen und dem Deutschen Orden („Ewiger Friede“ von Brest)	1430 Saloniki von den Türken erobert 1430 Östlich von Mukden bildet sich ein mongolischer Mandschu-Staat um 1430 Hans Schiltberger (aus Bayern) beschreibt seine Abenteuer als türkischer und dann mongolischer Kriegsgefangener (gedruckt 1473) 1438/39 Konzil von Ferrara–Florenz, bei dem Kaiser Johannes VIII. Palaiologos versucht, den Untergang des Byzantinischen Reiches durch eine Kirchenunion mit Rom aufzuhalten	**1430**

	Römisch-deutsches Reich	Westeuropa/Italien
1440	1440 Gründung eines gegen den Deutschen Orden gerichteten Adels- und Städtebundes 1440–1493 Friedrich III., Vetter Albrechts II., deutscher König; während seiner Regierungszeit innere Fehden im Deutschen Reich, erhebliche Verluste an Reichsgebiet **1440–1470 Friedrich II., Eisenzahn, Kurfürst von Brandenburg** 1442 Berlin und die Städte in der Mark Brandenburg büßen unter Kurfürst Friedrich II., dem Eisernen, ihre Selbständigkeit ein 1443–1450 Krieg der Schweizer Eidgenossen gegen Habsburg, Verlust fast aller habsburgischen Gebiete südlich des Rheins 1445 oder 1446 Erfindung der Buchdruckerkunst mit aus Metall gegossenen, beweglichen Lettern durch Johannes Gensfleisch zur Laden, genannt Gutenberg, in Mainz; 1. Typendruck: Mainzer Fragment vom Weltgericht um 1445–1500 Zeit der Wiegendrucke (Inkunabeln) 1447 „Berliner Unwille“, Aufstand der Bürgerschaft gegen den Kurfürsten zur Rückgewinnung ihrer Selbständigkeit	1444 König Alfons V. von Aragonien erobert das Königreich Neapel; Königreich Sizilien bereits seit 1282 bei Aragonien 1447–1455 Papst Nikolaus V.; unterwirft den Gegenpapst Felix V.; löst das Basler Konzil auf; Wiener Konkordat mit Kaiser Friedrich III. (1452 gekrönt); Förderer von Wissenschaft und Kunst (Fra Angelico); Restauration von Kirchen; Bibliotheksgründung
1450	seit 1450 Statt in lateinischer Sprache werden Briefe zunehmend im deutschen Kanzleistil abgefaßt 1452 Friedrich III. in Rom zum Kaiser gekrönt 1452–1455 Druck der 42zeiligen Bibel durch Gutenberg und Fust 1453 Kaiser Friedrich III. erhebt Österreich zum Erzherzogtum 1454 Preußen kommt durch das sogenannte „Inkorporationsprivileg“ unter die Krone Polens 1455 Die brandenburgische Neumark, 1402 vom Deutschen Ordensstaat erworben, fällt an die Mark Brandenburg zurück 1457 Kaiser Friedrich III. vergrößert seine Hausmacht durch Erbschaft von Ober- und Niederösterreich um 1457/58 Druck der 36zeiligen Bibel in Mainz	1453 Hundertjähriger Krieg zwischen England und Frankreich beendet; nach dem Friedensschluß behält England nur noch Calais auf dem französischen Festland und die normannischen Inseln 1455 Beginn der „Rosenkriege“ in England zwischen den Häusern Lancaster und York des englischen Königshauses Plantagenet um die Thronfolge; Folge feudaler Anarchie nach dem Hundertjährigen Krieg; enden mit der Thronbesteigung der Tudors

Ost-, Südost- und Nordeuropa	Vord. Orient/Mittl. u. Ferner Osten	
1440–1444 Die Kronen Polens und Ungarns unter Wladislaw III. (1434–1444) zur gemeinsamen Abwehr der Türkengefahr vereinigt 1447–1492 Der Jagiellone Kasimir, seit 1440 Großfürst von Litauen. König von Polen 1448 Johann Hunyadi verteidigt Belgrad gegen die Türken 1448–1481 Christian I. König von Dänemark, Norwegen und Schweden; herrscht ab 1460 auch über Schleswig-Holstein	1444 Murad II., türkischer Herrscher, schlägt die Ungarn bei Warna 1449–1453 Konstantin XI. (oder XII.) Dragases; fällt als letzter byzantinischer Kaiser im Kampf gegen die Osmanen, nachdem auch die Kirchenunion mit Rom keine Hilfe des Westens gebracht hatte	**1440**
1453 Nach dem Fall Konstantinopels wird der Moskauer Großfürst Schirmherr der orthodoxen Kirche; Moskau das „Dritte Rom“ seit 1453 Vertreibung griechischer Künstler und Wissenschaftler aus dem von den Türken eroberten Byzanz fördert die kulturelle Entwicklung Europas im Zeitalter des Humanismus; 15./16. Jh. Blütezeit von Kunst und Wissenschaft 1454 Kasimir IV. von Polen muß dem Adel Zugeständnisse machen 1456 Eroberung Athens durch die Türken 1457–1504 Stephan der Große, Fürst des Fürstentums Moldau; bedeutender Herrscher der vorosmanischen Zeit Rumäniens; Siege gegen die Türken (1475), Ungarn und Polen (nach 1497); Gewinn der Walachei (1461)	1451–1481 Mehmed II. (der Eroberer) türkischer Sultan; unter seiner Regierung Eroberung Konstantinopels; weitere große Eroberungen auf dem Balkan und auf der Krim 1452–1469 Das Timuriden-Reich im Iran erneut geeint	**1450**

	Römisch-deutsches Reich	Westeuropa/Italien
1450	seit 1458 Ausbreitung der Buchdruckerkunst im deutschen Sprachgebiet: Straßburg, Bamberg, Köln, Augsburg, Basel, Nürnberg, Speyer, Eßlingen, Ulm, Erfurt, Lübeck, Merseburg, Blaubeuren, Breslau, Rostock, Reutlingen, Würzburg, Magdeburg, Passau, Leipzig, Trier, Urach, München, Wien	1458 Portugiesen nehmen einen Teil Marokkos in Besitz; 1471 Eroberung Tangers
1460	1460 Schweizer Eidgenossen erobern den Thurgau 1461 Tod des Wiener Astronomen Georg von Peuerbach 1462 Mainz verliert die Reichsunmittelbarkeit 1466 Im 2. Thorner Frieden werden Pom(m)erellen, das Kulmerland, Elbing und Marienburg in Personalunion mit der Krone Polens vereinigt; die Bistümer Ermland und Kulm unter Oberhoheit Polens; der Hochmeister des Deutschen Ordens muß dem Polenkönig den Treueid leisten; damit scheidet das Ordensland aus dem Deutschen Reich aus; vom Reich nicht anerkannt 1466 Erster deutschsprachiger Bibeldruck durch Johannes Mentelin in Straßburg	1460 Entdeckung der Kapverdischen Inseln durch die Portugiesen 1461–1483 Eduard IV. aus dem Hause York König von England 1461–1483 Ludwig XI. König von Frankreich; Grundlegung der uneingeschränkten Monarchie 1467–1477 Karl der Kühne Herzog von Burgund 1469 Lorenzo il Magnifico (Medici) Herr von Florenz; Florenz Mittelpunkt von Kunst und Kultur im Zeitalter der Renaissance und des Humanismus 1469 Ferdinand V. (II.) von Aragonien vermählt sich mit der Thronerbin Isabella von Kastilien
1470	1471 Tod des Mystikers Thomas von Kempen (Thomas a Kempis) 1472 Gründung der Universität Ingolstadt durch Herzog Ludwig IX. von Bayern-Landshut 1473 Gründung der Universität Trier 1474 In Konstanz werden die Gegensätze zwischen Habsburgern und Eidgenossen durch die „Ewige Richtung", die den gegenseitigen Besitzstand anerkennt, beigelegt 1476 In den Schlachten bei Grandson und Murten wird das Heer Karls des Kühnen von den Schweizern geschlagen 1476 Tod des Astronomen und Mathematikers Regiomontanus (eigentlich Johannes Müller)	1470 Portugiesen gelangen bis zum Golf von Guinea 1471 Alfons V. von Portugal gewinnt Tanger 1476 Schlacht bei Grandson und Murten im Kampf zwischen Karl dem Kühnen von Burgund und den Schweizern 1477 Tod Karls des Kühnen von Burgund in der Schlacht vor Nancy gegen Lothringen und die Schweizer Eidgenossenschaft; Teile des burgundischen Erbes an Habsburg 1478 Beginn der Besetzung der Kanarischen Inseln durch die Spanier 1479 Ferdinand V. (II.) von Aragonien vereinigt die christlichen Königreiche der Pyrenäenhalbinsel (außer Portugal) und nennt sich

Ost-, Südost- und Nordeuropa	Vord. Orient/Mittl. u. Ferner Osten	
1458–1471 Georg Podiebrad. (Hussit) König von Böhmen 1458–1490 Matthias I. Corvinus, König von Ungarn; erzwingt die Abtretung Mährens, Schlesiens und der Lausitz; kulturelle Blüte 1459 Ganz Serbien (ohne Belgrad) von den Türken erobert	1453 Eroberung Konstantinopels durch die Türken; Ende des Byzantinischen Reiches 1456 Athen fällt in türkische Hand	**1450**
1460 Schleswig-Holstein wird nach dem Aussterben der Grafen von Schauenburg mit Dänemark durch Personalunion vereinigt (bis 1863); Abschluß des Vertrages von Ripen: „. . . dat se bliven tosamende ungedeelt“ 1462–1505 Iwan III. (der Große) Großfürst von Moskau; vollendet die Einigung des Russischen Reiches; beendet die Mongolenherrschaft 1463 Bosnien Teil des Türkischen Reiches 1466 Kasimir IV. von Polen siegt über den Deutschen Orden; 2. Thorner Friede; Westpreußen und die Lehnshoheit über das Ordensland Preußen an Polen	1461 Eroberung des Kaiserreichs Trapezunt durch die Türken (Trapezunt 1204 gegründet) 1463–1479 Krieg des Sultans Mehmed II. mit Venedig 1467 Kämpfe zwischen den Territorialfürsten in Japan um das Schogunat; Macht der Schogune geschwächt 1469 Das Timuriden-Reich im Iran durch die „Horde vom Weißen Hammel“ zerstört	**1460**
1478 Großfürst Iwan III. von Moskau erobert Nowgorod; die Selbständigkeit der großen Handelsrepublik wird gebrochen 1479 Albanien türkischer Vasallenstaat		**1470**

	Römisch-deutsches Reich	Westeuropa/Italien
1470	1477 Vermählung Erzherzog Maximilians mit Maria von Burgund; Maximilian gewinnt die Freigrafschaft Burgund und die Niederlande für Habsburg	ab 1479 König Ferdinand II. von Spanien († 1516), seine Gemahlin Isabella 1504 †
1480	1481 Solothurn und Freiburg Mitglieder der Schweizer Eidgenossenschaft bis 1481 Baierische Chronik des Ulrich Füetrer 1482 Erzherzog Maximilian stellt erste Landsknechtseinheiten auf 1486 Erzherzog Maximilian, Sohn Friedrichs III., zum deutschen König gewählt 1486 Der „Hexenhammer“ der Inquisitoren Heinrich Institoris und Jakob Sprenger; Grundlage für Hexenprozesse 1488 Der Adel und die Städte Schwabens schließen sich zum Schwäbischen Bund zusammen (bis 1533)	1483–1485 Richard III. König von England 1483–1498 Karl VIII. König von Frankreich um 1484 Die Portugiesen (Diego Caõ) entdecken die Kongomündung; nehmen Beziehungen zum Kongoreich auf 1485–1509 Heinrich VII. aus dem Hause Tudor König von England; Stärkung der Zentralgewalt; Haus Tudor regiert bis 1603 1486/87 Bartholomeo Diaz erreicht das Kap der Guten Hoffnung
1490	1491 Im Frieden von Preßburg sichert König Wladislaw IV. von Böhmen und Ungarn dem Hause Habsburg die Erbfolge zu 1491 Tod des Kupferstechers und Malers Martin Schongauer 1492 Erster Erdglobus von Martin Behaim in Nürnberg 1493–1519 Kaiser Maximilian I., Sohn Kaiser Friedrichs III., der „letzte Ritter“, erweitert durch Ehe- und Erbverträge die habsburgische Hausmacht und schafft die Voraussetzungen für das habsburgische Weltreich 1494 Zeitsatire „Das Narrenschiff“ des Sebastian Brant 1495 Versuch einer Reichsreform durch den Reichstag zu Worms; Beschluß über einen ewigen Landfrieden; Schaffung des Reichskammergerichts; Einführung einer Reichssteuer 1498 Gründung des „Reichshofrates“ durch Maximilian I. 1499 Schwabenkrieg und Loslösung der Schweiz vom Deutschen Reich (erst 1648 im Westfälischen Frieden bestätigt)	1492 Vertreibung der Juden und Mauren aus Spanien; 1497 aus Portugal 1492 Erste Seereise des Kolumbus auf dem westlichen Seeweg; Kuba, die Bahamas und Haiti entdeckt 1492 Einnahme Granadas durch Ferdinand V. (II.) von Spanien; Ende der Reconquista 1492–1503 Alexander VI. Papst; durch Simonie gewählt; weltlich eingestellter Renaissancefürst; führt ein ausschweifendes Leben; Vater der Lucrezia Borgia 1493 Zweite Seereise des Kolumbus; die kleinen Antillen, Porto Rico und Jamaika entdeckt 1498 Dritte Seereise des Kolumbus; entdeckt Trinidad und erreicht die Orinoco-Mündung 1498–1515 Ludwig XII. König von Frankreich 1499 Amerigo Vespucci (Italiener) entdeckt den Amazonasstrom

Ost-, Südost- und Nordeuropa	Vord. Orient/Mittl. u. Ferner Osten	
1477 Gründung der ersten Universität Skandinaviens in Uppsala	1478 Im Iran nach Uzun Hasans Tod Bürgerkriege; das Geschlecht der Safawiden kommt hoch; es begründet ab 1500 den iranischen Nationalstaat	**1470**
1480 Iwan III. stellt die Tributzahlung an den Tataren-Khan ein und wird „Selbstherrscher aller Reußen“ 1483 Erstes Eindringen der Russen in Sibirien 1487 Bau der Kremlmauer in Moskau durch italienische Baumeister	seit etwa 1480 „Zeitalter der streitenden Reiche“ in Japan (bis Ende 16. Jh.); Aufstieg des Bürgertums in den Städten; Lehnsverband erblicher Territorialfürsten (Daimyo) mit ihren Vasallen; kultureller Wetteifer der Hofhaltungen	**1480**
1490 Der Jagiellone Wladislaw V. (König von Böhmen seit 1471) wird König von Ungarn († 1516); durch Heirat seiner beiden Kinder mit Habsburgern erlangen diese Erbansprüche auf Böhmen und Ungarn 1492 Moskau in lang andauernde Kämpfe gegen Litauen verwickelt 1494 Iwan III. schließt den Nowgoroder Peterhof der Deutschen Hanse seit 1496 Adelsherrschaft beginnt sich in Polen durchzusetzen		**1490**
	1498 Vasco da Gama (Portugiese) entdeckt den Seeweg nach Ostindien (um das Kap der Guten Hoffnung); landet in Calicut	

Frühe Hochkulturen und Staatenbildungen in Afrika und Amerika bis zum Zeitalter der Entdeckungen

	Mittelamerika	Südamerika	Afrika
um Chr. Geb.	200 v. Chr.–200 n. Chr. „Archaische Kulturen" in Mexiko mit Ackerbau (Mais), Töpferei und Weberei; ältester Pyramidenbau (Cuicuilco) bei Mexiko-Stadt 200–800 Entstehung der Kultur von Teotihuacan bei Mexiko-Stadt; Sonnen- und Mondpyramide und der kultische Gebäudekomplex („Ciudadela") mit einem Quetzalcoatl-Tempel 328–889 In diese Zeit lassen sich die Monumente des „Alten Reiches" der Maya datieren; in den Gebieten von Guatemala, Tabasco und Yucatan, ferner am Golf von Mexiko; Herausbildung von „Dynastien" in den einzelnen Stadt- und Landgemeinden 445 Gründung der Maya-Städte Tikal und Copan; 608 Piedras Negras, 633 Palenque	Seit Chr. Geb. Entwicklung einer ersten peruanischen Hochkultur; Fundstätte Chavin am oberen Marañon; Bauten, Steinplastiken, Keramik	300–1076 Ghana-Reich (zwischen Oberlauf des Senegal und des Niger), gegründet von den Ful; besteht bis zur Islamisierung durch die Almoraviden (Berber) 4. Jh. Einführung des Christentums in Abessinien (oder Reich Axum oder Habesch oder Äthiopien); das Christentum behauptet sich in schweren Kämpfen mit dem Islam bis 6. Jh. Vorherrschaft Abessiniens über das südliche Rote Meer und über Südwest-Arabien
500	um 800 Einbruch der ersten Naua-Völker (Tolteken) aus dem Norden nach Mexiko; künstlerisch begabt, übernehmen sie das Kulturerbe von Teotihuacan; lange Vernichtungskämpfe gegen die einheimische Bevölkerung	500–1200 Hochkultur von Tiahuanaco am Südende des Titicaca-Sees; monolithisches Sonnentor von Tiahuanaco; Träger der Chavin- wie der Tiahuanaco-Kultur vermutlich die Aimará-Stämme	690–1591 Songhai-Reich (im Raum um Timbuktu); schließlich vom Sultan von Marokko erobert 8.–12. Jh. Reich Kanem (nördlich des Tschad-Sees), gegründet von den Saif; von dort vertrieben, gründen sie im 15. Jh. das

Mittelamerika	Südamerika	Afrika	
9./10. Jh. Zerfall des „Alten Reiches“ der Maya aus unbekannten Gründen; Abwanderung der Bevölkerung nach Yucatan um 950 Gründung der Tolteken-Hauptstadt Tollan (im heutigen Tula); Tolteken den von Norden nachstoßenden Azteken kriegerisch unterlegen	seit 500 Entstehung kleinerer Kulturzentren: Recuay im oberen Santa-Tal, Nazca und Ica an der südlichen Küste (Keramik), Kultur der Chimú an der nördlichen Küste Perus bei Trujillo (Porträtvasen)	Reich Bornu östlich des Tschad; weitverzweigter Handel bis Tripolis und Ägypten; 1900 kommt Bornu an England 9. Jh. bis zur Kolonialzeit Hausa-Staaten (östlich des mittleren Nigerlaufs): Kano, Daura, Rano, Zaria, Gobir, Katsina, Biram, ferner Kebbi, Nupe, Guari	**500**
1000–1451 Das „Neue Reich“, die zweite Blütezeit der Maya-Kultur, auf der Halbinsel Yucatan 1004 Die Maya-Städte Uxmal, Chichen-Itza und Mayapan gründen einen Dreistädtebund („Liga von Mayapan“) um 1120 Tollan von den Azteken erobert und zerstört; Tolteken in Mittelamerika verstreut; ein großer Teil geht in Yucatan im „Neuen Reich“ der Maya auf um 1150 Die Azteken werden seßhaft, übernehmen den Ackerbau und die höheren Formen des Kulturlebens 1201 Mayapan bricht das Dreistädtebündnis und unterwirft Chichen-Itza als Siedlungsraum für die nach dem Fall Tollans nach Yucatan geflüchteten Tolteken nach 1200 Die staatenbildende Kraft der Azteken führt zur Entstehung von (rivalisierenden) Stadtgemeinden	um 1000 Tiahuanaco-Kultur in Peru dehnt sich vom Andenhochland bis zur Küste aus; Kultur von Pachacamac bei Lima um 1200 Chimú-Reich um die Hauptstadt Chanchan (Peru) konsolidiert sich; Vereinigung der nördlichen Küstenstämme; kulturelle Verbindung mit Nazca im Süden um 1200 Beginn der Inkazeit; Träger des Inka-Reiches sind die Stämme der Quechua im Andenhochland; der Name des Reiches lautet „Tahuantinsuyu“ um 1250 Gründung der Inka-Hauptstadt Cuzco durch den Inka-Häuptling Manco Kapach	11.–19. Jh. Das Reich von Melle (Mali) am oberen Niger; auch in Europa bekannt wurde der Mekkazug Gongo Musas (1307) mit Entfaltung märchenhaften Reichtums; im 19. Jh. unter französischer Herrschaft 12.–16. Jh. Mossi-Reich (am oberen Weißen Volta); politisch durchorganisiertes Reich unter einem Kaiser (Mosho-Naba) 1336–16. Jh. Yatenga-Reich, Tochterreich der Mossi 13.–19. Jh. Nupe-Reich (am Unterlauf des Niger); 1806 von den Ful erobert; fiel 1901 an England 13.–18. Jh. Ausbreitung der Ful von ihrer Heimat Toro am Senegal über den ganzen Sudan; maßgeblich beteiligt an den Staatengründungen von Ghana, Melle u. a.; eigene (mohammedanische) Reichsbildung im 19. Jh.; dann englisch	**1000**

	Mittelamerika	Südamerika	Afrika
1000	um 1250 In der Maya-Kunst der Halbinsel Yucatan verstärkt sich der mexikanische (toltekische) Einfluß; Tolteken-Maya-Mischkultur; Verehrung der Federschlange Quetzalcoatl mit Menschenopfern um 1330 Gründung der Azteken-Hauptstadt Tenochtitlan inmitten des Tals von Mexiko; Beginn der Unterwerfung der meisten anderen Stämme und Städte in Mittelamerika um 1430 Vergrößerung des Azteken-Reiches in Mexiko durch König Itzcoatl um 1450 Dreistädtebund Tenochtitlan-Tetzcoco-Tlacopan; autokratisches Wahlkönigtum; Verehrung des Stammgotts Huitzilipochtli 1451 Aufstand der unterdrückten Maya unter der Führung von Uxmal; Zerstörung von Mayapan und Vertreibung der Mexikaner; es folgen lange Bürgerkriege, die Maya-Kultur erlischt 1480–1515 Durch Epidemien dezimiert, verlassen die Maya Yucatan; Rückkehr in ihre alten Wohnsitze	1438–1531 Hochblüte des Inka-Reiches; Priesterstaat, Sonnenkult, der König als Personifikation des Sonnengottes; Beamtenhierarchie kontrolliert das Gemeinwesen; planmäßiger Ausbau der Verkehrswege; Großarchitektur (Tempel- und Festungsbau); Gold, Silber und Bronze in zunehmendem Maße verarbeitet 1438 Pachacuti der erste bedeutende Inka-Herrscher; großer Heerführer und Organisator 1470–1495 Tupach Yupanqui, Sohn Pachacutis, Inka-Herrscher; vergrößert das Reich nach Osten und Norden 1470 Das Chimú-Reich in Nordperu von den Inkas erobert und zerschlagen 1495–1525 Unter Huaina Capach erreicht der Inka-Staat seine größte Ausdehnung (4000 km in der Länge) und Kulturentwicklung	1300–1897 Reich Yoruba-Benin (Westafrika, Niger-Mündungsgebiet); stark beeinflußt von sudanischen und ältesten Mittelmeerkultur-Elementen; Königs- und Hauptstadt Benin einst von riesigen Ausmaßen; hochentwickelte Bronzekunst; 1477 von den Portugiesen entdeckt, Handelsvertrag; 1897 von den Engländern erobert 15.–19. Jh. Reich der Anyi-Aschanti, des stärksten Volkes im Inneren der Elfenbeinküste; entwickelter Geldhandel, von Ghana und Melle übernommen; Höhepunkt um 1700 als „Reich des goldenen Stuhles“ 15. Jh.–1874 Reiche Wadai und Darfor (östlicher Sudan), gegründet von den Tundjer; Wadai Anfang des 17. Jh., Darfor 1874 an Ägypten; dann englisch
1500	um 1500 Die Azteken vor der Vollendung eines Reiches „Großmexiko“ in ganz Mittelamerika 1519 (22. 4.) Cortés landet bei Veracruz;	um 1500 Bau der Inka-Festung Machu Picchu mit Sonnentempel	16. Jh.–1897 Reich Bagirmi (südöstlich des Tschad); negroide, arabische und fulische Bevölkerung; 1897 französisches Kolonialgebiet

Mittelamerika	Südamerika	Afrika	
Marsch nach Tenochtitlan; dort regiert „Kaiser“ Motecuzoma (Montezuma) 1519 (8. 11.) Cortés zieht kampflos in Tenochtitlan ein (etwa 75000 Einwohner); Zahl der Spanier etwa 450 1520 (1./2. 7.) Aufstand der Azteken nach Motecuzomas Tod (30. 6.); die Spanier aus der Stadt vertrieben („Noche triste“); Cortés und ein Teil der Spanier können sich retten 1521 (13. 8.) Cortés zieht nach schweren Kämpfen zum zweitenmal in Tenochtitlan ein; der letzte Herrscher, Guatemozin, gefangen und getötet; Untergang des Azteken-Reiches 1524 Die Spanier (Pedro de Alvarado) unterwerfen das Hauptgebiet der Maya in Guatemala 1527–1541 Eroberung Yucatans durch die Spanier 1545 Mexiko (das ehemalige Tenochtitlan) erhält von Kaiser Karl V. Stadtrecht 1697 Die Zuflucht der letzten Maya-Dynastie, die Inselstadt Tayasal auf Yucatan, fällt in spanische Hand	1513 Huaina Capach erobert das Quito-Land (heutiges Ecuador) 1525–1532 Blutige Rivalenkämpfe zwischen den Söhnen Huaina Capachs, Huascar und Atahualpa; die spanischen Eroberer finden ein vom Bürgerkrieg zerrissenes Land vor 1532 Francisco Pizarro bringt durch List Atahualpa in seine Gewalt; Atahualpa später getötet 1533 Die Hauptstadt Cuzco von den Spaniern erobert 1533 Der letzte Inka-Prinz, Manco, flieht in eine entlegene Provinz; er und seine Söhne halten sich dort noch bis 1572 (dann vernichtet)	16. Jh.–Anfang 20. Jh. Königreich Bamum in Kamerun; hohe künstlerische Begabung der Bevölkerung, besonders in der Holzschnitzerei (Masken, Grab- und Ahnenfiguren); letzter bedeutender König Njoya (um 1900) 17. Jh.–1894 Reich von Dahome; erste Blütezeit 1708–1732; despotisches Militärkönigtum (noch Ende des 19. Jh. ein Amazonenkorps in Stärke von 6000 Frauen) bis 19. Jh. Südlich des Sudans in Zentral- und Südafrika bleiben die Völker in einem prähistorischen Stadium; Chronologie noch völlig unsicher; sicher ist jedoch die Ausbildung größerer Völkerorganisationen in König- und Kaiserreichen wie z. B.: Monomotapa in Süd-Rhodesien, Kongo und Loango am unteren Kongo, Lunda, Luba, Kuba u. a. im inneren Kongogebiet, Rotse-Reich im oberen Sambesibecken, Ruanda-Urundi und Uganda mit zahlreichen Staaten (Urundi, Usindja, Ruanda, Karagwe, Kiziba, Unyoro u. a.), davon dann an erster Stelle das Kitara-Buganda-Reich, in Südafrika seit Beginn des 19. Jh. die Stämme der Zulu und Sotho (Basutho-Land)	**1500**

	Deutschland/Österreich	Westeuropa/Italien
1500	1500 Errichtung eines Reichsregiments auf dem Reichstag zu Augsburg (1502 aufgelöst, 1521 erneuert) 1500 Erste ständige Postverbindung zwischen Wien und Brüssel 1501 Handschriften der Hrotsvith von Gandersheim in Nürnberg aufgefunden 1502 Fertigstellung der Danziger Marienkirche 1502 Bauernaufstand in Speyer (unter Josz Fritz) 1504 Götz von Berlichingen verliert die rechte Hand bei der Belagerung Landshuts; seitdem „Ritter mit der eisernen Hand"	seit 1500 Die Borgias und ihre Nachfolger schaffen modernen Kirchenstaat mit päpstlicher Finanzverwaltung 1. Hälfte 16. Jh. Blütezeit Portugals unter Emanuel I. dem Großen (1495–1521) und Johann III. (1521–1557); Handelsmacht; Stützpunkte in Ostindien, China, Südafrika und Brasilien; Lissabon führender Handelshafen Europas; Portugiesen zeitweilig im Besitz des europäischen Gewürzmonopols seit 1501 Päpstliche Bulle verlangt vor Drucklegung eines Buches die päpstliche Druckerlaubnis („Imprimatur") 1503–1513 Papst Julius II.; neben vielen anderen Künstlern fördert er Michelangelo 1504 Frankreich verliert Neapel an Spanien
1505	1506 Unter Herzog Albrecht IV. wird Altbayern wieder in einer Hand vereinigt; München Landeshauptstadt 1506 Gründung der Universität Frankfurt/Oder	1505 In Lissabon Gründung einer Faktorei der Welser 1505 Der englische König privilegiert die „Merchant adventurers"

des europäischen Kolonialismus

Mittel- und Nordeuropa	Ost- u. Südosteuropa	Asien, Amerika, Afrika	
1500 Schlacht bei Hemmingstedt; die Heere der Bauernrepublik Dithmarschen bringen Dänen und Holsteinern eine Niederlage bei 1501 Basel und Schaffhausen schließen sich der Schweizer Eidgenossenschaft an	um 1500 Rußland ein Einheitsstaat unter Zar Iwan III.	1500 Cabral (Portugiese) entdeckt Brasilien 1500 Kolumbus fällt während seiner 3. Reise (Entdeckung der Orinocomündung) in Ungnade und wird verhaftet; nach der Rückkehr rehabilitiert um 1500 Amerigo Vespucci bereist den neuen Kontinent; seit etwa 1507 wird dieser nach ihm Amerika genannt 1502 Auflösung der „Goldenen Horde“ der Mongolen 1502 Vierte Reise des Kolumbus; er erreicht das mittelamerikanische Festland (Honduras), betritt es jedoch nicht 1502 Schah Ismail I. (†1524) eint den Iran im Zeichen des schiitischen Islams; er begründet die Safawiden-Dynastie (bis 1736 auf dem Thron) und das Neupersische Reich 1502/03 Vasco da Gama unternimmt eine 2. Fahrt nach Indien; gründet unterwegs mehrere Kolonien in Ostafrika 1503 Sansibar (Ostküste Afrikas) portugiesisch	**1500**
	1505–1533 Wassilij, Sohn Iwans III., Zar von Rußland	1505 Francisco d'Almeida wird Vizekönig der portugiesischen Besitzungen in Indien	**1505**

	Deutschland/Österreich	Westeuropa/Italien
1505	1507 „Bambergische Halsgerichtsordnung“ verlangt zur Bestrafung des Angeklagten ein Geständnis und fördert dadurch die Anwendung der Folter 1508 Maximilian I. nimmt in Trient als erster deutscher König den Titel „Erwählter römischer Kaiser“ an 1508 Tod des Humanisten und Dichters Konrad Celtis 1509 Tod des Bildschnitzers und Malers Bernt Notke; Tod des Bildhauers Adam Kraf(f)t 1509 Deutsches Laien-Rechtsbuch „Laienspiegel“ des Ulrich Tengler	1506 Bau der Peterskirche in Rom durch Bramante begonnen 1509–1547 Heinrich VIII. König von England 1509 Die Spanier (Ferdinand der Katholische) nehmen Oran (1510 auch Algier) in Besitz
1510	um 1510 Herstellung der ersten Taschenuhren durch Peter Henlein 1510 Hamburg wird Reichsstadt 1512 Beschluß des Reichstags zu Köln, daß die oberste Reichsgewalt dem Reichstag zusteht; Einteilung des Reiches in 10 Landfriedenskreise 1512 Schaffung der ältesten deutschen Medizinalordnung in Augsburg 1514 Zur Abdeckung seiner für den Erwerb seines Erzbistums gemachten Schulden erkauft sich Erzbischof Albrecht von Mainz das Recht zu einem zehnjährigen Ablaß seit 1514 Ablaßhandel in den Händen der Fugger	1511 „Heilige Liga“ des Papstes (Julius' II.) mit Venedig gegen Frankreich 1512 Papst Julius II. gewinnt Parma und Piacenza für den Kirchenstaat 1512–1517 Fünftes Laterankonzil; geplante Kirchenreform scheitert 1513–1521 Papst Leo X.; große Ablaßaktion für den Bau der Peterskirche 1513 Macchiavelli schreibt „Il principe“ („Der Fürst“); Anfänge einer Theorie der Politik, häufig gedeutet als Anleitung zu skrupellosem Machtgebrauch
1515	1516 Erasmus von Rotterdam gibt die griechische Urfassung des Neuen Testaments mit lateinischer Übersetzung heraus **1516 Erlaß des Reinheitsgebots für Bier durch Wilhelm IV. von Bayern** 1517 Beginn der Reformation in Deutschland durch Martin Luther: Anschlag der 95 Thesen „über die Kraft des Ablasses“ an die Schloßkirche zu Wittenberg (31. 10. 1517)	1515–1547 Franz I. König von Frankreich; sein außenpolitisches Ziel: Rückeroberung Italiens; 1515 Lombardei mit Mailand französisch

Mittel- und Nordeuropa	Ost- u. Südosteuropa	Asien, Amerika, Afrika	
	seit 1505 Der vom Adel beherrschte Reichstag (Sejm) in Polen muß allen Gesetzen zustimmen, die der König erläßt 1506–1548 Sigismund I. König von Polen	1506 Gründung weiterer portugiesischer Niederlassungen an der Ostküste Afrikas 1506–1515 In Indien werden portugiesische Stützpunkte gegründet: Goa, Diu, Bombay 1508–1650 Maskat Handelsstützpunkt der Portugiesen in Arabien 1508 Entdeckung der Gebiete um die La-Plata-Mündung (Juan Diaz de Solis)	**1505**
1513 Appenzell wird als gleichberechtigter Kanton in die Schweizer Eidgenossenschaft aufgenommen 1513–1523 Christian II. König von Dänemark; vergeblicher Versuch, die Union mit Schweden wiederherzustellen; von Gustav (I.) Wasa verdrängt	1510 Pleskau unter russischer Herrschaft durch Großfürst Wassilij, Sohn Iwans III.	um 1510 Beginn des Negersklavenhandels nach Amerika 1512 Entdeckung der Molukken und Javas durch die Portugiesen 1512–1520 Selim I. (der Strenge) türkischer Sultan; Sohn Bajezids II.; besiegt 1514 Schah Ismail von Persien; erobert 1516/17 Syrien, Palästina und Ägypten (Ende der Mamlukenherrschaft); Aufstieg des Osmanischen Reichs zur Weltmacht 1513 Der Spanier V. N. de Balboa erreicht die Küste des Stillen Ozeans 1514 Erstes europäisches (portugiesisches) Schiff vor Chinas Küste	**1510**
1518 Ulrich Zwingli predigt in Zürich und leitet damit die Reformation in der Schweiz ein	1515 Vereinbarung einer Doppelheirat wird die Grundlage für den Erbanspruch der Habsburger auf Böhmen und Ungarn: Ludwig und Anna, die Kinder Wladislaws V. von Böhmen	1515 Der Seeräuber Chaireddin Barbarossa fällt in Algerien ein; Algerien (wie auch Tripolis) „Seeräuberstaat“ 1517 Entdeckung der Halbinsel Yucatán	**1515**

	Deutschland/Österreich	Westeuropa/Italien
1515	1517 Erlaß einer Bergordnung durch Kaiser Maximilian I. 1517 Autobiographisches Gedicht „Teuerdank“ Kaiser Maximilians I. 1518 Ergebnislose Unterredung Luthers mit dem päpstlichen Legaten Cajetan in Augsburg 1519 Nach dem Tod seines Großvaters, Kaiser Maximilians I., erbt Karl I. von Spanien die habsburgischen Erblande Österreich, Steiermark, Kärnten, Krain, Tirol, Vorderösterreich und die Niederlande 1519–1556 Karl I. von Spanien wird gegen seinen Rivalen König Franz I. von Frankreich in Frankfurt zum Kaiser (Karl V.) gewählt. Herrscht über das größte Reich seit Karl dem Großen; führt gegen Franz I. vier erfolgreiche Kriege um die Vorherrschaft in Italien, weitere Kriege gegen König Heinrich II. von Frankreich und die Türken; unter seiner Herrschaft breitet sich die Reformation aus, und die Gegenreformation setzt ein 1519 Erklärung Luthers gegen Papst und Konzilien in einem Streitgespräch mit seinem Gegner, dem Theologen Dr. Johann Eck (eigentlich Maier), und seinem Anhänger Karlstadt (eigentlich Andreas Bodenstein) in Leipzig 1519 „Fuggerei“ in Augsburg, älteste Sozialsiedlung der Welt (besteht noch heute)	1516 Der Sohn Philipps des Schönen wird als Karl I. (seit 1519 Kaiser Karl V.) König von Spanien; unter seiner Herrschaft wächst die Macht Spaniens, dessen Kolonialreich den Großteil Süd- und Mittelamerikas umfaßt 1516 Konkordat zwischen Franz I. von Frankreich und Papst Leo X.; beherrschende Stellung des Königs über Geistlichkeit und Kirche in Frankreich 1516 Thomas Morus' „Utopia“; gesellschaftskritische Staatsphilosophie 1519 Tod des Leonardo da Vinci; italienischer Maler, Bildhauer, Architekt, Naturforscher und Schriftsteller
1520	seit 1520 Weltliche Armenpflege in deutschen Städten 1520 Luther veröffentlicht seine drei reformatorischen Schriften „An den christlichen Adel deutscher Nation“, „Von der babylonischen Gefangenschaft der Kirche“, „Von der Freiheit eines Christenmenschen“ und verbrennt öffentlich die Bannbulle des Papstes	1520 Raffaelo Santi, italienischer Maler und Baumeister, gestorben 1520/21 Aufstand der spanischen Städte (Comuneros) gegen Karl V.

Mittel- und Nordeuropa	Ost- u. Südosteuropa	Asien, Amerika, Afrika	
	und Ungarn (des Bruders König Sigismunds von Polen), heiraten Maria und Ferdinand, Enkelkinder Kaiser Maximilians I.; der Kaiser gibt dafür den Deutschen Orden preis	1517 Die Türken erobern Syrien und Ägypten; das (einflußlose) Abbasiden-Kalifat von Kairo erlischt 1516 Portugiesen erreichen Kanton 1517 Portugiesischer Stützpunkt auf Ceylon 1518 Entdeckung Mexikos durch den Spanier Juan de Grijalva 1519 Algerien unter türkischer Oberhoheit 1519–1521 Der Spanier Hernán Cortés erobert Mexiko; sich anschließende Expeditionen bringen auch Kalifornien, Neu-Mexiko, Arizona, Texas, das Mississippi-Becken und Florida vorübergehend unter spanische Herrschaft 1519–1534 Zerstörung der altamerikanischen Staaten der Azteken und Inka; als spanische Vizekönigreiche entstehen Mexiko, Peru und (später) Buenos Aires 1519–1522 Erste Weltumsegelung durch den Portugiesen Ferñao de Magalhães; 1520 Entdeckung der Durchfahrt zwischen Südamerika und Feuerland	**1515**
1520 Christian II. von Dänemark läßt 80 Gefolgsleute des Sten Sture hinrichten („Stockholmer Blutbad“); danach verstärkter Widerstand der Schweden gegen die Dänenherrschaft; Aufstand unter Führung von Gustav Wasa	1521 Eroberung Belgrads durch die Türken	1520–1566 Sultan Suleiman II., der Gesetzgeber (in Europa: der Prächtige); unter ihm erlangt das Osmanische Reich seine größte Machtentfaltung	**1520**

	Deutschland/Österreich	Westeuropa/Italien
1520	1521 Auf dem Reichstag zu Worms verweigert Luther vor Karl V. den Widerruf seiner Lehre; durch das Wormser Edikt wird Luther geächtet, seine Lehre verboten; zu seinem Schutz wird er von Kurfürst Friedrich dem Weisen von Sachsen auf die Wartburg gebracht und beginnt dort die Bibelübersetzung 1521–1526 Erster Krieg zwischen Karl V. und Franz I. von Frankreich; bei Pavia wird Franz I. 1525 besiegt 1521/22 Luther übersetzt das Neue Testament anhand der Erasmus-Ausgabe des griechischen Urtextes und der Vulgata ins Deutsche und schafft damit die Grundlage für die neuhochdeutsche Schriftsprache 1522 Luther predigt in Wittenberg gegen Wiedertäufer und Bilderstürmer 1522 Tod des Johann Reuchlin (auch Capnio(o)), neben Erasmus Führer des deutschen Humanismus 1522/23 Kampf der Reichsritter unter Franz von Sickingen und Ulrich von Hutten gegen die geistlichen Fürstentümer endet mit der Niederlage der Ritter 1523 Tod des Ulrich von Hutten; deutscher Humanist und Reichsritter 1524/25 Vorwiegend soziale Forderungen der Bauern führen zu Bauernkriegen in Schwaben, Franken, Thüringen, im Elsaß, in Tirol und Salzburg (Führer u. a. Florian Geyer, Thomas Münzer, Wendel Hippler); die Niederlage führt zur Verschlechterung der Lage der Bauern 1524 „Geystlich Gesangk-Buchleyn" Martin Luthers und Johann Walthers 1524 Tod des Malers Hans Holbein d. Ä.	1522/23 Papst Hadrian VI.; letzter nichtitalienischer Papst (Niederländer aus Utrecht) 1523–1534 Clemens VII. Papst (aus dem Hause Medici)
1525	1525 Luther veröffentlicht die Schrift „Wider die räuberischen und mörderischen Rotten der Bauern" 1525 Hinrichtung Thomas Münzers (Wiedertäufer); deutscher Reformator und Sozialrevolutionär	1525 Schlacht von Pavia; Frankreich verliert Norditalien 1527 „Sacco di Roma"; Plünderung Roms durch kaiserliche Truppen (Söldner)

Mittel- und Nordeuropa	Ost- u. Südosteuropa	Asien, Amerika, Afrika	
1523–1654 Haus Wasa in Schweden; erringt für Schweden die Großmachtstellung 1523–1560 Gustav I. (Wasa) König von Schweden; Ende der dänischen Herrschaft in Schweden und der Kalmarer Union 1523–1533 Friedrich I. König von Dänemark; Schwiegervater Herzog Albrechts von Preußen	1522 Die Türken vertreiben den Johanniterorden aus Rhodos; dieser findet Zuflucht auf Malta (1530)	um 1520 Die europäischen Mächte beginnen, die spanischen Silberflotten zu kapern; Abbau der europäischen Silberminen geht zurück 1521 Magalhães auf den Philippinen erschlagen seit 1522 Die Spanier kolonisieren von Mexiko aus Mittel- (Zentral-)Amerika 1522–1566 Kiatsing Kaiser von China; Tatareneinfälle in China 1524 Der in französischen Diensten stehende Florentiner Giacomo da Verrazano entdeckt den Hudson-Fluß 1524 Die Spanier (Pedro de Alvarado) unterwerfen das Hauptsiedlungsgebiet der Maya in Guatemala, Costarica und Honduras; dabei Reste der Maya-Kultur entdeckt	**1520**
	1525 Der Hochmeister des Deutschen Ordens, Albrecht von Brandenburg, tritt zum Protestantismus über; der Deutschordensstaat Preußen wird in ein	1526 Portugiesen gründen Faktorei in Pernambuco	**1525**

	Deutschland/Österreich	Westeuropa/Italien
1525	1525 Tod Jakob Fuggers des Reichen; Kaufmann und Bankier 1525 Als Antwort auf einen Angriff des Erasmus veröffentlicht Luther seine theologische Schrift „Vom unfreien Willen" (De servo arbitrio) 1526 Erster Reichstag zu Speyer: Die Entscheidung über die Konfession ihrer Untertanen wird Sache der Landesherren 1526 Frieden von Madrid; beendet den ersten Krieg zwischen Karl V. und Franz I.; Vorherrschaft des Kaisers in Italien 1526–1529 Zweiter Krieg Karls V. gegen Franz I., der im „Damenfrieden" von Cambrai alle Ansprüche auf Italien aufgeben muß 1527 Luthers Schrift „Daß diese Worte: Das ist mein Leib, noch feststehen" gegen Zwingli 1527 Gründung der (ersten evangelischen) Universität Marburg 1527 Bekanntgabe einer neuen Heilkunde durch Paracelsus an der Universität Basel 1528 Deutscher Maler Mathis Neithardt, genannt Grünewald, gestorben 1528 Deutscher Maler, Holzschneider und Kupferstecher Albrecht Dürer gestorben 1528 Deutscher Erzgießer Peter Vischer d. J. gestorben 1529 Zweiter Reichstag zu Speyer: Evangelische Reichsstände wenden sich in einer „Protestation" gegen die Durchführung des Wormser Edikts (seither „Protestanten") 1529 Türken stoßen bis Wien vor Vergebliche Belagerung Wiens durch die mit Franz I. von Frankreich verbündeten Türken 1529 Marburger Religionsgespräch zwischen Luther und Zwingli führt zur Einigung in allen Glaubensfragen mit Ausnahme der Abendmahlslehre	1527 Tod Niccolo Macchiavellis, des italienischen Staatsmanns und Philosophen 1528 Die Niederlande gewinnen die Provinzen Utrecht und Overijssel 1528 Genua entzieht sich der Vorherrschaft durch Mailand; unter Andrea Doria wieder Republik 1529 Ende des 2. Krieges zwischen Karl V. und Franz I. durch den „Damenfrieden" von Cambrai; Frankreich verzichtet auf Ansprüche in Italien
1530	1530 Reichstag zu Augsburg: Vergeblicher Versuch einer Einigung der Protestanten und Katholiken; erstes protestantisches Bekenntnis:	1530 Kaiserkrönung Karls V. durch den Papst in Bologna; letzte Krönung eines römisch-deutschen Kaisers durch den Papst

Mittel- und Nordeuropa	Ost- u. Südosteuropa	Asien, Amerika, Afrika	
1527 Der Reichstag zu Västerås beschließt die Einführung der Reformation in Schweden; die Kirchengüter werden vom König eingezogen, der damit seine Machtstellung festigt	weltliches Herzogtum unter polnischer Lehnshoheit umgewandelt 1526 Angriff der Türken auf Ungarn; König Ludwig II. von Ungarn und Böhmen wird bei Mohács besiegt und findet den Tod; seine Kronen fallen an Ferdinand von Österreich	1527 Der Spanier Jorge de Menezes betritt das zuvor schon (1511) von Portugiesen entdeckte Neuguinea 1526 Babur, Urenkel Timurs, gründet die mongolisch-islamische Dynastie der Großmoguln in Indien; Hauptstadt Delhi 1527 Karl V. belehnt das Augsburger Bank- und Handelshaus der Welser mit Venezuela (bis 1546); die dortigen Unternehmungen scheitern	**1525**
	1529 Erste türkische Belagerung Wiens; muß bald wieder aufgegeben werden		
	1532 Erneuter Türkenvorstoß nach Ungarn	1530 Kolonialversuch der Fugger im Sunda-Archipel und in Südamerika	**1530**

1530

Augsburger Konfession (Confessio Augustana), ohne Mitwirkung Luthers von Melanchthon verfaßt; katholische Gegenerklärung „Confutatio“
1530 Erste Reichspolizeiordnung
1530 Luthers „Sendbrieff vom Dolmetschen“
1530 Metallurgie „De re metallica“ des Georg Agricola (1557 deutsch erschienen)
1531 Protestantischer Schmalkaldener Bund, Verteidigungsbündnis protestantischer Stände Nord-, Mittel- und Süddeutschlands
1531 Erzherzog Ferdinand (I.) von Österreich, Bruder Karls V., wird römischer König
1531 Deutscher Bildhauer und -schnitzer Tilman Riemenschneider gestorben
1532 Nürnberger Religionsfriede: Für Hilfeleistung gegen die Türken erhalten die Protestanten – vorläufig – das Recht der freien Religionsausübung
1532 Karl V. erläßt auf dem Reichstag zu Regensburg die „Peinliche Halsgerichtsordnung“, die „Constitutio Criminalis Carolina“, das erste reichsgesetzliche Strafrechtsbuch
1533 Tod des Bildhauers Veit Stoß
1533–1536 Versuch des protestantischen Bürgermeisters Jürgen Wullenwever, Lübecks Vormachtstellung im Ostseeraum wiederherzustellen und die Patrizierherrschaft in Lübeck zu beseitigen
1533/34 Der Bundestag des Schwäbischen Bundes in Augsburg endet mit dessen Auflösung
1534 Luthers Übersetzung des Alten Testaments aus dem Hebräischen gedruckt
1534/35 „Gottesreich“ der Wiedertäufer unter „König“ Jan Bockelson in Münster; endet mit der Zerschlagung der Wiedertäuferbewegung in Deutschland
1534 Herzog Ulrich führt die Reformation in Württemberg ein
1534 Weltbeschreibung („Weltbuch“) des Sebastian Franck

1531 In Florenz wird das Haus Medici (nach zeitweiliger Vertreibung durch die republikanische Partei 1527–1531) von Karl V. wieder eingesetzt; Alessandro Medici Herzog von Florenz
1534 „Suprematsakte“ Heinrichs VIII. von England löst die englische Kirche von Rom; Beamte und Geistliche müssen dem König als Oberhaupt der Kirche den „Suprematseid“ schwören; damit entsteht die anglikanische Staatskirche
1534 Gründung des Jesuitenordens („Gesellschaft Jesu“) durch Ignatius von Loyola; wird Träger der Gegenreformation in Mitteleuropa
1534–1549 Papst Paul III. (aus dem Haus Farnese)

Mittel- und Nordeuropa	Ost- u. Südosteuropa	Asien, Amerika, Afrika	
1531 Schlacht bei Kappel zwischen den katholischen und den reformierten Kantonen der Schweiz; Niederlage der Reformierten (Zwingli fällt); der Zweite Kappeler Landfriede besiegelt die konfessionelle Spaltung der Schweiz		1530 Beginn der Kolonisation Brasiliens durch die Portugiesen 1531–1534 Pizarro erobert (von Panama aus) Peru; von Peru aus wird das heutige Ekuador erobert, ferner Bolivien (1538) und Paraguay (1536) 1534 Tunesien, seit 1228 unter der Herrschaft der islamischen Hafsiden, von Chaireddin Barbarossa unterworfen	**1530**
1534–1559 Christian III. König von Dänemark	1533–1584 Iwan IV., der Schreckliche, vollendet das autokratische Regime in Rußland, zerbricht die Macht der Bojaren, begründet den neuen Dienstadel 1533 Waffenstillstand zwischen Türken und Ungarn; der von Johann Zapolya – Gegenkönig Ferdinands von Österreich – gehaltene Teil des Landes gerät in türkische Abhängigkeit		

	Deutschland/Österreich	Westeuropa/Italien
1535	1536–1538 Dritter Krieg Karls V. gegen Franz I. 1536 Herausgabe von Luthers „Tischreden“ 1538 Katholische Reichsstände bilden ohne die Kurfürsten und die meisten geistlichen Fürstentümer die „Liga“ 1538 Deutscher Maler und Kupferstecher Albrecht Altdorfer gestorben 1539 Kurfürst Joachim II. führt die Reformation in Brandenburg ein 1539 Einführung der Reformation im Herzogtum Sachsen (Albertinische Linie)	1535 Flottenunternehmen Karls V. gegen Nordafrika; Tunis erobert 1535 Erster Vertrag Frankreichs mit der Türkei gegen den Kaiser 1535 Thomas Morus verweigert den Suprematseid auf Heinrich VIII. und wird hingerichtet; Morus, Humanist, Verfasser der kritisch-reformatorischen Schrift „Utopia“ 1536–1538 Dritter Krieg Karls V. mit Franz I. um den Besitz von Mailand; Waffenstillstand in Nizza; Savoyen in einen habsburgischen und einen französischen Einflußbereich geteilt
1540	1541 Deutscher Arzt und Philosoph Paracelsus (Ph. A. Th. Bombastus von Hohenheim) gestorben 1542 Der Erzbischof von Köln tritt zum Protestantismus über 1542–1544 Vierter Krieg Karls V. gegen Franz I. wird durch den Frieden von Crépy beendet 1543 Tod des Nikolaus Kopernikus; Begründer des heliozentrischen Weltbilds 1544 Letzte Streitschrift Luthers: „Wider das Papsttum zu Rom, vom Teufel gestiftet“ (Verteidigung des Kaisers gegen ein päpstliches Breve) 1544 Gründung der Albertus-Universität in Königsberg	1540 Chaireddin Barbarossa (Piratenherrscher von Algier, in türkischen Diensten) zerstört eine christliche Flotte bei Kreta 1540 Papst Paul III. bestätigt den Jesuitenorden 1541 Karls V. Unternehmen gegen Algier scheitert 1541 Ignatius von Loyola in Rom zum ersten General des Jesuitenordens ernannt 1541 John Knox (1505–1572) beginnt calvinistische Reformation in Schottland 1542 Heinrich VIII. von England nimmt den Titel „König von Irland“ an und sucht seine Kirchenreform auf Irland auszudehnen 1542 Inquisitionsbulle Papst Pauls III.: Erneuerung der Inquisition, die einer Kardinalskommission übertragen wird 1544 Der Friede zu Crépy beendet den 4. Krieg (seit 1542) zwischen Karl V. und Franz I.; Mailand bleibt beim Reich, Neapel bei Spanien

Mittel- und Nordeuropa	Ost- u. Südosteuropa	Asien, Amerika, Afrika	
1536 Durchführung der Reformation in Dänemark; das Kirchengut wird säkularisiert 1536 Calvins „Institutio religionis christianae“ („Unterricht in der christlichen Religion“) erscheint in Basel; darin die Lehre von der Prädestination	um 1535 Stärkung und Zentralisierung des russischen Nationalitätenstaates unter Iwan IV.; Leibeigenschaft der russischen Bauern durch reiche Gutsbesitzer; Dienstadel vom Herrscher mit Ländereien belohnt	1535 Die Franzosen beginnen in Kanada Fuß zu fassen; Jacques Cartier befährt den St.-Lorenz-Strom bis in die Gegend des heutigen Montreal 1535–1537 Diego d'Almagro erobert den größten Teil Chiles 1536 Pedro de Mendoza gründet Buenos Aires 1538 Die Türken erobern Aden und den Jemen; sie bedrohen von dort aus Äthiopien	**1535**
1541 Johannes Calvin führt die Reformation in Genf ein; vom Luthertum unterscheidet sich der Calvinismus in der Abendmahlslehre und der Prädestinationslehre; die reformierte Lehre verbreitet sich in der Schweiz, in Frankreich, den Niederlanden, England und Schottland sowie in Nordamerika 1544 Schweden wird Erbmonarchie	1541 Ofen (Buda) durch die Türken erobert; der größte Teil Ungarns wird türkische Provinz (nach dem Tod des Königs Zapolya 1543)	1541 Pizarro, der Eroberer Perus, wird von spanischen Rivalen ermordet 1541 Francisco de Orellana (aus Pizarros Mannschaft) befährt von Peru aus den Amazonas bis zur Mündung 1541 Eine portugiesische Flotte unter Christoph da Gama (einem Enkel des Vasco da Gama) erscheint im Roten Meer; Portugal unterstützt Äthiopien gegen die Türken und die Galla 1542 Die „Neuen Gesetze“ des Las Casas, eines spanischen Dominikaners in Westindien; er erreicht bei Kaiser Karl V. das Verbot der Sklaverei für Indianer, befürwortet die „Einfuhr“ von Negersklaven 1543 Portugiesische Schiffbrüchige betreten als erste Europäer Japan	**1540**

	Deutschland/Österreich	Westeuropa/Italien
1545	1545 Deutscher Maler Hans Baldung, genannt Grien, gestorben 1546 Tod Luthers in Eisleben, Beisetzung in der Schloßkirche zu Wittenberg 1546/47 Schmalkaldischer Krieg; Karl V., verbündet mit dem protestantischen Herzog Moritz von Sachsen, eröffnet den Kampf gegen Sachsen und Hessen; Kurfürst Johann Friedrich von Sachsen wird bei Mühlberg/Elbe besiegt und gefangengenommen; auch Landgraf Philipp von Hessen gerät in Gefangenschaft; die sächsische Kurwürde fällt an Moritz von Sachsen (Albertinische Linie) 1546 Erstes deutsches Arzneibuch des Valerius Cordus 1548 Reichstag zu Augsburg beschließt das „Interim"; Versuch Karls V., die Protestanten durch einen Kompromiß für den Katholizismus zurückzugewinnen	1545–1547 Erste Phase des Tridentinischen Konzils; Festigung der katholischen Glaubenslehren gegen den Protestantismus 1547 Vom Papst und von Frankreich unterstützte Verschwörung des Fiesco gegen den Stadtherrscher Andrea Doria in Genua scheitert 1547–1559 Heinrich II. König von Frankreich; Gemahlin Katharina von Medici; Verfolgung der Hugenotten setzt ein 1547–1553 Eduard VI. König von England 1549 Evangelisches Gebetbuch („Common Prayer Book") in England regelt die anglikanische Liturgie (Verfasser: Erzbischof Th. Cranmer)
1550	1550 Unter Albrecht V., Herzog von Bayern, wird der Protestantismus in Bayern beseitigt um 1550 Blütezeit der sogenannten „Weser-Renaissance" 1551 Gegen den Kaiser gerichtetes Bündnis des Kurfürsten Moritz von Sachsen mit der deutschen Fürstenopposition 1552 Moritz von Sachsen verbündet sich mit Heinrich II. von Frankreich, gesteht ihm das Reichsvikariat über Metz, Toul und Verdun zu, nimmt den Kampf gegen Karl V. auf und erzwingt den Passauer Vertrag, in dem den Protestanten vorläufig freie Religionsausübung zugestanden wird 1552 Tod des Sebastian Münster; Theologe und Kosmograph; Verfasser der „Cosmographia universalis" 1552–1556 Krieg Karls V. gegen Frankreich; Metz, Toul und Verdun verbleiben bei Frankreich 1553 Deutscher Maler und Graphiker Lucas Cranach d. Ä. gestorben 1554 Gründung der Universität Dillingen/Bayern	1550–1555 Papst Julius III. um 1550 Grundsätze merkantilistischer Wirtschaftspolitik in England formuliert (John Hales) 1551/52 Zweite Phase des Tridentinischen Konzils 1552 Der französische König Heinrich II. besetzt die Reichsstädte Metz (Hauptstadt Lothringens), Toul und Verdun; vierjähriger Krieg mit Kaiser Karl V. (1556) 1553–1558 Maria I. (die Katholische, auch „die Blutige") Königin von England; sucht den Katholizismus wiedereinzuführen; etwa 300 Protestanten werden als Ketzer verbrannt

Mittel- und Nordeuropa	Ost- u. Südosteuropa	Asien, Amerika, Afrika	
1545 „Genfer Katechismus“ Calvins			**1545**
1549 „Züricher Konsens“: Zwinglianer und Calvinisten vereinigen sich zu einer gemeinsamen reformierten Kirche	1547 Deutsche Handwerker werden nach Rußland gerufen 1548–1572 Sigismund II. August König von Polen	1548 Kartoffelpflanze aus Südamerika nach Europa; noch keine Verbreitung als Nutzpflanze 1549 Jesuit Franz Xaver beginnt mit der Mission in Indien (Goa) und Japan 1549 Jesuiten missionieren in Brasilien	
1553 Der Spanier Miguel Serveto (Entdecker der kleinen Blutkreislaufs) wird auf Veranlassung Calvins wegen Leugnung der Dreieinigkeit in Genf verbrannt	1550 Aufstellung des Strelitzenheeres in Rußland; Gesetzbuch Iwans IV. 1551 Einheitssteuer in Rußland 1552–1556 Die Russen unterwerfen die Tatarenchanate Kasan und Astrachan 1553 Englische Schiffe gelangen erstmals nach Archangelsk; Beginn englisch-russischer Handelsbeziehungen („Moscovy Company“ 1554 in London eröffnet); russisches Tauwerk für englische Flotte 1553 Erste Druckerei in Moskau	1552 In Lima erste Universität auf dem amerikanischen Kontinent 1553 Englische Seefahrer suchen durch das Nördliche Eismeer den Seeweg nach Indien 1554 Gründung São Paulos in Brasilien; Jesuitenschule in São Paulo 1554–1660 Marokko unter der Herrschaft der Sa’diden	**1550**

	Deutschland/Österreich	Westeuropa/Italien
1555	1555 Augsburger Religionsfriede; Die Reichsstände bestimmen fortan die Konfession in ihrem Gebiet („Cuius regio, eius religio"); Anhänger der Augsburger Konfession mit Katholiken gleichberechtigt; Reformierte bleiben vom Frieden ausgeschlossen; die lutherische Lehre breitet sich über Norddeutschland, Polen, die nordischen und baltischen Länder aus 1555 Herzog Albrecht V. von Bayern erläßt das Gesetz der „ausschließlichen Katholizität Bayerns" 1556 Abdankung Kaiser Karls V., der sich in das spanische Kloster Yuste zurückzieht und 1558 stirbt; das habsburgische Reich löst sich in eine österreichische und eine spanische Linie auf; Karls Bruder Ferdinand, seit 1521 im Besitz der deutschen Erblande, erhält die Kaiserwürde; Spanien mit seinen Kolonien, die Niederlande, die Freigrafschaft Burgund sowie Mailand und Neapel fallen an Karls Sohn Philipp II. 1556–1564 Kaiser Ferdinand I.; unter seiner Herrschaft muß das Reich gegen Frankreich im Westen und gegen die Türken im Osten verteidigt werden 1558 Gründung der (bereits 1547 gestifteten) Universität Jena	1555 Türkisch-französischer Handelsvertrag erneuert; Frankreich erstrebt Protektorat über alle Christen im Orient 1556–1598 Philipp II., Sohn Karls V., König von Spanien (und den Niederlanden) 1558–1603 Elisabeth, Tochter Heinrichs VIII., Königin von England 1558 England verliert Calais, seinen letzten Stützpunkt in Frankreich (englisch seit 1347) 1559 Lamoral Graf Egmont zum Statthalter Spaniens in Flandern und Artois ernannt 1559 Friedensschluß zwischen Spanien und Frankreich (in Cateau-Cambrésis); Frankreich zieht sich aus Italien und Burgund zurück; u. a. Restituierung des Herzogtums Savoyen(-Piemont) 1559 Ketzeredikte und Vermehrung der Bistümer in den Niederlanden 1559/60 Franz II. König von Frankreich
1560	1561 Einführung der Spitzenklöppelei im Erzgebirge 1563 Calvinistischer „Heidelberger Katechismus" 1563 Bau der Hofkirche in Innsbruck vollendet 1564 Erster Bücherkatalog (auf der Frankfurter Messe) 1564–1576 Unter dem mit dem Protestantismus sympathisierenden Kaiser Maximilian II., Sohn Ferdinands I., erreicht der Protestantismus im deutschen Sprachgebiet seine weiteste Verbreitung; rund $^{7}/_{10}$ der Bevölkerung sind lutherisch	1560–1574 Karl IX. König von Frankreich; zunächst hat seine Mutter, Katharina von Medici, die Regentschaft 1562/63 Dritte Phase des Tridentinischen Konzils; verabschiedet das Tridentinische Glaubensbekenntnis 1562 Beginn der Hugenottenkriege in Frankreich 1562 Statut der Königin Elisabeth schafft einheitliches innerenglisches Handelsgebiet 1563 Calvinistische Synode in den Niederlanden 1564 Tod des Michelangelo Buonarroti; italienischer Bildhauer, Maler und Baumeister, Hauptmeister der Hoch- und Spätrenaissance

Mittel- und Nordeuropa	Ost- u. Südosteuropa	Asien, Amerika, Afrika	
1559 Calvin gründet in Genf die Akademie, die spätere Universität 1559–1588 Friedrich II. König von Dänemark; käufliche Erwerbung der Bistümer Ösel-Wiek und Kurland für Herzog Magnus von Holstein (Bruder Friedrichs II.) 1559 Dänische und schwedische Ausdehnung im Baltikum	1556 Das gesamte Wolgagebiet russisch 1558–1582 Livländischer Krieg; Rußland unter Iwan IV. kämpft um den Zugang zur Ostsee; nach russischen Anfangserfolgen muß das Russische Reich Livland an Polen-Litauen abtreten und Estland an Schweden	1556–1605 Akbar (der Große), indischer Mogulkaiser; Ausdehnung des Reichs über Nordindien, Kaschmir, Bihar, Bengalen, Orissa, Teile des Dekan; Reform von Verwaltung und Finanzwirtschaft; Versuch zur Schaffung einer Einheitsreligion scheitert 1557–1598 Abdullah, König des Usbeken-Reiches; macht Buchara zu seiner Hauptstadt 1557 Portugiesen in China werden auf Macao zurückgedrängt; dortige Niederlassung 1567 von China gestattet	**1555**
1560–1568 Erich XIV., Sohn Gustav Wasas, König von Schweden 1561 Estland (mit Reval) an Schweden 1563–1570 Nordischer Siebenjähriger Krieg Dänemarks (und Lübecks) gegen Schweden	1561 Das Ordensland Kurland wird unter dem letzten Ordensmeister Gotthard Kettler weltliches Herzogtum unter polnischer Lehnshoheit 1561 Organisation einer Kirche der ungarischen Calvinisten 1562 Estland wird schwedisch; Livland an Polen 1564 Beginn der Entmachtung des Bojarenadels in Rußland durch Iwan IV.	1563 Hawkins bringt Negersklaven nach Westindien	**1560**

	Deutschland/Österreich	Westeuropa/Italien
1565	1566 Augsburger Münzordnung zur Regelung der Reichswährung 1568 Illustrierte Berufskunde „Beschreibung aller Stände" des Jost Amman mit Text von Hans Sachs	1566–1572 Papst Pius V.; früherer Großinquisitor; Repräsentant der Gegenreformation 1567–1573 Herzog Alba spanischer Generalkapitän in den Niederlanden 1567 Erster spanisch-niederländischer Staatsbankrott 1567 Maria Stuart als Königin von Schottland abgesetzt; flieht 1568 nach England; dort verhaftet 1567 Londoner Börse gegründet; Börsengebäude (Royal Exchange) 1570 erbaut 1567 Bildersturm in den Niederlanden 1568 Hinrichtung der Grafen Egmont und Hoorn durch Herzog Alba in Brüssel; große niederländische Aufstandsbewegung 1569 Cosimo I., seit 1537 Herzog von Toskana aus dem Hause Medici, wird nach Eroberung Sienas vom Papst gegen den Protest des Kaisers zum Großherzog von Toskana erhoben
1570	1570 Erste Seefahrer-Weltkarte in Mercator-Projektion (winkeltreu) seit 1572 Beginn der katholischen Restauration unter Papst Gregor XIII.	1571 Seeschlacht bei Lepanto; verbündete italienische und spanische Flotten siegen über die Türken 1572 „Bartholomäusnacht" („Pariser Bluthochzeit"); Ermordung von 2000 Hugenotten in Paris (anschließend 10000–20000 in der Provinz) auf Anordnung der Königinmutter Katharina von Medici und ihres Sohnes Karls IX. 1572 Wilhelm von Oranien Führer des Aufstands in den Niederlanden 1572–1585 Papst Gregor XIII.; führt 1582 eine Kalenderreform durch 1574–1589 Heinrich III. König von Frankreich
1575	1576–1612 Unter dem den Jesuiten anhängenden Kaiser Rudolf II. setzt sich die Gegenreformation in den habsburgischen Ländern durch 1576 Gründung der Universität Helmstedt	1576 Gründung der „Heiligen Liga" unter Heinrich von Guise gegen die Hugenotten 1576 Tod des italienischen Malers Tizian

Mittel- und Nordeuropa	Ost- u. Südosteuropa	Asien, Amerika, Afrika	
1566 Zweite Helvetische Konfession, von Heinrich Bullinger verfaßtes Glaubensbekenntnis der reformierten Kirche der Schweiz 1568–1592 Johann III. König von Schweden; Kämpfe mit Rußland im Baltikum		1566–1574 Sultan Selim II. 1567 Spanier entdekken die Salomon-Inseln im Stillen Ozean 1569 Ein Versuch der Portugiesen, das wegen der Goldvorkommen begehrte Ostbantu-Reich Monomotapa (Südrhodesien) zu erobern, scheitert	**1565**
	1569 Iwan IV. vernichtet Nowgorod als Handelszentrum		
1570 Ein (ergebnisloser) siebenjähriger Krieg Dänemarks und Lübecks gegen Schweden wird durch den Frieden von Stettin beendet 1574 Gründung der Universität Bern	1572 Tod Sigismunds II.; König von Polen, letzter Jagiellone; Polen wird Adelsrepublik (Wahlmonarchie) 1572–1574 Heinrich von Valois König von Polen (gibt 1574 die polnische Krone zugunsten der französischen auf: Heinrich III. von Frankreich) 1574 Beginn der Gegenreformation in Polen	um 1570 Voller Einsatz der katholischen Mission in Mittel- und Südamerika 1573 Spanier gründen Manila als Hauptstadt der Philippinen 1573 Letzter Aschikaga-Schogun in Japan gestürzt 1574–1595 Sultan Murad III.	**1570**
	1575–1586 Stefan Báthory (Fürst von Siebenbürgen) König von Polen	1575 Negersklaven werden nach Brasilien gebracht 1577–1580 Zweite Erdumsegelung durch Francis Drake 1578 Mit der Bekehrung eines Fürsten beginnt die Einführung des Lamaismus in der Mongolei	**1575**

	Deutschland/Österreich	Westeuropa/Italien
1575	1579 Einsetzung der Reformationskommissionen zur Rekatholisierung Österreichs	1579 Die Spanier unterwerfen die katholischen südlichen Provinzen der Niederlande (Bund von Arras); die sieben protestantischen Nordprovinzen schließen sich unter Wilhelm von Oranien in der „Utrechter Union“ zusammen
1580	1582 Gründung der Universität Würzburg	1580–1640 Vereinigung (Personalunion) Spaniens und Portugals; Eroberung Portugals durch Herzog Alba 1581 Die niederländischen Nordprovinzen erklären als „Republik der Vereinigten Niederlande“ ihre Unabhängigkeit von Spanien; Wilhelm von Oranien wird erblicher Statthalter 1582 Einführung des gregorianischen Kalenders in den katholischen Ländern (später auch in den protestantischen) 1584 Wilhelm von Oranien durch einen Katholiken ermordet 1584 Eroberung Antwerpens durch die Spanier; Hafen von Antwerpen 1585 geschlossen; Aufstieg Amsterdams
1585	1585 Gründung der Universität Graz 1586 Tod des deutschen Malers Lucas Cranach d. J. 1587 Volksbuch vom Dr. Faust	1585–1590 Papst Sixtus V.; legt mit seinen Bauten (u. a. Vollendung der Peterskuppel) den Grund zum barocken Rom 1587 Elisabeth von England läßt Maria Stuart hinrichten 1588 Sieg der englischen Flotte unter Sir Francis Drake über die spanische „Armada“; Beginn der englischen Seemacht 1588 Aufstand der Katholiken in Frankreich gegen Heinrich III. (Heinrich III., letzter Valois, 1589 ermordet) 1589–1610 Heinrich IV., erster Bourbone, zunächst Protestant, König von Frankreich
1590	um 1590 Tod des deutschen Satirikers Johann Fischart	1590/91 Papst Gregor XIV. 1592 Michel Eyquem, Seigneur de Montaigne, französischer Schriftsteller und Philosoph, gestorben

Mittel- und Nordeuropa	Ost- u. Südosteuropa	Asien, Amerika, Afrika	
	1576 Gründung der Universität Warschau 1577 Die Türken erobern Tiflis, 1579 Kars 1579–1581 Mehrere siegreiche Feldzüge der Polen und Schweden gegen die Russen im Baltikum	1578 Russen gehen über den Ural; erste Handelsniederlassungen in Sibirien seit 1579/80 Guyana (Südamerika) von den Holländern kolonisiert	**1575**
um 1580 Schweden dehnt sich auf baltisches Gebiet aus; durch Gewinn Nordestlands und Kareliens wird Rußland von der Ostsee abgeschnitten	1581 Riga huldigt dem polnischen König 1582 Iwan IV. schließt Frieden mit Polen und Schweden; Livland bleibt polnisch, Estland schwedisch (1583) 1584–1598 Zar Fjodor I., der letzte Rurik; Regent ist sein Schwager Boris Godunow	1581 Beginn der Jesuitenmission in China 1582 Der Kosakenführer Jermak (im Dienst der Kaufherrenfamilie Stroganow) besiegt den Khan des Mongolenreichs Sibir und leitet die Eroberung Sibiriens ein 1583 Englische Kolonisation in Neufundland; englisches Recht (common law) auf Kolonien ausgedehnt 1584 Walter Raleigh gründet die erste englische Kolonie in Nordamerika, Virginia; Siedlungsversuch mißlingt zunächst	**1580**
1588–1648 Christian IV. König von Dänemark; Blüte der dänischen Renaissance-Kultur; äußere Machtentfaltung des Landes	1587–1632 Sigismund III. (aus dem Hause Wasa) König von Polen 1587–1668 In Polen regiert die katholische Linie des Hauses Wasa 1589 Einrichtung des russisch-orthodoxen Patriarchats in Moskau	1585 Engländer (John Davis) durchfahren die Straße zwischen Grönland und Nordamerika 1586–1588 Dritte Erdumsegelung durch den Engländer Thomas Cavendish 1587 Tobolsk als Hauptstadt Sibiriens gegründet 1587–1629 Abbas I. (der Große) Schah von Persien; erobert Georgien und Inseln im Persischen Golf	**1585**
1592–1604 Sigismund III., König von Polen, wird König von Schweden; vorübergehende		1591 Die Marokkaner zerstören das Reich Songhai in Westafrika	**1590**

	Deutschland/Österreich	Westeuropa/Italien
1590	seit 1590 Planmäßiger Abbau der Ruhrkohle (Kohleförderung begann bereits im Mittelalter) 1594 Dem ersten Bücherkatalog auf der Frankfurter Messe (1564) folgt ein Katalog auf der Leipziger Messe 1594 Tod des Geographen Gerhard Mercator (Hauptwerk: erster Atlas von 1595)	1592–1605 Papst Clemens VIII. 1593 Tod Christopher Marlowes; englischer Dramatiker und Vorläufer Shakespeares 1593 Heinrich IV. von Frankreich tritt zum Katholizismus über 1594 Tod des italienischen Malers Tintoretto (Venedig)
1595	1597–1651 Herzog Maximilian von Bayern, seit 1623 Kurfürst (Bayerns „Großer Kurfürst“) 1597 In Augsburg erscheint die erste Monatszeitschrift; zwei Jahre später in Nürnberg die zweite 1598 Ältester Druck des Volksbuches „Die Schildbürger“	1596/97 Koalition Frankreichs, Englands und der Niederlande gegen Spanien; mehrere spanische Flotten teils durch Sturm, teils von den Engländern vernichtet 1597 Englisches Armengesetz (gilt bis 1834); Kirchengemeinden haben Unterstützungspflicht; Arbeitspflicht in den Manufakturen 1598 Heinrich IV. von Frankreich erläßt das „Edikt von Nantes“ (Religionsfreiheit für die Protestanten in Frankreich) 1598 Königin Elisabeth schließt den Stalhof der Hanse in London 1598–1621 Philipp III. König von Spanien
1600		1600 Gründung der englischen Ostindischen Handelskompanie 1600 Maximilien de Béthune, Herzog von Sully: „Economies Royales“; Plan einer europäischen christlichen Monarchie unter Führung Frankreichs; Sully leitender Minister unter Heinrich IV. 1600 Giordano Bruno, italienischer pantheistischer Philosoph, als Ketzer verbrannt 1601 England besiegt in der Schlacht bei Kinsale die von Spanien unterstützten irischen Aufständischen; Irland kommt endgültig unter englische Herrschaft 1603–1625 König Jakob VI. von Schottland, Sohn von Maria Stuart, als Jakob I. König von England. Die Stuarts herrschen bis 1688 und durch die protestantische Königin Anna nochmals 1702–1714

Mittel- und Nordeuropa	Ost- u. Südosteuropa	Asien, Amerika, Afrika	
schwedisch-polnische Personalunion 1593–1650 Matthäus Merian d. Ä., schweizerischer Kupferstecher; Hauptwerk „Topographien“	1591 Der russische Thronfolger Dmitrij (Demetrius), Sohn Iwans IV., wird ermordet; vermutlich auf Betreiben des Regenten Boris Godunow	1592–1598 Japaner suchen Korea zu erobern, werden mit chinesischer Hilfe zurückgeschlagen	**1590**
	1597 Ein Zarenerlaß (Ukas) befiehlt in Rußland die Rückschaffung aller geflüchteten Bauern auf die adligen Güter; tatsächlicher Beginn der bäuerlichen Leibeigenschaft 1598–1605 Boris Godunow regiert als Zar 1600/1601 Die drei rumänischen Fürstentümer Moldau, Walachei und Siebenbürgen vorübergehend unter Michael dem Tapferen vereint 1604 Gründung von Tomsk	1596 Eine niederländische Expedition unter C. de Houtman erreicht Indonesien Ende des 16. Jh. Auf den stark von Chinesen besiedelten Philippinen Konfrontation mit der spanischen Herrschaft und (1603) chinesischer Aufstand	**1595**
1601 Tod des dänischen Astronomen Tycho Brahe 1604–1611 Karl IX. König von Schweden; erst Reichsverweser, gewinnt er den Thron gegen seinen katholischen Neffen Sigismund von Polen		um 1600 Holländer, Engländer und Franzosen entreißen den Portugiesen das indische Handelsmonopol 1602 Erster niederländischer Stützpunkt an der Malabarküste 1603–1617 Achmed I. Sultan der Osmanen; neue Kämpfe mit Österreich werden 1606 durch einen Waffenstillstand beendet 1603–1868 Erbliches Schogunat der Tokugawa in Japan	**1600**

	Deutschland/Österreich	Westeuropa/Italien
1605	1606 Matthias, der Bruder Rudolfs II., übernimmt die Regierungsvollmacht für das Reich 1608 Gründung der protestantischen Union süddeutscher Reichsfürsten, der später Brandenburg, Hessen-Kassel u. a. sowie 17 oberdeutsche Reichsstädte beitreten 1609 Gründung der katholischen Liga durch Herzog Maximilian von Bayern und die süddeutschen Bischöfe; ihr schließen sich später die drei geistlichen Kurfürsten und die Mehrzahl der katholischen Reichsstände an 1609 Majestätsbrief Kaiser Rudolfs II. gewährt den böhmischen Ständen Freiheit der Religion 1609–1614 Jülich-Clevescher Erbfolgestreit, beendet durch den Vertrag von Xanten; Brandenburg erhält Cleve, Mark und Ravensberg; Jülich und Berg fallen an Pfalz-Neuburg	1605 Katholische „Pulververschwörung" (u. a. Guy Fawkes) in England; das Parlament sollte bei der Eröffnung durch König Jakob I. in die Luft gesprengt werden 1605–1621 Papst Paul V. (Haus Borghese); Förderer der Künste 1607 Niederländischer Seesieg über Spanien bei Gibraltar 1609/10 Vertreibung der Morisken (nach dem Ende der arabischen Herrschaft zurückgebliebene Mauren) aus Spanien 1609 Zwölfjähriger Waffenstillstand zwischen Spanien und den Generalstaaten; die Niederlande faktisch unabhängig 1609 Der Niederländer Hugo Grotius (1583–1645) veröffentlicht „Das freie Meer" („Mare liberum") und begründet damit das Völkerrecht 1609 Gründung der Bank von Amsterdam; Wechselbank nach dem Vorbild von Venedig
1610	1612–1619 Kaiser Matthias, Bruder Rudolfs II.; sichert seinem Vetter Erzherzog Ferdinand die Nachfolgerschaft in Böhmen, Ungarn und dem Reich 1613 Zur Erlangung der Jülich-Cleveschen Erbschaft tritt der Kurfürst von Brandenburg zum Calvinismus über; seine Untertanen bleiben Anhänger des Luthertums	1610 Heinrich IV. von Frankreich von einem katholischen Fanatiker ermordet 1610–1643 Ludwig XIII. König von Frankreich 1614 Tod des spanischen Malers El Greco 1614 Letzte Berufung der französischen Generalstände vor 1789
1615	1615 Fürsten von Thurn und Taxis erhalten das Postwesen als Lehen	1616 Tod des spanischen Dichters Miguel de Cervantes

Mittel- und Nordeuropa	Ost- u. Südosteuropa	Asien, Amerika, Afrika	
	1605 Der sich als Sohn Zar Iwans IV. ausgebende „Falsche Demetrius“ besteigt mit polnischer Unterstützung den Thron; wird bei einem Volksaufstand 1606 ermordet 1605–1613 Mehrere von Polen bzw. Schweden unterstützte Anwärter auf den Zarenthron; Unzufriedenheit des Adels wie der leibeigenen Bauern (1606/07 Bauernaufstand unter Iwan Bolotnikow)	1605 Der Niederländer Willem Janszoon erreicht den Carpentariagolf in Australien 1605–1627 Dschahangir Großmogul in Indien; am Hof persische Einflüsse 1606 Die Virginia-Kompanie erhält eine Charter 1607 Erste dauerhafte englische Kolonie (Jamestown) in Virginia; wirtschaftliche Grundlage seit 1612 der Tabakanbau 1608 Der Franzose Samuel de Champlain gründet die Kolonialstadt Quebec (Kanada) 1608–1768 Jesuitenkolonien mit weitgehender Selbstverwaltung in Paraguay; etwa 100000 Indios in „Reduktionen“ 1608 Martinique, Guadeloupe und Senegambien französisch 1609/10 H. Hudson erforscht in niederländischem Dienst den Hudson-Fluß	**1605**
1611–1613 Dänisch-schwedischer Krieg (Kalmarkrieg); Christian IV. von Dänemark gewinnt die norwegischen Lappmarken von Schweden 1611–1632 Gustav II. Adolf König von Schweden; Heeresreform; verwirklicht die schwedische Ostseeherrschaft 1612 Axel Oxenstierna Reichskanzler in Schweden (bis 1654, †)	1610 Der Polenprinz Wladislaw wird zum Zaren ausgerufen 1612 Russische Truppen befreien Moskau von polnischer Besetzung (seit 1610) 1613–1645 Michael Romanow, Zar von Rußland; das Haus Romanow regiert von 1613–1762	1610 Holländische Niederlassung in Djakarta 1613 Erste britische Niederlassung in Indien 1614 Vollendung der Sultan-Achmed-Moschee (Blaue Moschee) in Istanbul	**1610**
		1615 Erste Christenverfolgung in China	**1615**

	Deutschland/Österreich	Westeuropa/Italien
1615	1617 In Berlin erscheint die erste Wochenzeitung 1618 Durch Erbschaft fällt das von Polen lehnsabhängige Herzogtum Preußen an Brandenburg 1618 Verletzung des Majestätsbriefs Rudolfs II. führt zu Unruhen in Böhmen; beim Prager Fenstersturz werden die kaiserlichen Statthalter Slawata und Martinitz aus einem Fenster des Schlosses in Prag gestürzt 1618–1648 Dreißigjähriger Krieg, verursacht durch konfessionelle und machtpolitische Gegensätze: Habsburgische Kaiser erstreben politische und religiöse Einheit, Reichsstände streben nach staatlicher Selbständigkeit; Deutschland wird Kriegsschauplatz für die europäischen Mächte (Franzosen, Schweden, Wallonen, Spanier, Panduren, Kroaten usw.); bei Kriegsende sind weite Gebiete verwüstet; Gesamtbevölkerungsverlust: etwa 40 Prozent 1618–1623 Böhmisch-pfälzischer Krieg; Truppen der Liga besiegen den „Winterkönig" Friedrich von der Pfalz in der Schlacht am Weißen Berg (1620); gewaltsame Durchführung der Gegenreformation in Böhmen; Auflösung der Union; Spanier und Ligisten besetzen die Pfalz; der bayerische Feldherr Johann Tserclaes, Graf von Tilly, stößt nach Westfalen vor 1619–1640 Georg Wilhelm, Kurfürst von Brandenburg; betreibt während des Dreißigjährigen Krieges zur Wahrung der Neutralität Brandenburgs Schaukelpolitik zwischen Kaiserlichen und Schweden, die zur Verelendung der Mark, verbunden mit einem Bevölkerungsverlust von fast 50 %, führt 1619–1637 Kaiser Ferdinand II.; seine Wahl wird von Böhmen nicht anerkannt, das den Kurfürsten Friedrich V. von der Pfalz zum König erhebt; gegen ihn verbindet sich Ferdinand mit dem Führer der Liga, Herzog Maximilian von Bayern	1616 Tod des englischen Dramatikers William Shakespeare 1616 Das Heilige Offizium verwirft das Weltsystem des Kopernikus und setzt sein Hauptwerk auf den Index 1617 Tod des Spaniers Francisco Suárez; einflußreichster Denker des Jesuitenordens; Konzeption des Völkerrechts (vor Grotius)

Mittel- und Nordeuropa	Ost- u. Südosteuropa	Asien, Amerika, Afrika	
1617 Im Frieden mit Rußland erwirbt Schweden Ingermanland und Ostkarelien	1617 Ende des schwedisch-russischen Krieges; Schweden gewinnt Karelien und Ingermanland von Rußland; Rußland ist durch Schweden von der Ostsee völlig abgeschlossen 1618 Zum letztenmal erscheint ein polnisches Heer vor Moskau 1618 Waffenstillstand zwischen Rußland und Polen; Smolensk wird polnisch	1615 Nurhaci, Führer der von ihm seit 1583 zusammengeschlossenen tungusischen Stämme (Nachfolger der Jurdschen), legt in der militärischen Bannerorganisation den Grund zur Staatsverfassung des Mandschu-Reiches; Einfälle und Raubzüge in China seit ca. 1615 Die Herrschaft der Ming-Dynastie in China wird durch Volksaufstände und Bürgerkriege immer mehr geschwächt; die Ming-Dynastie ruft das Mandschu-Heer zu Hilfe 1615–1618 Th. Roe als englischer Gesandter am Hof des Großmoguls 1616 William Baffin entdeckt die Baffin-Bay 1618 Gründung der englischen Westafrika-Kompanie 1618 Errichtung eines englischen Stützpunkts in Gambia 1618–1622 Osman II. Sultan der Osmanen 1619 Die ersten Negersklaven in Virginia	**1615**

	Deutschland/Österreich	Westeuropa/Italien
1620	1621 Tod des deutschen Komponisten Michael Praetorius 1623 Die pfälzische Kurwürde fällt an Herzog Maximilian von Bayern 1624 Tod des deutschen Mystikers Jakob Böhme	1621–1665 Philipp IV. König von Spanien; weiterer Verfall der spanischen Macht 1621–1623 Papst Gregor XV. 1622 Eingreifen Spaniens in den deutschen Krieg 1623 Erstes Patentgesetz in England 1623–1644 Papst Urban VIII.; im Dreißigjährigen Krieg auf seiten Frankreichs gegen Kaiser und Spanien 1624–1642 Kardinal Richelieu leitender Staatsmann Frankreichs; bricht die Hegemonie Habsburgs und errichtet den absolutistischen Einheitsstaat
1625	1625–1629 Dänisch-niedersächsischer Krieg; Christian IV., König von Dänemark und Herzog von Holstein, übernimmt die Führung der Protestanten 1625 Wallenstein stellt ein eigenes Söldnerheer auf und erhält den Oberbefehl über alle kaiserlichen Truppen; der Kaiser erhebt ihn zum Herzog von Friedland 1626 Sieg Wallensteins über Ernst von Mansfeld bei Dessau; Sieg Tillys über Christian IV. bei Lutter am Barenberg 1626 Oberösterreichischer Bauernkrieg 1627 Kaiserliche Feldherren Tilly und Wallenstein erobern fast ganz Norddeutschland und dringen bis zum Belt vor 1628 Wallenstein wird mit dem Herzogtum Mecklenburg belehnt; belagert vergeblich das von Schweden unterstützte Stralsund 1629 Im Frieden von Lübeck verzichtet Christian IV. gegen Rückgabe der von den Kaiserlichen besetzten Gebiete auf jede weitere Einmischung in die politischen und religiösen Streitigkeiten des Reiches 1629 Restitutionsedikt Kaiser Ferdinands II., durch das die Rückgabe der seit dem Passauer Vertrag von den Protestanten eingezogenen geistlichen Güter verfügt wird; die „Declaratio Ferdinandea“ von 1555 wird widerrufen	1625 Einrichtung eines englischen Kolonialamtes 1625 Hugo Grotius „De iure belli ac pacis“, grundlegendes Werk des Staats- und Völkerrechts 1625–1649 Karl I. König von England 1626 Tod des englischen Philosophen und Naturwissenschaftlers Francis Bacon (1618–1621 Lordkanzler) 1627 In Rom Gründung des Collegiums zur Verbreitung des Glaubens („Collegium de propagatione fidei“) 1628 „Petition of Rights“; das englische Parlament fordert Steuerbewilligungsrecht und Abschaffung der willkürlichen Verhaftungen; von Karl I. ohne Gesetzeskraft zugestanden 1628 Hugenotten verlieren die ihnen zugestandenen Sicherheitsplätze und die politische Sonderstellung; sie behalten aber ihr religiöses Ausnahmerecht (Frieden von Alais 1629); Führer der Hugenotten Herzog Heinrich von Rohan (1579–1638) 1629 König Karl I. sucht in England den Absolutismus einzuführen; er löst das Parlament auf und regiert 11 Jahre ohne Parlament

Mittel- und Nordeuropa	Ost- u. Südosteuropa	Asien, Amerika, Afrika	
1621–1629 Schwedisch-polnischer Krieg; Gustav Adolf erobert Riga und Livland	1621 Polen verliert Livland im Kampf mit Schweden	1620 Die „Pilgerväter“ (wegen ihrer religiösen Anschauungen verfolgte Puritaner) erreichen auf der „Mayflower“ Nordamerika und gründen die Kolonie Plymouth 1621 Gründung der Niederländisch-Westindischen Kompagnie; Kaperkrieg gegen die Spanier in Südamerika ab 1623 Franzosen und Engländer setzen sich in Westindien fest	**1620**
1625 Christian IV. von Dänemark greift auf protestantischer Seite in den Krieg ein; im Frieden von Lübeck (1629) muß er aus dem protestantischen Bündnis ausscheiden 1626 Gustav Adolf landet in Pillau und erobert große Teile Preußens	1629 Ende des schwedisch-polnischen Krieges (Waffenstillstand von Altmark); Schweden behält die eroberten Gebiete	1626 Franzosen lassen sich auf der Insel Cayenne („Teufelsinsel“) vor Guayana nieder; Engländer gründen Paramaribo 1626 Franzosen gründen Fort St. Louis an der Mündung des Senegal 1628–1658 Höchste Blüte des Mogulreiches in Indien unter Schah Dschahan; Bau des Mausoleums Tadsch Mahal in Agra (1630–1648) 1628 Bauernaufstand in Schensi (China), der sich zum allgemeinen Bauernkrieg ausweitet und den Anstoß zum Sturz der Ming-Dynastie gibt 1629 Nach dem Tode Abbas' I. des Großen (Schah von Persien seit 1586) Zerfall des persischen Reiches	**1625**

	Deutschland/Österreich	Westeuropa/Italien
1630	1630 Kurfürstentag zu Regensburg; Wallenstein wird auf Betreiben Maximilians von Bayern abgesetzt 1630 Tod des Johannes Kepler; Begründer der Wissenschaft von der Himmelsmechanik; Hofastronom und Mathematiker Kaiser Rudolfs II. 1630–1635 Schwedischer Krieg: König Gustav II. Adolf von Schweden sieht die schwedische Machtstellung im Ostseeraum durch den Kaiser bedroht und greift, unterstützt von Frankreich und den Niederlanden, auf protestantischer Seite in den deutschen Krieg ein; er erobert Pommern, zwingt Brandenburg und Sachsen zum Anschluß, bildet aus den protestantischen Ländern einen unter seinem Oberbefehl stehenden Bund und dringt bis nach Bayern vor	
	1631 Tilly erobert Magdeburg; von Gustav Adolf in der Schlacht bei Breitenfeld besiegt; Schweden ziehen durch Sachsen und Thüringen bis nach Mainz	1631 Frankreich gewinnt im Mantuanischen Erbfolgestreit (seit 1628, gegen Habsburg) die Gebirgsfestung Pinerolo und erreicht die Belehnung seines Schützlings Karl von Nevers mit Mantua und Montferrat
	1632 Tilly fällt, von den Schweden besiegt, in der Schlacht bei Rain am Lech; Nürnberg und München werden kampflos besetzt; Wallenstein erneut als kaiserlicher Oberfeldherr mit Sondervollmachten berufen; vertreibt die Sachsen aus Böhmen, vereitelt Vorstoß der Schweden nach Wien und zwingt sie zur Aufgabe ihres Lagers bei Nürnberg; in der Schlacht bei Lützen fällt der Schwedenkönig, die Schweden erringen unter Führung Bernhards von Weimar den Sieg; der schwedische Reichskanzler Oxenstierna übernimmt die politische Führung der Protestanten	1632 Enthauptung des Herzogs von Montmorency, Gouverneurs der Languedoc, der den Widerstand der Stände und der Gouverneure aus dem Hochadel gegen die absolutistische Zentralisierung unterstützt hatte
	1633 Verständigung der süddeutschen Protestanten mit Schweden und Frankreich	1633 Galilei wird von der Inquisition zum Widerruf seines Bekenntnisses zum kopernikanischen Weltsystem gezwungen
	1634 Der vom Kaiser abgesetzte Wallenstein wird auf Grund eines kaiserlichen Befehls in Eger ermordet; bei Nördlingen werden die Schweden geschlagen 1634 Erstes Passionsspiel in Oberammergau	

Mittel- und Nordeuropa	Ost- u. Südosteuropa	Asien, Amerika, Afrika	
1630 Eingreifen Schwedens unter König Gustav Adolf in den deutschen Krieg; Landung auf Usedom; das Auftreten der Schweden durchkreuzt die Pläne zur Errichtung einer kaiserlichen Ostseeherrschaft		1630 Franzosen lassen sich auf Haiti nieder 1630 Der deutsche Jesuit J. A. Schall von Bell erlangt als Astronom eine hohe Stellung am chinesischen Kaiserhof 1630 Vertreibung der Türken aus Aden seit 1632 Vertreibung der portugiesischen Jesuiten aus Äthiopien	**1630**
1632 König Gustav Adolf fällt in der Schlacht bei Lützen 1632–1654 Christine, Tochter Gustav Adolfs, Königin von Schweden 1633–1654 Axel Oxenstierna lenkt die schwedische Politik 1634 Niederlage der Schweden in der Schlacht bei Nördlingen gegen die Kaiserlichen	1632–1648 Wladislaw IV. König von Polen		

	Deutschland/Österreich	Westeuropa/Italien
1635	1635 Im Frieden zu Prag verzichtet der Kaiser auf die Durchführung des Restitutionsedikts 1635 Tod des Dichters und Geistlichen Friedrich Spee von Langenfeld; protestierte wirkungsvoll gegen Hexenwahn 1636 Schwedischer Sieg in der Schlacht bei Wittstock 1637–1657 Kaiser Ferdinand III.; in seiner Regierungszeit wächst die allgemeine Friedensbereitschaft, die 1648 zur Beendigung des 30jährigen Krieges führt 1638 Bernhard von Weimar erobert in französischem Auftrag das Elsaß und Breisach 1639 Tod des deutschen Barockdichters Martin Opitz	1635 Frankreich greift in den deutschen Krieg ein; verbündet sich mit den protestantischen Schweden gegen Spanien und den Kaiser 1635 Tod des spanischen Dichters Lope de Vega 1635 Gründung der Académie Française 1638 Aufstand schottischer Presbyterianer („Covenant") gegen Versuche Karls I. von England, eine neue Liturgie in Schottland einzuführen
1640	1640–1688 Friedrich Wilhelm I. von Brandenburg, der Große Kurfürst; schafft durch Zentralisierung der Verwaltung, Aufbau eines stehenden Heeres und eine reale Außenpolitik die Grundlagen für den Aufstieg Brandenburgs 1641 Waffenstillstand zwischen Brandenburg und Schweden 1643 Bayerischer General Mercy hält französischen Vormarsch in Süddeutschland bei Tuttlingen auf 1644 Franzosen unter Marschall Turenne und Prinz Condé dringen in Süddeutschland ein; Beginn von Friedensverhandlungen mit Schweden in Osnabrück, mit Frankreich in Münster 1644 Gründung der deutschen Sprachgesellschaft „Pegnesischer Blumenorden" in Nürnberg	1640 Aufstand der Portugiesen gegen die spanische Herrschaft; Portugal wird wieder unabhängig 1640–1656 Herzog Johann von Braganca als Johann IV. König von Portugal 1640 Einberufung des englischen Parlaments („Langes Parlament"), erzwungen durch Geldbedürfnis Karls I., der ein Heer gegen Schottland aufstellen will 1641 „Irisches Blutbad" unter den Protestanten in Ulster 1642 Beginn des Bürgerkrieges (unter Cromwell) gegen König Karl I. von England 1642 Tod des italienischen Naturwissenschaftlers Galileo Galilei 1643 Nach dem Tode Richelieus übernimmt Kardinal Mazarin die Leitung der französischen Außenpolitik (bis 1661) 1643–1715 Ludwig XIV., der „Sonnenkönig", König von Frankreich 1644 Sieg Cromwells über die königlichen Truppen bei Marston Moor
1645	1645 Die Franzosen unter Turenne siegen bei Alerheim, die Schweden unter Torstenson bei Jankau über die Kaiserlichen 1646 Bremen wird Reichsstadt	1645 Cromwell siegt im englischen Bürgerkrieg bei Naseby

Mittel- und Nordeuropa	Ost- u. Südosteuropa	Asien, Amerika, Afrika	
1635 Der schwedische Kanzler Oxenstierna verbündet sich mit Frankreich gegen Habsburg 1638 Schweden fallen in Böhmen ein	1632–1634 Smolensker Krieg zwischen Rußland und Polen endet unentschieden. Wladislaw IV. verzichtet auf den russischen Thron	1636 Rhode Island von R. Williams als Selbstverwaltungskolonie gegründet 1636 Gründung der ersten nordamerikanischen Universität in Cambridge, Mass.; später nach dem Philanthropen John Harvard benannt 1638 Gründung einer schwedischen Kolonie am Delaware; wird 1655 niederländisch	**1635**
1643 Eintritt Dänemarks in den Krieg gegen Schweden (bis 1645)	1643/44 W. D. Pojarkow erreicht den Amur und befährt ihn bis zur Mündung	1641–1648 Angola im Besitz der Niederländer 1642 Gründung Montreals (Kanada) durch die Franzosen 1643 Die nordamerikanischen Kolonien Englands schließen sich gegen niederländische und indianische Angriffe zur Neuengland-Föderation zusammen 1644 Das von der Ming-Dynastie gegen die Bauernerhebung zu Hilfe gerufene Mandschu-Heer besetzt Peking, setzt die Ming-Dynastie ab und einen Mandschu-Kaiser ein (Tsing-Dynastie bis 1911)	**1640**
1645 Niederlage Dänemarks durch die Schweden; Dänemark muß im Frieden von Brömsebro die norwegischen Provinzen Jämt-	1645–1676 Zar Alexander Michajlowitsch von Rußland; Machtstellung des Zaren festigt sich	1645 Gründung der Residenz des Dalai Lama in Lhasa	**1645**

	Deutschland/Österreich	Westeuropa/Italien
1645	1648 Westfälischer Friede zu Münster (mit Frankreich) und Osnabrück (mit Schweden); Wiederherstellung des Augsburger Religionsfriedens und dessen Ausdehnung auch auf die Reformierten; Duldung des Konfessionswechsels (Ausnahmen: Oberpfalz und kaiserliche Erblande, wo nur der katholische Glaube geduldet wird); Machtstellung des deutschen Kaisers zugunsten erweiterter Selbständigkeit der Territorialstaaten geschwächt; Reichsstände erhalten Mitbestimmungsrecht in allen Reichsangelegenheiten, volle Landeshoheit sowie Bündnisrecht; das bereits früher erfolgte Ausscheiden der Schweizer Eidgenossen aus dem Reichsverband wird bestätigt, der Austritt der nördlichen Niederlande anerkannt; Schweden erhält Vorpommern mit Rügen und Stettin, Wismar, Herzogtümer Bremen (ohne Stadt Bremen) und Verden; Frankreich bekommt die bisher österreichischen Hoheitsrechte im Elsaß und wird im Besitz von Metz, Toul und Verdun bestätigt; Brandenburg erhält Hinterpommern, die Bistümer Kammin, Halberstadt und Minden sowie die Anwartschaft auf Magdeburg; bei Bayern verbleiben Kurwürde und Oberpfalz; Kurwürde für die Rheinpfalz 1649 Erfindung der Luftpumpe durch Otto von Guericke, Bürgermeister von Magdeburg	1646 Karl I. von England flieht nach Schottland; wird 1647 ans englische Parlament ausgeliefert 1647 Cromwell und seine Anhänger, die Independenten, geraten in Gegensatz zur Parlamentsmehrheit (Presbyterianer und Royalisten) 1648 Cromwell entfernt die Presbyterianer aus dem Parlament; zweiter Bürgerkrieg 1648 Im Westfälischen Frieden läßt sich Frankreich (König Ludwig XIV.) den Besitz der Reichsstädte und Bistümer Metz, Toul und Verdun bestätigen; es erlangt ferner die bisher österreichischen Hoheitsrechte im Elsaß und die Entmilitarisierung des Oberrheins 1648 Aufstand einer „Fronde“ (des französischen Hochadels) gegen den Absolutismus; der Widerstand wird 1653 gebrochen 1648 Unabhängigkeit der Schweiz und der Niederlande 1649 Das Unterhaus („Rumpfparlament“) läßt Karl I. hinrichten; das Oberhaus wird abgeschafft; England wird Republik (bis 1660); Exekutive: ein jährlich zu wählender Staatsrat 1649/50 Oliver Cromwell unterwirft Irland; blutige Vergeltungsmaßnahmen
1650	um 1650 Entwicklung der „Laterna magica“ durch Athanasius Kircher 1651–1671 Ferdinand Maria Kurfürst von Bayern; stellt gute Beziehungen zu Frankreich her und baut München zu einer barocken Residenzstadt aus 1652 Gründung der Kaiserlich Leopoldinisch-Carolinisch Deutschen Akademie der Naturforscher in Schweinfurt; 1878 nach Halle verlegt 1654 Guerickes Versuch mit den luftleergepumpten „Magdeburger	1650 Tod des französischen Philosophen René Descartes 1651 Englische „Navigationsakte“ (Cromwell) erlaubt Importe nur auf englischen Schiffen, trifft besonders die Niederlande empfindlich (bis dahin 66 % der Welthandelsflotte holländisch) 1651 Thomas Hobbes „Leviathan“, philosophische Begründung der absoluten Monarchie

Mittel- und Nordeuropa	Ost- u. Südosteuropa	Asien, Amerika, Afrika	
land und Härjedalen sowie die Inseln Gotland und Ösel an Schweden abtreten 1648 Schweden gewinnt im Westfälischen Frieden Vorpommern mit Stettin, Rügen, Usedom und Wollin, ferner Wismar, Bremen (ohne Stadt Bremen) und Verden 1648–1670 Friedrich III. König von Dänemark 1649 Der schwedische Reichstag wählt Karl Gustav von Pfalz-Zweibrücken (Vetter der Königin) zum Thronfolger	1648–1668 Johann II. Kasimir König von Polen 1648 Kosakenaufstand in der Ukraine gegen Polen unter dem Hetman Bogdan Chmelnyzkij 1649 Russisches Gesetz (Sobornoje Vloschenije) begründet volle Leibeigenschaft der Bauern	1645–1659 In mehreren Provinzen Chinas kämpfen Anhänger der Ming-Dynastie gegen die Mandschu 1648–1687 Mehmed IV. Sultan der Osmanen; Konsolidierung des Reiches durch den Großwesir Köprülü (1656–1661) 1648 S. I. Deschnjow und F. A. Popow umsegeln die Ostspitze Asiens an der Beringstraße nach 1648 Einwanderung von Deutschen nach Nordamerika	**1645**
1654 Königin Christine tritt zum Katholizismus über und dankt ab	1652 Erstmals Anwendung des Einstimmigkeitsprinzips im Polnischen Reichstag; Vetorecht jedes einzelnen Mitglieds 1653 Reform der russischen Kirche durch den Patriarchen Nikon von Moskau; die Altgläubigen sammeln sich als „Raskolniki“ 1654 Die Ukraine unter Hetman Chmel-	1651 Herzog Jakob von Kurland erwirbt Kolonien in Gambia (Afrika) und auf Tobago (Westindien) 1652 Die Holländisch-Ostindische Gesellschaft gründet in Südafrika eine Siedlung; der Tag der Landung (6. 4. 1652) gilt als Gründungstag der Südafrikanischen Republik	**1650**

	Deutschland/Österreich	Westeuropa/Italien
1650	Halbkugeln" zum Nachweis des atmosphärischen Luftdrucks	1652–1654 Seekrieg zwischen England und den Niederlanden; Aufstieg Englands zur See- und Kolonialmacht beginnt 1653–1658 Cromwell Lordprotektor mit absoluter Machtbefugnis
1655	1655 Schweden und Brandenburg eröffnen den Krieg gegen Polen 1656 Im Bündnis mit Brandenburg siegt König Karl X. Gustav über die Polen bei Warschau; im Vertrag von Labiau erkennt Schweden die Souveränität des Kurfürsten von Brandenburg in Preußen an 1657 Frontwechsel Brandenburgs: Bündnis mit Österreich und Polen gegen Schweden; im Vertrag von Wehlau erkennt Polen die brandenburgische Souveränität in Preußen an 1658 Kurfürstentümer Mainz, Köln u. a. schließen sich zur Rheinischen Allianz zusammen 1658–1705 Leopold I.; Aufstieg Österreichs zur Großmacht	1655–1658 Englisch-spanischer Krieg 1655–1667 Papst Alexander VII. 1657 Bündnis Englands mit Frankreich gegen Spanien; Dünkirchen englisch (bis 1662) 1658 Frankreich schließt mit mehreren deutschen Fürsten den gegen Habsburgs gerichteten ersten Rheinbund 1659 Pyrenäenfriede zwischen Spanien und Frankreich; Roussillon, Teile Luxemburgs und Artois an Frankreich 1659 Richard Cromwell, Sohn und Nachfolger Oliver Cromwells († 1658), dankt ab
1660	1660 Im Frieden von Oliva wird dem Kurfürsten von Brandenburg die Souveränität im Herzogtum Preußen, Schweden die Herrschaft in Livland und Polen der Besitz von Westpreußen bestätigt 1661–1663 Landtag zu Königsberg; die Führer der Stände, die gegen ihre Entmachtung durch die Regierungsmaßnahmen Friedrich Wilhelms I., des Großen Kurfürsten, Widerstand geleistet hatten, werden hingerichtet bzw. zu Festungshaft verurteilt 1663 Die in Ungarn eingefallenen Türken werden von dem kaiserlichen Feldherrn Graf Montecuccoli bei St. Gotthard an der Raab und bei Mogersdorf besiegt seit 1663 Permanent tagender Reichstag zu Regensburg 1663/64 Durch österreichische und türkische Eingriffe in die politischen Verhältnisse Siebenbürgens wird der 1. Türkenkrieg ausgelöst 1664 Tod des deutschen Drama-	1660 Tod des spanischen Malers Diego Velásquez 1660 Das englische Parlament stellt das Stuart-Königtum wieder her 1660–1685 Karl II. (Stuart) König von England; macht in der Konvention von Breda Zugeständnisse an das Parlament 1661–1684 Bau des Versailler Schlosses 1662 Gründung einer Akademie der Wissenschaften in England („Royal Society") 1664 Colbert, seit 1661 Leiter des Finanzwesens, setzt in Frankreich merkantilistische Handelspolitik durch (Aufhebung der Binnenzölle, Förderung der Industrie und des Exports) 1664 Einführung des Tabakmonopols in Frankreich 1664–1667 Erneuter englisch-niederländischer Seekrieg; die Navigationsakte zugunsten der Generalstaaten modifiziert

Mittel- und Nordeuropa	Ost- u. Südosteuropa	Asien, Amerika, Afrika	
1654 Karl X. Gustav König von Schweden 1654–1718 Haus Pfalz-Zweibrücken in Schweden	nyzkij vollzieht den Anschluß an Rußland (Rada von Perejaslawl) 1654 Smolensk endgültig von Moskau erobert	1653 Nord-Carolina besiedelt	**1650**
1655–1660 Schwedisch-polnischer Krieg um die Ostseeherrschaft 1656 Erster Villmergener Krieg in der Schweiz; die katholischen Orte siegen über die Reformierten 1656 Schwedischer Sieg in der Schlacht bei Warschau 1657/58 Schwedisch-dänischer Krieg 1658 Dänemark verliert die südschwedischen Provinzen an Schweden (Frieden von Roskilde); die völlige Unterwerfung Dänemarks gelingt Karl X. jedoch nicht	1655–1660 Schwedisch-polnischer Krieg 1656 Russisch-schwedischer Krieg; Dorpat und Narwa von den Russen erobert	1655 England gewinnt Jamaika (Westindien) von Spanien 1656 Die Holländer entreißen den Portugiesen Colombo auf Ceylon 1658–1707 Aurangzeb erweitert das Reich der Großmoguln, das unter ihm seine größte Ausdehnung erreicht; er bekämpft den Hinduismus (Zerstörung von Tempeln, Verbot von Festen, Kopfsteuer); im Süden des Mogulreiches bildet sich das Reich der Marathen	**1655**
1660 Beendigung des schwedisch-polnischen Kriegs durch den Frieden zu Oliva; Behauptung der schwedischen Großmachtstellung; Polen behält Westpreußen und Kurland; Johann II. Kasimir von Polen verzichtet auf den schwedischen Thron 1660 Dänemark wird durch Beschluß des Reichstages Erbmonarchie; wachsende Macht des Königs gegenüber den Ständen 1660–1697 Karl XI. König von Schweden	1660 Rußland beginnt zum Schwarzen Meer vorzudringen seit 1660 Erneutes Vordringen der Türken im Balkanraum 1661 Im Frieden von Kardis muß Rußland seine livländischen Eroberungen (Dorpat und Narwa) an Schweden zurückgeben 1663 Türken fallen in Ungarn ein, unterliegen 1664 bei Szentgotthard	1661/62 Dscheng Tscheng-gung (Coxinga) erobert Taiwan und vertreibt die Holländer; bekämpft von dort aus die Mandschu 1662–1722 K'ang-hi zweiter Mandschu-Kaiser von China; konsolidiert das Reich; fördert die Wirtschaft durch Steuererleichterungen; kulturelle Blütezeit 1664 England errichtet Forts an der Goldküste 1664 Die Engländer entreißen den Niederländern Neu-Amsterdam (New York)	**1660**

	Deutschland/Österreich	Westeuropa/Italien
1665	tikers und Lyrikers Andreas Gryphius 1665 Gründung der Universität Kiel 1667 Tod des evangelischen Kirchenliederdichters Paul Gerhardt	1666 Der größte Teil Londons durch eine Feuersbrunst eingeäschert 1666 Akademie der Wissenschaften (= Naturwissenschaften) in Paris von Colbert gegründet 1666 Tod des niederländischen Malers Frans Hals 1667–1669 Papst Clemens IX. 1667/68 Krieg Frankreichs gegen die spanischen Niederlande (Belgien), der sog. „Devolutionskrieg"; mehrere flandrische Städte, u. a. Lille, werden französisch 1669 Tod des niederländischen Malers Rembrandt van Rijn
1670	1670 Französische Besetzung Lothringens 1672 Tod des Kirchenmusik-Komponisten Heinrich Schütz 1672–1678 Krieg Ludwigs XIV. von Frankreich gegen Holland, das von Brandenburg unterstützt wird; Koalition Österreichs, Spaniens und deutscher Fürsten zur Abwehr französischer Übergriffe 1673 Gründung der Universität Innsbruck 1674 Das Reich erklärt Ludwig XIV. den Krieg	1670 Karl II. von England schließt mit Ludwig XIV. den Geheimvertrag von Dover gegen die Niederlande seit 1670 Heeresreform Louvois'; Ausbau des Heeres auf 300000 Mann; Gründung des Invalidenhauses für ausgediente Soldaten in Paris 1670–1676 Papst Clemens X. 1672–1678 „Holländischer Krieg" Ludwigs XIV. (im Bündnis mit England und Schweden gegen die Niederlande sowie das Reich, Spanien und Brandenburg) 1672–1674 Dritter Englisch-holländischer Seekrieg 1672–1702 Wilhelm III. von Oranien Erbstatthalter der Niederlande 1673 „Testakte" in England: im Unterhaus und in Staatsämtern nur Anglikaner zugelassen; 1678 auch katholische Lords aus dem Oberhaus ausgeschlossen
1675	1675 Auf Betreiben Frankreichs fallen die Schweden in die Mark Brandenburg ein und werden von Kurfürst Friedrich Wilhelm I. in der Schlacht bei Fehrbellin besiegt; darauf erobert der Kurfürst Schwedisch-Pommern	1675 Sternwarte in Greenwich gegründet 1675 Tod des Jan Vermeer van Delft; niederländischer Maler 1676–1689 Papst Innozenz XI.; Gegner der Jesuiten; Vorkämpfer der Türkenabwehr 1677 Tod des Baruch Spinoza; niederländischer pantheistischer Philosoph

Mittel- und Nordeuropa	Ost- u. Südosteuropa	Asien, Amerika, Afrika	
1665 Mit der „Lex Regia" erhält Dänemark als einziges Land Europas eine Verfassung, in der der Absolutismus als Staatsform festgelegt ist	1666 Nikon, Patriarch von Moskau, wird abgesetzt, da er sich eine Oberhoheit über den Zaren anmaßt 1667 Polen tritt im Vertrag von Andrusowo die Ukraine links des Dnjeprs, dazu Kiew, an Rußland ab 1667–1671 Bauernaufstand in Südrußland unter dem Donkosaken Stenka Rasin 1669 Kreta geht als letzter Stützpunkt Venedigs an die Türken verloren	1665 Niederländisch-Guayana (Surinam) von den Briten erobert; im Frieden von Breda (1667) im Tausch gegen Neu-Amsterdam (New York) wieder an Holland 1669 Kolonialpolitisches Projekt Graf Hanaus in Guayana	**1665**
1670–1699 Christian V. König von Dänemark	1671 Niederlage des Aufstands; Rasin in Moskau hingerichtet 1672 Polen verliert Podolien und Teile der Ukraine an die Türken 1674–1696 Johann Sobieski (bisher polnischer Kronfeldherr) mit französischer Unterstützung zum König von Polen gewählt; seine Versuche, Polen zur Erbmonarchie zu machen, mißlingen	1671 Westindische Insel St. Thomas von Dänemark besetzt 1673 Erhebung der chinesischen Südprovinzen gegen die Mandschu-Herrschaft; 1681 endgültig niedergeschlagen 1673–1697 Vereinigung der Westmongolen (Ölöten, Dsungaren, Kalmücken) durch Galdan zu einem Großreich in Zentralasien (bis zum westlichen Tarimbecken) um 1673 Bau des großen Schiwa-Tempels auf Madura (Inselindien)	**1670**
	1676–1682 Fjodor III. Zar von Rußland 1676 Ergebnisloser Krieg Rußlands gegen die Türkei und die Krimtataren	1676 Aufstand von Farmern in Virginia gegen den englischen Gouverneur	**1675**

	Deutschland/Österreich	Westeuropa/Italien
1675	1675 Tod des protestantisch-pietistischen Geistlichen und Gründers sozialer Einrichtungen Philipp Jacob Spener 1676 Gründung der kurbrandenburgischen Marine durch den Niederländer Benjamin Raule 1676 Tod des Hans Jakob Christoffel von Grimmelshausen, Verfasser des Romans „Der abenteuerliche Simplicissimus“ 1677 Brandenburger nehmen Stettin ein; Vertreibung der Schweden aus Pommern abgeschlossen 1677 Tod des deutschen Dichters und Mystikers Angelus Silesius (Johann Scheffler) seit 1678 Zur Geltendmachung französischer Ansprüche auf Reichs-Territorium setzt Ludwig XIV. „Réunionskammern“ ein und nimmt große Teile Lothringens und des Elsaß in Besitz 1679 Im Frieden von St. Germain muß der Große Kurfürst auf das eroberte Schwedisch-Pommern verzichten; von Kaiser und Reich im Stich gelassen, verbündet er sich mit Frankreich und unterstützt dessen gegen das Reich gerichtete Politik; zur Vertreibung der von Livland aus in Preußen eingefallenen Schweden dringt der Große Kurfürst mit seinem Heer bis vor Riga vor	1678/79 Verhandlungen und Friedensschluß zu Nimwegen; Frankreich erhält 16 Städte in Südflandern und die Franche-Comté. Erster zwischenstaatlicher Vertrag in französischer Sprache seit 1678 Ludwig XIV. läßt durch sog. „Réunionskammern“ 600 deutsche Städte, Dörfer usw. im Elsaß, in Lothringen und im Rheinland für Frankreich annektieren 1679 Das englische Parlament beschließt die Habeas-Corpus-Akte, die den Schutz vor willkürlicher Verhaftung gewährleistet (Kennzeichen rechtsstaatlicher Sicherheit) 1679 Tod des englischen Philosophen Thomas Hobbes
1680	1681 Annexion Straßburgs durch Ludwig XIV. seit 1683 Prinz Eugen von Savoyen, Großneffe Mazarins, österreichischer Feldherr und Staatsmann, in österreichischen Diensten; größter Feldherr seiner Zeit; politischer Ratgeber dreier Kaiser 1683 Türken belagern das durch Graf Rüdiger von Starhemberg verteidigte Wien; Entsatz und Befreiung der Stadt durch Reichsheer und polnische Truppen unter König Johann Sobieski; deutsch-polnisches Heer unter Herzog Karl V. von Lothringen besiegt die Türken in der Schlacht am Kalenberg	1680 Tod des italienischen Bildhauers und Baumeisters Lorenzo Bernini 1681 Die Franzosen besetzen Straßburg 1681 Tod des spanischen Dramatikers Calderón de la Barca 1682 Tod des spanischen Malers Bartholomé Estéban Murillo 1683 Die französische Politik unterstützt den Angriff der Türken auf Österreich

Mittel- und Nordeuropa	Ost- u. Südosteuropa	Asien, Amerika, Afrika	
1675–1679 Teilnahme Schwedens am Krieg gegen Brandenburg; 1675 Niederlage bei Fehrbellin		1679 Franzosen gründen Pondicherry in Indien	**1675**
1682 „Souveränitätserklärung" des schwedischen Reichstags; König Karl XI. erhält dadurch unumschränkte Macht. „Reduktion" (Einziehung) von Adelsgütern	1682–1689 Nachfolgestreit in Rußland; Peter I. und der schwachsinnige Iwan V. gleichzeitig Zaren; Regentschaft der Großfürstin Sophia (nach einem Aufstand der Strelitzen); ihr Günstling Fürst Golizyn 1683 Vormarsch der Türken bis Wien	1680–1682 La Salle erwirbt Louisiana für Frankreich 1682 William Penn gründet Quäkerkolonien in Pennsylvania (Nordamerika) 1682 Kurfürst Friedrich Wilhelm I. von Brandenburg gründet eine Afrika-Kompanie 1683 Taiwan von Mandschu-Truppen erobert	**1680**

	Deutschland/Österreich	Westeuropa/Italien
1680	1683–1699 Zweiter (Großer) Türkenkrieg 1684 Österreich, Polen und Venedig gründen unter dem Protektorat Papst Innozenz' II. die Heilige Liga/Heilige Allianz; Eröffnung des Angriffskrieges gegen die Türken unter den kaiserlichen Feldherren Kurfürst Max Emanuel von Bayern und Markgraf Ludwig Wilhelm von Baden 1684 Kaiser und Reich erkennen im Regensburger Stillstand, unter dem Druck des Krieges gegen die Türken, die französischen Réunionen an	1684 Ludwig XIV. verbündet sich mit den Türken gegen das Reich 1684 Tod des französischen Dramatikers Pierre Corneille 1684 Vollendung des Canal du Midi, der Verbindung vom Atlantik (Garonne bei Toulouse) zum Mittelmeer (Étang de Thau bei Sète) 1684 Im Zuge der Réunionspolitik besetzt Frankreich Luxemburg 1684 Beschießung Genuas durch die Franzosen
1685	1685 Nach Aufhebung des Ediktes von Nantes durch Ludwig XIV. von Frankreich fliehen zahlreiche Hugenotten nach Brandenburg; Kurfürst Friedrich Wilhelm I. erläßt das Edikt von Potsdam und nimmt etwa 20000 „Réfugiés" in seinem Land auf 1686 Durch Geheimvertrag tritt der Große Kurfürst auf die Seite des Kaisers 1686 Augsburger Liga wendet sich gegen die Reunionen Frankreichs 1686 Tod des deutschen Naturwissenschaftlers Otto von Guericke 1688 Christian Thomasius gibt die erste wissenschaftliche Zeitschrift in deutscher Sprache heraus 1688–1697 Zur Durchsetzung von Erbansprüchen für seine Schwägerin Elisabeth Charlotte („Lieselotte von der Pfalz") führt Ludwig XIV. Krieg gegen die Pfalz, die völlig verwüstet wird (u. a. Worms, Kaisergräber im Dom von Speyer, Heidelberger Schloß zerstört) 1688–1713 Friedrich III., Kurfürst von Brandenburg, seit 1701 als Friedrich I. König in Preußen; unterstützt die Politik des Kaisers im Kampf gegen Ludwig XIV. 1689 Bildung der Großen Allianz des Reiches, Spaniens, Hollands, Englands und Schwedens	1685 Ludwig XIV. hebt das Edikt von Nantes auf; Massenflucht der Hugenotten aus Frankreich; ca. 300000 Réfugiés seit 1685 Konsolidierung der englischen Parlamentsparteien, der konservativen Tories und der liberalen und antikatholischen Whigs 1685–1688 Jakob II., König von England, verfolgt absolutistische Tendenzen und erstrebt Rekatholisierung; wird 1688 in der „Glorreichen Revolution" gestürzt 1688 Wilhelm III. von Oranien (Schwiegersohn Jakobs) von den Parlamentsparteien auf den englischen Thron gerufen († 1702) 1688–1697 Pfälzischer Erbfolgekrieg Frankreichs gegen Österreich, England, die Niederlande, Spanien, Savoyen und Schweden; die Pfalz von französischen Truppen unter General Mélac abermals besetzt und verwüstet (Heidelberger Schloß); Vorstöße bis nach Schwaben (Calw und Pforzheim niedergebrannt) 1689 „Bill of Rights" in England; das Parlament wird zum maßgebenden Staatsorgan 1689 Toleranzakte in England; Glaubensfreiheit für die nichtanglikanischen Protestanten 1689–1691 Papst Alexander VIII.; nach Scheitern seiner Versöhnungspolitik energischer Gegner des französischen „Gallikanismus"

Mittel- und Nordeuropa	Ost- u. Südosteuropa	Asien, Amerika, Afrika	
	1683–1699 Im Großen Türkenkrieg kämpft König Johann Sobieski von Polen an der Seite des Kaisers und entsetzt mit seinem polnisch-sächsischen Heer und bayerischen Truppen Wien	1683 Brandenburg-Preußen erwirbt Groß-Friedrichsburg an der Guineaküste; 1717 an die Niederländer verkauft 1683 Taiwan von den Chinesen genommen nach 1683 Beginn der deutschen Einwanderung in Pennsylvania 1684 Französische Mississippi-Kompanie gegründet	**1680**
1685 In Schweden unter König Karl XI. nach Erteilung von absolutistischen Vollmachten für den König (1682) Reorganisation des Heeres, Ordnung des Staatshaushalts, Zurückdrängung der Macht des Adels 1687 In Norwegen bekommt der König durch die Verfassung absolutistische Vollmachten	1686 „Ewiger Friede" zwischen Rußland und Polen; Rußland tritt der „Heiligen Liga" gegen die Türken bei 1686–1697 Befreiung Ungarns von den Türken 1686 Befreiung Ofens (Budas) von den Türken 1687 Auf dem Reichstag zu Preßburg erkennen die ungarischen Stände die Erblichkeit des habsburgischen Königtums (im Mannesstamm) an: Ungarn wird Erbreich 1687 Russischer Krimfeldzug führt zu einer Niederlage der Russen 1688 Eroberung Belgrads durch die Heere der verbündeten christlichen Staaten 1689–1725 Zar Peter I. (der Große) von Rußland; er setzt die bisherige Regentin Sophia ab	1685 Beginn der Hugenotten-Einwanderung in Nordamerika 1686 Mogul Aurangseb von Indien erobert Bidschapur 1688 Hugenottische Flüchtlinge aus Frankreich verstärken die Kolonisation in Südafrika 1688 Die Quäker protestieren gegen Sklaverei der Neger 1689–1763 Englisch-französischer Kampf um Nordamerika 1689 Chinesisch-russischer Vertrag beendet Grenzstreitigkeiten; Handelsbeziehungen eröffnet (erster Vertrag zwischen China und einem europäischen Staat)	**1685**

|---|---|---|
| **1690** | 1692 Herzog Ernst August von Hannover aus dem Hause Braunschweig-Lüneburg erhält die 9. Kurwürde | 1691–1700 Papst Innozenz XII.
1692 Die verbündete englisch-niederländische Flotte besiegt die französische Flotte bei La Hogue
1694 Pressefreiheit in England
1694 Bank von England (als dritte nach Genua und Amsterdam) zur Finanzierung des Kampfes Wilhelms III. von Oranien gegen Ludwig XIV. gegründet |
| **1695** | 1696 Gründung der Akademie der Künste in Berlin
1697 Prinz Eugen von Savoyen, Oberbefehlshaber des kaiserlichen Heeres, besiegt die Türken bei Zenta; Sarajewo wird erobert
1697 Im Frieden zu Rijswijk gibt Frankreich Lothringen zurück, behält jedoch das Elsaß mit Straßburg
1697–1726 Maximilian II. Emanuel, der „Blaue Prinz“, Kurfürst von Bayern; kaiserlicher Feldherr in den Türkenkriegen, im Spanischen Erbfolgekrieg Verbündeter Ludwigs XIV. von Frankreich
1698/99 Fürst Leopold I. von Anhalt-Dessau, der „Alte Dessauer“, veranlaßt die Einführung des Gleichschritts in der preußischen Armee
1699 Friede von Karlowitz: Ein Großteil Ungarns, Siebenbürgens sowie Teile Slawoniens und Kroatiens fallen an Österreich, das damit zur Großmacht aufsteigt; Podolien kommt zu Polen, Teile der Peloponnes an Venedig
vor 1700 Im Deutschen Reich gibt es etwa 100 Reichsfürsten und 1500 kleine Herrschaftsgebiete | 1696 Englisches Handelsamt gegründet
1697 Frieden zu Rijswijk beendet den Pfälzischen Erbfolgekrieg; Frankreich verzichtet auf Lothringen, die Pfalz und rechtsrheinische Eroberungen, behält jedoch das Elsaß mit Straßburg
1699 Tod des französischen Tragödiendichters Jean Racine |

Mittel- und Nordeuropa	Ost- u. Südosteuropa	Asien, Amerika, Afrika	
	1690 Rückeroberung Belgrads durch die Türken 1691 Siege über die Türken bei Nisch und Slankamen; Befreiung Siebenbürgens 1691–1695 Sultan Achmed II. 1694–1733 Kurfürst Friedrich August I. von Sachsen, seit 1697 als August II., der Starke, König von Polen; muß 1704/06 bis 1709 zugunsten Stanislaus Leszczinskis auf die polnische Krone verzichten	1690 Kalkutta von der Englisch-Ostindischen Kompanie gegründet 1691 Der ostmongolische Stamm der Halka erkennt die chinesische Oberhoheit über seine Gebiete östlich der Wüste Gobi an seit 1694 In Laos innere Auseinandersetzungen und Teilung des Landes um 1796 Die Niederländer endgültig von den Engländern aus Ceylon vertrieben	**1690**
1697–1718 Karl XII. König von Schweden; durch zahlreiche Kriegszüge schwächt er die Wirtschaftskraft des Landes, das unter seiner Herrschaft die Großmachtstellung verliert 1699–1730 Friedrich IV. König von Dänemark; Förderung des Schulwesens, Aufhebung der Leibeigenschaft der Bauern (seit 1724 schollenpflichtig)	1696 Tod Johanns III. Sobieski, König von Polen; einer der Sieger über die Türken bei Wien 1683, polnischer Nationalheld 1696–1700 Russisch-türkischer Krieg; Asow 1696 von Rußland erobert 1697/98 Erste Auslandsreise des Zaren Peter I. nach Preußen, in die Niederlande und nach England zur Bildung einer gegen das Osmanische Reich gerichteten Koalition; Abschluß eines Bündnisvertrages mit Sachsen-Polen gegen Schweden 1697–1733 August der Starke von Sachsen wird katholisch und zum König von Polen gewählt; Personalunion Sachsen-Polen 1699 Peters des Großen Pläne, im Schwarzen Meer die Seeherrschaft zu gewinnen, scheitern	1697 Letzter Stützpunkt der aztekischen Maya, die Inselstadt Tayasal, von den Spaniern erobert 1697 Kosaken annektieren Kamtschatka; Bemühen um Handel mit Japan 1697 Der Westteil Haitis von Spanien an Frankreich abgetreten 1698 Gründung einer weiteren Ostindischen Kompagnie 1698 In Afrika kriegerische Auseinandersetzungen zwischen Denkera und Aschanti (Denkera verlangt Tribute)	**1695**

1700

Deutschland/Österreich

1701 Kurfürst Friedrich III. von Brandenburg wird König Friedrich I. in Preußen; glänzende Hofhaltung; hohe Aufwendungen infolge der regen Bautätigkeit belasten den Staatshaushalt

1701 Das Haus Hannover erhält Anwartschaft auf die britische Krone

1701–1714 Spanischer Erbfolgekrieg: Kaiser Leopold I. (für seinen zweiten Sohn Karl) und Ludwig XIV. von Frankreich (für seinen Enkel Philipp) erheben Anspruch auf das spanische Erbe; Koalition zwischen dem Deutschen Reich, Preußen, England, Holland, Portugal und Savoyen gegen Frankreich, Bayern und Köln

1702 Gründung der Universität Breslau durch Leopold I.

1704 Prinz Eugen und Marlborough besiegen bei Höchstädt und Blindheim (engl.: Blenheim) die Franzosen und Bayern

Westeuropa/Italien

1700–1721 Papst Clemens XI.

1700–1746 Philipp V., Enkel Ludwigs XIV., König von Spanien; mit dem 1700 verstorbenen König Karl II. stirbt die Linie der spanischen Habsburger aus

1701–1714 Spanischer Erbfolgekrieg; Bündnis Englands, der Niederlande und Österreichs gegen Frankreich (im Bunde mit Bayern)

1702–1710 Erneuter Hugenottenaufstand in Frankreich

1702–1714 Königin Anna von England; Tochter Jakobs II.; streng protestantisch-hochkirchlich dern annektiert

1704 Tod John Lockes, des englischen Aufklärungsphilosophen (Lehre vom Verfassungsstaat)

1704 Tod des französischen Kanzelredners Jacques Bénigne Bossuet: Schöpfer der sogenannten „gallikanischen Freiheiten"; Gegner des päpstlichen Primats und Anhänger des Konziliarismus

1705

Deutschland/Österreich

1705–1711 Kaiser Joseph I., Sohn Leopolds I.; seit 1690 gewählter römischer König; außenpolitische Erfolge (Niederwerfung des Aufstands von Franz II. Rakóczi in Ungarn, Spanischer Erbfolgekrieg); Wiederherstellung der kaiserlichen Gewalt im Innern

1706 Sieg der Österreicher unter Prinz Eugen bei Turin

1707 Stände des Fürstentums Neuenburg (Neuchâtel) wählen König Friedrich I. in Preußen zum Fürsten

1707 Tod des Organisten und Komponisten Dietrich Buxtehude

1708 Herzogtum Mantua an Österreich

1708 Tod des Physikers und Philosophen Ehrenfried Walter Graf von Tschirnhaus; zusammen mit J. F. Böttger Erfinder des Europäischen Porzellans

1708/09 Erfindung des europäischen Hartporzellans

1709 Tod des Satirikers und Geistlichen Abraham a Santa Clara (Johann Ulrich Megerle)

Westeuropa/Italien

1706 Marlborough erobert die spanischen Niederlande; Prinz Eugen gewinnt die Schlacht bei Turin

1707 Englisch-schottische Union; England und Schottland bilden das Vereinigte Königreich Großbritannien

1708 Prinz Eugen und Marlborough schlagen französische Truppen in den spanischen Niederlanden bei Oudenaarde und 1709 bei Malplaquet

Mittel- und Nordeuropa	Ost- u. Südosteuropa	Asien, Amerika, Afrika	
1700–1721 „Nordischer Krieg“ Schwedens gegen Dänemark, Rußland und Polen-Sachsen um die Herrschaft in der Ostsee und ihren Randländern; ausgelöst durch den dänisch-gottorfischen Konflikt in den Herzogtümern Schleswig und Holstein 1700 Der König von Dänemark gewährt dem Herzog von Holstein die Souveränität	1700 Friede zwischen Rußland und der Türkei; Beginn des Nordischen Krieges: Rußland, Polen-Sachsen und Dänemark gegen Karl XII. von Schweden; Sieg Karls XII. bei Narwa; Beginn von Peters Europäisierungsarbeit in Rußland 1703 Zar Peter I. gründet St. Petersburg seit 1713 Hauptstadt 1704 König Karl XII. von Schweden erzwingt in Polen die Absetzung Augusts des Starken und die Wahl Stanislaus Leszczinskis zum polnischen König 1704 Peter der Große nimmt Narwa und Dorpat	1701 Privileg der Compagnie de Guinée, in 10 Jahren 42000 Negersklaven in spanische Kolonien einzuführen 1702 Zusammenschluß der 1. und 2. Ostindischen Kompagnie 1703–1730 Sultan Achmed III.	**1700**
1705 Tod des schweizerischen Mathematikers Jakob Bernoulli (hinterläßt eine Darstellung der Wahrscheinlichkeitsrechnung) 1706 Karl XII. von Schweden erobert Polen 1708 Karl XII. marschiert in die Ukraine 1709 Niederlage Karls XII. von Schweden durch die Russen bei Poltawa; damit verliert Schweden seine Großmachtstellung; Karl XII. flieht in die Türkei; Karl XII. kann 1710/11 das Osmanische Reich zum Krieg gegen Rußland überreden 1709 Nach der schwedischen Niederlage bei Poltawa schließt sich Dänemark der Koalition gegen Schweden an	1706 Im Frieden von Altranstädt verzichtet August der Starke auf Polen 1706 Rückzug Peters vor Karl XII. nach Kiew 1708 Bauernaufstand am Don unter Bulawin 1708 Einteilung Rußlands in Gouvernements; Ende der Bojarenduma 1709 August der Starke vertreibt Stanislaus Leszczynski aus Polen 1709 Sieg Peters über Karl XII. bei Poltawa; Beginn der russischen Großmachtstellung	um 1707 Die Kapkolonisten beginnen sich selbstbewußter „Afrikaner“ oder „Buren“ (Bauern) zu nennen 1707 Tod des indischen Moguls Aurangseb 1709 Etwa 14000 Pfälzer Bauern wandern nach Nordamerika aus 1709 Finanz- und Wirtschaftsreformen in Vietnam; Mandarine in ihrer Macht beschränkt	**1705**

1710

Deutschland/Österreich

1710 Gründung der „Charité“, eines Berliner Krankenhauses
1710 Gründung der Meißener Porzellanmanufaktur
1710 Leibniz: „Theodizee“ (für Sophie Charlotte von Preußen, seine Schülerin)
1711–1740 Kaiser Karl VI., letzter Habsburger aus dem Mannesstamm
1710 Gründung der Preußischen Akademie der Wissenschaften in Berlin
1713 Friede von Utrecht (ohne Beteiligung von Kaiser und Reich): Philipp V. als König von Spanien anerkannt; Österreich erhält spanische Nebenländer: die spanischen Niederlande, Mailand und Neapel
1713 Pragmatische Sanktion (Erbfolgegesetz) Kaiser Karls VI.: Ermöglicht weibliche Erbfolge; die österreichischen Erblande, Ungarn, die europäischen Großmächte und das Reich stimmen zu
1713–1740 König Friedrich Wilhelm I., der „Soldatenkönig“, Begründer des preußischen Militär- und Beamtenstaates, Vollender des Absolutismus in Preußen; sorgt für sparsame Verwaltung, reformiert das Domänen- und Rechnungswesen, fördert Landwirtschaft und Schulwesen, besiedelt die durch Seuchen entvölkerten Teile Ostpreußens
nach 1713 Anschluß Preußens und Hannovers an die Koalition gegen Schweden im Nordischen Krieg
1714 Friede von Rastatt und Baden (Schweiz) zwischen Frankreich einerseits und Kaiser und Reich: Österreich erhält zusätzlich Sardinien; Preußen wird als Königreich anerkannt
1714 Hexenprozesse in Preußen verboten
1714 Erfindung des Quecksilberthermometers durch Gabriel Daniel Fahrenheit
1714 Gottfried Wilhelm Leibniz „Monadologie“ (Rückführung der Substanzen auf Einheiten seelischer Prägung)

Westeuropa/Italien

1710 In England kommt ein kriegsmüdes Tory-Ministerium an die Macht; Furcht vor dem Zusammenschluß der habsburgischen Länder Österreich und Spanien wächst in England
1713 Spanien und Großbritannien vereinbaren in Madrid den Assiento-Vertrag; England erhält das Recht zum Negersklavenhandel mit Spanisch-Amerika
1713 Ende des Spanischen Erbfolgekrieges durch den Frieden von Utrecht, bestehend aus insgesamt vier Verträgen zwischen Frankreich, England, Holland, Preußen, Portugal, Savoyen, Spanien, dem Reich und Kaiser Karl VI.; der Bourbone Philip V. behält den spanischen Thron; Mailand, Neapel und die Spanischen Niederlande kommen an Österreich, Sizilien an Piemont-Savoyen, England gewinnt Teile Kanadas von Frankreich und Gibraltar
1713 Annektion Mailands und Neapels durch Österreich; beginnende österreichische Machtstellung in Italien

Mittel- und Nordeuropa	Ost- u. Südosteuropa	Asien, Amerika, Afrika	
1710 Schweden verliert Wiborg, Riga und Reval an die Russen 1710 Dänischer Versuch zur Rückeroberung Schonens scheitert 1712 Zweiter Villmergener Krieg in der Schweiz: nach Niederlage der katholischen Orte Friede von Aarau	1710 Rußland entreißt den Schweden die baltischen Provinzen 1711 Zar Peter I. gründet „Regierenden Senat" als oberste Staatsbehörde und errichtet Fachministerien; der russische Adel tritt in den Staatsdienst 1711 Ungarische Unabhängigkeitsbewegung unter Franz II. Rákóczi gegen Habsburg endgültig unterdrückt; Rákóczi geht ins Exil 1711 Nach Aufständen des ungarischen Adels Friede von Szatmár: Ungarn verwaltet sich nach eigenen Gesetzen 1711–1713 Russisch-türkischer Krieg endet nach russischer Niederlage am Pruth mit dem Frieden von Adrianopel; Asow erneut an die Türkei	1710 Im Pandschab (Indien) Rebellion der Sikhs niedergeschlagen	**1710**
1713 Preußen und Hannover in der Koalition gegen Schweden		1713 Der Frieden von Utrecht beendet auch den englisch-französischen Krieg um die nordamerikanischen Kolonien; Neufundland, Neuschottland und die Hudsonbailänder an England; das südliche Kanada und Louisiana (Mississippi) bleiben in französischem Besitz	
1714 Karl XII. kehrt aus der Türkei zurück; versucht nach seiner Rückkehr die schwedischen Besitzungen zu halten	1714 Seesieg Peters des Großen über die Schweden bei Hangö; Finnland von den Russen erobert 1714–1718 Krieg zwischen den Venezianern und Türken um die venezianischen Stützpunkte im östlichen Mittelmeer	1714 Festigung des Marathen-Reichs in Indien; gegen das Mogul-Reich gerichtet	

	Deutschland/Österreich	Westeuropa/Italien
1715	1715–1718 Krieg der Türken mit Österreich und Venedig; Ergebnis: Österreich verstärkt seine beherrschende Stellung im Südosten Europas 1716 Sieg des Prinzen Eugen über die Türken bei Peterwardein 1716 Tod des deutschen Universalgelehrten Gottfried Wilhelm Leibniz; bewirkte die Gründung der Akademie der Wissenschaften in Berlin und Petersburg; schuf ein pluralistisches philosophisches System, stellte die „Monadenlehre“ auf und verfaßte eine „Theodicee“ (Rechtfertigung Gottes) 1717 Prinz Eugen siegt bei Belgrad über die Türken und erzwingt die Übergabe der Stadt 1717 Einführung der allgemeinen Schulpflicht in Preußen 1718 Im Frieden von Passarowitz bekommt Österreich Teile Serbiens mit Belgrad, einen Teil der Kleinen Walachei und das Banat 1718 Gründung der Wiener Porzellanmanufaktur durch Paquier 1719 Tod Johann Friedrich Böttgers; zusammen mit Ehrenfried Walter Graf von Tschirnhausen Erfinder des europäischen Porzellans	1715–1774 Ludwig XV. König von Frankreich; bis 1723 unter der Vormundschaft Philipps II. von Orléans; Staatsgeschäfte werden von Kardinal Fleury geführt; Mätressenwirtschaft (Madame de Pompadour, Madame de Dubarry), Prachtentfaltung; Finanzschwäche des Staates 1716–1720 Gründung einer französischen Staatsbank 1717–1719 Spanische Besetzung Siziliens und Sardiniens 1718 Die englische Flotte zerstört die spanische Seemacht bei Kap Passaro 1718 Venedig verliert Morea – 1684 bzw. 1699 wiedergewonnen – endgültig an die Türkei (Friede von Passarowitz) 1719 „Robinson Crusoe“, englischer Abenteuerroman von Daniel Defoe 1719–1721 Die englische Flotte kreuzt in der Ostsee (aus Mißtrauen gegen Rußland)
1720	1720 Sizilien fällt an Österreich; der Herzog von Savoyen wird dafür mit Sardinien, verbunden mit dem Königstitel, entschädigt 1722 Tod des Barockbaumeisters Christoph Dientzenhofer 1723–1750 Johann Sebastian Bach Thomaskantor in Leipzig 1723 Tod des österreichischen Baumeisters Johann Bernhard Fischer von Erlach	1720 Finanzieller Ruin der englischen Südseekompanie 1721 Tod des französischen Rokoko-Malers Antoine Watteau 1721–1724 Papst Innozenz XIII.; sucht den Ausgleich zwischen der Kirche und den europäischen Staaten; Gegner der Jesuiten 1721–1742 Robert Walpole englischer Premier; Entwicklung eines König und Parlament verantwortlichen Ministeriums 1724–1730 Papst Benedikt XIII.

Mittel- und Nordeuropa	Ost- u. Südosteuropa	Asien, Amerika, Afrika	
1715 Schwedisch-französisches Bündnis erneuert 1715 Karl XII. verliert Stralsund 1716 Beginn des Kampfes Karls XII. gegen Norwegen 1718 Karl XII. fällt bei der Belagerung von Frederikshald 1719–1721 Russische Invasionen in Schweden 1719–1772 Nach Karls XII. Tod sogenannte „Freiheitszeit" in Schweden; Herrschaft des Reichstags und Reichsrats 1719 Im Frieden von Frederiksborg erhält Dänemark den größten Teil Schleswigs	1716 Niederlage der Türken bei Peterwardein durch ein Heer unter Prinz Eugen 1716 Rußland beginnt den englischen Ostseehandel zu beeinträchtigen 1717 Eroberung Belgrads durch die Heere des Prinzen Eugen 1718 Friedensschluß von Passarowitz; Österreich gewinnt Nordbosnien, Serbien und die Kleine Walachei 1718/19 Allgemeine Registrierung des russischen Volkes zum Zweck der „Seelensteuer" (Kopfsteuer)	1715 Chinahandel der englischen Ostindischen Kompagnie beginnt 1715 Erste britische Faktorei in Kanton 1717 Friedrich Wilhelm I. verkauft brandenburgische Kolonie Groß-Friedrichsburg (Goldküste) an Holland 1718 New Orleans gegründet; französische Kolonie am Golf von Mexiko 1718 Errichtung des spanischen Vizekönigreichs Neu-Granada (später Groß-Kolumbien)	**1715**
1720 Im Frieden von Stockholm mit Preußen tritt Schweden den größten Teil Vorpommerns mit Stettin und den Inseln Usedom und Wollin ab; Hannover bekommt Bremen und Verden (1719) 1720 Nachfolger Karls XII. wird Friedrich von Hessen-Kassel 1720 Schweden erkennt August den Starken als König von Polen an 1721 Ende des „Nordischen Krieges" durch den Frieden von Nystad; schwedische Großmachtstellung gebrochen; Rußland erhält die Ostseeprovinzen	1721 Abschaffung des russischen Patriarchats; „Heiliger Synod" übernimmt Kirchenleitung; Begründung der Staatskirche 1721 In Rußland Gründung von Manufakturen auf dem Lande, betrieben mit Leibeigenen 1721 Friede von Nystad beendet den Nordischen Krieg; Peter I. nimmt den Kaisertitel an 1722/23 Rußland erobert im Krieg gegen Persien Baku, Derbent und Rescht	1720 Brasilien selbständiges Vizekönigreich 1721/22 Einmarsch der Afghanen in Persien; Safawidendynastie gestürzt 1722 Entdeckung der Osterinseln und der Samoainseln 1723 Kaiserliche Handelskompanien nach Indien und Afrika in Ostende begründet 1723–1735 Yungtscheng Kaiser von China; übernimmt das Land in einer politischen und kulturellen Blütezeit 1723 In Indien Aufstand der Dschats gegen das Mogul-Reich	**1720**

	Deutschland/Österreich	Westeuropa/Italien
1725	1726 Tod des österreichischen Barockbaumeisters Jakob Prandtauer 1727 Tod des evangelisch-pietistischen Theologen und Pädagogen August Hermann Francke 1727 Entdeckung der Lichtempfindlichkeit bestimmter Silbersalze durch J. H. Schuze (Grundvoraussetzung für das Fotografieren) 1729 Tod des Johann Friedrich Eosander (von Göthe), Barockbaumeister in preußischen, schwedischen und sächsischen Diensten 1729 Johann Sebastian Bach: „Matthäuspassion“	1726–1743 Kardinal Fleury leitender Minister in Frankreich 1726 Jonathan Swift „Gullivers Reisen“; Zeitsatire im Sinne einer Gesellschaftskritik 1727–1760 Georg II. König von England 1727 Tod des englischen Physikers und Mathematikers Isaac Newton; entdeckte die gegenseitige Anziehung von Massen (Gravitation; Grundlagen der Differential- und Integralrechnung)
1730	1730 Vereitelter Fluchtversuch des Kronprinzen Friedrich von Preußen nach Auseinandersetzungen mit seinem Vater; Gefangenschaft in Küstrin 1731/32 Vertreibung der Salzburger Protestanten durch Erzbischof Graf Leopold Anton Firmian und ihre Ansiedlung in Ostpreußen durch Friedrich Wilhelm I. 1731 Einschränkung der Selbständigkeit der Zünfte durch das Reichsgewerbegesetz 1732 Aussöhnung des preußischen Königs mit seinem Sohn Friedrich, der 1733 Elisabeth Christine von Braunschweig-Bevern heiratet 1732 Tod des deutschen Chemikers und Mediziners Georg Ernst Stahl 1732 Tod des Bildhauers Balthasar Permoser 1733 Nach dem Tod Augusts des Starken wird Stanislaus Leszczynski zum polnischen König gewählt; Rußland erzwingt Wahl des Kurfürsten Friedrich Augusts II. von Sachsen zum König August III. von Polen; Österreich unterstützt diese Wahl 1733 Kantonreglement begründet Dienstpflicht der bäuerlichen Bevölkerung in Preußen 1733–1735 Kriegserklärung Frankreichs an Sachsen und Österreich löst Polnischen Erbfolgekrieg aus, in dem auf seiten Frankreichs Spanien und Sardinien eingreifen	1730–1740 Papst Clemens XII. 1733–1738 Reformpolitik König Karl Emanuels III. von Savoyen-Sardinien; Sanierung der Staatsfinanzen, Verwaltungsreformen 1733–1735 Frankreich unterstützt im Polnischen Erbfolgekrieg seinen Kandidaten Stanislaus Leszczinski, dem im Frieden von Wien Lothringen zufällt 1734 Für England vorteilhafter Handelsvertrag mit Rußland

Mittel- und Nordeuropa	Ost- u. Südosteuropa	Asien, Amerika, Afrika	
	1725 Tod Peters des Großen 1725–1727 Katharina I., Witwe Peters I., Zarin von Rußland 1727–1730 Zar Peter II. von Rußland; Menschikow, der Vormund Peters II. wird gestürzt	1725 Das westafrikanische Volk der Fulbe gründet einen islamischen Staat in Fouta Djalon (heutiges Guinea); der Herrscher ist zugleich geistliches Oberhaupt 1727 Chinesisch-russische Verträge über die Einrichtung einer russischen Mission in Peking mit Diplomatenstatus; Handelsvereinbarungen	**1725**
1731 Voltaire „Leben Carls XII.“; Biographie des schwedischen Königs 1732 In Dänemark Gründung der Asiatischen Handelskompagnie (Ziel: Erwerb von Kolonialbesitz und Sklavenhandel)	1730–1740 Zarin Anna, Tochter Iwans; Höhepunkt des deutschen Einflusses (Ostermann, Münnich, Günstling Biron); die korrupte Regierung der Zarin Anna als „Deutschenherrschaft“ verrufen 1731 Ladogakanal erbaut, erstes Teilstück der Verbindung zwischen Ostsee und Wolga (Kaspisches Meer) 1733–1735 „Polnischer Erbfolgekrieg“; Thronanwärter: August II. von Sachsen (unterstützt von Österreich und Rußland) und Stanislaus Leszczinski (unterstützt von Frankreich und Spanien) 1734–1763 August II. von Sachsen als August III. König von Polen 1734 Englisch-russischer Handelsvertrag	1730–1732 Janitscharen-Aufstand in der Türkei 1730–1754 Mahmud I. Sultan der Osmanen 1733 Gründung von Georgia als englische Kolonie in Nordamerika; einer der 13 Staaten, die sich 1776 für unabhängig von England erklären	**1730**

	Deutschland/Österreich	Westeuropa/Italien
1735	1735 Vorfriede von Wien (1738 endgültiger Friede) beendet polnischen Thronfolgekrieg: August III. bleibt König von Polen, Stanislaus Leszczinski wird mit Lothringen abgefunden; Herzog Franz Stephan von Lothringen erhält das Großherzogtum Toscana; Neapel und Sizilien fallen an die spanischen Bourbonen; Österreich erhält dafür Parma und Piacenza 1736 Tod des deutschen Barockbaumeisters Matthäus Daniel Pöppelmann 1736–1739 Russisch-österreichischer Krieg gegen die Türkei; nach österreichischen Niederlagen Friede von Belgrad: Österreich verliert Serbien mit Belgrad und die Kleine Walachei an die Türkei; Rußland seither Österreichs stärkster Rivale auf dem Balkan 1737 Gründung der hannoverschen Universität Göttingen 1738 Tod des deutschen Baumeisters Georg Bähr 1738–1811 Karl Friedrich, Markgraf von Baden, seit 1803 Kurfürst und seit 1806 Großherzog; 1806 Anschluß Badens an den Rheinbund 1739 Tod des deutschen Malers und Baumeisters Cosmas Damian Asam 1739/40 Kronprinz Friedrich von Preußen: „Antimachiavell"	1735 Die österreichischen Habsburger treten im Frieden von Wien Neapel-Sizilien an König Philipp V. von Spanien ab; Österreich erhält dafür Parma und Piacenza in Italien 1337 Das Großherzogtum Toscana in Italien wird unter seinem Fürsten Franz Stephan von Lothringen, vermählt mit Maria Theresia von Österreich, ein „Musterstaat"; Steuergerechtigkeit; Aufhebung der Zünfte; Beseitigung der Binnenzölle
1740	1740 Tod des deutschen Barockbildhauers und -baumeisters Andreas Schlüter 1740 In preußischen Gefängnissen wird die Folter abgeschafft 1740 Humanisierung des Strafrechts und Abschaffung der Hexenprozesse in Österreich 1740–1786 Friedrich II., der Große, König von Preußen; vertritt als Herrscher die Ideen des „aufgeklärten Humanismus", fühlt sich als „erster Diener des Staates"; unter seiner Herrschaft wird Preußen Großmacht; Friedrich reformiert Recht und Verwaltung, fördert Handel und Gewerbe, übt religiöse Toleranz	1740 „Rule Britannia" entstanden 1740–1758 Papst Benedikt XIV.; (Papst der Aufklärungszeit) 1740–1748 Im Österreichischen Erbfolgekrieg ist Belgien Kriegsschauplatz der Westmächte

Mittel- und Nordeuropa	Ost- u. Südosteuropa	Asien, Amerika, Afrika	
1735 Carl von Linné „Das System der Natur“ („Systema naturae“) Schaffung der Binären Nomenklatur 1739 Beginn des allgemeinen Schulwesens in Norwegen	1735–1739 Österreichisch-russische Koalition gegen das Osmanische Reich; der russische Marschall Münnich erobert erstmals die Krim	1736–1796 Kaiser Kienlung von China; trotz großer Machtausdehnung allmählicher Verfall des Mandschu-Reichs 1736–1747 Nadir Schah von Persien; erfolgreicher Kampf gegen Afghanen und Türken; Sieg über den Großmogul, Plünderung Delhis (Erbeutung des Pfauenthrons); Reich bis zum Indus und Euphrat	**1735**
	1738 Ende des Polnischen Erbfolgekriegs; Stanislaus Leszczinski wird mit Lothringen abgefunden 1739 Belgrad von den Türken erobert 1739 Im Frieden von Belgrad erhält Rußland Asow (darf nicht befestigt werden); keine russische Flotte am Schwarzen Meer		
1741–1743 Unglücklich verlaufender Krieg Schwedens gegen Rußland 1742 Gründung der Akademie der Wissenschaften in Dänemark	1740–1741 Zar Iwan VI. (geboren 1740); zunächst unter der Vormundschaft des Herzogs von Kurland, später unter der seiner Mutter Anna Leopoldowna; 1741 von Zarin Elisabeth gestürzt 1741–1762 Zarin Elisabeth	1740 Gründung einer Universität in Pennsylvania	**1740**

	Deutschland/Österreich	Westeuropa/Italien
1740	1740–1780 Maria Theresia, Königin von Böhmen und Ungarn, Erzherzogin von Österreich, seit 1745 Kaiserin, seit 1737 vermählt mit Franz Stephan, Herzog von Lothringen, Großherzog von Toscana, seit 1745 Kaiser Franz I.; führt innere Reformen durch (Verwaltung, Finanzwesen, Heer und Schulwesen) 1740–1748 Österreichischer Erbfolgekrieg, ausgelöst durch die Thronbesteigung Maria Theresias; Friedrich II. von Preußen marschiert in Schlesien ein; Kurfürst Karl Albert von Bayern, der die Pragmatische Sanktion nicht anerkannt hat, erhebt Erbansprüche und wird als Karl VII. zum Kaiser gewählt, jedoch von Österreichern und Ungarn aus Bayern vertrieben; Beendigung des Krieges mit dem Frieden von Aachen 1740–1742 Erster Schlesischer Krieg zwischen Preußen (Erbansprüche Friedrichs II.) und Österreich 1741 Besetzung Breslaus durch ein preußisches Heer; preußischer Sieg bei Mollwitz 1741 Maria Theresia gründet das Wiener Burgtheater (Hoftheater) 1742 Friede von Berlin; Niederschlesien, Teile Oberschlesiens und Grafschaft Glatz an Preußen 1742 Georg Friedrich Händel: „Messias" 1742–1745 Karl VII., in Frankfurt zum Kaiser gewählt; nach seinem Tode verzichtet sein Nachfolger Max Joseph auf den Kaisertitel 1743 Sieg der „Pragmatischen Armee" über die Franzosen bei Dettingen 1743 Gründung der Universität Erlangen durch den Markgrafen von Brandenburg-Bayreuth 1744 Ostfriesland fällt an Preußen 1744/45 Zweiter Schlesischer Krieg; Friedrich II., verbündet mit Frankreich, nutzt eine österreichische Offensive gegen Frankreich, um in Böhmen einzumarschieren und Prag zu erobern	1741–1748 „Österreichischer Erbfolgekrieg"; Maria Theresia verteidigt ihre Erbfolge im Bündnis mit England und den Niederlanden gegen Frankreich, Spanien, Preußen und Bayern 1744–1747 Beginn der Kolonialkriege zwischen Frankreich und England (während des Österreichischen Erbfolgekriegs); Schwerpunkte Kanada, Louisiana und Indien

Mittel- und Nordeuropa	Ost- u. Südosteuropa	Asien, Amerika, Afrika	
	1741 Palast-Revolution „stürzt“ den Zaren Iwan VI.; Elisabeth, Tochter Peters I., Zarin (1741–1762); Ostermann und Münnich nach Sibirien verbannt; leitender Minister Bestuschew-Rjumin 1741–1743 Schwedisch-russischer Krieg; im Frieden von Åbo kommt Südostfinnland an Rußland 1742 Verteidigungsallianz zwischen Rußland und England seit 1742 Förderung von Wissenschaft und Kultur unter der Regierung der Zarin Elisabeth	1740 Bengalen (Indien) wird unabhängig	**1740**
		1741 Entdeckung der Alëuten und der Küste Alaskas durch Bering	
1743 Bäuerliche Aufstandsbewegung in Schweden wird gewaltsam niedergeschlagen 1744 Tod des Anders Celsius; schwedischer Physiker in Uppsala, entwickelte das 100-gradige Thermometer			
		1744 Abd al-Wahhab, Gründer der Reformbewegung der Wahabiten (Verbot der Heiligenverehrung), verbindet sich mit Anaza-Scheich Ibn Saud (Arabien) seit 1744 Französisch-englische Auseinandersetzungen um die Kolonialherrschaft in Indien	

	Deutschland/Österreich	Westeuropa/Italien
1745	1745 Sieg Friedrichs II. über die Österreicher bei Hohenfriedberg und Soor, über die Sachsen bei Kesselsdorf; der Friede von Dresden bestätigt Preußen im Besitz Schlesiens; Friedrich erkennt Franz I. als Kaiser an 1745 Gründung der Technischen Hochschule (heute Universität) Braunschweig 1745 Tod des österreichischen Barockbaumeisters Johann Lukas von Hildebrandt 1745–1765 Kaiser Franz I.; nach dem Tod Karls VII. wird Franz Stephan von Lothringen-Toscana, Gemahl Maria Theresias, von der Mehrheit der Reichsfürsten zum Kaiser gewählt; erhält nach dem Dresdener Frieden auch die Kurstimme Friedrichs II. 1746 Österreich schließt mit Rußland einen vornehmlich gegen Preußen gerichteten Bündnisvertrag 1746–1756 Innenpolitische Reformen in Österreich 1747 Beginn der preußischen Justizreform 1747 Entdeckung des Rübenzuckers durch A. Marggraf 1748 Friede von Aachen beendet den Österreichischen Erbfolgekrieg; die Pragmatische Sanktion wird endgültig anerkannt; Österreich erhält die von Frankreich eroberten österreichischen Niederlande zurück, tritt Parma und Piacenza an die spanischen Bourbonen und einen Teil des Herzogtums Mailand an Sardinien ab; Preußen wird im Besitz von Schlesien und Glatz bestätigt; abgesehen von Schlesien keine Gebietsverluste für die österreichischen Habsburger	1745 Franzosen siegen bei Fontenoy im Österreichischen Erbfolgekrieg 1746 In Italien wird Genua von österreichischen Truppen vorübergehend besetzt 1746 Im Bündnis mit Frankreich versuchen die Stuarts eine Rückkehr auf den schottischen und englischen Thron; Niederlage bei Culloden 1748 Montesquieu „Geist der Gesetze“ („Esprit des Lois“); staatsphilosophisches Werk
1750	1750 Tod des deutschen Komponisten Johann Sebastian Bach; einer der größten Tonschöpfer aller Zeiten (Oratorien, Kantaten, geistliche und weltliche Gesangs-, Orgel- und Klavierwerke, Kammer- und Orchestermusik) 1750–1753 Aufenthalt Voltaires am Hof Friedrichs des Großen	seit 1750 Beginnender Einfluß der Physiokraten in Frankreich (Quesnay) 1751–1772 In Frankreich erscheint die für die Aufklärung bedeutsame „Enzyklopädie“ in 35 Bänden, herausgegeben von Diderot, d’Alembert, Rousseau, Voltaire u. a.

Mittel- und Nordeuropa	Ost- u. Südosteuropa	Asien, Amerika, Afrika	
	1745 Vereinigung Slawoniens mit Kroatien 1746 Bündnis zwischen Rußland (Großkanzler Bestuschew) und Österreich auf 25 Jahre; gegen Preußen gerichtet (österreichische Revanchepolitik) 1747 Baschkirenaufstand	1746–1763 Englisch-französischer Krieg in Südindien (Clive und Dupleix) 1747 Nadir Schah von Persien ermordet; aus den Nachfolgekämpfen geht die Dynastie der Send hervor; Kerim Khan 1750 bis 1779 1747–1773 Achmed Schah Herrscher in Afghanistan; Begründer eines großafghanischen Reiches Mitte des 18. Jh. In Japan starrer Obrigkeitsstaat, der konfuzianische Ethik und Buddhismus fördert; zunehmender Reichtum und Einfluß der Kaufleute, Verarmung der Samurai durch Übergang von der Natural- zur Geldwirtschaft, Bauernaufstände Mitte des 18. Jh. Zerfall Abessiniens in Teilfürstentümer (Tigre, Gondar, Schoa)	**1745**
1751–1818 Haus Holstein-Gottorf in Schweden 1751–1771 König Adolf Friedrich von Schweden		1752 Erster Blitzableiter (von Benjamin Franklin)	**1750**

	Deutschland/Österreich	Westeuropa/Italien
1750	1751 Tod des Barockbaumeisters Kilian Ignaz Dientzenhofer 1753 Ernennung des Grafen (später Fürsten) Kaunitz-Rietberg zum österreichischen Staatskanzler, der mit dem Ziel der Rückgewinnung Schlesiens Verständigung mit Frankreich anstrebt 1753 Tod des deutschen Barockbaumeisters Balthasar Neumann 1753 Tod des Georg Wenzeslaus von Knobelsdorff, Erbauer von Schloß Sanssouci in Potsdam	1753–1759 Entstehung des Britischen Museums in London durch Zusammenlegung der Sammlungen von Cotton, Harley und Sloane
1755	1756 Die Westminsterkonvention Preußens mit England hat den Abschluß eines österreichisch-französischen Bündnisses zur Folge; Rußland spricht sich mit Österreich über ein Vorgehen gegen Preußen ab 1756–1763 Siebenjähriger Krieg/Dritter Schlesischer Krieg (gleichzeitig Krieg Englands und Frankreichs um die Kolonien); Preußen kämpft gegen die Große Koalition von Österreich, Frankreich, Rußland, Schweden und der meisten Reichsfürsten um seine Existenz; wird nur von England mit Subsidien unterstützt 1756 Friedrich II. von Preußen fällt ohne Kriegserklärung in Sachsen ein, siegt bei Lobositz über die Österreicher und macht nach der Kapitulation der sächsischen Truppen Sachsen zur Operationsbasis 1756 Philipp Pfaff: „Abhandlung von den Zähnen"; das erste deutsche wissenschaftliche Werk der Zahnheilkunde 1757 Friedrich II. siegt bei Prag, erleidet eine Niederlage bei Kolin, siegt bei Roßbach über die Reichsarmee und die Franzosen, bei Leuthen über die Österreicher 1757 Tod des deutschen Komponisten Johann Stamitz 1758 Englisch-preußischer Subsidienvertrag; preußischer Sieg bei Zorndorf über die Russen, Niederlage bei Hochkirch durch die Österreicher unter Daun; Russen besetzen Ostpreußen	1755–1763 Erneuter Krieg Englands gegen Frankreich 1755 Tod des französischen Staatsphilosophen Montesquieu 1755 Lissabon durch Erdbeben zerstört 1757–1761 Pitt der Ältere englischer Premier (Whig-Regierung) verdrängt Frankreich aus Kanada und Ostindien 1756 (Entgegen allen politischen Traditionen) Bündnis Frankreichs mit Österreich (Staatskanzler Kaunitz) 1756(–1777) Marquis von Pombal, bedeutender Staatsmann, Premierminister in Portugal (seit 1750 schon Außenminister); enge politische und wirtschaftliche Verbindung mit England; Säkularisierung des Schulwesens 1758 Attentat auf König Joseph I. von Portugal; Adelsverschwörung; die Macht des Adels durch Hinrichtungen gebrochen 1758–1761 Subsidienvertrag Englands mit Preußen 1759 Verbannung der Jesuiten aus Portugal 1759–1788 Karl III. König von Spanien; aufklärerische Reformpolitik des Ministers Aranda

Mittel- und Nordeuropa	Ost- u. Südosteuropa	Asien, Amerika, Afrika	
1751–1770 Graf Bernstorff Außenminister des dänisch-norwegischen Gesamtstaats; erwirkt Neutralität im Siebenjährigen Krieg	1754 Gründung der ersten russischen Hypothekenbank	1753–1760 Begründung des neuen birmanischen Reiches durch Alaungpaya 1754 Gründung der Columbia-Universität in New York	**1750**
1757–1763 Schweden in der Koalition des Siebenjährigen Krieges gegen Preußen; ohne aktiv einzugreifen	1755 Gründung der ersten russischen Universität in Moskau durch Zarin Elisabeth 1756 Errichtung einer Akademie der Schönen Künste in Petersburg 1757 Gründung des ersten russischen Theaters (Hoftheaters) 1757 Ein russisches Heer dringt in Preußen ein (Siebenjähriger Krieg) 1757–1774 Sultan Mustafa III.	1755–1763 In der 2. Phase des englisch-französischen Kolonialkrieges (während des Siebenjährigen Krieges) verliert Frankreich große Kolonialgebiete in Nordamerika, am Senegal und in Indien an England 1756 Erneute Plünderung Delhis durch die Afghanen unter Achmed Schah 1756–1758 Aufstände der Sikhs im Pandschab 1757 Robert Clive siegt bei Plassey über den mit Frankreich verbündeten Nabob von Bengalen und etabliert damit die britische Herrschaft in Indien 1757 In China Politik der „geschlossenen Tür" durch Beschränkung des Handels mit Ausländern auf den Hafen von Canton	**1755**

	Deutschland/Österreich	Westeuropa/Italien
1755	1759 Schwere Niederlage Friedrichs II. bei Kunersdorf durch die Österreicher unter Laudon und die Russen; ein von Österreichern eingeschlossenes Korps kapituliert bei Maxen 1759 Tod Georg Friedrich Händels; Komponist von Oratorien, Opern, Chorwerken, Instrumentalwerken	1758–1769 Papst Clemens XIII. 1759 Zwei Seesiege der englischen Heimatflotte verhindern eine französische Invasion in England 1759–1788 Karl III. König von Spanien
1760	1760 Preußischer Sieg über die Österreicher bei Liegnitz; Russen und Österreicher besetzen für kurze Zeit Berlin; verlustreicher Sieg Preußens über die Österreicher bei Torgau 1761 Gründung der Nymphenburger Porzellanmanufaktur 1762 Tod der Zarin Elisabeth von Rußland; ihr Nachfolger, Zar Peter III., Verehrer Friedrichs, schließt Frieden mit Preußen; nach Ermordung Peters III. erklärt seine Witwe und Nachfolgerin Zarin Katharina II. (die Große) die Neutralität Rußlands; Schweden schließt Frieden mit Preußen, Frankreich stellt den Kampf gegen Preußen ein; in den letzten Schlachten des Krieges siegt Friedrich bei Burkersdorf und Freiberg über die Österreicher 1762 Gründung der Königlich-Preußischen (heute Staatlichen) Porzellanmanufaktur in Berlin 1763 Beendigung des Siebenjährigen Krieges durch den Frieden von Hubertusburg zwischen Österreich, Sachsen und Preußen auf der Grundlage des Vorkriegszustandes; Beginn des Wiederaufbaues in Preußen, („Rétablissement") 1763 Preußisches Generallandschulreglement 1764 Bündnisvertrag zwischen Preußen und Rußland 1764 Die von Zarin Katharina II., der Großen, in ihr Land gerufenen Deutschen werden in der Wolgakolonie angesiedelt 1764 Johann Joachim Winckelmann: „Geschichte der Kunst des Altertums"	1760–1820 Georg III. König von England 1761 England scheidet auf dem europäischen Festland aus dem Krieg aus; Subsidienvertrag mit Preußen wird nicht verlängert 1762 Rousseau „Gesellschaftsvertrag" („Contrat social"); grundlegendes staatsphilosophisches Werk für die modernen Demokratien 1763/64 England beginnt Getreide einzuführen 1763 Im Frieden zu Paris verliert Frankreich Kanada und seinen indischen Besitz, Spanien Florida an England; Louisiana fällt teils an England, teils an Spanien; England wird erste Kolonialmacht der Welt 1764 Verbot des Jesuitenordens in Frankreich

Mittel- und Nordeuropa	Ost- u. Südosteuropa	Asien, Amerika Afrika	
	1759 Russischer Sieg über Friedrich den Großen bei Kunersdorf	1759 Die Engländer erobern Quebec; 1760 Montreal	**1755**
1762 Gründung der „Helvetischen Gesellschaft für Freiheit und Toleranz“	seit 1760–ca. 1800 Deutsche Siedlerkolonien an der Wolga und in der Ukraine 1761 Freundschaftsvertrag zwischen der Türkei und Preußen, doch kein Eingreifen in den (Siebenjährigen) Krieg 1762–1917 Haus Holstein-Gottorf in Rußland 1762 Zar Peter III. von Rußland, Neffe der Zarin Elisabeth (Verehrer Friedrichs II. von Preußen); schließt Frieden mit Preußen; von Offizieren ermordet 1762–1796 Katharina II. (von Anhalt-Zerbst), die Große, Zarin von Rußland; Witwe Peters III. aus dem Hause Holstein-Gottorf 1763–1783 Graf Panin leitender russischer Staatsmann 1764 Polen wird nach der Wahl Stanislaus Poniatowskis zum polnischen König russischer Vasallenstaat 1764 Preußisch-russisches Bündnis 1764–1795 Stanislaus II. August, letzter polnischer König	1760 Kanada von den Engländern erobert 1760 China unterwirft Ostturkestan (Kaschgar und Yarkand) 1760 Errichtung des Vizekönigreichs Brasilien; Vertreibung der Jesuiten 1761 In Indien bringt die Schlacht von Panipat die entscheidende Niederlage der Marathen, die das Ende des Mogulreichs besiegelt 1762/63 Kuba von den Briten besetzt; 1763 an Spanien zurückgegeben (im Tausch gegen Florida) 1763 Frankreich muß Kanada an England abtreten (Frieden zu Paris)	**1760**

	Deutschland/Österreich	Westeuropa/Italien
1765	1765–1790 Kaiser Joseph II., in den habsburgischen Erblanden bis 1780 Mitregent seiner Mutter Maria Theresia; Wegbereiter des nach ihm so bezeichneten „Josephinismus“, eines aufgeklärten, katholischen Absolutismus; führt weitgehende Reformen durch; muß zahlreiche von ihm durchgesetzte Maßnahmen kurz vor seinem Tod rückgängig machen 1765–1806 „Allgemeine deutsche Bibliothek“ herausgegeben von Friedrich Nicolai 1765 Gründung der Bergakademie Freiberg in Sachsen seit etwa 1765 Die Kartoffel setzt sich als Volksnahrungsmittel in Deutschland durch 1766 Tod des deutschen Schriftstellers, Gelehrten und Kritikers Johann Christoph Gottsched 1768 Tod des deutschen Archäologen Johann Joachim Winckelmann 1768 Erste deutsche Handelsakademie in Hamburg 1769 Tod des deutschen Dichters Christian Fürchtegott Gellert	1765–1792 Leopold I. (dritter Sohn Maria Theresias) Großherzog von Toscana; wird 1790–1792 als Leopold II. Kaiser 1767 Ausweisung der Jesuiten durch Karl III. von Spanien 1767 Wagenspinnmaschine „Jenny“ in England erfunden 1768 Frankreich erwirbt Korsika von Genua 1768 James Watt konstruiert die Dampfmaschine (1769 patentiert) 1769 R. Arkwrigth konstruiert 1768 die erste Spinnmaschine 1769–1774 Papst Clemens XIV. 1769–1771 Die englische Öffentlichkeit wird erregt von den anonymen „Juniusbriefen“; darin heftige Kritik an politischen Autoritäten; gesetzliche Einführung der Todesstrafe für die Zerstörung von Fabrikanlagen 1769–1774 Gräfin Dubarry Mätresse Ludwigs XV.
1770	1770 Besuch Friedrichs II. in Österreich; österreichischer Staatskanzler Kaunitz schlägt Vereinigung Österreichs mit Preußen zum Schutz gegen die aus dem Osten drohende Gefahr vor 1770 Immanuel Kant Professor in Königsberg 1770 Gründung der Bergakademie Berlin seit 1771 „Wandsbecker Bote“, herausgegeben von Matthias Claudius 1772 Nach Verständigung Rußlands mit Preußen erste Teilung Polens; Österreich tritt dem Abkommen bei; Preußen erhält den Großteil Westpreußens (ohne Danzig und Thorn), Ermland und den Netzedistrikt; seitdem Herrschertitel „König von Preußen“ (von Friedrich II. bereits geführt); Österreich bekommt Ostgalizien und Lodomirien, Rußland Gebiete östlich von Düna und Dnjepr	1772 Gründung der Universität Coïmbra in Portugal; Sitz der Aufklärungsphilosophie

Mittel- und Nordeuropa	Ost- u. Südosteuropa	Asien, Amerika, Afrika	
1765 Graf Andreas Bernstorff handelt Tauschvertrag mit Rußland aus (Verzicht Rußlands auf Schleswig, gottorfischer Anteil von Holstein mit Kiel an Dänemark) 1766–1808 Christian VII. König von Dänemark (geisteskrank)	1767 Russische Ständeversammlung zur Beratung großer Reformen bleibt ergebnislos 1767 Polnische Konföderation von Radom gegen die Reformpläne Stanislaus' II.; die Gegen-Konföderation von Bar (1768) wird von Rußland hintertrieben; es bleibt beim liberum veto 1768–1774 Russisch-türkischer Krieg, ausgelöst durch krimtatarischen Angriff auf russisches Gebiet; große militärische Erfolge der Russen (u. a. Moldau und Walachai besetzt)	1765 Stempelsteuerkongreß vom britischen Parlament für Nordamerika beschlossen; ein Zollgesetz wendet sich gegen den Handel der Neu-England-Staaten 1765 Weiterer Ausbau der britischen Macht in Indien; der Großmogul in Delhi verliert jeden politischen Einfluß 1767 In Siam wird das seit dem 14. Jh. bestehende Reich von Ayuthia von den Birmanen zerstört 1768 Die Jesuiten aus allen spanischen Kolonien vertrieben 1768 James Cook beginnt seine großen Entdeckungsreisen 1769 Weitere Ausdehnung Chinas; Birma tributpflichtig	**1765**
1770–1772 Graf Struensee, Geliebter der Königin Caroline Mathilde, leitender Minister in Dänemark; übereilte Reformen nach dem Vorbild Friedrichs des Großen; Deutsch zur Amtssprache erklärt 1771–1792 König Gustav III. von Schweden; beseitigt den Einfluß der Stände (1772) 1772 Minister Graf Struensee in Dänemark vom Adel gestürzt und enthauptet; die Königin nach Celle verbannt; Dänisch wieder Amtssprache (1773)	1770 Russischer Seesieg über die Türken bei Tschesme 1771 Die Krim in russischer Hand 1772 Erste Teilung Polens zwischen Österreich, Preußen und Rußland; Rußland erhält den größten Teil Ostpolens 1773 Aufstand Pugatschews, des „falschen Peters"; große Bauernerhebung gegen die Leibeigenschaft seit 1773 Ansiedlung deutscher Bauern in Galizien, Ungarn, im Banat und in der Bukowina	1770 Cook nimmt die australische Ostküste für England in Besitz (Neusüdwales) 1771 Nach Empörung gegen die türkische Herrschaft in Ägypten kommen die Mamluken wieder an die Macht 1773 Englische Teeladung wird im Hafen von Boston (Nordamerika) ins Meer geworfen; Ausbruch des Konflikts mit England	**1770**

	Deutschland/Österreich	Westeuropa/Italien
1770	1772 Tod Gerard van Swietens, des Begründers der Wiener medizinischen Schule; Leibarzt Maria Theresias 1772 Gotthold Ephraim Lessing: „Emila Galotti" 1773 Auflösung des Jesuitenordens in Österreich 1773 Johann Wolfgang von Goethe: „Götz von Berlichingen" 1774 Johann Wolfgang von Goethe: „Die Leiden des jungen Werther"	1773 Jesuitenorden durch Papst Clemens XIV. aufgelöst (von Katharina II. in Rußland nicht anerkannt) 1774–1792 Ludwig XVI. König von Frankreich; Gemahlin Marie Antoinette, Tochter Maria Theresias
1775	1775 Österreich erwirbt das Buchenland (Bukowina) 1775 Gründung der Bergakademie Clausthal 1776 Friedrich Maximilian von Klinger: „Sturm und Drang" (Schauspiel) 1778/79 Versuch Österreichs, seine Stellung im Reich durch Erwerb von Teilen Bayerns zu verstärken, führt zum Bayerischen Erbfolgekrieg; von Rußland diplomatisch unterstützt, greift Preußen ein; der mit geringen Kampfhandlungen verbundene Krieg, („Kartoffelkrieg") endet ergebnislos; im von Rußland garantierten Frieden von Teschen erhält Österreich das Innviertel; Karl Theodor von der Pfalz wird Kurfürst von Bayern 1778 Gründung der ersten deutschen tierärztlichen Hochschule in Hannover 1779 Gotthold Ephraim Lessing: „Nathan der Weise"	1775–1799 Papst Pius VI.; Gegner der Französischen Revolution; stirbt in der Gefangenschaft in Valence 1775–1783 Freiheitskrieg der nordamerikanischen englischen Kolonien 1776 Tod des schottischen Aufklärungsphilosophen und -historikers David Hume 1776 Turgots Finanzreformversuche (seit 1774) scheitern; 1776–1781 der gebürtige Schweizer Bankier Necker französischer Finanzminister 1776 Adam Smith „Eine Untersuchung über Natur und Ursachen des Volkswohlstandes" 1778 Bündnis zwischen Frankreich und den USA durch Benjamin Franklin vermittelt; Franklin amerikanischer Gesandter in Paris; Kriegserklärung an England 1778 Tod Jean-Jacques Rousseaus 1778 Tod Voltaires
1780	1780 Tod der Kaiserin Maria Theresia 1780 Gründung der Universität Münster/Westfalen 1781 Bündnis Österreichs mit Rußland 1781 Aufhebung der Leibeigenschaft in den habsburgischen Ländern und Beginn der Auflösung der Klöster 1781 Immanuel Kant: „Kritik der reinen Vernunft" 1781 Tod Gotthold Ephraim Lessings; deutscher Dichter und Kritiker	1783 Im Frieden zu Versailles erkennt England die Unabhängigkeit der USA an; Florida wird von England an Spanien zurückgegeben, Senegambien an Frankreich 1783 Erster Ballonaufstieg der Brüder Montgolfier im Heißluftballon 1783–1801 Pitt der Jüngere englischer Premier

Mittel- und Nordeuropa	Ost- u. Südosteuropa	Asien, Amerika, Afrika	
1773–1780 (wieder 1784 bis 1797) Graf Andreas Bernstorff leitender Minister in Dänemark; wirtschaftliche Verbesserungen; Bauernbefreiung	1774–1789 Sultan Abd ul-Hamid I. 1774 Friede zwischen Rußland und der Türkei in Kütschük-Kainardschi; Rußland erreicht das offene Schwarze Meer zwischen Bug- und Dnjepr-Mündung und freie Schiffahrt auf dem Schwarzen Meer	1773 Die englische Ostindische Kompanie wird der Kontrolle des britischen Parlaments unterstellt (Regulating Act) 1774 Warren Hastings erster Generalgouverneur von Bengalen 1774 Cook entdeckt Neukaledonien	**1770**
1776 In Dänemark können Deutsche von außerhalb Dänemarks nicht in den Staatsdienst treten	1775 Österreich annektiert die Bukowina 1775 Unterdrückung des Bauernaufstandes (seit 1773) an der Wolga unter Pugatschew; soziale Ursachen (Kosaken, Manufakturarbeiter, Leibeigene); Pugatschew hingerichtet 1779 Katharina II. vermittelt den Frieden von Teschen zwischen Preußen und Österreich	1775–1783 Nordamerikanischer Unabhängigkeitskrieg 1776 (4. 7.) Unabhängigkeitserklärung der USA; zugleich Erklärung der Menschenrechte 1776 Thomas Paine: „Common Sense“, Lehre von den Menschenrechten 1777 In Persien nach dem Tode Kerim Khans Herrschaft der Kadscharen; Teheran wird Hauptstadt 1777 Sieg der Amerikaner bei Saratoga über die Engländer 1778 James Cook entdeckt die Hawaii-Inseln; dort 1779 von Eingeborenen erschlagen	**1775**
1783 Tod des Schweizer Gelehrten und Schriftstellers Johann Jakob Bodmer 1783 Tod des Schweizer Mathematikers und Naturwissenschaftlers Leonhard Euler	1780 Katharina II. verkündet die „Bewaffnete Neutralität“ zum Schutz der neutralen seefahrenden Nationen im nordamerikanischen Befreiungskrieg gegen England 1781 Bündnis zwischen Rußland und Österreich (Kaiser Joseph II.)	1780 Bank von Pennsylvania gegründet 1781 Britisches Korps kapituliert bei Yorktown (Virginia) 1782 Tunis macht sich von der türkischen Oberherrschaft frei	**1780**

	Deutschland/Österreich	Westeuropa/Italien
1780	1782 Wolfgang Amadeus Mozart: „Entführung aus dem Serail“ 1783 Als erster deutscher Fürst hebt Markgraf Karl Friedrich von Baden, ein Schüler der Physiokraten, die Leibeigenschaft auf; Verwaltungsreformen 1784 Konkordat Josephs II. mit der Kurie 1784 Friedrich von Schiller: „Kabale und Liebe“ 1784–1791 Johann Gottfried von Herder: „Ideen zur Philosophie der Geschichte der Menschheit“	1783–1787 Neckers Nachfolger Calonne gibt die volle Höhe des französischen Staatsdefizits bekannt; greift auf Turgots Reformpolitik zurück, scheitert jedoch 1783 Tod des französischen Aufklärers Jean d'Alembert 1784 Tod des französischen Aufklärers Denis Diderot 1784 Erste Spinnerei mit Dampfmaschinenantrieb
1785	1785 Der Versuch Österreichs, Bayern im Tausch gegen die österreichischen Niederlande (Belgien) zu erhalten, wird von Friedrich II. durch Gründung des Deutschen Fürstenbundes zur Wahrung des Westfälischen Friedens vereitelt 1785 Erste deutsche Dampfmaschine in Preußen 1785 Immanuel Kant: „Grundlegung zur Metaphysik der Sitten“ 1785 Johann Wolfgang von Goethe: „Wilhelm Meisters theatralische Sendung“ 1786 Tod Friedrichs II., des Großen, von Preußen 1786 Tod des Aufklärungsphilosophen Moses Mendelssohn, der sich um die Emanzipation des Judentums verdient gemacht hat 1786 Gründung der Universität Bonn 1786 Goethes Italienreise 1786 Wolfgang Amadeus Mozart: „Die Hochzeit des Figaro“ 1786–1797 Friedrich Wilhelm II. König von Preußen; unter seiner Herrschaft politischer Niedergang Preußens 1787 Johann Wolfgang von Goethe: „Egmont“; Friedrich Schiller: „Don Carlos“ 1787 Wolfgang Amadeus Mozart: „Don Giovanni“ 1787–1791 Letzter Türkenkrieg Österreichs im Bunde mit Rußland; im Frieden von Sistowa wird Österreich der Donaupaß „Eisernes Tor“ zugesprochen	1785 Halsbandprozeß in Frankreich; Königin Marie Antoinette zu Unrecht beschuldigt 1785 Gründung der englischen Zeitung „The Times“ Der Engländer A. Meikle konstruiert die erste Dreschmaschine 1786 Französisch-englischer Freihandelsvertrag führt zu schwerer Industriekrise in Frankreich 1788 Tod des englischen Porträt- und Landschaftsmalers Thomas Gainsborough 1788 Necker erneut zur Rettung der französischen Staatsfinanzen berufen; er betreibt die Einberufung der erweiterten Generalstände (mit Verdoppelung der Stimmen des Dritten Standes als Gleichgewicht gegen Adel und Geistlichkeit) 1788 Agrarkrise in Frankreich als Folge von Mißernten

Mittel- und Nordeuropa	Ost- u. Südosteuropa	Asien, Amerika, Afrika	
	1783 Rußland annektiert das Gebiet der Krimtataren; Gründung von Sewastopol 1784 Rußland annektiert Georgien; Rußland auf breiter Front Grenznachbar der Türkei	1783–1787 Ansiedlung amerikanischer Bürger in Kanada 1784 In Kriegen gegen die Marathen und den Sultan von Maisur weitere Teile Indiens durch Hastings unterworfen; East India Bill unterstellt die Ostindische Kompanie einer königlichen Aufsichtsbehörde	**1780**
1786 Gründung der Schwedischen Akademie 1788–1790 Der Krieg Schwedens gegen Rußland mit dem Ziel, die Ostseeprovinzen und Finnland zurückzugewinnen, verläuft erfolglos 1788 In Finnland bildet sich während des schwedisch-russischen Krieges der die Selbständigkeit Finnlands unter russischem Schutz erstrebende Anjalabund 1789 Weitere Begrenzung der Kompetenzen des schwedischen Reichstags; Ämterrecht des Adels eingeschränkt; Verbesserung der Rechtslage der Bauern	1785 Verbriefte Rechte für den privilegierten russischen Adel; Enthebung von allen Diensten; alle Lasten ruhen auf dem Bauern 1787 Triumphfahrt Katharinas durch Südrußland; (sogenannte „Potemkinsche Dörfer“) 1787–1792 Zweiter russisch-türkischer Krieg Katharinas II.; Rußland gewinnt weitere Küstengebiete am Schwarzen Meer 1788 Österreich tritt dem Krieg Rußlands gegen die Türkei bei 1788–1790 Russisch-schwedischer Krieg; dieser und andere Gegenmaßnahmen der europäischen Mächte verhindern Katharinas „Griechisches Projekt“, die Eroberung Konstantinopels und Neubegründung des byzantinischen Reiches unter der russischen Dynastie 1788–1807 Sultan Selim III.	1787 Vertrag zwischen China und Frankreich 1788 Die Engländer ergreifen von Australien Besitz; zunächst britische Strafkolonie (beim heutigen Sidney) 1789 Verfassung der USA wird rechtskräftig 1789–1797 George Washington erster Präsident der Vereinigten Staaten	**1785**

	Deutschland/Österreich	Westeuropa/Italien
1785	1788–1791 Carl Gotthard Langhans: Brandenburger Tor in Berlin 1788 Immanuel Kant: „Kritik der praktischen Vernunft“; Adolf Frh. von Knigge: „Über den Umgang mit Menschen“ 1788 Tod des Komponisten Christoph Willibald Gluck 1788 Tod des Religionsphilosophen Georg Johann Hamann 1789 Revolutionäre Unruhen im Habsburger Reich	1789 Beginn der Französischen Revolution; Einberufung der Generalstände durch den König; der Dritte Stand erklärt sich zur Nationalversammlung; Sturm auf die Bastille (14. Juli); Aufhebung des Feudalsystems; Erklärung der Menschen- und Bürgerrechte 1789–1791 Verfassunggebende Versammlung
1790	1790–1792 Kaiser Leopold II. 1791 Kaiser Leopold II. und König Friedrich Wilhelm II. beschließen die Pillnitzer Deklaration zugunsten der französischen Monarchie; diese Erklärung wird in Frankreich als Herausforderung betrachtet und beschleunigt den Fortgang der Revolution 1791 Wolfgang Amadeus Mozart: „Zauberflöte“; Tod Mozarts 1792–1806 Kaiser Franz II.; seit 1804 als Franz I. Kaiser von Österreich 1792 Verteidigungsbündnis Österreichs und Preußens gegen das revolutionäre Frankreich 1792–1797 Erster Koalitionskrieg Österreichs und Preußens gegen Frankreich; dem Bündnis treten 1793 zahlreiche weitere europäische Staaten bei 1792 Frankreich erklärt Österreich den Krieg; das Manifest des Oberbefehlshabers der Koalitionstruppen, des Herzogs von Braunschweig, beschleunigt die revolutionären Vorgänge in Frankreich; nach der Kanonade von Valmy Rückzug der Preußen; französische Revolutionsarmee erobert Speyer, Worms, Mainz und Frankfurt; Österreicher werden bei Jemappes besiegt, die Niederlande besetzt 1793 England, Holland, Spanien, Portugal, Sardinien, Neapel und das Deutsche Reich treten dem Bündnis gegen Frankreich bei; österreichischer Sieg bei Neerwinden; Belgien und das linke Rheinufer werden zurückgewonnen	1790 Edmund Burke, konservativer englischer Staatsdenker, „Betrachtungen zur Revolution in Frankreich“ 1790 Bildung von Parteien (Girondisten, Montagnards) in der Nationalversammlung und von Klubs verschiedener Richtung (u. a. Jakobiner) 1791 Fluchtversuch Ludwigs XVI. scheitert; Frankreich konstitutionelle Monarchie; Gesetzgebende Versammlung 1792 Französisch-österreichischer Krieg; Österreich von Preußen unterstützt; Kanonade von Valmy; Verbündete ziehen sich aus Frankreich zurück; Septembermorde; Sturm auf die Tuilerien; Nationalkonvent erklärt Frankreich zur Republik 1792 Mary Wollstonecraft „Verteidigung der Frauenrechte“ 1792 W. Murdock führt die Gasbeleuchtung erfolgreich durch 1793 Erstes Telegramm mit dem optischen Telegraphen von Chappe über eine Strecke von 70 km gesendet 1793 Hinrichtung Ludwigs XVI.; Wohlfahrtsausschuß; die Schrekkensherrschaft beginnt 1793/94 Terrorherrschaft des französischen Konvents; Girondisten unterliegen den Jakobinern

Mittel- und Nordeuropa	Ost- u. Südosteuropa	Asien, Amerika, Afrika	
	1789 Siege Potemkins und Suworows über die Türken	seit 1789 Vereinigte Staaten ein einheitliches Zoll- und Wirtschaftsgebiet; Ende des alten Kolonialsystems; Beginn der Industrialisierung	**1785**
1792 König Gustav III. von Schweden von einem Fanatiker der Adelsopposition ermordet 1792–1809 Gustav IV. Adolf König von Schweden	1791 Polen versucht, durch innere Reformen den Staat zu erhalten; die Großmächte reagieren darauf mit den Vorbereitungen zur Zweiten Polnischen Teilung; Katharina II. läßt russische Truppen einmarschieren und zwingt König Stanislaus, die „Mai-Konstitution" von 1791 (Aufhebung des liberum veto) fallenzulassen 1792 Friede von Jassy; der Dnjestr wird russsisch-türkische Grenze 1793 Die Russen gründen Odessa am Schwarzen Meer 1793 Zweite Polnische Teilung zwischen Rußland und Preußen; Rußland nimmt den Hauptteil Litauens und die Westukraine mit Podolien, Preußen Danzig und rund 55000 qkm	1791 Gründung von Washington als Hauptstadt der USA 1791 Festlegung der Grundrechte (Bill of Rights) in der Verfassung der USA 1791 Regelung der Regierungsgewalt in Oberkanada (Ontario) und Unterkanada (Quebec, vorwiegend französisch besiedelt) 1792 Tibet schließt sich völlig von der Außenwelt ab (bis ca. 1900) seit 1792 Erbauung von Washington, der Bundeshauptstadt der Vereinigten Staaten 1973 Britische Gesandtschaft nach Peking; vergebliche Verhandlungen über bessere Handelsbedingungen 1793 Baubeginn des Kapitols in der neuen Hauptstadt Washington	**1790**

	Deutschland/Österreich	Westeuropa/Italien
1790	1793 Zweite Teilung Polens; Danzig, Gnesen, Kalisch, Posen, Thorn u. a. fallen an Preußen, restlicher Teil Litauens, Teile Podoliens und Wolhyniens an Rußland 1794 Zusammenbruch der Verteidigungsfront der Koalition; die österreichischen Niederlande wieder von französischen Truppen erobert; Sonderverhandlungen Preußens mit Frankreich 1794 Aufstand der Polen wird von Russen und Preußen niedergeschlagen 1794 Kodifizierung des bürgerl. Rechts im Allgemeinen Preußischen Landrecht	1794 Gründung der École polytechnique in Paris 1794 Georges Jacques Danton hingerichtet; Maximilian Robespierre gestürzt und hingerichtet
1795	1795 Preußen scheidet aus der Koalition aus und schließt mit Frankreich den Sonderfrieden von Basel; verzichtet auf seine linksrheinischen Gebiete 1795 Dritte Teilung Polens, Ende des alten polnischen Reiches, Abdankung König Stanislaus'; durch den Teilungsvertrag zwischen Rußland und Österreich, dem Preußen beitritt, erhält Österreich Westgalizien mit Krakau u. a. kleinere Gebiete, Preußen Warschau und das Gebiet zwischen Weichsel, Bug und Njemen; Rußland die restlichen Gebiete und Kurland 1796 Österreicher schlagen die in Süddeutschland eingedrungenen Franzosen bei Amberg und Würzburg und zwingen sie zum Rückzug über den Rhein; Sieg Napoleon Bonapartes über die Österreicher in Oberitalien bei Lodi 1796 Johann Wolfgang von Goethe: „Wilhelm Meisters Lehrjahre" 1796 Carl Friedrich Gauß findet die Konstruktion des regelmäßigen 17-Ecks 1797 Vorstoß Napoleons nach Kärnten; nach dem Vorfrieden von Leoben Friede von Campo Fòrmio; Österreich tritt Belgien, Mailand und Mantua im Tausch gegen Dalmatien ab und stimmt der Abtretung des linken Rheinufers an Frankreich zu	1795 Niederlande werden „Batavische Republik" 1795 Neue französische Verfassung, Einsetzung eines Direktoriums (bis 1799) 1796 Kommunistische „Verschwörung der Gleichen" wird unterdrückt; Babeuf, der Anführer, wird hingerichtet (1797) 1796/97 Italienischer Feldzug unter Führung Bonapartes 1797 Friede zu Campo Fòrmio; Frankreich gewinnt die Lombardei und Belgien von Österreich; Dalmatien an Österreich; Italien wird „Cisalpinische Republik" 1797 England beginnt mit der Eisenausfuhr 1798 Die Franzosen besetzen Rom; Gründung der Tiberinischen Republik; Papst Pius VI. als Gefangener nach Frankreich

Mittel- und Nordeuropa	Ost- u. Südosteuropa	Asien, Amerika, Afrika	
	1794 Polnischer Aufstand unter Kósciuszko; wird von den Russen gewaltsam unterdrückt 1794 Suworow erstürmt Warschau	1794 Holländische Gesandtschaft nach Peking (handelspolitisch erfolglos)	**1790**
	1795 Dritte Polnische Teilung; Ende Polens; Abdankung König Stanislaus'; russische Westgrenze an Memel und Bug 1796–1801 Zar Paul I. von Rußland. Umfangreiche Landschenkungen an den Adel 1796 Verbot privater Druckereien in Rußland	1795–1797 Niger-Expedition des schottischen Arztes Mungo Park 1795 Eine unblutige, nicht gegen die Niederlande gerichtete Revolution beendet in Kapstadt die Herrschaft der Holländisch-Ostindischen Gesellschaft 1795 Britisches Expeditionskorps besetzt das Kap der Guten Hoffnung im Auftrag des Prinzen von Oranien (seit Gründung der französischen Republik Batavia in England im Exil) 1796–1820 Kiaking Kaiser von China 1799–1804 Forschungsreisen Alexander von Humboldts in Mittel -und Südamerika 1796 Ceylon den Holländern durch die Briten entrissen 1797–1801 John Adams Präsident der USA	**1795**

1795

Deutschland/Österreich

1797 Johann Wolfgang von Goethe: „Hermann und Dorothea“

1797–1816 Friedrich II., Herzog von Württemberg, seit 1803 Kurfürst; seit 1805 König Friedrich I.; Anschluß an den Rheinbund 1806; unter seiner Herrschaft große Gebietsgewinne des Königreichs Württemberg

1797 Aloys Senefelder erfindet die Lithographie (Steindruck)

1797–1799 Ergebnisloser Kongreß von Rastatt über die Entschädigung der von der Abtretung des linken Rheinufers betroffenen Fürsten

1797–1840 König Friedrich Wilhelm III. von Preußen

1798 Joseph Haydn: „Die Schöpfung“ (Oratorium)

1799–1802 Zweiter Koalitionskrieg Österreichs, Englands, Rußlands, Portugals, Neapels und der Türkei gegen Frankreich

1799 Franzosen werden von den Österreichern in Süddeutschland und der Schweiz, von den Russen und Österreichern in Italien mehrfach geschlagen

1799 Friedrich Schiller beendet „Wallenstein“

1799 Tod Georg Christoph Lichtenbergs; deutscher Schriftsteller, Aphoristiker und Physiker

1799–1825 Maximilian IV. Joseph, Kurfürst von Bayern; seit 1801 Anschluß Bayerns an Frankreich; 1805 Königreich, der Kurfürst nimmt den Titel Maximilian I. Joseph, König von Bayern, an; Bayern tritt 1806 dem Rheinbund bei und wechselt erst 1813 zu den Gegnern Napoleons über

Westeuropa/Italien

1798 Papst Pius VI. in französischer Gefangenschaft

1798 Thomas Robert Malthus fordert in seiner „Abhandlung über das Bevölkerungsgesetz“ Geburteneinschränkung durch Enthaltsamkeit zum Schutz vor Übervölkerung

1798/99 Napoleons erfolgloser ägyptischer Feldzug; Erforschung der altägyptischen Kultur durch französische Gelehrte beginnt

1798 Seeschlacht bei Abukir; der englische Admiral Nelson besiegt die französische Flotte

1799–1802 2. Koalitionskrieg gegen Frankreich; Verbündete sind England, Rußland, Österreich, Portugal, Neapel, Türkei; Preußen bleibt neutral

1799 Die Franzosen erobern Neapel, erleiden jedoch schwere Niederlagen in Deutschland (Erzherzog Karl) und in Italien (Suworow)

1799 Der Staatsstreich des 18. Brumaire; Napoleon Bonaparte stürzt das Direktorium; Konsulatsverfassung, Napoleon Erster Konsul

1799–1824 Gewerkschaftsgesetz verbietet in England die Trade Unions

Mittel- und Nordeuropa	Ost- u. Südosteuropa	Asien, Amerika, Afrika	
1798 Einmarsch französischer Truppen in die Schweiz; der Bund der Eidgenossen wird in die „Helvetische Republik" umgebildet, der Widerstand der Urkantone gebrochen	1797 Erbliche Thronfolge in Rußland 1799 Zar Paul I. gründet die zweite Koalition gegen Frankreich, tritt aber im selben Jahr wieder aus	1797 Vom Vizekönigreich Peru wird das Generalkapitanat Chile abgetrennt 1797 Die ganze Insel Haiti französisch 1797–1834 Fath Ali Schah von Persien; Georgien, Transkaukasien und ein Teil Armeniens gehen an das Zarenreich verloren 1798/99 Napoleon zieht nach Ägypten; siegt bei den Pyramiden über die Mamluken; Einnahme von Kairo; Niederlage der Flotte bei Abukir (durch Nelson) 1798 Auflösung der Niederländisch-Ostindischen Kompanie in Insel-Indien; die Inseln bekommen Kolonialstatus 1799 Das Sultanat Maisur (Indien) wird englischer Vasallenstaat 1799 Napoleon zieht nach Syrien; Festung Akkon mit englischer Waffenhilfe erfolgreich verteidigt; Ägypten nach Napoleons Abzug wieder unter der Oberhoheit der Pforte gegen Ende des 18. Jh. Neubegründung des Reiches von Siam durch Phaya Tak; Vertreibung der Birmanen; neue Hauptstadt Bangkok	**1795**

	Deutschland/Österreich	Europa
1800	1800 Französische Siege über die Österreicher bei Marengo und Hohenlinden 1800 Friedrich Schiller: „Maria Stuart“ 1800 Erstersteigung des Großglockner	1800 England besetzt Malta 1800–1828 Robert Owens Sozialreformen in seinen Baumwollspinnereien in New Lanark (England) 1800–1823 Papst Pius VII.
1801	1801 Im Frieden von Lunéville willigen Kaiser und Reich in die Abtretung des linken Rheinufers ein und erkennen die staatsrechtlichen Veränderungen in Italien an; unter Führung Rußlands bildet sich eine Liga der Neutralen, der u. a. auch Preußen angehört 1801 Vertrag zwischen Bayern und Frankreich, der dem bayerischen Kurfürsten den Besitz der rechtsrheinischen Gebiete garantiert 1801 Joseph Haydn: „Die Jahreszeiten“ (Oratorium) 1801 „Disquisitiones arithmeticae“, Hauptwerk von Carl Friedrich Gauß 1801 Tod des deutschen Malers und Radierers Daniel Chodowiecki	1801 Frieden zu Lunéville zwischen Österreich und Frankreich; das linke Rheinufer und (Mittel-) Italien werden französisch 1801 Konkordat zwischen Napoleon und Papst Pius VII.; der Kirchenstaat wird erneuert 1801 Seeschlacht bei Kopenhagen; die Engländer unter Nelson besiegen Dänemark 1801 Union Irlands mit Großbritannien zum Vereinigten Königreich 1801 Erste Volkszählung in England 1801 Paul I. von Rußland schließt Bündnis mit Napoleon gegen England; Paul I. ermordet (Offiziersverschwörung); 1801–1825 Zar Alexander I.; Beginn einer Reform-Ära
1802	1802 F. König erfindet die Buchdruck-Schnellpresse	1802 Beendigung des 2. Koalitionskrieges durch den Frieden von Amiens zwischen Frankreich und England 1802 Napoleon wird Konsul auf Lebenszeit 1802 Ausbruch eines Aufstandes gegen die helvetische Regierung in Bern 1802 Erstes Kinderschutzgesetz in England 1802 Einrichtung von Ministerien in Rußland 1802–1804 Universitäten in Dorpat, Wilna, Kasan und Charkow gegründet
1803	1803 Durchführung der Beschlüsse des Friedens von Lunéville im Regensburger Reichsdeputations-	1803 Mit der „Mediationsakte“ gibt Napoleon der Schweiz eine neue Verfassung, durch die der

Amerika	Asien	Afrika	
	seit Anfang 19. Jh. Die Britische Ostindische Companie verstärkt die illegale Opiumeinfuhr nach China		**1800**
1801–1809 Thomas Jefferson Präsident der Vereinigten Staaten. Reformen in der Land- und Wahlrechtsfrage	1801/02 Eine englische und eine französische Expedition erforschen die Südküste von Australien	1801 Die Türken erreichen mit Hilfe Englands den Abzug der Franzosen aus Ägypten; türkische Statthalter (Khedive) in Ägypten	**1801**
1802 Alexander von Humboldt erkundet während seiner Forschungsreise in Südamerika den Chimborasso (6310 m) in Ecuador; Gipfel erst 1880 bestiegen 1802–1804 Wiedereinführung der 1794 aufgehobenen Negersklaverei in Französisch-Guayana	1802 Babylonische Keilschrift wird entziffert (durch Georg Friedrich Grotefend) 1802 Ceylon wird britischer Besitz	1802–1814 Zwei portugiesische Expeditionen durchqueren Afrika von Angola bis zur Sambesi-Mündung	**1802**
1803 Die USA kaufen das westliche Louisiana von Frankreich	1803 Die Engländer nehmen Delhi, die Hauptstadt des Mogulreiches, ein		**1803**

	Deutschland/Österreich	Europa
1803	hauptschluß; Deutschland wird neu aufgeteilt: Aufhebung zahlreicher Kleinstaaten, der meisten geistlichen Gebiete und Reichsstädte, Bildung von Mittelstaaten, Gründung der neuen Kurfürstentümer Baden, Württemberg, Hessen-Kassel, Salzburg 1803 Franzosen besetzen Hannover 1803 Tod des Dichters Friedrich Gottlieb Klopstock	Staatenbund der Kantone wiederhergestellt wird; den 13 alten werden 6 neue Kantone (Aargau, St. Gallen, Graubünden, Tessin, Thurgau, Waadt) angegliedert; Wallis wird Freistaat 1803 Große Rüstungsanstrengungen Bonapartes für die bevorstehende Auseinandersetzung mit England; Lager bei Boulogne 1803 Russisches Gesetz „erlaubt" die Befreiung der Bauern 1803 Richtlinien über Volksbildung in Rußland 1803 Georgien wird Teil des russischen Reiches
1804	1804 Franz II. nimmt den Titel Franz I., Kaiser von Österreich an 1804 Begründung der Pflanzengeographie und vergleichenden Klimakunde durch Alexander von Humboldt 1804 Entdeckung des Morphiums durch Friedrich Wilhelm Adam Sertürner 1804 Ludwig van Beethoven: „Eroica" 1804 Tod des deutschen Philosophen der Aufklärung Immanuel Kant	1804 Napoleon krönt sich zum Kaiser; Einführung des Erb-Kaisertums von Senat und Tribunat beschlossen, durch Volksabstimmung bestätigt 1804 Gesetzbuch Napoleons, „Code civil" 1804 Großer Serbenaufstand des „Schwarzen Georg" kann von den Türken nicht niedergeschlagen werden; 1805 serbische Verfassung und jährlicher Landtag
1805	1805 Dritter Koalitionskrieg Österreichs, Rußlands, Englands und Schwedens gegen Frankreich; die süddeutschen Staaten mit Frankreich verbündet; Preußen neutral; die Franzosen siegen bei Ulm über die Österreicher und besetzen Wien; in der „Dreikaiserschlacht" bei Austerlitz erringt Napoleon einen Sieg über die vereinigten Österreicher und Russen; im Vertrag von Schönbrunn tritt Preußen Ansbach-Bayreuth, Wesel und Neuenburg (Neuchâtel) an Frankreich ab; im Frieden von Preßburg muß Österreich Venetien mit Dalmatien und Istrien an Italien, und Tirol und Vorarlberg an Bayern abtreten und erhält dafür Salzburg; Bayern und Württemberg werden Königreiche 1805 Tod des deutschen Dichters Friedrich von Schiller	1805 Napoleon krönt sich zum lombardischen König 1805 Bündnis Englands, Rußlands und Österreichs gegen Napoleon I. (3. Koalition); Napoleon bricht die Invasionsvorbereitungen an der Kanalküste ab 1805 Seeschlacht bei Trafalgar; der Sieger, der englische Admiral Nelson, fällt im Kampf 1805 Drei-Kaiser-Schlacht bei Austerlitz; Napoleon besiegt die Österreicher und Russen 1805 Napoleon entthront das Haus Bourbon in Neapel (König Ferdinand IV.)

Amerika	Asien	Afrika	
	1803–1806 Der russische Seefahrer Krusenstern erforscht während der ersten russischen Weltumseglung die Halbinsel Kamtschatka und die Insel Sachalin		**1803**
1804–1806 Eine amerikanische Expedition überwindet die Rocky Mountains und erreicht den Pazifik 1804 Haiti (Westteil) unabhängig unter Führung des schwarzen Häuptlings Dessalines (läßt sich zum Kaiser ausrufen)			**1804**
		1805/06 Zweite Expedition des Schotten Mungo Park (im Auftrage der Britischen Gesellschaft zur Erforschung Afrikas) an den Oberlauf des Niger	**1805**

	Deutschland/Österreich	Europa
1806	1806 Baden, Hessen-Darmstadt und Berg werden Großherzogtümer; Napoleons Brüder Joseph und Louis werden Könige von Neapel und Holland, sein Schwager Murat Großherzog von Berg, Marschall Berthier Fürst und Herzog von Neuenburg (Neuchâtel); unter dem Protektorat Napoleons wird der Rheinbund errichtet, dem die süd- und westdeutschen Fürsten beitreten; Österreich, Preußen, Braunschweig und Kurhessen bleiben dem Bund fern; Sachsen tritt ihm erst Ende 1806 bei; Ende des Heiligen Römischen Reiches Deutscher Nation nach der auf Druck Napoleons erfolgten Niederlegung der römisch-deutschen Kaiserwürde durch Franz II. (seit 1804 Kaiser Franz I. von Österreich) 1806 Johann Wolfgang von Goethe: „Faust“ (1. Teil) 18C6/07 Vierter Koalitionskrieg: Preußen, Sachsen (bis Ende 1806) und Rußland gegen Frankreich; in der Doppelschlacht bei Jena und Auerstedt wird das preußisch-sächsische Heer vernichtend geschlagen; von Berlin aus verfügt Napoleon die Kontinentalsperre gegen England; im Frieden zu Posen zwischen Frankreich und Sachsen wird Sachsen Königreich; König Friedrich August I. tritt dem Rheinbund bei	1806 Napoleon I. verfügt von Berlin aus (nach dem Sieg über Preußen bei Jena und Auerstedt) die „Kontinentalsperre“, eine Blockade aller europäischen Küsten gegen England 1806–1810 Louis Bonaparte von Napoleon als König von Holland eingesetzt 1806 Napoleon setzt Joseph Bonaparte als König von Neapel und Sizilien ein 1806 Bündnis zwischen Rußland und Preußen 1806 Serben nehmen die Zitadelle von Belgrad; erster Schritt zur Emanzipierung der christlichen Balkanvölker 1806–1812 Russisch-türkischer Krieg
1807	1807 Schlacht bei Preußisch-Eylau zwischen Preußen und Franzosen endet unentschieden; Sieg Napoleons bei Friedland; im Frieden zu Tilsit muß Preußen alle linkselbischen Gebiete sowie die meisten polnischen Besitzungen abtreten; Danzig wird Freie Stadt (mit französischer Garnison); Napoleon errichtet das Königreich Westfalen unter seinem Bruder Jérome und das Großherzogtum Warschau unter dem König von Sachsen; Rußland erhält einen Teil Neu-Ostpreußens und tritt der Kontinentalsperre bei; England besetzt das (dänische) Helgoland	1807 Napoleon läßt Portugal besetzen; Besetzung Spaniens wird eingeleitet 1807 Frieden von Tilsit zwischen Napoleon und Rußland-Preußen; u. a. Gründung eines Herzogtums Warschau; Bündnis zwischen Alexander I. und Napoleon (bis 1812)

Amerika	Asien	Afrika	
seit 1806 Zunehmende Differenzen zwischen den USA und Großbritannien wegen der Kontinentalsperre 1806 Amerikanische Expedition erreicht nach der Durchquerung des Kontinents den Stillen Ozean 1806 Dessalines, „Kaiser von Haiti", ermordet; Spaltung in eine Negermonarchie im Norden und eine Mulattenrepublik im Süden	1806 Der russische Kaufmann Resanoff stellt in San Francisco Handelsbeziehungen mit den Spaniern her	1806 England besetzt das Kapland; die britische Herrschaft schiebt sich allmählich nach Norden vor 1806–1849 Mohammed Ali, in den Kriegen gegen die Franzosen bewährter türkischer General, wird zum Statthalter in Ägypten ernannt	**1806**
1807 Die USA verbieten den Sklavenhandel zur See 1807 Robert Fultons Dampfschiff auf dem Hudson; erstes brauchbares Dampfschiff			**1807**

	Deutschland/Österreich	Europa
1807	1807 Georg Wilhelm Friedrich Hegel: „Phänomenologie des Geistes“ 1807–1814 Wiederaufbau Preußens; Reformen unter Karl Reichsfreiherrn vom und zum Stein und Karl August Freiherrn von Hardenberg; Aufhebung der Erbuntertänigkeit, Städteordnung, Neuregelung der Staatsverwaltung, Gewerbefreiheit, Emanzipation der Juden; Heeresreform (Volksheer auf der Grundlage der allgemeinen Wehrpflicht); Reform des Bildungswesens durch Wilhelm von Humboldt	1807 Die Engländer beschießen Kopenhagen; Dänemark muß seine Flotte an England ausliefern 1807 England verbietet den Sklavenhandel
1808	1808 Fürstentag zu Erfurt: Erneuerung des Tilsiter Bündnisses zwischen Napoleon I. und Alexander I.; Begegnung Goethes mit Napoleon 1808 Erstes Konversationslexikon von F. A. Brockhaus	1808 Nach Besetzung Spaniens Rücktritt und Thronverzicht des Königs und des Thronfolgers; Joseph Bonaparte wird König von Spanien; Aufstand gegen die französischen Unterdrücker unter Leitung einer Zentraljunta; der Guerilla-Krieg wird von England (Lord Wellington) unterstützt 1808 Russisch-schwedischer Krieg; Rußland annektiert Finnland, das eine gewisse Autonomie behält 1808 Treffen Napoleons und Alexanders I. auf dem Erfurter Fürstentag 1808–1839 Friedrich VI. König von Dänemark 1808 Johannes von Müller: „Geschichte der Schweizerischen Eidgenossenschaft“
1809	1809 Österreichisch-französischer Krieg; Erzherzog Karl fügt Napoleon bei Aspern die erste große Niederlage zu; durch Sieg Napoleons bei Wagram wird Österreich zum Waffenstillstand gezwungen und muß im Frieden von Schönbrunn an Bayern Salzburg, das Innviertel und Nordtirol, an Italien Südtirol, an Frankreich die illyrische Provinz, an Warschau Westgalizien und an Rußland Tarnopol abtreten; Erhebung Tirols unter Andreas Hofer und Josef Speckbacher scheitert 1809–1848 Fürst Metternich österreichischer Außenminister und Staatskanzler	1809 Erhebung Österreichs mißlingt; Napoleon I. als Sieger in Wien 1809 Abstammungslehre von Jean-Baptiste de Lamarck 1809 Frankreich besetzt den Kirchenstaat (im Rahmen der Durchführung der Kontinentalsperre) 1809–1818 König Karl XIII. von Schweden

Amerika	Asien	Afrika	
			1807
1808 Beginn der lateinamerikanischen Erhebung in Venezuela (zunächst zur Wahrung der Rechte des von Napoleon gefangengesetzten Königs Ferdinand VII.) 1808–1821 Der portugiesische Regent Don Juan in Brasilien 1808 Aufstand der spanischen Kolonisten in Santo Domingo gegen die Franzosen; diese mit britischer Hilfe vertrieben; spanische Herrschaft wiederhergestellt	1808–1839 Mohamud II. Sultan des Osmanischen Reiches		**1808**
1809 Tod Thomas Paines, des Vorkämpfers für die Freiheit der USA 1809–1817 James Madison 4. Präsident der USA; Unstimmigkeiten mit Großbritannien dauern an			**1809**

Jahr	Deutschland/Österreich	Europa
1810	1810 Nach Scheidung von Josephine Beauharnais heiratet Napoleon I. Marie Luise, Tochter Kaiser Franz' I. von Österreich; Einverleibung Ostfrieslands, Oldenburgs und der Hansestädte Hamburg, Bremen und Lübeck in das napoleonische Kaiserreich 1810 Gewerbefreiheit in Preußen 1810 Erfindung der Flachbuchdruck-Schnellpresse durch F. Koenig 1810 Heinrich von Kleist: „Prinz Friedrich von Homburg" 1810 Tod des deutschen Malers der Romantik Philipp Otto Runge	1810 Freistaat Wallis fällt an Frankreich 1810–1815 Einverleibung der Niederlande in das französische Kaiserreich 1810 Karl XIII. von Schweden adoptiert den französischen Marschall Bernadotte als schwedischen Kronprinzen 1810 Höhepunkt der liberalen Reformtätigkeit Michael Speranskijs in Rußland (seit 1808); der von ihm geschaffene Reichsrat als oberste beratende Instanz besteht bis 1906
1811	1811 Geburt des französischen Thronfolgers, der den Titel „König von Rom" erhält und 1832 als Herzog von Reichstadt in Wien stirbt 1811 Friedrich Ludwig (Turnvater) Jahn errichtet den ersten deutschen Turnplatz in der Hasenheide in Berlin 1811 Gründung einer Gußstahlfabrik in Essen durch Friedrich Krupp 1811 Freitod des deutschen Dichters Heinrich von Kleist 1811 Tod Johann Gottfried Herders; deutscher Dichter und Philosoph	1811–1819 Arbeiterunruhen in England (im Zuge der zyklisch auftretenden Wirtschaftskrisen) 1811 Napoleon auf dem Gipfel seiner Macht 1811–1813 Zerstörung mehrerer Betriebsanlagen durch die Maschinenstürmer (Ludditenbewegung) in England
1812	1812 Krieg Napoleons gegen Rußland; Preußen und Österreich müssen sich mit starken Truppenkontingenten an der „Großen Armee" beteiligen; nach Zusammenbruch der napoleonischen Armee schließt der Befehlshaber des preußischen Hilfskorps, General Yorck, mit dem russischen General Diebitsch-Sabalkanskij die Konvention von Tauroggen, einen Neutralitätsvertrag	1812 Mit dem Sturz Speranskijs endet in Rußland eine liberale Reform-Ära 1812 Rußland-Feldzug Napoleons I.; Brand Moskaus; Rückzug der „Großen Armee"; „Konvention von Tauroggen" (Waffenstillstand zwischen dem preußischen General Yorck und den Russen) 1812 Der Frieden von Bukarest beendet den russisch-türkischen Krieg (seit 1806); die Türkei tritt die Ostmoldau (Bessarabien) an Rußland ab; besetzt Serbien erneut 1812 Spanien erhält nach dem Sturz des von Napoleon eingesetzten Joseph Bonaparte eine Verfassung aus liberalem Geist

Amerika	Asien	Afrika	
1810 Proklamation der Unabhängigkeit Venezuelas durch einen Kongreß zu Caracas; ein wechselvoller Bürgerkrieg beginnt; ferner beginnt die Loslösung in ganz Neu-Granada (Kolumbien, Ekuador), Chile und im Vizekönigreich Buenos Aires (Paraguay 1811, Uruguay 1811 und Argentinien) 1810 In Mexiko Aufstand des Priesters Hidalgo gegen Spanien	1810 Gründung einer neuen Dynastie in Hawaii durch König Kamehameha I.; erobert den größten Teil der Inselgruppe		**1810**
1811–1840 In Paraguay José Francia Alleinherrscher (seit 1814 als Diktator) 1811 Unabhängigkeitserklärung Venezuelas	1811 Der Engländer Manning erreicht, als Chinese verkleidet, Lhasa	1811 Mohammed Ali erringt nach Beseitigung der Mamelucken die Herrschaft in Ägypten; sein Ziel ist die völlige Unabhängigkeit von der Pforte	**1811**
1812–1814 Britisch-amerikanischer Krieg (der zweite); für die Amerikaner unglücklicher Kriegsverlauf; der Indianerhäuptling Tecumseh führt zugunsten Englands eine große Rebellion an; Versuch der USA, Kanada zu erobern, scheitert	1812 Der Frieden von Bukarest bestätigt die Abtretung dreier türkischer Provinzen südlich des Kaukasus an Rußland 1812 Der Engländer Moorcroft erforscht den Oberlauf des Indus und entdeckt die Gangesquellen		**1812**

	Deutschland/Österreich	Europa
1813	1813 Preußen und Rußland schließen das Bündnis zu Kalisch; Aufstellung von Landwehr und Landsturm in Preußen; nach Niederlagen bei Großgörschen und Bautzen ziehen sich die Verbündeten nach Schlesien zurück; Metternich vermittelt den Waffenstillstand von Poischwitz; Österreich schließt sich der aus Preußen, Rußland, England und Schweden bestehenden Koalition an; durch Blüchers Sieg an der Katzbach werden die Franzosen aus Schlesien vertrieben; Sieg Napoleons über das Hauptheer unter Schwarzenberg; französische Niederlagen bei Kulm und Nollendorf, bei Dennewitz und Tauentzien; Bayern tritt der Koalition bei; in der Völkerschlacht bei Leipzig Sieg über Napoleon; Rückzug Napoleons; der Rheinbund löst sich auf, das Hauptheer der Verbündeten überschreitet gegen Jahresende den Rhein bei Basel 1813 Tod Christoph Martin Wielands; deutscher Dichter und Philosoph	1813 Beginn des deutschen Befreiungskrieges; in der Völkerschlacht bei Leipzig siegen Preußen, Österreich und Rußland entscheidend über Napoleon 1813 Hannover wieder an Großbritannien; 1813–1820 Georg III. König von Großbritannien und Hannover 1813 Franzosen räumen Spanien 1813 Wiedereinführung aristokratischer Regierungsformen in der Schweiz 1813/14 „Eine neue Auffassung von der Gesellschaft" von Robert Owens, der sich für eine Reform der englischen Fabrikgesetzgebung und der Armenpflege einsetzt
1814	1814 Schlesisches Heer unter Blücher überschreitet den Rhein; die Verbündeten ziehen in Paris ein; Napoleon dankt ab und bekommt Elba als Wohnsitz zugewiesen 1814 Herzogtum Nassau erhält eine Verfassung 1814 Joseph von Fraunhofer entdeckt die nach ihm benannten Absorptionslinien des Sonnenspektrums 1814 Jakob und Wilhelm Grimm: „Kinder- und Hausmärchen" 1814 Tod des deutschen Philosophen Johann Gottlieb Fichte 1814/15 Wiener Kongreß zur Ordnung der europäischen Verhältnisse im Sinne des Legitimitätsprinzips und der Restauration unter Teilnahme der Unterzeichnerstaaten des 1. Pariser Friedens. Vertreter der Großmächte: Metternich (für Österreich), Hardenberg und W. v. Humboldt (für Preußen), Zar Alexander I. und Nesselrode	1814 Im 1. Pariser Frieden erhält die Schweiz die von Frankreich annektierten Gebiete (Bistum Basel, Biel, Genf, Mülhausen, jedoch nicht das Veltlin) zurück; Neuenburg (Neuchâtel) kommt wieder an Preußen und wird auf Veranlassung Friedrich Wilhelms III. als Kanton in die Schweizer Eidgenossenschaft aufgenommen; die Zahl der Kantone beträgt nun 22 1814 Franzosen räumen Italien 1814 Pariser Frieden; Frankreich verliert seine Eroberungen seit 1792; Napoleon nach Elba verbannt 1814–1824 Ludwig XVIII. (aus dem Hause Bourbon) König von Frankreich 1814/15 Wiener Kongreß; Neuordnung Europas; außer den Veränderungen in Deutschland: Venetien, Dalmatien und Lombardei an Österreich, Königreiche Sardinien und Sizilien erneuert

Amerika	Asien	Afrika	
	1813–1828 Russen erobern Nordarmenien und Aserbeidschan seit 1813 Mehrere Forschungsreisende erkunden den Küstenraum von Australien und die Südsee-Inseln; die Erforschung Inneraustraliens beginnt	1813–1819 Ägyptische Truppen schlagen im Auftrag der Pforte die Wahabiten-Bewegung in Nordarabien nieder	**1813**
1814 Blockade der amerikanischen Küste durch die Engländer; Kapitol und Residenz des Präsidenten niedergebrannt (letztere nach Restaurierung weiß übermalt, seitdem White House); noch 1814 Friedensvertrag in Gent unterzeichnet; Wiederherstellung des status quo ante			**1814**

	Deutschland/Österreich	Europa
1814	(für Rußland), Castlereagh (für England) und – ab 1815 – Talleyrand (für Frankreich). Wiederherstellung des europäischen Gleichgewichts; Österreich verzichtet auf die habsburgischen Niederlande (Belgien) zugunsten Hollands, das damit zum Königreich der (vereinigten) Niederlande wird, und auf Vorderösterreich zugunsten Badens und Württembergs; erhält dafür andere verlorengegangene Gebiete zurück (Salzburg, Vorarlberg, Tirol, Kärnten, Krain, Venetien, Triest, Mailand, Galizien); Preußen verliert den Großteil seiner polnischen Gebiete an Rußland, gibt Ostfriesland, Hildesheim, Goslar und Lingen an Hannover; erhält dafür Schwedisch-Vorpommern, Nordsachsen, die Rheinprovinz und eine Erweiterung Westfalens; Bayern bekommt außerdem die Reichsstädte Nürnberg und Augsburg; Dänemark erhält das Herzogtum Lauenburg; England behält Helgoland; Frankreich werden die Grenzen von 1792 bzw. 1790 zugestanden; der Schweiz wird „immerwährende Neutralität" garantiert; Bayern, Württemberg und Sachsen bleiben Königreiche, das Kurfürstentum Hannover wird Königreich; Gründung des „Deutschen Bundes" unter Österreichs Führung (39 souveräne Einzelstaaten, darunter 4 Freie Städte)	1814 Papst Pius VII. stellt im Kirchenstaat Jesuitenorden und Inquisition wieder her 1814 Ende der „Helvetischen Republik" (seit 1798); neuer Vertrag der 22 Schweizer Kantone; Anerkennung der „ewigen Neutralität" durch den Wiener Kongreß 1814–1833 Ferdinand VII. König von Spanien; er beseitigt die liberale Verfassung von 1812 1814 Der Franzose Saint-Simon veröffentlicht „Reorganisation der europäischen Gesellschaft" (betont Klassengegensatz zwischen Arbeiterschicht und Adel) 1814 Norwegen und Schweden in Personalunion 1814 Stephenson baut die erste betriebsfähige Lokomotive 1814 Erster Außenminister im wieder Monarchie gewordenen Frankreich wird der Herzog von Talleyrand; versucht einen Ausgleich zwischen den Traditionen des Königtums, der Revolution und des Kaiserreichs
1815	1815 Rückkehr Napoleons von Elba („Herrschaft der Hundert Tage"); in der Schlacht bei Ligny wird Blücher (Preußen) geschlagen; Wellington (England) siegt bei Quatre-Bras; in der Schlacht von Belle-Alliance/Waterloo wird die letzte Armee Napoleons durch Heere Blüchers und Wellingtons vernichtend geschlagen; die Verbündeten nehmen zum zweiten Male Paris ein; Rückkehr Ludwigs XVIII.; Napoleon nach St. Helena verbannt 1815 Gründung der Technischen Hochschule Wien	1815 Napoleons Rückkehr von Elba; „Herrschaft der Hundert Tage"; Sieg der Engländer und Preußen bei Waterloo 1815 Zweiter Pariser Frieden; Verbannung Napoleons nach St. Helena; Festigung der englischen Vorherrschaft zur See; Rußland gewinnt Polen (Kongreßpolen) 1815 Durch den schweizerischen Bundesvertrag wird lockerer Staatenbund errichtet 1815 Alexander I. von Rußland gründet die „Heilige Allianz" (Rußland, Österreich, Preußen)

Amerika	Asien	Afrika	
	1814 Der schweizerische Forscher J. L. Burckhardt erforscht als „Scheick Ibrahim“ im Auftrag der Britisch-Afrikanischen Gesellschaft das westliche Arabien (Medina, Yanbo und Mekka) und stirbt in Kairo an der Pest		**1814**
1815 Brasilien wird auf dem Wiener Kongreß zum Königreich erhoben (unter der Krone Portugals) 1815 Der spanische General Pablo Morillo landet mit 10000 Mann in Venezuela; der geschlagene Bolivar muß außer Landes gehen		1815–1829 Zahlreiche Expeditionen (Engländer, Franzosen, Italiener) erforschen die Sahara, das Gebiet um den Tschad-See und das Nigergebiet	**1815**

	Deutschland/Österreich	Europa
1815	1815 Tod des deutschen Dichters Matthias Claudius 1815 Luxemburg deutsches Bundesland; als Großherzogtum in Personalunion mit dem Königreich der Niederlande verbunden 1815–1817 Der Naturforscher Prinz zu Wied-Neuwied bereist das Innere Brasiliens	1815 König Wilhelm I. (Niederlande) proklamiert (noch vor dem Beschluß des Wiener Kongresses) die Vereinigung Belgiens mit dem Königreich der Niederlande 1815–1840 Wilhelm I. König der Niederlande; er ignoriert die starke belgische Opposition 1815 Wiederherstellung des Kirchenstaates 1815 Nachkriegs-Wirtschaftskrise; veranlaßt in England die Einführung von Getreideschutzzöllen (1817)
1816	1816 Sachsen-Weimar erhält eine Verfassung 1816 Erste deutsche Gasanstalt in Freiberg/Sachsen	1816 Frankreich verbietet den Sklavenhandel 1816–1819 Durchführung der Bauernbefreiung in Livland, Kurland und Estland
1817	1817 Königreich Württemberg erhält eine Verfassung 1817 Friedrich Wilhelm III. gründet die Evangelische Union der lutherischen und reformierten Kirche in Preußen 1817 Wartburgfest der 1815 gegründeten Deutschen Burschenschaft, endet mit Verbrennung der Bundesakte und reaktionärer Symbole 1817 K. F. v. Drais konstruiert das erste „Laufrad“ (Draisine)	1817 Spanien verbietet den Sklavenhandel 1817 David Ricardo: „Grundsätze der politischen Ökonomie“ 1817 Gründung der Universität Warschau 1817–1839 Milan Obrenović, Führer eines zweiten serbischen Aufstands gegen die Türken 1815, läßt den „Schwarzen Georg“ (Karageorgević) ermorden und wird von der Pforte anerkannt

Amerika	Asien	Afrika	
1815 Hinrichtung des mexikanischen Freiheitskämpfers und Politikers Morelos y Pavón			**1815**
1816 Unabhängigkeit Argentiniens offiziell proklamiert als „Vereinigte Provinzen am Rio de la Plata“	1816 Freier Handel mit Opium durch die Ostindische Kompanie erlaubt; Opiumeinfuhr nach China steigt trotz chinesischen Importverbots 1816–1818 Englischer Krieg gegen die Marathen in Indien	1816 Eine britische Flotte greift Algier an; Freilassung christlicher Sklaven	**1816**
1817 Der „Libertador“ Simon Bolivar erscheint wieder im Felde, unterstützt durch eine kleine nordamerikanische Marine, die britische Waffen heranbringt 1817 General San Martin führt von Argentinien aus den Marsch über die Kordilleren an; die „Andenarmee“ zieht in Santiago ein; die Unabhängigkeit Chiles ist damit gesichert seit 1817 Wissenschaftliche Forschungen und genaue topographische Untersuchungen im gesamten Andengebiet 1817–1825 James Monroe Präsident der USA; unter ihm Ausbau der Straßen- und Kanalverbindungen mit dem Westen und Schaffung neuer Staaten: Indiana (1816), Mississippi (1817), Illinois (1818), Alabama (1819)		1817 Tod des Begründers des Fulbe-Reiches (Nord-Nigeria) Usman dan Fodio	**1817**

	Deutschland/Österreich	Europa
1818	1818 Kongreß von Aachen: Besatzungstruppen räumen Frankreich, das in den Rat der Großmächte aufgenommen wird 1818 Königreich Bayern und Großherzogtum Baden erhalten Verfassungen 1818 Gründung der Landwirtschaftlichen Hochschule (heute Universität) Hohenheim 1818 Fertigstellung der „Neuen Wache“ von Karl Friedrich Schinkel in Berlin 1818 Eilhard Mitscherlich entdeckt die Isomorphie der Kristalle	1818–1830 Bauernunruhen in Rußland (steigern sich noch unter Nikolaus I. 1815–1855) 1818–1834 Karl XIV. Johann (Marschall Bernadotte) König von Schweden und Norwegen; in beiden Ländern verschiedene Verfassungen
1819	1819 Hannover erhält eine Verfassung 1819 Karlsbader Beschlüsse; Überwachung der Universitäten, Zensur, Auflösung der Burschenschaften, Verbot der Turnbewegung, sogenannte „Demagogenverfolgung“ in Preußen und Österreich 1819–1844 Arthur Schopenhauer: „Die Welt als Wille und Vorstellung“	1819–1825 Reaktion in Rußland führt zur Entstehung von „Geheimen Gesellschaften“ unter der jungen Generation (westlich-liberale Vorstellungen) 1819 Universität Petersburg gegründet; reaktionäre Hochschulpolitik 1819 In Manchester (England) blutige Arbeiterdemonstrationen; Presse- und Versammlungsfreiheit eingeschränkt
1820	1820 Wiener Schlußakte zur Verfassung des Deutschen Bundes 1820/21 Unterdrückung aufständischer Bewegungen in Piemont, Neapel und Lombardo-Venetien mit militärischer Hilfe Österreichs	1820–1830 Georg IV. König von Großbritannien und Hannover seit 1820 Revolutionswelle in Spanien 1820/21 Revolution in Neapel und Sardinien; nationalrevolutionäre Bewegung der Carbonari 1820 Fürstenkongreß in Troppau: Der russische Zar stimmt den österreichischen Interventionen in Sizilien und Neapel zu
1821	1821 Carl Maria von Weber: „Freischütz“ (Verbindung zwischen deutschem Singspiel und deutscher Oper)	1821 Konferenz in Laibach, unter Metternichs Einfluß Sanktionierung von Interventionen der Großmächte 1821 Österreich beseitigt (mit militärischem Einsatz) Verfassung in Neapel und Piemont 1821 Verfassung in Portugal; von König Johann VI. bestätigt 1821 Tod Napoleons auf St. Helena 1821–1829 Griechenaufstand gegen die osmanische Herrschaft; der Türkenherrscher ruft Ägypten zu Hilfe

Amerika	Asien	Afrika	
1818 Erste Spannungen zwischen den „freien“ und den Sklavenstaaten in den USA; Festlegung einer Grenze für die Einführung der Sklaverei 1818 Chile unter B. O'Higgins von Spanien unabhängige Republik	1818 England beherrschende Kolonialmacht in Indien		**1818**
1819 Die USA erwerben Florida von Spanien 1819 Bolivar Präsident der Republik Kolumbien (mit diktatorischen Vollmachten)	1819 England sichert sich das handelspolitisch und strategisch wichtige Singapur 1819/20 In den Kreis der geographischen Forschungsgebiete wird Arabien einbezogen; Durchquerung Arabiens vom Persischen Golf zum Roten Meer		**1819**
1820 Sklaverei nördlich des 36. Breitengrads verboten 1820 Mexiko proklamiert die Unabhängigkeit (Oberst Augustin de Itúrbide)	um 1820 In Japan verstärkt sich die Bewegung zugunsten der Wiederherstellung der kaiserlichen Gewalt und Wiederöffnung des Landes	1820 Mohammed Ali von Ägypten erobert den östlichen Teil des Sudan und gewinnt damit das landwirtschaftlich bedeutsame Gebiet am oberen Nil	**1820**
1821 Proklamierung der liberalen Verfassung in Brasilien; König Johann VI. geht nach Lissabon und läßt seinen Sohn Pedro als Regenten zurück 1821 Nach der Befreiung Limas Unabhängigkeitserklärung Perus 1821 Verkündung der mexikanischen Unabhängigkeit	1821–1850 Kaiser Hsian-tsung (Tao-kuang) von China; der zunehmende Handel mit indischem Opium führt zu ständigen Reibereien mit den in Kanton ansässigen ausländischen Monopolkaufleuten und schließlich zum Eingreifen Englands		**1821**

	Deutschland/Österreich	Europa
1822	1822 Entstehung der 8. Sinfonie (Unvollendete) von Franz Schubert	1822 Griechenland erklärt seine Unabhängigkeit von der Türkei 1822 Verbot aller Logen und geheimen Gesellschaften in Rußland 1822 Konferenz in Verona; französische Intervention in Spanien beschlossen
1823	1823 Statt der Einführung der 1815 versprochenen Verfassung werden in Preußen lediglich Provinzialstände berufen	1823 Revolution in Spanien; von Frankreich gewaltsam unterdrückt 1823 Portugiesischer Sklavenhandel aufgehoben 1823–1829 Papst Leo XII.
1824	1824 Ludwig van Beethoven: 9. Sinfonie	1824–1830 Karl X. König von Frankreich; reaktionäre Politik 1824 Das englische Parlament stimmt der Bildung von Gewerkschaften als Interessenvertretungen der Arbeiter zu
1825	1825 Erste deutsche Technische Hochschule in Karlsruhe gegründet 1825 Gründung des Börsenvereins der Deutschen Buchhändler in Leipzig 1825 Gründung der ersten Eisenbahngesellschaft in Österreich	1825 Die erste Gewerkschaft in England (William Cobbett); die Gründung weiterer „Trade Unions“ folgt 1825–1855 Nikolaus I. Zar von Rußland; Verschwörung der „Dekabristen“, revolutionär gesinnter adliger Offizierskreise, wird niedergeworfen; entschlossene Reaktion; Nikolaus I. gilt als der „Gendarm Europas“ 1825 Bau einer Pferdeeisenbahn in Böhmen (Budweis–Gmünd)

Amerika	Asien	Afrika	
1822 Brasilien unter dem portugiesischen Kronprinzen Pedro erklärt sich für unabhängig; Proklamation Pedros I. zum Kaiser 1822 Itúrbide wird als Augustin I. zum Kaiser von Mexiko ausgerufen		1822 Freigelassene USA-Neger gründen Liberia an der Westküste Afrikas; Verfassung 1847 1822 Entzifferung der Hieroglyphen auf dem 1799 gefundenen „Stein von Rosette“ durch Jean François Champollion (Begründer der Ägyptologie)	**1822**
1823 Proklamation der Republik Mexiko 1823 Sogenannte „Monroe-Doktrin“; veranlaßt durch die Absicht der Heiligen Allianz, die spanische Herrschaft in Süd- und Mittelamerika wiederherzustellen; Inhalt der Botschaft: keine Einmischung der Vereinigten Staaten in europäische Angelegenheiten, andererseits keine Interventionspolitik europäischer Mächte	1823 F. P. von Wrangel versucht die Nordpassage 1823–1829 Der deutsche Naturforscher Ph. v. Siebold in Japan		**1823**
1824 Simon Bolivar sichert nach zwei Siegen die Befreiung Perus und damit die Unabhängigkeit ganz Südamerikas 1824 Bestätigung der 1. brasilianischen Verfassung durch Pedro I.	1824–1826 Erster Krieg Englands gegen Birma 1824–1838 England verbessert seine Stellung am Roten Meer durch Besetzung von Aden		**1824**
1825 Bolivien unabhängig; erster Präsident A. J. de Sucre (bis 1828) 1825–1829 John Adams Präsident der USA; hatte als Secretary of State unter James Monroe Einfluß auf die Formulierung der Monroe-Doktrin (1823) 1825 Verabschiedung der Verfassung der „Vereinten Provinzen am Rio de la Plata“ (argentinisches Grundgesetz)	1825 Aufstand mohammedanischer Bewohner Ostturkestans gegen die chinesische Herrschaft		**1825**

	Deutschland/Österreich	Europa
1826	1826 Carl Maria von Weber: „Oberon"; deutsche Oper	1826 Ägyptisch-türkische Truppen erobern das griechische Hauptbollwerk Missolunghi; der Griechenaufstand damit zunächst niedergeschlagen 1826/27 Russisch-persischer Krieg; Rußland gewinnt das Chanat Eriwan (Aserbeidschan) 1826–1853 Maria II. da Gloria, Tochter Pedros I., auf dem Thron in Portugal (1836 vermählt mit Herzog Ferdinand von Sachsen-Coburg-Gotha); 1827–1847 kriegerische Auseinandersetzungen in Portugal
1827	1827 Joseph Ressel erfindet die Schiffsschraube 1827 Tod des deutschen Komponisten Ludwig van Beethoven 1827 Heinrich Heine: „Buch der Lieder"	1827 Die europäischen Mächte greifen in den griechischen Freiheitskampf ein; Zerstörung der türkisch-ägyptischen Flotte im Golf von Navarino 1827 Tod des schweizerischen Pädagogen und Sozialreformers Johann Heinrich Pestalozzi
1828	1828 Tod des österreichischen Komponisten Franz Schubert 1828/29 Abschluß eines Zollvertrages zwischen Preußen, Bayern, Württemberg und Hessen	1828–1832 Innere Reform in England; Mittelstand erhält Wahlrecht 1828/29 Russisch-türkischer Krieg; Vordringen der Russen im Kaukasus und in Rumelien
1829	1829 Tod Friedrich von Schlegels; deutscher Kulturphilosoph, Literaturhistoriker und Kritiker 1829 Gründung der Technischen Hochschule Stuttgart	1829 Friede von Adrianopel; die Russen gewinnen das Donaudelta von der Türkei und das Durchfahrtsrecht durch die Meerengen; Griechenland unabhängig; Anerkennung der serbischen Autonomie; auch Moldau und Walachei (Donaufürstentümer) offiziell autonom (trotz starken russischen Einflusses) 1829 In Frankreich führt unter König Karl X. Fürst Polignac die Regierungsgeschäfte; strikter Vertreter der Reaktion 1829–1830 Papst Pius VIII.
1830	1830 Optischer Telegraph Berlin – Koblenz 1830 Joseph Madersperger erfindet die Nähmaschine (erstmals das Öhr an der Spitze der Nadel) 1830 Friedrich Christoph Dahlmann: „Quellenkunde der deutschen Geschichte"	1830–1837 Wilhelm IV. König von Großbritannien 1830 Londoner Konferenz erklärt die Unabhängigkeit Griechenlands; im gleichen Jahr Anerkennung der Autonomie Serbiens 1830 Eisenbahn Liverpool–Manchester

Amerika	Asien	Afrika	
1826–1828 Krieg der La Plata-Provinzen (Argentinien) gegen Brasilien; Ergebnis: Unabhängigkeit der Republik Uruguay 1826 Bolivar beruft panamerikanische Konferenz nach Panama ein; kann seine Vorstellung von einer Konföderation aller amerikanischen Staaten nicht verwirklichen	1826 Eine türkische Heeresreform nach europäischem Muster führt zur Rebellion der traditionsreichen Janitscharentruppe; Rebellion in Konstantinopel blutig niedergeschlagen; Schwächung der Türkei die unmittelbare Folge	seit 1826 Abschluß von Verträgen zwischen Frankreich und den Häuptlingen senegalesischer Stämme	**1826**
		1827–1830 Blockade der algerischen Küste durch französische Schiffe	**1827**
1828 Uruguay von Brasilien und Argentinien als selbständige Republik anerkannt	1828 Ende des persisch-russischen Kriegs		**1828**
1829–1852 Juan Manuel de Rosas Präsident Argentiniens 1829–1837 Andrew Jackson Präsident der USA; während seiner Präsidentschaft zeichnet sich die Bildung der heutigen Parteien, der Demokraten und der Republikaner, ab; Jackson begründet den Wechsel der Verwaltungsbeamten nach dem Wahlsieg einer Partei	1829 Alexander von Humboldt unternimmt auf Veranlassung des Zaren Forschungsreise nach Sibirien 1829 Die Türkei verliert im russisch-türkischen Krieg einen Teil Armeniens an Rußland 1829 Die Briten gründen eine Kolonie in Australien		**1829**
1830 Tod Simon Bolivars, des Befreiers zahlreicher spanischer Kolonien in Südamerika		1830 Ein französisches Heer landet bei Algier, besetzt Stadt und Umgebung; der algerische Führer Abd el-Kader zieht sich in den Westen des Landes zurück	**1830**

	Deutschland/Österreich	Europa
1830	1830/31 Unruhen in Kurhessen, Sachsen, Braunschweig und Göttingen nach der Pariser Julirevolution; im Königreich Sachsen Einführung landständischer Verfassungen; in Baden Zugeständnis der Pressefreiheit	1830 Julirevolution in Paris; Karl X. dankt ab; Louis Philipp („Bürgerkönig") König von Frankreich 1830–1848; Herrschaft des Großbürgertums; Folge der Julirevolution: Revolutionen in Belgien, Polen und Italien 1830 Revision der französischen Verfassung; Königsrechte eingeschränkt 1830 Brüsseler Aufstand; bald darauf proklamieren die Belgier die Unabhängigkeit von den Niederlanden 1830/31 Polnischer Aufstand gegen Rußland wird niedergeworfen; die liberale Verfassung (von 1815) aufgehoben; Kongreßpolen russische Provinz 1830/31 Nach der französischen Julirevolution geben sich die meisten Kantone der Schweiz eine liberale Verfassung: „Regenerationszeit"
1831	1831 Johann Wolfgang von Goethe vollendet „Faust" (2. Teil) und „Dichtung und Wahrheit" 1831 Tod des deutschen Philosophen Georg Wilhelm Friedrich Hegel 1831 Tod des preußischen Reichsfreiherrn vom und zum Stein; setzte zahlreiche Reformen in Preußen durch: Bauernbefreiung (1807), Städteordnung (1808); Trennung von Justiz und Verwaltung	1831 Londoner Konferenz formuliert die Trennungsbedingungen zwischen den Niederlanden und Belgien; von den Niederlanden erst nach militärischem Eingreifen Frankreichs anerkannt 1831–1865 Leopold I. (von Sachsen-Coburg) König der Belgier 1831 Aufstände der Weber in Lyon (1834 neuer Aufstand) 1831–1846 Papst Gregor XVI.; um die Stärkung der päpstlichen Autorität bemüht
1832	1832 Hambacher Fest führt zum Verbot politischer Vereine und öffentlicher Kundgebungen durch den Bundestag 1832 Tod Johann Wolfgang von Goethes	1832 Parlamentsreform in England; Wahlrecht für zusätzlich 1,5 Millionen Bürger 1832 Enzyklika Papst Gregors XVI. über die Zeitgefahren 1832–1834 Erste katholische Universität in Mecheln-Löwen gegründet 1832 Gründung der republikanischen Bewegung „Giovane Italia" (Junges Italien) durch Guiseppe Mazzini 1832 Der Sohn König Ludwigs I. von Bayern wird von der Griechischen Nationalversammlung als Otto I. zum König gewählt (bis 1862)

Amerika	Asien	Afrika	
1830 Groß-Kolumbien zerfällt in die Republiken Venezuela, Ekuador und Republik Neugranada, später Vereinigte Staaten von Kolumbien (seit 1861) und Republik Kolumbien (seit 1866) 1830 Ekuador erklärt sich unter J. J. Flores zur selbständigen Republik 1830–1846 Streit der USA mit England um Oregon 1830 Eisenbahn Baltimore–Ohio			**1830**
1831 Pedro I. von Brasilien muß zugunsten seines Sohnes abdanken 1831–1889 Pedro II. Kaiser von Brasilien 1831–1841 In Chile Präsidentschaft von J. Prieto	1831 Aufstand der Wahabiten im indischen Bengalen seit 1831 Unruhen in Japan; lang anhaltende Hungersnot	1831 Vertrag der afrikanischen Aschanti mit den Engländern über die Unabhängigkeit des Aschanti-Reichs; Verzicht auf die Küstengebiete 1831 Mohammed Ali von Ägypten läßt gegen den Widerstand der Pforte Syrien besetzen und rückt gegen Konstantinopel vor	**1831**
1832 In den Vereinigten Staaten droht Süd-Karolina mit Austritt aus der Union	1832–1840 Kriegerische Auseinandersetzung zwischen der Türkei und Ägypten; Moltke als Berater in der Türkei		**1832**

	Deutschland/Österreich	Europa
1833	1833 Hannover erhält eine neue Verfassung 1833 Einsetzung der Frankfurter Zentraluntersuchungskommission zur Verfolgung revolutionärer Umtriebe 1833 Gründung des „Rauhen Hauses“ in Hamburg durch Johann Hinrich Wichern 1833 Carl Friedrich Gauß und Wilhelm Eduard Weber erfinden den elektromagnetischen Telegrafen	1833 Fabrikgesetz in England für die Textilindustrie; Einrichtung der Fabrikinspektion, Beschränkung der Kinderarbeit und der Arbeit Jugendlicher; Aufhebung des Armengesetzes der Königin Elisabeth und neues (verschärftes) Armengesetz 1833 Tod Ferdinands VII. von Spanien; seine Tochter Isabella II. als Nachfolgerin bestimmt; auch Don Carlos, Bruder Ferdinands VII., erhebt Anspruch auf den Thron
1834	1834 Deutscher Zollverein, wirtschaftlicher Zusammenschluß fast aller deutscher Staaten – außer Österreich – unter preußischer Führung 1834 Beginn der Farbenchemie auf Grund der Forschungsergebnisse von Friedrich Ferdinand Runge 1834 Kurzschrift von Franz Xaver Gabelsberger	1834–1849 Erster Karlistenkrieg Niederlage des Don Carlos 1834 Quadrupelallianz (England – Frankreich – Spanien – Portugal) zur Unterstützung des iberischen Liberalismus; eine britische Freiwilligenlegion nimmt am Kampf gegen die spanischen Karlisten teil 1834 In Spanien erreichen die Liberalen die Anerkennung der Verfassung von 1812 1834 Gründung der „Grand National Consolidated Trade Unions“ in England 1834 Mazzini gründet in Italien die nationale und demokratische Bewegung „Junges Europa“ 1834 Universität Kiew gegründet
1835	1835–1848 Regierungszeit Kaiser Ferdinands I. von Österreich; dankt zugunsten seines Neffen Franz Joseph ab 1835 Erste deutsche Eisenbahn (Strecke Nürnberg–Fürth). 1835 David Friedrich Strauß: „Leben Jesu“ 1835 Tod Wilhelm von Humboldts; deutscher Gelehrter und Staatsmann, Schöpfer des humanistischen Gymnasiums	1835 Selbstverwaltung für englische Städte 1835 Erste Eisenbahn auf dem europäischen Kontinent: Brüssel–Mecheln (mit Stephensons „Rocket“) 1835 Gasanstalt in St. Petersburg
1836	1836 Theodor Fliedner gründet erstes deutsches Diakonissen-Mutterhaus und erneuert damit das apostolische Diakonissenamt	1836 Erster Staatsstreichversuch Louis Napoleons (Neffe Napoleons I.) in Frankreich von Straßburg aus zur Wiederherstellung des napoleonischen Kaisertums; nach Amerika ausgewiesen (1837 in London)

Amerika	Asien	Afrika	
1833 Chile erhält eine (langwährende) Verfassung; allmähliche Ausbildung eines geregelten Zweiparteiensystems 1833 Unter Präsident Santender von Kolumbien Schwächung des Landes durch Auseinandersetzungen zwischen Konservativen und Liberalen 1833 Erste nordamerikanische Universität läßt Frauen zu	1833 Russisch-türkisches Verteidigungsbündnis; die Türkei verpflichtet sich, gegebenenfalls Feinde Rußlands am Eindringen in das Schwarze Meer zu hindern 1833–1839 In verschiedenen chinesischen Provinzen werden Aufstände gegen die Zentralregierung niedergeschlagen	1833 Mohammed Ali wird vom türkischen Sultan mit Palästina, Libanon, Syrien und Adana belehnt	**1833**
		1834 Algerien wird offiziell zum französischen Kolonialbesitz erklärt	**1834**
1835–1852 Uneingeschränkte Diktatur von Juan Manuel de Rosa in Argentinien; Provinzialgewalt eingeschränkt	1835 Indien wird zunehmend anglisiert; Übernahme des englischen Schulsystems	1835–1847 Kampf der unter Abd el-Kader geeinten algerischen Stämme gegen die französische Kolonialherrschaft 1835 „Großer Treck der Buren“ von den Küstengebieten ins Innere Südafrikas	**1835**
1836–1839 Vorübergehende Vereinigung von Brasilien und Peru 1836 Bau der ersten Eisenbahn in Kanada			**1836**

| --- | --- | --- |
1837	1837 Ende der Personalunion zwischen Hannover und England; Ernst August König von Hannover; Protest der „Göttinger Sieben“ gegen Aufhebung der Verfassung 1837 „Zar und Zimmermann“, Oper von Albert Lortzing	1837 Loslösung Hannovers von England (nach dem Tode König Wilhelms IV.) 1837–1901 Viktoria Königin von England („Viktorianisches Zeitalter“) 1837–1848 Chartistenbewegung; erster Kampf des durch das Wahlgesetz von 1832 enttäuschten Proletariats um die Staatsgewalt in England; „Volks-Charte“ von 1838 fordert demokratisches Wahlrecht, daneben soziale Forderungen 1837–1887 3,7 Millionen Iren werden von ihrem Besitz verjagt; 6 Millionen Auswanderer; Entstehung der Repeal-Bewegung in Irland zur Aufhebung der Union mit Großbritannien 1837 Erste Eisenbahn St. Petersburg–Zarskoje Selo 1837 Tod des russischen Dichters Alexander Puschkin 1837 Morse erfindet den Schreibtelegraphen; 1840 folgt sein Telegraphenalphabet
1838	1838 Erste preußische Eisenbahn auf der Strecke von Berlin nach Potsdam 1838 Tod des deutschen Dichters Adalbert von Chamisso 1838 Eisenbahnstrecke Wien–Wagram	1838 Gründung der Anti-Corn-Law League in England durch Richard Cobden (Vorkämpfer des Freihandels); setzt 1846 die Abschaffung der Getreidegesetze durch
1839	1839 Verbot der Kinderarbeit in Preußen, Festsetzung der Höchstarbeitszeit für Jugendliche auf 10 Stunden 1839/40 Friedrich Fröbel gründet den ersten deutschen Kindergarten	1839 Londoner Vertrag: endgültige Anerkennung der Unabhängigkeit Belgiens und „ewige“ Neutralität 1839 Der nördliche Teil Luxemburgs fällt Belgien zu seit 1839 Verstärkte Aktivität der Sozialisten in Frankreich (St. Simonisten); Pierre Joseph Proudhon: „Was ist das Eigentum?“; seine Antwort: Eigentum ist Diebstahl (1840) 1839–1848 Christian VIII. König von Dänemark 1839–1842 Michael III. Obrenović in Serbien

Amerika	Asien	Afrika	
1837 Unter William L. Mackenzie Aufstand in Kanada für die Unabhängigkeit	1837–1853 Vergebliche Versuche der Europäer und Amerikaner, nach Japan eingelassen zu werden	seit 1837 Gründung des afrikanischen Staates Matabele im Gebiet des heutigen Südrhodesien 1837 Tod des Herrschers im Fulbe-Reich Mohammed Bello, der das Reich bis ins Yoruba-Land ausgedehnt hatte	**1837**
1838 Französische Blockade von Buenos Aires (Argentinien) 1838 Chilenische Truppen in Lima	1838 Der englisch-russische Kolonialgegensatz in Asien erweist sich beim Vorstoß beider Mächte nach Afghanistan		**1838**
1839 Ende des Kriegs zwischen Chile und der Konföderation Bolivien–Peru 1839–1845 In Ekuador Wiederwahl des Diktators General Flores; reaktionäre Politik	1839–1861 Abd ül-Medschid Sultan des Osmanischen Reiches; Fortführung des Reformwerks 1839 Der nach Kanton entsandte kaiserliche Kommissar Lin-Tse-Hsü beschlagnahmt und verbrennt das in englischem Besitz befindliche Opium 1839–1842 (Opium-) Krieg Englands gegen China wegen des chinesischen Verbots der Opiumeinfuhr und der Zerstörung britischer Opiumladungen durch die Chinesen	1839–1841 Mohammed Ali führt einen Krieg gegen das Osmanische Reich; Einmischung der europäischen Großmächte; Mohammed Ali wird die Herrschaft über Ägypten und den Sudan zugestanden 1839 Unabhängigkeitserklärung der Burenrepublik Natal	**1839**

	Deutschland/Österreich	Europa
1840	1840 Tod des deutschen Malers der Romantik Caspar David Friedrich 1840 Carl Friedrich Gauß: „Atlas des Erdmagnetismus“ 1840 Justus von Liebig begründet die anorganische Chemie (empfiehlt künstliche Düngung) 1840–1861 Friedrich Wilhelm IV., König von Preußen, der „Romantiker auf dem Thron“; findet seine Ideale im mittelalterlichen Reich und Gottesgnadentum	1840–1849 Wilhelm II. König der Niederlande 1840 Zweiter Staatsstreichversuch Louis Napoleons; landet in Boulogne; flieht wieder nach England 1840 Nach der diplomatischen Niederlage in der Orientalischen Krise verlangt der französische Ministerpräsident Thiers den Rhein als Ostgrenze Frankreichs
1841	1841 Friedrich List: „Das nationale System der politischen Ökonomie“ 1841 Ludwig Feuerbach: „Das Wesen des Christentums im materialistischen Sinne“ 1841 Richard Wagner: „Der Fliegende Holländer“ 1841 Tod des deutschen Pädagogen und Philosophen Johann Friedrich Herbart 1841 Tod des deutschen Baumeisters Karl Friedrich Schinkel	1841 Thomas Carlyle stellt in seinem Buch „Über Helden und Heldenverehrung“ das Wirken großer Persönlichkeiten als die bewegende Kraft der Weltgeschichte dar 1841 Erstes Gesetz zur Beschränkung der Kinderarbeit in Frankreich (Altersgrenze 8 Jahre)
1842	1842 Tod des deutschen Dichters der Romantik Clemens Brentano 1842 Annette von Droste-Hülshoff: „Judenbuche“	1842 Frauenarbeit unter Tage in England verboten bis 1842 Auguste Comte „Lehrgang der positiven Philosophie“ (Begründung des „Positivismus“ in Frankreich) 1842 Luxemburg tritt dem Deutschen Zollverein bei
1843	1843 Tod des deutschen Dichters Friedrich Hölderlin	1843–1868 Isabella II. Königin von Spanien 1843 Maschinensturm der Kattundrucker in Böhmen
1844	1844 Unruhen der Weber in Schlesien infolge sozialer Mißstände 1844 Heinrich Heine: „Deutschland, ein Wintermärchen“ und das „Weberlied“, geschrieben im Pariser Exil 1844 Einführung des ersten Dampfhammers in Österreich	1844 Beeinflußt von der amerikanischen Methodistenbewegung, Gründung des YMCA in London 1844 Griechische Nationalversammlung nimmt neue Verfassung an; konstitutionelle Monarchie 1844–1859 Oskar I. König von Schweden; unterstützt Dänemark 1848 in einer kriegerischen Auseinandersetzung mit Preußen; schrittweise Einführung liberaler Reformen; 1844/45 Gewährung völliger Pressefreiheit in Schweden

Amerika	Asien	Afrika	
1840 Kanada erlangt innenpolitische Autonomie; Vereinigung von Ober- und Unterkanada; gemeinsames Oberhaus und Unterhaus	1840–1843 Expedition von James Clark Ross in der Antarktis; 1842 gelangt er an die weiteste bis dahin erreichte südliche Breite (78° 10'); Bestimmung der Lage des magnetischen Südpols	1840 Londoner Konvention: Ägypten muß auf Syrien verzichten, jedoch faktisch Ausscheiden Ägyptens aus dem Osmanischen Reichsverband	**1840**
	1841 „Dardanellenvertrag“, Konvention von London: die Meerengen sind fremden Kriegsschiffen verschlossen 1841 Die Engländer besetzen Hongkong, erobern Amoy, Ningpo und Schanghai		**1841**
1842–1848 Reisen des John Fremont im mittleren Felsengebirge, in der Sierra Nevada und dem Flußgebiet des Sacramento 1842–1845 Bürgerkrieg in Peru	1842 Vertrag von Nanking; Hongkong an England abgetreten; 5 chinesische Häfen als für den europäischen Handel freie „Vertragshäfen“ bestimmt		**1842**
1843 Besiedlung des Mittelwestens (Oregon) der USA beginnt	1843 Zusatzvertrag zum Vertrag von Nanking gewährt England die Meistbegünstigungsklausel		**1843**
1844 Gründung der Dominikanischen Republik; 1861–1865 erneut mit Spanien vereinigt; erst danach endgültige Unabhängigkeit	1844 Vertrag zwischen China und den USA nach dem Vorbild des Vertrages von Nanking; es folgen im gleichen Jahr entsprechende Verträge mit Frankreich, Belgien, Schweden und Norwegen	1844 Engländer übernehmen die Macht in der Burenrepublik Natal 1844 Französisch-marokkanischer Krieg	**1844**

	Deutschland/Österreich	Europa
1845	1845 Allgemeine preußische Gewerbeordnung	1845 Die katholischen Kantone Freiburg, Luzern, Schwyz, Unterwalden, Uri, Wallis und Zug schließen sich zu einer Schutzvereinigung, einem „Sonderbund" zusammen 1845 Änderung der spanischen Verfassung (monarchistisch)
1846	1846 Österreichische Annektion des Freistaates Krakau; Preußen und Rußland stimmen zu 1846 Adolf Kolping gründet den ersten deutschen katholischen Gesellenverein 1846 Carl Zeiß gründet die Zeißwerke in Jena 1846 Werner Siemens erfindet den elektrischen Zeigertelegraphen 1846 Tod des deutschen Volkswirtschaftlers Friedrich List; setzte sich für den Bau eines deutschen Eisenbahnnetzes ein; Herausgeber des Zollvereinsblattes; Eintreten für deutsche Zolleinheit und vorübergehende Schutzzölle (Erziehungszölle)	1846 Über dem Gesetz zur Aufhebung der Kornzölle spalten sich die Tories in England 1846 Beschränkung der Frauenarbeit in England auf 10 Stunden täglich 1846/47 Bürgerkrieg in Portugal 1846 Die Dänen vereinigen Schleswig mit dem Königreich 1846–1878 Papst Pius IX. verkündet das Dogma der Unbefleckten Empfängnis; beruft das 1. Vatikanische Konzil ein
1847	1847 Berufung eines nur mit geringen Befugnissen ausgestatteten Vereinigten Landtages in Preußen und dessen baldige Auflösung 1847 Zunehmende Radikalisierung der Nationalitätenbewegungen, besonders der tschechischen und ungarischen, in Österreich 1847 Der österreichische Frauenarzt Ignaz Semmelweis entdeckt die Ursachen des Kindbettfiebers 1847 Leopold von Ranke: „Deutsche Geschichte im Zeitalter der Reformation" 1847 Heinrich Hoffmann: „Struwwelpeter"	1847 Gesetz über den Zehnstundentag in England seit 1847 Scharfe Kämpfe zwischen Liberalen und Klerikalen in Belgien 1847 Einheit der Schweiz durch einen Sieg der Eidgenossen im „Sonderbundskrieg" wiederhergestellt 1847–1849 2. Carlistenkrieg in Spanien

Amerika	Asien	Afrika	
1845 Irische Einwanderungswelle in die USA setzt ein 1845 John Franklin versucht neuerlich die Nordwestpassage zu finden; Expedition verschollen 1845 Annexion von Texas durch die Vereinigten Staaten	1845–1849 Kämpfe der Engländer gegen die Sikhs im Pandschab (Indien) 1845 Tonga (Südwestpolynesien) unabhängiges Königreich	1845 Abschluß eines Grenzvertrags zwischen Frankreich und Marokko über die algerisch-marokkanische Grenze	**1845**
1846–1848 Krieg der USA in Mexiko; die Nordamerikaner ziehen in Mexiko ein; im Friedensvertrag von Guadalupe-Hidalgo muß Mexiko Texas, Kalifornien, Arizona und Neu-Mexiko (fast die Hälfte seines Staatsbesitzes) an die USA abtreten 1846 Der größere Teil des zwischen England und den USA umstrittenen Oregon-Gebietes wird von den USA auf Grund eines Vertrages mit England annektiert, die kanadisch-amerikanische Grenze am 49. Breitengrad bis zum Pazifik ausgedehnt 1846 Bau des Illinois-Michigan-Kanals leitet Besiedlung des Fernen Westens ein			**1846**
1847 Gründung der Mormonensiedlung Salt Lake City am Großen Salzsee (USA)	1847 Angriffe französischer Kriegsschiffe auf Danang (Vietnam)	1847 Liberia wird unabhängige Republik mit einer Verfassung nach amerikanischem Vorbild 1847–1852 Entdeckung des Kilimandscharo und des Mount Kenia in Ostafrika; erste Nachricht über die großen Seen (die später als Staubecken des Nil erkannt werden) 1847 In Algerien muß sich Abd el-Kader den Franzosen ergeben	**1847**

1848

1848 Revolutionäre Bewegungen; Bundestag in Frankfurt hebt Zensurmaßnahmen auf und erklärt Schwarz-Rot-Gold zu deutschen Bundesfarben; Märzaufstand in Wien: Fürst Metternich wird zum Rücktritt gezwungen und emigriert nach England; Aufstand in Oberitalien, Österreicher räumen Mailand und Venedig; Märzrevolution in Berlin: Nach Unruhen und Barrikadenkämpfen Abzug der königlichen Truppen aus Berlin; Friedrich Wilhelm IV. erläßt eine Proklamation an die deutsche Nation und beruft die preußische Nationalversammlung nach Berlin ein; nach Unruhen in München dankt König Ludwig I. von Bayern zugunsten seines Sohnes Maximilian II. ab; Zusammentritt eines Vorparlaments in Frankfurt; Aufnahme Schleswigs in den Deutschen Bund; preußische Truppen gegen dänische Annexion Schleswigs; Aufnahme Ost- und Westpreußens in den Deutschen Bund; Beschluß zur Bildung einer Reichsmarine; in Baden scheitert die republikanische Erhebung nach Eingreifen deutscher Bundestruppen; Ungarn fordern und erhalten ein eigenes Ministerium; 2. Aufstand in Wien: Die kaiserliche Familie verläßt Wien; Aufständische erzwingen Einberufung eines österreichischen Reichstages; Eröffnung der Deutschen Nationalversammlung in der Paulskirche zu Frankfurt; Eröffnung der Preußischen Nationalversammlung in Berlin; Slawenkongreß in Prag verlangt Umwandlung Österreichs in einen Bund gleichberechtigter Völker; radikaler Aufstand in Prag wird durch österreichische Truppen niedergeschlagen; Erzherzog Johann von Österreich von der Deutschen Nationalversammlung zum Reichsverweser gewählt; Zusammentritt des Österreichischen Reichstages; österreichischer Feldmarschall Radetzky besiegt die Italiener bei Custozza; Waffenstillstand mit

1848 (noch vor der Revolution) Ferdinand II., König beider Sizilien, ist gezwungen, dem Königreich eine Verfassung (nach dem Vorbild der französischen Verfassung von 1830) zu geben; Verfassungen auch in Toscana und Sardinien

1848 Februar-Revolution in Paris, ausgelöst durch Verelendung und politische Rechtlosigkeit des Volkes; Frankreich Republik (2.); Wahlreform (bisher 250000, jetzt 9 Millionen Wähler); Nationalwerkstätten (sabotiert von der Bourgeoisie); nach deren Schließung Arbeiteraufstände niedergeschlagen

1848 In Frankreich aus Furcht vor dem Sozialismus Wahl Louis Napoleons zum Präsidenten (Dezember 1848)

1848 Revolutionen in Neapel und Sizilien, Mailand, im Kirchenstaat und in Venedig scheitern

1848 In Rom vorübergehend Republik unter Giuseppe Mazzini; der Papst flieht nach Gaëta

1848 Die Schweiz wird in einen Bundesstaat umgewandelt; gibt sich eine Verfassung nach dem Muster der Verfassung der Vereinigten Staaten von Amerika

1848 Wiederherstellung der österreichischen Herrschaft in Oberitalien durch Radetzky

1848 Erhebungen in Ungarn und in Böhmen gegen die Habsburger

1848 Slawenkongreß in Prag (Bakunin)

1848–1863 Frederik VII. König von Dänemark

1848 Militärkonvention zwischen Dänemark und Schweden (-Norwegen)

1848 Wilhelm II. der Niederlande gewährt den Niederländern eine liberale Verfassung (Ministerium J. R. Thorbecke)

1848 Beschluß des siebenbürgischen Landtags, das Land an Ungarn anzugliedern

1848 Liberale Revolution in der Walachei und Moldau; durch russischen Einmarsch niedergeworfen

Amerika	Asien	Afrika	
1848 Goldfunde im Sacramento bei Fort Sutter; Strom von Goldsuchern nach Kalifornien; San Francisco 1845: 1000 Einwohner, 1855: 100000 Einwohner 1848 Amerikanische Frauen fordern politische Rechte 1848 Aufenthaltsverbot für Jesuiten in Venezuela seit 1848 Bürgerkriegsartige Unruhen und Aufstände unter verschiedenen Regierungen Boliviens führen zur Schwächung des Landes	Mitte 19. Jh. In China entstehen unter dem Einfluß westlicher Ideen revolutionäre und reformerische Bewegungen 1848 Gründung einer Britisch-Indischen Vereinigung in Indien 1848 Niederländische Annexionsversuche in Bali (Indonesien)	1848 Mohammed Ali von Ägypten verzichtet zugunsten seines Sohnes Ibrahim auf die Regierung; Tod Ibrahims im selben Jahr; Nachfolger Abbas I. (1848–1854); Bemühungen zur Modernisierung des Landes	**1848**

	Deutschland/Österreich	Europa
1848	Sardinien; Kaiser Ferdinand kehrt nach Wien zurück; Preußen wird zum Waffenstillstand von Malmö gezwungen und entzieht der provisorischen Regierung Schleswig-Holsteins die Unterstützung; Volksaufstand in Frankfurt; Bruch zwischen Ungarn und Österreich; Kossuth übernimmt die Führung Ungarns; 3. Aufstand in Wien: Straßenkämpfe und Plünderungen, Ermordung des Kriegsministers Latour; kaiserliche Truppen nehmen nach harten Kämpfen Wien ein und schlagen den Aufstand nieder; u. a. Erschießung des Frankfurter Parlamentsmitgliedes Robert Blum; auf Befehl des Königs wird die preußische Nationalversammlung vertagt; preußische Truppen unter General Wrangel rücken kampflos in Berlin ein; Eröffnung des Österreichischen Reichstages in Kremsier; Zusammentritt der Preußischen Nationalversammlung in Brandenburg; Kaiser Ferdinand I. von Österreich dankt zugunsten seines Neffen Franz Joseph I. ab; Auflösung der nicht beschlußfähig gewordenen Preußischen Nationalversammlung; die preußische Regierung verkündet („oktroyiert“) eine Verfassung, die am 31. 1. 1850 in Kraft tritt 1848 Karl Marx und Friedrich Engels veröffentlichen (in London) das „Kommunistische Manifest“ 1848 Sebastian Kneipp beginnt in Bad Wörishofen mit der Naturheilbehandlung durch Wasser 1848/49 Bau der ersten großen unterirdischen Telegraphenlinie Berlin–Frankfurt/Main 1848–1916 Franz Joseph I., Kaiser von Österreich, König von Ungarn (seit 1867)	1848–1852 Aufstand in Schleswig-Holstein gegen Dänemark; allgemeines deutsches Verlangen nach Vereinigung der Herzogtümer; Bundestruppen (besonders Preußen) greifen ein 1848–1850 Deutsch-dänischer Krieg (1.) 1848 Gründung der ersten Arbeiterkonsumgenossenschaft in England 1848 Irische Massenauswanderung nach Amerika wird durch Mißernten, eine verheerende Kartoffelfäule und Hungersnot verstärkt
1849	1849 Für den Habsburger Gesamtstaat wird eine Verfassung „oktroyiert“; ungarischer Reichstag erklärt das Haus Habsburg-Lothringen in Ungarn für abgesetzt; Kossuth	1849 Aufhebung der Navigationsakte; grundsätzlicher Übergang zum Freihandel in England

Amerika	Asien	Afrika	
1848 In Costa Rica wird eine liberale Verfassung eingeführt 1848 Mexico tritt den Vereinigten Staaten Arizona ab (erst 1912 amerikanischer Bundesstaat) um 1848 Verstärkte Einwanderung von Europäern in Brasilien; von Pedro II. zur Entwicklung der brasilianischen Wirtschaft begünstigt		1848 Oranjefreistaat nach der Schlacht bei Boom Plaats von den Engländern besetzt und mit der Kapkolonie vereinigt	**1848**
1849 Unter der Präsidentschaft von Manuel Bulnes (1841 bis 1851) in Chile wirtschaftlicher und politischer Aufbau des Landes	1849 Nach schweren Kämpfen Niederlage der Sikhs im Pandschab (Indien) durch die Engländer; damit ganz Indien in britischer Hand	1849–1873 Vier mehrjährige Forschungsreisen David Livingstones im Sambesi-Gebiet, in Ost- und Zentralafrika	**1849**

	Deutschland/Österreich	Europa
1849	Reichsverweser; in Oberitalien schlägt Radetzky ein sardinisches Heer bei Mortara und Novara; König Albert von Sardinien dankt ab; Frankfurter Nationalversammlung vollendet die deutsche Reichsverfassung, die eine konstitutionelle Monarchie vorsieht; Dänemark kündigt Waffenstillstand, Kämpfe leben wieder auf; erfolgreiche Kämpfe der Ungarn gegen Österreich; Friedrich Wilhelm IV. lehnt die Annahme der Kaiserkrone ab; Ungarn erobern Ofen und Pest; Aufstand in Dresden, der mit preußischer Hilfe niedergeworfen wird; republikanische Aufstände in Baden und der bayerischen Pfalz durch preußische und Bundestruppen niedergeschlagen; Abberufung der österreichischen und preußischen Abgeordneten aus der Nationalversammlung; „Dreikönigsbündnis" Preußens mit Sachsen und Hannover; auf Ersuchen Wiens marschieren russische Truppen in Ungarn ein; Waffenstillstand Preußen–Dänemark; Kossuth dankt ab; Ungarn wird fortan zentralistisch als Teil Österreichs verwaltet 1849 Bayern führt als erster deutscher Staat die Briefmarke ein	1849 Österreich wirft mit Hilfe Rußlands (Nikolaus I.) den ungarischen Aufstand unter Kossuth nieder 1849 Radetzky in Oberitalien; Karl Albrecht von Sardinien dankt zugunsten seines Sohnes Viktor Emanuel II. ab 1849–1878 Viktor Emanuel II. 1849 Liquidierung der Römischen Republik durch Eingreifen ausländischer Truppen 1849 Wiederherstellung der habsburgischen Herrschaft in Venezien und der Lombardei 1849 Die grundgesetzgebende Versammlung in Dänemark gibt dem Land eine bürgerlich-demokratische Verfassung 1849 Tod des polnischen Komponisten Frédéric Chopin in Paris 1849–1890 Wilhelm III. König der Niederlande
1850	1850 „Oktroyierte" Verfassung Preußens tritt in Kraft (bis 1918); Parlament zu Erfurt: Preußen versucht die Bildung eines kleindeutschen Bundesstaates (ohne Österreich); Fürstentag in Berlin ergebnislos; Österreich tritt Unionsbestrebungen Preußens entgegen und beruft eine Konferenz nach Frankfurt ein; Preußen und Dänemark schließen Frieden von Berlin; die Schleswig-Holsteiner werden von den Dänen besiegt, Schleswig besetzt, Holstein wird zur Unterwerfung gezwungen; Wiedereröffnung des Frankfurter Bundestages; Preußen muß im Vertrag zu Olmütz auf seine Unionspläne verzichten; der Deutsche Bund wird unter Leitung Österreichs wiederhergestellt	1850 Dänemark im Besitz Schleswig-Holsteins bestätigt seit 1850 Neue Epoche der Reaktion in ganz Europa 1850 Cavour tritt in die Regierung von Piemont-Sardinien ein seit 1850 Piemont-Sardinien wird Mittelpunkt der italienischen Einigungsbestrebungen

Amerika	Asien	Afrika	
	1849 Türkischer Eroberungsversuch im Jemen scheitert		**1849**
seit 1850 Verstärkte deutsche Einwanderung in die USA aus politischen (Scheitern der 1848/49er Revolution) und wirtschaftlichen Gründen	1850 Bau einer Eisenbahnlinie in Australien (Ausgangspunkt Sydney) 1850–1864 Taiping-Revolution in China; Versuch der Rebellen unter Hung-Siutschüan, soziale Reformen zu verwirklichen (gemeinsames Eigentum, Gleichberechtigung der Frau u. a.); mit Hilfe Englands und Frankreichs vom Mandschu-Kaiser niedergeschlagen; Verwüstung des Landes	1850–1855 Sahara- und Sudanexpedition des Afrikaforschers Heinrich Barth; Vordringen bis Timbuktu; Begründer der Völkerkunde des Sudan 1850–1867 Als Theodorus II. macht sich der Ras Kasa nach Unterwerfung aller übrigen Fürsten zum Herrscher Äthiopiens	**1850**

Deutsche Sozialgesetzgebung im 19. und 20. Jahrhundert

1839 Preußisches Regulativ (Zulassungsalter für Fabrik- und Bergarbeiter 9 Jahre; für Fabrikarbeiter unter 16 Jahren Höchstarbeitszeit täglich 10 Stunden, Verbot der Nacht-, Sonn- und Feiertagsarbeit)

1842 Neuordnung der preußischen Armenpflege

1845 (Erste) Preußische Allgemeine Gewerbeordnung (Gewerbefreiheit; Gewerbetreibende zur Rücksichtnahme auf Gesundheit, Sittlichkeit und Erfordernisse des Schulbesuchs gegenüber den Beschäftigten verpflichtet; gesetzliche Regelung der Ausbildung und Haltung von Lehrlingen; Bestimmungen über Einrichtung von Unterstützungskassen für Gesellen, Gehilfen und Arbeiter

1849 Preußische Allgemeine Gewerbeordnung (Verschärfung der Arbeitszeitbestimmungen; Einsetzung von Gewerberäten; Lohnzahlung nur in Bargeld)

1850 Arbeiterausschüsse (Einzelne Unternehmer setzen freiwillig Arbeiterausschüsse zur Mitbestimmung in personellen und sozialen Fragen ein)

1853 Arbeitszeitbeschränkungen (Fabrikarbeiter unter 14 Jahren Höchstarbeitszeit 6 Stunden täglich, Anspruch auf Sonntagsruhe; Zulassungsalter für Fabrikarbeit 12 Jahre)

1854 Knappschaftsvereine (Vereinigungen zur Unterstützung bei Krankheits-, Invaliditäts- und Todesfällen sowie zur Hilfe für Witwen und Waisen)

1869 Gewerbeordnung des Norddeutschen Bundes, ab 1871 des Deutschen Reiches (Verbesserung des Jugendarbeitsschutzes; Anfänge des Betriebsschutzes; weitere Einschränkung der Kinderarbeit; Einrichtung gewerblicher Kranken-, Hilfs- und Sterbekassen; Koalitionsverbot für gewerbliche Unternehmer und Arbeiter aufgehoben)

1876 Hilfskassen-Gesetz (Regelung der gegenseitigen Unterstützung im Krankheitsfall)

1878 Gewerbeordnungsnovelle (Verbesserung des Jugendarbeitsschutzes; Anfänge des gesetzlichen Mutterschutzes)

1881 „Kaiserliche Botschaft“ kündigt umfassende Sozialgesetzgebung an

1883 Krankenversicherungs-Gesetz

1884 Unfallversicherungs-Gesetz (Errichtung des Reichsversicherungsamtes)

1889 Invaliditäts- und Altersversicherungsgesetz

1891 Gewerbeordnungsnovelle (Arbeiterschutzgesetz: Sonn- und Feiertagsarbeit beschränkt; Schutz der Arbeiterinnen und Jugendlichen verschärft; Zulassungsalter 13 Jahre; Elfstundentag und Verbot der Nachtarbeit für Frauen; Verbesserung des Mutterschutzes

1896 Arbeitsvertragsrecht (Sozialere Gestaltung des Arbeitsvertragsrechts – neben Gewerbeordnung jetzt Bestimmungen des Bürgerlichen Gesetzbuches und des Handelsgesetzbuches)

1903 Kinderschutz-Gesetz (Verbot der Kinderarbeit ausgedehnt)

1906 Mannschaftsversorgungs-Gesetz und Offizierspensions-Gesetz (Grundlage der Versorgung Kriegsbeschädigter und -hinterbliebener)

1908 Zehnstundentag für Frauen (Außerdem verbesserter Mutterschutz)

1911 Reichsversicherungsordnung (Sozialversicherungsgesetze einheitlich kodifiziert; Errichtung von Versicherungsämtern)
1911 Angestelltenversicherungs-Gesetz
1911 Hausarbeits-Gesetz (Betriebs- und Gesundheitsschutz auf Heimarbeit ausgedehnt; Entgeltschutz für Heimarbeit)
1914 Reichszentrale für Arbeitsnachweise (Vorläuferin einer reichseinheitlichen Arbeitsvermittlungsorganisation)
1914 Kriegswohlfahrtspflege (Fürsorge für Angehörige der Kriegsteilnehmer, für Kriegsbeschädigte, Kriegshinterbliebene, Kriegsgefangene, Flüchtlinge und Arbeitslose)
1915 Reichsausschuß der Kriegsbeschädigtenfürsorge (Aufstellung von Richtlinien für Durchführung der Kriegsbeschädigtenfürsorge und die Unterbringung von Schwerkriegsbeschädigten)
1916 Siebenuhr-Ladenschluß
1916 Gesetz über den vaterländischen Hilfsdienst (Als Vorläufer der späteren Betriebsräte obligatorische Einführung von Arbeiter- und Angestellten-Ausschüssen in Betrieben mit mehr als 50 Beschäftigten; Schaffung von Schlichtungsausschüssen für Arbeitsstreitigkeiten)
1918 Errichtung des Reichsarbeitsamtes (ab 1919: Reichsarbeitsministerium)
1918 Gesetzliche Festlegung des Achtstundentages
1918 Gesetzliche Anerkennung der Tarifverträge
1918 Einführung einer besonderen Erwerbslosenfürsorge
1919 Reichsordnung über Kriegsbeschädigten- und -hinterbliebenenfürsorge
1919 (Vorläufige) Landarbeitsordnung
1919 Reichsversorgungsgesetz (Regelung der Versorgung der Militärpersonen und ihrer Hinterbliebenen)
1920 Betriebsrätegesetz
1920 Beginn einer Arbeitsmarktpolitik
1922 Arbeitsnachweisgesetz
1923 Reichseinheitliche Knappschaftsversicherung (Berufsversicherung der Bergleute)
1924 Armenpflege zu einheitlicher Sozialfürsorge ausgestaltet
1927 Verbesserung des Mutterschutzes
1927 Krankenversicherung der Seeleute
1927 Errichtung der Reichsanstalt für Arbeitsvermittlung und Arbeitslosenversicherung
1934 Gesetz zur Ordnung der nationalen Arbeit („Führerprinzip"; staatliche Festsetzung der Arbeitsbedingungen durch „Treuhänder der Arbeit"; Selbstverwaltung der Sozialversicherung beseitigt)
1934 Gesetz zur Regelung des Arbeitseinsatzes (Staatliche Eingriffsmöglichkeit in alle Arbeitsverhältnisse)
1938 Jugendschutzgesetz (Heraufsetzung des Schutzalters; Anrechnung der Berufsschulzeit auf die Arbeitszeit; Anspruch auf bezahlten Urlaub).
1938 Altersversorgung für das Handwerk
1938 (Verbesserte) Arbeitszeitordnung
1942 Verbesserung des Mutterschutzes
1943 Freizeitordnung (Arbeitszeitverkürzung für Frauen und Schwerbeschädigte: Hausarbeitstag, Freistellung von Mehrarbeit, Nacht- und Feiertagsarbeit)
1949 Anpassungs-Gesetz (Leistungsanpassungen in allen Sozialleistungssystemen an das Lohn- und Preisgefüge)
1949 Soforthilfe (Maßnahmen zur Milderung dringender sozialer Notstände wie Ausbombung, Vertreibung usw.)
1949 Tarifvertrags-Gesetz
1950 Heimkehrer-Gesetz (Hilfsmaßnahmen für Heimkehrer)

1950 Bundesversorgungs-Gesetz (Maßnahmen zur Versorgung der Kriegsopfer)
1950 Schwerpunktprogramm (Maßnahmen zur Erreichung der Vollbeschäftigung)
1951 Selbstverwaltungs-Gesetz (Wiederherstellung der Selbstverwaltung der Sozialversicherungsträger)
1951 Mitbestimmungs-Gesetz (Arbeitnehmer-Mitbestimmung in den Aufsichtsräten und Vorständen der Montanbetriebe)
1951 Kündigungsschutz-Gesetz (Schutz der Arbeitnehmer gegen sozialwidrige Kündigungen)
1951 Sofortprogramm (Weitere Maßnahmen zur Erreichung der Vollbeschäftigung: wirtschaftsfördernde Maßnahmen, Arbeitsbeschaffungsmaßnahmen u. a.)
1951 Heimarbeits-Gesetz
1951 Errichtung des Bundesinstituts für Arbeitsschutz
1952 Lastenausgleichs-Gesetz (Ausgleich der durch den Krieg und seine Folgen für bestimmte Teile der Bevölkerung eingetretenen Schäden)
1952 Betriebsverfassungs-Gesetz (Neugestaltung der Beziehungen Arbeitgeber/Arbeitnehmer in den Betrieben)
1952 5. Berufskrankheiten-Verordnung
1952 Förderung der Vermögensbildung der unteren und mittleren Einkommensschichten
1952 (Verbessertes) Mutterschutz-Gesetz
1952 Bundesanstalt für Arbeitsvermittlung und Arbeitslosenversicherung
1953 Bundesentschädigungs-Gesetz (Wiedergutmachungsentschädigungen für die Opfer des Nationalsozialismus)
1953 Bundesevakuierungs-Gesetz (Regelt Rückführung Evakuierter)
1953 Errichtung der Bundesversicherungsanstalt für Angestellte (BfA)
1953 Bundesvertriebenen-Gesetz (Maßnahmen zur Eingliederung der Vertriebenen und Flüchtlinge)
1953 Fremdrenten- und Auslandsrenten-Gesetz (Regelt Sozialversicherungsverhältnisse der Flüchtlinge)
1953 Sozialgerichts-Gesetz (Errichtung von Gerichten der Sozialgerichtsbarkeit)
1954 Einführung des Kindergeldes (für das dritte und alle weiteren Kinder)
1954 Kriegsgefangenenentschädigungs-Gesetz
1955 Personalvertretungs-Gesetz (Einrichtung von Personalvertretungen im öffentlichen Dienst)
1956 Früher Sonnabend-Ladenschluß
1957 Maßnahmen zur Verbesserung der wirtschaftlichen Lage der Arbeiter im Krankheitsfall
1957 Gesetz über Altershilfe für Landwirte
1957 Rentenversicherungs-Neuregelungs-Gesetz (Einführung einer ausreichenden Altersrente, die jährlich den Veränderungen der Löhne und der Wirtschaftslage angepaßt wird)
1957 Körperbehinderten-Gesetz
1959 Maßnahmen zur Förderung der ganzjährigen Beschäftigung im Bauwesen
1959 Gesetz über Tuberkulosenhilfe
1959 Sparprämien-Gesetz (Bezweckt Förderung der Vermögensbildung der einkommensschwachen Schichten)
1960 Einführung eines Berufsschadensausgleichs
1960 Gewährung von Miet- und Lastenbeihilfen
1960 Jugendarbeitsschutz-Gesetz (Verbot der Kinderarbeit; tägliche Höchstarbeitszeit 8, wöchentliche 40 oder 44 Stunden; Anrechnung der Berufsschulzeit auf die Arbeitszeit; Urlaubsregelungen usw.; Beschäftigungsverbote bzw. -beschränkungen; gesundheitliche Betreuung)
1960 Handwerkerversicherungs-Gesetz

1961 Bundessozialhilfe-Gesetz (Neuordnung der Fürsorge)
1961 Maßnahmen zur weiteren Verbesserung der wirtschaftlichen Sicherung der Arbeiter im Krankheitsfall
1961 Kindergeldkassen-Gesetz (Zahlung bereits vom zweiten Kind an)
1961 Gesetz zur Förderung der Vermögensbildung der Arbeitnehmer
1961 6. Berufskrankheiten-Verordnung
1962 Maßnahmen zur Förderung der beruflichen Fortbildung
1963 Unfallversicherungs-Neuregelungs-Gesetz
1963 Wohnbeihilfe-Gesetz
1963 Bundesurlaubs-Gesetz (Festsetzung von Mindesturlaubszeiten für Arbeitnehmer)
1964 Bundeskindergeld-Gesetz
1964 2. Neuordnungs-Gesetz zum Bundesversorgungs-Gesetz
1965 2. Gesetz zur Förderung der Vermögensbildung der Arbeitnehmer
1965 Verbesserung des Mutterschutzes und der Mutterschaftsleistungen
1965 Verbesserungen auf dem Gebiet der Krankenversicherung
1965 Verbesserungen der Kindergeldleistungen
1965 Verbesserung der Rentengesetze
1966 Verbesserungen auf dem Gebiet der Arbeitslosenversicherung
1966 3. Neuordnungs-Gesetz zum Bundesversorgungsgesetz
1967 Ausdehnung der Angestelltenversicherungspflicht auf alle Angestellten
1968 7. Berufskrankheiten-Verordnung
1969 1. Arbeitsrechtsbereinigungs-Gesetz (Verbesserung der Kündigungsschutzbestimmungen)
1969 Errichtung der Bundesknappschaft
1969 Arbeitsrechtliche Regelung der Lohnfortzahlung (Arbeiter hinsichtlich des Lohnfortzahlungsanspruchs den Angestellten gleichgestellt)
1969 3. Rentenversicherungs-Änderungs-Gesetz
1969 Arbeitsförderungs-Gesetz
1969 Berufsbildungs-Gesetz
1970 Abschaffung des Krankenversicherungsbeitrags für Rentner
1970 3. Gesetz zur Förderung der Vermögensbildung („624-DM-Gesetz“)
1970 Dynamisierung der Leistungen für Kriegsopfer
1971 Einführung von Vorsorgeuntersuchungen
1972 Betriebsverfassungsgesetz (Arbeitnehmer und Betriebsräte erhalten mehr Rechte)
1972 Öffnung der Rentenversicherung für Selbständige, Hausfrauen und weitere Personengruppen
1973 Anhebung von Kleinrenten durch Rente nach Mindesteinkommen
1973 Einführung der flexiblen Altersgrenze in der Rentenversicherung (Altersrente bereits ab 63 Jahren möglich, bei Schwerbehinderten, Berufs- und Erwerbsunfähigen ab 62 Jahren)
1974 Einführung zeitlich unbegrenzter Krankenhauspflege
1974 Haushaltshilfe bei Kur- oder Krankenhausaufenthalt
1974 Konkursausfallgeld (Ausgleich rückständiger Löhne und Gehälter aus den letzten drei Monaten vor Zahlungsunfähigkeit des Arbeitgebers)
1974 Verbesserung des arbeitsrechtlichen Schutzes für Schwerbehinderte
1974 Freistellung von der Arbeit und Krankengeldzahlung bei Verdienstausfall zur Pflege eines kranken Kindes (bis zu 5 Tagen jährlich)
1974 Gesetz überdie Unverfallbarkeit von Betriebsrenten
1975 Neufassung des Bundeskindergeldgesetzes (1. Kind 50 DM, 2. Kind 70 DM, 3. und jedes weitere Kind 120 DM)

	Deutschland/Österreich	Europa
1851	1851 Aufhebung der Verfassung in Österreich; Neoabsolutismus (bis 1859) mit zentralistischer Bürokratie und Militärdiktatur in Ungarn und Italien 1851 Bismarck wird preußischer Abgeordneter beim Bundestag in Frankfurt (bis 1859)	1851 Erste Weltausstellung in London 1851 Staatsstreich des französischen Präsidenten Louis Napoleon sichert ihm die Präsidentschaft für 10 Jahre; das Plebiszit vom 20. 12. gibt Louis Napoleon Handlungsfreiheit; er fühlt sich als „Kind der Revolution“
1852	1852 Durch das „Londoner Protokoll“ wird der Zustand von vor 1848 für Schleswig und Holstein wiederhergestellt 1852 Jakob Grimm: „Deutsches Wörterbuch“ (1. Teil)	1852 Londoner Protokoll, unterzeichnet von den Großmächten und Dänemark: Schleswig-Holstein bleibt in Personalunion mit Dänemark 1852 Zweite Verfassung der Zweiten Republik (Frankreich); Amtszeit des Präsidenten auf 10 Jahre verlängert; Wiederherstellung des Erbkaisertums (2. 12.) 1852 Louis Napoleon als Napoleon III. Kaiser von Frankreich; zweites Kaiserreich 1852–1870 1852 Wiederherstellung des Kirchenstaats 1852 Tod des russischen Dichters Nikolaj Gogol
1853	1853 Preußen erwirbt von Oldenburg Gebiete am Jadebusen zur Anlage eines Kriegshafens, des späteren Wilhelmshaven 1853 Gründung der Zeitschrift „Gartenlaube“	1853 Rußland besetzt die Donaufürstentümer 1853–1856 Krimkrieg; Eingreifen Napoleons III., Englands und Viktor Emanuels gegen Rußland; drohende Haltung Österreichs gegen Rußland zwingt Rußland, die Donaufürstentümer zu räumen 1853 Das Jahr der stärksten irischen Auswanderung: 830000 Menschen gehen nach Übersee
1854	1854 Im Krimkrieg schließt Österreich ein Bündnis mit den Westmächten, ohne in den Krieg einzutreten; Preußen bleibt neutral	1854 Landung englisch-französischer Truppen auf der Krim, Schlachten an der Alma und bei Inkerman, Belagerung Sewastopols

Amerika	Asien	Afrika	
1851 Gründung der „New York Times“ 1851 Herman Melville: „Moby Dick“ 1851/52 Argentinisch-brasilianischer Krieg unter Beteiligung der europäischen Großmächte England und Frankreich	1851–1861 Wen-Tsung (Hsien-Feng) Kaiser von China 1851 Verstärkte Einwanderung in Australien nach Goldfunden in Neusüdwales		**1851**
1852 Harriet Beecher-Stowe: „Onkel Toms Hütte“; Problem der Negersklaven in den Südstaaten, propagandistische Wirkung in den Nordstaaten 1852 Sturz des Diktators Manuel de Rosas in Argentinien; Flucht nach England	1852 Der Gelbe Fluß (Huang Ho) in China verlegt seine Mündung rund 400 Kilometer nach Norden 1852/53 (2.) Britisch-birmanischer Krieg; die Engländer besetzen Rangun	1852 Der afrikanische Burenstaat Transvaal selbständig (Sand-River-Konvention mit Großbritannien) 1852–1856 David Livingstone erforscht das Sambesigebiet und Inner-Angola	**1852**
1853 Mexiko tritt den Südteil von Arizona an die USA ab 1853 Neue Verfassung der argentinischen Konföderation	1853 Die Taiping-Rebellen nehmen Nanking und machen es zur Hauptstadt; der größte Teil Mittelchinas in ihrer Hand; erst allmählich gewinnen die kaiserlichen Generäle die Oberhand 1853–1868 Aufstand der Nien-fei in Nordchina parallel mit der Taiping-Rebellion 1853/54 Kriegschiffe der USA (Commodore Perry) vor der japanischen Küste; Öffnung des Landes gefordert		**1853**
1854 Gründung der Republikanischen Partei in den USA (gegen die Sklaverei)	1854 Die USA erreichen mit dem Vertrag von Kanagawa die Öffnung Japans, ent-	1854–1865 Kolonialexpansion Frankreichs in Afrika; Senegalgebiet erweitert	**1854**

	Deutschland/Österreich	Europa
1854	1854 Eröffnung der Semmering-Bahn, der ersten Eisenbahn über die Alpen 1854 Erste Anschlagsäule von Ernst Litfaß in Berlin 1854 Gründung des Instituts für Österreichische Geschichtsforschung in Wien	1854 Florence Nightingale beginnt ihr karitatives Wirken auf der Krim 1854 Englische Blockade der russischen Ostseehäfen 1854 Bündnis Österreichs mit den Westmächten führt zu Spannungen mit Rußland; Preußen bleibt neutral 1854 Beteiligung von Sardinien-Piemont am Krimkrieg auf seiten Englands und Frankreichs 1854 Eröffnung der ersten Eisenbahnstrecke in Norwegen
1855	1855 Reformen Josephs II. durch das Konkordat Österreichs mit der Kurie beseitigt 1855 Gottfried Keller: Erstfassung des „Grünen Heinrich“	1855 Sewastopol kapituliert; in Kleinasien erobern die Russen Kars 1855–1881 Alexander II., „Zarbefreier“, Zar von Rußland; liberale Reformen, u. a. Beseitigung der Leibeigenschaft 1855 Weltausstellung in Paris
1856	1856 Tod des deutschen Dichters, Schriftstellers und Journalisten Heinrich Heine 1856 Johann Carl Fuhlrott entdeckt bei Düsseldorf erstes vorzeitliches Menschenskelett, den „Neandertaler“ 1856 Wilhelm Busch: „Max und Moritz“	1856 Friede zu Paris beendet den Krimkrieg; Rußland gibt seine Ansprüche gegenüber der Türkei auf und muß im Schwarzen Meer abrüsten; Freigabe der Donauschiffahrt 1856 Wiederherstellung der Fürstentümer Moldau und Walachei 1856/57 Neuenburger Konflikt zwischen der Schweiz und dem König von Preußen (dem Neuchâtel als Fürstentum untersteht); preußische Kriegsdrohung; Lösung durch Vermittlung Napoleons III. und Englands; Preußen verzichtet auf Neuenburg, das vollberechtigtes Bundesmitglied der Schweiz wird
1857	1857 Adalbert Stifter: „Nachsommer“	1857 Slawisches Komitee in Rußland; Beginn der (russisch-)panslawistischen Bewegung 1857 Gesetz zur Einräumung der Gewerbefreiheit in Dänemark 1857 Tod des französischen Philosophen August Comte; erstrebte eine Lenkung der Gesellschaft durch den „positiven Geist“; Begründer des Positivismus 1857 Charles Baudelaire: „Die Blumen des Bösen“

Amerika	Asien	Afrika	
1854 Kansas-Nebraska-Act führt zu neuem Streit um die Sklaverei in den Grenzgebieten zwischen dem Norden und dem Süden der USA seit 1854 Französisch-Guayana Strafkolonie des Mutterlandes (bis 1946)	sprechende Verträge mit England, Rußland und Holland (Verträge vom Schogun, nicht vom Kaiser unterzeichnet) 1854–1858 Forschungsreise der Gebrüder Schlagintweit von Indien ins Zentralhimalayagebiet und nach Tibet 1854–1856 Russische Expedition erforscht das Amurgebiet	1854 Ferdinand de Lesseps schließt mit dem ägyptischen Vizekönig einen Konzessionsvertrag über den Bau des Suezkanals (1859–1869 gebaut) 1854 Anerkennung der Selbständigkeit des Oranjefreistaats	**1854**
1855 In Mexiko werden alle kirchlichen und militärischen Privilegien abgeschafft	1855–1859 Expedition der Russischen Geographischen Gesellschaft nach Ostsibirien 1855 Erste Eisenbahnstrecke in Indien		**1855**
1856/57 Nicaragua in Mittelamerika unter der Herrschaft des nordamerikanischen Abenteurers William Walker	1856 Im Pariser Frieden erklären die vertragschließenden Mächte die Unverletzlichkeit des Osmanischen Reiches 1856–1858 Lorcha-Krieg in China löst Eingreifen der Engländer und Franzosen aus; Kanton besetzt	1856 Ansiedlungen der Buren schließen sich zum Freistaat Transvaal zusammen (1860 Südafrikanische Republik)	**1856**
1857 Erste Weltwirtschaftskrise in den USA; Auswirkungen auf England und auf den europäischen Kontinent 1857–1861 James Buchanan Präsident der USA; tritt für die Sklaverei ein	1857/58 Empörung indischer Truppen im Gangesgebiet; erst nach schweren Kämpfen mit der Rückeroberung von Delhi beendet		**1857**

	Deutschland/Österreich	Europa
1857		
1858	1858 In Preußen übernimmt Prinz Wilhelm die Regentschaft für seinen regierungsunfähig gewordenen Bruder König Friedrich Wilhelm IV.; innenpolitischer Kurswechsel durch Berufung liberaler Minister („Neue Ära“) 1858 Bündnis des die Einigung Italiens betreibenden Grafen Cavour mit Napoleon III. gegen Österreich 1858 Begründung der Zellularpathologie durch Rudolf Virchow („Die Cellularpathologie in ihrer Begründung auf physiologische und pathologische Gewebelehre“); als Politiker begründet Virchow die „Deutsche Fortschrittspartei“ mit	1858 Geheimbündnis von Plombières zwischen Frankreich und Piemont-Sardinien mit dem Ziel der Vertreibung Österreichs aus Oberitalien 1858 In Serbien wird Alexander Karadjeordjevič abgesetzt; Milan Obrenović wiedergewählt (bis 1860) 1858 In England Amtsantritt der 2. Regierung Palmerston; Förderung der liberalen Strömungen in Europa; im Interesse Englands Ablehnung der Einigungsbestrebungen Deutschlands und Italiens; zunächst Befürwortung einer Demokratisierung des Wahlrechts
1859	1859 Krieg Frankreichs und Sardiniens gegen Österreich; die Verbündeten siegen bei Magenta und Solferino; im Frieden von Zürich muß Österreich die Lombardei abtreten (kommt an Sardinien-Piemont)	1859 Charles Darwin: „Über die Entstehung der Arten durch natürliche Zuchtwahl“ 1859 Offizieller Bündnisabschluß Piemont-Sardiniens mit Frankreich 1859 (29. 4.–8. 7.) Krieg der Franzosen und der Piemontesen gegen

Amerika	Asien	Afrika	
1857 Liberale Verfassung in Mexiko: allgemeines und gleiches Wahlrecht; Katholizismus nicht mehr Staatsreligion	1857–1860 Kämpfe der Engländer und Franzosen in China um Öffnung des Landes für Fremde und neue Handelsgelegenheiten		**1857**
1858 Reformgesetze in Mexiko: Einziehung des Kircheneigentums, Religionsfreiheit, bürgerliche Eheschließung; daraufhin bis 1861 Bürgerkrieg zwischen Klerikalen und Liberalen; Sieg der Liberalen 1858 Neu-Granada (Kolumbien) wird Staatenbund aus acht Staaten; Trennung von Staat und Kirche	1858 Indien von der britischen Krone übernommen; die Ostindische Kompanie aufgelöst 1858 Verträge von Tientsin zwischen China einerseits, England, Frankreich, USA und Rußland andererseits: Freigabe von 11 weiteren Vertragshäfen, Freigabe des Handels und der Mission im Innern Chinas; Vertrag von Aigun mit Rußland: der Amur wird als Grenze festgelegt 1858 Ungleiche Verträge Japans mit USA, Rußland, England, Frankreich und den Niederlanden 1858–1866 Kämpfe zwischen der Reformpartei und der fremdenfeindlichen Bewegung in Japan; 1863 bis 1864 Flottendemonstration aller fremden Mächte 1858 Rußland annektiert die nördlichen Sachalin-Inseln 1858–1867 Frankreich setzt sich in Cochinchina fest	1858–1864 David Livingstone erneut im Sambesi-Gebiet; Entdeckung des Njassa-Sees 1858 R. F. Burton und J. H. Speke entdecken den Tanganjikasee	**1858**
1859 John Brown, Gegner der Sklaverei, unternimmt einen Überfall auf ein Waffenarsenal in Harpers Ferry (West Virginia), um einen Negeraufstand auszu-	1859 Kolonie Queensland in Australien als selbständige Kolonie von Neusüdwales getrennt	1859–1869 Bau des Suez-Kanals (Lesseps)	**1859**

	Deutschland/Österreich	Europa
1859	1859 Österreichs Hegemonie über Italien beendet; Neoabsolutismus in Österreich aufgegeben 1859 Bismarck wird Gesandter in St. Petersburg 1859 Tod Alexander von Humboldts; deutscher Naturwissenschaftler und Forschungsreisender 1859 Robert Wilhelm Bunsen und Gustav Robert Kirchhoff: Chemische Spektralanalyse 1859 Karl Marx: „Zur Kritik der politischen Ökonomie“	Österreich; Siege bei Magenta und Solferino; (8. 7.) Waffenstillstand von Villafranca; Österreich verliert die Lombardei an Italien 1859 Charles Darwin: „On the Origin of Species“ (biologische Theorie der Evolution) 1859 Aufgrund einer Volksbewegung wird Alexandru Ion Cuza Fürst der vereinigten Fürstentümer Moldau und Walachei 1859 Rußland unterwirft das östliche Kaukasusgebiet 1859 Neutralitätsvertrag zwischen Frankreich und Rußland 1859–1872 Karl XV. König von Schweden
1860	1860 Krupp konstruiert Geschützrohre aus Gußstahl 1860 Tod des deutschen Philosophen Arthur Schopenhauer 1860 Jacob Burckhardt: „Kultur der Renaissance in Italien“	1860 Sizilischer Siegeszug Garibaldis gegen die Bourbonenregierung in Sizilien-Neapel; anschließend Vordringen Garibaldis in Süditalien und Einzug in Neapel 1860 Nach Niederlage der päpstlichen Truppen verliert der Kirchenstaat große Gebietsteile an das Königreich Sardinien 1860 Vereinigung von Florenz, Modena, Parma und Bologna mit dem Savoyerstaat durch Plebiszit gefordert; Savoyen und Nizza kommen jedoch zu Frankreich 1860 Englisch-französischer Handelsvertrag im Sinne des Freihandels 1860–1868 Michael Obrenović Fürst von Serbien; erstrebt Vereinigung der Serben und Kroaten sowie eine Balkenföderation 1860–1918 Fürst Nikolaus I. (Nikita) von Montenegro; setzt im Kampf gegen die Türkei die Unabhängigkeit Montenegros durch und vergrößert sein Gebiet

Amerika	Asien	Afrika	
lösen; das Unternehmen mißlingt 1859 Erste Eisenbahn in Argentinien 1859 Ausweisung der Jesuiten aus Uruguay 1859–1863 Bürgerkrieg in Venezuela	1859 Einnahme von Saigon (Indochina) durch die Franzosen 1859–1862 „Indigo-Unruhen" in Bengalen	1859–1860 Krieg zwischen Marokko und Spanien	**1859**
1860 Der Republikaner Abraham Lincoln, Gegner der Negersklaverei, zum Präsidenten der USA gewählt; daraufhin erklären 1860/61 elf Südstaaten ihren Austritt aus den USA (Sezession) 1860 G. García Moreno errichtet in Ecuador eine konservativ-klerikale Diktatur, die sich weitgehend auf den Jesuitenorden stützt (bis 1875)	1860 Aufgrund der Abweisung der europäischen Diplomaten durch China wird der Zugang nach Peking von englischen und französischen Truppen mit Gewalt erzwungen; der Sommerpalast eingeäschert als Repressalie gegen die Gefangensetzung von Diplomaten 1860 China tritt die Küstenprovinz östlich des Ussuri an Rußland ab; die Russen gründen Wladiwostok 1860–1868 Rußland sichert sich Teile des Amur-Gebietes und Turkestans 1860–1862 Der Geologe F. v. Richthofen bereist Japan, Ostchina, Siam und Indonesien 1860–1862 Frankreich ergreift vom Mekong-Gebiet in Indochina Besitz 1860/61 Libanon vorübergehend von französischen Truppen besetzt (Anlaß: Christenverfolgungen)	1860–1862 Frankreich reorganisiert das Senegal-Gebiet 1860–1863 John Hanning Speke und J. Grant klären das Problem der Nilquelle: Ausfluß aus dem Viktoriasee	**1860**

	Deutschland/Österreich	Europa
1861	1861–1888 Wilhelm I. König von Preußen, seit 1871 Deutscher Kaiser 1861 Gründung der Deutschen Fortschrittspartei; erste Partei im modernen Sinne in Deutschland 1861 Friedrich Hebbel: „Die Nibelungen“	1861 In Frankreich besteht zum erstenmal eine Frau das Doktorexamen 1861–1889 König Ludwig von Portugal 1861 Einigung Italiens bis auf Venetien (bei Österreich) und Rom, das dem von Frankreich unterstützten Papst verbleibt; Hauptstadt zunächst Turin, dann Florenz 1861–1878 Viktor Emanuel II. König von Italien 1861 Vereinigung der Fürstentümer Moldau und Walachei zu Rumänien 1861 Aufhebung der Leibeigenschaft in Rußland; keine dauerhafte Lösung der Landbesitzfrage, Gegensatz des Guts- und Gemeinde-(Mir-)landes; Auswanderung nach Sibirien nimmt zu 1861 Tod Cavours, der die Einigung Italiens herbeiführte 1861 Aufhebung der meisten Einfuhrzölle in Großbritannien
1862	1862 Otto von Bismarck Gesandter in Paris, dann preußischer Ministerpräsident und Außenminister 1862 Theodor Fontane: „Wanderungen durch die Mark Brandenburg“ 1862–1866 Verfassungsstreit („Konfliktszeit“) in Preußen: Auflösung des Landtags; Neuwahlen führen zu verstärkter Mehrheit der Liberalen; Berufung Bismarcks zum preußischen Ministerpräsidenten, der gegen die Parlamentsmehrheit regiert; 1866 „Indemnitätsvorlage“, nachträgliche Billigung von Bismarcks Vorgehen durch den Landtag 1862 Deutscher Bundestag lehnt die Aufnahme Österreichs in den Deutschen Zollverein ab	1862 Weltausstellung in London 1862 Garibaldis Vorstoß gegen Rom von den Franzosen zurückgeschlagen 1862 Gründung eines unabhängigen tschechischen Theaters in Prag (seit 1863 Nationaltheater), das der nationalen Bewegung wichtige Impulse gibt 1862 König Otto von Griechenland (erster griechischer König seit der Befreiung) abgesetzt; Nachfolger wird der dänische Prinz Wilhelm Georg aus dem Hause Glücksburg als Georg I. 1862 I. S. Turgenjew: „Väter und Söhne“ (Roman) 1862 Gründung der revolutionären Organisation „Land und Freiheit“ (Semlja i Wolja) in Rußland

Amerika	Asien	Afrika	
1861–1865 Dominikanische Republik nochmals unter spanischer Herrschaft 1861–1865 Sezessionskrieg in den USA 1861 (9. 2.) Konstituierung der sklavenhaltenden Südstaaten als konföderierte Staaten von Amerika mit Jefferson Davis als provisorischem Präsidenten (12.–14. 4.) Angriff der Konföderierten auf Fort Sumter eröffnet den Sezessionskrieg 1861 Benito Juarez Präsident von Mexiko; kündigt Schuldenzahlung an ausländische Gläubiger; Frankreich, England und Spanien entsenden Expeditionskorps	1861–1876 Abd ul-Asis Sultan des Osmanischen Reiches 1861 Errichtung eines Auswärtigen Amtes in Peking 1861 Handelsvertrag zwischen China und Preußen und dem Deutschen Zollverein 1861 Kaiserin Tse-hi übernimmt nach einem Staatsstreich die Regentschaft in China 1861 Handelsvertrag zwischen Japan und Preußen	1861 Der Bei von Tunesien, Mohammed as-Sadik, erläßt eine Verfassung	**1861**
1862 (13. 12.) Sieg der Südstaaten bei Fredericksburg (General Lee) 1862 Sklavenbefreiung in den USA (ab 1. 1. 1863 wirksam); diese Emanzipationserklärung ermöglicht im Sezessionskrieg die Rekrutierung von Negern für die Armee der Nordstaaten	1862–1874 Mu-Tsung (Tung-Chin) Kaiser von China unter Regentschaft der Kaiserin Tse-hi 1862 Vertrag von Saigon; die drei östlichen Provinzen Cochinchinas kommen an Frankreich 1862 Erste japanische Gesandtschaft in Europa 1862 Der letzte Großmogul stirbt im Exil in Rangun	1862 Erste Reise des deutschen Afrikaforschers Gerhard Rohlfs von Marokko über Tuat und Ghadames nach Tripolis	**1862**

	Deutschland/Österreich	Europa
1863	1863 „Alvenslebensche Konvention“ Preußens mit Rußland zwecks gegenseitiger Unterstützung der polnischen Interessen beider Mächte 1863 Kaiser Franz Joseph I. von Österreich beruft Fürstentag in Frankfurt ein; Reformplan unter Ausschluß Preußens scheitert 1863 Christian IX. von Dänemark annektiert Schleswig 1863 Ferdinand Lassalle gründet den „Allgemeinen Deutschen Arbeiterverein“ 1863 Gründung der Farbenfabriken Bayer, Hoechst und Kalle	1863 Januaraufstand in Polen von Rußland niedergeschlagen; danach verstärkte Russifizierung Polens 1863 Internationales Komitee vom Roten Kreuz gegründet 1863–1906 Christian IX. König von Dänemark 1863 Gemeinsame Verfassung für Dänemark und Schleswig schaltet Holstein aus 1863 Der Schwede Alfred Nobel stellt Nitroglyzerin fabrikmäßig her 1863 England übergibt die Ionischen Inseln an Griechenland 1863 Säkularisierung des Klosterbesitzes in Rumänien
1864	1864 Krieg Österreichs und Preußens gegen Dänemark; nach Erstürmung der Düppeler Schanzen durch die Preußen und Übergang nach Alsen Friede von Wien; Dänemark tritt Schleswig-Holstein und Lauenburg an Österreich und Preußen ab	1864 Internationale Arbeiter-Assoziation („Erste Internationale“) durch Karl Marx in London gegründet 1864 Streikverbot in Frankreich aufgehoben 1864 Pius IX. „Quanta cura“; Enzyklika über die Zeitirrtümer (Syllabus errorum) 1864 Genfer Konvention „Zur Verbesserung des Loses der verwundeten Soldaten der Armeen im Felde“ (auf Anregung von Henri Dunant) 1864 Krieg Preußens und Österreichs gegen Dänemark um Schleswig-Holstein; Schlacht bei den Düppeler Schanzen; Dänemark unterliegt 1864 Nach der Niederlage im (2.) deutsch-dänischen Krieg tritt Dänemark Holstein, Lauenburg und Schleswig an Preußen und Österreich ab
1865	1865 Österreichisch-preußischer Vertrag von Gastein: Österreich verwaltet Holstein, Preußen Schleswig; Preußen erhält gegen Entschädigung Lauenburg 1865 In Deutschland Gründung des Allgemeinen Deutschen Frauenvereins	1865–1909 Leopold II. König der Belgier; liberale Innenpolitik 1865 Gründung der Reform League in Großbritannien; erstrebt eine Ausweitung des Wahlrechts

Amerika	Asien	Afrika	
1863 (3. 7.) Schlacht bei Gettysburg; Beginn des Übergewichts der Nordstaaten 1863 England und Spanien ziehen sich aus Mexiko zurück; französische Truppen erobern Ciudad de México 1863 „Vereinigte Staaten von Kolumbien“	1863 Kambodscha unterwirft sich dem französischen Protektorat 1863 H. Mouhot entdeckt Angkor 1863 Indische Moslems formieren sich in der Muselmanischen Literarischen Gesellschaft	1863 Ismail Pascha Statthalter von Ägypten; erlangt 1866 Erblichkeit seines Amtes, 1867 den Titel Khedive (Vizekönig); 1879 abgesetzt	**1863**
1864–1877 Mehrere Forschungsreisen in Peru, Kolumbien und Ecuador; genauere Kenntnis der Zentral-Anden und des oberen Amazonasgebiets 1864 Der österreichische Erzherzog Maximilian wird unter französischer Protektion Kaiser von Mexiko	1864–1884 Vorrücken Rußlands in Zentralasien bis an die Grenzen Indiens und Chinas (1864 Turkestan, 1865 Taschkent, 1866 Buchara, 1868 Samarkand, 1873 Chiwa, 1876 Kokand, 1884 Merw russisch) 1864 Mit ausländischer Hilfe (Major Gordon) wird mit der Einnahme Nankings und einem anschließenden Massaker der Taiping-Aufstand beendet und die Rebellion der Sozialreformer niedergeworfen 1864–1878 Mohammedaneraufstände in Schensi, Kansu und Turkestan durch kaiserlich-chinesische Truppen niedergeschlagen	1864–1866 Georg Schweinfurth erforscht Ägypten, den Ostsudan und die arabische Wüste	**1864**
1865–1870 Vierländerkrieg in Südamerika; Argentinien, Brasilien und Uruguay gegen Paraguay 1865 Kapitulation der Armee der Konföderierten in Appomatox	1865–1877 Jakub Beg, Khan von Kaschgar, gründet Türkenreich in Zentralasien; erstrebt Vereinigung aller Mohammedaner Zentralasiens	1865–1867 Gerhard Rohlfs durchquert Nordafrika; über Mursuk bis zum Niger	**1865**

	Deutschland/Österreich	Europa
1865	1865 Gründung der Badischen Anilin- & Sodafabrik (BASF) 1865 Gregor Mendel begründet Vererbungslehre mit „Versuche über Pflanzenhybriden“	
1866	1866 Geheimes, gegen Österreich gerichtetes Bündnis Preußen–Italien; Geheimvertrag Österreich–Frankreich; Deutscher Bundeskrieg um die Vorherrschaft in Deutschland; Preußen besiegt die österreichische Hauptarmee bei Königgrätz (Sadowa); nach dem Vorfrieden von Nikolsburg Verständigungsfrieden zu Prag (keine preußischen Annexionen); Auflösung des Deutschen Bundes; Vereinigung Schleswig-Holsteins, Hannovers, Kurhessens, Nassaus und Frankfurts mit Preußen; Bündnis mit den süddeutschen Staaten; trotz österreichischer Siege bei Custozza und Lissa tritt Österreich im Frieden zu Wien Venetien an Italien ab 1866 Gründung des „Vereins zur Förderung der Erwerbsfähigkeit für das weibliche Geschlecht“ (Lette-Verein) in Berlin	1866–1868 Konfliktszeit zwischen Krone und Parlament in den Niederlanden; Begründung des praktischen Übergewichts des Parlaments 1866 Krieg Preußens (im Bündnis mit Italien) und der kleineren norddeutschen Staaten gegen Österreich, Bayern, Württemberg u. a.; Venetien an Italien 1866 (20. 6.–3. 10.) Krieg Italiens (im Militärbündnis mit Preußen) gegen Österreich 1866 Der Sieg Preußens bei Königgrätz (Sadowa) über Österreich wird als Niederlage Frankreichs empfunden 1866 Reichstagsreform in Schweden; mehrhundertjährige Ständeordnung durch ein Zweikammersystem ersetzt 1866 Prinz Karl von Hohenzollern–Sigmaringen wird als Carol I. Fürst von Rumänien 1866 Erstes Attentat auf den Zaren Alexander II.
1867	1867 Gründung des Norddeutschen Bundes unter Führung Preußens; Bismarck Kanzler; Wahl des ersten norddeutschen Reichstages nach dem allgemeinen, gleichen und direkten Wahlrecht; Ausgleich im Habsburger Reich: Ungarn (einschl. seiner Nebenländer Siebenbürgen, Kroatien, Slawonien u. a.) selbständig, aber mit Österreich in Personalunion verbunden 1867 Eröffnung der Brennerbahn	1867 Zweite Reform Bill in England: Ausdehnung des Wahlrechts auf alle städtischen Haushaltungen, die jährlich mindestens 10 Pfund Sterling Miete zahlen; die Wählerzahl wird fast verdoppelt 1867 Vergeblicher Versuch Napoleons III., Luxemburg, das bis 1866 zum Deutschen Bunde gehört hat, den Niederlanden abzukaufen

Amerika	Asien	Afrika	
1865 Der Bürgerkrieg in den USA endet mit dem Sieg der Nordstaaten; Präsident Lincoln durch einen Fanatiker ermordet (14. 4.) 1865 In den Südstaaten der USA bilden sich negerfeindliche Geheimbünde, u. a. der Ku-Klux-Klan 1865–1869 Bau der ersten Transkontinentalbahn in den USA (Central Pacific)	1865 Der Kaiser von Japan ratifiziert die mit dem Schogun abgeschlossenen Staatsverträge 1865–1885 Zahlreiche Expeditionen in Australien auf der Suche nach landwirtschaftlich günstigen Gebieten im Hinterland von Queensland, Neu-Südwales und Westaustralien		**1865**
1866–1871 Krieg Perus, Ecuadors und Chiles gegen Spanien 1866 Gründung der Arbeiterorganisation „National Labour Union“ in den USA; von der I. Internationale beeinflußt 1866 Gründung (in Boston) der „Christian Science“ („Christliche Wissenschaft“) durch Mary Baker-Eddy	1866–1868 Eine französische Expedition erforscht das Mekong-Gebiet		**1866**
1867 Nach dem Sieg der Republikaner in Mexiko Benito Juarez wieder Präsident; Maximilian kriegsrechtlich erschossen 1867 Die USA kaufen Alaska und die Alëuten von Rußland	1867 Der letzte Schogun verzichtet auf sein Amt und übergibt die gesamte Macht an den Kaiser Mutsuhito; Ende des Schogunat-Systems in Japan nach 700 Jahren 1867–1912 Kaiser Mutsuhito in Japan;	1867 Diamantfunde in der englischen Kapkolonie; die Kapkolonie wird um das Basuto- und Griqualand vergrößert	**1867**

	Deutschland/Österreich	Europa
1867	1867 Karl Marx: „Das Kapital", Bd. I 1867 Richard Wagner: „Meistersinger von Nürnberg"	1867 Zweite Pariser Weltausstellung 1867 Zweiter Versuch Garibaldis, Rom von den Franzosen zu befreien, scheitert 1867–1916 Österreichisch-Ungarischer Ausgleich: Doppelmonarchie als Realunion zweier autonomer Staaten mit gemeinsamer Außen- und Militärpolitik 1867 Alfred Nobel erfindet das Dynamit 1867 Slawischer Kongreß in Moskau; gilt als die Geburtsstunde des politischen Panslawismus 1867 Gründung des russischen Generalgouvernements Turkestan
1868	1868 Deutsches Zollparlament: Zollvereinigungsvertrag zwischen Nord- und Süddeutschland	1868–1874 Gladstone britischer Premierminister (liberal) 1868 Königin Isabella II. von Spanien durch einen liberalen Offiziersputsch gestürzt; Regentschaft des Generals Serrano; die Cortes bieten den Thron dem Prinzen Leopold von Hohenzollern-Sigmaringen an; Thronkandidatur wird Anlaß zum Deutsch-Französischen Krieg 1868–1889 Milan I. Fürst von Serbien; nach Unabhängigkeit Serbiens von der Türkei Anlehnung an Österreich (1878); seit 1882 nennt sich Milan König von Serbien 1868 Bakunin schließt sich mit seinen Anhängern (Anarchisten) der I. Internationale an 1868 Eine schwedische Expedition (Nordenskjöld) erreicht im Eismeer nördlich von Spitzbergen 81° 42′ nördlicher Breite
1869	1869 Gründung der Sozialdemokratischen Arbeiterpartei durch Wilhelm Liebknecht und August Bebel 1869/70 Deutsche Grönland-Expedition (K. Koldewey) erreicht den 77. Grad nördlicher Breite	1869 Gladstone hebt in Irland die Anglikanische Staatskirche auf 1869/70 Erstes Vatikanisches Konzil 1869 Lew Tolstoj: „Krieg und Frieden" 1869 N. J. Damilewskij: „Rußland und Europa"; fordert für Rußland die Ablösung des abendländischen Kulturtyps durch den russisch-slawischen (Programmschrift des Panslawismus)

Amerika	Asien	Afrika	
1867 „British North America Act“ als Verfassung Kanadas erlassen: Ontario, Quebec, Neubraunschweig und Neuschottland im „Dominion of Canada“ vereinigt	Durchführung einer alle Bereiche erfassenden Staatsreform; der kaiserliche Hof von Kyoto nach Tokio verlegt 1867 Frankreich besetzt die Westprovinzen Cochinchinas (Südvietnam) 1867 Gründung der englischen Kolonie Straits Settlements in Malaya	1867–1873 Letzte Forschungsreise David Livingstones in Ostafrika; 1871 trifft ihn Morton Henry Stanley 1867 Großbritannien fällt in Äthiopien ein (Anlaß: Gefangennahme eines englischen Gesandten); Kaiser Theodorus II. begeht Selbstmord	**1867**
1868 Zusatz 14 zur Verfassung der USA: volles Bürgerrecht für Neger (starke Widerstände gegen Verwirklichung) 1868–1878 Aufstände in Kuba gegen Spanien; Kuba erhält eine Vertretung in den spanischen Cortes, aber keine Autonomie 1868 Unterrichtsreform in Argentinien; Lösung von jesuitischem Einfluß	1868 Usbekistan kommt an Rußland 1868–1872 Reisen Ferdinand von Richthofens in China 1868 Eine amerikanische Expedition in Korea zur Umkehr gezwungen 1868–1910 Rama V. König von Siam (Thailand); macht Siam durch zahlreiche Reformen zum materiell fortgeschrittensten unabhängigen Land Südostasiens	1868–1879 Auf drei Forschungsreisen werden Äthiopien und die libysche Wüste durch Gerhard Rohlfs systematisch erforscht 1868 Die von den Buren bedrängten Basuto rufen die Engländer zu Hilfe	**1868**
1869 Erste Pazifikbahn in der Union zwischen New York und San Francisco (5229 km) vollendet 1869 Aufständische verkünden Verfassung der Republik Kuba 1869 Das Gebiet der Hudsonbai-Kompanie kommt zu Kanada 1869–1877 Ulysses Simpson Grant Präsident der USA	1869 Kaiser Mutsuhito von Japan verkündet in einem Erlaß das Programm der „Neuen Ära“ 1869 Die Philippinen werden (von den Spaniern) erstmalig für den Außenhandel freigegeben	1869 Eröffnung des Suez-Kanals 1869–1874 Forschungsreisen von Gustav Nachtigal im Sahara- und Sudangebiet und von Georg Schweinfurth (1869 bis 1871) im Kongogebiet	**1869**

	Deutschland/Österreich	Europa
1870	1870/71 Französisch-preußischer Streit um die spanische Thronkandidatur; „Emser Depesche“ Bismarcks; Kriegserklärung Frankreichs an Preußen; die süddeutschen Staaten im Bund mit Preußen; Österreich neutral; französische Niederlagen bei Weißenburg, Wörth, Spichern sowie Schlachten um Metz (Vionville, Mars-la-Tour, Gravelotte, St. Privat) führen zur Kapitulation bei Sedan; Napoleon III. gefangen; Belagerung von Paris, Kapitulation Straßburgs, Übergabe von Metz; Bismarck erreicht Zusammenschluß des Süddeutschen mit dem Norddeutschen Bund; 18. 1. 71: Kaiserproklamation Wilhelms I. in Versailles; Gründung des Deutschen Reiches als Bundesstaat mit dem König von Preußen als erblichem Kaiser, dem Bundesrat als Vertretung der Fürsten und Freien Städte und dem aus allgemeinen, gleichen, direkten und geheimen Wahlen hervorgegangenen Reichstag; Bismarck wird Reichskanzler; Übergabe von Paris; im Vorfrieden von Versailles und im Frieden von Frankfurt tritt Frankreich das Elsaß und große Teile Lothringens ab und verpflichtet sich zur Zahlung einer Kriegsentschädigung von 5 Milliarden Franken 1870–1884 Heinrich Schliemann entdeckt durch Ausgrabungen in Hissarlik das antike Troja; führt weitere Ausgrabungen in Mykenä, Orchomenos und Tiryns durch	1870 „Irische Landakte“; bringt keine Lösung der Agrarfrage 1870 Durch Plebiszit Annahme einer neuen Verfassung in Frankreich; mehr Rechte des Parlaments 1870 An der spanischen Thronkandidatur entzündet sich der preußisch-französische Gegensatz (19. 7.) Kriegserklärung Frankreichs (9. 8.) Einschließung Straßburgs (16. 8.) Einschließung von Metz (1. 9.) Einschließung von Sedan; kapituliert am 2. 9. auf Befehl Napoleons III. (19. 9.) Paris von den Deutschen völlig eingeschlossen, Ausbruchsversuche scheitern, auch die Entsatzarmeen aus den Provinzen können den Einschließungsring nicht sprengen 1870 Die Franzosen verlassen Rom; Rom und der Kirchenstaat an Italien; Rom wird Hauptstadt des Landes 1870 Das Vatikanische Konzil beschließt das Dogma von der Unfehlbarkeit des Papstes bei Äußerungen „ex cathedra“ 1870 Neue Städteordnung in Rußland gibt den Städten Selbstverwaltung unter Stadträten, die aus den Reihen der besitzenden Klassen gewählt werden 1870 Zum König von Spanien wird Herzog Amadeus von Aosta (Haus Savoyen) gewählt; regiert 1871 bis 1873 als König Amadeus I. (dankt ab)
1871	1871 Strafgesetzbuch des Deutschen Reiches 1871–1887 „Kulturkampf“ zwischen dem preußischen Staat und der katholischen Kirche; wird 1878 von Bismarck abgebrochen und durch Verhandlungen mit Papst Leo XIII. beigelegt, endgültig beendet durch „Friedensgesetze“ von 1886/87 1871–1879 Andrássy Außenminister Österreich-Ungarns	1871 (28. 1.) Jules Favre unterzeichnet in Versailles den Waffenstillstand (26. 2.) Der zum Regierungschef gewählte Thiers und Außenminister Favre unterzeichnen den Präliminarfriedensvertrag von Versailles (10. 5.) Frieden von Frankfurt 1871 (18. 3.–28. 5.) Herrschaft der Kommune in Paris und Bürgerkrieg; in der „Blutigen Woche“ vom 21.–28. 5. wird Paris von einer regulären Armee zurückerobert

Amerika	Asien	Afrika	
um 1870–um 1890 Besiedlung des „Letzten Westens“ in Nordamerika 1870 Der (Vierländer-) Krieg endet für Paraguay mit schweren Bevölkerungsverlusten („Land ohne Männer“) und Gebietsabtretungen 1870–1872 Bürgerkrieg zwischen Blancos und Colorados in Uruguay	1870–1888 Vier große Forschungsreisen des Russen Prschewalskij in Innerasien (Mongolei, Wüste Gobi, Lob-Nor) 1870 Beginn der Besiedlung Nordaustraliens		**1870**
1871 Gesetz in Brasilien, wonach die neugeborenen Kinder von Sklavinnen frei sind 1871 Britisch-Kolumbien tritt dem Dominion Kanada bei	1871–1873 Eine über 50köpfige japanische Delegation unter Leitung des Ministers Iwakura bereist Europa und die USA, um über Vertragsrevisionen zu verhandeln und Studien zu treiben	1871 Aufstand der Kabylen in Algerien gegen die französische Kolonialherrschaft 1871 Tunis erhält von der Pforte die Autonomie zuerkannt 1871 Das Basutoland von den Engländern annektiert	**1871**

	Deutschland/Österreich	Europa
1871	1871–1873 „Gründerjahre", Zeit wirtschaftlich ungesunder, stürmischer Entwicklung von Handel, Gewerbe und Industrie	1871–1940 Dritte Republik in Frankreich 1871–1873 Thiers Präsident der Republik Frankreich 1871 Erste Impressionisten-Ausstellung in Paris 1871 Rußland erreicht auf der Londoner Pontuskonferenz mit Unterstützung Bismarcks wieder die Wehrhoheit auf dem Schwarzen Meer
1872	1872 Weltausstellung in Wien 1872 Jesuitenorden in Deutschland verboten	1872–1881 Bau des St.-Gotthard-Tunnels 1872–1907 Oskar II. König von Schweden; strikte Neutralitätspolitik
1873	1873 „Dreikaiserabkommen" (Freundschaftsvertrag) des deutschen Kaisers Wilhelm I., des österreichischen Kaisers Franz Joseph I. und des russischen Zaren Alexander II.; Konsultationen im Fall eines Angriffs von dritter Seite werden vereinbart	1873 Dreikaiser-Treffen in Berlin (Rußland, Österreich, Deutschland) 1873–1879 Marschall Mac Mahon Präsident der Französischen Republik; Vertreter der Monarchisten und Klerikalen 1873/74 Spanien für kurze Zeit Republik 1873 Abbruch der diplomatischen Beziehungen der Schweiz zur Kurie (bis 1920) 1873 M. A. Bakunin: „Staatlichkeit und Anarchie" nach 1873 Allgemeine europäische Wirtschaftsdepression
1874	1874 Einführung des Septennats in Deutschland (Militärhaushalt jeweils für 7 Jahre bewilligt) 1874 Ernst Haeckel: „Anthropogenie" 1874 Wilhelm Wundt: „Grundzüge der physiologischen Psychologie" 1874 Johann Strauß: „Fledermaus"	1874–1880 Regierung Disraeli in England 1874 In Spanien Diktatur des Generals Serrano; neuer Bürgerkrieg 1874–1885 Alfons XII. König von Spanien; beendet den Karlistenkrieg; Don Carlos emigriert 1874–1884 Kulturkampf in der Schweiz; wird schließlich durch einen Kompromiß beigelegt 1874 Allgemeiner Postvereinsvertrag (Vorläufer des Weltpostvereins)

Amerika	Asien	Afrika	
			1871
1872 Brasilien gewinnt den Nordteil von Paraguay	1872 Allgemeine Wehrpflicht und Reorganisation des Heeres in Japan; eine Reihe von Reformen folgt; europäische Techniker und Instruktoren werden nach und nach durch in Europa und Amerika ausgebildete japanische Studenten ersetzt	1872 In Äthiopien krönt sich der Ras von Tigre (mit Hilfe der Engländer) zum Negus Johannes IV. (bis 1889)	**1872**
1873 Entdeckung des Franz-Joseph-Landes (österreichische Expedition) 1873 Die Prinz-Edward-Inseln treten dem Dominion Kanada bei 1873 Ecuador wird unter der klerikalen Regierung García Moreno zur „Republik vom heiligsten Herzen Jesu" geweiht	1873 Erste Audienz der Gesandten von England, Frankreich, Rußland, Japan und der USA beim chinesischen Kaiser 1873 Beginn der französischen Eroberung Tongkings 1873–1903 Hartnäckiger Widerstand der einen Guerillakrieg führenden Atjeh-Stämme auf Sumatra gegen die holländische Kolonialmacht		**1873**
1874 Ecuador will jährlich 10% der Staatseinnahmen an den Papst überweisen	1874 Französisches Protektorat über Annam 1874 „Bewegung für Freiheit und Volksrechte" in Japan, erstrebt Verfassung 1874 Erster Protektoratsvertrag Englands mit den Malaienstaaten	1874–1877 Morton Henry Stanley bereist das Kongo-Gebiet und die ostafrikanischen Seen 1874 Ismail Pascha (Ägypten) erobert Darfor (Ostsudan)	**1874**

	Deutschland/Österreich	Europa
1875	1875 Zusammenschluß der Sozialdemokratischen Arbeiterpartei (W. Liebknecht und A. Bebel) mit dem Allgemeinen Deutschen Arbeiterverein (Anhänger F. Lassalles) zur Sozialistischen Arbeiterpartei Deutschlands (Gothaer Programm) 1875 Zivilehe im Deutschen Reich gesetzlich eingeführt 1875 Bismarck inszeniert „Krieg-in-Sicht-Krise" (gegen französische Rüstungen)	1875 Erneuerung der englischen Kolonialpolitik durch das Kabinett Disraeli 1875 Das große Jahr konservativer Sozialgesetzgebung in England, u. a. ein Gewerkschaftsgesetz, das den organisierten Arbeitern günstige Bedingungen sichert; die Besserung der Arbeiterlage hält mit Fortschritten auf anderen Gebieten Schritt 1875/76 Eine englische Expedition in den Wasserstraßen westlich Grönlands erreicht 83° 20′ nördlicher Breite 1875 Formelle Bestätigung der Dritten Republik und Verfassung in Frankreich 1875–1877 Aufstände der christlichen Balkanvölker gegen die Türkei, von Rußland unterstützt
1876	1876 Erfindung des „Otto-Motors" (Viertakt-Verbrennungsmaschine) durch Nikolaus Otto 1876 Robert Koch entdeckt Milzbrandbazillus 1876 Erste Bayreuther Festspiele mit erster öffentlicher Aufführung des „Rings des Nibelungen" von Richard Wagner	1876 Zweikammerverfassung in Spanien; Gewährung von Vereins-, Presse- und Kultusfreiheit; diese Verfassung bleibt bis 1931 in Kraft 1876 Vertrag von Reichstadt zwischen Rußland und Österreich-Ungarn über die orientalische Frage 1876 Schliemann beginnt die Ausgrabungen von Mykenä 1876 Serbischer Krieg gegen die Türkei geht verloren 1876 Krieg Montenegros gegen die Türkei 1876 Bulgarischer Aufstand niedergeworfen
1877		1877 Beginn des (8.) russisch-türkischen Krieges 1877 Die Russen überwinden heftigen Widerstand der Türken (Schipkapaß, Plewna) und dringen bis an den Verteidigungsgürtel von Istanbul vor

Amerika	Asien	Afrika	
	1875–1898 Kuangsü (minderjährig) Kaiser von China; Vormundschaft der Kaiserwitwe Tse-Hi (bis 1889) 1875 Japan erhält die Kurilen (Rußland dagegen Südsachalin) 1875 Handelsvertrag zwischen den USA und Hawaii; Pearl Harbor wird den USA als Stützpunkt eingeräumt 1875 Gründung der antiwestlichen hinduistischen „Arischen Gesellschaft" in Indien 1875 Das Osmanische Reich erklärt den Staatsbankrott	1875–1879 England dehnt die Kapkolonie bis zur Natalküste aus 1875 England erwirbt die ägyptischen Suezkanalaktien 1875/76 Militärische Auseinandersetzungen Ägypten–Äthiopien; ägyptische Niederlagen	**1875**
1876 Weltausstellung in Philadelphia; Graham Bell führt das erste technisch verwendbare Telefon vor	1876 Englisches Protektorat über Belutschistan 1876 Gründung der bürgerlichen „Indischen Vereinigung" 1876–1878 Große Hungersnot in Südindien 1876–1879 China richtet ständige diplomatische Vertretungen in den Hauptstädten der Großmächte ein seit 1876 Korea wird unter japanischem Druck dem ausländischen Einfluß geöffnet 1876–1909 Abd ul-Hamid II. Sultan des Osmanischen Reiches	1876 Henry Morton Stanley löst das Problem des Kongo-Ursprungs 1876–1892 Emin Pascha (Eduard Schnitzer) erforscht Ostafrika (Gebiet der Großen Seen) 1876 Ägyptischer Staatsbankrott; gemeinsame englisch-französische Finanzkontrolle; der französische Einfluß wird durch England zurückgedrängt	**1876**
1877–1911 Unter dem liberalen Porfirio Díaz erlebt Mexiko eine Zeit inneren Friedens 1877–1881 Rutherford Birchard Hayes Präsident der USA; Carl Schurz Innenminister	1877 Königin Viktoria von Großbritannien nimmt den Titel „Kaiserin von Indien" an 1877 Modernisierungsfeindlicher Samurai-Aufstand in Japan gewaltsam niedergeschlagen	1877 Großbritannien verleibt die Burenrepublik Transvaal der Kapkolonie ein 1877–1883 Expedition der Italienischen Geographischen Gesellschaft im südlichen Äthiopien	**1877**

	Deutschland/Österreich	Europa
1878	1878 Berliner Kongreß unter Vorsitz Bismarcks mildert die der Türkei im Frieden von San Stefano auferlegten Gebietsabtretungen und wendet den drohenden Krieg zwischen England und Rußland ab 1878 Österreich-Ungarn besetzt gemäß Berliner Vertrag die bisher türkischen Provinzen Bosnien und Herzegowina 1878 Sozialistengesetz: Verbot aller sozialistischen Vereinigungen, Versammlungen und Druckschriften 1878 Friedrich Nietzsche: „Menschliches, Allzumenschliches" seit 1878 Übergang Bismarcks zur Schutzzollpolitik	1878 England gewinnt Zypern von der Türkei 1878 Gründung der Heilsarmee in London durch William Booth 1878 Weltausstellung in Paris 1878 Gründung des Weltpostvereins in Paris (Weltpostvertrag) 1878–1900 Umberto I. König von Italien 1878–1903 Papst Leo XIII.; 1878: Enzyklika gegen den Sozialismus 1878 Präliminarfrieden von San Stefano; harte Friedensbedingungen der Russen: Übergang fast aller europäischen und wichtiger asiatischer Teile der Türkei in den russischen Machtbereich, u. a. Gründung von Groß-Bulgarien und Vergrößerung von Serbien und Montenegro; Einspruch der europäischen Großmächte 1878 (13. 6.–13. 7.) Berliner Kongreß; Rückschlag für Rußland; Rumänien, Serbien, Bulgarien und Montenegro unabhängig; Epirus und Thessalien griechisch; nur Ost-Bessarabien und Gebietsteile südlich des Kaukasus (Batum, Kars) an Rußland; Übergang Bosniens und der Herzegowina in österreichische Verwaltung; letzte europäische Lösung der Balkanfrage 1878 Nordrussischer Arbeiterbund in St. Petersburg gegründet
1879	1879 Verteidigungsbündnis zwischen dem Deutschen Reich und Österreich-Ungarn (Zweibund) gegen einen möglichen Angriff Rußlands 1879 Errichtung des Reichsgerichts in Leipzig 1879 Werner Siemens baut die erste elektrische Lokomotive und den ersten elektrischen Webstuhl	1879 Gründung der Sozialistischen Arbeiterpartei Spaniens 1879–1886 Alexander von Battenberg Fürst von Bulgarien 1879 Eintritt der tschechischen Abgeordneten in den Reichsrat; Ende des passiven Widerstands 1879 F. M. Dostojewskij: „Die Brüder Karamasow" seit 1879 Werbung des Bundes „Italia irredenta" für die Vereinigung Südtirols und Triests mit Italien 1879 Rücktritt Mac-Mahons; Jules Grévy Präsident der Französischen Republik (bis 1887)

Amerika	Asien	Afrika	
1878 Bürgerkrieg in Kuba endet mit spanischem Sieg; Kuba wird Spanien rechtlich weitgehend gleichgestellt	1878–1880 Britisch-afghanischer Krieg, ausgelöst durch Anlehnung Scher Alis von Afghanistan an Rußland und Zurückweisung einer britischen Gesandtschaft; Kandahar und Kabul von den Briten erobert 1878 Der türkische Sultan Abd ul-Hamid II. hebt die erst 1876 gegebene Verfassung auf und kehrt zum Absolutismus zurück	1878/79 Portugiesische Forscher erkunden Inner-Angola und das bis dahin kaum betretene Gebiet zwischen dem Kongo und dem Sambesi 1878 Der deutsche Forscher Gerhard Rohlfs erforscht Tripolitanien; er erreicht 1879 Die Kufra-Oasen (Sitz der Senussi-Sekte)	**1878**
1879–1883 Salpeterkrieg Chiles gegen Peru und Bolivien; Peru dadurch verkleinert und verschuldet, von ständig wechselnden Militärregierungen beherrscht; Bolivien verliert seinen Zugang zum Meer; Chile behauptet seine staatliche Geschlossenheit 1879 Elektrische Glühbirne von Thomas Edison 1879 Erstes Kaufhaus von Woolworth	1879 Japan annektiert die Riu-Kiu-Inseln 1879 Weltausstellung in Sidney	1879 Zulukrieg Englands in Südafrika 1879 In Ägypten wird Ismail auf Betreiben der Großmächte abgesetzt; Nachfolger sein Sohn Tewfik Pascha; Gründung der Nationalpartei, die den ausländischen Einfluß bekämpft 1879–1882 Forschungen Stanleys im Kongo-Gebiet 1879 Beginn der Konsolidierung von Französisch-Äquatorialafrika	**1879**

	Deutschland/Österreich	Europa
1880	1880 Reichspost führt Fernsprecher ein 1880 Kölner Dom vollendet 1880 Spaltung der Nationalliberalen Partei; Gründung der Liberalen Vereinigung (Sezessionisten)	1880–1885 (2.) Kabinett Gladstone in England; sieht sich neuen Schwierigkeiten in Irland gegenüber seit 1880 (14. 7.) Fest der Republik; die Marseillaise wird zur Nationalhymne Frankreichs proklamiert 1880 Gründung der Sozialistischen Arbeiterpartei in Frankreich 1880 Gründung des Banco di Roma (Finanzinstitut des Vatikanstaats) 1880–1886 Bau der Transkaspischen Bahn 1880–1885 Kolonialpolitische Interessen der europäischen Mächte bringen Entspannung in den europäischen Beziehungen; Eintritt Deutschlands und Italiens in die Reihe der Kolonialmächte
1881	1881 „Dreikaiserbündnis" (geheimes Neutralitätsabkommen) zwischen Deutschem Reich, Österreich-Ungarn und Rußland, durch das sich die Vertragspartner zu wohlwollender Neutralität bei Angriff einer vierten Macht auf einen der drei Staaten verpflichten 1881–1888 Leopold von Ranke: „Weltgeschichte" (16 Bde.) 1881–1889 Sozialgesetzgebung Bismarcks: Alters-, Invaliden-, Kranken- und Unfallversicherungsgesetz	1881 Neue Irische Landbill Gladstones 1881 Gründung der Democratic Federation in England (seit 1884 Social Democratic Federation mit marxistischem Programm) 1881 Dreikaiservertrag (Neutralitätsvertrag) Deutschland, Österreich-Ungarn, Rußland 1881 Ermordung des Zaren Alexander II.; daraufhin Ausbildung des polizeilichen Lockspitzelsystems der russischen Geheimpolizei (Ochrana) 1881–1894 Alexander III. Zar von Rußland; reaktionäre Politik; autokratisches, auf die orthodoxe Kirche gestütztes Regime 1881 Beginn des Wiederaufbaus der russischen Schwarzmeerflotte 1881 Beginn neuer Judenpogrome in Rußland seit 1881 Erzgewinnung in Kriwoj Rog (Rußland) 1881 Vollendung des Gotthard-Tunnels
1882	1882 Geheimer „Dreibundvertrag" zwischen Deutschem Reich, Österreich-Ungarn und Italien gegen französischen Angriff auf Deutschland oder Italien	1882 Zustandekommen des Dreibundes (Deutschland, Österreich-Ungarn, Italien) 1882 Fürst Milan Obrenović erster König von Serbien

Amerika	Asien	Afrika	
1880 Araukaneraufstand in Chile	1880 Tahiti von den Franzosen besetzt 1880 Bündnisvertrag zwischen England und Afghanistan; England sichert sich die Kontrolle der afghanischen Außenpolitik und behauptet somit seine Interessen in Afghanistan gegenüber Rußland 1880 Weltausstellung in Melbourne 1880/81 Kämpfe der Franzosen in Indochina mit chinesischen Piraten	1880 Internationale Marokko-Konferenz (Madrider Konvention); Souveränität und Integrität des Landes wird garantiert 1880/81 Erfolgreicher Burenaufstand gegen die Engländer	**1880**
1881 Gründung des Gewerkschaftsverbandes Federation of Organized Trades and Labor Unions of the US and Canada, Vorläufer der AFL 1881 James Abram Garfield Präsident der USA; kurz nach Amtsantritt ermordet 1881–1885 Chester Alan Arthur Präsident der USA 1881 Im Salpeterkrieg besetzen chilenische Truppen Lima	1881 Die „British North Borneo Company" erhält von den Sultanen von Brunei auf Borneo weitere Konzessionen im Norden der Insel 1881 Erste Volkszählung in Indien 1881 Der japanische Kaiser kündigt die Einberufung eines Parlaments für 1890 an	1881 Konvention von Pretoria; Südafrikanische Republik autonom (unter der britischen Krone) nach 1881 Französischer Vormarsch vom Senegal zum oberen Niger; Einnahme von Timbuktu 1881 Italien nimmt den Hafen Assab in Eritrea in Besitz; Beginn der italienischen Kolonialpolitik in Ostafrika 1881 Französisches Protektorat über Tunis; Verstimmung in Italien über Frankreichs Vorgehen; Annäherung Italiens an Deutschland 1881 Aufstand nationalistischer Offiziere in Ägypten unter Arabi Pascha	**1881**
882 In den USA Ge- etz gegen die Einwan- lerung von Chinesen	1882 Erster Vertrag Koreas mit einer westlichen Macht (USA); Verträge mit anderen Staaten folgen	1882 Großbritannien benutzt die Unruhen in Ägypten als Vorwand zum militärischen Eingreifen;	**1882**

	Deutschland/Österreich	Europa
1882	1882 Zur Erhaltung einer deutschen Mehrheit in Österreich fordert der Deutschnationale Verein für die Bukowina, Dalmatien und Galizien den Status von autonomen Gebieten 1882 Robert Koch entdeckt Tuberkulose-Bazillus	1882 Weltausstellung in Moskau 1882 Gründung der marxistischen Partei „Proletariat" in Polen
1883	1883 Beitritt des Deutschen Reiches zum geheimen Verteidigungsbündnis zwischen Österreich-Ungarn und Rumänien 1883 Tod Karl Marx' in London 1883 Gottlieb Daimler und Wilhelm Maybach gründen eine Versuchswerkstätte zur Entwicklung eines schnellaufenden Verbrennungsmotors mit Glührohrzündung 1883 Der Mathematiker Georg Cantor begründet die Mengenlehre	1883 Gruppe „Befreiung der Arbeit", erste marxistische Organisation Rußlands, in Genf von G. W. Plechanow gegründet 1883 Tod des russischen Dichters Iwan Turgenjew 1883 Verteidigungsbündnis Rumäniens mit den Mittelmächten; 1913 zuletzt erneuert
1884	1884/85 Gründung deutscher Kolonien in Südwestafrika, Togo, Kamerun, Ostafrika und in der Südsee 1884 Carl Peters erwirbt Deutsch-Ostafrika 1884 Gustav Nachtigal erwirbt Togo und Kamerun für das Deutsche Reich 1884 Das Deutsche Reich stellt die von Adolf Lüderitz erworbenen Gebiete in Südwestafrika unter seinen Schutz 1884 Teil Neuguineas unter deutschen Schutz gestellt 1884 Ausnahmegesetze gegen sozialistische Bewegungen in Österreich 1884 Ottmar Mergenthaler erfindet die Linotype-Setzmaschine 1884 Paul Nipkow erfindet Lochscheibe für Bildzerlegung und -zusammensetzung (Grundlage des Fernsehens) 1884/85 Kongo-Konferenz in Berlin	1884 Dritte Reform Bill in England (Gladstone); Ausdehnung des bisher nur städtischen Stimmrechts auf das flache Land 1884 Neutralitätsverträge zwischen Deutschland, Rußland und Österreich-Ungarn erneuert (Höhepunkt des Dreikaiserbundes)

Amerika	Asien	Afrika	
1882–1899 Ulisses Heureaux Präsident der Dominikanischen Republik	1882 Eine japanische Regierungsdelegation reist zum Studium von Verfassungsfragen nach Europa	nach der Niederlage Arabis bei Tell el-Kebir besetzen britische Truppen das Land; Ägypten bleibt formell Teil des Osmanischen Reichs, wird faktisch britisches Protektorat	**1882**
1883 Pendleton-Gesetz in den USA zur Einschränkung des „Beutesystems" und zur Schaffung eines Berufsbeamtentums 1883 Eröffnung der Metropolitan-Opera in New York 1883 Kolonisierungsgesetz in Mexiko begünstigt den Großgrundbesitz	1883 Vertrag von Huê; französische Schutzherrschaft über Annam 1883 Explosion der Vulkaninsel Krakatau zwischen Java und Sumatra	1883 Mahdi-Aufstand im Sudan; die Mahdisten schlagen ein britisch-ägyptisches Expeditionskorps bei Kaschgil 1883 Die Engländer verzichten (vorübergehend) auf Basutoland	**1883**
1884 Anlage einer amerikanischen Flottenstation auf Honolulu 1884 Die Kronkolonie Britisch-Honduras unter eigener Verwaltung (vorher von Jamaika aus verwaltet) 1884 Abkommen der Regierung von Costa Rica mit dem US-amerikanischen Industriellen M. C. Keith, das diesem eine wirtschaftliche Machtstellung einräumt (später Gründer der United Fruit Company)	1884/85 Chinesisch-französischer Krieg endet für China mit dem Verlust Annams 1884 Russen besetzen Merw an der afghanischen Grenze; führt zu russisch-englischer Spannung 1884 Auf Neuguinea wird der Südosten der Insel (Papualand) britisches Protektorat; der Nordosten als Kaiser-Wilhelm-Land (Hauptstadt Lae) deutsches Schutzgebiet 1884 Der Bismarck-Archipel (drei Hauptinselgruppen) wird deutsches Schutzgebiet	1884/85 England annektiert das Hinterland der Kapkolonie (Betschuanaland, Kalahariwüste); veranlaßt durch Cecil Rhodes 1884 Deutschland stellt die von dem Kaufmann Adolf Lüderitz in Südwestafrika erworbenen Gebiete unter seinen Schutz 1884/85 Kongokonferenz der Großmächte in Berlin; König Leopold II. von Belgien wird als Souverän und (privater) Eigentümer des Kongostaates anerkannt; die Schiffahrt auf Niger und Kongo für frei erklärt 1884 Deutsche Flagge in Togo (Schutzgebiet unter Gouverneur Gustav Nachtigal) und Kamerun gehißt	**1884**

	Deutschland/Österreich	Europa
1885	1885 Karl Marx: „Kapital", Bd. II, herausgegeben von Friedrich Engels 1885 Die Gebrüder Mannesmann erfinden ein Verfahren zur Herstellung nahtloser Rohre	1885 Weitere Demokratisierung in England durch Gladstones Parlamentsreform (geringerer Zensus, Wahlrecht mit dem 21. Lebensjahr) 1885–1931 Alfons XIII. König von Spanien; bis 1902 unter der Regentschaft Maria Christinas, der Witwe Alfons' XII. 1885/86 Serbisch-bulgarischer Krieg wegen der Angliederung Ost-Rumeliens an Bulgarien; bulgarischer Sieg; der Krieg verschlechtert das Verhältnis zwischen Rußland und Österreich-Ungarn 1885 Gründung der belgischen Arbeiterpartei
1886	1886 Tod Ludwigs II. von Bayern; Prinz Luitpold übernimmt die Regentschaft 1886 Preußisches Ansiedlungsgesetz zur „Stärkung des deutschen Elements in den Provinzen Westpreußen und Posen" (antipolnisch) 1886–1890 Herbert von Bismarck Staatssekretär des Auswärtigen Amtes 1886 K. Benz u. G. Daimler entwickeln den ersten modernen Kraftwagen	1886–1889 Die französische Politik steht im Zeichen des „Boulangismus"; Georges Boulanger, Kriegsminister 1886/87, propagiert den Revanchekrieg und bekämpft die parlamentarische Republik; geht 1889 ins Exil 1886 Alexander von Bulgarien durch prorussische Offiziere gestürzt 1886 Gladstones Homerule-Bill (begrenzte Selbstverwaltung für Irland) vom Parlament abgelehnt; darüber kommt es zur Spaltung der Liberalen Partei 1886–1892 Kabinett Salisbury in England (konservativ); entschiedener Verfechter der Kolonialpolitik Großbritanniens

Amerika	Asien	Afrika	
1885–1889 und 1893–1897 Stephen Grover Cleveland Präsident der USA 1885 Vollendung der Canadian Pacific Railway (Halifax-Vancouver)	1885 Vertrag von Tientsin; China gibt alle Rechte auf Annam und Tongking zugunsten Frankreichs auf 1885 Englisch-russische Grenzkontrolle über Afghanistan 1885 (3.) Britisch-birmanischer Krieg; Mandalay von Assam aus erobert; Thibo, der König von Birma, entthront und nach Indien deportiert; Birma wird 1886 Britisch-Indien einverleibt 1885 Gründung des Indischen Nationalkongresses; erstrebt zunächst nur stärkere Beteiligung von Indern an der Verwaltung des Landes und bessere Zusammenarbeit mit England 1885 Japan erzwingt von China ein Kondominium über Korea	1885 Die Italiener besetzen Massaua am Roten Meer 1885 Die Franzosen besetzen Madagaskar; die Königin der Howas muß ein französisches Protektorat anerkennen, infolge einer starken Aufstandsbewegung wird aus dem Protektoratsverhältnis eine Annexion 1885 Portugal baut seine Stellung in Angola aus mit dem Ziel, von dort eine Landbrücke nach Portugiesisch-Moçambique zu schaffen 1885–1887 Die Grenzen von Französisch-Äquatorialafrika werden festgelegt 1885 Khartum (Sudan) fällt in die Hände der aufständischen Mahdisten; der Mahdi stirbt in Omdurman; zu seinem Nachfolger wird Abdallah at-Taayisch bestimmt	**1885**
1886 Zentralistische Verfassung in Kolumbien; aus den acht Teilstaaten werden Provinzen 1886 Am 1. Mai streiken in den USA 350000 Arbeiter für den Achtstundentag 1886 Gründung der American Federation of Labor (AFL), wirtschaftsfriedlicher Facharbeiterverband	1886 China erkennt die Abtretung Birmas an England an 1886–1900 (mit Unterbrechungen) Hirobumi Ito japanischer Ministerpräsident 1886 Die südlichen Salomonen werden britisch, die nördlichen deutsch, Westneuguinea niederländisch	1886 Goldfunde in Südafrika 1886 Betschuanaland wird britische Kronkolonie	**1886**

	Deutschland/Österreich	Europa
1887	1887 Erneuerung des „Dreibundes“ 1887 Orient-Dreibund zwischen Österreich-Ungarn, England und Italien zur Wahrung des türkischen Besitzstandes gegenüber Rußland 1887 Spannungen zwischen Österreich-Ungarn und Rußland verhindern Verlängerung des Dreikaiserbündnisses und führen zum geheimen Rückversicherungsvertrag Deutschlands mit Rußland 1887 Gottlieb Daimler konstruiert einen vierrädrigen Kraftwagen mit Benzinmotor	1887 Englisches Markenschutz-Gesetz (seitdem „Made in Germany“) 1887 Deutsch-französische Krise (Boulanger-Krise) beigelegt 1887 Erste Erneuerung des Dreibundes 1887 Bedeutende Ausdehnung des Wahlrechts in Italien 1887 Deutsch-russischer Rückversicherungsvertrag; Vereinbarung gegenseitiger Neutralität 1887–1918 Ferdinand von Sachsen-Coburg-Gotha-Koháry als Ferdinand I. Fürst, ab 1908 König (Zar) von Bulgarien 1887 Mittelmeerentente zwischen England, Österreich-Ungarn und Italien zur Abwehr der russischen Meerengenpolitik 1887 Alexander Uljanow, Bruder Lenins, nach einem Attentat auf Zar Alexander III. hingerichtet
1888	1888 „Dreikaiserjahr“: Tod Kaiser Wilhelms I., 99tägige Regierungszeit Kaiser Friedrichs III.; Wilhelm II. wird deutscher Kaiser 1888 Niederwerfung eines Araberaufstandes in Deutsch-Ostafrika 1888 Heinrich Hertz entdeckt die Hertzschen Wellen, die Grundlage der heutigen Funktechnik	1888 Aufhebung der feudalen Selbstverwaltung in England; Ersetzung der „Friedensrichter“ durch gewählte Körperschaften 1888–1898 Französisch-italienischer Zollkrieg seit 1888 Schutzzollpolitik in Schweden; 1888 für Getreide, 1892 für Industrieprodukte seit 1888 Zurücknahme oder Einschränkung zahlreicher Reformen in Rußland
1889	1889 Besuch Kaiser Wilhelms II. in Istanbul; deutsch-türkische Annäherung 1889 Tod des österreichischen Thronfolgers Erzherzog Rudolf („Drama von Mayerling“); Thronfolger wird Franz Ferdinand, ein Neffe des Kaisers 1889 Gründung der Sozialdemokratischen Partei in Österreich 1889 Bertha von Suttner: „Die Waffen nieder“ 1889 Gustav Mahler: „Symphonie Nr. 1“	1889 Gründung der Zweiten Internationale in Paris 1889–1908 Karl I. König von Portugal 1889-1903 Alexander I. König von Serbien (1903 in Belgrad von Offiziersverschwörern ermordet) 1889/90 Konflikt zwischen der Schweiz und Bismarck wegen der vor den Sozialistengesetzen in die Schweiz geflüchteten deutschen Sozialdemokraten 1889 Erste russische Anleihen in Frankreich; sie werden als „Revancheanleihen“ bezeichnet und dienen zur Finanzierung der westrussischen Aufmarschbahnen

Amerika	Asien	Afrika	
	1887 Tongking, Annam, Cochinchina und Kambodscha werden als „Union indochinoise" einem französischen Generalgouverneur unterstellt; die Kaiser von Annam verlieren fast alle Machtbefugnisse 1887 Papualand auf Neuguinea wird britische Kronkolonie	1887 England besetzt das Zulugebiet 1887 Entstehung von Britisch-Ostafrika; Kenia und Uganda als Mittelstück der britischen Landbrücke (durch Eroberung des Sudans 1898 mit Ägypten verbunden) 1887 Italien erwirbt Somaliland	**1887**
1888 Vollständige Abschaffung der Sklaverei in Brasilien (nach vorangegangenen Teilbefreiungen)	1888 Erste Eisenbahn-Konzession in Kleinasien an eine deutsche Gesellschaft (Deutsche Bank)	1888 H. M. Stanley trifft am Albert-See auf Emin Pascha 1888 Unterdrückung eines Araberaufstandes in Deutsch-Ostafrika 1888 Vertrag über die Freiheit der Schiffahrt auf dem Suez-Kanal	**1888**
1889 Brasilien Republik nach Sturz des Kaisertums Pedros II. 1889 Die USA berufen eine erste panamerikanische Konferenz nach Washington ein und bekunden damit ihre Weltgeltung 1889–1893 Benjamin Harrison Präsident der USA	1889 Verfassung in Japan nach preußischem Muster; konstitutionelle Monarchie mit schwachem Parlament 1889 Neun kleine Sultanate auf Malakka erkennen das englische Protektorat an 1889 Gründung des jungtürkischen Geheimkomitees „Einheit und Fortschritt"	1889 Rhodesien in britischem Besitz 1889 Negus Johannes fällt im Kampf gegen die Mahdisten 1889–1910 Menelik II. (mit italienischer Hilfe) Negus von Äthiopien 1889 Vertrag von Uccialli zwischen Äthiopien (Negus Menelik II.) und Italien; Äthiopien faktisch unter italienischem Protektorat	**1889**

	Deutschland/Österreich	Europa
1890	1890 Entlassung Bismarcks; sein Nachfolger, Leo von Caprivi, erneuert den Rückversicherungsvertrag nicht; Deutschland erwirbt von England die Insel Helgoland im Tausch gegen Sansibar und Witu; Sozialistengesetz nicht verlängert 1890 Nach Aufhebung des Verbots erster legaler Parteitag der Sozialdemokratie in Halle; Konstituierung als Sozialdemokratische Partei Deutschlands (SPD) 1890 Erzeugung des Tuberkulin durch Robert Koch	1890 Kolonialer Ausgleichsvertrag zwischen England und Frankreich 1890 Firth-of-Forth-Brücke in England vollendet 1890–1948 Wilhelmina Königin der Niederlande 1890 Verselbständigung Luxemburgs unter Adolf von Nassau (1890–1905) 1890 Enzyklika „Sapientiae christianae"; Führungsanspruch des Papstes in der Christenheit 1890 Nichterneuerung des Rückversicherungsvertrags nach Bismarcks Entlassung 1890 Die russischen Semstwos werden in die allgemeine staatliche Bürokratie eingeordnet 1890 Erste Maifeier der internationalen Arbeiterbewegung 1890 Allgemeines Wahlrecht in Spanien
1891	1891 „Erfurter Programm" der deutschen Sozialdemokratie 1891 Novelle zur deutschen Gewerbeordnung bringt soziale Verbesserungen; z. B. Arbeitsverbot für Kinder unter 13 Jahren; Höchstarbeitszeit für Frauen 11 Stunden 1891 Erste Gleitflüge Otto Lilienthals 1891 Bertha von Suttner gründet die Österreichische Gesellschaft der Friedensfreunde und wird Vizepräsidentin des Internationalen Friedensbüros in Bern	1891 Leo XIII., Enzyklika „Rerum novarum" zur Arbeiterfrage; lehnt den Sozialismus ab, befürwortet staatliche Sozialpolitik 1891 Zar Alexander III. empfängt in Kronstadt ein französisches Geschwader 1891 Erste Maifeier in Rußland 1891 Versuch eines republikanischen Umsturzes in Portugal scheitert
1892	1892 Carl Ludwig Schleich erfindet die Lokalanästhesie 1892 Ernst Haeckel: „Der Monismus" 1892 Gerhart Hauptmann: „Die Weber" 1892 Erster Kongreß der Gewerkschaften Deutschlands in Halberstadt; über 300000 Gewerkschaftsmitglieder sind vertreten	1892 Russisch-französische Militärkonvention; wird Ende 1893 durch beide Regierungen ratifiziert; seit 1894 proklamieren Paris und Petersburg die „brüderliche Einigung beider befreundeten und verbündeten Nationen" 1892 Erster großer Streik in Russisch-Polen (Lodz, 60000 Arbeiter) 1892 Gründung der Polnischen Sozialistischen Partei unter Führung von Józef Piłsudski mit vor allem national-polnisch orientiertem Programm

Amerika	Asien	Afrika	
1890 Antitrustgesetz in den USA 1890 Erhöhung des Zolltarifs in den USA (McKinley-Bill) zur Beschränkung der europäischen Einfuhr 1890 Letzter Aufstand der Sioux-Indianer in Süd-Dakota niedergeschlagen; Häuptling Sitting Bull getötet	1890 Einberufung des ersten Parlaments in Japan (Wahlberechtigt etwa 2,5% der Bevölkerung) 1890–1897 Nationale Aufstände der Armenier und Syrer werden von den Türken niedergeschlagen 1890 Aufstand gegen amerikanische Missionare in der chinesischen Provinz Schantung	1890 Deutsch-Ostafrika wird offiziell deutsches Schutzgebiet 1890 Helgoland-Sansibar-Vertrag; Deutschland tritt Sansibar und Witu an Großbritannien ab und erhält dafür die Insel Helgoland 1890 Die geplante Vereinigung der portugiesischen Kolonien Angola (seit 1491) und Moçambique (seit 1505) scheitert an dem britischen Kap-Kairo-Bahnprojekt; Portugal muß einem britischen Ultimatum nachgeben 1890 Begründung der italienischen Kolonie Eritrea	**1890**
1891 Föderalistische Verfassung in Brasilien („Vereinigte Staaten von Brasilien"); Trennung von Staat und Kirche 1891 Bürgerkrieg in Chile; Sturz des reformerischen, antibritischen, autoritären Präsidenten Balmaceda durch die probritische liberale Kongreßpartei	1891–1895 Die Russen auf dem Pamirhochland, dem „Dach der Welt"; 1895 Pamirvertrag zwischen Rußland und England 1891 Borneo (Indonesien) zwischen England (Norden) und Holland (größerer südlicher Teil) aufgeteilt 1891 Baubeginn der Transsibirischen Bahn	1891 Verträge Großbritanniens mit Portugal und Italien zur Abgrenzung der Herrschaftsgebiete in Ostafrika	**1891**
1892 Tod des US-amerikanischen Dichters Walt Whitman	1892 In den Gesetzgebenden Räten Indiens wird die Zahl der Inder mit beratender Stimme erhöht 1892 Gründung der Geheimgesellschaft „Philippinische Liga"	1892–1914 Abbas II. Hilmi, Sohn des Tewfik, Khedive in Ägypten 1892 Abkommen zwischen Liberia und Frankreich über die Grenzfestlegung	**1892**

	Deutschland/Österreich	Europa
1893	1893 Deutscher Reichstag stimmt Militärvorlage zur Verstärkung des Heeres zu 1893 Emil von Behring stellt Diphtherieserum her 1893–1897 Rudolf Diesel entwickelt den Dieselmotor 1893 Bund der Landwirte gegründet (Interessenvertretung der Großgrundbesitzer)	1893 Independent Labour Party in England gegründet 1893–1896 Expedition des Norwegers Fridtjof Nansen mit der „Fram" in die Arktis; Nansen erreicht mit dem Schlitten 86° 14′ nördlicher Breite 1893 Erster sozialistischer Wahlerfolg in Frankreich (Millerand, Jaurès) 1893 Gründung der „Sozialdemokratie des Königreichs Polen" unter Führung von Rosa Luxemburg und Leo Jogiches (bekämpft polnischen Nationalismus) 1893 Zusammenbruch der französischen Panamakanal-Gesellschaft; Verlust von 1½ Milliarden Nationalvermögen, Ruin zahlreicher kleiner Aktionäre 1893 In Makedonien entsteht die Imro, ein Geheimbund für ein freies Makedonien
1894	1894–1900 Deutscher Reichskanzler Chlodwig Fürst zu Hohenlohe-Schillingsfürst 1894 Formelle Versöhnung zwischen Kaiser Wilhelm II. und Bismarck	1894 Einführung der Gemeinderatswahl für die Dörfer in England 1894 Tower Bridge in London vollendet 1894 Dreyfusprozeß in Frankreich; der (jüdische) französische Major Dreyfus wegen angeblicher Spionage verurteilt; Émile Zola tritt 1898 öffentlich für den Verbannten ein („J'accuse"); Revision des Urteils; Kassation 1906 1894 Tod Alexanders III. von Rußland; Nikolaus II. Zar bis 1917 1894 Vertrag zwischen Rußland und Deutschland beendet den jahrelangen Zoll- und Handelskrieg

Amerika	Asien	Afrika	
1893 Die USA übernehmen nach dem Zusammenbruch der französischen Panamakanal-Gesellschaft (für nur 40 Millionen Dollar) die Vorarbeiten und vollenden den Kanal bis 1914 1893 Erstes Ford-Auto auf der Weltausstellung in Chikago	1893 Vertrag von Bangkok; Siam erkennt das französische Protektorat über das linke Mekongufer an; Laos wird der „Indochinesischen Union" angegliedert 1893 Frauenwahlrecht in Neuseeland; in Südaustralien 1895; in Viktoria 1908 1893 Versuch der Königin Liliukalani von Hawaii, die Verfassung zu ändern und den ausländischen Einfluß einzudämmen, führt zu Revolution und Ausrufung der Republik	1893 Gründung der französischen Kolonie Dahomey 1893–1898 Pazifizierung des französischen Sudans	**1893**
	1894 Sun Yat-sen gründet „Gesellschaft zur Entwicklung Chinas"; erster Putschversuch in Kanton scheitert (1895) 1894/95 Chinesisch-japanischer Krieg um Korea; ausgelöst durch Bauernaufstand in Südkorea, zu dessen Niederschlagung der koreanische Hof chinesische Truppenhilfe erbittet; daraufhin greift auch Japan militärisch ein 1894 Japan schafft durch einen Vertrag mit Großbritannien die Exterritorialität der Fremden ab und setzt damit die internationale Gleichberechtigung durch; ähnliche Verträge mit anderen Mächten folgen bis 1899	1894–1896 Krieg zwischen Italien und Äthiopien wegen der Kündigung des Vertrages von Uccialli durch den Negus; endet mit der Niederlage der Italiener bei Adua (1896); der Friedensvertrag von Addis Abeba (1896) beendet den Traum Italiens von einem großen nordostafrikanischen Kolonialreich; Massaua und Küstengebiet bleiben italienisch 1894 Die Franzosen besetzen Timbuktu 1894 Deutsch-französische Abmachung über den mittleren Sudan 1894–1908 Marokko unter Abd el-Asis; durch das „friedliche Eindringen" Frankreichs beginnen die sogenannten „Marokkokrisen"	**1894**

	Deutschland/Österreich	Europa
1895	1895 Eröffnung des Kaiser-Wilhelm-Kanals (heute: Nord-Ostsee-Kanal) 1895 Karl Marx: „Das Kapital“, Bd. III, herausgegeben von Friedrich Engels 1895 Tod Friedrich Engels’ 1895 Wilhelm Conrad Röntgen entdeckt die nach ihm benannten Strahlen 1895 Sigmund Freud und Josef Breuer: „Studien über Hysterie“ (Begründung der Psychoanalyse) 1895 „Umsturzvorlage“ vom Deutschen Reichstag abgelehnt	1895 „Kampfbund zur Befreiung der Arbeiterklasse“ in St. Petersburg unter Mitwirkung W. I. Lenins gegründet 1895–1902 (2.) Kabinett Salisbury in England (konservativ) 1895 Alfred Nobel (Schweden) stiftet den jährlich zu verleihenden Nobelpreis für Physiker, Chemiker und Mediziner, ferner je einen Literatur- und Friedenspreis (1896)
1896	1896 Krügerdepesche Kaiser Wilhelms II. ruft Verstimmung in England hervor 1896 Friedrich Naumann gründet „Nationalsozialen Verein“ 1896 Tödlicher Absturz Otto Lilienthals 1896 Bismarck enthüllt in der Presse die frühere Existenz des Rückversicherungsvertrags 1896 Dreiklassenwahlrecht in Sachsen	1896 Theodor Herzl: „Der Judenstaat“; Beginn des politischen Zionismus 1896 Erste Olympische Spiele der Neuzeit in Athen 1896 Katastrophe auf dem Chodynkafeld in Moskau (3000 Tote infolge einer Panik) bei den Krönungsfeierlichkeiten für den Zaren Nikolaus II. 1896 Erstes Erscheinen der Londoner „Daily Mail“; Beginn der modernen Massenpresse

Amerika	Asien	Afrika	
1895–1898 Große Aufstandsbewegung auf Kuba, von den Vereinigten Staaten finanziell unterstützt; die spanische Regierung gesteht Kuba die Selbstverwaltung zu; nach der (unaufgeklärten) Explosion eines USA-Panzerschiffs im Hafen von Havanna greifen die USA militärisch ein; Kuba und Puerto Rico werden an die USA abgetreten 1895 Venezuela-Konflikt der USA mit England; die USA bringen dabei die Monroedoktrin zur Geltung 1895–1897 Otto Nordenskjöld erforscht Feuerland	1895 Vertrag von Schimonoseki; China tritt an Japan Formosa, die Pescadores und die Halbinsel Liaotung ab und erkennt die Unabhängigkeit Koreas an; durch Intervention Deutschlands, Frankreichs und Rußlands wird Japan zum Verzicht auf Liaotung gezwungen nach 1895 Zunehmender russischer Einfluß in Korea; an die Stelle des chinesisch-japanischen Gegensatzes tritt der russisch-japanische 1895–1904 Bau einer japanischen Schlachtflotte	1895 Die Franzosen besetzen Djibuti am Roten Meer und machen den Hafen zum Ausgangspunkt eines Bahnbaues nach Addis Abeba 1895 Madagaskar von den Franzosen vollständig unterworfen; 1896 als Kolonie annektiert 1895/96 Jameson-Raid, vergeblicher Versuch der Engländer, durch Einfall in den Burenfreistaat Transvaal die Goldfelder im Interesse der British South Africa Company zurückzugewinnen	**1895**
1896–1898 Krieg der USA gegen Spanien; Beginn imperialistischer Politik der Vereinigten Staaten	1896 Rußland pachtet von China die 1895 den Japanern abgesprochene Liaotung-Halbinsel 1896 Geheimvertrag mit China in Moskau: Rußland darf die Ostchinesische Bahn quer durch die Mandschurei nach Wladiwostok bauen 1896 Vollendung der Anatolischen Bahn von Konstantinopel bis Ankara und Konia durch eine deutsche Kapitalgruppe 1896–1898 Auf den Philippinen Aufstand gegen Spanien; 1898 Manila von den Amerikanern erobert; die Philippinen kommen an die USA 1896 Siams Unabhängigkeit durch Frankreich und England garantiert	1896 „Krügerdepesche“ Wilhelms II. empört England (erster) Burenkrieg bis 1897 1896–1898 Französisch-englischer Interessenkonflikt am oberen Nil; eine 1896 vom Kongogebiet aufgebrochene französische Expedition unter Hauptmann Marchand wird bei Faschoda (10. 7. 1898) von Kitchener, dem Kommandanten der ägyptischen Armee, zum Abzug aufgefordert; ein Krieg mit England durch den Abzugsbefehl des französischen Außenministers Delcassé vermieden; für die Franzosen die „Schmach von Faschoda“	**1896**

	Deutschland/Österreich	Europa
1897	1897 Admiral Alfred Tirpitz wird Staatssekretär des Reichsmarineamtes; Wilhelm II. kündigt den Bau einer Schlachtflotte an 1897 Deutsche Besetzung von Tsingtau als Antwort auf die Ermordung zweier deutscher Missionare 1897 Alldeutsche Partei Österreichs betreibt mit der „Los-von-Rom-Bewegung“ den Anschluß an das Deutsche Reich	1897 Erste englische Kolonialkonferenz 1897 Der schwedische Ingenieur Andrée kommt bei dem Versuch, den Nordpol im Freiballon zu erreichen, mit seinem Begleiter ums Leben 1897 Kretischer Aufstand, von Griechenland unterstützt, führt zu einem griechisch-türkischen Krieg; Niederlage der Griechen; Abtretung thessalischen Gebietes wird von den Großmächten verhindert; Gräzisierung Kretas trotz türkischer Oberhoheit 1897 Russisch-österreichischer Vertrag zur Sicherung des Status quo auf dem Balkan 1897 Die landwirtschaftlichen Vereine in der Schweiz schließen sich zum Bauernbund zusammen
1898	1898 Reise Kaiser Wilhelms II. über Konstantinopel nach Jerusalem und Damaskus; Rede am Grabe Saladins 1898 Reichstag nimmt 1. Flottenvorlage zur Verstärkung der deutschen Kriegsmarine an; Staatssekretär des Auswärtigen Amtes B. v. Bülow lehnt britisch-deutschen Bündnisvorschlag ab 1898 Deutschland pachtet von China auf 99 Jahre die Bucht von Kiautschou mit Tsingtau 1898 Tod Otto Fürst von Bismarcks 1898 Ermordung der Kaiserin Elisabeth von Österreich durch einen italienischen Anarchisten in Genf 1898 Konstruktion der „Braunschen Röhre“ durch K. F. Braun, Grundlage für die heutige Fernsehbildröhre	1898–1901 Deutsch-englische Bündnisverhandlungen (gescheitert) 1898 Kreta erhält die Autonomie 1898 Einführung des nahezu uneingeschränkten allgemeinen Wahlrechts in Norwegen 1898 Erster Parteitag der russischen Sozialdemokratischen Arbeiterpartei in Minsk; Lenin in der Verbannung in Ostsibirien (1897–1899); erstes Gesetz zur Begrenzung der Arbeitszeit in Rußland 1898 Pierre und Marie Curie entdecken die radioaktiven Elemente Radium und Polonium

Amerika	Asien	Afrika	
1897 Die USA gliedern die Hawaii-Inseln ein; vorbereitet durch den mit amerikanischer Hilfe 1893 erfolgten Sturz der Monarchie auf dieser Inselgruppe 1897–1901 Mc Kinley Präsident der USA; Begründer der imperialistischen amerikanischen Weltpolitik	1897 Deutschland besetzt die Bucht von Kiautschou als Vergeltung für die Ermordung zweier Missionare 1897 Der König von Korea nimmt den Kaisertitel an (unter dem Schutz russischer Marinetruppen) 1897 Die Amerikaner annektieren Hawaii (förmliche Übernahme 1898)	1897 Hottentottenaufstand in Deutsch-Südwestafrika (niedergeschlagen) 1897 Das islamische Baghirmi südlich des Tschad-Sees gerät unter französische Kolonialverwaltung	**1897**
1898 Spanisch-amerikanischer Krieg endet mit der Niederlage Spaniens; die USA annektieren die Philippinen, Puerto Rico und Guam; Kuba kommt unter das Protektorat der Union; bis 1909 unter provisorischen Gouverneuren der Vereinigten Staaten 1898 Goldfunde in Alaska 1898–1900 Versuch des Amerikaners Robert Edwin Peary, den Nordpol zu erreichen; gelangt bis 83° 50' nördlicher Breite	1898 China willigt in eine Verpachtung Kiautschous auf 99 Jahre ein; Rußland pachtet für 25 Jahre die Südhälfte der Halbinsel Liaotung mit Dairen und Port Arthur; Frankreich pachtet für 99 Jahre die Bucht von Kuangtschou westlich Kanton; England pachtet Kowloon auf dem Festland gegenüber Hongkong sowie Weihai-wei in Schantung 1898 Staatsstreich der Kaiserinwitwe Tse-hi; der Kaiser, der von einer Gruppe von Reformern zum Erlaß von Reformedikten bewogen wurde, wird gefangengesetzt, zahlreiche Reformer verhaftet und hingerichtet 1898–1902 Starke Widerstandsbewegung der Filipinos gegen die US-Truppen	1898 Deutsch-englisches Geheimabkommen über den portugiesischen Kolonialbesitz 1898 England beendet den Mahdistenkrieg im Sudan durch Einnahme von Omdurman (General Kitchener); der Sudan unter englischer Verwaltung	**1898**

	Deutschland/Österreich	Europa
1899	1899 Deutsches Reich kauft die Karolinen, Marianen und Palau-Inseln von Spanien; erwirbt von Spanien die Südseeinseln und teilt sich mit den USA in die Samoa-Inseln; die Türkei erteilt Deutschland die Konzession für den Bau der Bagdadbahn 1899 Arthur Schnitzler: „Der Reigen“ 1899 Rainer Maria Rilke: „Die Weise von Liebe und Tod des Cornets Christoph Rilke“ 1899–1902 Neutralität Deutschlands im „Burenkrieg“	1899 Erste Haager Friedenskonferenz; praktisch ohne Erfolg, lediglich fünfjähriges Verbot für manche Geschoßgattungen und Verwendung von Giftgas; Haager Schiedsgerichtshof gegründet 1899 Houston Stewart Chamberlain: „Die Grundlagen des 19. Jahrhunderts“ seit 1899 Sozialisten im französischen Ministerium 1899 „Februarmanifest“ des Zaren Nikolaus II. beschneidet die Sonderrechte Finnlands; Auflösung des finnischen Heeres, Einführung des Russischen als Amtssprache 1899/1900 Polarexpedition unter Leitung Ludwigs von Savoyen; erreicht mit dem Schlitten 86° 33′ nördlicher Breite
1900	1900 Bernhard Graf v. Bülow deutscher Reichskanzler; Reichstag billigt 2. Flottenvorlage; Boxeraufstand in China; auch Deutschland und Österreich entsenden Expeditionskorps 1900 Bürgerliches Gesetzbuch tritt im Deutschen Reich in Kraft 1900 Ferdinand Graf Zeppelin unternimmt den ersten Flug mit dem Starrluftschiff („Zeppelin“) 1900 Carl Auer von Welsbach erfindet die Osmium-Glühlampe 1900 Max Planck entdeckt elementares Wirkungsquantum und begründet damit die Quantenphysik 1900 Freud: „Traumdeutung“	1900 König Umberto von Italien erliegt einem Anarchistenattentat 1900–1946 Viktor Emanuel III. König von Italien; liberal-demokratische Ära und Wirtschaftsaufstieg 1900 Erster politischer Generalstreik in Italien 1900 Lenin gibt im Ausland die Zeitschrift „Iskra“ heraus; Lenin 1900–1905 im Ausland (1. Emigration); 2. Emigration 1908–1917
1901	1901 Die seit 1898 geführten britisch-deutschen Bündnisverhandlungen scheitern 1901 Medizin-Nobelpreis an Emil von Behring; Physik-Nobelpreis an Wilhelm Röntgen 1901 Gründung der Wandervogel-Bewegung 1901 Rudolf Steiner begründet die „Anthroposophie“ 1901 Konstruktion des „Mercedes“-Kraftwagens durch Wilhelm Maybach 1901 Thomas Mann: „Buddenbrooks“	1901 Friedensnobelpreis an den Schweizer Henri Dunant 1901–1910 Eduard VII. König von Großbritannien 1901 Internationaler Gewerkschaftsbund gegründet 1901 Erste Entdeckung eiszeitlicher Höhlenbilder in Südfrankreich 1901 Drahtlose Telegraphie über den Atlantik 1901–1905 Staatliche Gewerkschaften in Rußland, sogenannter „Polizeisozialismus“

Amerika	Asien	Afrika	
1899 Kuba wird (zunächst) unabhängig; seit 1901 unter dem Protektorat der USA 1899 In Venezuela Präsidentschaft Cipriano Castros. Wachsende Auslandsverschuldung und Eingriffe in ausländische Wirtschaftsinteressen 1899/1900 Grenzstreitigkeiten zwischen den Guayana-Kolonien und Venezuela und Brasilien werden durch Schiedsgerichte beigelegt	1899 Einvernehmen zwischen der Deutschen Bank und der französischen Gruppe der Ottomanischen Bank über den kleinasiatischen Eisenbahnbau 1899 Spanien verkauft die Marianen und Karolinen an Deutschland 1899 Beschießung von Apia (Deutsch-Samoa) durch britische Kriegsschiffe; daraufhin deutsch-britischer Samoa-Vertrag: England tritt seine Rechte in Samoa an das Deutsche Reich und die USA ab	1899–1902 Burenkrieg; betonte amtliche Zurückhaltung Deutschlands; zunächst englische Niederlagen; starke Opposition gegen den Krieg in England selbst (trotzdem Einrichtung von Konzentrationslagern); die Freistaaten werden englische Kolonien 1899 Windsor-Vertrag (englisch-portugiesisches Geheimabkommen) 1899 Sudanvertrag beseitigt die englisch-französische Kriegsgefahr	**1899**
1900 Militärische Mitwirkung der USA an dem Pekingfeldzug im Boxerkrieg	1900 Boxeraufstand in China; die Gesellschaft der „Boxer“ vertritt eine extrem fremdenfeindliche Richtung und wird von Regierungskreisen begünstigt; Belagerung der Gesandtschaften in Peking; die Großmächte greifen militärisch ein; der kaiserliche Hof flieht nach Schensi 1900 Australien wird Bundesstaat	1900 (1.) Italienisch-französisches Abkommen über Marokko und Tripolis; gegenseitige Anerkennung der Einflußgebiete	**1900**
1901–1909 Theodore Roosevelt Präsident der USA 1901 England gesteht den USA die Alleinherrschaft über die Panamakanalzone zu 1901 Kriegsgefahr zwischen Argentinien und Chile infolge Grenzstreitigkeiten	1901 Unterzeichnung des Boxerprotokolls; Demütigung durch Sühnegesandtschaften 1901 Ibn Saud beginnt expansive Politik in Arabien 1901 Fund des ersten vollständigen Mammuts in Sibirien 1901 Australien erhält den Dominionstatus		**1901**

	Deutschland/Österreich	Europa
1902	1902 Dreibund erneuert; doch schließt Italien einen Vertrag mit Frankreich 1902 Gemeinsames britisch-italienisch-deutsches Vorgehen gegen Venezuela zwecks Schuldeneintreibung 1902 Chemie-Nobelpreis an Emil Fischer; Literatur-Nobelpreis an Theodor Mommsen 1902 Rudolf Bosch bringt Hochspannungs-Magnetzündung für Kraftfahrzeuge heraus	1902 Dreibund erneuert; Rückversicherungsvertrag Italiens mit Frankreich 1902 Tod des französischen Schriftstellers Émile Zola 1902–1931 Alfons XIII. König von Spanien 1902 Der Engländer Robert Falcon Scott entdeckt das König-Eduard-VII.-Land in der Antarktis 1902 W. J. Lenin: „Was tun?" (Programmschrift des Bolschewismus) 1902 Bauernaufstände in den Gouvernements Poltawa und Charkow
1903	1903 Zusammenkunft von Kaiser Franz Joseph I. von Österreich und Zar Nikolaus II. von Rußland: Einigung über Aufrechterhaltung des Status quo auf dem Balkan 1903 Teilaufstand der Hottentotten in Deutsch-Südwestafrika 1903 Baubeginn der Bagdad-Bahn mit deutschem Kapital 1903 Oskar von Miller gründet „Deutsches Museum von Meisterwerken der Naturwissenschaft und Technik" in München 1903 Deutschland überflügelt England in der Roheisenproduktion	1903 Island erhält autonome Verfassung 1903 Englische Frauenwahlrechtsbewegung (Emmeline Pankhurst), sogenannte Suffragetten 1903–1914 Papst Pius X. 1903 Beginn der Einkreisungspolitik; Viktor Emanuel in Paris; Eduard VII. in Lissabon, Rom und Paris; Delcassé in London 1903 Zweiter Parteitag der Russischen Sozialdemokratischen Arbeiterpartei in Brüssel und London; Spaltung der Partei in die gemäßigten Menschewiki („Minderheitler") unter J. Martow und die radikalen Bolschewiki („Mehrheitler") unter W. Lenin 1903–1921 Peter I. Karageorgewitsch König von Serbien; österreichfeindlicher Kurs 1903 Judenpogrome in Kiew
1904	1904 Hereroaufstand in Deutsch-Südwestafrika, endet mit der Niederlage der Hereros am Waterberg; Beginn des Hottentottenaufstandes 1904 Gustav von Schmoller: „Grundriß der allgemeinen Volkswirtschaftslehre"	1904 Englisch-französische Entente cordiale; Beseitigung der alten Kolonialstreitigkeiten zwischen England und Frankreich (Ägypten, Marokko, Neuseeland) 1904 Frankreich bricht diplomatische Beziehungen zum Vatikan ab (erst 1920 wiederaufgenommen); 1905 folgt Gesetz über Trennung von Kirche und Staat 1904 Tod des russischen Dichters Anton Tschechow

Amerika	Asien	Afrika	
1902/03 Venezuela-Affäre (britisch-deutsche Blockade) 1902 Ausbruch des Vulkans Mont Pelée auf Martinique 1902 Schiedsspruch König Eduards VII. im argentinisch-chilenischen Konflikt zugunsten Chiles	1902 Englisch-japanisches Bündnis (erneuert 1905 und 1911)	1902 Französisch-italienisches Übereinkommen über Nordafrika; Frankreich erhält freie Hand in Marokko, Italien in Libyen 1902 Beendigung des Burenkrieges; die Burenrepubliken werden britische Kolonien (mit dem Versprechen baldiger Selbstverwaltung)	**1902**
1903 Panama (bis 1903 kolumbianische Provinz) erklärt unter nordamerikanischem Druck seine Unabhängigkeit von Kolumbien; die künftige Kanalzone wird den USA gegen 10 Millionen Dollar und eine Jahresrente überlassen; Bauzeit des Kanals 1881–1914 1903 Erste Motorflüge der Brüder Wright	1903 Begründung der russischen Statthalterschaft des Fernen Ostens; verstärkte „friedliche Durchdringung" Koreas	1903 Schwere Kämpfe der Engländer in Britisch-Somaliland gegen Aufständische 1903 Gründung der Kolonie Tschad, die 1910 Französisch-Äquatorialafrika angegliedert wird	**1903**
1904 Anerkennung der Ansprüche der europäischen Mächte in Venezuela durch das Haager Schiedsgericht	1904/05 Russisch-japanischer Krieg; die japanische Flotte blockiert Port Arthur und Wladiwostok; die Japaner landen in Korea und überschreiten den Yalufluß; Kapitulation Port Arthurs; Sieg der Japaner bei Mukden, Untergang der russischen (baltischen) Flotte in der Seeschlacht bei Tsuschima	1904 Beginn eines Hereroaufstands und eines Hottentottenaufstands in Deutsch-Südwestafrika 1904 Beginn der Forschungsreisen von Leo Frobenius in Afrika (bis 1935) 1904 Französisch-spanisches Marokko-Abkommen verstärkt französischen Einfluß	**1904**

	Deutschland/Österreich	Europa
1905	1905 Erste Marokkokrise: Kaiser Wilhelm II. besucht Tanger zur Wahrung der deutschen Interessen; Deutschland fordert internationale Konferenz 1905 Begegnung Wilhelms II. mit Nikolaus II. in Björkö; der hier geschlossene Vertrag scheitert am Einspruch der zuständigen Minister beider Staaten 1905 Hottentottenaufstand in Deutsch-Südwestafrika vorerst niedergeschlagen 1905 Madschi-Madschi-Aufstand in Deutsch-Ostafrika 1905 „Mährischer Ausgleich“ in Österreich regelt Minderheitenrechte hinsichtlich Sprache und Nationalität 1905 Internationale Arbeitsschutzkonferenz in Bern 1905 Friedensnobelpreis an Bertha von Suttner; Medizin-Nobelpreis an Robert Koch; Physik-Nobelpreis an Philipp Lenard; Chemie-Nobelpreis an Adolf von Baeyer 1905 Gründung des „Deutschen Städtetages“ 1905 Max Reinhardt übernimmt die Leitung des Deutschen Theaters in Berlin 1905 Albert Einstein entwickelt die spezielle Relativitätstheorie 1905 Otto Hahn entdeckt das Radiothor 1905 Gründung der Vereinigung deutscher Expressionisten „Die Brücke“ 1905 Heinrich Mann: „Professor Unrat“	1905–1916 Edward Grey britischer Außenminister 1905 Gründung der nationalistischen Bewegung „Sinn Fein“ („Wir für uns“) in Irland 1905 Tod Jules Vernes, des Verfassers utopischer Romane 1905 Norwegen kündigt die Union mit Schweden; bestätigt durch ein norwegisches Plebiszit 1905–1957 Haakon VII. König von Norwegen 1905 Treffen Wilhelms II. und Nikolaus' II. auf Björkö vor Finnland; Versprechen gegenseitiger Waffenhilfe bleibt politisch ohne Belang 1905 Der Zar widerruft verfassungswidrige Verordnungen für Finnland (seit 1899) 1905 Russische Revolution (22. 1.) Blutiger Sonntag vor dem Petersburger Winterpalais (Bittschriftprozession durch Truppen niedergeschossen), Arbeiterstreiks, Bauernunruhen, Meuterei des Linienschiffes „Potemkin“ (19. 8.) Einberufung der Reichsduma (Volksvertretung mit nur beratender Funktion) (30. 10.) Oktobermanifest (Duma erhält beschließende Funktion) (19. 12.) Mit dem Moskauer Dezemberaufstand überschreitet die Revolution ihren Höhepunkt 1905 Internationale Arbeiterschutzkonferenz in Bern 1905–1912 Wilhelm IV. Großherzog von Luxemburg
1906	1906 Beilegung der Marokkokrise durch Konferenz von Algeciras; diplomatische Niederlage Deutschlands; Stärkung der „Entente cordiale“ 1906 Beginn der Reichsfinanzreform im Deutschen Reich	1906 Großbritannien vergrößert den Vorsprung im Schlachtschiffbau durch den „Dreadnoughtbau“ seit 1906 Anglo-französische Generalstabs- und Flottenkonferenz 1906 Trennung von Staat und Kirche in Frankreich (Aristide Briand französischer Unterrichtsminister)

Amerika	Asien	Afrika	
1905 Beginn der Filmindustrie in den USA 1905 Upton Sinclair: „Der Dschungel“ 1905 Vermittlung der USA im Russisch-Japanischen Krieg 1905 Die Provinzen Alberta und Saskatchewan werden dem Dominion Kanada einverleibt	1905 Konstitutionelle Monarchie in Persien nach einer Revolution; 1906 Einrichtung einer Nationalversammlung und endgültige Einführung der Verfassung 1905 Widerstand gegen die von Lord Curzon angeordnete Teilung Bengalens 1905 Frieden von Portsmouth (Präsident Th. Roosevelt als Vermittler); Japan übernimmt die russischen Pachtrechte in Liaotung; die Hoheitsrechte Chinas in der Mandschurei bleiben theoretisch anerkannt; formelle Anerkennung des japanischen Protektorats durch Rußland; Rußland tritt ferner die Südhälfte Sachalins und die von den Japanern besetzte Strekke der mandschurischen Eisenbahn an Japan ab 1905 Sun Yat-sen gründet in Tokio den „Chinesischen Revolutionsbund“ 1905/06 Reform des Unterrichtswesens in China nach westlichem Vorbild; setzt sich erst nach 1911 durch	1905 Erste Marokkokrise. Die Kriegsdrohung des mit Rußland verbündeten Deutschland zwingt Frankreich zum Einlenken 1905 Unterdrückung eines Aufstandes gegen die französische Kolonialherrschaft in Madagaskar 1905–1907 Niederschlagung des Madschi-Madschi-Aufstands in der deutschen Kolonie Ostafrika (über 100000 Tote)	**1905**
1906–1909 Auf Kuba Widerstand gegen die Interventionen der USA	1906 Bauernaufstände in Hunan (China) 1906 Die in Persien unter Schah Muzaffer ed-din (1896–1906) von den Notabeln erzwungene Verfassung wird Gegenstand heftiger Kämpfe; Aufstand im ganzen Lande	1906 Südafrika erhält von Großbritannien das Recht der Selbstverwaltung 1906 Gründung der Belgischen Katanga-Bergbau-Union in Belgisch-Kongo 1906 Vergeblicher Aufstand der Fulbe	**1906**

	Deutschland/Österreich	Europa
1906	1906 Endgültige Niederschlagung des Hottentottenaufstands in Deutsch-Südwestafrika 1906 Madschi-Madschi-Aufstand in Deutsch-Ostafrika niedergeschlagen 1906 Einführung des „Pneumothorax“ (Stillegung der Lungenflügel) in der Behandlung der Lungentuberkulose 1906 Serumdiagnose der Syphilis durch „Wassermannsche Reaktion“	1906 Mißglückter Versuch in Frankreich, den Achtstundentag durch Generalstreik zu erzwingen 1906 Gründung des italienischen Gewerkschaftsbundes „Confederazione generale del lavoro“ 1906 Dem Norweger Roald Amundsen gelingt die Durchfahrt durch die Nordwest-Passage 1906–1912 Frederik VIII. König von Dänemark 1906–1917 Ära des Scheinkonstitutionalismus in Rußland (1906 „Duma des Volkszorns“, 1907 Zweite Duma, 1907–1912 Dritte „Popenduma“, 1912–1917 Vierte und letzte Duma) 1906 Beginn der russischen Agrarreform durch P. A. Stolypin (ohne Duma); reaktionäre Tendenz; Agrarreform schafft städtisches Proletariat 1906 Tod des norwegischen Dichters Henrik Ibsen 1906 Vollendung des Simplontunnels in der Schweiz
1907	1907 Einführung des allgemeinen, gleichen, direkten und geheimen Wahlrechts in Österreich 1907 Deutsches Reich erkennt die Integrität Norwegens an 1907 Chemie-Nobelpreis an Eduard Buchner	1907 Zweite Haager Friedenskonferenz (Zusammenfassung des Neutralitätsrechts) 1907 Enzyklika Papst Pius' X. gegen den „Modernismus“ 1907–1950 Gustav V. König von Schweden 1907 Lenin flieht (erneut) ins Ausland; Zusammenarbeit mit G. J. Sinowjew und L. B. Kamenew 1907 Einfluß Rasputins am Zarenhof beginnt 1907 Errichtung einer Diktatur in Portugal (Ministerpräsident Franco) mit Billigung des Königs (Carlos I.) 1907 Anerkennung der Integrität Norwegens durch die Großmächte 1907 In England Gründung der Boy Scouts durch Lord Baden-Powell

Amerika	Asien	Afrika	
seit 1906 Costa Rica überläßt die Ausbeutung seiner Erdölvorkommen den Nordamerikanern 1906 Zerstörung San Franciscos durch Erdbeben 1906–1909 Präsident Penna in Brasilien; Ausbau des Eisenbahnnetzes, Reorganisation von Heer und Flotte, aktive Außenpolitik	1906 Britisch-Neuguinea (Papua) wird einem australischen Gouverneur unterstellt 1906 Die Neuen Hebriden (Ozeanien) unter britischem und französischem Kondominium	gegen die britische Kolonialherrschaft 1906 Anglo-französisch-italienisches Äthiopien-Abkommen 1906 Konferenz von Algeciras; die „Ausnahmestellung“ Frankreichs in Marokko wird von der Konferenz anerkannt	**1906**
1907 E. W. Scripps gründet die nordamerikanische Presseagentur United Press (UP) 1907 Wirtschaftskrise in den USA; Verschärfung der sozialen Gegensätze	1907–1909 Mohammed Ali Schah von Persien; als Gegner der Verfassungsbewegung gestürzt 1907 Zweiter Vertrag von Bangkok zwischen Siam und Frankreich 1907 Einigung zwischen Japan und Rußland über Interessen im Mittleren Osten 1907 Japan übernimmt die Verwaltung in Korea 1907 Japanische Wirtschaftskrise 1907 Sun Yat-sen verkündet sein Reformprogramm für China 1907 Neuseeland erhält den Dominionstatus 1907 Spaltung des Indischen Nationalkongresses in einen gemäßigten und einen radikalen Flügel	1907 Hereroaufstand in Deutsch-Südwestafrika niedergeschlagen 1907–1909 Frankreich setzt sich militärisch in Marokko fest; die letzten Kämpfe im Innern Marokkos ziehen sich bis 1934 hin	**1907**

	Deutschland/Österreich	Europa
1908	1908 „Daily Telegraph"-Artikel (Veröffentlichung privat in England geführter politischer Gespräche Kaiser Wilhelms II.) führt zu innenpolitischer Krise und Kritik am Kaiser 1908 Österreich-Ungarn annektiert Bosnien und Herzegowina ohne vorherige Absprache mit den Unterzeichnermächten des Berliner Kongresses; durch finanzielle Zugeständnisse Österreich-Ungarns an die Türkei und Unterstützung der österreichischen Ansprüche durch das Deutsche Reich wird die bosnische Annexionskrise beigelegt 1908 Fund des ältesten menschlichen Skeletteils auf deutschem Boden: Unterkiefer von Mauer bei Heidelberg 1908 Medizin-Nobelpreis (zur Hälfte) an Paul Ehrlich; Literatur-Nobelpreis an Rudolf Eucken	1908 König Karl I. von Portugal und der Kronprinz ermordet 1908–1910 Manuel II. König von Portugal; muß 1910 ins Ausland gehen 1908 Georges Sorel, Lehrmeister Mussolinis, begründet die Theorie des Syndikalismus 1908 Schweres Erdbeben in Reggio Calabria und Messina (in Messina 84000 Tote) 1908 Österreich-Ungarn verkündigt die formelle Annexion von Bosnien und der Herzegowina 1908 Unabhängigkeitserklärung Bulgariens; Ferdinand von Bulgarien nimmt den Zarentitel an 1908 Gründung der Narodna Odbrana in Serbien; 1911 Gründung des Geheimbunds der „Schwarzen Hand" 1908 Kreta beschließt Vereinigung mit Griechenland (tritt erst 1913 in Kraft) 1908 Revaler Zusammenkunft zwischen Eduard VII. und Nikolaus II.; Vollendung des „dreifachen Einverständnisses"; Nordsee- und Ostseeabkommen 1908/09 beginnt die russische Kriegspartei zum Krieg gegen Österreich-Ungarn und Deutschland zu rüsten
1909	1909 Reichskanzler Fürst Bülow tritt zurück; Nachfolger Theobald von Bethmann Hollweg 1909 Physik-Nobelpreis (zur Hälfte) an Karl Ferdinand Braun; Chemie-Nobelpreis an Wilhelm Ostwald 1909 Paul Ehrlich entdeckt zusammen mit dem Japaner S. Hata das Salvarsan (Syphilis-Heilmittel)	1909 Londoner Seerechts-Konferenz 1909–1934 Albert I. König von Belgien 1909 Der Franzose Louis Blériot überquert den Ärmelkanal im Flugzeug 1909 Anarchistischer Aufstand in Barcelona und Madrid 1909 Nikolaus II. bei Viktor Emanuel in Racconigi (Balkanfrage); Staatsbesuch Eduards VII. in Italien 1909 Österreichisch-türkische Verständigung über die bosnische Frage; Türkei erhält Entschädigung

Amerika	Asien	Afrika	
1908 Japanisch-amerikanischer Vertrag über den Stillen Ozean 1908 In Venezuela (nach neuen Konflikten mit Frankreich und den Niederlanden) Volkserhebung gegen den Präsidenten Castro und dessen Sturz	1908 Bau der (türkischen) Hedschasbahn bis Medina vollendet 1908 Jungtürkische Revolution; Militäraufstand in Saloniki; Ziel: Wiederherstellung der Verfassung von 1876 und Reorganisation des Osmanischen Reiches; dieser Osmanismus wird jedoch durch den türkischen Nationalismus in den Hintergrund gedrängt 1908 Erste zionistische Siedlung in Palästina 1908 Einschlag eines Kometenkerns an der Steinigen Tunguska in der sibirischen Taiga 1908 Tod des chinesischen Kaisers und der Kaiserinwitwe Tse-hi; Prinz Pu-yi (geb. 1906) wird als Kaiser inthronisiert; Regent Prinz Chun 1908 Erst nach langen Kämpfen kommt Bali als letzte indonesische Insel unter holländische Herrschaft	1908 Belgien annektiert den Kongostaat als Kolonie 1908/09 Aufstand der Rifkabylen gegen die spanische Kolonialherrschaft	**1908**
1909 Der Amerikaner R. E. Peary am Nordpol 1909 Gründung der National Association for the Advancement of Colored People (NAACP) 1909–1913 William Howard Taft Präsident der USA; während seiner Präsidentschaft Antitrustgesetze und Prozesse gegen Trusts vor dem Obersten Bundesgericht	1909–1918 Mehmed V. Sultan des Osmanischen Reiches 1909–1925 Achmed Schah von Persien; (lebt im Ausland); Einmarsch russischer und britischer Streitkräfte; Verfassung wiederhergestellt 1909 Großbritannien erwirbt von Siam malaiische Vasallenstaaten; Malaiische Halbinsel als „British Malaya“ von den Engländern direkt verwaltet	1909 Das Vereinigte Südafrika erhält die Bezeichnung Südafrikanische Union; Provinzen: Kapland, Natal, Transvaal, Oranje 1909 Deutsch-französisches Marokko-Abkommen zur Sicherung des „wirtschaftlichen Gleichgewichts“	**1909**

	Deutschland/Österreich	Europa
1910	1910 Zarenbesuch in Potsdam 1910 Medizin-Nobelpreis an Albrecht Kossel; Chemie-Nobelpreis an Otto Wallach; Literatur-Nobelpreis an Paul Heyse 1910 Erster Dieselmotor für Kraftfahrzeuge	1910–1936 Georg V. König von Großbritannien 1910 Portugal wird Republik 1910 Borromäusenzyklika des Papstes gegen den Protestantismus 1910 Tod des russischen Dichters Lew Tolstoj 1910 Weltausstellung in Brüssel
1911	1911 Zweite Marokkokrise: Französisches Vorgehen in Marokko wird von Deutschland als Verletzung der Algeciras-Akte betrachtet; Deutschland entsendet das Kanonenboot „Panther" nach Agadir („Panthersprung"); Krise durch deutsch-französisches Abkommen beigelegt; Elsaß-Lothringen wird den deutschen Bundesstaaten verfassungsrechtlich gleichgestellt 1911 Reichsversicherungsordnung (RVO) in Deutschland; tritt 1912 in Kraft 1911 Friedens-Nobelpreis (zur Hälfte) an Alfred Fried; Physik-Nobelpreis an Wilhelm Wien 1911 Gründung der „Kaiser-Wilhelm-Gesellschaft zur Förderung der Wissenschaften" (heute: Max-Planck-Gesellschaft) 1911 Hugo von Hofmannsthal: „Jedermann" seit 1911 Pfadfinderbewegung in Deutschland	1911 Winston Churchill Erster Lord der Admiralität (Rücktritt 1915) 1911 Pflichtversicherung der Arbeiter in Großbritannien gegen Krankheit und Arbeitslosigkeit 1911 Gründung der Universität Lissabon 1911 Eleutherios Venizelos setzt griechische Verfassungsreform in der Form einer Militärdiktatur durch 1911 Ermordung des russischen Ministerpräsidenten P. A. Stolypin 1911 Roald Amundsen erreicht als erster den Südpol und gibt dem umliegenden Land den Namen „König-Haakon-VII.-Plateau" 1911–1915 Manuel d'Arriaga Präsident der Republik Portugal 1911 Trennung von Staat und Kirche in Portugal 1911 Kadergesetz in Frankreich verstärkt die Heeresorganisation
1912	1912 Sozialdemokraten stärkste Partei im Deutschen Reichstag; englisch-deutsche Verhandlungen führen zu keiner Verständigung über Flottenbaufragen; vorzeitige Erneuerung des Dreibundes (auf Wunsch Italiens)	1912 Lord Haldanes Sendung nach Berlin; Haldane, britischer Kriegsminister, scheitert mit seinem Versuch, die deutsche Flottennovelle zu durchkreuzen, da als Gegenleistung ein britisches Neutralitätsversprechen verlangt wird

Amerika	Asien	Afrika	
1910 Entstehung des A-B-C-Blocks: Argentinien, Brasilien und Chile 1910 Tod des nordamerikanischen Dichters Mark Twain	1910 Japanisch-russisches Abkommen gegen USA-Einfluß auf die mandschurische Bahn 1910–1925 Rama VI. König von Siam 1910 Annexion von Korea durch Japan; Abfindung der koreanischen Kaiserfamilie; Korea bis 1945 Teil des japanischen Kaiserreichs 1910 R. Tagore veröffentlicht den Roman „Gora“	1910 Die Südafrikanische Union erhält den Status eines Dominion; erster Premier wird der frühere Burengeneral Botha	**1910**
1911–1924 Die Amerikaner besetzen Honduras 1911 Sturz des mexikanischen Staatspräsidenten Porfirio Díaz (seit 1884); bis etwa 1920 kommt Mexiko innenpolitisch nicht zur Ruhe 1911 Englisch-amerikanischer Schiedsvertrag 1911 Ausbau des Eisenbahnsystems zwischen Argentinien und Chile über die Hoch-Cordilleren	1911 Delhi wieder Verwaltungszentrum von Indien (anstelle von Kalkutta) 1911 (10. 10.) Chinesische Revolution eingeleitet durch Militärputsch in Kanton und Wu-tschang; (3. 11.) konstitutionelle Verfassung nach englischem Vorbild; (8. 11.) General Yüan Schi-kai von einer Nationalversammlung zum Ministerpräsidenten gewählt; (29. 12.) Sun Yat-sen provisorischer Präsident der Republik 1911 Tschiang Kaischek wird militärischer Mitarbeiter Sun Yat-sens 1911 Einführung der Allgemeinen Wehrpflicht in Australien	1911 Marokkokrise; (21. 5.) Fez von den Franzosen besetzt; (1. 7.) „Panther“ vor Agadir; (21. 7.) Rede des englischen Schatzkanzlers Lloyd George über Englands Stellung in Europa; (4. 11.) Deutsch-französischer Marokko-Vertrag (Deutschland verzichtet auf Einfluß in Marokko und wird im Kongo entschädigt) 1911/12 Türkisch-italienischer Krieg um Tripolis 1911 Abkommen zwischen Liberia und Großbritannien über Gebietsaustausch 1911 Deutsch-Kamerun durch französisches Gebiet erheblich vergrößert	**1911**
1912–1933 Nicaragua von den USA besetzt; Washington erhält das Alleinrecht auf einen künftigen Kanalbau	1912/13 Deutsch-englische und deutsch-französische Verhandlungen über die vorderasiatischen Eisenbahn- und Wirtschaftsfragen	1912 Anerkennung des französischen Protektorats über Marokko durch Vertrag mit dem Sultan von Marokko	**1912**

	Deutschland/Österreich	Europa
1912	1912 Literatur-Nobelpreis an Gerhart Hauptmann 1912 Gründung der „Deutschen Bücherei“ in Leipzig als erste deutsche Zentralbibliothek durch den Börsenverein der Deutschen Buchhändler	1912 Briefwechsel zwischen Sir Edward Grey und M. Paul Cambon über englisch-französische Waffenhilfe 1912 Raymond Poincaré französischer Ministerpräsident und Außenminister (bis 1913) 1912 Französisch-russische Marine-Konvention 1912 Englischer Bergarbeiterstreik (Folge: Mindestlohngesetz) 1912 Dreibund (zum letztenmal) erneuert; Kaiser Wilhelm in Venedig bei König Viktor Emanuel 1912–1947 Christian X. König von Dänemark 1912 Abkommen Italiens mit Frankreich: Italien im Fall eines Konfliktes neutral 1912 Tod des schwedischen Dichters August Strindberg 1912 Entstehung des Balkanbundes; erster Balkankrieg: Bulgarien, Serbien, Montenegro und Griechenland gegen die Türkei 1912 Albanien gewinnt seine Unabhängigkeit 1912 Prager Konferenz der russischen Sozialdemokratischen Partei (endgültige Spaltung) 1912 Britischer Passagierdampfer „Titanic“ sinkt
1913	1913 Prinz Wilhelm zu Wied wird Fürst von Albanien (bis 1914); zum 25jährigen Regierungsjubiläum Wilhelms II. Besuch des Zaren und des britischen Königs in Berlin 1913 Grönlandforschungen Alfred Wegeners und J. P. Kochs	1913 Englisches Königspaar und der russische Zar in Berlin 1913–1920 Raymond Poincaré Staatspräsident in Frankreich bis 1920 1913–1917 Konstantin I. König von Griechenland (nach Absetzung 1917 wieder König von 1920–1922) 1913 Nach der Niederlage der Türkei im ersten Balkankrieg (1912) Umgruppierung der Balkanstaaten; im Bukarester Frieden große Gebietsverluste Bulgariens (an Griechenland, Serbien und Rumänien); die Türkei behält Adrianopel

Amerika	Asien	Afrika	
	1912 Tibet sagt sich von der chinesischen Oberhoheit los 1912 Die Mongolei fällt nach Ausrufung der chinesischen Republik von China ab; starke Anlehnung an Rußland 1912–1926 Yoschihito japanischer Kaiser 1912 Rücktritt des Mandschu-Kaiserhauses; Yüan Schi-kai wird chinesischer Staatspräsident und leistet den Eid auf die Republik; Sun Yat-sen tritt im Interesse der Einheit des Landes zurück; gründet chinesische Nationalpartei Kuomintang 1912 Neue persische Regierung erkennt die (1911 erfolgte) endgültige Festlegung der britischen und russischen Interessensphäre an 1912 Geheimvertrag zwischen Japan und Rußland über die Mongolei und Mandschurei 1912 Gründung der „Indischen Partei" in Indonesien (für volle Unabhängigkeit)	1912–1940 Tanger internationales Gebiet 1912 Italien gewinnt nach Beendigung des tripolitanischen Krieges Libyen, die Cyrenaika und einige Inseln des Dodekanes	**1912**
1913 Zweite Besetzung Kubas durch die USA unter dem Vorwand eines drohenden „deutschen Angriffes" 1913–1921 Woodrow Wilson Präsident der USA 1913 Armory Show, eine Ausstellung moderner europäischer Malerei, von großer Wirkung auf die Entfaltung der US-amerikanischen Kunst	1913 Deutsche Militärmission nach Konstantinopel 1913 Während der Balkankriege kommen die Jungtürken durch einen Staatsstreich an die Macht 1913 In China erste Erhebungen gegen Yüan Schi-kai	1913 Paul von Lettow-Vorbeck Kommandeur von Deutsch-Ostafrika 1913 Albert Schweitzer Missionsarzt in Lambarene (Französisch-Kongo) 1913 Ägypten erhält eine Gesetzgebende Körperschaft	**1913**

1914

Deutschland/Österreich	Europa
1914 Deutsch-britische Verständigung über Bagdadbahn: Deutschland verzichtet auf den Bau der Endstrecke bis zum Persischen Golf **1914 Physik-Nobelpreis an Max v. Laue, Medizin-Nobelpreis an R. Barany** **1914 (28. 6.) Ermordung des österreichischen Thronfolgers Erzherzog Franz Ferdinand in Sarajevo** (23. 7.) Auf die Beistandszusage Deutschlands gestütztes österreichisch-ungarisches Ultimatum an Serbien (25. 7.) Die auch nach deutscher Ansicht nachgiebige Antwort Serbiens wird von Österreich-Ungarn nicht akzeptiert (28. 7.) Kriegserklärung Österreich-Ungarns an Serbien (31. 7.) Deutschland fordert Einstellung der russischen Mobilmachung und eine Erklärung der französischen Neutralität (1. 8.) Deutsche Kriegserklärung an Rußland; Vertrag Deutsches Reich–Türkei (3. 8.) Deutsche Kriegserklärung an Frankreich (4.8.) Deutscher Einmarsch in Belgien (5. 8.) Kriegserklärung Englands und Belgiens an Deutschland (6. 8.) Kriegserklärung Serbiens an Deutschland und Österreich-Ungarns an Rußland (11./12. 8.) Kriegserklärung Frankreichs und Englands an Österreich-Ungarn; es folgen die Kriegserklärungen Japans an Deutschland, Rußlands, Englands und Frankreichs an die Türkei 1914–1918 Erster Weltkrieg, verursacht durch wirtschaftliches und politisches Machtstreben der Großmächte. Etwa 8 Millionen Tote und 20 Millionen Verwundete sind das Ergebnis 1914 Die in Ostpreußen eingedrungenen Russen von deutscher Ostarmee unter Hindenburg und Ludendorff bei Tannenberg (26. bis 30. 8.) und an den Masurischen Seen (6.–15. 9.) zurückgeworfen	1914 König Georg von Großbritannien in Paris 1914 Deutsch-britische Verständigung über Bagdadbahn; britischer Flottenbesuch in Kiel 1914 Zarenbesuch in Constanza (Rumänien) 1914 Wahlsieg der Linken in Frankreich; der Sozialist René Viviani Ministerpräsident 1914 Raymond Poincaré zu Besuch beim Zaren in St. Petersburg 1914 (28. 6.) Ermordung des österreichisch-ungarischen Thronfolgerpaares (in Sarajevo) (23. 7.) Österreichisches Ultimatum an Serbien (25. 7.) Serbische Antwort (28. 7.) Kriegserklärung Österreich-Ungarns an Serbien (30.–31. 7.) Russische Generalmobilmachung zu Land und zur See 1914 (31. 7.) In Frankreich wird der Sozialist Jean Jaurès von einem Fanatiker ermordet 1914 (1. 8. 1914–11. 11. 1918) Der Erste Weltkrieg 1914 (1. 8.) Deutschland erklärt Rußland den Krieg 1914 (1. 8.) Allgemeine Mobilmachung in Frankreich 1914 (2. 8.) Italien proklamiert seine Neutralität (da die Verbündeten ohne vorherige Konsultation Italiens angegriffen haben) 1914 (3. 8.) Deutsche Kriegserklärung an Frankreich überreicht 1914 (4. 8.) Großbritanniens Kriegseintritt, ausgelöst durch den deutschen Einmarsch in Belgien 1914 (4. 8.) Rumänien erklärt (zunächst) seine Neutralität 1914 (August) Der schweizerische Bundesrat ordnet die Gesamtmobilmachung an und verkündet das Festhalten an den Grundsätzen der Neutralität 1914 (6. 8.) Österreich-Ungarn erklärt Rußland den Krieg 1914 Spanien erklärt seine Neutralität 1914 (2. 11.) Kriegserklärung der Türkei an Rußland

Amerika	Asien	Afrika	
1914 Eröffnung des Panama-Kanals 1914 Im Thomson-Urrutia-Vertrag verpflichten sich die USA zu einer Entschädigungszahlung an Kolumbien für dessen Verzicht auf Panama 1914 Intervention der USA in Mexiko (1916 zum Rückzug gezwungen) und Sturz des Generals Huerta. Besetzung der Hauptstadt durch die Truppen der Bauernführer Villa und Zapata 1914 Nach Sturz des venezolanischen Präsidenten Castro unter dessen Nachfolger Gómez Reform der Verfassung 1914 Kanada erklärt sich mit dem Mutterlande solidarisch; schickt zunächst Freiwillige nach England 1914 Argentinien, Chile und Paraguay bleiben im Ersten Weltkrieg neutral	1914 Die Türkei erklärt bei Kriegsausbruch – trotz des Bündnisfalles – zunächst ihre bewaffnete Neutralität (3. 8.); Enver Pascha, führender Jungtürke, wird Kriegsminister 1914 Der deutsche Schlachtkreuzer „Goeben“ und der kleine Kreuzer „Breslau“ laufen im Bosporus ein; werden von der Türkei gekauft und in Dienst gestellt 1914 Rückkehr Mahatma Gandhis (seit 1893 in Südafrika) nach Indien 1914 Erste Durchfahrt auf dem Nordsibirischen Seeweg von Osten nach Westen 1914 Japanisches Ultimatum an Deutschland fordert die Zurückziehung aller deutschen Seestreitkräfte aus den japanischen und chinesischen Gewässern und die Rückgabe Kiautschous an China 1914 (23. 8.) Kriegserklärung Japans an Deutschland 1914 (26. 9.–7. 11.) Tsingtau von den Japanern erobert 1914 (Oktober) Die Japaner besetzen die deutschen Südseekolonien; keine weiteren japanischen Kriegshandlungen gegen Deutschland 1914 Die deutschen Samoa-Inseln von Neuseeländern besetzt 1914 Deutsch-Neuguinea von australischen Truppen besetzt	1914/16 Der deutsche Kolonialbesitz geht (bis auf Deutsch-Ostafrika) verloren 1914 Die deutsche Schutztruppe in Togo kapituliert; Frankreich und Großbritannien teilen sich in das Schutzgebiet 1914 Niederschlagung eines Aufstandes der Duala an der Küste Kameruns gegen die deutsche Kolonialherrschaft 1914 Die deutsche Schutztruppe in Kamerun weicht vor britischen Truppen in einen unwegsamen Teil der Kolonie zurück 1914 Britisches Protektorat über Ägypten legalisiert; türkische Oberhoheit endgültig beseitigt; an die Stelle des türkenfreundlichen Khediven Abbas Hilmi tritt Sultan Hussein Kamil 1914 Die Südafrikanische Union tritt in den Ersten Weltkrieg ein 1914 Ein Burenaufstand gegen die britische Herrschaft in Südafrika schlägt fehl 1914 Lettow-Vorbeck besiegt bei Tanga in Deutsch-Ostafrika ein britisch-indisches Expeditionskorps	**1914**

	Deutschland/Österreich	Europa
1914	1914 Deutsche Truppen bedrohen Paris; französischer Gegenangriff führt zur Marneschlacht und (9. 9.) Rücknahme der deutschen Truppen hinter die Marne („Wunder an der Marne“); Übergang vom Bewegungs- zum Stellungskrieg 1914 Nach Anfangserfolgen österreichisch-ungarischer Truppen in Galizien Niederlagen, die zum Verlust Lembergs und Ostgaliziens führen; österreichischer Sieg bei Limanowa 1914 Zwei österreichisch-ungarische Offensiven gegen Serbien schlagen fehl 1914 England eröffnet Fernblockade gegen Deutschland; für Deutschland verlustreiches Seegefecht bei Helgoland 1914 Beginn des Handelskrieges auf See; erste deutsche U-Boot-Unternehmungen 1914 Deutsches Kreuzergeschwader siegt bei Coronel über britisches Geschwader, wird dann bei den Falklandinseln vernichtet 1914 Französische Offensive gegen Elsaß-Lothringen scheitert 1914 Verlust von Togo, Tsingtau sowie aller deutschen Südseekolonien; britisch-französische Angriffe auf Kamerun, Deutsch-Südwestafrika und Deutsch-Ostafrika	1914 Elsa Brandström („Engel Sibiriens“) nimmt als Abgeordnete des schwedischen Roten Kreuzes ihre Tätigkeit in Rußland auf 1914 Verstärkung der schwedischen Flotte zur Sicherung der Neutralität (gegen Rußland) 1914 Italien besetzt den albanischen Hafen Valona; im Laufe des Krieges nimmt es von ganz Albanien Besitz
1915	1915 Stellungskrieg im Westen; Schlachten in der Champagne, Lorettoschlacht, Schlachten bei Arras und La Bassée; erstmalige Anwendung von Kampfgasen 1915 (4.–22. 2.) Im Osten Vernichtung einer russischen Armee in der Winterschlacht in Masuren (1.–3. 5.) Durchbruch unter General v. Mackensen bei Gorlice-Tarnow; große Geländegewinne in Polen, Litauen, Kurland (23. 5.) Kriegserklärung Italiens an Österreich und die Türkei und Abbruch der diplomatischen Beziehungen zu Deutschland; Beginn der Kämpfe am Isonzo, in Kärnten und Tirol	1915 Antikriegskonferenz der europäischen internationalen Sozialisten in Zimmerwald (Schweiz) 1915 Allgemeine Wehrpflicht in England 1915 Jane Addams gründet Frauenliga für Freiheit und Frieden (radikaler Pazifismus) 1915 (26. 4.) Londoner Pakt setzt Italien eine Monatsfrist für die Entscheidung über den Kriegseintritt; Italien wird Erweiterung des Kolonialbesitzes garantiert

Amerika	Asien	Afrika	
	1914 Die Türkei tritt an der Seite der Mittelmächte in den Krieg ein 1914 Zypern wird (nach der Kriegserklärung an die Türkei) von Großbritannien annektiert 1914 Yüan Schi-kai löst die chinesische Nationalversammlung auf 1914 Abkommen von Simla zwischen der Republik China und Tibet; Tibet erkennt die nominelle Souveränität Chinas an; China verpflichtet sich, sich nicht in die inneren Angelegenheiten Tibets einzumischen		**1914**
1915 Großbritannien verzichtet auf die Mosquitoküste (Mittelamerika) 1915 Landung der Amerikaner auf Haiti (mit „Sicherung gegen Deutschland“ begründet)	1915 Vergeblicher Entente-Angriff auf die Dardanellen; die 1915 von englischen und französischen Truppen besetzte Halbinsel Gallipoli muß wieder geräumt werden 1915 Selbstverwaltung der Äußeren Mongolei (von China anerkannt)	1915 Britisch-italienisches Geheimabkommen über Abessinien; für den Fall des Kriegseintritts auf alliierter Seite wird Italien die Erwerbung Abessiniens in Aussicht gestellt 1915 General Botha (Südafrikanische Union) besetzt Swakopmund und Windhuk; die Schutztruppe in Deutsch-Südwestafrika kapituliert	**1915**

1915

Deutschland/Österreich

(14. 10.) Bulgarien schließt ein Bündnis mit Deutschland und tritt in den Krieg ein
1915 Englisch-französischer Flottenangriff auf die Dardanellen scheitert
1915 Feldzug gegen Serbien endet nach der Schlacht auf dem Amselfeld mit der Eroberung Serbiens
1915 Deutscher Minen- und U-Boot-Krieg gegen England; Ankündigung des uneingeschränkten U-Boot-Kriegs führt zu Spannungen mit den USA
1915 Vernichtung des Kreuzers „Königsberg" in Ostafrika; Kapitulation der deutschen Schutztruppe in Deutsch-Südwestafrika
1915 Nachtangriffe deutscher Luftschiffe auf London und Paris
1915 Internationale Sozialistenkonferenz in Zimmerwald (Schweiz) ruft zum Kampf gegen den Krieg auf
1915 Chemie-Nobelpreis an Richard Willstätter
1915 Albert Einstein entwickelt die allgemeine Relativitätstheorie
1915 Alfred Wegener begründet die Theorie der Kontinentalverschiebung: „Die Entstehung der Kontinente und Ozeane"

Europa

1915 Der griechische Ministerpräsident Venizelos veranlaßt Landung von Entente-Truppen in Saloniki; der König, der die Neutralität aufrechterhalten will, entläßt Venizelos
1915 (22. 5.) Allgemeine Mobilmachung in Italien;
(23. 5.) Italien tritt an der Seite der Alliierten in den Weltkrieg ein; Kriegserklärung an Österreich-Ungarn (an Deutschland 1916)
1915 Bulgariens Kriegseintritt an der Seite der Mittelmächte
1915 Verfassungsänderung in Dänemark; allgemeines Wahlrecht für beide Kammern, Frauenwahlrecht, Verhältniswahl

1916

Deutschland/Österreich

1916 Materialschlachten an der Westfront bringen keine Entscheidung: Verdun, Schlacht an der Somme; Ablösung Falkenhayns durch Hindenburg
1916 (31. 5.–1. 6.) Seeschlacht vor dem Skagerrak zwischen deutscher und britischer Flotte endet trotz deutscher Erfolge unentschieden
1916 An der Ostfront brechen russische Offensiven zusammen
1916 (27. 8.) Rumänien tritt auf seiten der Entente in den Krieg ein und wird von den Mittelmächten fast vollständig besetzt
1916 An der italienischen Front Isonzo-Schlachten
(28. 8.) Italien erklärt Deutschland den Krieg
(5. 11.) Die Mittelmächte proklamieren das Königreich Polen
1916 Fortführung des deutschen U-Boot-Krieges

Europa

1916–1922 Lloyd George englischer Ministerpräsident
1916 Dubliner Osterputsch (gescheitert); Versuch der Iren, eine unabhängige irische Republik auszurufen
1916 Rumänien tritt auf seiten der Entente in den Krieg ein
1916 (29. 12.) Rasputin von Offizieren ermordet (Fürst Jussupow)
1916 Bekräftigung der Neutralität durch die Ministerpräsidenten der skandinavischen Staaten (1917 erneuert)
1916 Russische Befestigung der Aalandinseln beunruhigt Schweden
1916 Venizelos bildet in Saloniki (und auf Kreta) ententefreundliche griechische Gegenregierung
1916 Mittelmächte wandeln Kongreßpolen in ein „Königreich" Polen um (mit deutschem oder österreichischem König)

Amerika	Asien	Afrika	
1915 Die Versenkung des englischen Ozeandampfers „Lusitania" durch ein deutsches U-Boot erregt die Öffentlichkeit in den USA (unter den 1198 Opfern 124 Amerikaner) 1915 Haiti wird Protektorat der USA, die bis 1934 Truppen stationieren	1915 Japans „21 Forderungen"; verlangt Protektorat über China; Japan erhält Sonderrechte in Schantung, in der Mandschurei und Mongolei 1915 Vorbereitungen zur Thronbesteigung Yüans in China; erneute Aufstände gegen ihn 1915 Im Iran (offiziell neutral) versuchen deutsche Agenten, persische Stämme gegen die Alliierten aufzuwiegeln		**1915**
1916 Friedenssondierungen des amerikanischen Präsidenten Wilson bei den Kriegführenden für einen „Frieden ohne Sieg" ergebnislos 1916 Die USA besetzen Santo Domingo 1916 Baugesetz in New York fordert den abgestuften Wolkenkratzerbau 1916 Die USA erwerben in Nicaragua das Recht zum Bau des projektierten Nicaragua-Kanals und zur Anlage von Marinestützpunkten seit 1916 Argentinien unterstützt die Alliierten durch Kriegslieferungen an Weizen und Fleisch	1916 Das gesamte türkische Armenien fällt in russische Hand 1916 Die in Mesopotamien vom Persischen Golf gegen Bagdad vorrückenden Engländer zunächst von den Türken gestoppt; türkischer Sieg bei Kut el Amara 1916 Die Engländer fassen auf dem Ostufer des Suez-Kanals Fuß 1916 Der Engländer Thomas Edward Lawrence (Lawrence von Arabien) organisiert als Agent des britischen Geheimdienstes den Widerstand der Araber gegen die Türkei	1916-1930 Kaiserin Zauditu in Abessinien 1916 General Smuts (Südafrikanische Union) kämpft mit einem alliierten Heer gegen die Schutztruppe in Deutsch-Ostafrika; Daressalam geht verloren 1916 Die deutsche Schutztruppe in Kamerun tritt auf spanisches Gebiet über und kapituliert 1916 Der französische Saharaforscher Foucauld wird in Tamanrasset ermordet	**1916**

	Deutschland/Österreich	Europa
1916	1916 Bildung erster deutscher Kampfgeschwader zur Führung des Luftkrieges 1916 Ermordung des österreichischen Ministerpräsidenten Graf Stürgkh; Tod Kaiser Franz Josephs I.; Nachfolger: Karl I., Kaiser von Österreich und König von Ungarn (Großneffe Franz Josephs) 1916 Friedensangebot der Mittelmächte (ohne konkrete Angaben über Kriegsziele) von der Entente abgelehnt 1916 Aufforderung des amerikanischen Präsidenten Woodrow Wilson an alle Kriegführenden, ihre Forderungen bekanntzugeben, wird von Mittelmächten abgelehnt; die deutsche Regierung ist jedoch bereit, an einer Friedenskonferenz mitzuwirken	1916 Portugal tritt in den Krieg gegen Deutschland ein 1916 (28. 8.) Kriegserklärung Italiens auch an das Deutsche Reich
1917	1917 Deutschland übermittelt den USA seine Friedensvorstellungen 1917 Wiedereröffnung des uneingeschränkten U-Boot-Krieges auf Drängen der Obersten Heeresleitung 1917 USA brechen diplomatische Beziehungen zu Deutschland ab 1917 An der Westfront erfolglose Angriffe der Engländer und Franzosen 1917 (6. 4.) USA erklären Deutschland, später auch Österreich, den Krieg; die meisten amerikanischen Staaten sowie China schließen sich an (27. 6.) Griechenland tritt in den Krieg ein (12. 7.) Sturz von Bethmann Hollwegs; Nachfolger zunächst G. Michaelis, der nach unter Vorbehalten angenommener Friedensresolution zurücktritt; Reichskanzler wird Graf Hertling 1917 Krisenhafte Entwicklung in Österreich-Ungarn: Autonomieforderungen der Nationalitäten gefährden den Bestand Österreich-Ungarns; Karl I. und Außenminister Czernin unternehmen Friedensbemühungen bei den Alliierten (ohne Verständigung Deutschlands)	1917 Friedensnote des Papstes an die kriegführenden Mächte 1917 Errichtung einer flämischen Universität in Belgien durch die deutschen Besatzungsbehörden; seit dem Ersten Weltkrieg Intensivierung der Flamenbewegung in Belgien 1917 Meuterei im französischen Heer 1917–1920 Georges Clemenceau französischer Ministerpräsident 1917 Rücktritt des Schweizer Bundespräsidenten wegen eigenmächtiger Friedensvermittlungsversuche 1917 Friedens-Nobelpreis an das Internationale Komitee vom Rote Kreuz in Genf 1917 Konstantin von Griechenlan dankt ab; Alexander I. König; Venizelos Ministerpräsident 1917 Der polnische Politiker Józef Piłsudski von den Deutschen verhaftet (bis Anfang November 191 1917 Im „Königreich Polen“ wird ein Regentschaftsrat unter deutscher Kontrolle geschaffen 1917 Die katalanischen Abgeordneten in den spanischen Cortes fordern Erörterung der Autonomiefrage Kataloniens

Amerika	Asien	Afrika	
	1916–1924 König Hussain von Hedschas, von den Briten unterstützt, sagt sich von der Türkei los 1916 Vollendung der Amurbahn (begonnen 1908) 1916 In Indien vereint sich die Kongreßpartei mit der Moslem-Liga im Befreiungsabkommen von Lucknow 1916 USA erkennen Japans Interessen in der Mandschurei an 1916 Tod Yüans; Auflösung der Zentralregierung; Beginn der Generalsherrschaft und der Bürgerkriege im Norden Chinas	1916 Der italienische Kolonialminister fordert für Italien bei Kriegsende außer Äthiopien Britisch- und Französisch-Somaliland, zwei Provinzen des anglo-ägyptischen Sudan und 2,5 Millionen qkm Hinterland von Libyen bis zum Tschadsee	**1916**
1917 Das „Zimmermann-Telegramm“ (deutscher Versuch, Mexiko gegen die USA zu gewinnen) und Ankündigung des unbeschränkten U-Boot-Kriegs (1. 2.) schneiden die Vermittlungsmöglichkeiten der USA ab 1917 Die US-Truppen verlassen das seit 1914 in Mexiko besetzte Gebiet 1917 Brasilien erklärt Deutschland den Krieg (3. 2.) 1917 (6. 4.) Kriegserklärung der USA an Deutschland 1917 Alle Staaten Amerikas (außer Mexiko, Salvador, Kolumbien, Venezuela und Paraguay) brechen die Beziehungen zu Deutschland ab 1917 Einführung der allgemeinen Wehrpflicht in Kanada	1917 Balfourdeklaration sichert den Juden in Palästina die Errichtung einer nationalen Heimstätte zu 1917 Die Engländer nehmen Bagdad und stellen Verbindung zur russischen Front her; nach Abzug der Russen infolge der Revolution britische Besetzung Teherans und ganz Persiens 1917 Britische Offensive von der Suezkanalfront nach Palästina 1917 Die Türken räumen Jerusalem; die Briten rücken nach 1917 König Rama VI. von Siam erklärt Deutschland den Krieg; siamesisches Expeditionskorps nach Europa	1917 Deutsche Schutztruppe in Deutsch-Ostafrika setzt sich nach Portugiesisch-Ostafrika ab 1917–1936 Achmed Fuad Sultan von Ägypten 1917 Saad Saghlul Pascha begründet in Ägypten die nationalistische Wafdpartei; ihre Ziele: Unabhängigkeit und Abzug der britischen Truppen	**1917**

	Deutschland/Österreich	Europa
1917	1917 Vergebliche Friedensbemühungen des Papstes 1917 „Große Schlacht" in Flandern; erster Großeinsatz von Panzerkampfwagen („Tanks") durch die Engländer bei Cambrai 1917 Durchbruch der italienischen Isonzofront 1917 Besetzung der Inseln Dagö, Moon und Ösel und Ausschaltung der russischen Kriegsflotte 1917 (15. 12.) Waffenstillstand und Beginn von Friedensverhandlungen der Mittelmächte mit Rußland in Brest-Litowsk 1917 Zur See deutsche Erfolge im U-Boot-Handelskrieg; keine entscheidende Störung des Truppen- und Materialnachschubs aus den USA 1917 Begründung der Salzburger Festspiele	1917 Februar-(März-)Revolution und Oktober-(November-)Revolution in Rußland 1917 Finnland löst sich nach der russischen Oktoberrevolution von Rußland; kommunistische Machtergreifungsversuche werden von den „Weißen Garden" (General von Mannerheim) im Zusammenwirken mit deutschen Truppen niedergeschlagen; Schweden lehnt finnisches Hilfegesuch ab (1918) 1917 (11. 12.) Der Litauische Landtag in Wilna proklamiert einen unabhängigen litauischen Staat; soll im Bündnis mit dem Deutschen Reich konstitutionelle Monarchie werden
1918	1918 (9. 2.) Deutschland, Österreich-Ungarn und die Türkei schließen Sonderfrieden („Brotfrieden") mit der Ukraine (3. 3.) Friede zu Brest-Litowsk mit Rußland 1918 Vertreibung der Bolschewiki aus Finnland mit deutscher Hilfe 1918 Deutsches Ferngeschütz beschießt Paris 1918 Beginn deutscher Offensiven an der Westfront (7. 5.) Friede zu Bukarest zwischen den Mittelmächten und Rumänien; Ausnutzung der Ölquellen durch Deutschland zugestanden 1918 (14.–24. 6.) Österreich-ungarischer Angriff an der Piavemündung scheitert 1918 Alliierte Gegenoffensive; Schlacht von Amiens; Rückverlegung der deutschen Westfront 1918 Zusammenbruch der Front in Mazedonien (28. 9.) Oberste Heeresleitung verlangt Waffenstillstandsangebot (3. 10.) Rücktritt Graf Hertlings; Prinz Max von Baden wird Reichskanzler	1918 Neues Wahlgesetz in Großbritannien eröffnet auch Frauen (ab 30 Jahren) das Wahlrecht 1918 Mehrheit in der Luxemburgischen Kammer stimmt für Fortbestand des Großherzogtums; Großherzogin Charlotte regierende Fürstin 1918 Sozialdemokratischer Schweizer „Landesstreik" scheitert am Widerstand des Bürger- und Bauerntums 1918 Einführung des Gregorianischen Kalenders in Rußland 1918–1943 Boris III. Zar von Bulgarien 1918 Unabhängigkeitserklärung der Ukraine in Kiew; die Deutschen besetzen fast die ganze Ukraine 1918 Slowakei wird Bestandteil der Tschechoslowakei 1918 Entstehung Großrumäniens durch Eingliederung der Walachei, der Bukowina und Siebenbürgens 1918 Proklamation der Unabhängigkeit Estlands (nach der Besetzung durch deutsche Truppen) 1918 Litauen erklärt sich zur Republik; Woldemaras bildet erste republikanische Regierung

Amerika	Asien	Afrika	
1917/18 In den USA wird schrittweise die allgemeine Wehrpflicht eingeführt 1917 Die USA intervenieren (erneut) in Kuba 1917 Die Bewohner von Puerto Rico erhalten das US-Bürgerrecht (ohne Wahlrecht zum Kongreß) 1917 Uruguay bricht die diplomatischen Beziehungen zu Deutschland ab	1917 Eintritt Chinas in den Krieg gegen Deutschland 1917 Mandschurisch-monarchistischer Aufstand in Peking gescheitert 1917 Südchinesische Kuomintang-Regierung in Kanton 1917 Holländer lassen auf Java einen Volksrat zur Mitwirkung der Eingeborenen bei der Verwaltung zu		**1917**
1918 USA-Präsident Wilson verkündet sein Friedensprogramm der „14 Punkte" (Selbstbestimmungsrecht der Völker) 1918 Mexiko erklärt die Ölfelder als „unveräußerliches Nationaleigentum"; starke Proteste Großbritanniens und der USA	1918 Die Briten durchbrechen in Palästina die türkische Front bei Jaffa; Damaskus, Beirut und Aleppo werden genommen (Sept./Okt.) 1918–1922 Mehmed VI. (letzter) Sultan der Türkei 1918 (30. 10.) Türken schließen Waffenstillstand von Mudros mit den Alliierten; 1918–1923 die Hauptstadt Istanbul unter alliierter Militärverwaltung 1918 Die Japaner rücken in Sibirien vor 1918 Marxistische Zirkel an der Universität Peking 1918 Chinesischer Versuch der Eroberung Tibets schlägt fehl	1918 Deutsch-Ostafrikanische Schutztruppe marschiert in Rhodesien ein; bei Waffenstillstand freie Rückkehr der Weißen nach Deutschland	**1918**

	Deutschland/Österreich	Europa
1918	(3./4. 10.) Waffenstillstandsangebot Deutschlands auf der Grundlage der „14 Punkte“ an den amerikanischen Präsidenten Woodrow Wilson (4. 10.) Österreich-Ungarn stimmt deutschem Waffenstillstandsangebot zu (17. 10.) Kaiser Karl I. versucht durch Umwandlung Österreich-Ungarns in einen Bundesstaat sein Reich und die Monarchie zu retten 1918 Wilson fordert als Voraussetzung für einen Waffenstillstand die Erfüllung der Selbständigkeitsforderungen der Völker der österreich-ungarischen Monarchie 1918 (20. 10.) Deutschland stellt U-Boot-Handelskrieg auf Verlangen der USA ein 1918 Zusammentritt der deutsch-österreichischen Nationalversammlung in Wien; Revolution in Wien 1918 (26. 10.) Entlassung Ludendorffs (27. 10.) Österreichisches Waffenstillstandsangebot zu den von Wilson verlangten Bedingungen (28. 10.) Proklamation des Tschechoslowakischen Staates (29. 10.) Meuterei auf mehreren Großkampfschiffen der Hochseeflotte in Wilhelmshaven; Übergreifen der Aufstände auf Brunsbüttel, Kiel, Lübeck und Hamburg (29. 10.) Südslawische Völker lösen sich aus dem österreichisch-ungarischen Staatsverband 1918 Italienische Offensive führt zum Sieg von Vittorio Veneto und zur Auflösung der österreichischen Front gegen Italien 1918 In Ungarn selbständige Regierung unter Graf Karolyi 1918 (3. 11.) Waffenstillstand zwischen Österreich-Ungarn und den Alliierten (5. 11.) Amerikanische Note an Deutschland: Waffenstillstand auf der Grundlage der „14 Punkte“ (7. 11.) Revolution in München und Flucht des Königs (8. 11.) Freistaat Bayern ausgerufen; Dynastie Wittelsbach abgesetzt	1918–1920 Bürgerkrieg in Rußland; Aufbau der „Roten Armee“ unter Trotzki als Volkskommissar für Kriegswesen; bewaffnete Intervention der Alliierten 1918 (3. 3.) Frieden von Brest-Litowsk zwischen Deutschland und Rußland; die Deutschen besetzen Baltikum und Ukraine 1918 (10. 7.) Konstituierung der RSFSR (Russische Sozialistische Föderative Sowjetrepublik) 1918 (16. 7.) Nikolaus II. mit seiner Familie in Jekaterinburg erschossen 1918 (14. 10.) Bildung einer provisorischen tschechoslowakischen Regierung in Paris; (28. 10.) Ausrufung der Tschechoslowakischen Republik in Prag; Th. G. Masaryk Präsident der Republik, Benesch Leiter der Außenpolitik 1918 (17. 10.) Unabhängigkeitserklärung Ungarns; (16. 11.) Ausrufung der Republik in Ungarn 1918 (19. 10.) Vereinigung Kroatiens mit Serbien; (26. 11.) Vereinigung mit Montenegro zum „serbisch-kroatisch-slowenischen“ Königreich 1918 (3. 11.) Proklamierung der Polnischen Republik; (11. 11.) General Piłsudski provisorischer Staatspräsident 1918 (11. 11.) Abschluß des Waffenstillstands in Compiègne 1918 (12. 11.) Ausrufung der Republik Österreich; Monarchie zerfiel in selbständige „Nationalstaaten“ 1918 Proklamation einer unabhängigen Republik Lettland 1918 General von Mannerheim wird Staatsoberhaupt in Finnland 1918 Island selbständig, bleibt jedoch in Personalunion mit Dänemark

Oktoberrevolution in Rußland

Anfang März	Streiks in den Munitionsfabriken von Petrograd
10. 3.	Die Arbeiter wählen Deputierte für einen Sowjet(Rat)
11. 3.	Die Unruhen schlagen in Revolution um
12. 3.	Wahl eines Provisorischen Exekutivkomitees des Sowjets; Kerenski Mitglied des Komitees
14. 3.	Moskau schlägt sich auf die Seite der Revolution; Aufruf des Petrograder Sowjets, daß jede militärische Einheit Soldatenräte zu bilden und ihre Offiziere zu wählen habe
15. 3.	Abdankung des Zaren; Thronverzicht zugunsten seines Bruders Michael
16. 3.	Großfürst Michael dankt ab; das Duma-Komitee bildet die erste Provisorische Regierung unter Fürst Lwow; Kerenski Justizminister
16. 4.	Lenin und andere Führer der Bolschewiki treffen in Petrograd ein
17. 4.	Lenin formuliert das revolutionäre Programm: u. a. Sozialisierung der Banken, Kontrolle der Arbeiter über Produktion und Güterverteilung, Aufteilung des Bodens
Mitte Mai	Umbildung des Kabinetts Lwow unter dem Druck des Sowjets; Kerenski übernimmt das Kriegs- und Marineministerium
Mitte Juni	1. Allrussischer Sowjet-Kongreß; 105 Delegierte der Bolschewiki, 285 Sozialrevolutionäre, 248 Menschewiki; der Kongreß erteilt die Zustimmung zu einer neuen militärischen Offensive
Ende Juni	Kerenski befiehlt Brussilow-Offensive in Galizien; schwere Niederlage
16.–18. 7.	Putsch von bolschewistischen Arbeitern und Matrosen (gegen den Willen des Zentralkomitees) scheitert; Lenin zur Flucht nach Finnland gezwungen
21. 7.– 6. 11.	Regierung Kerenski
9.–14. 9.	Kornilow-Putsch mit dem Ziel der Militärdiktatur scheitert
ab 16. 9.	Umgruppierung im Petrograder Sowjet zugunsten der Bolschewiki; Präsident wird Trotzki
27. 9.	Kerenski verkündet offiziell die demokratische Republik
16. 10.	Das Exekutivkomitee des Petrograder Sowjets setzt ein militärrevolutionäres Komitee unter Trotzki ein
23. 10.	Das bolschewistische Zentralkomitee beschließt den Aufstand
7./8. 11.	Sozialrevolutionäre und Menschewiki verlassen den allrussischen Sowjetkongreß; Bolschewiki haben die Mehrheit; Lenin verkündet unter Ovationen den Sieg
8. 11.	Erstürmung des Winterpalais; die Regierung wird verhaftet; Kerenski kann entkommen
8. 11.	Rat der Volkskommissare unter Lenins Vorsitz; Dekret über den Frieden; Dekret über Grund und Boden; die Revolution greift auf ganz Rußland über
20. 12.	Gründung der Tscheka; sie organisiert den Terror gegen sowjetfeindliche Kreise

1918

(8.–11. 11.) Beginn von Waffenstillstandsverhandlungen auf der Basis der Wilsonschen 14 Punkte im Wald von Compiègne (auf deutscher Seite von Matthias Erzberger geleitet); (10. 11.) unfreiwilliger Thronverzicht Wilhelms II.; Rücktritt des Reichskanzlers Prinz Max von Baden; der Sozialdemokrat Friedrich Ebert übernimmt die Regierungsgeschäfte

(9. 11.) Philipp Scheidemann ruft in Berlin die Republik aus; revolutionäre Vorgänge in allen Ländern des Reiches; alle deutschen Fürsten danken ab bzw. werden zur Abdankung gezwungen

(10. 11.) Kaiser Wilhelm II. geht auf Rat Hindenburgs ins Exil nach Holland und dankt später formell ab; in Berlin Bildung einer Regierung unter Vorsitz Friedrich Eberts (Rat der Volksbeauftragten)

(11. 11.) Abschluß des Waffenstillstandes; Bedingungen: Räumung der besetzten Westgebiete, Elsaß-Lothringens und des linken Rheinufers, Auslieferung von 2000 Flugzeugen, Kriegsmaterial und Verkehrsmitteln sowie aller U-Boote, Internierung und Abrüstung der deutschen Hochseeflotte, Rückbeförderung aller Kriegsgefangenen

Kaiser Karl I. von Österreich wird (23. 3. 1919) ins Exil in die Schweiz gebracht

(12. 11.) Ausrufung der „Republik Deutschösterreich"; die Monarchie zerfällt in selbständige „Nationalstaaten"

(13. 11.) Rußland annulliert Frieden von Brest-Litowsk

(14. 11.) Deutsche Schutztruppe in Deutsch-Ostafrika schließt Waffenstillstand

1918 Straßenkämpfe in Berlin

1918 Acht-Stunden-Arbeitstag in Deutschland gesetzlich eingeführt

1918 Physik-Nobelpreis an Max Planck; Chemie-Nobelpreis an Fritz Haber

1918 Oswald Spengler: „Der Untergang des Abendlandes", Bd. I.

1918 Die Polen nehmen Lemberg im Kampf gegen die Ukrainer; Posen wird am 28. 12. besetzt

1918 (2./3. 12.) Geheimbesprechung zwischen Lloyd George und Clemenceau zur Vorbereitung der Friedenskonferenz; Großbritannien soll Mossul erhalten für Zugeständnisse in der französischen Saar- und Rheinpolitik

seit Frühjahr 1918 „Weiße" Truppen nehmen von den Randgebieten her den Kampf gegen die Bolschewiki auf

1918 (April/Mai) Georgien, Armenien und Aserbeidschan erklären ihre Unabhängigkeit; Bildung einer Freiwilligenarmee („Weiße Armee") in Südrußland und an der unteren Wolga unter General Kornilow, dann unter General Denikin; ferner bildet sich ein Donkosakenstaat unter General Krasnow

1918 Die nach Wladiwostok abmarschierenden tschechischen Truppen verbünden sich mit den „Weißen", rücken über den Ural vor und nehmen Kasan (8. 8.)

1918 (Juni) Britische Landung in Murmansk

1918 (August) Britische und französische Truppen landen in Archangelsk

1918 Staatsstreich in der weißrussischen Regierung in Omsk; Admiral Koltschak ernennt sich zum sibirischen Staatsoberhaupt und „Reichsverweser in ganz Rußland"

Internationale Zusammenschlüsse, Friedens- und Hilfsorganisationen

1815	Heilige Allianz, gegründet von Rußland, Österreich und Preußen in Paris; wurde mehr und mehr Werkzeug der Restauration und Reaktion
1864	Rotes Kreuz, gegründet in Genf (Henri Dunant)
1899	Erste Haager Friedenskonferenz
1907	Zweite Haager Friedenskonferenz
1919	Völkerbund, gegründet in Paris, Sitz in Genf, im Zweiten Weltkrieg wirkungslos geworden
1945 (26. 6.)	UN(O), United Nations (Organization), Vereinte Nationen, gegründet in San Francisco, Sitz in New York
	UNESCO, United Nations Educational, Scientific and Cultural Organization, Sitz in Paris
1947 (5. 6.)	Marshall-Plan für den wirtschaftlichen Wiederaufbau Westeuropas
1948 (16. 4.)	OEEC, Organization for European Economic Cooperation, gegründet in Paris; Verteilung der Marshallplangelder und Förderung des Wiederaufbaus
(30. 4.)	OAS, Organization of American States, gegründet in Bogotá
1949 (25. 1.)	COMECON, Council for Mutual Economic Aid, Rat für gegenseitige Wirtschaftshilfe der Ostblockstaaten, gegründet in Warschau
(5. 5.)	Gründung des Europarats, gegründet in London
1951 (18. 4.)	Montan-Union, Europäische Gemeinschaft für Kohle und Stahl, Sitz in Luxemburg
1955 (4. 6.)	Außenminister der Montan-Union planen eine Europäische Wirtschaftsgemeinschaft (EWG) und Atomgemeinschaft (Euratom)
1957 (25. 3.)	EWG, Europäische Wirtschaftsgemeinschaft, begründet durch die Römischen Verträge
(2. 10.)	Rapacki-Plan: Atomwaffenfreie Zone in Mitteleuropa
1960 (4. 1.)	EFTA, European Free Trade Association, Europäische Freihandelszone
(14. 12.)	OECD, Organization for European Cooperation and Development, gegründet in Paris, Nachfolgeorganisation der OEEC
1963 (5. 8.)	Atomteststopp-Abkommen, unterzeichnet in Moskau
1967 (27. 1.)	Abkommen über atomwaffenfreien Weltraum
(27. 1.)	Weltraumvertrag; friedliche Nutzung des Weltraums im Interesse aller Länder
1968 (1. 7.)	Atomwaffensperrvertrag, Verbot der Weitergabe (Nonproliferation) von Atomwaffen
1971 (11. 2.)	Meeresbodenvertrag, Verbot der Anwendung und Lagerung von Kern- und Massenvernichtungswaffen auf dem Meeresboden
1972 (28. 5.)	SALT-Abkommen zwischen USA und UdSSR über Begrenzung strategischer Waffen und Waffensysteme

	Deutschland/Österreich	Europa
1919	1919 (1. 1.) Abschluß des Gründungsparteitages der Kommunistischen Partei Deutschlands (KPD) 1919 Zusammentritt der Siegerstaaten unter Vorsitz des Franzosen Clemenceau zur Friedenskonferenz in Versailles 1919 Nach Abwehr südslawischer Vorstöße gegen Steiermark und Kärnten durch Heimatwehren vorübergehend Waffenstillstand 1919 Innere Unruhen in Deutschland; kommunistische Führer Karl Liebknecht und Rosa Luxemburg in Berlin von Freikorpsangehörigen ermordet (15. 1.) (6. 2.) Eröffnung der Deutschen Nationalversammlung in Weimar; Bildung der Weimarer Koalition aus SPD, Zentrum und Deutscher Demokratischer Partei; Philipp Scheidemann Ministerpräsident; Reichspräsident wird Friedrich Ebert; vorübergehend Räteregierung in München, die durch Reichswehr und Freikorps beseitigt wird; Übergabe der Friedensbedingungen an Deutschland; Rücktritt Scheidemanns; neue Reichsregierung unter Gustav Bauer (SPD) (21. 6.) Selbstversenkung der deutschen Hochseeflotte in Scapa Flow (28. 6.) Unterzeichnung des Versailler Vertrags (Elsaß-Lothringen an Frankreich; Saargebiet für 15 Jahre an Frankreich, dann Abstimmung; Eupen-Malmedy nach Abstimmung [1920] an Belgien; Nordschleswig nach Abstimmung [1920] an Dänemark; Posen und Westpreußen an Polen; Danzig Freie Stadt; Teile Oberschlesiens [1920] an Polen; Hultschiner Ländchen an die Tschechoslowakei; zeitweilige alliierte Besetzung des Rheinlandes; Verbot des Anschlusses Österreichs; Berufsheer von 100000 Mann; Reparationen in unbestimmter Höhe; Anerkennung der alleinigen Schuld am Ausbruch des Krieges durch Deutschland)	1919 Weißruthenische Sowjetrepublik; im Frieden von Riga (1921) mit Polen geteilt 1919 Die Iren konstituieren in Dublin ein illegales Parlament mit de Valera als Präsident; es folgt ein zweijähriger Guerillakrieg der irischen „Republikanischen Armee“ gegen britische Polizei und britische Truppen 1919 (28. 6.) Versailler Vertrag 1919–1927 In Portugal, das nach Erklärung der Republik (1910) in ein Chaos von Aufständen, Revolutionen und Staatsstreichen fiel, werden 208 revolutionäre Aktionen gezählt 1919 Neugründung der „Fasci di Combattimento“ in Mailand 1919 Handstreich d'Annunzios gegen Fiume; der Stadtstaat des nationalistischen Dichter-Regenten hält sich bis Ende 1920 1919 (14. 5.) Griechen landen in Smyrna (Kleinasien) 1919 (27. 11.) Friedensvertrag von Neuilly; Bulgarien wird seiner Kriegsgewinne an der Ägäisküste beraubt; Zar ist Boris III. 1919 Béla Kun errichtet in Ungarn eine Rätediktatur 1919 (4. 8.–14. 11.) Rumänische Besetzung Budapests; Béla Kun flieht 1919 Die Ukraine wird Sowjetrepublik; die Westukraine (Ostgalizien, Wolynien) fällt im Frieden von Riga (1921) an Polen 1919 Lettische und deutsche Truppen erobern Riga von den Bolschewiki zurück 1919–1922 Koalitionskabinett Lloyd Georges in England

Amerika	Asien	Afrika	
1919 Der amerikanische Kongreß lehnt die Ratifizierung des Versailler Vertrags ab 1919 Prohibitionsgesetz in den USA (bis 1933); ab 1920 in Kraft nach 1919 Politik des Isolationismus in den USA; die Republikanische Partei lehnt den Beitritt zum Völkerbund ab 1919–1930 in Peru (nach Staatsstreich) Leguia diktatorisch regierender Präsident (1930 durch Revolution gestürzt) 1919 Neue Verfassung in Uruguay; Trennung von Staat und Kirche; Teilung der Exekutive zwischen Präsident und Nationalem Verwaltungsrat, Streikrecht, Koalitionsfreiheit	1919 Emir Faisal proklamiert die Unabhängigkeit Syriens; die Franzosen, die 1920 das Mandat über Syrien erhalten, vertreiben den König 1919 Franzosen, Italiener und Griechen besetzen große Teile der Rumpftürkei 1919 General Mustafa Kemal Pascha (später Kemal Atatürk) beginnt mit den noch intakten Resten der türkischen Armee die bewaffnete Verteidigung Anatoliens; Ankara wird das politische Zentrum der türkischen Nationalbewegung; Mustafa Kemal geht 1920 zum offenen Angriff auf die französische Besatzung und gegen die aus der Smyrnazone vorrückenden Griechen über 1919 Die am 28.5.1919 errichtete Republik Armenien wird von Mustafa Kemal zur Kapitulation gezwungen; Armenien am 7.12.1919 von Sowjettruppen besetzt 1919 Im Frieden von Rawalpindi gewährt Großbritannien Afghanistan die Souveränität 1919–1929 Emir Aman Ullah von Afghanistan (seit 1925 König) 1919 Der Kongreßführer Mahatma Gandhi proklamiert in Indien den passiven Widerstand und die Politik des „zivilen Ungehorsams“	1919–1924 General Smuts (als Nachfolger Bothas) Premier der Südafrikanischen Union 1919 Die britische Protektoratsregierung in Ägypten stößt auf immer schärferen Widerstand der Wafdbewegung; Generalstreik, Boykott britischer Waren; Saghlul, der Leiter der Wafdbewegung, nach Malta verbannt 1919 Die Südafrikanische Union erhält als Völkerbundsmandat Deutsch-Südwestafrika 1919 Kamerun und Togo kommen als Mandatsgebiete des Völkerbunds teils an Frankreich, teils an Großbritannien 1919 Belgien erwirbt Ruanda und Urundi (Teile von Deutsch-Ostafrika) als Völkerbundsmandat (1926 mit Belgisch-Kongo vereinigt)	**1919**

	Deutschland/Österreich	Europa
1919	(11. 8.) Weimarer Verfassung: Deutsches Reich als Bundesstaat mit verstärkter Reichsgewalt parlamentarisch-demokratische Republik; starke Stellung des Reichspräsidenten; Reichsfarben Schwarz-Rot-Gold 1919 In München gründet A. Drexler die „Deutsche Arbeiter-Partei“ (DAP), die Vorläuferin der NSDAP, der im gleichen Jahr Adolf Hitler beitritt 1919 Österreichische Nationalversammlung; ihr Präsident Karl Seitz wird provisorisches Staatsoberhaupt, Karl Renner Staatskanzler; Enteignung und Ausweisung der Habsburger (10. 9.) Friedensvertrag zu St. Germain zwischen Alliierten und Österreich; Bedingungen u. a.: Auflösung Österreich-Ungarns; Anerkennung der „Nachfolgestaaten“, verbunden mit Abtretung Böhmens und Mährens an die Tschechoslowakei, Südtirols, Istriens, Triests, einiger Gebiete Dalmatiens, Kärntens und Krains an Italien; Verbot des Anschlusses an das Deutsche Reich; Verzicht auf die Bezeichnung „Deutsch-Österreich“; Berufsheer von 30000 Mann 1919 Physik-Nobelpreis an Johannes Stark 1919 Tod des deutschen Naturforschers Ernst Haeckel; Erweiterung der Darwinschen Lehre durch Einbeziehung des Menschen	1919 (10. 9.) Friede von Saint-Germain; Verbot des Anschlusses Österreichs an Deutschland durch die Siegermächte; der Name „Deutsch-Österreich“ muß aufgegeben werden 1919 Die finnische Republik verfassungsmäßig konsolidiert 1919 Gründung der „Komintern“ (Kommunistische Internationale) 1919/20 Scheitern der „weißen“ Gegenrevolution (unter Koltschak) und der Intervention der Alliierten in Rußland 1919 Curzon-Linie als polnische Ostgrenze durch die Alliierten festgelegt 1919 Genf wird Sitz des Völkerbundes 1919 Gründung des Internationalen Arbeitsamtes in Genf
1920	1920 Versailler Vertrag tritt in Kraft; USA verweigern Ratifizierung 1920 Regierungsgewalt im oberschlesischen Abstimmungsgebiet von internationaler Kommission unter französischem Vorsitz übernommen 1920 Memelgebiet erhält eigenen Staatsrat und französischen Präfekten 1920 Neue Verfassung in Österreich (Hans Kelsen)	1920 (10. 8.) Friedensvertrag von Sèvres; Griechenland erhält Thrakien und Smyrna zugestanden 1920 Fridtjof Nansen beginnt mit der Kriegsgefangenenarbeit 1920 Lloyd Georges Home-rule-Bill wird von der Sinn-Fein-Bewegung als Zweiteilung Irlands abgelehnt 1920 Reparationsverteilungskonferenz in Spa (Belgien) 1920 Wiederaufnahme der diplomatischen Beziehungen zwischen Frankreich und dem Vatikan

Amerika	Asien	Afrika	
	1919 Blutbad von Amritsar (Indien); britische Truppen feuern in eine demonstrierende Menge; die angekündigte Verfassung wird als unzureichend abgelehnt 1919 Versailler Vertrag benachteiligt China gegenüber Japan 1919 Aufstand in Korea wird von den Japanern niedergeworfen 1919 Japan wird Mandatarmacht der ehemals deutschen Südseekolonien; Kiautschou soll „später" an China zurückgegeben werden 1919 Antijapanische Studentendemonstrationen in China; literarische Revolution 1919 Die nach dem Weltkrieg von Holland in den ostindischen Kolonien zugelassenen politischen Parteien werden später nach Aufständen und Meutereien in ihrer Bewegungsfreiheit wieder eingeschränkt (seit 1935)	1919 Forderung der sogenannten „Jung-Algerier" nach Unabhängigkeit Algeriens an die Friedenskonferenz in Versailles	**1919**
1920 Kanada wird Mitglied des Völkerbunds 1920 Ende des mexikanischen Bürgerkriegs (seit 1911)	1920–1948 Britische Mandatsregierung in Palästina 1920 Palästina erhält eine Verfassung 1920 Britisches Mandat über den Irak 1920 Französisches Mandat über Syrien und Libanon 1920 An der persisch-sowjetischen Grenze bewaffnete Auseinandersetzungen	1920 In Ägypten Forderung nach Unabhängigkeit des Landes von Großbritannien	**1920**

	Deutschland/Österreich	Europa
1920	1920 Abstimmung in der 1. Zone in Nordschleswig (75% der Stimmen für Dänemark) 1920 Kapp-Putsch rechtsstehender Kräfte in Berlin; Regierung flüchtet nach Stuttgart; Generalstreik in Berlin; kommunistischer Aufruhr in Sachsen; Abstimmung in der 2. Zone in Schleswig (80% der Stimmen für Deutschland); kommunistischer Aufstand im Ruhrgebiet von der Reichswehr niedergeschlagen; Franzosen besetzen den Maingau; nach Rücktritt Bauers neue Regierung unter Hermann Müller (SPD); Fortbestehen der „Weimarer Koalition" (Sozialdemokraten, Demokraten, Zentrum); Reichstagswahlen; Reichskanzler Fehrenbach (Zentrum) bildet neue Regierung (mit Deutscher Volkspartei, ohne SPD); Abstimmung in Ost- und Westpreußen (deutsche Mehrheiten); Eupen und Malmedy (über 80% Deutsche) an Belgien 1920 Neue Verfassung in Österreich; nach Nationalratswahlen in Österreich wird Michael Hainisch (parteilos) erster Bundespräsident; Bundeskanzler Michael Mayr bildet Koalitionsregierung; Österreich Mitglied des Völkerbundes 1920 Volksabstimmung in Südkärnten für Österreich entschieden 1920 Verkündung des Parteiprogramms der DAP, die in „National-Sozialistische Deutsche Arbeiterpartei" (NSDAP) umbenannt wird 1920 Chemie-Nobelpreis an Walther Nernst	1920 Belgisch-französische Militärkonvention 1920 Parlamentswahlen in der Tschechoslowakei; Masaryk Staatspräsident 1920 Eintritt der Schweiz in den Völkerbund (8. 3.) 1920–1922 Konstantin I. (zurückgerufen) wieder König von Griechenland 1920 Albanische Nationalversammlung von Lushnija erklärt Tirana zur Hauptstadt 1920 Bündnis Jugoslawiens mit der Tschechoslowakei und mit Rumänien (1921) wird der Grundstein der „Kleinen Entente" 1920 Anerkennung des Anschlusses Bessarabiens an Rumänien durch die Siegermächte 1920 (4. 6.) Friede von Trianon; Ungarn verliert mehr als die Hälfte seines Staatsgebiets (Slowakei, Teile des Burgenlandes, Kroatien, Slawonien, Siebenbürgen, Banat) 1920 Nikolaus von Horthy von der Nationalversammlung zum Reichsverweser Ungarns gewählt 1920 Krieg Polens gegen die Sowjetunion, da Piłsudski als Ostgrenze Polens „die Grenzen von 1772" verlangt; die Rote Armee kann mit französischer Hilfe vor Warschau aufgehalten werden 1920–1927 Wilnakonflikt Litauens mit Polen 1920 Die Sowjetunion erkennt in drei Verträgen die Selbständigkeit Estlands, Litauens und Lettlands an 1920 Dorpater Frieden Finnlands mit der Sowjetunion
1921	1921 Alliierte Truppen besetzen Düsseldorf, Duisburg und Ruhrort, später auch Mülheim und Oberhausen; Kommunistenaufstände in Mitteldeutschland und Hamburg; Abstimmung in Oberschlesien (62% für Deutschland); Teile des Industriegebietes werden Polen zugesprochen; Kämpfe deutscher Freikorps; Josef Wirth bildet neues Reichskabinett der „Weimarer Koalition"	1921 Irland (Dublin) erhält dominionähnlichen Status; Nordirland bleibt bei England 1921 Frankreich schließt Bündnis und Handelsvertrag mit Polen

Amerika	Asien	Afrika	
nach 1920 Zeitkritik der „Verlorenen Generation“ in den USA; Theodore Dreiser: „Amerikanische Tragödie“; Beginn des Sport- und Jazz-Zeitalters (Gershwin); erster amerikanischer Rundfunksender; Film als Massenunterhaltung (Hollywood) seit 1920 Frauenwahlrecht in den USA	1920 Frieden von Sèvres; harte Friedensbedingungen für die Türkei, u. a. Errichtung eines autonomen Armeniens und Kurdistans, Internationalisierung der Meerengen 1920 Die unabhängige Nationalversammlung von Ankara wählt Mustafa Kemal zum Präsidenten; machtvolle Nebenregierung neben der von den Alliierten abhängigen Regierung von Istanbul 1920–1926 Bürgerkrieg in Nordchina 1920 Der indische Nationalkongreß in Kalkutta verabschiedet Gandhis Plan einer Kampagne des passiven Widerstands (Nicht-Zusammenarbeit und ziviler Ungehorsam) 1920 Tibet schließt Waffenstillstand mit China; Normalisierung der Beziehungen	1920 In Tunesien Gründung der liberalen Destour-Partei; Forderung nach Beteiligung der Tunesier an einer Gesetzgebenden Versammlung, Berufung von Einheimischen in Regierungsämter, Presse- und Koalitionsfreiheit	**1920**
	1921 Die türkische Nationalversammlung in Ankara unter Mustafa Kemal proklamiert eine Verfassung; die Türkei auf dem Weg zum modernen Nationalstaat; Ausweisung der Griechen aus Anatolien	1921 In Marokko Aufstand der Rifkabylen unter Abd el-Krim gegen Frankreich und Spanien (bis 1926) 1921 Italien hat das vorübergehend selbständige Tripolitanien wieder fest in der Hand	**1921**

	Deutschland/Österreich	Europa
1921	1921 Deutschland erkennt die Reparationsforderung von 132 Milliarden Goldmark an; Inflation in Deutschland; Ermordung des Zentrumspolitikers Matthias Erzberger durch Rechtsradikale 1921 Separatfrieden der USA mit Deutschland und Österreich 1921 Putsch ungarischer Freischärler im Burgenland; Ödenburg fällt nach manipulierter Abstimmung an Ungarn 1921 Johannes Schober bildet österreichische Regierung aus Christlich-Sozialen und Großdeutschen 1921 Zweimaliger Rückkehrversuch Ex-Königs Karl I. (Ex-Kaiser Karl I. von Österreich) nach Ungarn scheitert 1921 Adolf Hitler wird 1. Vorsitzender der NSDAP 1921 Physik-Nobelpreis an Albert Einstein 1921 Ernst Kretschmer: „Körperbau und Charakter"	1921–1934 Alexander I. König von Jugoslawien; Versuch zur Schaffung eines Einheitsstaats der Serben, Kroaten, Bosnier und Slowenen (seit 1929 Jugoslawien) 1921 Zwei Restaurationsversuche König Karls in Ungarn scheitern; König Karl an die Engländer ausgeliefert 1921 Liechtenstein durch Vertrag an das Postnetz der Schweiz angeschlossen, behält jedoch eigene Briefmarken 1921 Bündnis zwischen Polen und Rumänien 1921 Friede von Riga (Polen–UdSSR); weißrussische und ukrainische Gebiete kommen an Polen nach polnischem Sieg über die Rote Armee 1921 Nach einer Auseinandersetzung mit Schweden erhält Finnland aufgrund eines Völkerbunds-Schiedspruchs die Ålandsinseln 1921 (27. 2.–17. 3.) Niederschlagung eines Aufstandes der Kronstädter Matrosen (Rußland) 1921 „Kriegskommunismus" in Rußland; Mißernte und Hungerkatastrophe; Verkündung der „Neuen ökonomischen Politik" (NEP); nur die Grundindustrien werden sozialisiert 1921 Fridtjof Nansen leitet die Hilfsorganisation gegen den Hunger in Rußland 1921 Gründung des PEN-Clubs in London
1922	1922 Deutsch-russischer Vertrag von Rapallo (16. 4. diplomatische Beziehungen, Verzicht auf Reparationen, wirtschaftliche Zusammenarbeit); Ermordung des Außenministers Walther Rathenau in Berlin durch antisemitische Rechtsradikale; fortschreitende Inflation in Deutschland; Reichsregierung unter Wilhelm Cuno versucht Behebung der Zahlungsschwierigkeiten	1922 Spaltung der irischen Nationalisten in eine radikale und eine gemäßigte Partei 1922 Proklamation des Freistaates Irland; Abzug der britischen Truppen 1922 Weltwirtschaftskonferenz in Genua; das französische Kabinett Poincaré widersetzt sich der Aufwerfung des Reparations- und Entwaffnungsproblems 1922 Der Faschismus in Italien setzt sich systematisch in mehreren Provinzen durch (Fiume, Bologna, Mailand, Südtirol); der Versuch

Amerika	Asien	Afrika	
1921–1923 Warren G. Harding Präsident der USA (Republikamer, Gegner des Beitritts der USA zum Völkerbund) 1921 Sonderfrieden der USA mit Deutschland und mit Österreich 1921/22 Abrüstungskonferenz (Neunmächtekonferenz in Washington (u. a. Verwendung von Giftgas völkerrechtlich untersagt); im Vordergrund steht das Problem der Verminderung der Seestreitkräfte; Abkommen zwischen USA, Frankreich, England und Japan über die Inselbesitzungen im Pazifik	1921 Anerkennung der UdSSR durch die Türkei 1921 Unruhen in Syrien von französischen Truppen unterdrückt 1921 König Feisal I., Sohn König Hussains des Hedjas, zum König des Irak gekrönt 1921 Staatsstreich des Befehlshabers der persischen Kosakenbrigade Riza Pahlewi im Iran; auf Grund eines Vertrags mit der Sowjetunion müssen britische Truppen das Land räumen 1921 Gründung der KPC (Kommunistische Partei Chinas) und der Arbeitergewerkschaft in Schanghai; Sun Yat-sen bildet in Schanghai Kuomintang- (Nationale Partei) Regierung als „Regierung der Republik des Südens“ 1921 China schließt Sonderfrieden mit Deutschland 1921 Bildung der provisorischen mongolischen Volksregierung 1921/22 Schwere Wirtschaftskrise in Japan	1921 Niederlage der gegen Abd el-Krim in Marokko eingesetzten spanischen Truppen	**1921**
1922 Washingtoner Abrüstungskonferenz (Abkommen zwischen USA, Großbritannien, Japan, Frankreich, Italien über die Flottenstärke unterzeichnet) 1922 Regierung Mackenzie King (liberal) in Kanada	1922 In China Beschluß der Kuomintang und KPC, zusammenzuarbeiten 1922 Neunmächtevertrag über territoriale Integrität Chinas; Japan räumt Schantung	1922 Abschaffung des britischen Protektorats über Ägypten; weiterhin Rechte Großbritanniens am Suezkanal, im anglo-ägyptischen Sudan und in der Verwaltung 1922 Mehr als 20000 Bergarbeiter in den Goldminen Südafrikas streiken für soziale Verbesserungen; Rassenfrage gewinnt an Bedeutung	**1922**

	Deutschland/Österreich	Europa
1922	1922 Neue Regierung unter Bundeskanzler Ignaz Seipel in Österreich; Genfer Protokolle: Österreichs Unabhängigkeit wird garantiert; Finanzhilfe unter Völkerbundskontrolle 1922 Medizin-Nobelpreis (zur Hälfte) an Otto Meyerhof 1922–1924 Wirtschaft und Finanzen in Österreich stabiler	eines sozialistischen Generalstreiks bricht zusammen 1922 (27. 10.) Benito Mussolinis „Marsch auf Rom"; Viktor Emanuel überträgt dem „Duce" die Regierungsgewalt (25. 11.) Mussolini erhält durch ein Ermächtigungsgesetz freie Hand 1922–1939 Papst Pius XI. 1922 Rapallo-Vertrag zwischen Deutschland und der Sowjetunion; außenpolitische Isolierung der UdSSR zum erstenmal durchbrochen (bis 1925 nehmen 22 Staaten die diplomatischen Beziehungen mit der UdSSR auf) 1922–1933 Zusammenarbeit zwischen der Roten Armee und der Reichswehr 1922 „Union der Sozialistischen Sowjetrepubliken" (UdSSR) Bezeichnung des Sowjetstaates 1922 Einführung des Nansen-Passes für Flüchtlinge 1922 Nach Abdankung König Konstantins I. Georg II. König von Griechenland (–1924 und 1935 bis 1947) 1922–1931 Kabinett des Grafen Bethlen in Ungarn; restaurative Politik 1922 Griechenland verliert den Krieg gegen die Türkei, räumt Westkleinasien und Ostthrakien
1923	1923 Französische und belgische Truppen besetzen das Ruhrgebiet; passiver deutscher Widerstand; Erschießung des deutschen Freischärlers A. L. Schlageter durch Franzosen; die Inflation erreicht ihren Höhepunkt; Reichsregierung (Deutsche Volkspartei, Demokraten, Zentrum), unter Gustav Stresemann (DVP) gibt passiven Widerstand gegen Ruhrbesetzung auf; partikularistische Bestrebungen in Bayern; Putschversuch Hitlers (9. 11.) in München wird von bayerischer Regierung niedergeschlagen; Rücktritt Stresemanns als Reichskanzler; Stresemann Außenminister im Kabinett Wilhelm Marx (Zentrum); Stabilisierung der Währung; Ein-	1923 Franzosen und Belgier besetzen des Ruhrgebiet; zunächst passiver Widerstand; nach Aufgabe des deutschen Widerstandes Vorbereitung des „Dawes-Plans" 1923–1930 Militärdiktatur in Spanien unter Primo de Rivera; 1925 in eine Zivildiktatur umgewandelt; wirtschaftliche und finanzielle Gesundung Spaniens 1923 Beschießung und Besetzung Korfus durch die Italiener; erster außenpolitischer Vorstoß Mussolinis; nach energischem Protest Londons wird die Insel wieder geräumt

Amerika	Asien	Afrika	
	1922 Viermächte-Abkommen (USA, Großbritannien, Japan, Frankreich) über Garantie der Inselbesitzungen im Pazifik (Konferenz von Washington) 1922 Die Türken vertreiben die Griechen aus Anatolien; Franzosen räumen Kilikien; Absetzung des letzten osmanischen Sultans Mehmed VI. durch die Nationalversammlung in Ankara 1922 In Indien Verhaftung Mahatma Gandhis; Kampagne des passiven Widerstands abgebrochen, da Gandhi revolutionäre Ausschreitungen fürchtet	1922–1936 Fuad I. König von Ägypten 1922 Der Engländer Howard Carter findet das unversehrte, reich ausgestattete Grab des ägyptischen Pharaos Tutanchamun	**1922**
1923–1929 Calvin Coolidge Präsident der USA; trotz Festhalten an der Isolationspolitik durch Dawes- und Young-Plan Annäherung an die europäische Politik	1923–1938 Mustafa Kemal erster Präsident der türkischen Republik; Hauptstadt Ankara 1923 Abschluß des türkisch-griechischen Friedensabkommens von Lausanne (Anerkennung der Türkei durch die Entente, Meerengenabkommen)	1923 Äthiopien im Völkerbund 1923 Erster großer Wahlsieg der antibritischen Wafd-Partei in Ägypten 1923 Verlustreiche Auseinandersetzungen der Spanier mit den Rifkabylen in Marokko 1923 Tanger-Konvention; Neutralisierung der Tanger-Zone	**1923**

	Deutschland/Österreich	Europa
1923	führung der Rentenmark; Ende der Inflation; Verbot der NSDAP und KPD 1923 Innenpolitische Gegensätze in Österreich: Gründung der militanten „Heimwehren" (rechtsgerichtet) und des „Republikanischen Schutzbunds" (sozialistisch) 1923 Italienisierungspolitik in Südtirol 1923 Chemie-Nobelpreis an Fritz Pregl 1923 Erste Rundfunk-Unterhaltungssendung in Berlin 1923 Theoretische Grundlagen der Weltraumfahrt durch Hermann Oberth	1923 Vertrag von Lausanne; Regelung des Bevölkerungsaustauschs zwischen der Türkei und Griechenland (400000 Türken gegen 1,7 Millionen Griechen ausgetauscht); Meerengen entmilitarisiert und einer internationalen Kommission unterstellt 1923 Gründung der Pan-Europabewegung durch Nikolaus von Coudenhove-Kalergi; Bestrebung eines föderativen Zusammenschlusses der europäischen Staaten 1923 Annexion des Memellandes durch Litauen
1924	1924 Dawes-Plan zur Regelung der deutschen Reparationszahlungen; Einführung der Reichsmark; Beginn des wirtschaftlichen Aufstiegs; Rücktritt der Regierung Marx; Adolf Hitler in Festungshaft („Mein Kampf"); Neugründung der NSDAP; Memelgebiet autonom unter litauischer Staatshoheit 1924 Nach Rücktritt Seipels (durch Attentat schwer verletzt) neue österreichische Regierung unter Rudolf Ramek 1924 Thomas Mann: „Der Zauberberg"	1924 Zollunion Schweiz-Liechtenstein 1924 Eleutherios Venizelos proklamiert die Hellenische Republik (König Georg II. geht ins Exil) 1924 Jugoslawien willigt in die Abtretung Fiumes an Italien ein 1924 Kommunistischer Putschversuch in Estland scheitert 1924 Großbritannien, Frankreich, Italien erkennen die UdSSR an 1924 Französisch-tschechoslowakischer Freundschafts- und Bündnisvertrag erneuert 1924 Tod Lenins; im Kampf um die Nachfolge zwischen Trotzkij und Stalin wird Trotzkij nach und nach aus allen Ämtern verdrängt 1924 Gründung der Autonomen Sozialistischen Sowjetrepublik der Wolgadeutschen (nach dem deutschen Angriff auf die Sowjetunion 1941 aufgelöst) 1924 Petrograd wird in Leningrad umbenannt 1924 Premiere des S. Eisenstein-Films „Streik"
1925	1925 Hans Luther bildet Koalitionsregierung (erstmalig unter Einschluß der Deutschnationalen); Hindenburg zum Reichspräsidenten gewählt; Ruhrgebiet, Düsseldorf, Duisburg, Mülheim und Oberhausen von Besatzungstruppen geräumt;	1925–1930 Locarno-Ära (Stresemann, Briand, Chamberlain); Briand französischer Außenminister (bis 1932); allmähliche Räumung der besetzten deutschen Gebiete

Amerika	Asien	Afrika	
	1923 Stärkung der Kuomintang in China unter Sun Yat-sen; sowjetische Hilfe (Borodin, Blücher) bei der Ausbildung der südchinesischen Armee		**1923**
1924 In den USA Gesetze zur Erschwerung der Einwanderung, vor allem von Asiaten (Japaner, Chinesen) 1924 Durch den US-Amerikaner Charles G. Dawes initiiertes Abkommen (Dawes-Plan) in London unterzeichnet; deutsche Reparationen werden von der Zahlungsfähigkeit Deutschlands abhängig gemacht	1924 Der Wahabitenherrscher Ibn Saud erobert das Königreich Hedjas (mit Mekka) 1924 Äußere Mongolei wird autonome Volksrepublik nach sowjetischem Muster 1924 Sun Yat-sen veröffentlicht seine „Drei Grundsätze der Volksherrschaft" 1924 Tschiang Kaischek Präsident in China 1924 Der Irak erhält eine Verfassung	1924 General J. Hertzog südafrikanischer Ministerpräsident (bis 1939) 1924 Saghlul Pascha Ministerpräsident in Ägypten 1924 Ermordung des britischen Oberkommandierenden in Ägypten; König löst Parlament auf 1924 Weitere spanische Niederlagen in Marokko	**1924**
	1925/26 Großer Drusen-Aufstand in Syrien gegen die Franzosen; erst nach zweimaliger Beschießung von Damaskus niedergeschlagen	1925 Der zunächst nur Spanisch-Marokko erfassende Aufstand der Rifkabylen greift auf den französischen Teil des Landes über	**1925**

	Deutschland/Österreich	Europa
1925	Locarno-Vertrag: Deutschland verzichtet auf Elsaß-Lothringen, erkennt die Westgrenze an; Verzicht auf gewaltsame Änderung der Ostgrenze; Schiedsabkommen mit Frankreich, Belgien, Polen und Tschechoslowakei; Deutschnationale treten aus der Regierung aus; Streit mit Polen um die Grenzlinie für den Postverkehr und Beschlagnahmung der Westerplatte durch Polen 1925 Physik-Nobelpreis an James Franck und Gustav Hertz 1925 Gründung des „Bauhauses" in Dessau durch Walter Gropius 1925 Werner Heisenberg, Max Born und Pascual Jordan entwickeln die Quantenmechanik 1925 Schilling-Währung in Österreich	1925 Nichtangriffspakt zwischen der UdSSR und der Türkei; 1945 von der UdSSR aufgekündigt 1925 Zypern wird britische Kronkolonie 1925 Unruhen in Bulgarien unter König Boris III.; trotzdem erfolgreicher Wiederaufbau des Landes 1925 Norwegens Hauptstadt Christiania wieder in Oslo umbenannt 1925 Abzug der französischen Besatzung aus Luxemburg 1925/26 Erweiterung der innenpolitischen Machtbefugnisse des Faschismus in Italien; Ausschaltung der Opposition
1926	1926 Deutsch-sowjetischer Freundschafts- und Neutralitätsvertrag; Rücktritt Luthers, Marx Reichskanzler; Deutschland Mitglied des Völkerbunds; Entlassung H. v. Seeckts 1926 Völkerbund hebt Finanzkontrolle Österreichs auf; neue österreichische Regierung unter Seipel 1926 Friedens-Nobelpreis (zur Hälfte) an Gustav Stresemann 1926 Gründung der Deutschen Lufthansa 1926 Tibet-Expedition Wilhelm Filchners 1926 Erwin Schrödinger begründet die Wellenmechanik	1926 Erster Pan-Europakongreß unter dem Ehrenvorsitz Aristide Briands 1926 Gründung der radikalen irischen Partei „Fianna Fail" durch Valera 1926 Erster Generalstreik in Großbritannien 1926 Errichtung einer Militärdiktatur in Portugal durch General Carmona nach einem Staatsstreich von Generalen 1926 Mussolini nennt sich „Duce del Fascismo"; absolute Vollmacht für den Diktator durch Gesetz legalisiert 1926 Militärpakt von Tirana zwischen Italien und Albanien 1926 Staatsstreich und Diktatur Josef Piłsudskis in Polen 1926–1929 In Litauen Diktatur Woldemaras 1926 Freundschafts- und Neutralitätsvertrag zwischen Deutschland und der UdSSR 1926 Tod des impressionistischen Malers Claude Monet 1926 Friedens-Nobelpreis zur Hälfte an A. Briand; Chemie-Nobelpreis an R. Zsigmondy

Amerika	Asien	Afrika	
	1925 Das Erdölgebiet von Mossul wird vom Völkerbund dem Königreich Irak zugesprochen 1925–1941 Riza Khan (Pahlewi) persischer Schah nach Absetzung der seit 1748 in Persien regierenden Kadscharen-Dynastie 1925 Japan erkennt die UdSSR an und gibt Nordsachalin zurück 1925 Allgemeines Männerwahlrecht in Japan 1925 Tod Sun Yatsens; Mao Tse-tung organisiert die chinesischen Bauern in Honan seit 1925 Pandit Nehru Führer der Kongreßpartei in Indien	1925 Abhängigkeit der liberianischen Wirtschaft von den USA durch Pachtabkommen mit der Firestone Gummigesellschaft zur Anlage von Gummipflanzungen	**1925**
1926 Auf der Empire-Konferenz wird Kanada größere Selbständigkeit eingeräumt 1926 Brasilien tritt aus dem Völkerbund aus 1926 Der US-Amerikaner Richard E. Byrd überfliegt nach eigenen Angaben als erster den Nordpol	1926 Nach Einnahme von Mekka (1924) und Medina (1925) proklamiert sich Ibn Saud zum König des Hedjas 1926 London verspricht dem Irak die Unabhängigkeit 1926 Hirohito Kaiser von Japan (war bereits seit 1921 Regent) 1926 Beginn der „Nordexpedition“ Tschiang Kaischeks gegen die Generäle; Nationalregierung von Kanton nach Wu-han verlegt; Koalition der KMT mit der KPC 1926 Singapur wird als britische Flottenstation ausgebaut 1926/27 Großer Aufstand in Java	1926 Kapitulation Abd el-Krims vor Marschall Pétain und dem spanischen General Primo de Rivera; Abd el-Krim deportiert 1926 Protest Abessiniens beim Völkerbund gegen geplante Aufteilung in britische und italienische Einflußbereiche 1926 Südafrikanische Union fordert völlige Freiheit und Unabhängigkeit	**1926**

	Deutschland/Österreich	Europa
1927	1927 Reichskanzler Marx (Zentrumspolitiker) bildet neue Regierung mit Deutschnationalen 1927 Beitritt Deutschlands zum Internationalen Schiedsgerichtshof in Den Haag 1927 Arbeitslosenversicherung durch Reichsgesetz eingeführt 1927 Unterdrückung eines sozialistischen Aufstands in Wien 1927 Friedens-Nobelpreis (zur Hälfte) an Ludwig Quidde; Medizin-Nobelpreis an Julius Wagner-Jauregg (Österreich); Chemie-Nobelpreis an Heinrich Wieland 1927 Erste öffentliche Bildtelegraphenlinie Berlin–Wien	1927 Freundschaftsvertrag zwischen Ungarn und Italien 1927 Die ersten „Säuberungen" in der KPdSU; Trotzkij, Sinowjew und Kamenew werden aus der KPdSU ausgeschlossen 1927 Attentate auf Mussolini und auf Viktor Emmanuel III. von Italien 1927 Gründung einer faschistischen Organisation in Rumänien („Eiserne Garde") 1927 Parteitag der KPdSU beschließt ersten Fünfjahresplan 1927 Nach dem Tod Ferdinands I. Bildung einer Regentschaft für den sechsjährigen König Michael 1927 Bündnis Jugoslawiens mit Frankreich
1928	1928 Neue Regierung unter Hermann Müller; Stresemann bleibt Außenminister; Kellogg-Briand-Pakt (Kriegsächtungspakt) durch Stresemann unterzeichnet (27. 8.) 1928 Wilhelm Miklas österreichischer Bundespräsident 1928 Erste Atlantik-Überquerung in Ost-West-Richtung im Flugzeug durch H. Köhl, G. v. Hünefeld und den Iren J. C. Fitzmaurice 1928 Indienststellung des Luftschiffs „Graf Zeppelin" 1928 Versuche mit Opel-Raketenkraftwagen 1928 Chemie-Nobelpreis an Adolf Windaus 1928 Erfindung des Elektronenzählrohrs (Geiger-Müller-Zähler) 1928 Erste Vorführung des drahtlosen Fernsehens mit Nipkow-Scheibe in Berlin 1928 Brecht/Weill: „Dreigroschenoper"	1928 Der faschistische Großrat wird in die Verfassung Italiens eingebaut 1928 In Portugal wird General Carmona von einer Nationalversammlung zum Präsidenten gewählt 1928 Faktische Auflösung des italienischen Parlaments durch ein „Wahlrechtsgesetz" 1928 In England 5. Reform Bill; gibt ein neues Wahlrecht, das die Frauen den Männern gleichstellt (Senkung des Wahlalters) 1928 Achmed Zogu nennt sich König Zogu I. von Albanien 1928–1932 Eleutherios Venizelos griechischer Ministerpräsident

Amerika	Asien	Afrika	
1927 Charles Lindbergh überfliegt im Alleinflug als erster den Atlantik von New York nach Paris 1927 Militärische Intervention der USA in Nicaragua zur Unterstützung von Präsident Diaz, Präsidentenwahl (1928) unter dem Schutz amerikanischer Truppen	1927 Niederschlagung des Aufstands auf Java durch die niederländische Kolonialmacht; Gründung der Nationalpartei Indonesiens durch Sukarno; Forderung nach Unabhängigkeit 1927 Der Irak wird von Großbritannien als unabhängiger Staat anerkannt, bleibt jedoch im Mandatsverhältnis 1927 Besetzung Schantungs durch die Japaner 1927 Vernichtungsschlag Tschiang Kaischeks gegen Kommunisten und Arbeiterbewegung in China; Tausende von Kommunisten hingerichtet; Notstandskonferenz der KPC; erste Räteregierungen	1927 Mohammed ben Jussuf auf dem marokkanischen Thron (seit 1930 als König Mohammed V.); Verbindung mit den „Jung-Marokkanern“ (Nationalbewegung der jungen Intelligenz)	**1927**
1928 Ausbruch des Chaco-Konflikts zwischen Bolivien und Paraguay; Wunsch Boliviens nach einem Zugang zum Meer über den Paraguay-Fluß 1928 Pan-Amerikanischer Kongreß in Havanna (Cuba) beschließt Nichtangriffs-Resolution 1928 Der USA-Außenminister Kellogg setzt den „Kellogg-Pakt“, einen Kriegsächtungspakt, durch, von den Großmächten und den britischen Dominions unterschrieben	1928 Tschiang erobert Peking; Ende der Generalsherrschaft; Li Li-san propagiert offenen Kampf der Kommunistischen Partei gegen die Kuomintang (KMT); Mandschurei schließt sich der KMT an; Hauptstadt ist Nanking 1928 Aufstand der konservativen Kräfte in Afghanistan während einer Europareise König Aman Ullahs; Aman Ullah muß 1929 abdanken und ins Ausland fliehen 1928 Verfassungsentwurf Nehrus für ein selbständiges Indien im Rahmen des Britischen Empire	1928 Ägyptisch-britische Krise; der Wafd-Führer und Ministerpräsident Nahas Pascha muß wieder entlassen werden; Auflösung des ägyptischen Parlaments 1928 Ras Tafari Makonnen (späterer Kaiser Haile Selassie) wird König (Negus) von Abessinien	**1928**

	Deutschland/Österreich	Europa
1929	1929 Dawes-Plan durch Young-Plan ersetzt, der Höhe und Frist der Reparationszahlungen (34,5 Milliarden bis 1988) regelt; Tod Stresemanns; Kurssturz an der New Yorker Börse („Schwarzer Freitag"); Weltwirtschaftskrise; Anstieg der Arbeitslosenzahl 1929 Österreich Präsidialrepublik 1929 Luftschiff „Graf Zeppelin" umfährt die Erde 1929 Literatur-Nobelpreis an Thomas Mann 1929 Dornier-Großflugboot „Do X" (169 Passagiere) 1929 Junkers konstruiert Diesel-Flugzeugmotor 1929 Herzkatheterisierung (Werner Forßmann) 1929 Reindarstellung des Follikel-Hormons durch Adolf Butenandt 1929 Hermann Oberth: „Wege zur Raumschiffahrt" 1929 Ludwig Klages: „Der Geist als Widersacher der Seele"	1929 Lateranverträge und Konkordat zwischen dem Vatikan und dem italienischen faschistischen Staat 1929 Kriegsminister in Frankreich André Maginot; regt den Bau der Maginot-Linie an der deutsch-französischen Grenze an 1929 Staatsstreich König Alexanders von Jugoslawien, Militärdiktatur; „Jugoslawien" wird offizielle Staatsbezeichnung 1929 Beginn der Rheinlandräumung; nationalistische deutsche Kundgebungen lösen französische Kritik an der Politik Briands aus 1929 Weitere „Säuberungen" in der UdSSR; Rykow und Bucharin aus der KPdSU ausgeschlossen; Trotzkij aus der UdSSR ausgewiesen; gründet im Exil die IV. Internationale; von einem sowjetischen Agenten 1940 ermordet 1929 Freundschaftsvertrag zwischen Ungarn und Polen 1929 Englisch-amerikanisches Flottenabkommen
1930	1930 Wirtschaftskrise; hohe Arbeitslosenzahlen; Sturz der Regierung H. Müller; Heinrich Brüning (Zentrum) bildet neue Reichsregierung; Notverordnungen; Rheinlandbesetzung vorzeitig beendet; Auflösung des Reichstags; NSDAP zweitstärkste Partei nach der SPD; Minderheitsregierung Brüning; rund 4,5 Millionen Arbeitslose 1930 Aufhebung der Reparationsverpflichtungen Österreichs 1930 Medizin-Nobelpreis an Karl Landsteiner; Chemie-Nobelpreis an Hans Fischer 1930 Sigmund Freud: „Unbehagen in der Kultur" 1930 Alfred Rosenberg: „Der Mythus des 20. Jahrhunderts" 1930–1935 Bau der Großglocknerstraße	1930/31 Spanien wird durch König Alfons aus der Diktatur zum Verfassungsleben zurückgeführt 1930–1940 Carol II. König von Rumänien; autoritäres Regime; kann keine dauerhafte Ordnung im Lande herbeiführen; 1940 zum Thronverzicht gezwungen 1930 Der polnische Ministerpräsident Josef Piłsudski tritt aus Gesundheitsgründen zurück, behält jedoch beherrschenden Einfluß 1930 Die nationalistische Lappobewegung in Finnland setzt ein Republikschutzgesetz gegen den Kommunismus durch 1930 M. M. Litwinow sowjetrussischer Volkskommissar des Äußeren (bis 1939)
1931	1931 Notverordnungs- und Deflationspolitik Brünings; Haager Gerichtshof erklärt Unzulässigkeit von deutsch-österreichischer Zollunion; Radikalisierung in Deutschland;	1931–1935 Nationales Konzentrationskabinett MacDonald in Großbritannien

Amerika	Asien	Afrika	
1929 Herbert Hoover Präsident der USA (bis 1933) 1929 Beginn der Weltwirtschaftskrise in den USA; New Yorker Börsenkrach (24. 10.); Anleihenfluß nach Europa wird gestoppt 1929 Wegen der Überproduktion an Kaffee wird Brasilien von der Weltwirtschaftskrise schwer getroffen 1929 Erdölvorkommen in Argentinien verstaatlicht	1929 Die antijüdische Araberbewegung gewinnt durch einen arabischen Nationalpakt Rückhalt 1929 Nach dem Sturz König Aman Ullahs wird Nahir Chan König von Afghanistan (–1933) 1929 Sukarno, Führer der indonesischen Unabhängigkeitsbewegung, verhaftet 1929 Sun Yat-sen-Mausoleum bei Nanking eingeweiht 1929 Australische Regierung widerruft die Wehrpflichtgesetzgebung von 1911 1929 Chinesisch-sowjetischer Konflikt um die mandschurische Eisenbahn		**1929**
1930–1945 Getulio Vargas Präsident in Brasilien; gibt dem Land eine autoritäre Verfassung 1930 Rafael Trujillo wird durch Staatsstreich Präsident der Dominikanischen Republik und bleibt – obwohl zeitweise ohne Staatsamt – bis zu seiner Ermordung 1961 der tatsächliche Herrscher des Landes 1930 Bei der Flottenkonferenz in London regt US-Senator Borah Diskussion über die Revision des Versailler Vertrages an	1930 Britisch-irakischer Bündnisvertrag; Irak erhält begrenzte Autonomie, bleibt aber von Großbritannien abhängig 1930 Kampagne des zivilen Ungehorsams in Indien. Erste „Round-Table-Konferenz“ in London zur Erörterung indischer Probleme; vom Indischen Nationalkongreß boykottiert 1930 Türkei schließt Freundschaftspakt mit Griechenland	1930 Haile Selassie Kaiser von Äthiopien (bis 1974) 1930 Britisch-ägyptische Konferenz in London scheitert 1930 Der Fessan (südlicher Teil Libyens) fest in italienischer Hand 1930 Abbruch der Beziehungen zwischen den USA und Liberia wegen der in Liberia noch vorkommenden Sklaverei	**1930**
1931 Präsident Hoover verfügt ein Moratorium für internationale Zahlungen	1931 Neutralitäts- und Nichtangriffsvertrag Afghanistans mit der UdSSR	1931 Einführung einer Verfassung in Äthiopien; Parlament mit beratender Funktion	**1931**

	Deutschland/Österreich	Europa
1931	„Harzburger Front“ (Nationalsozialisten, Deutschnationale, „Stahlhelm“); „Eiserne Front“ von SPD, Gewerkschaften; $5^{1}/_{2}$ Millionen Arbeitslose 1931 Versuche zur Sanierung der österreichischen Wirtschaft; Putschversuch der Heimwehr in der Steiermark 1931 Medizin-Nobelpreis an Otto Heinrich Warburg; Chemie-Nobelpreis an Carl Bosch und Friedrich Bergius	1931 Westminster-Statut für das Britische Commonwealth; die Dominions erhalten volle rechtliche Gleichstellung mit Großbritannien 1931 Nationale Koalition in Großbritannien unter MacDonald; Spaltung der Labour Party 1931 Gründung einer faschistischen Gruppe in den Niederlanden durch A. A. Mussert 1931 Unruhen auf Zypern durch Anschlußbewegung an Griechenland 1931 Kirchen- und Klöstersturm in Spanien 1931 Pius XI., Enzyklika „Quadragesimo Anno“ zur Sozialpolitik 1931 In Spanien siegen die verbündeten Linksparteien; Alfons XIII. dankt ab; Spanien Republik; in Barcelona wird die Autonomie Kataloniens proklamiert
1932	1932 6,2 Millionen Arbeitslose; Wiederwahl Hindenburgs zum Reichspräsidenten (gegen Kandidaten der NSDAP, A. Hitler, und KPD, E. Thälmann); Verbot der nationalsozialistischen Verbände SA („Sturmabteilungen“) und SS („Schutzstaffel“) durch Regierungsverordnung; Sturz Brünings; „Kabinett der nationalen Konzentration“ unter Franz von Papen; Aufhebung des Verbots der NS-Wehrverbände; Beendigung der deutschen Reparationszahlungen; politische Radikalisierung; Absetzung der preußischen Regierung; Reichstagswahlen: NSDAP stärkste Partei; Sturz der Regierung Papens; bei Neuwahlen Stimmenverluste der NSDAP, Stimmenzuwachs der KPD; General von Schleicher Reichskanzler 1932 Regierung unter Engelbert Dollfuß in Österreich; Verzicht auf wirtschaftlichen oder politischen Anschluß an das Deutsche Reich 1932 Physik-Nobelpreis an Werner Heisenberg	1932 Abrüstungskonferenz des Völkerbunds in Genf (ohne Ergebnis) 1932 Polnisch-sowjetischer Nichtangriffspakt 1932 Lausanner Reparationskonferenz; Young-Plan außer Kraft gesetzt; de facto Ende der Reparationszahlungen 1932 Luxemburg, Belgien und Niederlande beschließen Abbau der Zollschranken 1932 Nach Wahlsieg der irisch-nationalistischen Fianna-Fail-Partei wird de Valera irischer Ministerpräsident 1932 In Belgien erhalten die Flamen sprachliche Gleichberechtigung 1932 A. de Oliveira Salazar wird portugiesischer Ministerpräsident und errichtet ein autoritäres Regime 1932 Zusammenbruch des Kreugerkonzerns in Schweden („Zündholzkönig“ Ivar Kreuger) 1932 G. Gömbös ungarischer Ministerpräsident (bis 1936); sympathisiert mit dem Faschismus 1932/33 Große Hungerkatastrophe in Rußland

Amerika	Asien	Afrika	
1931 Baubeginn des Rockefeller-Centers in New York; in den USA Generation der literarischen Rebellen: Thomas Wolfe, John Dos Passos, John Steinbeck, Ernest Hemingway, William Faulkner 1931 Maximilian Martinez macht sich durch Staatsstreich zum Diktator von El Salvador 1931 Trotz Vernichtung der Kaffee-Ernte in Brasilien kann Weltmarktpreis nicht gehalten werden 1931 Die Hauptstadt der Dominikanischen Republik, Santo Domingo, auf Befehl Trujillos in Ciudad Trujillo umbenannt	1931 Eine weitere Round-Table-Konferenz über das indische Problem in London mit Teilnahme M. Gandhis verläuft erfolglos 1931 Japan beginnt mit der Besetzung der Mandschurei 1931 Räterepublik in Kiangsi mit Mao Tsetung als Vorsitzendem 1931 Kurdenaufstand im Irak unter Führung von Achmed al-Barsani	1931 Die Italiener erobern in Libyen die Oase Kufra (Stamm der Senussi) und gewinnen die Macht in ganz Libyen	**1931**
1932 Ausbruch des Chaco-Kriegs zwischen Bolivien und Paraguay 1932 Gründung einer faschistischen Bewegung („Grünhemden“) in Brasilien 1932 Empirekonferenz in Ottawa (Kanada) über Wirtschaftsprobleme 1932–1934 Grenzkonflikt zwischen Kolumbien und Peru 1932 Sieg des Demokraten F. D. Roosevelt bei den amerikanischen Präsidentschaftswahlen 1932 Kurzlebige „sozialistische Republik“ in Chile	1932 Ibn Saud proklamiert das Königreich Saudi-Arabien 1932 Irak wird Mitglied des Völkerbunds; das britische Mandat erlischt 1932 Persisch-britischer Konflikt wegen der Konzessionen für die Anglo-Iranian Oil Co. 1932 Die von Japan besetzte Mandschurei wird unter dem Namen Mandschukuo formell unabhängig; der letzte Mandschu-Kaiser Pu-yi wird Präsident 1932 Japaner beschießen Schanghai wegen chinesischen Boykotts japanischer Waren	1932 Im libyschen Kolonialreich überwindet Italien die letzten Widerstandsherde in der Cyrenaika 1932 In Südwestafrika wird Deutsch neben Englisch und Afrikaans als Amtssprache zugelassen	**1932**

	Deutschland/Österreich	Europa
1933	1933 Papen verhandelt mit den Nationalsozialisten über die Bildung einer neuen Reichsregierung; Rücktritt v. Schleichers als Reichskanzler; (30. 1.) Hindenburg beruft A. Hitler zum Reichskanzler, der eine Koalitionsregierung ohne nationalsozialistische Mehrheit bildet („Regierung der nationalen Erneuerung“); v. Papen Vizekanzler, Innenminister W. Frick und Minister ohne Geschäftsbereich H. Göring im Kabinett; Auflösung des Reichstags (27. 2.) Reichstagsbrand (28. 2.) Hindenburgs „Verordnung zum Schutz von Volk und Staat“ (Aufhebung der Grundrechte der Verfassung) (5. 3.) Reichstagswahlen (NSDAP 43,9 %, zusammen mit den Deutschnationalen 52 %); Joseph Goebbels Reichsminister für Volksaufklärung und Propaganda (21. 3.) Reichstagseröffnung „Tag von Potsdam“ (24. 3.) „Gesetz zur Behebung der Not von Volk und Staat“ (Ermächtigungsgesetz gegen die Stimmen der SPD) Beginn des Kampfes gegen Juden und Regimegegner; Gleichschaltung der Länder; Göring preußischer Ministerpräsident; Gründung einer preußischen Geheimen Staatspolizei (Gestapo); Konzentrationslager (KZ); 1. Mai „Tag der Nationalen Arbeit“; Auflösung der Gewerkschaften; Arbeitslosenzahl sinkt (22. 6.) Verbot der SPD, Selbstauflösung der anderen Parteien; NSDAP-Alleinherrschaft (22. 7.) Konkordat des Deutschen Reiches mit dem Vatikan; Beginn des Kirchenkampfes der evangelischen Kirchen Reichserbhof- und Reichskulturkammergesetz (14. 10.) Deutschland verläßt die Abrüstungskonferenz (19. 10.) Austritt aus dem Völkerbund (12. 12.) Reichstagswahl, 92 % der Stimmen für die NSDAP	1933 Gründung der faschistischen „Schwarzhemden“-Bewegung in England durch O. Mosley 1933 José Antonio Primo de Rivera, Sohn des früheren Diktators von Spanien, gründet die faschistische Falange 1933 Die von Codreanu in Rumänien gegründete „Eiserne Garde“ wird aufgelöst; Hinwendung zu Frankreich; Nichtangriffspakt mit der UdSSR; Außenminister 1932 bis 1936 ist Titulescu 1933 Konrad Henlein gründet in der Tschechoslowakei die Sudetendeutsche Heimatfront, die später als Sudetendeutsche Partei einen nationalsozialistischen Kurs einschlägt 1933 Vidkun Quisling gründet in Norwegen die Nasjonal Samling (antibolschewistisch, faschistisch) 1933 Volksentscheid in Estland; Verfassungsänderung mit starker Stellung des Präsidenten 1933 Internationale Wirtschaftskonferenz in London 1933 Erneuerung der Kleinen Entente 1933 Neue Unruhen der kroatischen Bauern (Ustascha) in Jugoslawien werden rücksichtslos unterdrückt 1933 Volksabstimmung in Portugal bestätigt Korporativsystem nach faschistischem Vorbild 1933 Erfolg der Rechtsparteien bei der Wahl zu den spanischen Cortes

Amerika	Asien	Afrika	
933 Sturz des Präsidenten Machado in Kuba; tatsächlicher Machthaber wird der Armeechef Fulgencio Batista 933 Nicaragua von USA-Truppen geräumt 933–1945 Franklin Delano Roosevelt Präsident der USA 933 Präsident Roosevelt proklamiert den New Deal (umfassendes Wirtschafts- und Sozialreformprogramm) 933 Die USA erkennen die UdSSR an 933 VII. Panamerikanische Konferenz in Montevideo; fortan aktive Teilnahme der USA an der panamerikanischen Bewegung „Politik der guten Nachbarschaft"); Konferenz deklariert Grundsatz der Nichteinmischung in innere Angelegenheiten 933–1948 Präsident Tiburcio Carias in Honduras 933–1938 In Uruguay Diktatur des Präsidenten (seit 1931) Gabriel Terra 933/34 Argentinien und Brasilien führen allgemeinen südamerikanischen Nichtangriffspakt herbei	1933–1939 Ghasi I. König von Irak 1933–1973 Mohammed Sahir Schah König von Afghanistan 1933 Japan tritt aus dem Völkerbund aus, weil dieser das Vorgehen Japans in der Mandschurei kritisiert hat 1933 Australien meldet Anspruch auf einen Sektor des antarktischen Kontinents an 1933 Gründung der Kommunistischen Partei Indiens	1933 Liberale Koalitionsregierung Hertzog/Smuts in der Südafrikanischen Union (unter dem Druck der Wirtschaftskrise)	**1933**

	Deutschland/Österreich	Europa
1933	1933 Staatsstreich des österreichischen Bundeskanzlers Engelbert Dollfuß; Ausschaltung des Parlaments; autoritäre Regierung („Austrofaschismus"), Gründung der „Vaterländischen Front" 1933 Beginn des Baues einer Autobahn in Deutschland 1933 Von der NSDAP organisierte öffentliche Verbrennung von Büchern unerwünschter Autoren	
1934	1934 (26. 1.) Abschluß eines Freundschafts- und Nichtangriffspakts zwischen Deutschland und Polen; SS-Führer Heinrich Himmler Chef der preußischen Gestapo; Zusammentreffen Hitlers mit Mussolini in Venedig; „Röhm-Putsch" (30. 6.); Beseitigung politischer Gegner, Entmachtung der SA; SS unter Reichsführer SS Himmler selbständig (2. 8.) Tod des Reichspräsidenten Paul von Hindenburg; Hitler wird als „Führer und Reichskanzler" Staatsoberhaupt, die Reichswehr auf ihn persönlich vereidigt (19. 8.) Volksbefragung, 84 % Ja-Stimmen 1934 Niederwerfung eines sozialistischen Aufstands des „Republikanischen Schutzbundes" in Wien; Dollfuß verbietet alle Parteien außer der „Vaterländischen Front"; Österreich enger an Italien angeschlossen; Neuordnung des österreichischen Staates durch ständestaatlich-autoritäre Bundesverfassung (25. 7.) Bundeskanzler Dollfuß bei NS-Putsch ermordet; deutsch-österreichische Spannungen (30. 7.) Neuer Bundeskanzler Kurt Schuschnigg	1934–1951 Leopold III. König von Belgien (1951 Thronverzicht) 1934 Stavisky-Finanzskandal in Frankreich; Putschversuch faschistischer Gruppen scheitert 1934 Bergarbeiteraufstand in Asturien; Generalstreik in Spanien 1934 „Römische Protokolle"; Italien sucht unter seiner Führung einen österreichisch-ungarischen Donaublock zu verwirklichen 1934 Treffen zwischen Hitler und Mussolini in Venedig bleibt wegen der Österreich-Frage ohne Ergebni 1934 Ermordung Alexanders I. von Jugoslawien und des französischen Außenministers Barthou; Prinz Paul Regent in Jugoslawien (bis 1941) 1934 Schweiz wendet sich gegen Aufnahme der von ihr nicht anerkannten Sowjetunion in den Völkerbund 1934 Schweiz geht von der Goldwährung ab 1934 Deutsch-polnischer Nichtangriffspakt; Nichtangriffspakt zwischen Polen und der Sowjetunion 1934 Autoritäre Regierung in Lettland (Ulmanis) 1934 Errichtung einer Diktatur in Estland 1934 Eintritt Rußlands in den Völkerbund; Anschluß an das System der kollektiven Sicherheit 1934 Ermordung des Leningrader Parteisekretärs Sergej Kirow (unter ungeklärten Umständen, vielleicht von Stalin veranlaßt); Beginn der „Großen Säuberung" in der Sowjetunion

Amerika	Asien	Afrika	
1933 Aufhebung der Prohibition in den USA			**1933**
1934 General Ubico von Guatemala (1931–1944) gründet einen zentralamerikanischen Verbrüderungspakt 1934 Ende des Protektorats der USA über Kuba (seit 1902) und Haiti (seit 1915); die Philippinen sollen innerhalb von 10 Jahren volle Unabhängigkeit erhalten	1934 Eine militärische Auseinandersetzung zwischen Saudi-Arabien und Jemen endet mit einem Freundschaftsvertrag; bis 1937 erweitert Ibn Saud den arabischen Bruderschaftspakt mit dem Irak und Transjordanien 1934 Von Tschiang bedrängt, beginnt die Rote Armee von Kiangsi aus den „Langen Marsch“ nach Norden (16.10.) 1934 Mandschukuo, das von Japan abhängig bleibt, wird Kaiserreich; Pu-yi Kaiser 1934 Japan kündigt das Washingtoner Flottenabkommen von 1922, um seine Flotte verstärken zu können 1934 Türkei schließt Balkanpakt mit Griechenland, Rumänien und Jugoslawien	1934 Habib Bourgiba übernimmt die Führung der tunesischen Nationalbewegung (Neo-Destur-Partei) 1934 Grenzzwischenfall zwischen italienischen und äthiopischen Truppen veranlaßt Italien zu Truppenverstärkungen in Eritrea und Somaliland 1934 Erste französische Kolonialkonferenz; das „Größere Frankreich“ mit 100 Millionen Einwohnern	**1934**

	Deutschland/Österreich	Europa
1935	1935 (13. 1.) Saarabstimmung (91 % für Rückkehr zum Deutschen Reich) (17. 1.) Rückgliederung des Saargebiets an das Deutsche Reich vom Völkerbund beschlossen (16. 3.) Wiedereinführung der allgemeinen Wehrpflicht; Aufbau einer Luftwaffe; Aufnahme des Baues von U-Booten (18. 6.) Deutsch-britisches Flottenabkommen (26. 6.) Einführung der Arbeitsdienstpflicht für deutsche Jugendliche (15. 9.) Nürnberger Reichsparteitag (Verkündung der „Nürnberger Gesetze"); Juden in Deutschland werden die bürgerlichen Rechte entzogen; Gesetz zum Schutz der Erbgesundheit des deutschen Volkes; die Hakenkreuzfahne wird Nationalflagge; Annäherung Deutschlands an Italien; Auflösung des „Stahlhelms" 1935 In Danzig „Zollkrieg" mit Polen 1935 Erstes regelmäßiges Fernsehprogramm in Deutschland	1935–1937 Konzentrationskabinett Baldwin in Großbritannien 1935 Léon Degrelle gründet faschistische Rex-Bewegung in Belgien 1935 Italien erhält von Frankreich (Regierung Laval) freie Hand gegen Äthiopien 1935 Wiedereinsetzung König Georgs II. in Griechenland 1935–1938 E. Benesch tschechoslowakischer Staatspräsident (nach Rücktritt Masaryks) 1935 Deutsch-englisches Flottenabkommen 1935 Verfassungsänderung in Polen; diktatorische Vollmachten für den Präsidenten 1935 Verträge der UdSSR mit Frankreich und der Tschechoslowakei über gegenseitige militärische Hilfe 1935 Weltkongreß der Komintern in Moskau propagiert Volksfront gegen den Faschismus
1936	1936 (7. 3.) Kündigung des Locarno-Vertrags; Bau des „Westwalls" (29. 3.) Reichstagswahl (99 % Ja-Stimmen für Hitler) Deutsche Unterstützung für Franco in Spanien; deutsch-italienischer Vertrag („Achse Berlin–Rom"); Antikominternpakt mit Japan; Olympische Spiele in Berlin 1936 Einführung der allgemeinen Wehrpflicht in Österreich; Abkommen mit Deutschem Reich; „Heimwehr" wird aufgelöst 1936 Österreichisch-tschechoslowakischer Handelsvertrag 1936 Ermordung W. Gustloffs, des Leiters der Landesgruppe Schweiz der NSDAP; Spannungen zwischen Schweiz und Deutschland	1936 Eduard VIII. König von Großbritannien (dankt noch im selben Jahr ab) 1936–1952 Georg VI. König von Großbritannien 1936 Erster großer Wahlerfolg der von Degrelle geführten Rexisten in Belgien 1936 Belgien kündigt das Militärbündnis mit Frankreich 1936 (3. 5.) Wahlsieg der Volksfront in Frankreich; die Regierung des Sozialisten Léon Blum führt u. a. Vierzigstundenwoche und bezahlten Urlaub ein 1936 (18. 7.) Erhebung der Generale Sanjurjo, Franco, Godéd, Mola und de Elano leitet den Bürgerkrieg ein 1936–1939 Bürgerkrieg in Spanien zwischen Volksfront-Regierung und den von den faschistischen Staaten unterstützten konservativen Kräften unter General Franco

Amerika	Asien	Afrika	
1935 Ende des Chaco-Kriegs; Bolivien erhält Zugang zum Meer, Paraguay das Chacogebiet 1935 Neues Sozialprogramm des US-Präsidenten; weitgehende Planwirtschaft zur Arbeitsbeschaffung; Vierzigstundenwoche, Mindestlöhne, Anerkennung der Gewerkschaften; ferner Ausbau der Neutralitätsgesetzgebung 1935 Mackenzie King (zum dritten Mal) Premier in Kanada	1935 Amtliche Bezeichnung Persiens wird „Iran“ 1935 Neue Verfassung für Indien vom britischen Parlament beschlossen; tritt 1937 in Kraft 1935–1946 Rama VIII. König von Siam 1935 Mao Tse-tung wird Vorsitzender des Politbüros der chinesischen Kommunistischen Partei. Ende des „Langen Marsches“; neuer kommunistischer Stützpunkt in Schensi (Zentrum Yenan) 1935 Die UdSSR verkauft die ostchinesische Bahn an Mandschukuo	1935 Italien (Mussolini) erhält von Frankreich das Wüstengebiet zwischen Libyen und der Tschad-Kolonie zugestanden 1935/36 Italienisch-äthiopischer Krieg; die vom Völkerbund beschlossenen Sanktionen bleiben unwirksam 1935 Beziehungen zwischen den USA und Liberia wiederaufgenommen; für Liberia günstigeres Finanzabkommen; allmähliche Verbesserung der wirtschaftlichen Lage Liberias	**1935**
1936 Guatemala tritt aus dem Völkerbund aus 1936–1947 In Nicaragua autoritäre Regierung des Präsidenten Somoza 1936 Neuer Vertrag Panama–USA; USA dürfen den Kanal im Kriegsfalle in jeder Weise verteidigen 1936 Neue Verfassung in Venezuela mit stark sozialistischen Zügen	1936–1939 Offener arabisch-jüdischer Guerillakrieg in Palästina 1936 Französisch-syrischer Vertrag; Aufhebung des Mandats nach 3 Jahren zugesichert 1936 Die Türkei erhält von Frankreich den Sandschak von Alexandrette (Syrien) zugesprochen 1936 Im Vertrag von Montreux zwischen der Türkei und den Großmächten erhält die Türkei wieder die Wehrhoheit über die Meerengen	1936 General Badoglio in Addis Abeba; Kaiser Haile Selassie flüchtet nach Dschibuti; König Viktor Emanuel III. nimmt den Titel „Kaiser von Äthiopien“ an; Vizekönig wird Marschall Graziani 1936 In der Südafrikanischen Union Gesetz über die Vertretung der Farbigen; beschränktes Wahlrecht und Schaffung eines Eingeborenenrats (mit beratender Funktion)	**1936**

	Deutschland/Österreich	Europa
1936	1936 Indienststellung des Luftschiffs „Hindenburg“ 1936 I.G.-Farben erzeugen künstlichen Kautschuk „Buna“ 1936 Medizin-Nobelpreis (zur Hälfte) an Otto Loewi; Physik-Nobelpreis (zur Hälfte) an Viktor Franz Hess 1936 Carl Orff: „Carmina Burana“ (Oper) 1936 Carl von Ossietzky erhält den Friedens-Nobelpreis für 1935 1936–51 Dt. Ingenieur Konrad Zuse entwickelt den ersten programmgesteuerten Computer der Welt	1936 Portugal im Spanischen Bürgerkrieg neutral; Zufuhren für Franco 1937 von England gestoppt 1936 Deutsch-italienischer Vertrag, „Achse Berlin-Rom“ 1936–1941 Diktatur Metaxas’ in Griechenland 1936 Remilitarisierung des Rheinlands; keine Gegenaktion Frankreichs, Belgiens und Englands 1936 Die UdSSR setzt auf der Meerengenkonferenz von Montreux freie Durchfahrt für die Uferstaaten des Schwarzen Meers auch im Kriegsfall durch 1936–1938 Drei Moskauer Schauprozesse gegen wirkliche oder vermeintliche Rivalen Stalins; zugleich Massenverhaftungen von Parteifunktionären 1936 Franco Chef der nationalspanischen Regierung (30. 9.); von Deutschland und Italien anerkannt (18. 11.)
1937	1937 Ermächtigungsgesetz um weitere 4 Jahre verlängert (30. 1.); Annahme des Nobelpreises für Deutsche verboten, Stiftung eines „Deutschen Nationalpreises“; Freiwillige der deutschen Wehrmacht („Legion Condor“) auf seiten Francos im Spanischen Bürgerkrieg; Staatsbesuch Mussolinis in Deutschland; Deutsches Reich erkennt Unverletzlichkeit Belgiens an; Italien tritt dem Antikominternpakt bei 1937 C. J. Burckhardt Völkerbundskommissar in Danzig bis 1. 9. 39 1937 Focke-Wulf-Hubschrauber FW 61	1937 Demokratische und kommunistische Freiwillige aller Länder schließen sich zu Internationalen Brigaden gegen den spanischen Faschismus zusammen 1937 Italien erhebt Ansprüche auf Korsika und Tunis 1937 Pius XI., Enzyklika „Mit brennender Sorge“ 1937 Zusammenschluß der faschistischen Pfeilkreuzler in Ungarn 1937 In der Tschechoslowakei verschärft sich der innerpolitische Kampf mit der Sudetendeutschen Partei; Henlein fordert volle Autonomie für die 3,5 Millionen Deutschen 1937 Hinrichtung des sowjetrussischen Marschalls Tuchatschewskij 1937 Deutsche Note garantiert Unverletzlichkeit Belgiens 1937 Jugoslawien schließt Freundschaftsvertrag mit Bulgarien und Nichtangriffspakt mit Italien 1937 Italien tritt aus dem Völkerbund aus 1937 Neville Chamberlain Premier in England

Amerika	Asien	Afrika	
1936 Neue liberale Verfassung in Honduras garantiert Glaubensfreiheit 1936 Interamerikanische Friedenskonferenz in Buenos Aires; Friedenspakt zwischen 21 amerikanischen Staaten (Ergänzung des Kellogg-Pakts) 1936 Wiederwahl Roosevelts	1936 Die Mongolische Volksrepublik schließt ein Beistandsabkommen mit der UdSSR 1936 Antikominternpakt zwischen Deutschland und Japan; 1937 auch mit Italien, 1939 mit Ungarn, Mandschukuo und Spanien 1936 Militärputsch in Tokio scheitert; doch gewinnt die Armee in Japan immer mehr Machtpositionen 1936 Tschiang wird aus den Händen lokaler Machthaber durch kommunistische Hilfe befreit; Folge: Annäherung der Nanking-Regierung an die kommunistische Regierung in Yenan	1936 Britisch-ägyptischer Bündnisvertrag; Unabhängigkeit Ägyptens; der Sudan unter anglo-ägyptischem Kondominium; britische Besatzung auf die Kanalzone beschränkt 1936–1952 Faruk König von Ägypten 1936 Königliches Dekret stellt in Ägypten die alte parlamentarische Verfassung von 1923 wieder her; die Wafdpartei verliert ihre Bedeutung	**1936**
1937 Ausgedehnte Streiks und Unruhen in den USA 1937 Appell der USA an China und Japan zur friedlichen Beilegung des Streits 1937 Roosevelts Chikago-Rede gegen die Diktaturen, die er als „Regime des Schreckens und der Gesetzlosigkeit“ bezeichnet; „Quarantänerede“, besonders gegen Japan gerichtet 1937 El Salvador tritt aus dem Völkerbund aus 1937 Ecuador schließt Konkordat mit dem Vatikan 1937 Präsident Vargas in Brasilien proklamiert den autoritären „Neuen Staat“	1937 Streiks in Indien gegen die neue Verfassung (die u. a. Trennung Birmas von Indien vorsieht) 1937 „Zwischenfall an der Marco-Polo-Brücke“ löst chinesisch-japanischen Krieg aus; Peking, Tientsin und Hankou fallen in japanische Hand; Japaner landen in Süd-China, Kanton fällt; Kuomintang und Kommunisten bilden Einheitsfront 1937 Tschiang Kai-schek verlegt den Regierungssitz von Nanking nach Tschunking 1937 Die Innere Mongolei kommt unter japanischen Einfluß	1937 Ägypten Mitglied des Völkerbundes	**1937**

	Deutschland/Österreich	Europa
1938	1938 Hitler übernimmt den Oberbefehl über die Wehrmacht; Entlassung führender Generale; J. von Ribbentrop Außenminister; Besuch des österreichischen Bundeskanzlers Schuschnigg bei Hitler; Aufnahme von Nationalsozialisten in die österreichische Regierung, Amnestie verhafteter Nationalsozialisten; Ultimatum Hitlers an Schuschnigg; Rücktritt Schuschniggs (12. 3.) Einmarsch deutscher Truppen in Österreich (14. 3.) Anschluß Österreichs an das Deutsche Reich (10. 4.) Volksabstimmung bestätigt Anschluß Besuch Hitlers in Italien (Verzicht auf Südtirol); Hitler verlangt Selbstbestimmungsrecht für die Sudetendeutschen und Abtretung des Sudetenlandes (29. 9.) Münchner Abkommen (Hitler, Mussolini, Chamberlain, Daladier); Regelung der Abtretung des Sudetenlandes; Garantieerklärung der beteiligten Mächte für die Rest-Tschechoslowakei; britisch-deutsche Friedenserklärung (9./10. 11.) „Kristallnacht", Verhaftungen und Mißhandlungen von Juden, Zerstörung der Synagogen und Geschäfte, Beschlagnahme jüdischen Vermögens Polen lehnt Rückkehr Danzigs und Schaffung einer exterritorialen Verbindung durch den „Korridor" ab; Unterzeichnung einer deutsch-französischen Nichtangriffserklärung	1938 Britisch-italienisches Abkommen; Großbritannien erkennt Annexion Äthiopiens an 1938 Völkerbund erkennt die absolute Neutralität der Schweiz an 1938 Besuch Hitlers in Rom 1938 (29. 9.) Münchner Viermächteabkommen (Deutschland, Großbritannien, Frankreich, Italien) 1938 (5. 10.) Präsident Benesch (Tschechoslowakei) tritt zurück (emigriert nach den USA) 1938–1945 Emil Hácha Präsident der Tschechoslowakei 1938 Die Tschechoslowakei tritt Teschen an Polen ab 1938 König Carol II. von Rumänien errichtet Diktatur; „Eiserne Garde" wird verfolgt (Codreanu erschossen) 1938 Karpato-Ukraine autonomer Staat 1938 Slowakei autonomer Staat (unter Ministerpräsident Tiso) 1938 Berija Volkskommissar des Innern (UdSSR) 1938 Polnisch-litauischer Konflikt 1938 de Valera wieder irischer Ministerpräsident 1938 Auflösung der nationalen Sammlungsbewegung in Finnland
1939	1939 (14./15. 3.) Hitler besetzt die tschechischen Teile der Tschechoslowakei; seitdem Protektorat Böhmen und Mähren (23. 3.) Wiedervereinigung des Memelgebiets mit dem Deutschen Reich Kündigung des deutsch-britischen Flottenabkommens und des deutsch-polnischen Nichtangriffspakts Militärbündnis Deutschland – Italien	1939 Britisch-polnischer Beistandspakt 1939 (26. 1.) Fall Barcelonas; entscheidet den spanischen Bürgerkrieg zugunsten Francos; am 28. 3. kapitulieren Madrid und Valencia; Franco spanischer Staats- und Regierungschef; Großbritannien und Frankreich erkennen das Franco-Regime an 1939 Italien besetzt Albanien

Amerika	Asien	Afrika	
1938 Beginn der Aufrüstung in den USA 1938 Nach mißglücktem faschistischem Putsch Volksfrontregierung in Chile (bis 1946) 1938 (28. 9.) Telegramm Roosevelts an Hitler und Benesch zur Wahrung des Friedens 1938 (9.–24. 12.) VIII. Panamerikanische Konferenz in Lima; im Zeichen von Roosevelts Quarantänepolitik gegen etwaige Angreifer „Erklärung der Solidarität Amerikas“ 1938 Gründung des amerikanischen Gewerkschaftsbundes Congress of Industrial Organizations (CIO); im Unterschied zur AFL nach Industriezweigen organisiert und radikaler als diese	1938 Ismet Inönü wird nach dem Tode Kemal Atatürks türkischer Staatspräsident 1938 Vollendung der Transiranischen Bahn (Kaspisches Meer–Teheran–Persischer Meerbusen) 1938/39 Subhas Chandra Bose vorübergehend Präsident der indischen Kongreßpartei; gründet nach Ausscheiden aus der Kongreßpartei den extremistischen „Forward Block“ 1938 Das Vorgehen der Japaner in China löst Proteste der USA und Großbritanniens wegen Verletzung des Neunmächteabkommens von 1922 aus 1938 Die Japaner greifen zur See Südchina an und besetzen Kanton 1938 Australien verhängt Ausfuhrsperre (Eisen- und Manganerze) gegen Japan	1938 Wahlsieg der liberalen Regierungspartei in Ägypten 1938 Bourgiba, der Führer der tunesischen Unabhängigkeitsbewegung, verhaftet und nach Frankreich gebracht	**1938**
1939 (15. 4.) Botschaft Roosevelts an Hitler und Mussolini 1939 (Mai) Aufstand der (faschistischen) Integralisten in Brasilien schnell unterdrückt 1939 (August) Appell Roosevelts an den König von Italien und Hitler 1939 (5. 9.) Die USA	1939 Großbritannien blockiert die jüdische Einwanderung in Palästina 1939 Faisal II. (unmündig) König des Irak 1939 Neue Konzessionen Saudi-Arabiens (Ibn Saud) an die arabisch-amerikanische Öl-Kompanie	1939 Hertzog tritt als Ministerpräsident der Südafrikanischen Union zurück 1939–1948 Jan Smuts südafrikanischer Ministerpräsident	**1939**

	Deutschland/Österreich	Europa
1939	(23. 8.) Deutsch-sowjetischer Nichtangriffspakt mit Abgrenzung der beiderseitigen Interessensphären; deutsche Forderung an Polen auf Danzig und auf eine Volksabstimmung im Korridorgebiet (1. 9.) Einmarsch deutscher Truppen in Polen; Beginn des 2. Weltkriegs; englisch-französische Ultimaten zur Rücknahme deutscher Truppen (2. 9.) Italien erklärt sich für „nicht kriegführend" (3. 9.) Krieg mit Frankreich und England (samt Dominions) (17. 9.) Sowjetischer Einmarsch in Ostpolen (27. 9.) Kapitulation Warschaus (6. 10.) letzte Kampfhandlungen; Danzig, die 1919 abgetretenen Gebiete, Warthegebiet und der Bezirk Ziechanow dem Reich eingegliedert; Restpolen (bis zum Bug) deutsches „Generalgouvernement"; Aussiedlung von Juden aus dem Deutschen Reich und Protektorat ins Generalgouvernement; Aussiedlung der Baltendeutschen aus den zur sowjetischen Interessenzone gehörenden Staaten ins Deutsche Reich, Ansiedlung vorwiegend im Raum Posen; geringe Kampfhandlungen an der Westfront; Beginn des Seekriegs 1939 Medizin-Nobelpreis an Gerhard Domagk; Chemie-Nobelpreis an Adolf Butenandt 1939 Nachweis der Spaltbarkeit des Urans durch Otto Hahn und Fritz Straßmann	1939 Militärbündnis Deutschland-Italien; bei Ausbruch des Zweiten Weltkriegs bleibt Italien zunächst „nichtkriegführend" 1939 Britisch-französische Garantieerklärung an Griechenland 1939 Deutsche Truppen besetzen die Tschechoslowakei („Protektorat Böhmen und Mähren") 1939 (26. 3.) Polen lehnt deutsche Forderungen nach einer exterritorialen Auto- und Bahnverbindung nach Ostpreußen ab 1939 Nichtangriffspakte des Deutschen Reiches mit Dänemark (31. 5.), mit Lettland und Estland (7. 6.) 1939 (23. 8.) Deutsch-sowjetischer Nichtangriffspakt; ein geheimes Zusatzprotokoll vereinbart die Teilung Polens 1939 (1. 9.) Hitler beginnt Zweiten Weltkrieg mit Überfall auf Polen; Großbritannien (und die britischen Dominions) und Frankreich erklären Deutschland den Krieg 1939 (1. 9.–27. 9.) Der Blitzkrieg Hitlers gegen Polen führt zum Zusammenbruch der polnischen Republik 1939 Die Schweiz hält bei Kriegsausbruch ca. 800000 Mann unter Waffen 1939–1958 Papst Pius XII. 1939–1949 Molotow Außenkommissar der UdSSR 1939/40 Russisch-finnischer Winterkrieg; Ausschluß der UdSSR aus dem Völkerbund
1940	1940 Abkommen Deutschlands mit Rußland und Rumänien über Rücksiedlung der Volksdeutschen aus Bessarabien, der Bukowina und Norddobrudscha Dreimächtepakt Deutschland – Italien – Japan, dem sich Ungarn, Rumänien und die Slowakei anschließen	1940–1945 Winston Churchill britischer Premierminister 1940 Treffen Hitlers mit Franco; Spanien bleibt neutral 1940 (9. 4.) Deutschland besetzt die neutralen Länder Dänemark und Norwegen; König Haakon VII. von Norwegen geht nach England

Amerika	Asien	Afrika	
erklären ihre Neutralität; Ausfuhrsperre für Kriegsmaterial 1939 (10. 9.) Kriegserklärung Kanadas an Deutschland 1939 (2. 10.) Panamerikanische Konferenz von Panama; die amerikanischen Staaten wollen Neutralität wahren; 300 Seemeilen breite neutrale Zone um den Kontinent (außer Kanada) 1939 (3. 11.) Das Waffenembargo der USA zugunsten Großbritanniens abgeändert (auf Cash-and-Carry-Basis)	(ARAMCO); Bau einer Großraffinerie am Persischen Golf 1939 Nach Ausbruch des Zweiten Weltkrieges Abschluß eines britisch-französisch-türkischen Beistandspaktes; die Türkei bleibt neutral 1939 Erdbeben in Anatolien fordert 45000 Todesopfer 1939 Offizieller Name für Siam wird „Thailand“ 1939 Hainan von den Japanern genommen; erste Reibereien zwischen Kuomintang- und kommunistischen Truppen 1939 Ausbau der Birmastraße bis Tschungking (China) für den Nachschub an Nationalchina gegen Japan 1939 Die USA kündigen den Handelsvertrag mit Japan; Japan dadurch von jeglicher Einfuhr kriegswichtiger Rohstoffe abgeschnitten	1939 (3. 9.) Ägypten bricht die Beziehungen zu Deutschland ab	**1939**
1940 Die USA pachten für 99 Jahre Neufundland und die britischen westindischen Inseln gegen Lieferung von 50 Zerstörern an die britische Marine 1940 (21.–30. 7.) Panamerikanische Konferenz von Havanna; erste Beschlüsse gegen die Achsenmächte	1940 Japaner setzen in Nanking Gegenregierung gegen Tschiang Kai-schek ein 1940 Mao schreibt über die „Neue Demokratie“ 1940 (22. 9.) Japaner besetzen den nördlichen Teil von Französisch-Indochina	1940 Italien erobert Britisch- und Französisch-Somaliland; Britisch-Somaliland 1940 von den Briten zurückerobert 1940 (23.–25. 9.) Freifranzösischer Handstreich auf Dakar scheitert 1940 (9. 10.) de Gaulle gelingt Festsetzung in Kamerun	**1940**

	Deutschland/Österreich	Europa
1940	(9. 4.–30. 4.) Deutsche Truppen besetzen Dänemark und Norwegen („Weserübung“) (10. 5.–25. 6.) Westfeldzug; Einmarsch deutscher Truppen in Luxemburg, den Niederlanden, Belgien, Nordostfrankreich; Besetzung von Paris, Vorstoß bis zur Loire und zur Atlantikküste; Besetzung Elsaß-Lothringens (10. 6.) Italien erklärt Frankreich den Krieg (22. 6.) Deutsch-französischer Waffenstillstand im Wald von Compiègne (besetzte Gebiete Frankreichs unter deutscher Militärverwaltung, Kriegsgefangenschaft der französischen Armee); Süden und Südosten Frankreichs bleiben unbesetzt; Einsetzung eines Reichskommissars in den Niederlanden; Belgien muß Eupen, Malmédy und Moresnet an Deutschland abtreten und bleibt unter Militärverwaltung; Luxemburg dem Reichsgau Koblenz-Trier zur Verwaltung übergeben; Vorbereitungen zur Durchführung einer Landung in England („Seelöwe“) (13. 8.) Beginn der „Luftschlacht um England“ Deutscher U-Boot-, Minen- und Hilfskreuzerkrieg gegen britische Seeverbindungen 1940 Sowjetischer Außenminister Molotow in Berlin; erste Weisungen für den „Fall Barbarossa“ (Niederwerfung Rußlands, gegebenenfalls noch vor Beendigung des Krieges gegen Großbritannien) Beginn der Vernichtung „lebensunwerten Lebens“ auf Grund des „Euthanasiegesetzes“	1940 (10. 5.) Beginn des Westfeldzugs unter Verletzung der Neutralität Belgiens, Luxemburgs und der Niederlande; Frankreich besetzt (Waffenstillstand von Compiègne); Zusammenbruch der französischen Dritten Republik 1940 Italien tritt an der Seite Deutschlands in den Krieg ein (10. 6.); Kriegserklärung an Frankreich und England 1940 General de Gaulle ruft von London aus zur Fortsetzung des Kampfes auf 1940 Marschall Pétain Staatschef Frankreichs (Vichy-Regierung) 1940 Albanien wird zu einem Drittel von den Griechen erobert 1940 König Carol II. von Rumänien durch General Antonescu zur Abdankung zugunsten seines Sohnes Michael gezwungen; Rumänien muß Bessarabien an die UdSSR, den größten Teil Siebenbürgens an Ungarn, die südliche Dobrudscha an Bulgarien abtreten 1940–1947 Michael I. König von Rumänien 1940 Die UdSSR gliedert sich die baltischen Staaten und Bessarabien an 1940 Moskauer Friede zwischen Finnland und der UdSSR 1940 Finnland muß die Karelische Landenge und Teile von Ostkarelien an die UdSSR abtreten 1940 Reorganisation der Roten Armee 1940 Verhandlungen Molotows mit Hitler und Ribbentrop in Berlin; Gegensätze treten hervor
1941	1941 Deutsche Erfolge im U-Boot-Krieg („Schlacht im Atlantik“); Ausbau des „Atlantikwalls“; Verschärfung des Luftkrieges zwischen Deutschland und England Verschärfung der deutschen antijüdischen Maßnahmen: Juden zum Tragen des Judensterns gezwungen; Errichtung der ersten zur Ver-	1941 Island wird von englischen und amerikanischen Truppen besetzt 1941 (22. 6.) Beginn des deutschen Angriffs auf die UdSSR

Invasionen des 2. Weltkrieges

Datum	Kennwort der Operation	Vorgang
8. 4. 1940		Alliiertes Expeditionskorps fährt nach Norwegen aus
9. 4. 1940	„Weserübung“	Deutsche Invasion Norwegens (und Dänemarks); abgeschlossen 8. 6. 1940
10. 5. 1940		Britische Invasion Islands
16. 7. 1940	„Seelöwe“	Vorbereitung einer deutschen Invasion Englands; am 12. 10. 1940 endgültig abgebrochen
Oktober 1940	„Felix“	Geplante Aktion gegen Gibraltar zur Schließung des Mittelmeers im Westen; an der Ablehnung Spaniens gescheitert
14. 2. 1941		Beginn der deutsch-italienischen Operationen in Nordafrika; deutsches Afrikakorps unter General Rommel; letzter Rückzugstag 13. 5. 1943
20. 5. 1941	„Merkur“	Deutsche Fallschirm-Invasion auf Kreta; abgeschlossen am 1. 6. 1941
7./8. 11. 1942	„Torch“	Landung der Alliierten in Nordwestafrika
11./12. 6. 1943	„Corkscrew“	Alliierte Besetzung der italienischen Inseln Pantelleria und Lampedusa
10. 7. 1943	„Husky“	Beginn der Invasion der Alliierten in Sizilien; abgeschlossen 17. 8. 1943
3. 9. 1943	„Baytown“	Britische Invasion in Süditalien (Kalabrien)
9. 9. 1943	„Avalanche“	Amerikanische Landung im Golf von Salerno
22. 1. 1944		Amerikanische Landung bei Anzio/Nettuno
6. 6. 1944	„Overlord“	Alliierte Großlandung in der Normandie
15. 8. 1944	„Anvil“	Alliierte Invasion in Südfrankreich (Riviera)
17. 9. 1944	„Market Gowden“	Alliierte Luftlandung bei Arnheim und Nimwegen (Arnheim gescheitert; Landeplatz Nimwegen hält sich)
24. 9. 1944		Landeoperationen britischer Verbände zur Eroberung Griechenlands und des ägäischen Raumes; abgeschlossen 29. 10. 1944

	Deutschland/Österreich	Europa
1941	nichtung von Juden bestimmten Konzentrationslager; Deportationen nach dem Osten; Einführung des Arbeitszwanges für Juden (2. 3.) Einmarsch deutscher Truppen in Bulgarien (31. 3.–15. 6.) Deutsches Afrikakorps (Rommel) und italienische Truppen erobern Cyrenaika (6. 4.–17. 4.) Jugoslawien von deutschen Truppen erobert (6. 4.–27. 4.) Griechenland von deutschen Truppen erobert (10. 5.) Rudolf Heß fliegt nach England und wird nach Absprung gefangengenommen; geplante Gespräche mit britischen Politikern kommen nicht zustande (20. 5.–1. 6.) Kreta von deutschen Truppen erobert (18. 6.) Deutsch-türkischer Freundschaftspakt (22. 6.–August 1944) Rußlandfeldzug („Fall Barbarossa“) Einkesselung und Vernichtung der im Baltikum stehenden russischen Truppen; deutsche Truppen erreichen den Finnischen Meerbusen; Leningrad eingeschlossen (8. 9.) (21. 8.–27. 9.) Schlacht von Kiew (11. 9.) USA-Flotte erhält Schießbefehl gegen deutsche Kriegsschiffe (1. 10.) Einverleibung von Teilen Sloweniens ins Deutsche Reich (2. 10.–20. 10.) Kesselschlacht von Brjansk und Wjasma Deutscher Vorstoß ins Donez-Becken, Eroberung Charkows, Vorstoß bis Rostow, Eroberung der Krim, Einschließung Sewastopols (11. 12.) Kriegserklärung Deutschlands an die USA (Dezember) Deutscher Angriff im Osten bleibt vor Moskau stecken	1941 (12. 7.) Britisch-sowjetisches Abkommen über das gemeinsame Vorgehen gegen Deutschland 1941–1945 Epoche des „Großen Vaterländischen Krieges“ in der russischen Literatur 1941 (5. 5.) Stalin Vorsitzender im Rat der Volkskommissare 1941 (19. 7.) Stalin Vorsitzender im Kommissariat für Verteidigung (bis März 1947) 1941–1944 Deutsche Besetzung des Baltikums 1941 Kriegseintritt Finnlands gegen die UdSSR; tritt dem Antikominternpakt bei 1941 Spanien stellt „Blaue Division“ gegen die Sowjetunion 1941 Ungarische Truppen nehmen an der Besetzung Jugoslawiens und der UdSSR teil 1941 R. Heydrich löst von Neurath als Reichsprotektor von Böhmen und Mähren ab 1941 Polnische Exilregierung in der UdSSR 1941 Grönland kommt unter amerikanische Verwaltung 1941 In Rumänien „Eiserne Garde“ von Antonescu unschädlich gemacht; Teilnahme am Ostfeldzug 1941 Nach der Kapitulation Jugoslawiens bildet König Peter II. in London eine Exilregierung 1941 Jugoslawien wird aufgeteilt; Kroatien unabhängiger Staat unter Pavelić 1941 Tod des griechischen Ministerpräsidenten Metaxas; Exilregierung König Georgs II. in London 1941 In der Schweiz Verbot der Kommunistischen Partei 1941 Die Slowakei stellt Truppen für den Ostfeldzug
1942	1942 Wannsee-Konferenz zur Organisation der „Endlösung der Judenfrage“ (bis Kriegsende wurden 4,2–5,7 Millionen Juden umgebracht); Vernichtungsmaßnahmen gegen Zigeuner 1942 (18. 1.) Militärbündnis Deutschland–Italien–Japan;	1942 Molotow unterzeichnet in London britisch-sowjetischen Vertrag über Zusammenarbeit

Amerika	Asien	Afrika	
1941 Leih- und Pacht-Gesetz in den USA; Maßnahme im „unerklärten Krieg" der Amerikaner zur Hilfeleistung für England, China, Sowjetunion 1941 „Atlantic Charter"; Roosevelt und Churchill verkünden an Bord des Schlachtschiffs „Prince of Wales" die Kriegsziele der Westalliierten; Verurteilung des Imperialismus; Verzicht auf Gewaltpolitik; Erklärung der Freiheit aller Völker, sich die eigene Staatsform zu wählen; wirtschaftliche Zusammenarbeit 1941 Militärdienstzeit in den USA auf 18 Monate verlängert (1940 war einjährige Dienstzeit eingeführt worden) 1941 USA errichten zahlreiche Luftstützpunkte in Panama 1941 Milliardenkredit der USA an die UdSSR; Appell Roosevelts an den Kaiser von Japan (8. 12.) Kriegserklärung der USA an Japan (nach Pearl Harbor) (11. 12.) Kriegserklärung Deutschlands und Italiens an die USA (22. 12.–14. 1. 1942) Konferenz Roosevelt–Churchill in Washington 1941/42 Krieg zwischen Peru und Ekuador um den Besitz des oberen Amazonasgebiets	1941 Einmarsch britischer und russischer Streitkräfte in Persien seit 1941 Mohammed Riza Pahlewi Schah von Persien 1941 Britische und französische Truppen marschieren in Syrien ein 1941 Rücktritt der japanischen Regierung; General Todscho Ministerpräsi dent; verantwortlich für den japanischen Kriegseintritt; 1948 als Kriegsverbrecher hingerichtet 1941 Indochina von Japan besetzt 1941 Japanisch-russischer Nichtangriffspakt 1941 Einstellung der amerikanischen Erdöllieferungen an Japan (7. 12.) Überfall auf Pearl Harbor; USA und England erklären Japan den Krieg; Hongkong und Thailand von Japanern besetzt 1941 Thailands Kriegseintritt als Verbündeter Japans 1941 Freundschaftsvertrag zwischen Türkei und Deutschem Reich 1941 Libanon unabhängig 1941 Sihanouk König von Kambodscha	1941 Cyrenaika Kriegsschauplatz von Kämpfen deutsch-italienischer und englischer Truppen 1941 Kapitulation der italienischen Armee in Äthiopien; Rückkehr Haile Selassis mit Hilfe der Engländer	**1941**
1942 Interamerikanische Außenministerkonferenz in Rio de Janeiro; Kriegseintritt aller amerikanischen Staaten (Argentinien erst 1943, Chile 1944)	1942 Verhaftung der Führer der Kongreßpartei in Indien, darunter Gandhi, nach Beschluß einer weiteren Aktion des passiven Widerstands		**1942**

	Deutschland/Österreich	Europa
1942	gegenüber der Sowjetunion bleibt Japan neutral; (seit März) britische und (ab Sommer) amerikanische Luftangriffe auf deutsche Städte und Rüstungszentren (21. 1.) Deutsch-italienische Offensive in Nordafrika; (1. 7.) El Alamein wird erreicht (26. 5.) Attentat auf R. Heydrich in Prag (3. 6.–4. 7.) Fall von Sewastopol, die Krim in deutscher Hand (10. 6.) Zerstörung des Dorfes Lidice auf deutsche Anweisung (28. 6.) Beginn des Vorstoßes deutscher Heeresgruppen zum Erdölgebiet des Kaukasus und zur Wolga (Okt./Nov.) Durchbruch der Briten bei El Alamein (23. 10.–13. 5. 1943) Britische und amerikanische Truppen erobern im Zweifrontenkrieg Nordafrika (gegen deutsche und italienische Truppen) (10. 11.) Deutsche Truppen landen in Tunesien (11. 11.) Deutsche und italienische Truppen besetzen das bis dahin unbesetzte Gebiet Frankreichs (19. 11.–2. 2. 1943) Kessel von Stalingrad (16. 12.–21. 3. 1943) Schwere Kämpfe an der Don-Front	1942 Attentat auf den Reichsprotektor R. Heydrich; Vergeltungsakt von Lidice 1942 Quisling bildet norwegische Regierung 1942 Zunehmende Widerstandsbewegungen in Jugoslawien binden große Teile der deutschen Wehrmacht 1942 In Griechenland bilden sich verschiedene Widerstandsgruppen 1942 Molotow wird Stellvertreter Stalins im Rat der Volkskommissare 1942 De Valera, Ministerpräsident des neutralen Irland, protestiert gegen die Stationierung amerikanischer Truppen in Nordirland 1942 General Carmona erneut zum Staatspräsidenten von Portugal gewählt
1943	1943 (18. 1.) Frontbegradigungen in den deutschen Heeresabschnitten Mitte und Nord; Sowjets erzwingen Landzugang nach Leningrad (23. 1.) Alliierte erobern Tripolis (31. 1. und 2. 2.) Kapitulation der deutschen 6. Armee in Stalingrad (18. 2.) Goebbels proklamiert den „Totalen Krieg" (18. 2.) Flugblattaktion der Widerstandsbewegung „Weiße Rose" (17.4.–16. 6.) Erhebung der Juden des Warschauer Ghettos; Vernichtung des Ghettos (13. 5.) Heeresgruppe Afrika kapituliert (5.–13. 7.) Letzte deutsche Offensive im Kursk-Bogen scheitert; sowjetischer Einbruch im Mittelabschnitt; (4. 8.) Orel verloren	1943 Casablanca-Konferenz: Roosevelt und Churchill legen Kriegsziele fest, u. a. bedingungslose Kapitulation der Achsenmächte 1943 Teheran-Konferenz: Churchill und Roosevelt sagen der Sowjetunion die Errichtung der „Zweiten Front" im Westen zu; Beschluß über Besetzung Deutschlands, Errichtung von Besatzungszonen, Grundzüge der Friedensbedingungen, Abgrenzung der Einflußsphären 1943 Nach Landung der Alliierten in Sizilien Sturz Mussolinis; Neubildung einer Regierung unter Badoglio; Waffenstillstand mit den Alliierten; deutsche Besetzung Italiens; Befreiung Mussolinis

Amerika	Asien	Afrika	
1942 Washington-Pakt; die 26 kriegführenden Staaten verpflichten sich, keinen Sonder-Waffenstillstand mit den Achsenmächten abzuschließen 1942–1952 Rafael L. Trujillo Staatspräsident und Diktator der Dominikanischen Republik 1942 Roosevelt und Churchill treffen erneut in Washington zusammen 1942 Grenzstreit zwischen Ekuador und Peru schiedsgerichtlich beigelegt 1942 Militärputsch in Nicaragua niedergeschlagen 1942 Mexiko und Kuba nehmen diplomatische Beziehungen mit der Sowjetunion auf, nachdem sie der Koalition gegen Deutschland beigetreten sind	1942 Ganz Südostasien bis vor die Tore Indiens und Australiens bis Mitte des Jahres in japanischer Hand; Vernichtung der japanischen Trägerflotte bei den Midway-Inseln (Juni) durch die Amerikaner; Vertreibung der Japaner von den pazifischen Inseln 1942 Unabhängigkeit Ceylons gefordert 1942 Großbritannien erkennt die Unabhängigkeit Persiens an	1942 Amerikanische Truppen landen in Französisch-Nordafrika 1942 Britische Truppen landen in Madagaskar	**1942**
1943 Gründung der UNRRA (United Nations Relief and Rehabilitation Administration) Hilfsorganisation für Flüchtlinge 1943 Militärputsch in Argentinien; mehrere Generalspräsidenten nacheinander 1943 Antistreikgesetz in den USA nach Bergarbeiterstreik; 1943 Konferenz in Quebec zwischen Roosevelt und Churchill	1943 England und USA verzichten auf exterritoriale Rechte in China; weitere japanische Eroberungen in Mittel- und Süd-China 1943 Hungersnot in Bengalen durch stokkende Reisimporte fordert Millionen Opfer 1943 (März) Indonesier (von den Japanern besetzt) rufen ihre Unabhängigkeit von der niederländischen Kolonialmacht aus	1943 Die Konferenz von Casablanca zwischen Churchill und Roosevelt gibt den nordafrikanischen Unabhängigkeitsbewegungen Freiheitsversprechungen 1943 Ferhat Abbas fordert begrenzte Selbstregierung für Algerien	**1943**

	Deutschland/Österreich	Europa
1943	(August–April 1944) Ukraine von Russen zurückerobert (3. 9.) Geheimgehaltener Sonderwaffenstillstand Italiens (9. 9.) Alliierte Truppen landen im Golf von Tarent (10. 9.) Deutsche Besetzung Roms (10. 10.) Räumung des Kuban-Brückenkopfes an der Ostfront (13. 10.) Kriegserklärung der italienischen Regierung Badoglios an Deutschland (1. 11.) Sowjetischer Durchbruch zum unteren Dnjepr; (6. 11.) Kiew aufgegeben Verstärkte alliierte Luftangriffe; große deutsche Verluste im U-Boot-Krieg 1943 Physik-Nobelpreis an Otto Stern 1943 Österreich: Erklärung der Alliierten auf der Moskauer Konferenz, daß die Republik Österreich nach Kriegsende wiederhergestellt werden soll	1943 (26. 4.) Die UdSSR bricht die Beziehungen zu der nationalpolnischen Exilregierung in London ab 1943 Auflösung der Kommunistischen Internationale „Komintern" durch Stalin wegen des gemeinsamen Kampfes mit den Westmächten 1943 Rücktritt der dänischen Regierung 1943 Die tschechoslowakische Exilregierung (Benesch) und die Sowjetunion schließen Freundschafts- und Beistandspakt 1943 Tito befehligt die „Nationale Befreiungsarmee" Jugoslawiens, bestehend aus kommunistischen Partisanenverbänden 1943 Stalin Marschall der Sowjetunion 1943 Britischer Luftangriff auf Rom 1943 Englische Stützpunkte auf den portugiesischen Azoren
1944	1944 Verstärkte alliierte Luftangriffe auf Deutschland (3. 1.) Sowjetische Armee erreicht ehemalige polnische Grenze; (bis April) Abwehrschlachten der Heeresgruppe Nord (22. 1.) Alliierte Landungen bei Anzio und Nettuno (19. 3.) Besetzung Ungarns durch deutsche Truppen (Mitte April) Nach russischer Großoffensive geht die Südukraine verloren, die Rote Armee nimmt Odessa und dringt in Galizien ein (Mai) Die Krim von Russen zurückerobert (4. 6.) Rom von Alliierten besetzt (6. 6.) Invasion der Alliierten in der Normandie („Operation Overlord") (6. 6.–28. 7.) Sowjetische Sommeroffensive; Teile der deutschen Heeresgruppe Nord ziehen sich nach Kurland zurück (20. 7.) Bombenattentat Stauffenbergs auf Hitler im Hauptquartier „Wolfsschanze"; Umsturzversuch scheitert, die Verschwörer werden erschossen	1944 Sturz des rumänischen Führers Antonescu durch König Michael II.; durch Geheimverhandlungen mit den Westmächten vorbereitet 1944 Eroberung des Baltikums durch Sowjetrußland; massenhafte Deportationen 1944 Island löst die politische Verbindung zu Dänemark 1944 (6. 6.) Invasion der Alliierten an der Küste der Normandie 1944 Finnland schließt Waffenstillstand mit der UdSSR 1944 Belgien, Niederlande und Luxemburg beschließen Zollunion 1944 (1. 8.–5. 10.) Warschauer Aufstand nationalpolnischer Kreise; die Rote Armee greift nicht ein; die Aufständischen unterliegen bei einer deutschen Gegenaktion (völlige Vernichtung Warschaus)

Amerika	Asien	Afrika	
	1943 Konferenz von Teheran; erstes Zusammentreffen Churchills und Roosevelts mit Stalin im 2. Weltkrieg; Zusage an die Sowjetunion zur Errichtung einer „zweiten Front“ im Westen; Beschluß zur Besetzung Deutschlands, Errichtung von Besatzungszonen, Abgrenzung der gegenseitigen Einflußbereiche	1943 (22.–26. 11.) 1. Kairo-Konferenz; Zusammenkunft Roosevelts, Churchills und Tschiang Kai-scheks 1943 (2.–6. 12.) 2. Kairo-Konferenz; Churchill und Roosevelt beraten ein Kriegs- und Nachkriegsprogramm für Fernost	**1943**
1944 Oberst Juan Perón Vizepräsident in Argentinien 1944 (1.–22. 7.) Bretton-Woods-Konferenz; internationale Finanz- und Währungskonferenz; Beschluß zur Errichtung der Weltbank und des Internationalen Währungsfonds 1944 Ablehnung des zunächst gebilligten Morgenthau-Plans durch Präsident Roosevelt; sah territoriale Reduzierung und Zerstückelung Deutschlands durch Föderalisierung vor; Demontage der deutschen Industrie; Umwandlung Deutschlands in einen Agrarstaat; Entmilitarisierung	1944 Syrien endgültig unabhängig 1944 Die Türkei bricht die diplomatischen Beziehungen mit Deutschland ab 1944 Kriegswende im Fernen Osten; USA und England beginnen an Japan verlorene Gebiete zurückzuerobern 1944 Rücktritt der Regierung Todscho in Japan; neuer Regierungschef General Koiso	1944 Gründung der Unabhängigkeitspartei Istiklal in Marokko unter Allal-al-Fassi	**1944**

2. Weltkrieg/Kriegsschauplatz Afrika

1940

6.–19. 8.	Die Italiener besetzen Britisch-Somaliland
13. 9.	Vorstoß Marschall Grazianis gegen Ägypten; kommt bei Sidi Barrani zum Stehen; Stellungskrieg
23.–25. 9.	Französischer Handstreich auf Dakar scheitert
9. 10.	de Gaulle gelingt Festsetzung in Kamerun
12. 10.	Nachtgefecht vor Malta für die Briten erfolgreich
9. 12.–9. 2. 1941	Vernichtung der 10. italienischen Armee in der Cyrenaika

1941

19. 1.–18. 5.	Eroberung Abessiniens durch General Cunningham vom Sudan und von Kenia aus
12. 2.	Einsatz des deutschen Afrikakorps beginnt (General Rommel)
24. 3.–12. 4.	Wiedereroberung der Cyrenaika durch das deutsche Afrikakorps mit Ausnahme von Tobruk, das durch die britische Mittelmeerflotte versorgt wird
28. 3.	Erneut siegreiches Seegefecht der Briten am Kap Matapan
Sommer 1941	Ausbau der Stellungen der deutschen Truppen in Afrika, auch Tobruk genommen
18. 11.–18. 1. 1942	Zweite britische Offensive des Generals Cunningham; Entsatz Tobruks; jedoch stärkere Sicherung des italienisch-deutschen Nachschubs durch Luftangriffe auf Malta, U-Boot-Einsätze und italienische Zweimanntorpedos

1942

21. 1.–7. 2.	Rückeroberung der Cyrenaika durch Rommel; Gegenstöße Auchinlecks bzw. Ritchies scheitern
20./21. 6.	Überraschender Handstreich Rommels auf Tobruk (30000 Gefangene)
23.–29. 6.	Afrikakorps verfolgt die Briten bis El Alamein
23. 10.–4. 11.	Materialschlacht von El Alamein unter Führung von Montgomery; Rommel kann, einen Genesungsurlaub abbrechend, nur die Reste des Afrikakorps retten; die Cyrenaika endgültig in der Hand der Briten
8. 11.	Eisenhowers Landung in Nordafrika; nur schwacher Vichy-Widerstand, Admiral Darlan stellt am 11. 11. den Kampf ein
10. 11.	Landung von deutschen Truppen in Tunis; Tunis wird zu ihrem letzten Bollwerk in Afrika

1943

14.–23. 1.	Casablancakonferenz; Forderung der bedingungslosen Kapitulation; Freiheitsversprechungen an die Araber bahnen das Ende des Kolonialismus an
31. 1.	Montgomerys Einzug in Tripolis und völliger Verlust des „Impero“
13.–23. 2.	Rommels Vorstoß gegen den Kasserinepaß wird von den Amerikanern aufgefangen; Montgomery stößt von Süden her gegen Tunis vor
7.–12. 5.	Vernichtung der Armeen von Arnim und Messe; damit ist der Afrikafeldzug abgeschlossen

2. Weltkrieg/Kriegsschauplatz Ostasien

1941

21. 6.	Japaner besetzen Indochina (mit Zustimmung der Vichy-Regierung)
8. 12.	Luftüberfall der Japaner auf Pearl Harbor
10. 12.	Japaner versenken britische Schlachtschiffe im Golf von Siam
Dezember–Mai 1942	Japaner erobern die Philippinen und Indonesien, Hongkong (25. 12.) und Singapore (15. 2. 1942)

1942

25. 1.	Thailand tritt auf seiten Japans in den Krieg ein
März–Mai	Japaner erobern Birma;
7./8. 5.	Trägerschlacht im Korallenmeer endet unentschieden
5./6. 6.	Die USA vernichten das Trägergeschwader Nagumo
6./7. 6.	Japaner besetzen die Aleüteninseln Attu, Kiska und Adak
12.–14. 11.	Seeschlacht bei Guadalcanar entscheidet langes Ringen um die Insel zugunsten der USA

1943

1.–4. 3.	Die USA vernichten japanische Transportflotte in der Bismarcksee
29. 5.	Die USA erobern Attu zurück
Juli	Japaner räumen Kiska freiwillig
Juni–Dezember	Die USA bilden durch „Inselsprünge“ Parallelen zu den japanischen Stellungen auf Neubritannien; Japaner verlieren Salamaua und Lae auf Neuguinea
November–Juni 1944	Zentralpazifisches Flottenunternehmen der Amerikaner (Admiral Nimitz) greift nach den Philippinen und China

1944

Januar–Mai	Eroberung der Marshall-Inseln
15. 6.	Die USA landen auf den Marianen
18. 7.	Japans Kriegskabinett Todscho tritt zurück
19./20. 6.	Trägerschlacht bei Saipan wird von den Japanern abgebrochen; die Insel geht verloren (9. 7.)
20. 10.	Amerikaner landen auf Leyte
22.–24. 10.	Durchbruchversuch der japanischen Schlachtflotte zu den amerikanischen Landeräumen scheitert

1945

9. 1.–29. 6.	Rückeroberung Luzons durch die Amerikaner
14. 1.–2. 5.	Wiedereroberung Birmas durch Mountbatten
19. 2.–6. 3.	Amerikaner erobern Iwodschima
1. 4.–21. 6.	Amerikaner erobern Okinawa
26. 7.	Japan lehnt Aufforderung zur Kapitulation und Abdankung des Tenno ab
6. 8.	Abwurf der ersten Atombombe auf Hiroschima durch die USA fordert über 100000 Tote
8. 8.	UdSSR erklärt Japan den Krieg
9. 8.	Abwurf der zweiten Atombombe durch die USA auf Nagasaki
10. 8.	Japans Kapitulationsangebot wird angenommen (14. 8.); Aufrechterhaltung des Kaiserhauses
9. 9.	Waffenstillstand von Nanking; Kapitulation der japanischen Chinaarmeen

	Deutschland/Österreich	Europa
1944	(1. 8.–2. 10.) Warschauer Aufstand der polnischen „Heimatarmee“ (15. 8.) Großlandung der Alliierten an der französischen Rivieraküste (25. 8.) Franzosen ziehen in Paris ein (von den Deutschen kampflos und unzerstört übergeben) (25. 8.) Kriegserklärung Rumäniens an Deutschland (3. 9.) Alliierte besetzen Lyon (8. 9.) Bulgarien erklärt Deutschland den Krieg (17. 9.–26. 9.) Schlacht bei Arnheim (25. 9.) Aufstellung des „Volkssturms“ in Deutschland (11. 10.) Sowjetische Truppen dringen in Ostpreußen ein (21. 10.) Aachen von den Alliierten erobert (16. 12.–27. 12.) Ardennenoffensive der deutschen Truppen (31. 12.) Ungarische Gegenregierung erklärt Deutschland den Krieg 1944 Chemie-Nobelpreis an Otto Hahn	1944 Bildung der Nationaldemokratischen Front in Rumänien mit zunehmendem Einfluß der Kommunisten 1944 Reichsverweser Horthy versucht, die Verbindung mit dem nationalsozialistischen Deutschland zu lösen; deutsche Besetzung Ungarns; Absetzung Horthys; Nachfolger F. Szálasi, Führer der faschistischen Pfeilkreuzbewegung 1944 Rote Armee besetzt Belgrad; König Peter II. verzichtet auf seine Rückkehr; Tito bildet neue Regierung 1944 Russische Besetzung Bulgariens; Waffenstillstand mit den Westalliierten und der Sowjetunion 1944 General de Gaulle schließt in Moskau Bündnisvertrag mit der UdSSR
1945	1945 Massive alliierte Luftangriffe auf deutsche Städte; Flüchtlingswelle von Osten nach Westen; rund 2 Millionen Flüchtlinge und Soldaten werden nach Westen transportiert 1945 (12. 1.–23. 1.) Russische Truppen dringen an Oder und Weichsel vor (23. 3.) Rheinübergang britischer Truppen (13. 4.) Russische Truppen besetzen Wien (16. 4.–2. 5.) Berlin von russischen Truppen erobert, amerikanische und russische Truppen treffen bei Torgau an der Elbe zusammen (30. 4.) Selbstmord Hitlers (1. 5.) Elbübergang britischer Truppen (1./2. 5.) Großadmiral Karl Dönitz übernimmt Nachfolge Hitlers und bildet „Geschäftsführende Reichsregierung“ (4. 5.) Teilkapitulation der deutschen Wehrmacht in Nordwestdeutschland, den Niederlanden und in Dänemark	1945 (1. 2.) Erschießung des Regenten und aller bis dahin führenden Persönlichkeiten in Bulgarien; Beginn der Bolschewisierung des Landes 1945 (4. 2.–11. 2.) Konferenz von Jalta zwischen Roosevelt, Churchill und Stalin; Beschlüsse von Teheran bestätigt 1945 Alliierte Besetzung in Österreich (bis 1955) 1945 (6. 3.) Kommunistische Regierung Groza in Rumänien seit 1945 Mit der Eroberung der Gebiete östlich von Oder und Neiße durch die russischen Armeen Austreibung von 10 Millionen Deutschen (Beschluß der Konferenzen in Teheran und Jalta) 1945 (17. 7.–2. 8.) Potsdamer Konferenz und Abkommen 1945 König Haakon und die Regierung kehren aus London nach Norwegen zurück 1945 In Großbritannien Regierung unter dem Vorsitzenden der Labour-Party Clement Attlee

Amerika	Asien	Afrika	
1944 Franklin D. Roosevelt zum vierten Male zum Präsidenten der USA gewählt	1944 Beginn amerikanischer Luftangriffe auf Japan 1944 Auseinandersetzungen zwischen Moslems und Hindus in Indien; Einigungsversuche scheitern	1944 Versprechen de Gaulles, den algerischen Moslems das volle französische Bürgerrecht zu geben, wird von der 4. Republik nicht eingehalten	**1944**
1945 Interamerikanische Konferenz in Mexiko-City 1945 Tod des Präsidenten der USA F. D. Roosevelt; Harry S. Truman Nachfolger 1945 (25. 4.–26. 6.) Konferenz von San Francisco: Gründung der Vereinten Nationen (UNO) durch die 50 Feindstaaten der Achsenmächte mit eigener, am 24. 10. 1945 in Kraft getretener Charta; Ziel: Sicherung des Weltfriedens, Beobachtung von Konflikten, Entsendung von UN-Streitkräften 1945 Gründung der UNESCO 1945 (16. 7.) Explosion (versuchsweise) der ersten Atombombe	1945–1948 Palästina-Unruhen 1945 Gründung der Arabischen Liga durch Zusammenschluß von Irak, Jemen, Libanon, Saudi-Arabien, Syrien, Ägypten; Ziel: kulturelle, politische, militärische und wirtschaftliche Zusammenarbeit 1945 Kurz vor Kriegsende muß die Türkei unter alliiertem Druck Deutschland und Japan den Krieg erklären 1945 Interims-Nationalregierung in Delhi mit Pandit Nehru als Vizepräsidenten 1945 Rußland erklärt Japan den Krieg und besetzt die Mandschurei 1945 Gründung der Koreanischen Volksrepublik	1945 Verstärktes Unabhängigkeitsstreben in Marokko; Tanger wieder unter internationaler Kontrolle 1945 Algerische Freiheitsbestrebungen von Frankreich unterdrückt	**1945**

1945

(7. 5.) Unterzeichnung der bedingungslosen Kapitulation in Reims (am 8. 5. in Berlin-Karlshorst wiederholt); die Zeit bis zur Unterzeichnung der Gesamtkapitulation reicht aus, um noch rund 2 Millionen Heeresangehörige und Flüchtlinge von Ost nach West zu transportieren

(23. 5.) Auflösung der deutschen Regierung durch Alliierte Kontrollkommission; Regierungsmitglieder und Oberkommando der Wehrmacht zu Kriegsgefangenen erklärt

(5. 6.) Die Regierungen Großbritanniens, der USA, der UdSSR und Frankreichs übernehmen die Regierungsgewalt in Deutschland; Aufteilung in Besatzungszonen (Berlin in Sektoren)

(1. 7.) Amerikanische Truppen räumen Sachsen und Thüringen; Potsdamer Konferenz: Errichtung eines Alliierten Kontrollrats in Berlin; Nordhälfte Ostpreußens unter sowjetischer, Gebiete östlich von Oder und Neiße, Stettin und Swinemünde unter polnischer Verwaltung; Vertreibung von rund 10 Millionen Deutschen aus den Gebieten Ost- und Ostmitteleuropas; Beginn des Nürnberger Prozesses gegen die als Hauptkriegsverbrecher angeklagten Deutschen

1945 In der sowjetischen Besatzungszone Bodenreform

1945 Österreich: Einsetzung einer provisorischen Regierung unter Karl Renner, die eine Unabhängigkeitserklärung abgibt; Kapitulation der deutschen Wehrmacht und deren Entwaffnung; alliierter Kontrollrat für Österreich kündigt Wiederherstellung Österreichs in den Grenzen von 1937 an; Land wird in 4 Besatzungszonen, Wien in 4 Sektoren eingeteilt; Wahlen zum National- und Bundesrat; Leopold Figl (ÖVP) bildet Koalitionsregierung aus ÖVP und SPÖ; K. Renner Bundespräsident

1945 Physik-Nobelpreis an Wolfgang Pauli (Österreich)

1945–1951 In Großbritannien Verstaatlichungen vor allem in den Grundstoffindustrien und im Transportwesen

1945 Saargebiet französisches Protektorat

1945–1947 Vertreibung der Deutschen aus der Tschechoslowakei

1945 (10. 9.–2. 10.) Londoner Außenministerkonferenz, Konstituierung des Außenministerrats

1945 Benito Mussolini von Partisanen erschossen

1945 (29. 11.) Proklamation der Volksrepublik Jugoslawien; Josip Broz Tito Regierungschef

1945 (13. 12.) Beginn des Griechischen Bürgerkriegs (bis 1949); Westmächte unterstützen die Monarchisten, die UdSSR die Kommunisten

1945 Tschechoslowakische Exilregierung unter Benesch und Außenminister Jan Masaryk trifft in Prag ein

1945 Enteignung des Großgrundbesitzes und Agrarreform in Ungarn

1945 Durchgreifende Sozialisierungsmaßnahmen in Polen, in der Tschechoslowakei und in Jugoslawien

1945 Polnisch-russische Grenzziehung verlangt entsprechende Umsiedlungen polnischer Bevölkerungsteile; Polen vertreibt rund 9,3 Millionen Deutsche aus den Gebieten östlich von Oder und Neiße

1945 Vidkun Quisling (Norwegen) wegen Zusammenarbeit mit den Deutschen zum Tode verurteilt und erschossen; sein Name gilt als Synonym für Kollaborateur

1945 Volksfrontregierung Enver Hodscha in Albanien

1945 de Gasperi Ministerpräsident in Italien

Amerika	Asien	Afrika	
1945 In Brasilien wird der Diktator Vargas nach 15jähriger Herrschaft zum Rücktritt gezwungen; nach Parlamentswahlen General Dutra Präsident 1945 In Argentinien Gründung einer peronistischen Arbeiterpartei	1945 Bündnis UdSSR–China 1945 Nord-Borneo wird britische Kronkolonie 1945 (6. 8.) Abwurf einer amerikanischen Atombombe über Hiroschima; (9. 8.) über Nagasaki 1945 (2. 9.) Kapitulation Japans 1945 Maos Erklärung „Über die Koalitionsregierung" (mit der KMT); Kommunisten breiten sich über die Mandschurei und Nordchina aus; die Kuomintang-Truppen besetzen mit Hilfe amerikanischer Luft- und Seestreitkräfte alle Großstädte; vergebliche Verhandlungen zwischen KMT und KPC; erste Truppenzusammenstöße 1945–1949 Chinesischer Bürgerkrieg 1945 Proklamation der „Demokratischen Republik Vietnam" (Nordvietnam) unter Staatspräsident Ho Tschi-minh 1945–1954 1. Vietnamkrieg zwischen Frankreich und Vietminh-Rebellen 1945 Sukarno erklärt in Djakarta die Unabhängigkeit der „Republik Indonesien" 1945–1949 Indonesischer Unabhängigkeitskampf; indonesische Nationalisten gegen die niederländische Kolonialmacht	1945 Nach Kriegsende Unabhängigkeitsforderungen in Tunesien durch die Neo-Destour-Partei Habib Bourgibas erhoben und von Frankreich abgelehnt 1945 Ehemalige deutsche Kolonien Treuhandgebiete der Vereinten Nationen	**1945**

	Deutschland/Österreich	Europa
1946	1946 Aufteilung der Reste der deutschen Kriegs- und Handelsmarine an die Siegermächte; alliierter Kontrollrat stellt Industrieplan auf, (50 % des Vorkriegsstandes); erste Gemeindewahlen in allen Besatzungszonen; Urteilsverkündung im Nürnberger Prozeß des Internationalen Militärtribunals 1946 Zusammenschluß von KPD und SPD zur Sozialistischen Einheitspartei Deutschlands (SED) unter Walter Ulbricht in der sowjetischen Besatzungszone; Enteignung von Wirtschaftsunternehmen 1946 Literatur-Nobelpreis an Hermann Hesse 1946 Carl Zuckmayer: „Des Teufels General“ 1946 Österreich: Gruber/de Gasperi-Abkommen zwischen Österreich und Italien zur Regelung der Südtirolfrage	1946 Rücktritt de Gaulles als französischer Ministerpräsident 1946 Trygve Lie (Norwegen) Generalsekretär der UN 1946 Ungarn erklärt sich zur Republik; innenpolitische Wirren verstärken sich 1946 In Finnland Rücktritt des Präsidenten Mannerheim; Paasikivi neuer Präsident 1946 Proklamation der Volksrepublik Albanien 1946 Bei den Wahlen zur Nationalversammlung in der Tschechoslowakei Kommunisten stärkste Partei; Gottwald wird Ministerpräsident 1946 Proklamation der Republik in Italien; Viktor Emanuel II. dankt ab 1946 (29. 7.–15. 10.) Pariser Friedenskonferenz; Verträge mit Finnland, Italien, Ungarn, Rumänien und Bulgarien 1946 Gruber/de Gasperi-Abkommen über Südtirol 1946 Proklamation der Volksrepublik Bulgarien; G. Dimitroff bildet Regierung 1946 Inkrafttreten der neuen französischen Verfassung: Beginn der IV. Republik 1946 Auflösung des Völkerbundes (Funktionen gehen an die UNO über) 1946–1950 Vierter Fünfjahresplan in der UdSSR (zur Behebung der Kriegsschäden) 1946 Molotow erklärt Oder-Neiße-Linie für endgültig 1946 Rückkehr König Georgs II. nach Griechenland; Volksabstimmung für Monarchie 1946 Enteignung des Großgrundbesitzes in Polen
1947	1947 Zusammenschluß der amerikanischen und britischen Besatzungszone zur Bizone; Kontrollratsbeschluß über Auflösung Preußens; Moskauer Außenministerkonferenz: Beschluß über Entlassung der Kriegsgefangenen bis Ende 1948; Interzonenkonferenz der deutschen Ministerpräsidenten	1947 Bierut Präsident der Republik Polen 1947 Pakt von Dünkirchen zwischen Frankreich und Großbritannien; durch Beitritt der Benelux-Staaten zur Westunion erweitert 1947 Nachfolgegesetz in Spanien, von den Cortes und durch Plebiszit bestätigt

Amerika	Asien	Afrika	
1946 Trygve Lie erster Generalsekretär der UNO 1946 Peron wird Staatspräsident von Argentinien 1946 Die holländischen Westindischen Inseln und Surinam werden selbstverwaltete Reichsteile 1946 (März) Französisch-Guayana wird als überseeisches Departement ans französische Mutterland angegliedert; keine Strafkolonie mehr 1946 Neue Verfassung in Brasilien	1946 Niederschlagung einer kommunistischen Revolution in Aserbeidschan (Iran) 1946 Russen räumen die Mandschurei; KMT-Truppen rücken nach; Ausbreitung des Bürgerkriegs in Nord-China; Mao ersucht die USA, die KMT nicht weiter zu unterstützen und ihre Truppen zurückzuziehen 1946 Gründung der Föderation Malaya (ohne Singapur) 1946 Singapur britische Kronkolonie 1946 König Rama VIII. von Thailand ermordet; Nachfolger sein Bruder Rama IX. 1946 Unabhängigkeit der Philippinen; anhaltender Widerstand der ehemaligen Volksarmee (Huks) 1946 Abkommen von Linggadjati: Unabhängigkeit Indonesiens und Bildung einer indonesisch-niederländischen Union 1946 Transjordanien unabhängiges Königreich	1946 (März) Nach der neuen Verfassung in Frankreich sind die französischen Besitzungen in Afrika Territorien des überseeischen Frankreich 1946 Britische Truppen räumen Ägypten (außer der Kanalzone)	**1946**
1947 Truman-Doktrin; Bereitschaft der USA, durch kommunistische Bewegungen bedrohte Länder wirtschaftlich und militärisch zu unterstützen (Marshall-Plan, Hilfe für Griechenland und Türkei)	1947 UN beschließt Teilung Palästinas in einen jüdischen und einen arabischen Teil; Widerstand der Araber und der Juden 1947 „India Independence Bill“ in Großbritannien gebilligt		**1947**

	Deutschland/Österreich	Europa
1947	in München scheitert an der Forderung der Vertreter der Sowjetzone, vor der wirtschaftlichen die politische Einheit herzustellen; ergebnislose Außenministerkonferenz in London über Deutschlandfragen; Verfassung für das Saargebiet: wirtschaftlicher und zollpolitischer Anschluß an Frankreich; Unterstellung unter einen französischen Hohen Kommissar 1947 Österreich: Annahme des Marshall-Planes; Währungsreform; Fortsetzung der Verstaatlichung von großen Kreditinstituten, Kohlengruben, Eisen- und Stahlwerken 1947 Gründung der Universität Saarbrücken 1947 Thomas Mann: „Doktor Faustus“	1947 (10. 2.) Pariser Friedensverträge unterzeichnet; mit Italien (Verlust der Kolonien), Finnland (Verlust von Ostkarelien), Rumänien (Bessarabien und Bukowina an die UdSSR, Süddobrudscha an Bulgarien), Jugoslawien (Triest wird Freistaat), Bulgarien und Ungarn 1947 Paul I. König von Griechenland 1947 Aufständische Kommunisten rufen in Nordgriechenland die Republik aus; Gegenregierung der Monarchisten 1947 Gründung des Kominform als Nachfolgeorganisation der Komintern; Sitz in Belgrad (später Bukarest); Funktion: Koordination zwischen den kommunistischen Parteien (1956 aufgelöst) 1947 GATT-Abkommen 1947 Frederik IX. König von Dänemark 1947 Rumänien wird Volksrepublik; König Michael dankt ab
1948	1948 In Deutschland Ausbau der Verwaltungsorgane der Bizone und der Deutschen Wirtschaftskommission der Ostzone; sowjetischer Vertreter im Kontrollrat blockiert weitere Kontrollratsarbeiten; Besprechungen über gemeinsame Währungsreform abgebrochen; Entschluß der Westmächte, Währungsreform ohne UdSSR durchzuführen; Sechsmächtekonferenz in London (Westmächte und Benelux-Staaten) legt Richtlinien für künftige Deutschlandpolitik fest; Alliierte Kommandantur in Berlin stellt gemeinsame Sitzungen ein, da der sowjetische Vertreter die Teilnahme ablehnt; Währungsreform in den drei Westzonen (20. 6.); Abbruch der Viermächteverhandlungen über einheitliche Währungsreform in Berlin; sowjetische Militärverwaltung ordnet Währungsreform für Ostzone und Groß-Berlin an; westliche Stadtkommandanten setzen diese Anordnung für ihre Sektoren außer Kraft; sowjetische Besatzungsmacht unterbindet jeden	1948 Die Tschechoslowakei wird Volksdemokratie; Zusammenschluß der sozialistischen und kommunistischen Partei; Ausschaltung der bürgerlichen Regierungsmitglieder; Staatspräsident Benesch tritt zurück, Jan Masaryk begeht Selbstmord 1948 Abschluß des Brüsseler Pakts als Fünfmächtevertrag zwischen Großbritannien, Frankreich, Belgien, den Niederlanden und Luxemburg; 1954 nach dem Beitritt Italiens und der Bundesrepublik Umwandlung in „Westeuropäische Union“ 1948 Juliana Königin der Niederlande (nach Abdankung Wilhelminas) 1948 Die Färöer-Inseln erhalten von Dänemark die Selbstverwaltung 1948 (23. 2.–6. 3.) Sechsmächtekonferenz in London über Deutschland: Eingliederung Deutschlands in den Westen und internationale Ruhrkontrolle 1948 Bündnisvertrag zwischen Rumänien und der UdSSR 1948 Bündnis zwischen Bulgarien und der UdSSR

Amerika	Asien	Afrika	
1947 Abschluß des Rio-Pakts; panamerikanischer Beistandspakt 1947 Einführung der Planwirtschaft in Argentinien unter der Präsidentschaft Peróns 1947 Bekanntgabe des Marshall-Plans; Europahilfe der USA 1947 Taft-Hartley Act in den USA: Koalitionsfreiheit der Arbeitnehmer, aber Einschränkung des Streikrechts 1947 Frauenwahlrecht in Argentinien; starker politischer Einfluß Eva Peróns 1947/48 Strenger antikommunistischer Kurs in Brasilien	1947 Vermittlungsversuche Marshalls in China gescheitert 1947 Ausbruch des chinesischen Bürgerkrieges 1947 Unabhängigkeit Indiens und Pakistans, J. Nehru wird indischer Ministerpräsident; blutige Unruhen zwischen Mohammedanern und Hindus 1947 Japan erhält neue Verfassung; Kaiser auf repräsentative Pflichten beschränkt; Frauenstimmrecht 1947 Ausbruch des niederländisch-indonesischen Konflikts	1947 Großbritannien unterstützt im Sudan Bestrebungen nach Unabhängigkeit von Ägypten 1947 Rifkabylenführer Abd el-Krim aus der Verbannung zurück; in Kairo bis zu seinem Tode (1963) für die nordafrikanischen Freiheitsbewegungen tätig	**1947**
1948 (30. 4.) Gründung der OAS (Organisation Amerikanischer Staaten) auf der Konferenz von Bogotá 1948 Truman (Demokrat) erneut zum Präsidenten der USA gewählt 1948 Organisation einer „Luftbrücke“ zur Versorgung Berlins durch amerikanische Streitkräfte während der Blockade	1948 (4. 1.) Unabhängigkeit Birmas 1948 (4. 2.) Unabhängigkeit Ceylons 1948 (14. 5.) Proklamation des Staates Israel; David Ben Gurion wird Ministerpräsident, Chaim Weizmann erster Präsident Israels 1948 Ausbruch des arabisch-israelischen Krieges seit 1948 Kaschmir-Konflikt zwischen Indien und Pakistan 1948 Im Jemen Imam Jahja ermordet; Nachfolger Saif al-Islam Ahmed 1948 (Juni) Beginn der Aufstandsbewegung der „Malayan Race Liberation Army“ (MRLA) (kommunistisch)	1948 In Südafrika wird die von D. F. Malan geführte nationalistische Partei Regierungspartei; Rassentrennungsprogramm (Apartheid)	**1948**

	Deutschland/Österreich	Europa
1948	Personen- und Güterverkehr von und nach West-Berlin, Beginn der Blockade (24. 6.); westdeutsche Währung in den Westsektoren eingeführt; ostdeutsche Währung zugelassen; Versorgung West-Berlins auf dem Luftwege („Luftbrücke“); Übergabe der „Frankfurter Dokumente“ durch die Westmächte an die deutschen Ministerpräsidenten der Westzonen (Vorschlag zur Einberufung einer verfassunggebenden Versammlung); „Parlamentarischer Rat“ zur Ausarbeitung einer Verfassung unter Vorsitz von Konrad Adenauer (Christlich-Demokratische Union); Kommunisten stürmen das „Neue Stadthaus“ in (Ost-)Berlin, die Stadtverordnetenversammlung verlegt ihren Sitz in die Westsektoren; Wahl des bereits 1947 gewählten, aber nicht bestätigten Ernst Reuter zum Oberbürgermeister von (West-)Berlin; Spaltung des Magistrates und der Verwaltung von Groß-Berlin; im sowjetischen Sektor Berlins wird ein neuer Magistrat einberufen 1948 Gründung der Freien Universität Berlin	1948 Wirtschaftsabkommen zwischen Spanien und Argentinien 1948 (März) Beginn des jugoslawisch-sowjetischen Konflikts (beendet im Juni 1955) 1948 (16. 4.) Gründung der OEEC 1948 (6. 9.) Freundschafts- und Beistandspakt zwischen Finnland und der UdSSR; die UdSSR wird Finnlands stärkster Handelspartner
1949	1949 Militärgouverneure durch Hohe Kommissare der Alliierten ersetzt; Zusammenschluß der drei Westzonen zur Trizone; Aufhebung der Berliner Blockade (23. 5.) Vorläufiges Grundgesetz (von Bayern abgelehnt) schafft die „Bundesrepublik Deutschland“ (provisorische Hauptstadt Bonn), bestehend aus den Ländern Baden, Bayern, Bremen, Hamburg, Hessen, Niedersachsen, Nordrhein-Westfalen, Rheinland-Pfalz, Schleswig-Holstein, Württemberg-Baden, Württemberg-Hohenzollern (später Berlin und Saarland; aus den drei württembergisch-badischen Ländern wird Baden-Württemberg); Verfassung soll für alle Deutschen gelten (14. 8.) Wahlen zum 1. Bundestag; Theodor Heuß (FDP) zum 1. Bundespräsidenten gewählt	1949 (25. 1.) Gründung des COMECON; Rat für gegenseitige Wirtschaftshilfe der osteuropäischen Staaten 1949 (4. 4.) Gründung des Nordatlantikpakts; außer den USA und Kanada folgende europäische Mitglieder: Beneluxstaaten, Dänemark, Frankreich, Großbritannien, Island, Italien, Norwegen und Portugal 1949 Irland verläßt das Commonwealth 1949 (5. 5.) Gründung des Europarats (Versuch eines westeuropäischen Parlaments) 1949 Kardinal Mindszenty, Fürstprimas von Ungarn, verhaftet und zu lebenslangem Gefängnis verurteilt; 1955 Haftverschonung 1949 Ungarn Volksrepublik; Verstaatlichungsgesetze folgen 1949 Bruch zwischen Jugoslawien und der UdSSR

Amerika	Asien	Afrika	
1948 Revolution in Costa Rica; die Konservativen setzen sich durch 1948 Bürgerkrieg („violencia") in Kolumbien zwischen „Liberalen" und „Konservativen" (200000 Tote) 1948 Militärputsch in Venezuela 1948 In Peru übernimmt eine Militärjunta (Armee und Konservative) die Macht	1948 Frankreich bricht mit Ho Tschi-minh 1948 Tod Mahatma Gandhis, des Kämpfers für die indische Unabhängigkeit (von einem fanatischen Hindu ermordet) 1948 (12. 8.) Proklamation der Republik Korea (Südkorea), Staatspräsident: Syngman Rhee 1948 Kommunisten bilden nordchinesische Volksregierung; Mukden von Kommunisten besetzt	1948 Durch Beteiligung am israelisch-arabischen Krieg ist Ägypten in die arabische Niederlage verwickelt; verstärkte Unzufriedenheit der Bevölkerung	**1948**
1949 Truman kündigt Hilfe der USA für unterentwickelte Gebiete an 1949 (4. 4.) Gründung der NATO (North Atlantic Treaty Organization) 1949 Nach Plebiszit Anschluß Neufundlands an Kanada	1949–1951 Ali Khan Premierminister von Pakistan 1949 (31. 1.) Chinesische Kommunisten erobern Peking, (15. 1.) Tientsin, (25. 5.) Schanghai und (14. 10.) Hankou (30. 11.) Tschungking 1949 (21. 9.) Gründung der Volksrepublik China, Tschou En-lai wird Ministerpräsident, Mao Tsetung Staatspräsident (1. 10.) 1949 Allgemeine Wehrpflicht in Neuseeland	1949 Beschluß der UNO-Vollversammlung, die ehemaligen italienischen Kolonien Cyrenaika, Tripolitanien und Fessan zu vereinigen	**1949**

	Deutschland/Österreich	Europa
1949	(15. 9.) Wahl von Konrad Adenauer (CDU) zum Bundeskanzler; Koalitionsregierung aus Vertretern der CDU (Christlich-Demokratische Union), CSU (Christlich-Soziale Union), FDP (Freie Demokratische Partei) und DP (Deutsche Partei); Vorsitzender der in Opposition stehenden SPD: Kurt Schumacher; Inkrafttreten des Besatzungsstatuts; „Petersberger Abkommen“ führt zu Erleichterungen im Wirtschaftsleben; Bundesrepublik tritt dem Ruhrstatut bei; (West-)Berlin wird in das Europäische Wiederaufbauprogramm der USA einbezogen 1949 (30. 5.) Verfassung der „Deutschen Demokratischen Republik“ (DDR) mit Hauptstadt Berlin; der vom „Volkskongreß“ eingesetzte „Deutsche Volksrat“ der Sowjetzone konstituiert sich als vorläufige „Deutsche Volkskammer“ und setzt die Verfassung in Kraft (7. 10.); Staatsorgane der DDR: Volks- und Länderkammer, Ministerpräsident und Minister, Präsident der Republik; Wahl Wilhelm Piecks zum Präsidenten; Ministerpräsident Otto Grotewohl (Stellvertreter u. a. Walter Ulbricht) bildet Koalitionsregierung aus SED, CDU, LDP, NDP 1949 Österreich: Ergebnislose Viermächteverhandlungen über einen Staatsvertrag mit Österreich; bei Neuwahlen erhält die ÖVP eine Mehrheit; Bundeskanzler Leopold Figl (ÖVP) bildet neue Koalitionsregierung	1949 Das Zollwesen der Beneluxländer voll vereinheitlicht 1949 Staatsbesuch des spanischen Staatschefs Franco in Portugal 1949 Außenministerkonferenz in Paris (ohne UdSSR); Integration Deutschlands in Westeuropa beschlossen 1949 Besuch Mao Tse-tungs in Moskau 1949 (23. 9.) Explosion der ersten sowjetischen Atombombe 1949 Haager Round Table-Konferenz: Beendigung des niederländisch-indonesischen Konflikts und Anerkennung der Unabhängigkeit Indonesiens durch die Niederlande
1950	1950 Aufhebung der Lebensmittelrationierung in der Bundesrepublik; Bundestagsbeschluß über Beitritt zum Europarat; Berlin in die Rechts-, Wirtschafts- und Finanzordnung der Bundesrepublik einbezogen; oberste Gewalt bei den 4 Mächten 1950 Freundschaftsabkommen der DDR mit Ungarn, Bulgarien und Rumänien; im Görlitzer Abkommen erkennt die DDR die Oder-	1950 Die Bundesrepublik tritt in den Europarat ein 1950 Schumann-Plan: Vereinigung der Stahl- und Kohleproduktion Frankreichs, der Bundesrepublik Deutschland, Italiens und der Benelux-Staaten 1950 Europäische Zahlungsunion (EZU)

Amerika	Asien	Afrika	
	1949 Abschluß der Eingliederung aller indischen Fürstenstaaten in die indische Republik 1949 Flucht der nationalchinesischen Regierung nach Formosa 1949 Unabhängigkeit von Laos, Kambodscha und Vietnam 1949 A. Sukarno wird Staatspräsident von Indonesien; Niederlande erkennen die Indonesische Republik an; Neuguinea bleibt niederländische Kolonie 1949 Mao Tse-tung macht Chinas Ansprüche auf Tibet geltend 1949 Waffenstillstand zwischen Israel und Ägypten 1949 In Thailand neue Verfassung 1949 Militärputsche und Unruhen in Syrien 1949 Attentat auf den Schah von Persien 1949 Bhutan überträgt Indien die Führung seiner auswärtigen Angelegenheiten	1949 Gegen den Beschluß des Völkerbunds gliedert Südafrika die ehemalige deutsche Kolonie Deutsch-Südwestafrika (Namibia) ein	**1949**
1950 Wirtschaftliche Zusammenarbeit zwischen Bundesrepublik und USA vereinbart	1950 Minderheitenschutzabkommen zwischen Indien und Pakistan 1950 Bekanntgabe des Colombo-Plans; Plan zur Verbesserung der Lebensbedingungen in Süd- und Südostasien	1950 Nach einem Sieg der Wafd-Partei in Ägypten Regierungsbildung unter Nahas Pascha; Forderung nach Abzug britischer Truppen und Nationalisierung des Suez-Kanals	**1950**

	Deutschland/Österreich	Europa
1950	Neiße-Linie als endgültige deutsch-polnische Grenze an; Verkündung eines Fünfjahrplanes zum wirtschaftlichen Aufbau der DDR; Deutschlandkonferenz der Ostblockstaaten mit der DDR in Prag; Volkskammerwahlen in der DDR mit Einheitslisten (15. 10); Regierung unter Ministerpräsident Otto Grotewohl; Grotewohl schlägt Adenauer paritätischen Rat zur Konstituierung einer gesamtdeutschen Regierung und zur Vorbereitung von Wahlen zu einer Nationalversammlung vor (3. 12.); DDR wird in den „Rat für gegenseitige Wirtschaftshilfe" (COMECON) der Ostblockstaaten aufgenommen 1950 Österreich: Tod des österreichischen Bundespräsidenten Karl Renner 1950 Bildung einer Europäischen Zahlungsunion, die Zahlungen von Land zu Land in jeder westeuropäischen Währung ermöglicht 1950 Chemie-Nobelpreis an Otto Diels und Kurt Alder	1950 Gustav VI. Adolf König von Schweden 1950 Freundschafts- und Beistandspakt zwischen der UdSSR und der Volksrepublik China 1950 Die Außenminister der drei Westalliierten beraten in Brüssel über die Aufstellung einer westeuropäischen Armee mit westdeutscher Beteiligung 1950 Wirtschaftsvereinbarung zwischen Portugal und den USA 1950 Londoner Dreimächtekonferenz über Fragen der Politik gegenüber Deutschland und Österreich; Außenministerkonferenz der drei Westmächte spricht sich für Zusammenarbeit mit der Regierung der Bundesrepublik aus
1951	1951 Wahl Ernst Reuters zum Regierenden Bürgermeister von Berlin; Aufstellung des „Bundesgrenzschutzes"; Bundesrepublik erhält Paßhoheit, muß aber Verpflichtungen aus Vor- und Nachkriegsschulden anerkennen; Konrad Adenauer übernimmt das Außenministerium; Fortfall der Produktionsbeschränkungen; Bundesrepublik Mitglied des Europarates;	1951 Bildung der Montanunion; Europäische Gemeinschaft für Kohle und Stahl; Sitz der Hohen Behörde in Luxemburg 1951 Durch Vertrag mit Portugal US-Stützpunkte auf den Azoren 1951 Winston Churchill wird anstelle Clement Attlees wieder britischer Ministerpräsident 1951 Baudouin König der Belgier

Amerika	Asien	Afrika	
1950 Brasilien schließt Wirtschaftsvertrag mit der Bundesrepublik Deutschland 1950 Auf amerikanisches Drängen Beschluß der UNO zur Entsendung von UN-Streitkräften nach Südkorea (in Abwesenheit des sowjetischen Vertreters); General MacArthur erhält Oberbefahl über die US-Streitkräfte; in den USA verstärkt sich die antikommunistische Innen- und Außenpolitik; „Acht-Punkte-Programm“ Trumans für die US-Politik im Koreakonflikt 1950 Außenministerkonferenz in New York 1950 Der frühere Präsident Vargas erneut Präsident in Brasilien 1950 Militärjunta übernimmt die Macht in Haiti 1950 Präsident Truman verkündet den nationalen Notstand	1950 Vietnam (Südvietnam) unter Bao Dai, Kambodscha und Laos in die Union Française aufgenommen; im Gegenzug gewähren Moskau und Peking der Demokratischen Republik Vietnam (Nordvietnam) die offizielle Anerkennung 1950 Freundschaftspakt Volksrepublik China–UdSSR 1950 (1. 3.) Proklamation der „Nationalen Republik China“ (Nationalchina) auf Formosa (Staatspräsident Tschiang Kaischek) 1950 Rückkehr des thailändischen Königs Bhumibol 1950 (25. 6.) Beginn des Korea-Kriegs; (26. 11.) Truppen der Volksrepublik China greifen in Korea ein 1950 Hainan von den chinesischen Kommunisten erobert; Landreform, Aufteilung des Grundbesitzes, Liquidierung der Großgrundbesitzerschicht 1950–1951 Chinesische Invasion in Tibet	1950 Beistandspakt zwischen Liberia und den USA 1950 Verfassunggebende Nationalversammlung in Libyen setzt den Emir Idris el Senussi als König von Libyen ein	**1950**
1951 USA, Australien und Neuseeland schließen den ANZUS-Pakt, ein Bündnis zur kollektiven Sicherung des pazifischen Raums; gleichzeitig bilateraler Verteidigungspakt USA–Philippinen	1951 Bildung einer „nationalen Front“ unter Mossadegh im Iran 1951 Ölindustrie im Iran nationalisiert 1951 Einführung landwirtschaftlicher Produktionsgenossenschaften in China 1951 Beginn der Waffenstillstandsverhandlungen in Korea	1951 Ägypten kündigt das britisch-ägyptische Kondominium im Sudan einseitig auf; Großbritannien verspricht dem Sudan die Selbstverwaltung; König Faruk nennt sich „König von Ägypten und dem Sudan“	**1951**

	Deutschland/Österreich	Europa
1951	Vertrag über Gründung der Europäischen Gemeinschaft für Kohle und Stahl („Montanunion“) zwischen Frankreich, Italien, den Beneluxstaaten und der Bundesrepublik (9. 7.) Westmächte beenden formell den Kriegszustand mit Deutschland; Revision des Besatzungsstatuts; 1951 Volkskammer der DDR fordert Bundestag zu gemeinsamen Maßnahmen auf; Bundestag wünscht internationale Kontrolle gesamtdeutscher Wahlen (11. 10.) Erneuter Volkskammervorschlag über Beratung eines Friedensvertrages; Bundestag betont Vorrang freier Wahlen vor Beginn von Besprechungen 1951 Österreich: Theodor Körner (SPÖ) als Nachfolger von K. Renner zum österreichischen Bundespräsidenten gewählt; neue Koalitionsregierung unter Bundeskanzler Figl; Fertigstellung des Tauernkraftwerkes in Kaprun (Österreich)	1951 Bildung des Nordischen Rats 1951 Schutzbündnis zwischen Dänemark und der USA zur gemeinsamen Verteidigung Grönlands
1952	1952 Gesamtdeutsches Wahlgesetz des Bundestages sieht Wahlen unter internationaler Kontrolle vor; Wahlgesetzentwurf der Volkskammer schlägt Wahlen unter Kontrolle gesamtdeutscher Ausschüsse, die Sowjetunion eine Viererkonferenz zur Ausarbeitung eines Friedensvertrages vor (Wiedervereinigung, nationale Streitkräfte, Bündnislosigkeit, Aufnahme in die UNO, Anerkennung der 1945 in Potsdam festgelegten vorläufigen Grenzen als endgültig) (25. 3.) Westmächte verlangen freie Wahlen und außenpolitische Entscheidungsfreiheit für die zukünftige gesamtdeutsche Regierung; innenpolitische Auseinandersetzungen in der Bundesrepublik über den künftigen politischen Kurs zwischen Regierungsparteien und Opposition unter Kurt Schumacher, der die Integrierung Westdeutschlands in Westeuropa als Zerstörung der Einheit Deutschlands und	seit 1952 Königin Elisabeth II. von Großbritannien 1952 Note der UdSSR über Deutschland mit anschließendem Notenwechsel; UdSSR bietet neutralisiertes Gesamtdeutschland an, um Bildung der EVG zu verhindern 1952 Unterzeichnung des Vertrags zur Bildung der EVG (Europäische Verteidigungsgemeinschaft); wegen der Ablehnung durch die französische Nationalversammlung nicht verwirklicht 1952 Proklamation der Volksrepublik Polen 1952 16. Parteitag in Moskau 1952 (3. 10.) Explosion der ersten britischen Atombombe 1952 Griechenland und Türkei werden Mitglieder der NATO 1952 Friedensnobelpreis an den Elsässer Albert Schweitzer

Amerika	Asien	Afrika	
1951 „Charta von San Salvador"; Gründung der „Organisation der mittelamerikanischen Staaten" (ODECA)	1951 Friedensvertrag von San Francisco mit Japan (ohne Zustimmung der Sowjetunion und ihrer Satellitenstaaten); Japan gebietsmäßig auf den Stand von 1868 zurückgedrängt 1951 Nepal wird konstitutionelle Monarchie 1951 In Lhasa (Tibet) werden chinesische Militär- und Verwaltungsstellen eingerichtet; wachsender Widerstand der Tibetaner 1951 Die seit Dezember 1950 aufständischen kommunistischen Partisanen im Malayischen Bund werden von den Briten niedergeworfen 1951 Militärputsch in Syrien	1951 Ministerpräsident Malan (Südafrikanische Union) tritt zurück; Nachfolger Strydom, der die Rassentrennungspolitik weiterverfolgt 1951 Portugiesische Kolonien in „Überseeische Territorien" mit Finanz- und Verwaltungsautonomie umgewandelt	**1951**
1952 Ein Putsch Batistas auf Kuba führt zu einer antikommunistischen Diktatur (bis 1958) 1952 Erste H-Bombe der USA 1952 Der Republikaner General Dwight D. Eisenhower wird zum Präsidenten der USA gewählt; sein Außenminister John F. Dulles 1952 In Uruguay regiert statt eines Präsidenten ein Staatsrat aus neun Mitgliedern; erst 1966 nach Volksabstimmung Rückkehr zur Präsidialverfassung	1952 Hussain II. König von Jordanien 1952 „Delhi Agreement" (16.–23. 7.); Indische Union für Verteidigung, Außenpolitik und Verkehrsnetz von Kaschmir zuständig 1952 (10. 9.) Wiedergutmachungsabkommen zwischen Israel und der Bundesrepublik Deutschland	1952 (1. 1.) Unabhängigkeit Libyens 1952–1956 Mau-Mau-Krieg in Kenia; Aufstandsbewegung der Kikuyu in Kenia; von den britischen Kolonialbehörden gewaltsam unterdrückt; erst 1960 Aufhebung des Ausnahmezustands in Kenia 1952 In Ägypten Staatsstreich der Armee unter General Nagib; König Faruk I. abgesetzt; sein Sohn als Faruk II. zum König proklamiert	**1952**

	Deutschland/Österreich	Europa
1952	Europas betrachtet; Abschluß des „Deutschlandvertrages" („Generalvertrages") zwischen der Bundesrepublik und den Westmächten, der das Besatzungsstatut ablöst und die Bundesrepublik in die westeuropäische Gemeinschaft einbezieht; Lastenausgleichsgesetz; Wiedergutmachungsabkommen zwischen der Bundesrepublik und Israel; Tod des Vorsitzenden der SPD Kurt Schumacher 1952 Neugliederung der DDR; Einteilung in 14 Bezirke; Aufstellung einer „Kasernierten Volkspolizei" in der DDR 1952 Österreich: Regierung der Großen Koalition lehnt den Staatsvertragsentwurf der Westmächte ab; Besatzungskosten werden Österreich erlassen	
1953	1953 Londoner Schuldenabkommen über Rückzahlung der deutschen Auslandsschulden; Bundestagswahl bringt den Regierungsparteien Zweidrittelmehrheit; Bildung einer neuen Regierung unter Konrad Adenauer; Tod des Regierenden Bürgermeisters von Berlin Ernst Reuter 1953 DDR setzt Erhöhung der Arbeitsnormen fest; Bauarbeiter der Stalinallee in Ostberlin protestieren gegen Normentreiberei; Demonstrationen und Streikbewegungen greifen auf ganz Ost-Berlin und die DDR über und führen zum Volksaufstand gegen das SED-Regime in Ost-Berlin und der DDR (17. 6.); sowjetische Militärverwaltung verhängt Ausnahmezustand; sowjetische Truppen schlagen den Aufstand nieder; Massenverhaftungen und standrechtliche Erschießungen; Vertrag der UdSSR mit der DDR beendet Reparationsleistungen 1953 Österreich: Nach Neuwahlen in Österreich bildet der ÖVP-Vorsitzende Julius Raab eine neue Koalitionsregierung 1953 Chemie-Nobelpreis an Hermann Staudinger	1953 Unterzeichnung des Balkan-Vertrags zwischen Griechenland, der Türkei und Jugoslawien 1953 Die UdSSR nimmt diplomatische Beziehungen zu Jugoslawien auf 1953 Tod des sowjetischen Ministerpräsidenten und Generalsekretärs der KPdSU, J. W. Stalin 1953 G. M. Malenkow wird Ministerpräsident der UdSSR 1953 N. S. Chruschtschow wird Erster Sekretär der KPdSU; Sturz Berijas 1953 Erste H-Bombe der UdSSR 1953 Ministerium Imre Nagy in Ungarn 1953 Erste Sitzung des Nordischen Rates in Kopenhagen 1953 Griechenland räumt den USA Militärstützpunkte ein 1953 Spannung in der Triest-Frage zwischen Italien und Jugoslawien 1953 Grönland wird gleichberechtigter Teil des dänischen Königreichs; entsendet zwei Vertreter in den dänischen Folketing (Parlament)

Amerika	Asien	Afrika	
1952–1960 Hector B. Trujillo (Bruder des Rafael Trujillo) Staatspräsident der Dominikanischen Republik	1952 Tod des israelischen Staatspräsidenten Chaim Weizmann; Nachfolger Isaak Ben Zwi 1952 (28. 4.) Japan erlangt nach fast siebenjähriger Besetzung seine Souveränität zurück 1952 Errichtung von Kollektiv- und Staatsgütern in China		**1952**
1953 Dag Hammarskjöld wird Generalsekretär der UN 1953 Amtsantritt des Präsidenten Dwight D. Eisenhower (bis 1961); Außenminister John F. Dulles (bis 1959) und Christian A. Herter (bis 1963) 1953 In den USA werden die farbigen Soldaten den weißen gleichgestellt 1953 Frauenstimmrecht in Mexiko 1953 Militärputsch in Kolumbien; General Pinilla Präsident (bis 1957) 1953 „Akte von Santiago“: Argentinien (Peron) und Chile bilden eine Wirtschafts- und Zollgemeinschaft 1953 Bermudakonferenz der drei westlichen Großmächte; Beschlüsse zum Nordatlantikpakt	1953 (27. 7.) Waffenstillstand von Panmunjon nach zweijährigen Verhandlungen (u. a. über Gefangenenaustausch) beendet den Koreakrieg; spätere Verhandlungen über eine endgültige Lösung erfolglos 1953 Erster Fünfjahresplan in China 1953 Wirtschaftskrise im Iran nach Verstaatlichung der Ölindustrie; Absetzung Mossadeghs durch den Schah mißlingt; Schah Riza geht ins Exil; Rückkehr nach dem Sturz Mossadeghs durch die Armee 1953 König Feisal II. von Irak tritt die Regierung an (1958 ermordet) 1953 Tod des Königs Ibn Saud von Saudi-Arabien; Nachfolger König Saud	1953 (18. 6.) Proklamation der Republik in Ägypten, General Nagib wird Staatspräsident 1953 Nord-Rhodesien, Süd-Rhodesien und Njassaland bilden zusammen die Zentralafrikanische Föderation; zerbricht an der Rassentrennungspolitik Südrhodesiens 1953 Verbannung des marokkanischen Sultans Mohammed V. ben Jussuf 1953 Bildung der Föderation von Britisch-Westafrika (Nigeria, Ghana, Goldküste, Gambia, Sierra Leone)	**1953**

	Deutschland/Österreich	Europa
1954	1954 Berliner Konferenz der Außenminister der vier Großmächte; Deutschlandplan des britischen Außenministers Eden (freie Wahlen in ganz Deutschland) wird von UdSSR-Außenminister Molotow abgelehnt; Molotows Plan (Regierungsbildung aus Vertretern der beiden gegenwärtigen Regierungen, dann erst Wahlen) wird von den Westmächten abgelehnt; Bundestag nimmt Gesetz über Wehrhoheit der Bundesrepublik an; Theodor Heuß zum Bundespräsidenten wiedergewählt; Londoner Neunmächtekonferenz; Anerkennung der Regierung der Bundesrepublik als einzige rechtmäßig entstandene, freie deutsche Regierung; Westmächte geben Garantieerklärung für Berlin ab; Aufnahme der Bundesrepublik in die Westeuropäische Union (WEU) und in die NATO; bisherige Besatzungstruppen bleiben als verbündete Verteidigungskräfte (Truppenvertrag) im Land; Deutschland verpflichtet sich, die Wiedervereinigung und etwaige Grenzänderungen nur mit friedlichen Mitteln anzustreben; deutsch-französisches Abkommen über Saarstatut (Europäisierung des Saarlandes), über das eine Volksabstimmung im Saarland entscheiden soll; wirtschaftlicher Wiederaufstieg der Bundesrepublik („Wirtschaftswunder“); 1954 Neues Statut der SED, Walter Ulbricht erster Sekretär; Anerkennung der DDR als souveräner Staat durch die UdSSR; Moskauer Konferenz protestiert gegen Wiederaufrüstung der Bundesrepublik 1954 Physik-Nobelpreis an Max Born und Walter Bothe 1954 Rudolf Mößbauer entdeckt den nach ihm benannten „Mößbauer-Effekt“ (Kernresonanzabsorption von Gammastrahlen)	1954 Berliner Konferenz der vier Außenminister; keine Einigung über Deutschland 1954 Ablehnung der EVG (Europäische Verteidigungsgemeinschaft) durch die französische Nationalversammlung 1954 Triest-Abkommen zwischen Italien, Großbritannien, Jugoslawien und den USA; Abzug der alliierten Truppen; Zone A italienisch, Zone B jugoslawisch 1954 Ölabkommen zwischen Großbritannien und Iran 1954 Spannungen zwischen Portugal und Indien wegen der portugiesischen Besitzung Goa 1954 (23. 10.) Pariser Verträge: Gründung der WEU, Beitritt der BRD zur NATO

Amerika	Asien	Afrika	
1954 Resolution von Caracas (gegen den Kommunismus) 1954 Surinam und die Niederländischen Antillen erhalten Autonomie 1954 Verabschiedung eines Antikommunisten-Gesetzes in den USA 1954 Gründung der SEATO; antikommunistisches Bündnissystem in Südostasien 1954 Panama fordert höheren Anteil an den Kanalbenutzungsgebühren 1954 Südpazifikkonferenz in Lima; Chile, Peru und Ecuador beschließen Ausweitung der Hoheitsgewässer auf 200 Seemeilen 1954 Kulturkampf mit der katholischen Kirche beginnt Perons Stellung in Argentinien zu gefährden 1954 Selbstmord des brasilianischen Staatspräsidenten Vargas (1930–1945, seit 1950) 1954 Präsident General Batista erklärt die KP in Kuba für illegal	1954 Die französische Kolonie Pondicherry wird Indien angeschlossen 1954 Militärputsch in Syrien 1954 (26. 4.–21. 7.) Genfer Indochina- und Korea-Konferenz; Teilung Vietnams beschlossen, keine Einigung über Korea 1954 Colombo-Konferenz der Ministerpräsidenten Ceylons, Indiens, Pakistans, Birmas und Indonesiens: fordern Waffenstillstand in Indochina, Verbot der H-Bomben-Experimente, Aufnahme der Volksrepublik China in die UNO und Selbstbestimmung für Tunesien und Marokko 1954 Fall der französischen Festung Dien Bien Phu (Vietnam) 1954 Die Ministerpräsidenten von Indien und der Volksrepublik China Nehru und Tschu En-lai verkünden 5 Grundsätze der Koexistenz 1954 Pakistan unterzeichnet ein Verteidigungsabkommen mit den USA 1954 Indonesien unabhängig von den Niederlanden 1954 Gründung der SEATO auf der Konferenz von Manila 1954–1973 2. Vietnam-Krieg; Nordvietnam, Südvietnam, der Vietcong und, seit 1962, USA, Thailand, Südkorea, Philippinen, Australien, Neuseeland am Krieg beteiligt	1954 Gamal Abd el-Nasser wird Ministerpräsident von Ägypten, am 17. 9. auch Staatspräsident 1954 Endgültiger Abzug der Briten aus Ägypten 1954 Beginn des Kampfes um die Unabhängigkeit Algeriens 1954 Der Führer der tunesischen Neo-Destour-Partei, Bourgiba, auf eine Insel an der bretonischen Küste verbannt 1954 Wirtschaftshilfeabkommen zwischen Libyen und den USA 1954 Die britische Kolonialregierung erläßt in Gambia eine Verfassung 1954 Britisch-ägyptisches Abkommen über den Abzug der britischen Truppen am Suez-Kanal binnen 20 Monaten	**1954**

	Deutschland/Österreich	Europa
1955	1955 Sowjetunion beendet formell den Kriegszustand mit Deutschland; alle Ostblockstaaten folgen; deutsch-dänisches Minderheitenabkommen; Inkrafttreten der Pariser Verträge; Hohe Kommission hebt Besatzungsstatut auf, Bundesrepublik erlangt Souveränität; Hohe Kommissare durch Botschafter abgelöst; neues Besatzungsstatut für Berlin; Genfer Konferenz über Sicherheitsfragen, Abrüstungsprobleme und Deutschlandfrage ohne Ergebnis; Bundeskanzler Adenauer in Moskau, Aufnahme diplomatischer Beziehungen zwischen Bundesrepublik und UdSSR; Entlassung der in der Sowjetunion noch zurückgehaltenen Kriegsgefangenen und verschleppten deutschen Staatsbürger; Volksabstimmung im Saargebiet; Mehrheit für den Anschluß an die Bundesrepublik; Bundesregierung warnt vor Aufnahme diplomatischer Beziehungen mit der DDR („Hallsteindoktrin") 1955 Gründung des Warschauer Pakts als Gegengewicht zur NATO; DDR Mitglied; Vertrag mit der UdSSR erkennt der DDR die Souveränität zu; Aufstellung eigener Streitkräfte in der DDR (Nationale Volksarmee) 1955 Österreich: In Wien Unterzeichnung des Österreichischen Staatsvertrags durch die Außenminister der vier Großmächte (15. 5.); Österreich erlangt seine Souveränität und verpflichtet sich, keine politische oder wirtschaftliche Vereinigung mit Deutschland einzugehen; Einführung der allgemeinen Wehrpflicht; Verpflichtung zu dauernder militärischer Neutralität; Abzug der Besatzungstruppen; Aufnahme in die UNO	1955 N. Bulganin wird Ministerpräsident der UdSSR (nach Rücktritt des Ministerpräsidenten Malenkow) 1955 Anthony Eden löst Churchill als Ministerpräsident von Großbritannien ab 1955 Abschluß des Warschauer Pakts; Kollektivverteidigungsbündnis der kommunistischen Staaten Europas (außer Jugoslawien) mit automatischer Beistandspflicht und vereinigtem Oberkommando 1955 Die vier Großmächte und Österreich schließen einen Staatsvertrag; schon vorher hat sich Österreich zu dauernder militärischer Neutralität verpflichtet 1955 Ergebnislose Genfer Gipfelkonferenz 1955 Bundeskanzler Konrad Adenauer in Moskau; diplomatische Beziehungen zwischen Bonn und Moskau 1955 Genfer Außenministerkonferenz über Deutschland/Europa ergebnislos 1955 Kardinal Mindszenty (Ungarn) aus der Haft entlassen 1955 Amtsenthebung des Ministerpräsidenten Imre Nagy 1955 Finnland erhält Porkkala von der UdSSR zurück 1955 Finnland Mitglied des Nordischen Rates 1955 Bulganin und Chrutschschow besuchen Jugoslawien 1955 Unruhen auf Zypern durch die griechische Anschlußbewegung ENOSIS 1955 G. Gronchi Staatspräsident in Italien
1956	1956 Frankreich und die Bundesrepublik schließen ein Abkommen über die Rückkehr des Saarlandes zu Deutschland; Gesetz über Einführung der allgemeinen Wehrpflicht vom Bundestag gegen die	1956 (14.–25. 2.) XX. Parteitag der KPdSU; Beginn einer offenen Entstalinisierung 1956 Auflösung des Kominform 1956 Londoner Abrüstungskonferenz (gescheitert)

Amerika	Asien	Afrika	
1955 Sturz des argentinischen Staatspräsidenten Juan Peron; Militärjunta führt die Regierungsgeschäfte; Auflösung der peronistischen Partei 1955 Ermordung des Präsidenten von Panama, Remon	1955 Abschluß des Bagdad-Pakts (seit 1959: CENTO) 1955 Beschleunigte Kollektivierung der Landwirtschaft in China 1955 (18.–24. 4.) Konferenz von Bandung; Weltkonferenz aller unabhängigen afrikanischen und asiatischen Staaten 1955 Sturz des südvietnamesischen Staatschefs, des Kaisers Bao Dai; N. D. Diem wird Staatspräsident 1955 Prinz N. Sihanouk wird Ministerpräsident von Kambodscha (1960 auch Staatschef) 1955 Jahreskonferenz der Unterzeichnerstaaten des Colombo-Plans 1955 Staatsbesuch Chruschtschows und Bulganins in Afghanistan 1955 Verteidigungsbündnis zwischen Taiwan (Formosa) und den USA 1955 In Pakistan Wahl eines verfassung- und gesetzgebenden Konvents aus Vertretern Ost- und Westpakistans; arbeitet die Verfassung der „Islamischen Republik Pakistan“ (seit 1956) aus	1955 Tunesien wird von Frankreich die innere Autonomie zugestanden 1955 Der 1953 verbannte Sultan Mohammed V. ben Jussuf von Marokko wird unter dem Druck der Befreiungsbewegung wiedereingesetzt	**1955**
1956–1961 Juscelino Kubitschek de Oliveira Staatspräsident von Brasilien; sein Werk: Industrialisierungs- und Sozialisierungspläne,	1956 (26. 1.) Verfassung der Republik Indien; die indische Republik bleibt Mitglied des Commonwealth	1956 (1. 1.) Unabhängigkeit des Sudans 1956 (2. 3.) Unabhängigkeit Marokkos 1956 (20. 3.) Unabhängigkeit Tunesiens;	**1956**

	Deutschland/Österreich	Europa
1956	Stimmen der SPD angenommen; Bundesverfassungsgericht erklärt KPD für verfassungswidrig; Umbildung der Regierung Adenauer (F. J. Strauß Bundesverteidigungsminister) 1956 In der DDR Gesetz über Aufstellung der Nationalen Volksarmee (NVA) 1956 Österreich: Mitglied des Europa-Rates; Spannungen mit Italien wegen Südtirolfrage; mehr als 150000 Ungarn flüchten nach dem Scheitern des ungarischen Volksaufstandes nach Österreich 1956 Medizin-Nobelpreis (zu einem Drittel) an Werner Forßmann	1956 Ablösung W. Molotows als Außenminister der UdSSR (durch Schepilow) 1956 (28./29. 6.) Posener Aufstand 1956 Zwischen August und Oktober 1956 drei Suezkanalkonferenzen in London 1956 (19. 10.) W. Gomulka wird (wieder) Erster Sekretär der polnischen KP („Polnischer Oktober“) 1956 (24. 10.–11. 11.) Ungarischer Volksaufstand, von sowjetischen Truppen niedergeschlagen; Imre Nagy verhaftet; János Kádár bilde neue Regierung in Ungarn 1956 Kekkonen Staatspräsident in Finnland 1956 Protest Titos gegen die UdSSR wegen militärischer Intervention in Ungarn 1956 Die Briten verhaften Erzbischof Makarios von Zypern (bis 1957)
1957	1957 Saarland 10. Bundesland; in Rom Unterzeichnung der Verträge über Europäische Wirtschaftsgemeinschaft (EWG) und Europäische Atom(energie)-Gemeinschaft (Euratom); Berliner Erklärung der drei Westmächte und der Bundesrepublik betont Verantwortlichkeit der vier Großmächte für die Wiedervereinigung Deutschlands durch freie Wahlen; Chruschtschow betont die Existenz zweier deutscher Staaten; Bundestagswahlen: CDU/CSU erhalten mehr als 50% der Wählerstimmen; Bundeskanzler Adenauer bildet Regierung aus CDU/CSU und DP; Willy Brandt (SPD) zum Regierenden Bürgermeister von Berlin gewählt; Abbruch der diplomatischen Beziehungen der Bundesrepublik zu Jugoslawien 1957 Seitens der DDR macht Walter Ulbricht Vorschläge zur Wiedervereinigung: Staatenbund mit Gesamtdeutschem Rat als Zwischenlösung, dann Wiedervereinigung, schließlich Wahlen zur Nationalversammlung; Paßgesetz der DDR gegen „Republikflucht“	1957 Konferenz der Ostblockstaaten in Budapest; Unterstützung des Regimes Kádár 1957 Harold Macmillan löst Eden als britischer Ministerpräsident ab 1957 Großbritannien wird „dritte H-Bombenmacht“ 1957 (25. 3.) Unterzeichnung der Römischen Verträge: Gründung von EWG und EURATOM 1957 Wien Sitz der Internationalen Atomenergiebehörde 1957 Olav V. König von Norwegen 1957 Londoner Abrüstungskonferenz: am Ost-West-Gegensatz erneut gescheitert 1957 Antonin Novotný Staatspräsident und Erster Sekretär der KP in der Tschechoslowakei 1957 Der polnische Außenminister Rapacki schlägt der UN-Vollversammlung atomwaffenfreie Zone in Mitteleuropa vor 1957 Gromyko wird Außenminister der UdSSR 1957 (4. 10.) Start des sowjetischen „Sputnik“, des ersten künstlichen Erdsatelliten

Amerika	Asien	Afrika	
Gründung der neuen Hauptstadt Brasilia; Präsident Kubitschek muß wegen innerpolitischer Schwierigkeiten (Inflation) 1961 zurücktreten 1956 Konferenz der OAS (Organisation Amerikanischer Staaten) in Panama 1956 USA ziehen Zusagen zur Finanzhilfe beim Bau des Assuan-Staudamms an Ägypten zurück	1956 Sukarno kündigt die letzten Unionsbindungen zwischen den Niederlanden und Indonesien 1956 Golda Meir wird Außenminister von Israel 1956 (Dezember) Offizielle Beendigung des Kriegszustandes zwischen Japan und der Sowjetunion und Aufnahme Japans in die UNO 1956 Niederländisch-Neuguinea kommt an Indonesien 1956 Sowjetische Waffenlieferungen an Syrien	Habib Bourgiba wird Ministerpräsident, später Staatspräsident von Tunesien 1956 Ägypten verstaatlicht den Suez-Kanal 1956 Suez-Krise; (29. 10.) Israel greift Ägypten an (31. 10.) Frankreich und England unterstützen Israel (7. 11.) Feuereinstellung; auf Druck der USA und der UdSSR müssen sich die Angreifer zurückziehen 1956 Ägypten blokkiert den Suez-Kanal 1956 UNO-Truppen in der Kanalzone	**1956**
1957 Bürgerrechtsgesetz in den USA, u. a. bundesstaatliche Kommission zum Schutz des Wahlrechts der Neger und zur Untersuchung von Fällen rassischer Diskriminierung 1957 Beginn blutiger Rassenunruhen in den USA, zunächst nur in den Südstaaten (1957 in Little Rock/Arkansas), dann auch in den Negervierteln der großen Städte (1964 New York, 1965 Los Angeles, 1966 Chicago) 1957 Lockerung des Embargos der USA gegen die Volksrepublik China 1957 Ermordung des Präsidenten von Guatemala 1957 Sturz des kolumbianischen Präsidenten Rojas Pinilla 1957 Auf Kuba wachsende Unzufriedenheit mit dem Regime Batista	1957 Indien verleibt sich den indisch besetzten Teil Kaschmirs ein 1957 Mao Tse-tungs „Blumenrede" 1957 Singapur erhält innere Selbstverwaltung 1957 Der Jemen fordert die Angliederung des britischen Protektorats Aden an sein Staatsgebiet 1957 (31. 8.) Unabhängigkeit Malayas	1957 (6. 3.) Unabhängigkeit Ghanas, Kwame Nkrumah wird Ministerpräsident 1957 Die FNL-Organisation in Algier wird von den Franzosen in schweren Kämpfen zerschlagen („Schlacht um Algier") 1957 Resolution der UNO gegen Apartheid (Rassentrennung) in Südafrika 1957 UNO übernimmt Gaza-Streifen 1957 Suez-Kanal für Schiffe wieder passierbar 1957 Französische Luftangriffe in Algerien 1957 Spanische Zone Marokkos an Marokko	**1957**

	Deutschland/Österreich	Europa
1957	1957 Österreich: Tod des Bundespräsidenten Th. Körner; Nachfolger wird der Vorsitzende der SPÖ Adolf Schärf; Zusammentritt der Internationalen Atomenergiebehörde (IAEA) in Wien 1957 Erarbeitung der sogenannten „Weltformel" durch Werner Heisenberg und den Österreicher Wolfgang Pauli	
1958	1958 Inkrafttreten der Verträge über EWG und EURATOM; der amerikanische Präsident Eisenhower fordert freie Wahlen für ganz Deutschland; der sowjetische Parteisekretär Chruschtschow erklärt, daß die Wiedervereinigung Angelegenheit der Deutschen sei; Bundestagsdebatte über Ausrüstung der Bundeswehr mit atomaren Waffen; Abschluß eines Handelsvertrages Bundesrepublik–UdSSR; Berlin-Krise durch sowjetisches Verlangen nach Aufhebung des Viermächtestatuts, Forderung des Abzugs der Besatzungstruppen und nach Bildung einer entmilitarisierten „Freien Stadt West-Berlin"; Westmächte lehnen Ultimatum ab; Absatzkrise in der Kohlenindustrie der Bundesrepublik 1958 Erklärung der DDR durch Walter Ulbricht, daß ganz Berlin auf dem Territorium der DDR liege; Volkskammerwahlen in der DDR ergeben 99 % für die Einheitsliste 1958 Österreich: Verschärfung der Spannungen mit Italien in der Südtirolfrage	1958 Bildung der BENELUX-Wirtschaftsunion 1958 Bekanntgabe des Rapacki-Plans 1958 Chruschtschow löst Bulganin als Ministerpräsident der UdSSR ab 1958 Tito von Moskau erneut als Revisionist bezeichnet 1958 De Gaulle wird französischer Ministerpräsident 1958 (4. 10.) Neue französische Verfassung; Beginn der 5. Republik; Umwandlung der Französischen Union in die Französische Gemeinschaft 1958 (9. 10.) Tod Papst Pius' XII.; Kardinal Roncalli als Johannes XXIII. zum Papst gewählt 1958 (27. 11.) Berlin-Ultimatum der UdSSR, die den Viermächtestatus von Berlin kündigt 1958 Verhandlungen der drei Atommächte über die kontrollierte Einstellung der Kernwaffenversuche 1958 Island erweitert das Küstenhoheitsgebiet von 3 auf 12 Seemeilen 1958/59 Spannungen zwischen Großbritannien und Malta
1959	1959 Als Nachfolger von Theodor Heuss wird Heinrich Lübke (CDU) zum Bundespräsidenten gewählt; Saarland auch wirtschaftlich der Bundesrepublik angegliedert; Genfer Konferenz der Außenminister der vier Großmächte mit Vertretern der Bundesrepublik und der DDR berät erfolglos über Deutschland-Frage und Berlin-Problem; Godesberger Grundsatzprogramm der SPD	1959 De Gaulle französischer Staatspräsident 1959 (11. 5.–20. 6.) Genfer Außenministerkonferenz über Deutschland ohne gemeinsame Beschlüsse 1959 Staatsbesuch Chruschtschows in Albanien 1959 Der irische Ministerpräsident de Valera wird Staatspräsident 1959 Italienisch-österreichische Spannungen wegen der Südtirolfrage 1959 Umsturzversuch in Portugal wird unterdrückt

Amerika	Asien	Afrika	
	1957 Der Sultan von Maskat und Oman, Said ibn Taimur, vertreibt den Imam der Ibaditen	1957 Tunesien Republik; 1. Präsident Habib Bourgiba 1957 Marokko unabhängiges Königreich unter König Mohammed V. 1957 Konferenz der afro-asiatischen Völker in Kairo	**1957**
1958 (1. 2.) Erster Erdsatellit der USA 1958 Alaska 49. Bundesstaat der USA 1958 Commonwealth-Konferenz in Montreal (Kanada) über wirtschaftliche Beziehungen der Mitgliedsländer 1958 Militärjunta regiert in Venezuela 1958 In Uruguay Wahlsieg der „Partei der Weißen" (antikommunistischer Kurs) 1958 A. Frondizi Präsident von Argentinien 1958 Bildung der Föderation West-Indien	1958 Unruhen im Libanon; Intervention amerikanischer Marineeinheiten 1958 Staatsstreich im Irak: Sturz der Monarchie, General Kassem wird Ministerpräsident 1958 Formosa-Konflikt; Beschießung der Küsteninseln Quemoy und Matsu in der Formosastraße durch China 1958 Ende der „Blumen-Kampagne" in China; Kampagne „Großer Sprung nach vorn"; Einrichtung von Volkskommunen 1958 Staatsstreich der Armee in Pakistan; Ayub Khan wird Staatspräsident	1958 (1. 2.) Bildung der Vereinigten Arabischen Republik (VAR) durch Ägypten und Syrien 1958 (15.–22. 4.) Erste Konferenz der unabhängigen afrikanischen Staaten in Accra 1958 (13. 5.) Putsch französischer Truppen in Algerien 1958 Ferhat Abbas an der Spitze der „Provisorischen Regierung der Algerischen Republik" (in Tunis) (bis 1961) 1958 (2. 10) Unabhängigkeit Guineas; Sékou Touré wird Ministerpräsident 1958 Abzug der Franzosen aus Tunesien 1958 Militärputsch im Sudan	**1958**
1959 (1. 1.) Revolution in Kuba, Sturz des Ministerpräsidenten Batista; Fidel Castro wird Regierungschef 1959 Rücktritt von John F. Dulles als Außenminister der USA; sein Nachfolger Christian Herter 1959 Treffen von Camp Davis (Chruschtschow und Eisenhower)	1959 Beginn des tibetischen Aufstands gegen China 1959 Militär übernimmt die Macht in Indonesien; Kriegszustand 1959 (Juli) In Laos kämpfen Regierungstruppen gegen die von Nordvietnam unterstützten Pathet Lao	1959 Beginn der Auseinandersetzungen in Belgisch-Kongo 1959 Großangriff der aufständischen Algerier 1959/60 Eingeborenenunruhen in Südafrika	**1959**

	Deutschland/Österreich	Europa
1960	1960 Bundeskanzler Adenauer trifft israelischen Ministerpräsidenten Ben Gurion in New York; Erklärung Chruschtschows, daß bis zu einer neuen Gipfelkonferenz der Status quo Berlins nicht angetastet wird; SPD nominiert Willy Brandt zum Kanzler-Kandidaten; krisenhafter Arbeitskräftemangel in der Bundesrepublik (bis dahin $^1/_4$ Million ausländischer Arbeitskräfte) 1960 Kollektivierung der Landwirtschaft in der DDR abgeschlossen; Tod des Staatspräsidenten der DDR Wilhelm Pieck; das Präsidentenamt wird vom Vorsitzenden des Staatsrats (Walter Ulbricht) ausgeübt; Einreise von Westdeutschen in die DDR genehmigungspflichtig 1960 Österreich: Unterzeichnung der Konvention über Errichtung einer Europäischen Freihandelszone (EFTA) unter Teilnahme Österreichs; Resolution der UNO zur Regelung der Südtirol-Frage schlägt Verhandlungen zwischen Österreich und Italien vor	1960 Gründung der EFTA 1960 Frankreich zündet erste Atombombe (in der Sahara) 1960 Pariser Gipfelkonferenz scheitert; Chruschtschow fordert Entschuldigung für die U-2-Aufklärungsflüge über der UdSSR 1960 (16. 8.) Unabhängigkeit Zyperns 1960 Moskauer Konferenz von 81 kommunistischen Parteien; Differenzen zwischen der VR China und der UdSSR werden überbrückt 1960 Umwandlung der OEEC in die OECD 1960 Die tschechoslowakische Volksrepublik wird zur Sozialistischen Republik 1960 Tito verbessert die Beziehungen Jugoslawiens zu den westlichen Ländern 1960 Leonid Breschnew (nach Rücktritt Woroschilows) Staatspräsident der UdSSR
1961	1961 Chruschtschow übergibt US-Präsident Kennedy in Wien sowjetisches Memorandum: Ankündigung eines Sonderfriedensvertrages UdSSR–DDR bis Jahresende, durch den die DDR volle Souverä-	1961 (12. 4.) Erster Weltraumflug des Russen J. Gagarin 1961 (3./4. 6.) Wiener Gipfeltreffen zwischen Chruschtschow und Kennedy; Einigung über Laos-Krise; politische Koexistenz

Amerika	Asien	Afrika	
1960 Gründung der mittelamerikanischen Freihandelszone 1960 Deklaration von San José; OAS-Staaten gegen Einmischung der Sowjetunion und Rotchinas in amerikanische Angelegenheiten 1960 Fidel Castro läßt den US-Besitz in Kuba beschlagnahmen; Verschlechterung der Beziehungen zu den USA 1960 U-2-Zwischenfall, Abschuß eines amerikanischen Aufklärungsflugzeugs über dem Hoheitsgebiet der UdSSR; Chruschtschow nimmt dies zum Anlaß, am 16. 5. die kaum eröffnete Pariser Gipfelkonferenz scheitern zu lassen 1960 Aufnahme diplomatischer Beziehungen Kubas zur UdSSR; Wirtschaftsabkommen 1960 Besuch des französischen Staatspräsidenten de Gaulle in den USA und Kanada 1960 Präsident Eisenhower auf Staatsbesuch in Südamerika; Demonstrationen gegen „amerikanischen Imperialismus“ 1960 Der SS-Führer Eichmann wird aus Argentinien nach Israel entführt 1960 Rücktritt des Präsidenten der Dominikanischen Republik, Hector Trujillo	1960 Regierungsbildung in Birma unter U Nu 1960 Erdbebenkatastrophe im Iran 1960 Explosion der ersten französischen Atombombe 1960 Rücktritt Syngman Rhees als Staatspräsident von Südkorea nach Unruhen gegen seine autoritäre Regierung 1960 (27. 5.) Armeeputsch in der Türkei; Sturz von Ministerpräsident Adnan Menderes (seit 1950) 1960 Hungersnot in ganz China; steigendes chinesisches Interesse an revolutionären Bewegungen in Afrika und Lateinamerika 1960 Bündnis zwischen Rotchina und der Mongolischen Volksrepublik 1960 Antiamerikanische Demonstrationen in Japan 1960 Beginn der Auseinandersetzung zwischen Moskau und Peking 1960 Frau Sirimavo Bandaranaike bildet eine neue Regierung in Ceylon 1960 Republik Zypern unabhängig; Staatspräsident Erzbischof Makarios; britische Stützpunkte	1960 (1. 1.) Unabhängigkeit von Kamerun 1960 Ausnahmezustand in Kenia aufgehoben 1960 Verheerendes Erdbeben in Agadir (Marokko) 1960 (27. 4.) Unabhängigkeit von Togo 1960 (25. 6.) Unabhängigkeit von Madagaskar 1960 (30. 6.) Unabhängigkeit von Kongo (-Leopoldville); Patrice Lumumba wird Ministerpräsident 1960 (1. 7.) Unabhängigkeit von Somalia 1960 Kongo-Provinz Katanga (Moise Tschombé) erklärt sich für unabhängig 1960 Unabhängigkeit von Dahomé (2. 8.), Niger (3. 8.), Ober-Volta (5. 8.), Elfenbeinküste (7. 8.), Tschad (11.8.), Zentralafrikanische Republik (12. 8.), Kongo-Brazzaville (15. 8.), Gabun (17. 8.), Senegal (20. 8.) 1960 (23. 9.) Französisch-Sudan als Mali unabhängig 1960 Im Kongo Staatsstreich unter Oberst Mobutu 1960 Beginn von Aufständen in Angola 1960 (1. 10.) Unabhängigkeit Nigerias 1960 (28. 11.) Unabhängigkeit Mauretaniens	**1960**
1961 John F. Kennedy Präsident der USA, Dean Rusk Außenminister		1961 Konferenz von Casablanca; Formierung der Casablanca-Staaten	**1961**

	Deutschland/Österreich	Europa
1961	nität auf den Zugangswegen von und nach Berlin erhalten soll; Finanz- und Ausgleichsvertrag Bundesrepublik – Österreich; Westmächte bekräftigen gegenüber der Sowjetunion ihre Rechte in Berlin; verstärkte Fluchtbewegung aus der DDR und Ostberlin nach Westen; US-Vizepräsident L. B. Johnson erneuert in Berlin Garantieerklärung für Berlin; Wahlen zum 4. Deutschen Bundestag; Wiederwahl Adenauers zum Bundeskanzler; Bildung einer Koalitionsregierung aus CDU/CSU und FDP 1961 (13. 8.) Errichtung der Berliner Mauer durch die DDR, um die Fluchtbewegung zu beenden; Befehl an die Grenzüberwachungsorgane, die Flucht von DDR-Bürgern wenn nötig mit Waffengewalt zu verhindern; Grenzbefestigungen zur Bundesrepublik verstärkt; Verbot für Westberliner zum Betreten Ostberlins 1961 In der DDR Kollektivierung der Landwirtschaft abgeschlossen 1961 Österreich: Zuspitzung des Konfliktes mit Italien in der Südtirolfrage; Alfons Gorbach (ÖVP) wird Bundeskanzler; Radikalisierung der Auseinandersetzungen um Südtirol (Sprengstoffanschläge, scharfe Gegenmaßnahmen) 1961 Physik-Nobelpreis (zur Hälfte) an Rudolf Mössbauer	1961 Kennedy verkündet drei Grundrechte für Westberlin: westliche Truppenstationierung, freier Zugang, Lebensfähigkeit 1961 Konferenz der Blockfreien in Belgrad 1961 XXII. Parteitag der KPdSU: Höhepunkt der Entstalinisierung 1961 In Paris beginnen Verhandlungen über den Beitritt Großbritanniens zur EWG (Januar 1963 nach französischem Veto abgebrochen) 1961 Finnland tritt der EFTA als assoziiertes Mitglied bei 1961 Abbruch der diplomatischen Beziehungen zwischen der Sowjetunion und Albanien 1961 Griechenland assoziiert sich mit der EWG 1961 Der portugiesische Ministerpräsident Salazar lehnt Unabhängigkeit der überseeischen Provinzen ab
1962	1962 „Spiegel-Affäre" löst Regierungskrise aus; Rücktritt der FDP-Minister im Kabinett; Ablösung von F. J. Strauß als Verteidigungsminister 1962 Sturmflutkatastrophe an der Nordseeküste und in Hamburg 1962 Österreich: Neue Südtirol-Gespräche mit Italien 1962 Gründung der Universität Regensburg 1962 Chemie-Nobelpreis (zur Hälfte) an Max Perutz (Österreich)	1962 Georges Pompidou wird Ministerpräsident in Frankreich 1962 Verfassungsänderung in Frankreich: der Präsident soll künftig durch Plebiszit gewählt werden seit 1962 Irischer Bürgerkrieg zwischen der IRA (Irisch Republikanische Armee), den Anhängern des militanten Katholizismus, und britischen Truppen 1962 In Helsinki wird ein Abkommen über Zusammenarbeit der nordischen Länder unterzeichnet

Amerika	Asien	Afrika	
1961 Gründung des „Friedenskorps“ durch Präsident Kennedy; Intensivierung der technischen und ideellen Hilfe für die Entwicklungsländer 1961 (3./4. 6.) Wiener Gipfeltreffen zwischen Kennedy und Chruschtschow; nur über die baldige Beilegung der Laos-Krise und über die Erhaltung der Unabhängigkeit und Neutralität von Laos kommt es zu einer Einigung 1961 Ermordung des Staatspräsidenten der Dominikanischen Republik Rafael L. Trujillo; Beginn einer Revolution 1961 Deklaration der OAS von Punta del Este über die Allianz für den Fortschritt 1961 D. Hammarskjöld verunglückt tödlich; sein Nachfolger als UN-Generalsekretär wird S. U Thant 1961 Vereinigung der Sozialistischen Volkspartei Kubas und der Bewegung des 26. Juli zur Vereinigten Partei der Sozialistischen Revolution	1961 (19. 6.) Unabhängigkeit Kuwaits 1961 Goa-Konflikt; Indien besetzt die portugiesische Kolonie Goa 1961 Genfer Laos-Konferenz 1961 Vereinbarung über die Neutralisierung von Laos anläßlich des Kennedy-Chruschtschow-Treffens in Wien (3./4. 6.) 1961 Militärisches Hilfeversprechen der USA an Südvietnam 1961 Zehntausende von chinesischen Flüchtlingen kommen nach Hongkong 1961 Ausbruch des West-Neuguinea-Konflikts zwischen Indonesien und den Niederlanden 1961 In der Republik Korea (Südkorea) kommt General Park Tschung-hi durch einen Militärputsch an die Macht; seit 1963 gewählter Staatspräsident	1961 Ermordung Patrice Lumumbas 1961 Untergrundorganisation der französischen Siedler in Algerien OAS unter General Salan gegen Verständigungspolitik de Gaulles mit Algerien 1961 (27. 4.) Unabhängigkeit von Sierra Leone 1961 Konferenz von Monrovia; Formierung der Monrovia-Staaten 1961 (31. 5.) Südafrika wird Republik und scheidet aus dem Commonwealth aus; H. Verwoerd (seit 2. 9. 1958 im Amt) bleibt Ministerpräsident 1961 Bizerta-Konflikt zwischen Tunesien und Frankreich 1961–1963 Nyala wird 1. Premier in Kenia 1961 Blutige Unruhen in Portugiesisch-Angola	**1961**
1962 Konferenz von Punta del Este 1962 Proklamation einer Atlantischen Partnerschaft durch Präsident Kennedy 1962 (6. 8.) Unabhängigkeit von Jamaika 1962 (31. 8.) Unabhängigkeit von Trinidad und Tobago 1962 Totales Handelsembargo der USA gegen Kuba	1962 Beginn des Jemen-Konflikts; A. el-Sallal stürzt den Imam und ruft die Republik aus 1962 (1. 1.) Unabhängigkeit Samoas (West-Samoas) 1962 Prinz Souvanna Phouma wird (wieder) Ministerpräsident von Laos 1962 (23. 7.) Genfer Laos-Abkommen	1962 (18. 3.) Abkommen von Evian; Ende des Algerien-Krieges 1962 (1. 6.) Unabhängigkeit Algeriens; Staatspräsident wird Ben Bella 1962 (9. 10.) Unabhängigkeit Ugandas 1962 (9. 12.) Unabhängigkeit von Tanganjika	**1962**

	Deutschland/Österreich	Europa
1962		1962 Flämische Demonstrationen in Belgien; Sprachgrenzen und kulturelle Autonomie gesetzlich geregelt 1962 Eröffnung des 2. Vatikanischen Konzils durch Papst Johannes XXIII. 1962 Malta erhält Selbstregierung
1963	1963 Staatspräsident de Gaulle und Bundeskanzler Adenauer unterzeichnen in Paris gemeinsame Erklärung und Vertrag über deutsch-französische Zusammenarbeit Staatsbesuch des US-Präsidenten J. F. Kennedy in der Bundesrepublik und West-Berlin Rücktritt Bundeskanzler Adenauers Fortsetzung der Regierungskoalition CDU/CSU-FDP; L. Erhard (CDU) Bundeskanzler; Tod von Alt-Bundespräsident Th. Heuss 1963 Abschluß eines Passierschein-Abkommens zwischen Berliner Senat und DDR-Behörden (Westberliner dürfen in der Zeit vom 20. 12 bis 5. 1. Angehörige in Ostberlin besuchen, rund 730000 Westberliner machen von Besuchsmöglichkeit Gebrauch) 1963 Österreich: Wiederwahl von Adolf Schärf zum Bundespräsidenten; Konflikt zwischen Regierungsparteien ÖVP und SPÖ über die von Bundeskanzler Gorbach befürwortete Rückkehrerlaubnis für Otto von Habsburg 1963 Physik-Nobelpreis (zu je einem Drittel) an Maria Goeppert-Mayer und Hans Daniel Jensen; Chemie-Nobelpreis (zur Hälfte) an Karl Ziegler 1963 Nach Fertigstellung der Brücke über Fehmarn-Sund Eröffnung der „Vogelfluglinie" Deutschland–Dänemark 1963 Fertigstellung der Neuen Philharmonie von Hans Scharoun in (West-)Berlin 1963 Rolf Hochhuth: „Der Stellvertreter" (Schauspiel)	1963 de Gaulle lehnt multilaterale Atomstreitmacht ab 1963 (22. 1.) Unterzeichnung des deutsch-französischen Freundschaftsvertrages 1963 Aufnahme Großbritanniens in die EWG scheitert am Einspruch Frankreichs 1963 Kardinal Montini als Paul VI. neuer Papst (Tod Johannes' XXIII.) 1963 (23.–26. 6.) Besuch John F. Kennedys in der Bundesrepublik und Westberlin 1963 Unterzeichnung des Moskauer Teststopp-Abkommens 1963 A. Douglas-Home löst Macmillan als britischer Ministerpräsident ab 1963 Beginn des Zypern-Konflikts 1963 Enge Beziehungen zwischen Albanien und Rotchina; Besuch Tschou En-lais in Tirana 1963 Neue Verfassung in Jugoslawien 1963 Ministerpräsident Karamanlis (Griechenland) tritt zurück; neue Regierung unter Papandreou 1963 Direkte Nachrichtenverbindung zwischen Kreml und Weißem Haus 1963 Niederlande nehmen diplomatische Beziehungen zu Indonesien wieder auf 1963 Antonio Segni Staatspräsident in Italien 1963 Schweiz Mitglied des Europarats

Amerika	Asien	Afrika	
1962 Weltkrise um Kuba zwischen USA und Sowjetunion wegen der geplanten Errichtung sowjetischer Raketen-Abschußrampen auf Kuba 1962 Verzicht der UdSSR auf Raketenbasen in Kuba	1962 Offene Kritik Pekings an der Führung der KPdSU; Grenzkrieg zwischen China und Indien (8. 9.–21. 10.) 1962 Offener Ausbruch des chinesisch-sowjetischen Konflikts	1962 Eritrea wird äthiopische Provinz; Beginn einer Unabhängigkeitsbewegung	**1962**
1963 Moskauer Teststopp-Abkommen zwischen den USA und der UdSSR 1963 (22. 11.) Ermordung John F. Kennedys; sein Nachfolger als Präsident der USA wird Vizepräsident Lyndon B. Johnson 1963 Regierungswechsel in Kanada; neuer Ministerpräsident Pearson (liberal) 1963 Volksabstimmung in Brasilien für Wiedereinführung des Präsidialsystems 1963 Staatsstreich des Militärs in der Dominikanischen Republik	1963 Armeeputsch im Irak; Sturz General Kassems; General Aref wird Staatspräsident 1963 Rücktritt David Ben Gurions; sein Nachfolger als Ministerpräsident von Israel wird L. Eschkol 1963–1967 Aden-Krise zwischen Großbritannien, Jemen, der VAR und südjemenitischen Nationalisten 1963 Militär übernimmt in Südvietnam die Macht 1963 Ermordung des südvietnamesischen Staatspräsidenten Diem; Beginn einer schweren inneren Krise Südvietnams 1963 Bildung Malaysias; Beginn des indonesisch-malaiischen Konflikts (beigelegt im August 1966) 1963 Brunei (Nord-Borneo) unabhängig 1963 Das chinesisch-sowjetische Bündnis zerbricht 1963 West-Irian (das frühere niederländische Westneuguinea) fällt an Indonesien	1963 Ermordung des Staatspräsidenten Olympio in Togo 1963 Erfolgreiche UN-Aktion im Kongo 1963 Afrikanische Gipfelkonferenz in Addis Abeba; Gründung der Organisation für die Afrikanische Einheit (25. 5.) 1963 Algerisch-marokkanischer Grenzkonflikt 1963 (10. 12.) Unabhängigkeit Sansibars 1963 (12. 12.) Unabhängigkeit Kenias; Y. Kenyatta bleibt Regierungschef (seit 1964 Staatspräsident) seit 1963 Aufstand in Portugiesisch-Guinea seit 1963 Zusammenarbeit der Maghreb-Staaten (Tunesien, Algerien, Marokko)	**1963**

Verträge, Pakte, Organisationen – Mitgliedschaft von BRD und DDR

Bundesrepublik Deutschland

20. 11. 1949 Beitritt zur Internationalen Ruhrbehörde

24. 11. 1949 Petersberger Abkommen (Allmählicher Abbau der Demontagepolitik)

26. 1. 1950 Beitritt zum Abkommen über den Marshallplan – ERP (European Recovery Program – Europäisches Wiederaufbauprogramm)

18. 4. 1950 Vertrag über Gründung der Europäischen Gemeinschaft für Kohle und Stahl (EGKS/Montanunion) mit Frankreich, Italien und den Beneluxstaaten

10. 11. 1950 Beitritt zur FAO (Food and Agriculture Organization) der Vereinten Nationen – Ernährungs- und Landwirtschaftsorganisation

2. 5. 1951 Beschluß des Ministerrates des Europarates: Bundesrepublik soll vollberechtigtes Mitglied werden

29. 5. 1951 Beitritt zur WHO (World Health Organization) der Vereinten Nationen – Weltgesundheitsorganisation

12. 6. 1951 Beitritt zur ILO (International Labour Organization) der Vereinten Nationen – Internationale Arbeitsorganisation

17. 4. 1952 Beitritt zur ITU (International Telecommunication Union) – Internationale Fernmelde-Union

26. 5. 1952 Unterzeichnung des Deutschland- bzw. Generalvertrages (unwirksam, da von Frankreich nicht ratifiziert, statt dessen Pariser Verträge 1954)

21. 6. 1952 Beitritt zur UNESCO (United Nations Educational, Scientific and Cultural Organization) – Organisation der Vereinten Nationen für Erziehung, Wissenschaft und Kultur

14. 8. 1952 Beitritt zum IMF (International Monetary Fund) der Vereinten Nationen – Internationaler Währungsfonds

14. 8. 1952 Beitritt zur IBRD (International Bank for Reconstruction and Development) der Vereinten Nationen; Internationale Bank für Aufbau und Entwicklung (Weltbank)

10. 9. 1952 Wiedergutmachungsabkommen mit Israel

1952 Beitritt zur UNRWA (United Nations Relief and Works Agency) – Hilfswerk der Vereinten Nationen für arabische Flüchtlinge aus Palästina

27. 2. 1953	Londoner Abkommen über Rückzahlung der deutschen Auslandsschulden
10. 7. 1954	Beitritt zur WMO (World Meteorological Organization) der Vereinten Nationen – Weltorganisation für Meteorologie
19.–23. 10. 1954	In den Pariser Verträgen Beitritt zur Westunion, die nun zur Westeuropäischen Union (WEU) erweitert wird
9. 5. 1955	Aufnahme in die NATO (North Atlantic Treaty Organization/Nordatlantikpakt); kollektives Verteidigungsbündnis gegen den Kommunismus
1955	Beitritt zur UPU (Universal Postal Union) der Vereinten Nationen – Weltpostverein Deutschland war Gründungsmitglied des Allgemeinen Postvereins 1875)
21. 2. 1956	Beitritt zur ECE (Economic Commission for Europe) der Vereinten Nationen – Wirtschaftskommission der Vereinten Nationen
8. 6. 1956	Beitritt zur ICAO (International Civil Aviation Organization) der Vereinten Nationen – Internationale Zivil-Luftfahrt-Organisation
20. 2. 1957	Gründungsmitglied der IFC (International Finance Corporation) der Vereinten Nationen – Internationale Finanzkorporation
25. 3. 1957	Gründungsmitglied der Europäischen Wirtschaftsgemeinschaft (EWG) und der Europäischen Atomgemeinschaft (EURATOM/EAG) von 6 Staaten; 1972 um 4 Staaten erweitert; mit 5 europäischen Staaten Freihandelsverträge
1. 10. 1957	Beitritt zur IAEA (International Atomic Energy Agency) der Vereinten Nationen – Internationale Atomenergie-Organisation
7. 1. 1959	Beitritt zur IMCO (Inter-Governmental Maritime Consultative Organization) der Vereinten Nationen – Zwischenstaatliche Beratende Organisation für Seeschiffahrt/Internationale Schiffahrtsorganisation
5. 12. 1959	Gründungsmitglied der IDA (International Development Association) der Vereinten Nationen – Internationale Entwicklungsorganisation
22. 1. 1963	Deutsch-französisches Freundschaftsabkommen
1963	Mitglied des Treuhänderrates des UNITAR (United Nations Institute for Training and Research) – Ausbildungs- und Forschungsinstitut der Vereinten Nationen
1964	Beitritt zur UNCTAD (UN-Conference on Trade and Development) der Vereinten Nationen – Welthandelskonferenz

22. 11. 1965	Gründungsmitglied des UNDP (United Nations Development Programme) der Vereinten Nationen – Entwicklungsprogramm der Vereinten Nationen
17. 11. 1966	Gründungsmitglied der UNIDO (United Nations Industrial Development Organization) der Vereinten Nationen – Organisation für Industrielle Entwicklung
1968	Unterzeichnung der beiden Menschenrechtspakte der Vereinten Nationen von 1966 (Internationale Konvention über wirtschaftliche, soziale und kulturelle Rechte sowie Internationale Konvention über bürgerliche und politische Rechte) – Bestimmungen treten erst nach 35. Ratifikation in Kraft.
28. 11. 1969	Unterzeichnung des Atomwaffensperrvertrages
12. 8. 1970	Vertrag mit der UdSSR in Moskau (Gewaltverzicht; Unverletzlichkeit der europäischen Grenzen
7. 12. 1970	Vertrag von Warschau zwischen der Bundesrepublik Deutschland und der Volksrepublik Polen über die Grundlagen der Normalisierung ihrer gegenseitigen Beziehungen
11. 12. 1971	Abkommen Bundesrepublik–DDR zum Viermächteabkommen über Berlin
11. 12. 1971	Abkommen Senat von Berlin (West)–DDR zum Viermächteabkommen über Berlin
17. 5. 1972	Annahme der Ostverträge durch den Bundestag
21. 12. 1972	Vertrag über die Grundlagen der Beziehungen zwischen der Bundesrepublik und der DDR
18. 9. 1973	Aufnahme in die Vereinten Nationen
11. 12. 1973	Unterzeichnung des Ausgleichsvertrages mit der Tschechoslowakei
1. 8. 1975	Unterzeichnung der Schlußakte der Konferenz über Sicherheit und Zusammenarbeit in Europa (KSZE)
1. 7. 1990	Staatsvertrag mit der DDR über deutsche Währungs-, Wirtschafts- und Sozialunion tritt in Kraft
13. 9. 1990	Abschluß eines Grundlagenvertrages mit der UdSSR für 20 Jahre
3. 10. 1990	Staatsvertrag über Beitritt der DDR zur BRD (Einigungsvertrag tritt in Kraft)

Deutsche Demokratische Republik

6. 1. 1950	Für die DDR erkennt W. Ulbricht in Warschau die Oder-Neiße-Linie als endgültige Grenze an
23. 6. 1950	Abkommen mit der Tschechoslowakei: Anerkennung der Aussiedlung der Deutschen 1945 als gerecht und unabänderlich
29. 9. 1950	Beitritt zum Rat für gegenseitige Wirtschaftshilfe (RGW – Osteuropäischer Wirtschaftsrat/ COMECON – Council for Mutual Economic Assistance Aid)
20. 9. 1955	Vertrag über die Beziehungen zwischen der DDR und der UdSSR (DDR hinsichtlich der Innen- und Außenpolitik unabhängig)
28. 1. 1956	Aufnahme in den Warschauer Militärpakt
12. 6. 1964	Freundschafts- und Beistandsabkommen mit UdSSR (Garantie der Unantastbarkeit der Staatsgrenzen der DDR)
11. 12. 1971	Abkommen Bundesrepublik–DDR zum Viermächteabkommen über Berlin
11. 12. 1971	Abkommen Senat von Berlin (West)–DDR zum Viermächteabkommen über Berlin
21. 12. 1972	Vertrag über die Grundlagen der Beziehungen zwischen der Bundesrepublik und der DDR
1973	Unterzeichnung der beiden Menschenrechtspakte der Vereinten Nationen von 1966 (Internationale Konvention über wirtschaftliche, soziale und kulturelle Rechte sowie Internationale Konvention über bürgerliche und politische Rechte)
18. 9. 1973	Aufnahme in die Vereinten Nationen (Mitgliedschaft in Sonder- und Unterorganisationen: ECE, ITU, UNESCO, WHO, WMO, IAEO, UNCTAD)
1. 8. 1975	Unterzeichnung der Schlußakte der Konferenz über Sicherheit und Zusammenarbeit in Europa (KSZE)
1. 7. 1990	Staatsvertrag mit der BRD über deutsche Währungs-, Wirtschafts- und Sozialunion tritt in Kraft
24. 9. 1990	Austritt aus dem Warschauer Pakt
3. 10. 1990	Staatsvertrag über Beitritt der DDR zur BRD (Einigungsvertrag) tritt in Kraft

	Deutschland/Österreich	Europa
1964	1964 Anstelle des 1963 verstorbenen Erich Ollenhauer wird Willy Brandt zum Parteivorsitzenden der SPD gewählt; Wiederwahl Heinrich Lübkes zum Bundespräsidenten; weitere Passierscheinabkommen des Berliner Senats mit der DDR 1964 Beistands- und Freundschaftspakt UdSSR–DDR; Bekräftigung der Zweistaatentheorie; Besuchsreisen für Rentner aus der DDR in die Bundesrepublik erlaubt; Willi Stoph Vorsitzender des Ministerrats der DDR 1964 Österreich: IX. Olympische Winterspiele in Innsbruck; neue Koalitionsregierung ÖVP/SPÖ unter Bundeskanzler Josef Klaus (ÖVP) 1964 Gründung der Universität Konstanz 1964 Medizin-Nobelpreis (zur Hälfte) an Feodor Felix Konrad Lynen	1964 Beginn der Verhandlungen der Kennedy-Runde 1964 Freundschaftsvertrag zwischen der UdSSR und der DDR 1964 Unabhängigkeit von Malta 1964 Ablösung Chruschtschows durch A. Kossygin als sowjetischer Ministerpräsident, durch L. Breschnew als Ersten Sekretär der KPdSU 1964 Harold Wilson löst Douglas-Home als britischer Ministerpräsident ab 1964 Tod König Pauls von Griechenland; Nachfolger Konstantin II. 1964 Mitte-Links-Regierung in Italien unter Aldo Moro 1964 Mikojan Staatspräsident der UdSSR 1964 Frankreich nimmt diplomatische Beziehungen zur Volksrepublik China auf 1964 Rücktritt des italienischen Staatspräsidenten Segni; Nachfolger G. Saragat
1965	1965 Aufnahme diplomatischer Beziehungen Bundesrepublik–Israel; mehrere Araberstaaten brechen Beziehungen zur Bundesrepublik ab; Bundestagswahlen; Ludwig Erhard bildet Koalitionsregierung aus CDU/CSU und FDP Denkschrift der Evangelischen Kirche Deutschlands (EKD) spricht sich für Anerkennung der DDR aus; weiteres Passierscheinabkommen für Westberliner für Weihnachts- und Neujahrsbesuche 1965 Österreich: Tod des Bundespräsidenten Adolf Schärf; Nachfolger Franz Jonas (SPÖ) 1965 Gründung der Universitäten Bochum, Dortmund und Düsseldorf	1965 Schwere innenpolitische Krise in Griechenland 1965 Durch Frankreich verursachte EWG-Krise 1965 Ceaucsescu wird Erster Sekretär des ZK der rumänischen KP 1965 In Norwegen erster Wahlsieg der bürgerlichen Parteien nach 30jähriger sozialdemokratischer Regierung 1965 In der Sowjetunion tritt Staatspräsident Mikojan zurück; Nachfolger Podgorny 1965 Erneute Wahl de Gaulles zum französischen Staatspräsidenten (erst im 2. Wahlgang) 1965 Ende des 2. Vatikanischen Konzils 1965 Papst Paul VI. spricht zur Vollversammlung der UNO 1965 Malta Mitglied des Europarats

Amerika	Asien	Afrika	
1964 Neues Bürgerrechtsgesetz: Gleichberechtigung der Farbigen am Arbeitsplatz und an allen publikumsoffenen Einrichtungen 1964 US-Präsident Johnson erhält vom Kongreß die Vollmacht zu militärischer Intervention in Südostasien 1964 Staatsstreich der Armee in Brasilien; General Castelo Branco wird Staatspräsident 1964 Panama-Kanal-Konflikt; antiamerikanische Demonstrationen 1964 Britisch-Honduras und die Bahamas erhalten Selbstregierung 1964 Friedensnobelpreis an den USA-Bürgerrechtler Martin Luther King	1964 Tod Nehrus; sein Nachfolger wird L. B. Schastri 1964 (16. 10.) Explosion der ersten chinesischen Atombombe 1964/65 Kampagne gegen die kritische Intelligenz in China; Mao stützt sich in dem Konflikt auf die Armee	1964 Erneute Kongo-Krise 1964 Erste Gipfelkonferenz der arabischen Staaten in Kairo 1964 (27. 4.) Zusammenschluß Tanganjikas und Sansibars zu Tansania; Staatspräsident wird J. Nyerere 1964 (6. 7.) Unabhängigkeit von Njassaland (Malawi); H. Banda wird Ministerpräsident 1964 Moise Tschombé wird Ministerpräsident von Kongo-Leopoldville 1964 Konferenz der Blockfreien in Kairo 1964 (24. 10.) Unabhängigkeit Nordrhodesiens (Sambia)	**1964**
1965 Nach einem neuen Militärputsch in der Dominikanischen Republik bricht ein offener Bürgerkrieg aus; Intervention von US-Truppen (Begründung: Gefahr einer kommunistischen Machtübernahme); Opfer des Bürgerkriegs bis Ende 1965: 35000 Dominikaner 1965 Johnson-Doktrin begründet das Eingreifen der USA in der Dominikanischen Republik; dadurch Verschlechterung des Verhältnisses zu den lateinamerikanischen Staaten 1965 Wahlrechtsgesetz in den USA zum Schutz der Farbigen: gegen die in den Südstaaten praktizierte Diskriminierung der Schwarzen bei der Ausübung des Wahlrechts	1965 (2. 2.) Beginn des US-Luftkriegs gegen Nordvietnam; (7. 2.) Ausbruch des offenen Krieges in Vietnam 1965 (26. 7.) Unabhängigkeit der Malediven 1965 Singapur scheidet aus der Föderation Malaysia aus 1965 Ausweitung des Kaschmir-Konflikts zu einem offenen indisch-pakistanischen Krieg (15. 11.) Erster massiver Truppeneinsatz der USA in Südvietnam 1965 Kommunistischer Putschversuch in Indonesien; in den folgenden Monaten große Kommunistenverfolgung	1965 Einseitige Unabhängigkeitserklärung Rhodesiens unter Ministerpräsident I. Smith 1965 Gründung der Gemeinsamen Afrikanisch-Madegassischen Organisation 1965 (19. 6.) Staatsstreich der Armee in Algerien; Sturz Ben Bellas; an seiner Stelle H. Boumedienne Staatspräsident 1965 Staatsstreich der Armee in Kongo-Leopoldville; General Mobutu wird Staatspräsident 1965 (18. 12.) Unabhängigkeit Gambias	**1965**

	Deutschland/Österreich	Europa
1966	1966 Briefwechsel SED/SPD über Redneraustausch; Passierscheinübereinkunft für Westberliner Verwandtenbesuche zu Ostern und Pfingsten Rücktritt Adenauers vom Parteivorsitz der CDU; Ludwig Erhard Nachfolger; Austritt der FDP-Minister aus dem Bundeskabinett löst Regierungskrise aus; Rücktritt von Bundeskanzler Erhard (30. 11.); Wahl von Kurt Georg Kiesinger (CDU) zum Bundeskanzler; Bildung einer Bundesregierung der „Großen Koalition" aus CDU/CSU und SPD, Willy Brandt (SPD) wird Vizekanzler und Außenminister 1966 Österreich: Bei Nationalratswahlen erhält die ÖVP die absolute Mehrheit (6. 3.) Bundeskanzler Josef Klaus bildet ÖVP-Kabinett; Ende des „Proporz-Systems"; schwere Hochwasserschäden in Osttirol, Kärnten und Steiermark; nach Verzichtserklärung darf Otto von Habsburg, Sohn des letzten Kaisers, wieder das Land betreten 1966 Literatur-Nobelpreis an die aus Deutschland stammende und in Schweden lebende Nelly Sachs	1966 Frankreich scheidet aus der militärischen Integration der NATO aus 1966 XXIII. Parteitag der KPdSU 1966 Sieg der Labour-Party bei Wahlen zum britischen Unterhaus; Premierminister wieder Harold Wilson 1966 Papst Paul VI. empfängt den sowjetischen Außenminister Gromyko 1966 Sogenanntes „Staatsorgangesetz" in Spanien
1967	1967 SPD-Vorsitzender Willy Brandt richtet „Offenen Brief" an die SED (19. 4.) Tod des Alt-Bundeskanzlers Konrad Adenauer Schriftwechsel Kiesinger – Stoph über die Herstellung normaler Beziehungen zwischen beiden Teilen Deutschlands; studentische Protestdemonstrationen anläßlich des Schah-Besuchs in Berlin (Student B. Ohnesorg von Kriminalbeamten erschossen); seitdem in West-Berlin und der Bundesrepublik zahlreiche Protestdemonstrationen und Aktionen von Studenten und der „Außerparlamentarischen Opposition" (APO); Sowjetregierung erklärt sich zu umfassendem Meinungsaustausch mit der Bundesregierung bereit; Wiederaufnahme diplomatischer Beziehungen	1967 Die Bundesrepublik Deutschland und Rumänien vereinbaren die Aufnahme diplomatischer Beziehungen 1967 Militärputsch in Griechenland; König Konstantin geht ins Exil 1967 NATO-Hauptquartier wird von Paris nach Belgien verlegt 1967 In der Tschechoslowakei Verschärfung der Auseinandersetzung zwischen Reformern (Dubček) und Orthodoxen (Novotný) 1967 Antrag Dänemarks, Schwedens und Irlands auf Aufnahme in die EWG 1967 Zyprisch-türkisches Abkommen, das aber noch keine Lösung des Zypern-Konflikts bringt 1967 50. Jahrestag der Oktoberrevolution in der Sowjetunion

Amerika	Asien	Afrika	
seit 1966 Der bisher gewaltlose Kampf der Neger in den USA um Gleichberechtigung (geführt vom Pfarrer Martin Luther King) geht zu Terroraktionen über (militante Sekte der Black Muslims; „Black Power“) 1966 Konferenz von Honolulu (Intensivierung der amerikanischen Militärhilfe für Südvietnam beschlossen 1966 Unabhängigkeit von Guayana, Trinidad, Tobago und Barbados 1966 Militär gegen Guerillagruppen in Guatemala eingesetzt 1966 Militärjunta in Ecuador (seit 1963) wird zum Rücktritt gezwungen 1966 In Argentinien wird durch Staatsstreich der Armee J. C. Onganía Präsident	1966 Tod Schastris; seine Nachfolgerin als indischer Ministerpräsident wird Frau Indira Gandhi 1966 Konferenz von Taschkent; UdSSR vermittelt zwischen Pakistan und Indien im Kaschmir-Konflikt 1966 (29. 6.) Verschärfung des amerikanischen Luftkrieges gegen Nordvietnam 1966–1969 Kulturrevolution in China 1966 Erstmaliges Auftreten der „Roten Garden“ in China 1966 Unblutiger Staatsstreich der indonesischen Armee unter Führung General Suhartos gegen den die KP unterstützenden Staatspräsidenten Sukarno; Suharto wird Ministerpräsident	1966 Staatsstreich der Armee in der Zentralafrikanischen Republik 1966 Armeeputsch in Nigeria, dem bürgerkriegsartige Kämpfe folgen 1966 Staatsstreich der Armee in Ghana; Sturz Kwame Nkrumahs; General J. A. Ankrah wird Staatspräsident 1966 Ermordung des südafrikanischen Ministerpräsidenten Verwoerd; sein Nachfolger wird B. J. Vorster 1966 (29. 9.) Betschuanaland wird als Botswana unabhängig 1966 (4. 10.) Basutoland wird unabhängig (Lesotho) 1966 Bau des Cabora-Bassa-Staudamms in Portugiesisch-Mozambique beginnt 1966 Staatsstreich der Armee in Burundi	**1966**
1967 Vertrag über die friedliche Nutzung des Weltraums in Washington unterzeichnet 1967 Kanadischer Protest gegen de Gaulles nationalistischen Aufruf an die Frankokanadier in Quebec 1967 Unabhängigkeit Jamaicas 1967 Guerillakrieg in Bolivien; der Anführer (Anhänger des „Castrismus“) Ernesto „Che“ Guevara gefangengenommen und erschossen 1967 Unruhen in Uruguay durch die Untergrundbewegung der Tupamaros	1967 3. Israelisch-arabischer Krieg (Sechstagekrieg; die Israelis nehmen den Gazastreifen und die Sinaihalbinsel bis zum Suez-Kanal in Besitz; Eroberung des westlichen Jordanufers, der Golan-Höhen und der ganzen Stadt Jerusalem 1967 Republik Südjemen (mit Aden) unabhängig; seit 1970 Volksdemokratische Republik Jemen	1967 Biafra spaltet sich von Nigeria ab; Bürgerkrieg bis 1969 1967 Der frühere Ministerpräsident von Kongo-Leopoldville Tschombé wird aus seinem spanischen Exil nach Algier entführt 1967 Tubman erneut Präsident von Liberia 1967 Französisch-Somaliland wird in „Französisches Territorium der Afar und Issa“ umbenannt	**1967**

	Deutschland/Österreich	Europa
1967	Bundesrepublik–Jugoslawien vereinbart 1967 Staatsbürgerschaftsgesetz der DDR, durch das die Eigenstaatlichkeit der DDR betont wird 1967 Gründung der Universitäten Bielefeld und Ulm 1967 Chemie-Nobelpreis (zu einem Drittel) an Manfred Eigen 1967 Felbertauernstraße dem Verkehr übergeben	1967 Verstaatlichung der Stahlindustrie in Großbritannien; Abwertung des Pfundes 1967 Papst Paul VI. besucht den Patriarchen Athenagoras in Istanbul
1968	1968 Attentat auf einen der Wortführer des Sozialistischen Deutschen Studentenbundes (SDS), Rudi Dutschke, in Berlin; gesteigerte „außerparlamentarische" Aktionen; Inkrafttreten der Notstandsartikel der Verfassung der Bundesrepublik 1968 Neue Verfassung für die DDR; Einführung von Paß- und Visumszwang durch die DDR auf den Wegen von und nach Berlin (West); DDR-Truppen am Einmarsch der Truppen des Warschauer Pakts in die Tschechoslowakei beteiligt 1968 (19. 1.) Österreich: Bundeskanzler Josef Klaus bildet Regierung um; rund 1000 Asylgesuche tschechoslowakischer Flüchtlinge 1968 Neue Nationalgalerie von Mies van der Rohe in Berlin (West)	1968 Studentenunruhen in Frankreich führen zu Generalstreik und Regierungsumbildung 1968 In Portugal wird Salazar abgelöst; M. Caetano Ministerpräsident 1968 Alexander Dubček Erster Sekretär der KPČ; Liberalisierungsbestrebungen („Prager Frühling"); Einmarsch von Truppen der Warschauer-Pakt-Mächte in die ČSSR 1968 Die Bundesrepublik Deutschland und die Sozialistische Föderative Republik Jugoslawien nehmen diplomatischer Beziehungen miteinander auf 1968 Beginn einer Wirtschaftsreform in Ungarn 1968 Studentenunruhen in polnischen Universitätsstädten
1969	1969 (5. 3.) Gustav Heinemann wird von der Bundesversammlung in Berlin zum Bundespräsidenten gewählt; erster Kongreß der neuen Deutschen Kommunistischen Partei (DKP) in Essen; schwere Studentenunruhen in Frankfurt/M.; Sowjetunion erklärt Bereitschaft zu Verhandlungen mit den Westmächten über Zufahrtswege nach Berlin; Republik Jemen nimmt Beziehungen mit der Bundesrepublik wieder auf (28. 9.) Bundestagswahlen (CDU/CSU 46,1 %, SPD 42,7 %, FDP 5,8 %); Koalition zwischen SPD und FDP (21. 10.) Willy Brandt zum Bundeskanzler gewählt; Walter Scheel	1969 Eigentlicher Beginn der Pariser Verhandlungen über einen Waffenstillstand in Vietnam 1969 Rücktritt Alexander Dubčeks in der ČSSR als 1. Sekretär des ZK der KPČ; Nachfolger Húsak; Ende des Reform-Kurses 1969 Rücktritt General de Gaulles; Nachfolger Staatspräsident Georges Pompidou 1969 Dritte kommunistische Weltkonferenz in Moskau 1969 In Schweden tritt der Sozialdemokrat Olof Palme die Nachfolge von Ministerpräsident Tage Erlander an 1969 Griechenland tritt aus dem Europarat aus

Amerika	Asien	Afrika	
1967 Präsident Costa e Silva von Brasilien regiert mit diktatorischen Vollmachten	1967 Kulturrevolution in China verschärft sich; Machtkämpfe und Säuberungen; chinesische Wasserstoffbombe	1967 Präsidialsystem in Kongo (Kinshasa) 1967 Gipfelkonferenz der OUA in Kongo (Kinshasa)	**1967**
1968 Rassenunruhen in den USA; Bürgerrechtsführer Martin Luther King ermordet 1968 Papst Paul VI. besucht den Eucharistischen Weltkongreß in Bogotá 1968 Pierre Eliot Trudeau Ministerpräsident in Kanada 1968 Staatsstreich der Armee in Peru; Staatspräsident Velasco Alvarado 1968 Erstmalig umkreist ein bemanntes amerikanisches Raumschiff (Apollo 8) den Mond (24. 12.)	1968 Nordkoreanische Patrouillenboote bringen vor der Ostküste Koreas das US-Aufklärungsschiff „Pueblo“ auf 1968 Tet-Offensive im Vietnam-Krieg 1968 Pariser Friedensverhandlungen zwischen USA und Nord-Vietnam beginnen; seit 1969 Vertreter Süd-Vietnams und des Vietcongs dabei 1968 Lio Schao-tschi als Staatspräsident vom ZK-Plenum in Peking abgesetzt 1968 Nauru (Ozeanien) unabhängig	1968 Swasiland und Äquatorial-Guinea unabhängig 1968 Mauritius unabhängig 1968 Südwestafrika erhält den Namen Namibia 1968 Staatsstreich der Armee in Mali seit 1968 Bürgerkrieg im Tschad 1968 Portugal lehnt erneut ab, den afrikanischen Kolonien die Unabhängigkeit zu geben (trotz Aufforderung durch die UNO)	**1968**
1969 Richard Nixon Präsident der USA; unternimmt noch im Jahr seines Amtsantritts eine Europareise; Beginn von Anti-Vietnam-Kriegsdemonstrationen in den USA 1969 Erste Landung amerikanischer Astronauten auf dem Mond (Armstrong, Collins, Aldrin) 1969 Nobelpreis für Medizin an den amerik. Genetiker dt. Herkunft Max Delbrück 1969 Sogenannter „Fußballkrieg“ zwischen Honduras und El Salvador	1969 Bildung des „Sultanats von Oman“ (unabhängig) 1969 Tod Ho Tschi Minhs, des Staatspräsidenten von Nordvietnam seit 1969 Chinesisch-sowjetischer Grenzkonflikt	1969 Kongo-Brazzaville 1. Volksrepublik in Afrika 1969 Sturz der Monarchie in Libyen 1969 Papstbesuch in Uganda 1969 Staatsstreich der Armee im Sudan 1969 Militärputsch in Libyen; Libyen Republik; neuer Staatschef Ghadafi; USA und Großbritannien müssen ihre Stützpunkte räumen	**1969**

	Deutschland/Österreich	Europa
1969	(FDP) Vizekanzler und Außenminister; Bundesregierung schlägt der Regierung Polens Aufnahme politischer Gespräche vor (28. 11.) Unterzeichnung des Atomwaffensperrvertrages durch die Bundesregierung; Aufnahme deutsch-sowjetischer Gespräche über Austausch von Gewaltverzichtserklärungen; Brief Walter Ulbrichts an Bundespräsident Heinemann; Polen erklärt sich zu Gesprächen mit der Bundesrepublik bereit 1969 Österreich: Nationalrat billigt das sogenannte „Südtirol-Paket“	1969 Wegen zunehmender Terroranschläge entsendet Großbritannien Truppen nach Nordirland 1969 Große Streikwelle in Italien („Heißer Herbst“) als Protest gegen die innenpolitischen Verhältnisse
1970	1970 Bundeskanzler Brandt schlägt DDR Verhandlungen über Gewaltverzichtserklärungen vor und erklärt sich zu Gesprächen mit dem Vorsitzenden des DDR-Ministerrates Stoph bereit; Gespräche des Staatssekretärs Egon Bahr mit Außenminister Gromyko in Moskau; in Warschau werden Gespräche Bundesrepublik – Polen aufgenommen; (19. 3.) erste Zusammenkunft Brandts mit Stoph in Erfurt; in Berlin beginnen Viermächtebesprechungen über Berlin auf Botschafterebene; Entführung und Ermordung des Botschafters der Bundesrepublik in Guatemala Graf von Spreti; (21. 5.) zweite Zusammenkunft Brandts mit Stoph in Kassel; (12. 8.) Unterzeichnung des von den Außenministern Scheel und Gromyko paraphierten deutsch-sowjetischen Vertrages durch Bundeskanzler Brandt und Ministerpräsident Kossygin in Moskau; Aufnahme von Besprechungen der Staatssekretäre E. Bahr (Bundesrepublik) und M. Kohl (DDR); (7. 12.) Bundeskanzler Brandt, Ministerpräsident Cyrankiewicz, die Außenminister Scheel und Jedrychowski unterzeichnen in Warschau den deutsch-polnischen Vertrag	1970 Der britische Premierminister Wilson (Labour-Party) tritt nach Verlust der Unterhauswahlen zurück; Nachfolger Heath (Konservativer) 1970 Ausbruch bürgerkriegsähnlicher Unruhen in Nordirland 1970 Tod General de Gaulles 1970 Unterzeichnung des deutsch-sowjetischen Vertrags in Moskau 1970 Unterzeichnung des deutsch-polnischen Vertrags in Warschau 1970 In Polen nach Unruhen Rücktritt W. Gomulkas; Nachfolger E. Gierek 1970 SALT-Gespräche zwischen UdSSR und USA über Abrüstung 1970 Eröffnung der EWG-Beitrittsverhandlungen mit Dänemark, Norwegen, England und Irland 1970 Island wird Mitglied der EFTA 1970 Gesetz über die Zivilscheidung in Italien (durch ein – vom Vatikan gefordertes – Volksbegehren bestätigt) 1970 In Spanien wird der Widerstand der Basken (sozialrevolutionäre Kampfgruppe ETA) durch harte Urteile zunächst unterdrückt 1970 In Portugal sammeln sich die Gegner des Regimes in der „Bewaffneten Revolutionären Aktion“ 1970 Neue Zusammenstöße zwischen Griechen und Türken auf Zypern; Attentat auf Makarios

Amerika	Asien	Afrika	
1969 Schaffung neuer landwirtschaftlicher Betriebe durch Landreform in Peru 1969 Die Erdölproduktion in Bolivien wird verstaatlicht 1969 In Brasilien Fortsetzung des Militärregimes unter General Medici	1969 Im Libanon Auseinandersetzungen zwischen libanesischen Truppen und Palästinensern 1969 Golda Meir Ministerpräsidentin von Israel 1969 Volksabstimmung in West-Irian entscheidet für Indonesien 1969 IX. Parteitag der KP Chinas in Peking	1969 Gipfelkonferenz in Addis-Abeba über Nigeria-Problem und weiße Minderheitsregierungen in Rhodesien und Südafrika 1969 Staatsstreich in Somalia (Somalische Demokratische Republik)	**1969**
1970 Der Sozialist Salvador Allende Staatspräsident in Chile; Verstaatlichung der Schlüsselindustrien; Enteignung des Großgrundbesitzes 1970 In Argentinien wird Präsident Onganía gestürzt 1970 Trotz diktatorischer Vollmachten für den Präsidenten von Uruguay gelingt es nicht, der Tupamaros Herr zu werden 1970 In der Dominikanischen Republik erneute Präsidentschaft Balaguers 1970 Guayana wird Republik (Verbleiben im Commonwealth)	1970 Bürgerkrieg in Jordanien; Armee gegen Palästinenser 1970 Staatsstreich in Syrien bringt al-Assad an die Macht 1970 Vietnam-Krieg weitet sich über ganz Indochina aus 1970 Kambodscha-Invasion; Prinz Sihanouk gestürzt 1970 Die Inselgruppe Tonga in Südwestpolynesien (seit 1900 britisches Protektorat) wird unabhängiges Königreich; Mitglied des Commonwealth 1970 Die Fidschiinseln in Ozeanien werden unabhängig; Mitglied des Commonwealth 1970 Papst Paul VI. besucht Südostasien 1970 Flutkatastrophe in Ostpakistan	1970 Ost- und zentralafrikanische Gipfelkonferenz in Khartum 1970 Biafra kapituliert; Ende des Bürgerkriegs in Nigeria 1970 Tod des ägyptischen Präsidenten Gamal Abd el-Nasser; sein Nachfolger Anwar el-Sadat 1970 Gipfelkonferenz der Bündnisfreien in Lusaka Libyen, die VAR und der Sudan vereinigen sich zu einer Föderation 1970 Nach einer Äußerung des portugiesischen Ministerpräsidenten Caetano sollen die afrikanischen Territorien „autonome Regionen innerhalb des portugiesischen Einheitsstaats" werden	**1970**

	Deutschland/Österreich	Europa
1970	1970 (1. 3.) Österreich: Bei Parlamentswahlen erreicht die SPÖ die Mehrheit; SPÖ-Vorsitzender Bruno Kreisky bildet als neuer Bundeskanzler Minderheitsregierung; Grenzregelungsabkommen mit der Schweiz; Waren- und Zahlungsverkehrsabkommen mit der UdSSR; Gesetz zur Änderung des Wahlrechtes 1970 Gründung der Universitäten Augsburg, Kassel (1. integrierte Gesamthochschule), Trier-Kaiserslautern	
1971	1971 Botschafter der vier Großmächte paraphieren Rahmenabkommen über Berlin; keine Statusänderung Berlins; Gespräche Bundeskanzler Brandts mit sowjetischem Parteichef Breschnew in Oreanda/Krim; als Nachfolger Kiesingers wird Rainer Barzel zum Parteivorsitzenden der CDU gewählt; Bahr und Kohl paraphieren in Ost-Berlin Transit-Abkommen über Verkehr zwischen Bundesrepublik und West-Berlin, in Bonn unterzeichnet (17. 12.); Vereinbarungen zwischen Berliner Senat und DDR über Besuchsmöglichkeiten für Westberliner in Ost-Berlin und der DDR sowie über einen Gebietsaustausch 1971 Walter Ulbricht tritt als Erster Sekretär des Zentralkomitees der SED zurück; Nachfolger wird Erich Honecker 1971 Österreich: Bei Präsidentenwahlen siegt Bundespräsident Franz Jonas (SPÖ) über ÖVP-Kandidat Kurt Waldheim (parteilos); vorfristige Auflösung des Nationalrats beschlossen, um eindeutige parlamentarische Verhältnisse zu schaffen; Außenminister Österreichs und Italiens unterzeichnen Südtirol-Vertrag; Wehrdienstnovelle: Herabsetzung der Wehrdienstzeit von 9 auf 6 Monate; (10. 10.) Bei Neuwahlen erreicht die SPÖ die absolute Mehrheit; Bundeskanzler Bruno Kreisky	1971 Meeresbodenvertrag; Verbot der Anwendung und Lagerung von Kern- und Massenvernichtungswaffen auf dem Meeresboden 1971 Frauenwahlrecht in der Schweiz 1971 Bratelli norwegischer Ministerpräsident 1971 Einführung des Dezimalsystems in Großbritannien 1971 T. Schiwkoff bulgarischer Staatspräsident 1971 Chruschtschow gestorben 1971 Sozialdemokratische Regierung Krag in Dänemark 1971 Luns Generalsekretär der NATO

Amerika	Asien	Afrika	
		1970 Kongo-Léopoldville (Kongo-Kinshasa) in Zaire umbenannt	**1970**
1971 Lanusse Staatspräsident in Argentinien 1971 Banzer Staatspräsident in Bolivien 1971 Abwertung des US-Dollars 1971 My-Lai-Prozeß in den USA	1971 Rücktritt der türkischen Regierung Demirel 1971 Union Arabischer Emirate am Persischen Golf 1971 Ostpakistan als selbständige Republik Bangla Desh ausgerufen; indisch-pakistanischer Krieg 1971 Aufnahme der Volksrepublik China in die UNO	1971 Großbritannien erkennt die rhodesische Unabhängigkeit nicht an 1971 Frankreich besitzt in Afrika aus früherem Kolonialbesitz noch Französisch-Somaliland, die Komoren und La Réunion	**1971**

	Deutschland/Österreich	Europa
1971	bildet SPÖ-Regierung; früherer Außenminister und UNO-Botschafter Kurt Waldheim zum neuen UN-Generalsekretär gewählt 1971 Friedens-Nobelpreis an Willy Brandt 1971 Gründung der Universität Bremen	
1972	1972 Tod des Altbundespräsidenten Heinrich Lübke; Konstruktives Mißtrauensvotum der CDU/CSU abgelehnt; (17. 5.) Bei Stimmenthaltung der meisten Oppositionsmitglieder verabschiedet der Bundestag die Ostverträge; (26. 5.) Als erster Staatsvertrag zwischen Bundesrepublik und DDR wird der „Verkehrsvertrag“ unterschrieben; (3. 6.) Außenminister der vier Großmächte unterzeichnen das Schlußprotokoll zum Viermächteabkommen über Berlin; Vereinbarungen Bundesrepublik – DDR und Senat von (West-)Berlin – DDR treten damit in Kraft; Bundestag billigt Verträge über Beitritt Dänemarks, Großbritanniens, Irlands und Norwegens zur EWG; (26. 8.–11. 9.) XX. Olympische Sommerspiele in München (Terroranschlag arabischer Guerillas auf israelische Olympia-Mannschaft); (22. 9.) Auflösung des Bundestages; Vereinbarung der Aufnahme diplomatischer Beziehungen Bundesrepublik–Volksrepublik China; (9. 11.) Paraphierung des Grundvertrages; (19. 11.) Bundestagswahlen; SPD erstmals stärkste Partei; Wiederwahl Brandts zum Bundeskanzler; Bildung der zweiten sozialliberalen Regierung; (21. 12.) Unterzeichnung des Vertrages über die Grundlagen der Beziehungen zwischen der Bundesrepublik Deutschland und der Deutschen Demokratischen Republik (DDR erkennt Viermächteverantwortung für Berlin an; Bun-	1972 König Frederik IX. von Dänemark gestorben; Nachfolgerin Königin Margarete II. 1972 In Belgien Regierung Eyskens 1972 Besuch Nixons in der UdSSR 1972 Messmer französischer Regierungschef 1972 SALT-Abkommen zwischen den Vereinigten Staaten und der Sowjetunion über Begrenzung strategischer Waffen und Waffensysteme 1972 Der belgische sozialistische Politiker P. H. Spaak gestorben; einer der Vorkämpfer der europäischen Integration 1972 Norwegen lehnt Beitritt zur EWG in einer Volksabstimmung ab; Rücktritt des norwegischen Ministerpräsidenten Bratelli 1972 In Dänemark Rücktritt Krags; Nachfolger Ministerpräsident Jörgensen

Amerika	Asien	Afrika	
			1971
1972 SALT-Abkommen zwischen den USA und der Sowjetunion über Begrenzung strategischer Waffen und Waffensysteme 1972 Einbruch im Hauptquartier der Demokratischen Partei in Washington (USA) im Gebäudekomplex „Watergate“; Beginn des Watergate-Skandals; Präsident Nixon veranlaßt die Behinderung der Untersuchung 1972 Tod des ehemaligen amerikanischen Präsidenten Harry S. Truman	1972 USA ziehen letzte Kampftruppen aus Vietnam ab 1972 Süd- und Nordkorea nehmen Verhandlungen auf	1972 Militärregierung in Madagaskar	**1972**

	Deutschland/Österreich	Europa
1972	desrepublik gibt Alleinvertretungsanspruch auf; Bekenntnis zu Gewaltverzicht und zur Unverletzbarkeit der Grenzen; Austausch ständiger Vertretungen; Interessen (West-)Berlins durch die Bundesregierung vertreten); Festnahme des Kerns der „Baader-Meinhof-Terroristen“, denen Sprengstoffanschläge, Gewalttaten und andere Rechtsbrüche vorgeworfen werden 1972 Zahlreiche Staaten nehmen diplomatische Beziehungen mit der DDR auf 1972 Österreich: Entschädigungsvertrag mit Italien; schwere Flutkatastrophe in der Steiermark; in Kärnten zweisprachige topographische Bezeichnungen in Gebieten mit slowenischer oder Mischbevölkerung; Abkommen über Freihandelsvertrag zwischen EWG und Österreich; Aufnahme diplomatischer Beziehungen mit der DDR; durch die seit 1967 anhaltende wirtschaftliche Konjunktur hat sich Österreich zu einem der wachstumsstärksten europäischen Industrieländer entwickelt 1972 Literatur-Nobelpreis an Heinrich Böll 1972 Gründung der Gesamthochschulen Bamberg, Duisburg, Eichstätt, Essen, Paderborn, Siegen	1972 Beginn der Vorverhandlungen zur Sicherheitskonferenz 1972 In Griechenland Studentenunruhen gegen das Militärregime 1972 Tod des früheren italienischen Staatspräsidenten Segni
1973	1973 Beschlüsse zu einem Stabilitätsprogramm der Bundesrepublik; Bundestag billigt Ratifikationsgesetz zum Grundvertrag mit der DDR; Besuch des Generalsekretärs der KPdSU Leonid Breschnew in der Bundesrepublik; Helmut Kohl zum neuen CDU-Vorsitzenden gewählt; Aufnahme der Bundesrepublik in die UNO; Beschluß der arabischen Ölländer, Produktion und Lieferungen zu drosseln und die Preise zu erhöhen, ruft u. a. in der Bundesrepublik die sogenannte „Ölkrise“ hervor;	1973 Beitritt Großbritanniens, Dänemarks und Irlands zur EWG 1973 Vorverhandlungen zwischen Vertretern der NATO und der Warschauer-Pakt-Staaten über Truppenabbau in Mitteleuropa (MBFR) 1973 König Konstantin von Griechenland abgesetzt; Griechenland wird Republik 1973 Karl XVI. Gustav König von Schweden nach dem Tod König Gustavs VI. Adolf 1973 Staatspräsident der Türkei Korutürk

Amerika	Asien	Afrika	
	1972 Nach vorausgegangenen Verhandlungen zwischen dem japanischen Ministerpräsidenten und dem amerikanischen Präsidenten Nixon (1969) kommen die Riu-Kiu-Inseln mit Okinawa wieder unter japanische Souveränität; die USA behalten ihre Stützpunktprivilegien; Rücktritt Ministerpräsident Satos; Nachfolger Tanaka 1972 US-Präsident Nixon besucht die Volksrepublik China		**1972**
1973 Tod des ehemaligen amerikanischen Präsidenten Lyndon B. Johnson 1973 Verfall des Dollars setzt ein 1973 Watergate-Skandal führt in den USA zu anhaltender innenpolitischer Krise 1973 Waffenstillstand in Vietnam; dennoch gehen überall im Land die Kämpfe weiter	1973 Pariser Friedenskonferenz beendet vorläufig den Krieg in Vietnam; Waffenstillstandsverletzungen auf beiden Seiten; anhaltende Kämpfe in Kambodscha 1973 4. Israelisch-arabischer Krieg (Jom-Kippur-Krieg) durch Waffenstillstand beendet; Israelis räumen Westufer und einen Streifen am Ostufer des Suez-Kanals; weitere Regelungen		**1973**

	Deutschland/Österreich	Europa
1973	Aussiedlung von 50000 deutschstämmigen Polen in die Bundesrepublik von Polen zugesichert; (11. 12.) Bundeskanzler Brandt und Außenminister Scheel unterzeichnen in Prag den deutsch-tschechoslowakischen Normalisierungsvertrag; Aufnahme diplomatischer Beziehungen der Bundesrepublik mit Ungarn und Bulgarien; „Dollar-Schwemme" führt zu Aufwertung der DM; Lebenshaltungskosten steigen; Einstellungsstopp für Gastarbeiter 1973 DDR-Volkskammer stimmt dem Grundvertrag mit der Bundesrepublik zu; Tod des DDR-Staatsratsvorsitzenden Walter Ulbricht; Willi Stoph wird Staatsratsvorsitzender, Vorsitzender des Ministerrats Horst Sindermann; Aufnahme der DDR in die UNO 1973 Österreich: Vertrag mit der UdSSR über wirtschaftliche, technische und wissenschaftliche Zusammenarbeit; Schillingaufwertung; in Wien beginnen Ost-West-Verhandlungen über einen Truppenabbau in Mitteleuropa 1973 Medizin-Nobelpreis (zu einem Drittel an Konrad Lorenz (Österreich) 1973 Medizin-Nobelpreis (zu einem Drittel) an Karl von Frisch 1973 Chemie-Nobelpreis (zur Hälfte) an Ernst Otto Fischer	1973 Neue Studentenunruhen in Athen und Saloniki; Regierung verhängt Kriegsrecht; Sturz der Militärjunta in Griechenland; Papadopoulos unter „Aufsicht" gestellt; neuer Präsident General Gizikis 1973 In Italien Kabinett Rumor 1973 Den Uyl niederländischer Ministerpräsident 1973 Unterzeichnung des deutsch-tschechoslowakischen Abkommens in Prag; Beschluß über die Aufnahme diplomatischer Beziehungen zwischen der Tschechoslowakei und der Bundesrepublik Deutschland
1974	1974 Abschluß mehrerer Folgeverträge zum Grundvertrag mit der DDR; nach Aufdeckung der Spionage-Affäre Guillaume (Kanzlerreferent und DDR-Agent) tritt Bundeskanzler Willy Brandt zurück (6./7. 5.); Walter Scheel (FDP) wird zum Bundespräsidenten gewählt; (15. 5.) Helmut Schmidt (SPD) wird Bundeskanzler und bildet neue Regierung SPD/FDP; Vizekanzler und Außenminister Genscher; Willy Brandt bleibt Vorsitzender der SPD; Vorsitzender der FDP H. D. Genscher	1974 Offiziersputsch in Portugal unter General Spinola; Sturz der Diktatur; liberaler Kurs; provisorische Mehrparteien-Regierung einschließlich der Linksparteien 1974 Tod Präsident Pompidous; Nachfolger V. Giscard d'Estaing 1974 Putsch der Nationalgarde gegen Präsident Makarios von Zypern; schwere Kämpfe auf der Mittelmeerinsel; Makarios geht vorübergehend ins Ausland 1974 Der portugiesische Staatspräsident, General Spinola, tritt zurück; Nachfolger der bisherige Generalstabschef Costa Gomes

Amerika	Asien	Afrika	
1973 Peronisten gewinnen in Argentinien die Wahl; Rückkehr Juan Peróns nach Argentinien 1973 Militärputsch in Chile; Allende ermordet; Militärregierung unter General Pinochet; Verbot demokratischer Parteien; Verfolgung der Parteigänger Allendes; zunehmende wirtschaftliche Schwierigkeiten	bleiben den Verhandlungen einer Nahost-Konferenz in Genf vorbehalten 1973 Afghanistan wird Republik 1973 Indien zündet erste Atombombe 1973/74 Die ölproduzierenden arabischen Staaten führen internationale Öl- und Energiekrise herauf; beträchtliche Auswirkungen auf die Weltwirtschaft		**1973**
1974 Tod des argentinischen Staatspräsidenten Perón; seine Witwe Isabel Perón übernimmt die Amtsgeschäfte 1974 Rücktritt Richard M. Nixons vom Amt des Präsidenten der USA wegen Watergate-Skandal; Gerald Ford neuer Präsident der USA; Vizepräsident Rockefeller	1974 Der amerikanische Außenminister H. Kissinger erreicht eine Truppenentflechtung an der Suez-Front und auf den Golan-Höhen 1974 Nahost-Reise des US-Präsidenten Nixon 1974 Terror-Aktionen der Palästinenser auf israelischem Gebiet lösen israelische Gegenschläge aus; neue Nahost-Krise	1974 Die 500 Jahre alte portugiesische Kolonie Guinea-Bissau wird selbständig 1974 (12. 9.) Kaiser Haile Selassie von Äthiopien (82) nach 44jähriger Regierung von einer Militärjunta abgesetzt	**1974**

1974

1974 (10. 7.) Zustimmung des Bundestags zum Normalisierungsvertrag mit der ČSSR
1974 Neuer Dienstpflichtplan des Bundesverteidigungsministeriums sieht Wahl zwischen Wehr- und Zivildienstpflicht vor
1974 (1. 11.) Unterzeichnung eines Kooperationsabkommens Bundesrepublik–Polen
1974 Abkommen Bundesrepublik–DDR über zinslosen Überziehungskredit für DDR im innerdeutschen Handel
1974 Landtagswahlen in mehreren Ländern der Bundesrepublik führen zu Stimmverlusten der Koalitionsparteien SPD und FDP und Gewinnen der CDU/CSU
Ende 1974 Verschlechterung der wirtschaftlichen Lage in der Bundesrepublik: Schließung von Betrieben, Ansteigen der Arbeitslosenzahlen, Übergang zu Kurzarbeit in mehreren Großbetrieben; stabilitätsfördernde Maßnahmen der Bundesregierung zur Abschwächung der Inflationsrate, dazu konjunkturbelebende Maßnahmen zur Arbeitsbeschaffung
1974 Finanzielle Beteiligung ölfördernder Staaten an deutschen Industrieunternehmen (Krupp, Daimler-Benz)
1974 Trotz wirtschaftlicher Krisen hohe Exportüberschüsse im Außenhandel der Bundesrepublik im Jahr 1974; Inflationsrate der Bundesrepublik niedrigste der westlichen Industriestaaten; weitergehende Beruhigung der Steigerung der Lebenshaltungskosten

1974 Die italienische Regierung der Linken Mitte (Ministerpräsident Rumor) aus Christlichen Demokraten, Sozialdemokraten und Sozialisten, die 36. Nachkriegsregierung in Italien, tritt zurück
1974 Die Wahlen zum britischen Unterhaus bringen der Labour-Party, die seit Anfang März 1974 unter Premierminister Wilson mit einer parlamentarischen Minderheit regierte, eine knappe absolute Mehrheit; Wilson wieder Premier
1974 Durch Volksabstimmung scheitert in der Schweiz Initiative zur Ausweisung von 540000 Ausländern
1974 Der Ex-Diktator Georgios Papadopoulos und vier seiner früheren Mitarbeiter werden von der griechischen Regierung auf die Ägäis-Insel Kea verbannt
1974 Besuch des Bundeskanzlers Schmidt und des Außenministers Genscher in Moskau; im Vordergrund stehen beiderseitige Wirtschaftsinteressen
1974 Erhebung der offiziellen Anklage gegen den ehemaligen griechischen Staatspräsidenten Papadopoulos und weitere Angehörige der früheren Militärjunta wegen Hochverrats und Aufruhrs
1974 Beginn der Weltwährungskonferenz in Rom; Delegierte aus über 100 Ländern
1974 Nach sieben Jahren Militärjunta wieder freie Wahlen in Griechenland; stärkste Parteien die „Neue Demokratie“ des amtierenden Ministerpräsidenten Karamanlis (54,5%), daneben die „Zentrumsunion – Neue Kräfte“ (Mavros, 20,4%) und die „Allgriechische Sozialistische Bewegung“ des Andreas Papandreou (13,7%); die kommunistische Vereinigte Linke erhält 9,1%
1974 (November) Welternährungskonferenz in Rom
1974 Die seit 51 Tagen anhaltende italienische Regierungskrise wird mit der Ernennung Aldo Moros zum Ministerpräsidenten beendet

Amerika

1974 Das amerikanische Aufklärungsflugzeug SR-71 überquert in einer Stunde und 56 Minuten den Atlantik
1974 (10. 10.) Der amerikanische Präsident Ford und der polnische Parteichef Gierek – erster Besuch eines polnischen Regierungschefs in Amerika seit dem Zweiten Weltkrieg – einigen sich auf „Prinzipien" zur Gestaltung der amerikanisch-polnischen Beziehungen
1974 In Boston (USA) flammen wieder Rassenkrawalle auf; Protest gegen die Integration der farbigen Kinder in die „weißen" Schulen
1974 Der amerikanische Präsident Ford und der sowjetische Parteichef Breschnew treffen sich in Wladiwostok; Unterzeichnung eines Abkommens über Begrenzung der Raketenrüstung
1974 Palästinenser-Führer Arafat spricht vor der UN-Vollversammlung

Asien

1974 Der türkische Ministerpräsident Echevit, der „starke Mann" der Zypern-Invasion, tritt nach Scheitern von Koalitionsverhandlungen endgültig zurück
1974 Veröffentlichung der Grußbotschaft Pekings zum 57. Jahrestag der russischen Oktoberrevolution durch das chinesische Außenministerium; Bereitschaft der Volksrepublik China, mit der Sowjetunion über einen Nichtangriffs- und Gewaltverzichtsvertrag zu verhandeln, unter der Bedingung eines beiderseitigen Truppenabzugs entlang der gemeinsamen Grenze
1974 Katastrophale Hungersnot in den indischen Unionsstaaten Westbengalen und Assam sowie in dem benachbarten Bangla Desh
1974 Die Lasten der Verteidigung und der Einwanderung zwingen die Regierung Rabin (Nachfolger Golda Meirs als Ministerpräsident) in Tel Aviv zu einer drastischen Abwertung (43 %) des israelischen Pfundes; schärfste Wirtschaftsmaßnahme seit Gründung des jüdischen Staates
1974 Neuer Außenminister der Volksrepublik China wird Tschiao Kuan-hua (bisher einer der sechs Vizeaußenminister)

Afrika

1974 In Kinshasa (Zaire) beginnen neue Gespräche zwischen einer portugiesischen Delegation und der in Kinshasa ansässigen „Nationalen Befreiungsfront Angolas" (FNLA) unter Holden Roberto über die Unabhähgigkeit Angolas
1974 Blutige Auseinandersetzungen zwischen entlassenen portugiesischen Soldaten und Frelimo-Guerillas in Lourenço Marques (Portugiesisch-Moçambique)
1974 Gipfeltreffen der Staatschefs der (20) arabischen Staaten in Rabat; die arabischen Staatschefs erkennen den Führer der palästinensischen Befreiungsorganisation (PLO), Arafat, als einzigen Sprecher der Palästinenser an; König Hussein von Jordanien gibt den Anspruch auf Westjordanien auf; Israel gegen einen eigenständigen Palästinenser-Staat und gegen Gespräche mit Arafat
1974 In Luanda, der Hauptstadt der portugiesischen Afrika-Besitzung Angola, blutige Auseinandersetzungen zwischen den rivalisierenden Befreiungsbewegungen FNLA, MPLA und UNINA
1974 Die militärischen Machthaber in Äthiopien lassen den nach Haile Selassies Sturz als Chef der Militärregierung amtierenden

	Deutschland/Österreich	Europa
1974	1974 Aufnahme diplomatischer Beziehungen DDR–USA 1974 (24. 4.) Österreich: Tod von Bundespräsident Franz Jonas; Wahl des parteilosen Kandidaten der SPÖ Rudolf Kirchschläger zum neuen Bundespräsidenten	1974 Der gewählte zyprische Präsident Erzbischof Makarios kehrt in die Hauptstadt Nikosia zurück 1974 Volksabstimmung über die Rückkehr König Konstantins als Staatsoberhaupt nach Griechenland; Mehrheit entscheidet für Beibehaltung der Republik
1975	1975 (1. 1.) Herabsetzung der Volljährigkeit von 21 auf 18 Jahre in der Bundesrepublik 1975 (12. 1.) Der CSU-Vorsitzende F.J.Strauß wird bei seinem Besuch in der Volksrepublik China von Parteichef Mao Tse-tung empfangen 1975 (19.1.) Wiederaufnahme diplomatischer Beziehungen Bundesrepublik – Kuba 1975 (30. 1.) Arbeitslosenzahl in der Bundesrepublik überschreitet die 5%-Grenze und beträgt 1,15 Millionen 1975 (4. 2.) Besuch des UNO-Generalsekretärs Kurt Waldheim in Bonn und Berlin (Ost); kein Besuch von Berlin (West) 1975 (25. 2.) Bundesverfassungsgericht erklärt Freigabe des Schwangerschaftsabbruchs („Fristenlösung“) für verfassungswidrig 1975 (27. 2. – 4. 3.) Entführung des Landesvorsitzenden der Berliner CDU, Peter Lorenz, durch eine Terroristengruppe in Berlin; Befreiung nach Erfüllung der Bedingungen der Entführer (Entlassung von Häftlingen aus Berliner und bundesdeutschen Haftanstalten); anschließend Kontroverse um die innere Sicherheit zwischen Koalition und Opposition 1975 (1. 3.) Parlamentswahlen in Berlin (West): CDU stärkste Partei; Koalitionsregierung SPD/FDP; Klaus Schütz Regierender Bürgermeister 1975 (4. 3.) Sprengstoffanschlag auf das Bundesverfassungsgericht in Karlsruhe	1975 (28. 1.) Rücktritt der liberalen Minderheitsregierung P. Hartling in Dänemark; Sozialdemokrat A. Jörgensen bildet am 13. 2. eine sozialdemokratische Minderheitsregierung 1975 (4. 2.) Verzicht des Parteichefs der britischen Konservativen, E. Heath, auf sein Amt; seine Nachfolge im Parteivorsitz tritt Margaret Thatcher an 1975 (5. 2.) Einstellung der USA-Militärhilfe an die Türkei 1975 (10. 2.) Der von der IRA für die Zeit vom 22. 12. 74 – 2. 1. 75 verkündete „Waffenstillstand“ in Ulster wird unbefristet verlängert 1975 (13. 2.) Proklamierung eines türkischen Teilstaates auf Zypern durch die Zypern-Türken 1975 (11. 3.) In Portugal scheitert ein Putschversuch konservativer Offiziere und Politiker; General Spinola, der frühere portugiesische Präsident, erhält nach mißlungenem Putsch Asyl in Brasilien 1975 (14. 3.) Als oberstes Staatsorgan wird in Portugal ein Revolutionsrat eingesetzt 1975 (9. 4.) Britisches Unterhaus stimmt für Verbleib Großbritanniens in der EG 1975 (24. 4.) Überfall auf die deutsche Botschaft in Schweden mit Geiselnahme; Forderung nach Freilassung von Baader-Meinhof-Terroristen von der Bundesregierung abgelehnt; Sprengung der Botschaft durch die Terroristen; Festnahme der überlebenden Terroristen durch die schwedische Polizei; Tod von zwei Diplomaten und zwei Terroristen

Amerika	Asien	Afrika	
1974 Der amerikanische Außenminister Henry Kissinger versucht im Nahostkonflikt zu vermitteln; unternimmt mehrere Reisen nach Israel und in die arabischen Staaten	1974 (23./24. 11.) US-Präsident Ford und der sowjetische Parteichef Breschnew einigen sich in Wladiwostok über Grundzüge eines neuen Abkommens über beiderseitige Raketen-Begrenzung (SALT)	Generalleutnant Aman Andom und 60 weitere Politiker, Beamte und Militärs hinrichten	**1974**
1975 Vereinte Nationen erklären das Jahr 1975 zum „Jahr der Frau“ 1975 (14. 1.) Kündigung des Handelsabkommens mit den USA durch die UdSSR 1975 (1. 2.) Francisco Morales Bermudez zum neuen Ministerpräsidenten Perus ernannt 1975 (Anfang Februar) Streik der uniformierten Polizei in Lima löst eine Krise aus; der peruanische Präsident Juan Velasco Alvarado verhängt den Ausnahmezustand	1975 (17. 1.) Beginn einer Großoffensive von Streitkräften Nordvietnams und der Vietkong gegen Südvietnam 1975 (15. 1.) Durch Verfassungsänderung Abschaffung der parlamentarischen Demokratie in Bangla Desh; Ernennung von Mudschibur-Rahman zum Staatspräsidenten 1975 (10. 2.) Nahost-Vermittlungsreise des USA-Außenministers 1975 (6. 3.) Beilegung des Grenzkonflikts Irak–Iran; wirkt sich zu Ungunsten der Kurden aus 1975 (8. 3.) Neue Nahostvermittlungsreise des USA-Außenministers H. Kissinger 1975 (10. 3.) Im südvietnamesischen Hochland neue Großoffensive der Vietkongtruppen und nordvietnamesischer Einheiten gegen Südvietnam 1975 (13. 3.) Offensive irakischer Streitkräfte gegen die aufständischen Kurden 1975 (25. 3.) Ermordung des saudi-arabischen Königs Feisal durch einen seiner	1975 In der äthiopischen Provinz Eritrea heftige Kämpfe zwischen Streitkräften Äthiopiens und den eritreischen Befreiungsbewegungen „Eritreische Befreiungs front“ und „Volksfront für die Befreiung Eritreas“ 1975 (2. 2.) Vertrag über wirtschaftliche Zusammenarbeit zwischen der EG und 46 Ländern aus Afrika und dem karibischen Raum unterzeichnet 1975 (11. 2.) Ermordung des Staats- und Regierungschefs der Madegassischen Republik, R. Ratsimandrava 1975 (2. 3.) In Äthiopien wird die Abschaffung der Monarchie proklamiert	**1975**

1975

1975 (26. 3.) Unterzeichnung des Konsularvertrages Österreich-DDR; als erstes westliches Land erkennt Österreich die DDR-Staatsbürgerschaft an
1975 (21. 5.) Beginn des Baader-Meinhof-Prozesses in Stuttgart-Stammheim
1975 (16. 6.) Staatsbesuch von Bundespräsident Scheel in den USA; Ansprache Scheels vor dem Kongreß in Washington
1975 (19. 6.) CDU benennt den Ministerpräsidenten von Rheinland-Pfalz H. Kohl als Kanzlerkandidaten
1975 (24. 6.) Beginn des Landesverratsprozesses gegen den früheren Kanzleramtsreferenten G. Guillaume und Frau
1975 (2. 7.) Besuch des SPD-Vorsitzenden Willy Brandt in Moskau
1975 (8. 7.) J. Rabin besucht als erster israelischer Regierungschef die Bundesrepublik und Berlin (West)
1975 (25. 7.) Gegen die Stimmen der Opposition stimmt der Bundestag den Ergebnissen der Konferenz für die Sicherheit und Zusammenarbeit in Europa (KSZE) zu
1975 (1. 8.) Bundesrepublik Deutschland und DDR unterzeichnen die Schlußakte der KSZE in Helsinki
1975 (1. 8.) Gespräch zwischen Bundeskanzler Schmidt und dem polnischen Parteichef Gierek in Helsinki; Einigung auf einen Kredit für Polen in Höhe von 1 Milliarde DM, Abgeltung von Renten-

1975 (25. 4.) Wahl der Verfassunggebenden Versammlung Portugals: Sieg der gemäßigten Parteien
1975 (Mai) Königin Margarethe II. von Dänemark besucht die UdSSR
1975 (11. 5.) Freihandelsabkommen EG – Israel
1975 (29. 5.) Parteichef G. Hušak zum Staatspräsidenten der Tschechoslowakei gewählt
1975 (4. 6.) Rücktritt der finnischen Regierung unter K. Sorsa; K. Linamaa bildet ein Übergangskabinett
1975 (5. 6.) Durch ein Referendum in Großbritannien entscheiden sich 67,2 % für das Verbleiben in der Europäischen Gemeinschaft
1975 (11. 7.) Auflösung der portugiesischen Regierung
1975 (27. 7.) Machtübernahme in Portugal durch Staatspräsident Francisco da Costa Gomes, Ministerpräsident Vasco dos Santos Gonçalves und General Otelo de Carvalhõ
1975 (1. 8.) Die Schlußakte der Konferenz für Sicherheit und Zusammenarbeit in Europa (KSZE-Konferenz) in Helsinki wird von 35 Staaten – darunter Bundesrepublik Deutschland und DDR – unterzeichnet

Amerika	Asien	Afrika	
1975 (27. 6.) Abkommen Bundesrepublik–Brasilien über Lieferung deutscher Kernkraftwerke an Brasilien (gegen Bedenken der USA) 1975 (4. 7.) Unruhen in Argentinien 1975 (21. 8.) USA und Organisation Amerikanischer Staaten (OAS) lockern Wirtschaftsembargo gegenüber Kuba 1975 (1. 9.) Scheitern eines Staatsstreiches in Ecuador; Umbildung der Regierung 1975 (5. 9.) Gescheitertes Attentat auf US-Präsidenten G. Ford 1975 (25. 11.) Niederländisch-Guyana wird als Republik Surinam unabhängig	Neffen; Nachfolger wird der bisherige Kronprinz Khaled 1975 (1. 4.) Der Staatschef Kambodschas, Lon Nol, flieht außer Landes 1975 (5. 4.) Tod des nationalchinesischen Staatspräsidenten Tschiang Kai-schek 1975 (10. 4.) Parlament von Sikkim beschließt Abschaffung der Monarchie und Angliederung an Indien 1975 (13. 4.) In Beirut (Libanon) Kämpfe zwischen Palästinensern und Falangisten 1975 (17. 4.) Rote Khmer erobern die Hauptstadt Pnom Penh; Machtübernahme der Roten Khmer beendet Bürgerkrieg in Kambodscha 1975 (29. 4.) Die letzten amerikanischen Truppen verlassen Südvietnam 1975 (ab April) Flüchtlingsstrom von Südvietnamesen in die USA 1975 (April) Eroberung ganz Südvietnams durch Truppen des Vietkong und Nordvietnams 1975 (30. 4.) Bedingungslose Kapitulation der Regierung Südvietnams 1975 (12. 6.) Indisches Gericht erklärt Ministerpräsidentin Indira Gandhi der Wahlkampfkorruption schuldig und schließt sie für 6 Jahre von der Bekleidung öffentlicher Ämter aus	1975 (13. 4.) Militärrevolte im Tschad; Ermordung Präsident F. Tombalbayes 1975 (3. 6.) Die letzten französischen Truppen verlassen Madagaskar 1975 (5. 6.) Wiedereröffnung des Suez-Kanals 1975 (15. 6.) Einsetzung eines „Obersten Revolutionsrates", der D. Ratsiraka zum Staats- und Regierungschef der Madegassischen Republik wählt 1975 (25. 6.) Moçambique als Volksrepublik von Portugal unabhängig	**1975**

1975

anspruchen, Ausreise von rd. 120 000 Deutschstämmigen aus Polen
1975 (29. 8.) Drastisches Sparprogramm der Bundesregierung
1975 (5. 9.) Bundeswirtschaftsminister Friderichs eröffnet in Peking die erste deutsche Industrieausstellung in der Volksrepublik China
1975 (23. 9.) Besuch des CDU-Vorsitzenden H. Kohl in der UdSSR
1975 (23. 9.) Vereinbarung über Aufnahme diplomatischer Beziehungen Bundesrepublik – Nordvietnam
1975 (24. 9.) OPEC-Konferenz in Wien beschließt Erhöhung der Rohölpreise um 10 %
1975 (September) Erstmals Rückgang der Zahl der ausländischen Arbeiter in der Bundesrepublik
1975 (5. 10.) Nationalratswahlen in Österreich: Die SPÖ behält die absolute Mehrheit; Bildung einer neuen SPÖ-Regierung unter Bundeskanzler Bruno Kreisky
1975 (7. 10.) Unterzeichnung eines neuen Freundschafts- und Beistandspakts DDR–UdSSR
1975 (24. 10.) Der Bundestag verabschiedet gegen die Stimmen der Opposition das Extremistengesetz
1975 (29. 10.) Bundeskanzler H. Schmidt besucht China und trifft mit Parteichef Mao Tse-tung zusammen
1975 (30. 10.) Tod des Physikers und Nobelpreisträgers Gustav Hertz
1975 (10. 11.) Bundespräsident W. Scheel trifft zu einwöchigem Besuch in der UdSSR ein
1975 (12. 12.) Der Bundestag beschließt ein einheitliches Hochschulrecht

1975 (29. 8.) Pinheiro de Azevedo neuer Regierungschef Portugals
1975 (1. 10.) Beilegung des Triest-Konflikts zwischen Italien und Jugoslawien
1975 (9. 10.) Unterzeichnung der deutsch-polnischen Vereinbarungen von Helsinki in Warschau
1975 (9. 10.) Verleihung des Friedensnobelpreises an den sowjetischen Physiker und Regimekritiker A. Sacharow
1975 (20. 11.) Tod des spanischen Staatschefs Francisco Franco Bahamonde
1975 (22. 11.) Prinz Juan Carlos de Borbón y Borbón zum König von Spanien proklamiert
1975 (25./26. 11.) Scheitern eines Putsches linksgerichteter Truppen in Portugal; Entmachtung der Generäle Carvalhõ und Fabião; Auflösung der Sicherheitsgruppe COPCON
1975 (27. 11.) Krönungsfeierlichkeiten in Spanien; Juan Carlos I. König von Spanien
1975 (30. 11.) Nach Reichstagswahlen in Finnland (21./22. 9.) bildet der Zentrumspolitiker M. Miettunen eine Volksfrontregierung
1975 (2.–14. 12.) Kaperung eines Eisenbahnzuges mit Geiselnahme durch ambonesische Terroristen in Beilen (Nordholland); drei Geiseln erschossen
1975 (4. 12.) Ambonesische Terroristen überfallen das indonesische Generalkonsulat in Amsterdam

Amerika	Asien	Afrika	
	1975 (26. 6.) Verhängung des Ausnahmezustandes in Indien: Indira Gandhi hebt die bürgerlichen Freiheiten auf und entmachtet die Opposition 1975 (20. 7.) Wegen der Einstellung der amerikanischen Militärhilfe übernimmt die Türkei 20 US-Stützpunkte in ihrem Land; nicht betroffen ist der NATO-Stützpunkt Incirlik 1975 (15. 8.) Militärputsch in Bangla Desh: Ermordung des Präsidenten Mudschibur-Rahman, Verhängung des Kriegsrechts, neuer Präsident Chondakar Muschtak Ahmed 1975 (23.8.) Einsetzung einer „Revolutionären Volksverwaltung“ in der laotischen Hauptstadt Vientiane: Laos in den Händen der kommunistischen Pathet-Lao 1975 (28. 8.) Beginn des Bürgerkriegs zwischen Christen und Moslems im Libanon 1975 (4. 9.) Zweites Sinai-Interimsabkommen unterzeichnet 1975 (16. 9.) Papua-Niugini (Papua-Neuguinea) erhält die Unabhängigkeit; verbleibt im Commonwealth 1975 (ab 20.9.) Kämpfe auf Timor zwischen pro-indonesischen Gruppen und FRETELIN-Einheiten	1975 (3. 7.) Ausbruch von Kämpfen der Befreiungsorganisationen Angolas 1975 (5. 7.) Unabhängigkeit der Kapverdischen Inseln 1975 (6. 7.) Unabhängigkeit der bisher französischen Komoren 1975 (12. 7.) Unabhängigkeit der Demokratischen Republik von São Tomé u. Principe 1975 (29. 7.) Sturz des nigerianischen Staatschefs Y. Gowon 1975 (25. 8.) Scheitern einer rhodesischen Verfassungskonferenz 1975 (27. 8.) Tod des ehemaligen Kaisers von Äthiopien Haile Selassie I. 1975 (6. 11.) Marsch von 350000 unbewaffneten Marokkanern in die Spanische Sahara 1975 (8. 11.) Aufnahme von Sahara-Verhandlungen Spaniens mit Marokko und Mauretanien; die in die Spanische Sahara eingedrungenen Marokkaner ziehen sich zurück 1975 (11. 11.) Portugal entläßt Angola in die Unabhängigkeit 1975 (13. 11.) Abbruch der diplomatischen Beziehungen Marokkos zur DDR 1975 (30. 11.) Dahomey nennt sich fortan „Volksrepublik Benin“	**1975**

	Deutschland/Österreich	Europa
1975	1975 (15. 12.) Im Guillaume-Prozeß wird der ehemalige Kanzlerreferent G. Guillaume zu 13 Jahren Freiheitsstrafe wegen Landesverrates verurteilt; seine Frau erhält 8 Jahre Freiheitsstrafe 1975 (19. 12.) Unterzeichnung einer Verkehrsvereinbarung Bundesrepublik – DDR 1975 (21. 12.) In Wien überfallen Terroristen die OPEC-Konferenz und nehmen elf Minister als Geiseln; drei Todesopfer; Terroristen und Geiseln fliegen nach Algier, dort Freilassung der Politiker	
1976	1976 (1. 1.) Zu Jahresbeginn 1,35 Millionen Arbeitslose in der Bundesrepublik 1976 (1. 1.) Inkrafttreten des anstelle des BGB geschaffenen neuen Zivilgesetzbuches der DDR 1976 (10. 1.) Der niedersächsische Ministerpräsident A. Kubel (SPD) tritt zurück 1976 (12. 1.) Tod des Architekten W. March, Erbauer des Berliner Olympia-Stadions 1976 (1. 2.) Tod des Atomphysikers und Nobelpreisträgers W. Heisenberg	1976 (Januar) Rücktritt des norwegischen Ministerpräsidenten T. Bratteli; Nachfolger O. Nordli 1976 (19. 2.) Fischereikonflikt führt zum Abbruch der Beziehungen Islands zu Großbritannien 1976 (15. 3.) Polen ratifiziert die deutsch-polnischen Verträge 1976 (16. 3.) Rücktritt des britischen Premierministers H. Wilson (Labour) 1976 (16. 3.) Linkssozialistischer Antrag auf Abschaffung der norwegischen Monarchie vom Storting abgelehnt 1976 (24. 3.) Tod des britischen Feldmarschalls Viscount Montgomery of Alamein

Amerika	Asien	Afrika	
	1975 (28. 11.) Ausrufung der unabhängigen „Volksrepublik Ost-Timor" durch die FRETELIN 1975 (29. 11.) Abdankung des Königs Savang Vatthana von Laos 1975 (1. 12.) Beschluß des UN-Sicherheitsrats, die PLO als Vertretung des palästinensischen Volkes in Zukunft an den Nahost-Debatten teilnehmen zu lassen 1975 (3. 12.) Proklamierung der Demokratischen Volksrepublik Laos 1975 (7. 12.) Besetzung Ost-Timors durch Truppen Indonesiens		**1975**
1976 (24. 3.) Nach Militärputsch übernehmen die Streitkräfte die Macht in Argentinien; die Präsidentin I. Perón wird interniert (Beschuldigung der Veruntreuung öffentlicher Gelder)	1976 (8. 1.) Regierung Indira Gandhis schränkt die verfassungsmäßigen Grundrechte ein 1976 (8. 1.) Tod des chinesischen Ministerpräsidenten Tschou En-lai 1976 (7. 2.) Hua Kuo-Fong wird amtierender Staatsratsvorsitzender Chinas	1976 (12. 1.) Mit dem Rückzug der letzten spanischen Militärverbände aus der ehemals Spanischen Sahara endet für Spanien die Epoche des Kolonialismus 1976 (3. 2.) Aufnahme diplomatischer Beziehungen Bundesrepublik Deutschland–Moçambique 1976 (Februar) In Angola kann sich die von der UdSSR und Kuba unterstützte MPLA gegen die anderen	**1976**

	Deutschland/Österreich	Europa
1976	1976 (19. 2.) Bundestag ratifiziert Polenverträge 1976 (Februar) XII. Olympische Winterspiele in Innsbruck 1976 (20. 3.) Bundesrepublik unterzeichnet Abkommen mit der DDR über Post- und Fernmeldewesen 1976 (9. 5.) Selbstmord der als Terroristin angeklagten U. Meinhof in Stuttgart-Stammheim 1976 (18.–22. 5.) In Berlin (Ost) 9. Parteitag der SED: Wahl E. Honeckers zum Generalsekretär 1976 (26. 5.) Tod des deutschen Philosophen M. Heidegger 1976 (7. 7.) Tod des Alt-Bundespräsidenten G. Heinemann 1976 (10. 8.) Tod des Malers K. Schmidt-Rottluff, des Mitbegründers der „Brücke" 1976 (19. 8.) Selbstverbrennung des evangelischen Pfarrers O. Brüsewitz in Zeitz aus Protest gegen die Kirchenpolitik der DDR 1976 (3. 10.) Bei Bundestagswahlen kann SPD/FDP-Koalition knapp ihre Mehrheit behaupten; Bundeskanzler Schmidt bildet neue SPD/FDP-Koalitionsregierung	1976 (30. 3.) Labour-Fraktion wählt J. Callaghan als Nachfolger von H. Wilson zum britischen Premierminister 1976 (1. 4.) Tod des deutsch-französischen Malers M. Ernst 1976 (2. 4.) „Verfassungsgebende Versammlung" billigt die Verfassung Portugals 1976 (25. 4.) Inkrafttreten der portugiesischen Verfassung 1976 (25. 4.) Bei Wahlen in Portugal Sozialisten unter M. Soares stärkste Partei 1976 (11. 5.) Tod des finnischen Architekten und Städtebauers A. Aalto 1976 (1. 6.) Beilegung des Fischereikonflikts Großbritannien-Island durch ein interimistisches Abkommen 1976 (20./21. 6.) Bei Parlamentswahlen in Italien bleiben die Christdemokraten stärkste Partei; Kommunisten erzielen Stimmengewinne; neuer Ministerpräsident G. Andreotti 1976 (25. 6.) Nach Unruhen widerruft die polnische Regierung die Preiserhöhungen für Grundnahrungsmittel 1976 (26. 6.) Bei Präsidentenwahlen in Portugal Sieg des von den Sozialisten und den gemäßigten Parteien unterstützten Generals A. R. Eanes; dieser ernennt den Sozialisten M. Soares zum Regierungschef 1976 (25. 8.) Rücktritt des französischen Ministerpräsidenten J. Chirac; Nachfolger wird der bisherige Außenhandelsminister R. Barre (parteilos) 1976 (26. 8.) Der niederländische Prinzgemahl Bernhard tritt nach Aufdeckung eines Bestechungsskandals von allen öffentlichen Ämtern zurück 1976 Portugal gewährt den Azoren und Madeira die innere Autonomie 1976 (19. 9.) Wahlsieg der bürgerlichen Parteien bei den schwedischen Reichstagswahlen

Amerika	Asien	Afrika	
1976 (26. 3.) Generalstabschef J. R. Videla wird neuer Staatspräsident Argentiniens 1976 (26. 3.) Proklamierung der Republik Trinidad und Tobago; verbleibt im Commonwealth 1976 (20. 7.) Landung der amerikanischen Weltraumrakete „Viking I" auf dem Mars; keine Spuren organischen Lebens nachweisbar	1976 (10. 3.) Wiederaufnahme der diplomatischen Beziehungen Saudi-Arabiens zur Demokratischen Volksrepublik Jemen (Südjemen) 1976 (31. 3.) Abzug der letzten britischen Heeres- und Marineeinheiten aus Singapur 1976 (14. 4.) Khieu Sanphan wird Staatsoberhaupt, Pol Pot Regierungschef Kambodschas 1976 (April) Normalisierung der Beziehungen Indien–China 1976 (April) Hua Kuo-Feng wird Regierungschef der Volksrepublik China 1976 (1. 6.) Syrien greift militärisch in den Bürgerkrieg im Libanon ein 1976 (Juni) Freundschaftspakt Japan-Australien 1976 (2. 7.) Proklamation der Wiedervereinigung Nord- und Südvietnams; Gesamtvietnam führt fortan die Bezeichnung „Sozialistische Republik Vietnam"; Staatspräsident Ton Duc Thang, Regierungschef Pham Van Dong, Hauptstadt Hanoi 1976 (3. 7.) Rahmenabkommen Bundesrepublik Deutschland–Iran über Zusammenarbeit bei der friedlichen Nutzung der Kernenergie 1976 (17. 7.) Indonesisches Parlament billigt Eingliederung Osttimors als 27. Provinz des Landes	Befreiungsbewegungen durchsetzen 1976 (28. 2.) Provisorischer Nationalrat der Sahara und POLISARIO proklamieren die Arabisch-Saharische Demokratische Republik 1976 (März) Libyen weist Ägypter und Tunesier aus 1976 (15. 3.) Ägypten kündigt Freundschaftsvertrag mit der UdSSR 1976 (31. 3.) Weltsicherheitsrat verurteilt Südafrika wegen Aggression gegen Angola 1976 (6. 4.) UNO-Sicherheitsrat verschärft Sanktionen gegen Rhodesien 1976 (21. 4.) Militärabkommen Ägypten–Volksrepublik China 1976 (27. 6.) Erfolgreiche israelische Aktion zur Befreiung von Geiseln einer Flugzeugentführung in Entebbe (Uganda) 1976 (27. 6.) Durch Volksabstimmung wird die „Nationale Charta" Algeriens gebilligt 1976 (2. 7.) Meuternde Truppen versuchen – angeblich von dem libyschen Staatspräsidenten Ghadafi angestiftet –, den sudanesischen Staatspräsidenten Numeiri zu stürzen; der Aufstand wird von regierungstreuen Verbänden niedergeschlagen	**1976**

	Deutschland/Österreich	Europa
1976	1976 (29. 10.) Ernennung von W. Stoph zum Vorsitzenden des Ministerrats der DDR 1976 (8. 12.) Kurt Waldheim wird für weitere 5 Jahre UN-Generalsekretär 1976 (12. 12.) CDU/CSU einigen sich nach vorübergehender Trennung auf Fortsetzung der Fraktionsgemeinschaft 1976 (14. 12.) Wahl von K. Carstens (CDU) zum Präsidenten des Deutschen Bundestages 1976 (14. 12.) Entführung des Industriellen R. Oetker; Freilassung nach Zahlung von 21 Millionen DM Lösegeld	1976 (8. 10.) Ablösung der sozialistischen Regierung Olof Palmes durch die bürgerliche Regierung T. Fälldin (Führer der Zentrumpartei); erste nichtsozialistische Regierung Schwedens seit 1932
1977	1977 (1. 1.) Bundesrepublik erhält für zwei Jahre Sitz im Weltsicherheitsrat 1977 (1. 1.) Einführung der Visumpflicht für aus Berlin (West) nach Berlin (Ost) einreisende Ausländer 1977 (13. 1.) Tod des Schriftstellers C. Zuckmayer 1977 (3. 2.) Im Bundestag Ablehnung eines Mißtrauensantrags der Opposition gegen Bundesverteidigungsminister Leber 1977 (7. 3.) CDU-Vorsitzender H. Kohl in seinem Amt bestätigt; Generalsekretär wird H. Geißler 1977 (7. 4.) Ermordung des Generalbundesanwaltes Buback und zweier Begleiter durch Terroristen in Karlsruhe 1977 (28. 4.) Die Terroristen A. Baader, G. Ensslin und J.-C. Raspe in Stuttgart zu lebenslänglicher Haft verurteilt 1977 (28. 4.) Rücktritt des Senats von Berlin (West) mit dem Regierenden Bürgermeister Klaus Schütz;	1977 (18. 1.) Tod des jugoslawischen Ministerpräsidenten Bijedic 1977 (1. 4.) Festnahme von 30 Terroristen in Stockholm 1977 (9. 4.) Wiederzulassung der kommunistischen Partei in Spanien

Amerika	Asien	Afrika	
1976 (Juli) 21. Olympische Sommerspiele in Montreal (Kanada) 1976 (2. 11.) Wahl des demokratischen Kandidaten J. Carter zum Präsidenten der USA	1976 (Juli) Wiederaufnahme der diplomatischen Beziehungen Indien–Pakistan 1976 (9. 9.) Tod des chinesischen Parteichefs Mao Tse-tung 1976 (Oktober) Iran beteiligt sich mit 25 % am Krupp-Konzern 1976 (6. 10.) Sturz der Regierung Seni Pramot in Thailand 1976 (9. 10.) Hua Kuo-feng Parteichef der Kommunistischen Partei Chinas; der radikale Flügel der Partei um die Witwe Maos („Viererbande“) wird in der Folgezeit entmachtet	1976 (16. 9.) Wiederwahl des ägyptischen Staatspräsidenten Sadat durch Volksabstimmung 1976 (30. 9.) Wiederaufnahme der Beziehungen Portugal–Angola 1976 (26. 10.) Das südafrikanische „Homeland“ Transkei erhält die Unabhängigkeit	**1976**
1977 (20. 1.) Amtsantritt des 39. Präsidenten der USA J. Carter 1977 (30. 3.) Scheitern von Gesprächen USA-UdSSR über Begrenzung der strategischen Rüstung	1977 Fortdauer des Bürgerkriegs im Libanon 1977 (16. 3.) Nach Wahlen in Indien Rücktritt der Regierung Indira Gandhis; neue Regierung unter M. Desai	1977 Im Norden Südwestafrikas (Namibia) Guerillakämpfe; in Windhuk Verhandlungen zwischen Vertretern aller Volksgruppen Südwestafrikas; Lockerung der Apartheidsbestimmungen 1977 (30. 1.) Tschad-Rebellen lassen französische Archäologin F. Claustre nach 33 Monaten frei 1977 (3. 2.) Nach Putschversuch wird in Äthiopien der Regierungschef hingerichtet 1977 (8. 3.) Invasion der von Angola und Kuba unterstützten Katanga-Gendarmen in Zaire. Mit Unterstützung Marokkos und Frankreichs werden die Invasoren aus Zaire vertrieben 1977 (19. 3.) Ermor-	**1977**

1977

Deutschland/Österreich

D. Stobbe (SPD) wird Nachfolger und bildet neuen SPD/FDP-Senat
1977 (5. 5.) Tod des ehemaligen Bundeswirtschaftsministers und Bundeskanzlers L. Erhard, Begründer der „Sozialen Marktwirtschaft“ (auch als Vater des „Wirtschaftswunders“ bezeichnet)
1977 (19. 5.) Verleihung des Karls-Preises an den Bundespräsidenten W. Scheel
1977 (30. 5.) Rücktritt des österreichischen Verteidigungsministers Lütgendorf
1977 (21. 6.) Mißbilligungsantrag der Opposition gegen Bundeskanzler Schmidt im Bundestag abgelehnt
1977 (13. 7.) Unterzeichnung des Bundesgesetzes zur Änderung der Wehrpflicht und Zivildienstpflicht durch den Bundespräsidenten
1977 (30. 7.) Ermordung des Vorstandsvorsitzenden der Dresdner Bank J. Ponto durch Terroristen in Oberursel
1977 (23. 8.) Verhaftung des Regime-Kritikers R. Bahro durch die DDR-Behörden
1977 (5. 9.) Entführung des Arbeitgeber-Präsidenten M. Schleyer durch Terroristen in Köln; 4 Begleitpersonen erschossen. Entführer fordern Freilassung von 11 gefangenen Terroristen
1977 (9. 9.) Bekanntgabe des Rücktritts von Bundeswirtschaftsminister H. Friderichs, Nachfolger O. Graf Lambsdorff (FDP)
1977 (28. 9.) SPD-Vorsitzender W. Brandt wird Vorsitzender einer internationalen Kommission zur Förderung des Nord-Süd-Dialogs
1977 (14. 10.) Im Zusammenhang mit der Schleyer-Entführung wird eine Lufthansa-Maschine mit 87 Menschen an Bord von Palästinensern entführt; der Pilot wird ermordet
1977 (18. 10.) Grenzschutz-Sondereinheit ‚GSG 9‘ stürmt in Mogadischu (Somalia) mit Genehmigung der somalischen Regierung das entführte Flugzeug und befreit die

Europa

1977 (21. 5.) Spanische Regierung erläßt Teilamnestie für politische Gefangene
1977 (23. 5.) Südmolukkische Terroristen in den Niederlanden überfallen Schule, besetzen Eisenbahnzug und nehmen 165 Geiseln; nach 3 Wochen gewaltsame Befreiung durch niederländisches Militär
1977 (24. 5.) Sowjetisches Staatsoberhaupt N. W. Podgorny scheidet aus politischer Führung aus; Mitübernahme dieses Amtes durch L. Breschnew
1977 (15. 6.) Erste freie Parlamentswahlen in Spanien; Ministerpräsident Suarez bildet Koalitionsregierung
1977 (3. 8.) Tod des Präsidenten von Zypern Erzbischof Makarios; Nachfolger S. Kyprianou
1977 (29. 9.) Katalonien erhält von der spanischen Regierung wieder den Autonomiestatus
1977 (4. 10.) Beginn der KSZE-Folgekonferenz in Belgrad
1977 (7. 10.) Neue Verfassung der UdSSR
1977 (10. 10.) Friedensnobelpreis 1977 für die Organisation „Amnesty International ; Friedensnobelpreis 1976 (nachträglich) an die nordirische Friedensbewegung der Frauen

Amerika	Asien	Afrika
1977 (10. 5.) Auf der NATO-Gipfelkonferenz in London schlägt US-Präsident Carter verstärkte militärische Zusammenarbeit vor 1977 (16. 6.) Tod des deutsch-amerikanischen Raketenforschers W. von Braun in den USA 1977 (2. 7.) Senat der USA befürwortet finanzielle Mittel für den Bau der sogenannten „Neutronenbombe" 1977 (7. 9.) Unterzeichnung eines neuen Panamakanal-Vertrages: Ende des 20. Jahrhunderts soll Panama endgültig volle Kontrolle über den Kanal erhalten	1977 (7. 4.) Rücktritt des israelischen Ministerpräsidenten J. Rabin 1977 (17. 5.) Bei Parlamentswahlen in Israel siegt die rechtsgerichtete Likud-Partei; Begin neuer Ministerpräsident 1977 (1. 6.) Unterzeichnung eines neuen Freundschaftsvertrages Bundesrepublik–Königreich Tonga, mit dem der 1876 zwischen dem Deutschen Reich und Tonga abgeschlossene Vertrag abgelöst bzw. erneuert wird 1977 (3. 7.) Schwere Kämpfe im Südlibanon zwischen Palästinensern und den von Israelis unterstützen Christen 1977 (5. 7.) In Pakistan stürzt das Militär die Regierung S. Bhutto 1977 (21. 7.) Parlamentswahlen in Sri Lanka (Ceylon); Ministerpräsidentin S. Bandaranaike verliert ihr Amt 1977 (19. 8.) Auf dem 11. Parteitag der chinesischen KP wird Hua Kuo-feng durch Wahl als Parteichef bestätigt 1977 (20.9.) Auf der 32. UNO-Vollversammlung Aufnahme Vietnams in die Organisation 1977 (26. 9.) Im Südlibanon Waffenstillstand zwischen Palästinensern und Christen	dung des Präsidenten der Volksrepublik Kongo Ngouabi 1977 (31. 3.) Der ägyptische Staatspräsident Sadat besucht die Bundesrepublik 1977 (13. 4.) Erfolglose Friedensmission des britischen Außenministers in Südafrika 1977 (8. 5.) Djibouti, letzte französische Kolonie in Afrika, entscheidet sich in einer Volksabstimmung für die Unabhängigkeit 1977 (25. 6.) Äthiopien beschuldigt Somalia der Einmischung in die Kämpfe äthiopischer Truppen gegen die „Westsomalische Befreiungsfront" um die Provinz Ogaden 1977 (27. 6.) Proklamation der Unabhängigkeit Djiboutis 1977 (21. 7.) Schwere Grenzgefechte Ägypten–Libyen 1977 (26. 7.) Beendigung der Gefechte an der ägyptisch-libyschen Grenze 1977 (26. 10.) UNO erklärt Unabhängigkeitserklärung der Transkei durch Südafrika als ungültig 1977 (30.10.) Bundesrepublik Deutschland schließt ihr Konsulat in Windhuk (Namibia/Südwestafrika) 1977 (4. 11.) Weltsicherheitsrat der UNO verhängt gegen Südafrika ein Waffenembargo 1977 (13. 11.) Somalia kündigt Freundschaftsvertrag mit der

	Deutschland/Österreich	Europa
1977	Geiseln; 3 Terroristen finden den Tod, eine Terroristin wird verwundet verhaftet 1977 (18. 10.) Selbstmord der in Stuttgart-Stammheim inhaftierten Terroristen A. Baader, G. Ensslin, J.-C. Raspe 1977 (19. 10.) Der entführte M. Schleyer in Mulhouse (Elsaß) ermordet aufgefunden 1977 (9. 11.) Entführung des Millionärs W. Palmers in Wien 1977 (13. 11.) Freilassung des in Wien entführten Millionärs Palmers nach Zahlung eines Lösegeldes von rund 4 Millionen DM 1977 (18. 11.) Tod des früheren österreichischen Bundeskanzlers K. Schuschnigg 1977 (15. 12.) Bundesverfassungsgericht setzt Gesetz zur Änderung der Wehrpflicht und Zivildienstpflicht außer Kraft	1977 (25. 10) Als Standort der europäischen Groß-Kernforschungsanlage JET (Joint European Torus) wählt der EG-Ministerrat Culham in Großbritannien (anstelle von Garching) 1977 (8. 12.) Rücktritt der portugiesischen Regierung M. Soares
1978	1978 Bei Jahresbeginn rund 1,1 Millionen Arbeitslose in der Bundesrepublik, später leichter Rückgang der Arbeitslosenzahl; Jugendarbeitslosigkeit weiterhin besorgniserregend 1978 Bundesrepublik: Streiks und Aussperrungen in mehreren Tarifbereichen 1978 (1. 1.) Inkrafttreten des Datenschutzgesetzes in der Bundesrepublik	1978 (1. 1.) Beginn der EG-Vollmitgliedschaft Dänemarks, Großbritanniens udd Irlands 1978 (6. 1.) Rückgabe der Stephanskrone, eines nationalen Symbols Ungarns, durch die USA an Ungarn 1978 (16. 1.) Christlich-demokratische Regierung Italiens tritt zurück 1978 (23. 1.) Staats- und Parteichef der UdSSR L. Breschnew warnt die NATO, die sog. ‚Neutronenwaffe“ einzuführen

Amerika	Asien	Afrika	
1977 (1. 11.) Austritt der USA aus der Internationalen Arbeitsorganisation ILO wegen zunehmender Politisierung dieser Institution 1977 (3. 11.) UNO-Vollversammlung stimmt einer Resolution gegen Flugzeugentführungen zu 1977 (29. 12.) Ablösung des US-Notenbankpräsidenten Burns	1977 (11. 10.) Ermordung des Staatschefs von Nord-Jemen Ibrahim el Hamdi 1977 (9. 11.) Der ägyptische Präsident Sadat gibt seine Absicht bekannt, nach Israel zu reisen, um dort vor dem israelischen Parlament über Friedensmöglichkeiten zu sprechen 1977 (19. 11.) Ägyptischer Staatspräsident Sadat besucht Israel und spricht vor dem israelischen Parlament	UdSSR; Abbruch der diplomatischen Beziehungen zu Kuba 1977 (19. 11.) Abbruch der diplomatischen Beziehungen Libyens zu Ägypten 1977 (6. 12.) Das südafrikanische „Homeland" Bophuthatswana erhält die Unabhängigkeit 1977 Guerillakämpfe an den Grenzen Rhodesiens, gegen Jahresende Verhandlungen von Regierungschef J. Smith mit den gemäßigten Führern der schwarzafrikanischen Mehrheit 1977 (14. 12.) Ägyptisch-israelische Vorkonferenz in Kairo 1977 (25. 12.) Israels Ministerpräsident Begin reist zur Konferenz mit dem ägyptischen Staatspräsidenten Sadat nach Ismailia; keine Annäherung in der Palästinenserfrage. Gespräche sollen durch die beiderseitigen Außenminister fortgesetzt werden 1977 (27. 12.) Besuch Bundeskanzler H. Schmidts in Kairo	**1977**
1978 (3. 11.) Dominica unabhängig, verbleibt im Commonwealth 1978 (4. 1.) Referendum in Chile; formale Bestätigung der Politik der Militärdiktatur; keine Rückkehr zu demokratischen Verhältnissen; oppositionelle Parteien (sogar Christdemokraten unter E. Frey) bleiben verboten	1978 (5. 1.) In der Türkei übernimmt die Republikanische Volkspartei unter B. Ecevit die Regierung 1978 (8. 1.) Marianen-Inseln entscheiden sich für Anschluß an die USA bei voller innerer Autonomie 1978 (8.–11. 1.) Ergebnislose Verhandlungen Japan–UdSSR	1978 (17. 1.) Ägypten bricht nach kurzer Verhandlungsdauer ägyptisch-israelische Außenministerkonferenz in Jerusalem ab 1978 (22. 1.) Ausweisung des Botschafters der Bundesrepublik aus Äthiopien, weil Bonn Somalia Finanzhilfe geleistet hatte	**1978**

1978

1978 (1. 1.) DDR proklamiert eine Fischereizone im Anschluß an die Territorialgewässer in der Ostsee
1978 (3. 1.) DDR schließt das Büro des Nachrichtenmagazins ‚Der Spiegel' in Berlin (Ost); das Magazin hatte ein Manifest einer angeblich aus SED-Funktionären bestehenden Oppositionsgruppe in der DDR veröffentlicht
1978 (6. 1.) Anläßlich des Besuchs von Bundeskanzler Schmidt in Bukarest sagt Rumänien die Ausreise von jährlich 11000 Volksdeutschen zu
1978 (1. 2.) Rücktritt des Bundesverteidigungsministers G. Leber nach Bekanntwerden von Abhöraktionen; Nachfolger: H. Apel. Auch die Stellen des Bildungs-, Finanz-, Forschungs- und Wohnungsbauministers sowie des Ministers für wirtschaftliche Zusammenarbeit werden neu besetzt
1978 (16. 2.) Im Bundestag wird das „Anti-Terroristengesetz" angenommen
1978 (30. 3.) Als erster Staatschef eines westlichen Landes besucht der österreichische Bundeskanzler B. Kreisky die DDR
1978 (13. 4.) Bundesverfassungsgericht erklärt das 1977 verabschiedete Gesetz zur Wehrdienstreform für verfassungswidrig und nichtig
1978 (4. 5.) Staatsbesuch des Zentralsekretärs der KPdSU und Vorsitzenden des Präsidiums des Obersten Sowjets L. Breschnew in Bonn; Abschluß eines Abkommens über wirtschaftliche Zusammenarbeit
1978 (22.–26. 5.) Staatsbesuch der britischen Königin Elisabeth II. in der Bundesrepublik und in Berlin (West)
1978 (4. 6.) Wahlen zum niedersächsischen Landtag: absolute Mehrheit der CDU; Bürgerschaftswahlen in Hamburg: absolute Mehrheit der SPD
1978 (6. 6.) Fahndungspannen im Entführungsfall Schleyer führen

1978 (23. 2.) Gesetzesvorlage über bedingte Autonomie für Schottland vom Unterhaus und Oberhaus (28. 7.) gebilligt
1978 (1. 3.) Beginn der 5. Amtsperiode des finnischen Staatspräsidenten U. Kekkonen
1978 (8. 3.) Christlich-demokratische Minderheitsregierung in Italien, getragen von 5 Parteien (einschl. der Kommunisten)
1978 (12. u. 19. 3.) Parlamentswahlen in Frankreich bestätigen die Politik von Staatspräsident V. Giscard d'Estaing
1978 (16. 3.) Entführung des ehemaligen italienischen Ministerpräsidenten A. Moro durch „Rote Brigaden"
1978 (5. 4.) Ministerpräsident R V. Barre (parteilos) bildet neue französische Regierung
1978 (5. 5.) Freundschafts- und Kooperationsvertrag zwischen Portugal und Spanien
1978 (9. 5.) Der von Terroristen entführte A. Moro wird in Rom ermordet aufgefunden
1978 (15. 6.) Rücktritt des italienischen Staatspräsidenten G. Leone; Nachfolger S. Pertini

1978

Amerika

1978 (11. 1.) Abkommen Argentinien–Uruguay über Grenzziehung im La Plata-Gebiet

1978 (20. 2.) Abkommen Argentinien–Chile zur Regelung der bestehenden Konflikte und zu wirtschaftlicher Zusammenarbeit

1978 (9. 3.) Aufhebung des Belagerungszustandes in Chile

1978 (10. 3.) US-Präsident J. Carter unterzeichnet neues Atom-Gesetz: „Non-proliferation Act 1978“

1978 (7. 4.) US-Präsident J. Carter stellt den Bau der „Neutronenwaffe“ zurück

1978 (16. 4.) Tod des ehem. Militärgouverneurs der US-Zone und Initiators der „Berliner Luftbrücke“ L. D. Clay

1978 (19. 4.) Vertrag über Panamakanal vom US-Senat gebilligt

Asien

über einen Friedensvertrag

1978 (11. 3.) Anschlag palästinensischer Kommandotruppen in Israel

1978 (15. 3.) Vergeltungsangriff israelischer Truppen auf Palästinenserstellungen im Südlibanon und deren Besetzung

1978 (18. 3.) In Pakistan wird der ehemalige Regierungschef Bhutto zum Tode verurteilt

1978 (19. 4.) In Israel wird I. Navon zum neuen Staatspräsidenten gewählt

1978 (27. 4.) Putsch in Afghanistan: Ermordung des Staatschefs Mohammed Daud, Ausrufung der „Demokratischen Republik Afghanistan“

1978 (ab Frühjahr) Vertreibung und Aussiedlung von Chinesen aus Vietnam; Massenflucht von Vietnamesen aus ihrem Land

1978 (24. 5.) Verfolgung der chinesischen Minderheit in Vietnam führt zum Konflikt zwischen China und Vietnam

1978 (13. 6.) Nach Entsendung einer UNO-Friedenstruppe nach dem von den Israelis besetzten Gebiet im Südlibanon Abzug der israelischen Truppen

1978 (26. 6.) Sturz und Hinrichtung des Staatspräsidenten des Südjemen

Afrika

1978 (7. 2.) Äthiopien tritt im Kampf um die Provinz Ogaden zur Gegenoffensive an, wobei das Land von der UdSSR (Militärhilfe) und Kuba (Truppen) unterstützt wird

1978 (Februar/März) Der rhodesische Ministerpräsident J. Smith bildet Exekutivrat, dem außer ihm die drei Führer der gemäßigten Befreiungsbewegung angehören, und eine gemischt-rassische Übergangsregierung; diese soll zu einer schwarzen Mehrheitsregierung und zur Unaabhängigkeit des States „Simbabwe“ führen. Weiterhin Kämpfe mit den von den afrikanischen „Frontstaaten“ aus operierenden Anhängern der radikalen Befreiungsbewegungen

1978 (27. 3.) Ermordung des Herero-Führers C. Kapuo in Windhuk

1978 (13. 5.) Katanga-Gendarmen dringen erneut in Zaire ein und werden von belgischen und französischen Fallschirmjägern vertrieben

1978

zum Rücktritt von Bundesinnenminister W. Maihofer (FDP); Nachfolger G. R. Baum (FDP)
1978 (30. 6.) Verurteilung des Wirtschaftswissenschaftlers und Regimekritikers R. Bahro in der DDR zu 8 Jahren Freiheitsentzug (wegen „Landes- und Geheimnisverrats“)
1978 (6. 7.) Verurteilung des Ost-Berliner Jugendlichen N. Hübner zu 5 Jahren Freiheitsentzug (wegen Wehrdienstverweigerung unter Berufung auf entmilitarisierten Status ganz Berlins)
1978 (13.–15. 7.) Staatsbesuch des US-Präsidenten J. Carter in der Bundesrepublik und in Berlin (West)
1978 (1. 9.) Gegen den Widerstand der Kirchen wird in den allgemeinbildenden Schulen der DDR der Wehrkundeunterricht eingeführt
1978 (9. 9.) CDU nominiert R. v. Weizsäcker als Spitzenkandidaten für die Wahlen zum Berliner Abgeordnetenhaus
1978 (21. 9.) Beginn von Diskussionen in Bonn um Wiederwahl von W. Scheel zum Bundespräsidenten; CDU stellt K. Carstens als Kandidaten auf
1978 (28. 9.) Anstelle von M. Kohl wird E. Moldt neuer Ständiger Vertreter der DDR in Bonn
1978 (4. 10.) Schuldenerlaß der Bundesrepublik für die 30 ärmsten Länder der Welt
1978 (5. 11.) Inbetriebnahme des österreichischen Kernkraftwerkes Zwentendorf durch Volksabstimmung verhindert

1978 (6. 7.) Beschluß der belgischen Regierung über Regionalisierung: Flandern, Wallonien, Brüssel
1978 (13./14. 7.) Verurteilung der sowjetischen Bürgerrechtler M. Ginsburg und A. Schtscharansk zu hohen Freiheitsstrafen
1978 (24. 7.) Staatspräsident Portugals entläßt Ministerpräsident M. Soares
1978 (6. 8.) Tod Papst Pauls VI.
1978 (26. 8.) A. Luciani, Kardinal von Venedig, wird als Johannes Paul I. zum Papst gewählt
1978 (28. 8.) Regierung A. N. Costa in Portugal
1978 (13. 9.) Nach Ablehnung der Auslieferung eines Exil-Kroaten an Jugoslawien durch die Bundesregierung läßt Jugoslawien vier dort festgenommene deutsche mutmaßliche Terroristen frei
1978 (24. 9.) Durch Volksabstimmung entscheidet sich die Schweiz für Bildung des neuen Kantons Jura
1978 (28. 9.) Tod Papst Johannes Pauls I.
1978 (28. 9.) Aufnahme Liechtensteins in den Europarat
1978 (5. 10.) Streit um Kernkraftnutzung führt zum Rücktritt der schwedischen Regierung
1978 (18. 10.) K. Wojtyla, Kardinal von Krakau, wird als Johannes Paul II. zum Papst gewählt
1978 (27. 10.) Verleihung des Friedensnobelpreises an den ägyptischen Staatspräsidenten A. al Sadat und den israelischen Ministerpräsidenten M. Begin

1978

Amerika

1978 (21. 7.) Militärputsch in Bolivien durch General Pereda

1978 (7. 8.) Militärputsch in Honduras; Bildung einer Militär-Junta

1978 (22. 8.) Schwere Unruhen in Nicaragua gegen die Diktatur des Präsidenten A. Somoza; in der Folgezeit Bürgerkrieg, der von Somoza niedergeschlagen wird

1978 (6. 9.) In den USA Beginn von Besprechungen von US-Präsident Carter mit dem ägyptischen Präsidenten Sadat und dem israelischen Ministerpräsidenten Begin. Diese führen nach 12 Tagen zum Beschluß über die Aufnahme von Friedensverhandlungen zwischen Ägypten und Israel

1978 (12. 10.) In Washington verhandeln Ägypten und Israel über Friedensvertrag

1978 (15. 10.) Wahl von B. de Oliveira Figueiredo zum Präsidenten Brasiliens

Asien

1978 (29. 6.) Beitritt Vietnams zum RGM (Comecon)

1978 (7. 7.) Salomonen unabhängig, verbleiben im Commonwealth

1978 (13. 7.) Inselgebiete Mikronesiens entscheiden sich für Föderation, bleiben mit den USA assoziiert

1978 (1. 8.) Aufhebung des US-Waffenembargos gegen die Türkei

1978 (3. 8.) Schwerer palästinensischer Bombenanschlag in Tel Aviv; Vergeltungsangriffe der israelischen Luftwaffe auf palästinensische Stützpunkte im Südlibanon

1978 (11. 8.) Beginn der krisenhaften Zuspitzung der innenpolitischen Lage im Iran; Unruhen, Streiks und bürgerkriegsähnliche Zustände erschüttern die Herrschaft des Schah und führen zur Verhängung des Kriegsrechts

1978 (12. 8.) Unterzeichnung eines Friedens- und Freundschaftsvertrages China–Japan

1978 (16. 9.) Zia ul-Huq übernimmt das Amt des Staatspräsidenten in Pakistan

1978 (1. 10.) Tuvalu unabhängig, verbleibt im Commonwealth

1978 (3. 11.) Freundschafts- und Kooperationsvertrag Vietnam–UdSSR

1978 (6. 11.) Schah setzt Militärregierung im Iran ein

Afrika

1978 (Juni) Aussöhnung zwischen Angola und dem früheren Mutterland Portugal: Abschluß eines Kooperationsvertrages

1978 (10. 7.) Militärputsch in Mauretanien: Sturz des Präsidenten Mochtar Uld Daddah

1978 (21. 8.) Tod des südafrikanischen Staatspräsidenten N. Diederichs

1978 (22. 8.) Tod des Präsidenten von Kenia, Jomo Kenyatta; Nachfolger D. Arap Moi

1978 (20. 9.) Rücktritt des südafrikanischen Premierministers B. J. Vorster, der das Amt des Staatspräsidenten übernimmt. Neuer Premier wird P. Botha

1978 (30. 10.) Grenzstreitigkeiten zwischen Tansania und Uganda

	Deutschland/Österreich	Europa
1978	1978 (16. 11.) Unterzeichnung von Verkehrsvereinbarungen zwischen der Bundesrepublik und der DDR; Bau einer Autobahn Berlin-Hamburg, Freigabe der im DDR-Bereich befindlichen Teile des Teltowkanals für den Schiffsverkehr nach und in Berlin (West), Regelung von Finanzproblemen 1978 (25. 11.) Schwere Ausschreitungen bei Anti-Schah-Demonstrationen persischer und deutscher Demonstranten 1978 (28. 11.) Rücktritt des Generalinspekteurs der Bundeswehr H. Wust; Nachfolger J. Brandt 1978 (29. 11.) Unterzeichnung eines Grenzprotokolls Bundesrepublik – DDR	1978 (22. 11.) Gipfelkonferenz der Staaten des Warschauer Pakts in Moskau 1978 (3. 12.) Durch Volksabstimmung in der Schweiz wird die Aufstellung einer Bundessicherheitspolizei abgelehnt 1978 (5. 12.) Auf der EG-Gipfelkonferenz in Brüssel einigen sich 6 Staaten über ein gemeinsames europäisches Währungssystem; Großbritannien schließt sich aus 1978 (6. 12.) Durch Volksabstimmung in Spanien entscheiden sich rd. 88 % für die neue Verfassung
1979	1979 (5. 3.) CDU/CSU nominieren Bundestagspräsident K. Carstens als Kandidaten für die Wahl des Bundespräsidenten 1979 (6. 3.) Bundespräsident W. Scheel verzichtet auf Wiederwahl, da er nicht auf eine Mehrheit der Stimmen in der Bundesversammlung rechnen kann 1979 (18 3.) Wahlen zum Abgeordnetenhaus in Berlin (West): Fortdauer der Koalition (SPD/F.D.P.; Regierender Bürgermeister Stobbe; CDU mit Spitzenkandidat Weizsäker unterlegen, aber stärkste Partei	1979 (1. 1.) Neuer Kanton „Jura" wird vollwertiges Glied der Schweizer Eidgenossenschaft 1979 (13. 1.) Inkrafttreten des Europäischen Währungssystems, an dem alle EG-Staaten außer Großbritannien beteiligt sind 1979 (31. 1.) Rücktritt der italienischen Minderheitsregierung Andreotti 1979 (18. 2.) Durch Volksabstimmung wird in der Schweiz eine „Atom-Initiative" der Kernkraftgegner abgelehnt 1979 (März) Annulierung des Gesetzes über schottische Teilautonomie

Amerika	Asien	Afrika	
1978 (18. 11.) Ermordung eines US-Abgeordneten und seiner Begleiter in Guyana durch Angehörige der Volkstempel-Sekte; danach Massenselbstmord von etwa 900 Sektenmitgliedern 1978 (24. 11.) Durch Staatsstreich wird in Bolivien General Pereda gestürzt	1978 (8. 12.) Tod Golda Meirs, Mitbegründerin Israels, langjährige Außenministerin und Regierungschefin 1978 (15. 12.) Nahost-Friedensgespräche scheitern vorerst 1978 (16. 12.) Bekanntgabe der Aufnahme diplomatischer Beziehungen USA–Volksrepublik China; die USA brechen die diplomatischen Beziehungen zu Taiwan (Nationalchina) ab 1978 (26. 12.) Nach blutigen Unruhen wird in der Türkei der Kriegszustand über 13 Provinzen verhängt	1978 (4. 12.) Als Vorbereitung für die Entlassung Namibias (Südwestafrika) in die Unabhängigkeit Durchführung von Wahlen für eine verfassunggebende Versammlung (von der UNO nicht anerkannt, von der SWAPO boykottiert) 1978 (17. 12.) Tod des algerischen Staatspräsidenten H. Boumedienne	**1978**
1979 (1. 1) Aufnahme diplomatischer Beziehhungen USA-China 1979 (22. 2,) Antillen-Insel Saint Lucia unabhängig, verbleibt im Commonwealth	1979 (Anf. Januar) Vietnamesische Truppen dringen in Kambodscha ein 1979 (4. 1.) Der Schah des Iran ernennt den gemäßigten Oppositionspolitiker S. Bachtiar zum Regierungschef des Iran; Bildung eines Zivilkabinetts 1979 (7. 1.) Die in Kambodscha eingedrungenen Truppen Vietnams erobern die Hauptstadt Pnom Penh; unterstützt von kambodschanischen Aufständischen werden große Teile des Landes besetzt; Regierung Pol Pot gestürzt 1979 (13. 1.) Der im Exil in Paris lebende Schiitenführer Ayatollah R. M. Khomeini setzt einen „Islamischen Revolutionsrat“ ein	1979 (1. 2.) Abschaffung der Rassendiskriminierung in Simbabwe/Rhodesien 1979 (7. 2.) Wahl von Benjedit Chadli zum algerischen Staatspräsidenten 1979 (11. 4.) Truppen Tansanias und ugandische Emigrantenverbände erobern die Hauptstadt Ugandas Kampala; Flucht des Diktators Idi Amin 1979 (17. 4.) Wahlen in Rhodesien, erstmalig unter Beteiligung der schwarzen Bewohner; Wahlsieg der Anhänger von Bischof A. Muzorewa	**1979**

	Deutschland/Österreich	Europa
1979	1979 (20. 3.) Einwöchiger Staatsbesuch des schwedischen Königspaares in der Bundesrepublik 1979 (14. 4.) DDR verfügt Einschränkungen der Tätigkeit westlicher Journalisten in der DDR 1979 (6. 5.) Nationalratswahlen in Österreich: Ausbau der absoluten Mehrheit der SPÖ; B. Kreisky weiterhin Bundeskanzler 1979 (23. 5.) K. Carstens (CDU) wird zum Bundespräsidenten gewählt	1979 (31. 3.) Die letzten britischen Truppen verlassen Malta 1979 (28. 3.) Sturz der britischen Labour-Regierung Callaghan 1979 (1. 5. 79–1. 1. 81) Grönland erhält schrittweise die Autonomie vom dänischen Mutterland 1979 (3. 5.) Unterhauswahlen in Großbritannien, konservativer Wahlsieg; Premierministerin wird M. Thatcher 1979 (2.–9. 6.) Papst Johannes Paul II. besucht seine polnische Heimat

Amerika	Asien	Afrika	
1979 (28. 3.) Schwerer Reaktorunfall im USA-Kernkraftwerk Harrisburg 1979 (22. 5.) Konservativer Wahlsieg bei Parlamentswahlen in Kanada: J. Clark wird neuer Premierminister, löst P. E. Trudeau ab 1979 (Mai) Beginn des Angriffs der „Sandinistas" in Nicaragua mit dem Ziel, das Somoza-Regime zu zu stürzen 1979 (15. 6.) US-Präsident J. Carter und UdSSR-Staatschef L. Breschnew unterzeichnen in Wien SALT II (Abkommen zur Begrenzung der strategischen Rüstung) 1979 (16. 6.) Proklamierung einer „Junta des Nationalen Wiederaufbaus von Nicaragua" in den von den „Sandinistas" befreiten Gebieten	1979 (16. 1.) Schah Mohammed Reza Pahlevi verläßt den Iran und begibt sich ins Exil, zuerst nach Ägypten, dann nach Marokko, schließlich nach Mexiko 1979 (1. 2.) Der Schiitenführer Khomeini kehrt aus dem französischen Exil nach dem Iran zurück 1979 (5. 2.) Schiitenführer Khomeini setzt M. Basargan als Chef einer „Revolutionsregierung" des Iran ein 1979 (11. 2.) Rücktritt des letzten vom Schah eingesetzten iranischen Regierungschefs Bachtiar 1979 (12. 2.) Khomeini setzt einen „Revolutionsrat" ein 1979 (17. 2.) Als „Strafexpedition" bezeichneter Einmarsch chinesischer Truppen in Nordvietnam 1979 (21. 2.) Beginn neuer Gespräche Ägypten-Israel unter Mitwirkung der USA 1979 (5.–16. 3) Rückzug der chinesischen Truppen aus Vietnam 1979 (7.–13. 3.) Nahostreise („Friedensmission") von US-Präsident J. Carter nach Ägypten und Israel führt zum Einvernehmen über die Grundlagen für einen Friedensvertrag zwischen Ägypten und Israel 1979 (26. 3.) In Washington Unterzeichnung des Friedensvertrags Ägypten-Israel;	1979 (30. 4.) UNO-Sicherheitsrat erklärt die rhodesischen Parlamentswahlen für „null und nichtig" 1979 (14. 5.) Die auf Grund der – von der UNO nicht gebilligten – Wahlen vom Nov. 78 gebildete Verfassunggebende Versammlung Namibias als „Nationalversammlung" proklamiert 1979 (29. 5.) Bischof A. Muzorewa wird – als erster Schwarzer – Regierungschef Rhodesiens 1979 (4. 6.) Rücktritt des südafrikanischen Staatspräsidenten B. J. Vorster, Nachfolger M. Viljoen	**1979**

	Deutschland/Österreich	Europa
1979	1979 (7. 6.) Bei den ersten Direktwahlen zum Europaparlament geringe Wahlbeteiligung 1979 (28. 6.) Im Widerspruch zum Viermächtestatus will die Volkskammer der DDR die Abgeordneten von Berlin (Ost) in Zukunft direkt wählen lassen 1979 (2. 7.) CDU/CSU-Fraktion wählt den bayrischen Ministerpräsidenten und Vorsitzenden der CSU F. J. Strauß zum Kanzlerkandidaten 1979 (3. 7.) Bundestag beschließt Aufhebung der Verjährung für Mord und Völkermord	1979 (3. 6.) Parlamentswahlen in Italien: Christdemokraten behalten führende Position

1979

Amerika

1979 (17. 7.) US-Regierung bietet Präsident J. Carter Rücktritt an: Umbildung der amerikanischen Regierung

1979 (17. 7.) In Nicaragua Sturz des diktatorischen Regimes

1979 (17. 7.) Der Präsident von Nicaragua, Somoza, flieht nach den USA; Sieg der Sandinisten und der mit ihnen Verbündeten

1979 (15. 8.) Wegen nicht genehmigter PLO-Kontakte tritt der amerikanische UNO-Botschafter A. Young zurück

1979 (31. 8.) Spannungen USA–UdSSR wegen sowjetischer Kampfbrigade auf Kuba

Asien

daraufhin brechen mehrere arabische Staaten ihre Beziehungen zu Ägypten ab

1979 (27. 3.) OPEC erhöht Rohölpreis um 9 %

1979 (31. 3.) Durch Volksabstimmung entscheiden sich über 99 % der iranischen Bevölkerung für eine „Islamische Republik Iran“

1979 (4. 4.) Hinrichtung des früheren pakistanischen Ministerpräsidenten Z. A. Bhutto

1979 (7. 4.) Der frühere iranische Regierungschef A. A. Hoveida wird zum Tode verurteilt und hingerichtet

1979 (April) Aufhebung des Kriegsrechts in Bangla Desh, Ernennung von Schah Asisur Rahman zum Regierungschef

1979 (18. 4.) Der südliche, überwiegend von christlichen Milizen kontrollierte Grenzstreifen des Libanon wird von Haddad als „Freier Libanon“ proklamiert

1979 (18. 4.) Beginn von Friedensverhandlungen zwischen China und Vietnam

1979 (28. 6) OPEC erhöht Rohölpreis um 15 %

1979 (12. 7.) Die ehemaligen Gilbert-Inseln werden als Kiribati unabhängig

1979 (15. 7.) Rücktritt des indischen Ministerpräsidenten M. R. Desai

Afrika

1979 (5. 7.) Freilassung des ehemaligen Präsidenten Algeriens Ben Bella nach vierzehnjährigem Hausarrest

1979 (Juli) Nationalversammlung Namibias verabschiedet Gesetz zur Abschaffung der Rassendiskriminierung

1979 (1. 8.) Großbritannien beruft Rhodesienkonferenz ein. London setzt schließlich die Annahme seines Verfassungsentwurfes durch: Bis zu einer auf Grund freier Wahlen gebildeten Regierung Simbabwes erhält das Land wieder seinen alten Status als britische Kolonie; allgemeine Wahlen unter internationaler Aufsicht sollen vorbereitet werden

1979 (5. 8.) Sturz des Präsidenten von Äquatorial-Guinea Nguema

1979 (5. 8.) Friedensvertrag zwischen Mauretanien und der POLISARIO

	Deutschland/Österreich	Europa
1979	1979 (2. 8.) Tod des Bundestags-Vizepräsidenten H. Schmitt-Vockenhausen 1979 Chemie-Nobelpreis (zur Hälfte) an Georg Wittig 1979 (25. 9.) Anläßlich des 30jährigen Bestehens der DDR Verkündung einer Amnestie, in deren Verlauf u. a. R. Bahro und N. Hübner amnestiert werden und in die Bundesrepublik übersiedeln dürfen	1979 (4. 8.) Neue italienische Koalitionsregierung unter dem Christdemokraten F. Cossiga 1979 (11. 8.) Das italienische Parlament spricht dem Minderheitenkabinett F. Cossiga das Vertrauen aus 1979 (27. 8.) Der britische Lord Mountbatten wird Opfer eines Bombenattentats der „Irisch-Republikanischen Armee" (IRA) 1979 (ab 12. 10.) Dreiwöchige Westeuropareise des chinesischen Partei- und Regierungschefs Hua Kuo-feng, der auch die Bundesrepublik besucht

Amerika	Asien	Afrika	
1979 (15. 10.) Sturz des Präsidenten von El Salvador C. H. Romero 1979 (22. 10.) Ehemaliger Schah von Persien begibt sich in ärztliche Behandlung nach New York 1979 (27. 10.) Antillen-Insel Saint Vincent unabhängig; verbleibt im Commonwealth	1979 (16. 7.) Rücktritt des irakischen Präsidenten El Bakr, Nachfolger S. Hussein 1979 (20. 8.) Rücktritt des indischen Regierungschefs Singh 1979 (16. 9.) Sturz des afghanischen Staatschefs N. M. Taraki 1979 (17. 10.) Beginn von Normalisierungsgesprächen zwischen China und der UdSSR 1979 (17. 10.) Verleihung des Friedensnobelpreises an Mutter Teresa 1979 (21. 10.) Rücktritt des israelischen Außenministers M. Dayan 1979 (26. 10.) Südkoreas Staatschef Park Chung Hee bei Attentat vom Chef des Geheimdienstes getötet 1979 (4. 11.) Schah-Gegner besetzen US-Botschaft in Teheran und nehmen rd. 70 amerikanische Geiseln, die nur nach Auslieferung des Schah an den Iran freigelassen werden sollen 1979 (5. 11.) Rücktritt der iranischen Regierung M. Basargan 1979 (20. 11.) Innenpolitische Gegner von König Chaled besetzen die große Moschee in Mekka 1979 (2. 12.) Appell des Weltsicherheitsrates an den Iran, die Geiseln freizulassen 1979 (2. 12.) Neue islamische Verfassung des Iran durch Volksabstimmung gebilligt 1979 (15. 12.) Einstweilige Verfügung des Internationalen Ge-	1979 (13. 9.) Südafrikanisches „Homeland“ Venda erhält die Unabhängigkeit 1979 (20. 9.) Mit französischer Hilfe Sturz Kaiser Bokassas von Zentralafrika	**1979**

	Deutschland/Österreich	Europa
1979	1979 (6. 10.) Ankündigung Breschnews, 1000 Panzer und 20000 Mann aus der DDR abzuziehen 1979 (29. 10.) Französischer Staatspräsident V. Giscard d'Estaing besucht Berlin (West) 1979 (11. 12.) Tod des deutschen Politikers Carlo Schmid, eines der Väter des Grundgesetzes der Bundesrepublik Deutschland	1979 (25. 10.) Autonomiestatute für Katalonien und das spanische Baskenland durch Abstimmung angenommen 1979 (2. 12.) Parlamentswahlen in Portugal: Sieg der Konservativen 1979 (12. 12.) NATO beschließt Nachrüstung mit atomaren Mittelstreckenraketen als Antwort auf die sowjetischen Atom-Mittelstreckenraketen; gleichzeitig Angebot von Rüstungskontrollverhandlungen
1980	1980 (30. 1.) Das vorgesehene Treffen zwischen Bundeskanzler H. Schmidt und dem DDR-Staatsratsvorsitzenden E. Honecker auf Anregung der DDR vorerst abgesagt (mit Rücksicht auf die weltpolitischen Spannungen) 1980 (22. 2.) Tod des Malers, Zeichners, Dramatikers Oskar Kokoschka 1980 (13. 3.) Als erster Staat Westeuropas erkennt Österreich die Palästinensische Befreiungsfront (PLO) – ‚ein Volk ohne Staat und ohne eigenes Territorium' – diplomatisch an 1980 (April) Regierung und Parlament empfehlen dem Nationalen Olympischen Komitee der Bundesrepublik den Boykott der Olympischen Sommerspiele in Moskau 1980 (15. 5.) Das Nationale Olympische Komitee der Bundesrepublik beschließt Boykott der Olympischen Sommerspiele in Moskau 1980 (August) Treffen Schmidt-Honecker in der DDR abgesagt 1980 (26. 9.) Attentat auf das Münchner Oktoberfest fordert 13 Tote und 215 Verletzte.	1980 (31. 1.) Beginn von Ost-West-Gesprächen in Wien über eine ausgewogene Truppenverminderung in Mitteleuropa 1980 (3.–5. 2.) Deutsch-französische Konsultationsrunde in Paris, Abschlußerklärung von Bundeskanzler H. Schmidt u. Staatspräsident V. Giscard d'Estaing: Treue zur NATO bekräftigt, Rückzug der UdSSR aus Afghanistan gefordert, Entspannungspolitik soll weitergehen 1980 (15. 2.) Rücktritt des polnischen Ministerpräsidenten Jaroszewicz von seinem Amt; gleichzeitig Verzicht auf Wiederwahl in das Politbüro. 1980 (23. 3.) 58 % der schwedischen Wahlberechtigten stimmen für Ausbau der Kernkraft 1980 (30. 4.) Königin Juliana d. Niederlande dankt ab; Nachfolgerin Beatrix 1980 (4. 5.) Tod des jugoslawischen Partei- und Regierungschefs Tito 1980 (30. 6.) In Island wird Vigdis Finnbogadottir erster weibl. Staatschef Europas

Amerika	Asien	Afrika	
1979 (1. 11.) Putsch in Bolivien; N. Busch ernennt sich zum Präsidenten, wird zum Rücktritt gezwungen 1979 (15. 12.) Panama gewährt dem ehemaligen Schah von Persien Asyl	richtshofes in Den Haag auf Freigabe der Geiseln gegen den Iran 1979 (27. 12.) Einmarsch sowjetischer Truppen in Afghanistan, Sturz und Hinrichtung des Präsidenten C. K. Amin	1979 (2. 12.) Libysche Demonstranten stürmen und verwüsten die USA-Botschaft in Tripolis 1979 (21. 12.) Unterzeichnung des Rhodesien-Waffenstillstandsvertrages in London	**1979**
1980 (Januar) Wirtschaftliche Sanktionen der USA gegenüber der UdSSR 1980 (24. 1.) US-Präsident Carter erklärt, die US-Interessen notfalls militärisch schützen zu wollen; bezeichnet die Region am Persischen Golf als lebenswichtig für die USA 1980 (31. 1.) Guatemaltekische Polizei stürmt die von indianischen Landarbeitern besetzte spanische Botschaft 1980 (5. 2.) Linksextremisten stürmen spanische Botschaft und Erziehungsministerium in El Salvador und und nehmen zahlreiche Geiseln 1980 (7. 2.) Um die diplomatischen Bemühungen zur Befreiung der in der besetzten amerikanischen Botschaft in Teheran festgehaltenen Geiseln nicht zu gefährden, stellen die USA ihre geplanten wirtschaftlichen Sanktionen gegen den Iran zurück 1980 (13. 2.) Beginn der Olympischen Winterspiele in Lake Placid (USA)	1980 (Januar) UNO-Vollversammlung verurteilt sowjetische Militärinvasion in Afghanistan 1980 (Januar) In Assam (Nordostindien) schwere Zusammenstöße zwischen Einheimischen und eingewanderten Hindus und Moslems 1980 (Januar) Guerillakrieg afghanischer Rebellen gegen sowjetische Invasionstruppen 1980 (Januar) Indira Gandhi gewinnt die indischen Parlamentswahlen; mit großer Mehrheit wieder zur Ministerpräsidentin Indiens gewählt 1980 (25. 1.) Präsidentschaftswahlen im Iran: Wirtschaftsminister A. Banisadr wird erster Präsident der Iranischen Islamischen Republik 1980 (25. 1.) Rückgabe des westlichen Teiles der Sinai-Halbinsel durch die Israelis an Ägypten abgeschlossen 1980 (26. 1.) Aufnahme diplomatischer Beziehungen zwischen Ägypten und Israel	1980 (Januar) Rückkehr der Führer der „Patriotischen Front“ J. Nkomo und R. Mugabe nach Rhodesien 1980 (28. 1.) Der ägyptische Staatspräsident Sadat weist die noch in Ägypten tätigen sowjetischen zivilen Experten aus und ordnet Verringerung des UdSSR-Botschaftspersonals auf 7 Diplomaten an 1980 (Ende Januar) Grenzkonflikte zwischen Libyen und Tunesien 1980 (Ende Januar) Nach Überfall einer Gruppe Aufständischer auf die tunesische Stadt Gafsa Spannungen zwischen Tunesien und Libyen 1980 (4. 2.) Libysche Demonstranten überfallen und verwüsten die französische und die tunesische Botschaft in der libyschen Hauptstadt Tripolis sowie das französische Konsulat in Bengasi	**1980**

	Deutschland/Österreich	Europa
1980	1980 (4. 10.) Bundestagswahl; SPD 42,9%, CDU 34,2%, FDP 10,6%, CSU 10,3%. SPD und FDP setzen die sozial-liberale Koalition fort 1980 (Okt.) Erhöhung der Zwangsumtauschsätze durch die DDR; Rückgang der Besucherzahl 1980 (November) Besuch von Papst Johannes Paul II. in d. Bundesrepublik 1980 (24. 11.) Regierungserklärung des neugewählten Bundeskanzlers H. Schmidt vor dem deutschen Bundestag; H.-D. Genscher bleibt Vizekanzler und Außenminister 1980 (24. 12.) Tod des Großadmirals Karl Dönitz, des letzten Staatsoberhauptes des Deutschen Reiches	1980 (Juli) Olympische Sommerspiele in Moskau; u. a. von den USA und der Bundesrepublik boykottiert 1980 (August) Streik polnischer Werftarbeiter, der sich zu allgemeiner Streikbewegung ausweitet und mit der von Partei und Regierung gebilligten Gründung der arbeiternahen Gewerkschaft „Solidarität" endet. Führer der Streikbewegung ist Lech Walesa 1980 (6. 9.) S. Kania wird als Nachfolger E. Giereks Staats- und Parteichef Polens 1980 (27./28. 9.) Regierungssturz in Italien; neuer Ministerpräsident Arnaldo Forlani 1980 (23. 10.) Rücktritt d. UdSSR-Min.Pr. A. Kossygin; Nachfolger N. Tichonow
1981	1981 (15. 1.) Rücktritt des Reg. Berliner Bürgermeisters D. Stobbe; (23. 1.) Nachfolger H. J. Vogel (SPD) 1981 (10. 5.) Wahlen in Berlin (West); Wahlsieg der CDU, jedoch keine absolute Mehrheit 1981 (Mai) Heftige Kontroversen innerhalb der SPD zum Nachrüstungs-Doppelbeschluß der NATO 1981 (11. 6.) R. v. Weizsäcker (CDU) mit Unterstützung einiger F.D.P.-Abgeordneter zum Reg. Bürgermeister von Berlin (West) gewählt; bildet Minderheitssenat 1981 (14. 6.) Erstmals Direktwahl der Abgeordneten von Berlin (Ost) zur Volkskammer der DDR 1981 (11. 12.) Dreitägiger Besuch von Bundeskanzler H. Schmidt in der DDR (Werbellinsee) zu Gesprächen mit Staatsratsvors. E. Honekker.	1981 (1. 1.) Griechenland wird zehntes Mitglied der EG 1981 (10. 2.) Nach Rücktritt von Pinkowski wird General Jaruzelski Ministerpräsident Polens 1981 (23. 2.) Mißglückter Militärputsch in Spanien 1981 (10. 3.) Schwere Unruhen in der jugoslawischen Provinz Kosovo 1981 (26. 3.) Gründung der Sozialdemokrat. Partei Großbritanniens 1981 (10. 5.) Sozialist F. Mitterand zum franz. Staatspräsidenten gewählt; Min.-Präs. wird P. Mauroy 1981 (13. 5.) Mordanschlag eines türkischen Terroristen auf Papst Johannes Paul II., Papst schwer verletzt 1981 (28. 5.) Tod des Primas der kath. Kirche Polens, Stefan Kardinal Wyszinski; Nachfolger wird Erzbischof J. Glemp 1981 (14. 6.) Volksabstimmung in der Schweiz: Volle Gleichberechtigung von Mann und Frau 1981 (23. 10.) Rücktritt des finnischen Staatspräs. Kekkonen 1981 (13. 12.) Streitkräfterat übernimmt Macht in Polen; Kriegsrecht; Verhaftung zahlr. Funktionäre der Gewerkschaft ‚Solidarität'

Amerika	Asien	Afrika	
1980 (25. 2.) Militärputsch in der Republik Suriname 1980 (24. 4.) Mißglückter Versuch der USA, die Geiseln in der Teheraner Botschaft gewaltsam zu befreien Reagan zum 40. Präsidenten der USA gewählt; Vizepräsident George Bush	1980 (11. 6.) Tod des japan. Min.Präs. Ohira; Nachfolger Zenko Suzuki 1980 (27. 7.) Tod des gestürzten Schahs von Persien im ägyptischen Exil 1980 (7. 9.) Rücktritt von Hua Kuofeng als Min.Präs. Chinas 1980 (12. 9.) Staatsstreich in der Türkei; Militär übernimmt die Macht 1980 (22. 9.) Beginn von kriegerischen Auseinandersetzungen zwischen Iran und Irak	1980 (4. 3.) Bei den rhodesischen Wahlen für das Parlament des künftigen Simbabwe erlangt der marxistische Nationalistenführer R. Mugabe die absolute Mehrheit 1980 (12. 4.) Militärputsch in Liberia 1980 (18. 4.) Republik Simbabwe unabhängig, Präs. C. Banana 1980 (15. 11.) Putsch in Guinea-Bissau; neuer Regierungschef João Bernardo Vieira 1980 (10. 12.) Bei Wahlen in Uganda Sieg des Ex-Präs. M. Obote	**1980**
1981 Anhaltende Unruhen u. bürgerkriegsähnl. Zustände in El Salvador; international umstrittene Unterstützung der Junta durch die USA 1981 (20. 1.) Freilassung der 52 amerikanischen Geiseln im Iran 1981 (30. 3.) US-Präsident Reagan bei Attentat schwer verletzt 1981 (8. 8.) US-Präs. Reagan kündigt Bau der Neutronenbombe an; in Europa heftig umstritten 1981 (21. 9.) Unabhängigkeit des ehem. Britisch-Honduras als Belize 1981 (31. 10.) Ehem. brit. Kolonie Antigua und Barbuda unabhängig 1981 (15. 12.) UNO-Vollversammlung wählt Peruaner Perez de Cuellar zum neuen Generalsekretär	1981 (19. 1.) Einigung USA/Iran über Freilassung d. amerik. Geiseln gegen Rückgabe der iran. Vermögenswerte in den USA 1981 (1. 4.) Schwere Kämpfe zwischen Syrern u. christl. Milizen im Libanon 1981 (30. 5.) Bei Putsch Ermordung des Präs. von Bangla Desch Ziaur Rahman; Nachf. A. Sattar 1981 (7. 6.) Israel. Flugzeuge zerstören irakischen Forschungsreaktor bei Bagdad (Irak) kurz vor dessen Fertigstellung 1981 (22. 6.) Sturz des iran. Staatspräsidenten Bani-Sadre; Nachf. Rajai 1981 (29. 6.) Ablösung d. chines. Parteichefs Hua Kuofeng durch Hu Yaobang	1981 (24. 8.) Einmarsch südafrikan. Truppen in Angola; Zerstörung von SWAPO-Einrichtungen; Angola protestiert bei der UNO 1981 (6. 10.) Ägypt. Präs. Sadat wird in Kairo von sektiererischen Moslems erschossen; Nachfolger wird H. Mubarak	**1981**

	Deutschland/Österreich	Europa
1982	1982 (29. 3.) Tod des ehem. Präs. der EG-Kommission Walter Hallstein 1982 (28. 4.) Regierungsumbildung in Bonn: Ernennung von vier neuen Ministern 1982 (9. 6.) US-Präs. R. Reagan besucht die Bundesrepublik einschl. Berlin (West) 1982 (17. 9.) Die vier F.D.P.-Minister der sozial-liberalen Koalition treten zurück; F.D.P.-Bundesvorstand nimmt Koalitionsverhandlungen mit CDU/CSU auf 1982 (1. 10.) Helmut Kohl (CDU) nach konstruktivem Mißtrauensvotum zum Bundeskanzler gewählt; bildet CDU/CSU-F.D.P.-Regierung 1982 (10. 10.) Bundespräs. Carstens besucht als erstes deutsches Staatsoberhaupt China 1982 (17. 12.) Absprachegemäß verweigert Bundestag dem Bundeskanzler das Vertrauen; Neuwahlen für 6. 3. 83 festgesetzt	1982 (19. 1.) Niederländ. Sozialist Piet Dankert neuer Präsident des Europa-Rates 1982 (26. 1.) M. Koivisto neuer finnischer Staatspräsident 1982 (2. 4.–12. 7.) Falkland-Inseln-Konflikt zwischen Großbritannien und Argentinien 1982 (10. 4.) Wirtschaftsembargo der EG gegen Argentinien wegen Besetzung der Falkland-Inseln 1982 (12. 5.) Attentatsversuch auf Papst Johannes Paul II. in Portugal 1982 (30. 5.) Aufnahme Spaniens in die NATO 1982 (29. 6.) Beginn von Abrüstungsverhandlungen über Mittelstreckenwaffen zwischen den USA u. der UdSSR in Genf 1982 (14. 7.) Auflösung des portugiesischen Revolutionsrates 1982 (19. 9.) Nach Wahlen zum schwed. Reichstag Rücktritt d. bürgerl. Reg. Fälldin; neue Regierung unter dem Sozialdemokraten O. Palme 1982 (8. 10.) Neues polnisches Gewerkschaftsgesetz; Auflösung der Gewerkschaft Solidarität 1982 (28. 10.) Absolute Mehrheit der Sozialistischen Arbeiterpartei unter F. Gonzalez bei Parlamentswahlen in Spanien 1982 (10. 11.) Tod des sowjet. Staats- u. Parteichefs L. I. Breschnew; (12. 10.) Wahl von J. W. Andropow zum neuen Generalsekretär d. KPdSU 1982 (11. 11.) Haftentlassung des Vors. der verbotenen poln. Gewerkschaft Solidarität Lech Walesa 1982 (1. 12.) Christdemokrat A. Fanfani neuer Min. Präsident Italiens

Amerika	Asien	Afrika	
1981 (29. 12.) Verhängung von Wirtschaftssanktionen gegen UdSSR wegen Nichtachtung der Menschenrechte in Polen	1981 (30. 6.) Nach Parlamentswahlen in Israel Begin erneut Min. Präs. 1981 (30. 8.) Iran. Staatspräsident u. Regierungschef Opfer eines Bombenanschlags; neuer Staatspräs. H. Seyed-Ali Khamenei		**1981**
1982 (28. 3.) Wahlsieg der Rechtsparteien in El Salvador 1982 (2. 4.) Argentinien besetzt die brit. Kronkolonie Falkland-Inseln/Islas Malvinas 1982 (17. 4.) Neue Verfassung für Kanada 1982 (26. 4.) Beginn der brit. Gegenoffensive zur Rückeroberung der Falkland-Inseln 1982 (14. 6.) Kapitulation der argentin. Truppen auf den Falkland-Inseln 1982 (12. 7.) Durch Einstellung der Kampfhandlungen Falkland-Krieg beendet 1982 (17. 6.) Rücktritt d. argent. Präsidenten L. Galtieri; Nachfolger R. Bignone 1982 (5. 10.) H. S. Zuazo neuer Staatspräs. von Bolivien	1982 (25. 4.) Fristgerechte Rückgabe des letzten Teils der Sinai-Halbinsel durch Israel an Ägypten 1982 (6. 6.) Einmarsch israelischer Truppen in Libanon 1982 (13. 6.) Tod König Khaleds von Saudi-Arabien; Nachf. Kronprinz Fahd 1982 (13. 7.) Schwere Kämpfe iran. und irak. Truppen um das Gebiet von Basra 1982 (5. 8.) Israelis rücken in Beirut ein 1982 (21. 8.) Beginn des Abzuges der PLO aus Beirut 1982 (14. 9.) Tod des libanes. Präsidenten Beschir Gemayel bei Attentat; (21. 9.) Wahl von Amin Gemayel zum Präsidenten 1982 (10. 10.) Staatsbesuch von Bundespräsident Carstens in China 1982 (7. 11.) Neue Verfassung für Türkei; Präsident wird Kenan Evren	1982 (25. 4.) Israel gibt das letzte Teilgebiet der 1967 besetzten Sinai-Halbinsel an Ägypten zurück 1982 (31. 7.) In Südafrika sieht Verfassungsreform Bildung eines dreigeteilten Parlaments mit Kammern für Weiße, Mischlinge und Asiaten vor; schwarze Mehrheit weiterhin ausgeschlossen	**1982**
		1983 (Jan./Febr.) Nigeria weist alle Fremdarbeiter ohne Aufenthaltsgenehmigung (rd. 3 Millionen) nach Benin, Niger, Tschad u. Kamerun aus	**1983**

	Deutschland/Österreich	Europa
1983	1983 (6. 3.) Bundestagswahlen: CDU/CSU 48,8%, SPD 38,2%, FDP 6,9%, Grüne (erstmals im Bundestag) 5,6%. H. Kohl erneut Bundeskanzler, bildet CDU/CSU-FDP-Bundesregierung 1983 (17. 3.) CDU/FDP-Koalition unter R. v. Weizsäcker in Berlin (West) 1983 (24. 4.) Nach Verlust der absoluten Mehrheit im österreichischen Parlament Rücktritt von Bundeskanzler B. Kreisky (SPÖ); F. Sinowatz (SPÖ) bildet Koalitionsregierung SPÖ/FPÖ (18. 5.) 1983 (15. 9.) R. v. Weizsäcker von E. Honecker in Berlin (Ost) empfangen, erstes Zusammentreffen eines Berliner Reg. Bürgermeisters mit dem Staatschef der DDR 1983 (22. 11.) Dt. Bundestag stimmt mehrheitlich dem Nachrüstungsbeschluß zu. Beginn der Aufstellung amerikanischer Pershing-II-Raketen 1983 (29. 12.) S-Bahn-Abkommen zwischen dem Senat von Berlin (West) und der Deutschen Reichsbahn in Berlin (Ost)	1983 (9. 6.) Sieg der Konservativen bei britischer Unterhauswahl; Premierministerin M. Thatcher bildet neue Regierung 1983 (16. 6.) Parteichef J. W. Andropow Staatsoberhaupt der UdSSR 1983 (4. 8.) Sozialist B. Craxi bildet als ital. Regierungschef 5-Parteien-Koalition 1983 (9. 9.) Beendigung der KSZE-Folgekonferenz in Madrid 1983 (5. 10.) Friedensnobelpreis an den Polnischen Arbeiterführer Lech Walesa 1983 (15. 11.) Proklamation des türkischen Teils von Zypern zum unabhängigen Staat 1983 (23. 11.) Abbruch der Genfer Raketenverhandlungen USA-UdSSR durch die UdSSR

Amerika	Asien	Afrika	
1983 (19. 10.) Ministerpräsident Bishop von Grenada (Karibik) ermordet; umstrittenes Landungsunternehmen amerikanischer und karibischer Truppen 1983 (30. 10.) Erstmals wieder demokratische Wahlen in Argentinien; Sieg der Radikalen Bürgerunion 1983 (10. 12.) Durch Amtsantritt von Präsident Alfonsin ist die Militärherrschaft in Argentinien beendet	1983 (7. 5.) Schwere Kämpfe zwischen Christen und Drusen im Libanon 1983 (17. 5.) Truppenabzugsabkommen Israel-Libanon; Kriegszustand wird für beendet erklärt 1983 (18. 6.) Li-Xi-Annian wird Staatsoberhaupt Chinas 1983 (Juli) Blutige Ausschreitungen gegen Tamilen auf Sri Lanka 1983 (21. 8.) Ermordung des philippinischen Oppositionspolitikers B. Aquino in Manila 1983 (1. 9.) Abschuß eines vom Kurs abgekommenen südkoreanischen Jumbo Jets durch ein sowjetisches Flugzeug 1983 (10. 10.) Nach Rücktritt Begins wird Schamir zum Ministerpräsidenten Israels gewählt 1983 (6. 11.) Bei Parlamentswahlen in der Türkei absolute Mehrheit für die Vaterlandspartei T. Özals 1983 (20. 12.) PLO-Chef Arafat und seine Mitkämpfer verlassen den Libanon	1983 (Januar) Ausweisung von über 2 Millionen Gastarbeitern aus Nigeria in die Nachbarstaaten 1983 (19. 1.) Unmittelbare Regierungsgewalt in Namibia wieder von Südafrika übernommen	**1983**

1984

Deutschland/Österreich

1984 (Januar) Über 2,5 Millionen Arbeitslose (10,2%) in der Bundesrepublik
1984 (9. 1.) Übernahme des Betriebes der S-Bahn in Berlin (West) durch die Berliner Verkehrsbetriebe
1984 (9. 2.) Nach Rücktritt R. v. Weizsäckers Wahl von E. Diepgen (CDU) zum Regierenden Bürgermeister von Berlin (West)
1984 (23. 5.) Wahl von R. v. Weizsäcker zum 6. Präsidenten der Bundesrepublik Deutschland
1984 (17. 6.) 2. Direktwahlen zum Europaparlament mit nur 56,8% Wahlbeteiligung in der Bundesrepublik
1984 (26. 6.) Rücktritt des Bundeswirtschaftsministers Graf Lambsdorff (FDP) wegen Anklageerhebung in der Parteispenden-Affäre. Nachfolger M. Bangemann (FDP)
1984 (Juli) Reduzierung der Personenkontrollen an den Grenzen der Bundesrepublik zu Frankreich und Belgien; Verringerung der Grenzkontrollen Bundesrepublik–Österreich
1984 (25. 10.) Rücktritt des Bundestagspräsidenten R. Barzel (CDU). Nachfolger Ph. Jenninger (CDU)
1984 (November) Abbau der letzten Selbstschußanlagen durch die DDR
1984 Terroristische Anschläge in der Bundesrepublik
1984 Ausreisebestimmungen der DDR werden großzügiger gehandhabt

Europa

1984 (9. 2.) Tod des sowjetischen Staats- und Parteichefs J. W. Andropow
1984 (13. 2.) Wahl von K. Tschernenko zum neuen Parteichef und später zum Staatschef
1984 (18. 2.) Konkordat Italien-Vatikan; Katholizismus ist nicht mehr Staatsreligion Italiens
1984 (Februar) XIV. Olympische Winterspiele in Sarajevo
1984 (17. 4.) Britische Polizistin durch Schüsse aus der libyschen Botschaft in London getötet; Abbruch der diplomat. Beziehungen Großbritanniens zu Libyen
1984 (Juni) 2. Direktwahlen zum Europaparlament; Rechtsradikale und Grüne können erstmals Fraktionen bilden
1984 (22. 6.) Verabschiedung von NATO-Generalsekretär Luns; Nachfolger Lord Carrington
1984 (17. 7.) Rücktritt der französischen Regierung Mauroy; E. Fabius bildet neue Regierung ohne kommunist. Beteiligung
1984 (Juli) Generalamnestie in Polen
1984 (Juli) Wahlrecht für Frauen in Liechtenstein
1984 Terroristentätigkeit in mehreren europäischen Staaten (Nordirland, Spanien, Frankreich u. a.)

1984

Amerika

1984 (10. 1.) Wiederaufnahme der seit 1867 ruhenden diplomatischen Beziehungen USA–Vatikan 1984 (6. 5.) Wahl des Christdemokraten J. Napoleon Duarte zum Präsidenten von El Salvador
1984 (Mai) Alle Ostblockstaaten außer Rumänien sagen ihre Teilnahme an den Olympischen Sommerspielen in Los Angeles ab
1984 (August) XXIII. Olympische Sommerspiele in Los Angeles
1984 (4. 9.) Bei Parlamentswahlen in Kanada Sieg der oppos. Progressiv-Konservativen Partei B. Mulroneys
1984 (4. 11.) In Nicaragua wird – von den Oppositionsgruppen boykottiert – D. Ortega zum Präsidenten gewählt
1984 (6. 11.) Präsident Ronald Reagan mit 59% der Stimmen zum Präsidenten der USA wiedergewählt

Asien

1984 (1. 1.) Ehem. britisches Protektorat Brunei wird unabhängig
1984 (2. 2.) Wiederaufleben des Bürgerkrieges im Libanon
1984 (5. 3.) Der Libanon kündigt Truppenabzugsabkommen mit Israel
1984 (13. 5.) Verschärfung des Golfkrieges Iran–Irak
1984 (13. 9.) In Israel wird eine große Koalition (Arbeiterpartei-Likudblock) unter Schimon Peres gebildet
1984 (25. 9.) Wiederaufnahme diplomatischer Beziehungen Jordanien–Ägypten
1984 (31. 10.) Ermordung der indischen Ministerpräsidentin Indira Gandhi, Nachfolger wird ihr Sohn Rajiv Gandhi; blutige Unruhen
1984 (8. 11.) Militärverhandlungen über die Räumung des Südlibanons zwischen Israel und Libanon
1984 (2. 12.) Weitere blutige Auseinandersetzungen zwischen Tamilen und Singhalesen auf Sri Lanka
1984 (3. 12.) Giftgaskatastrophe in einer amerik. Chemiefabrik in Bhopal/Indien
1984 (19. 12.) Chinesisch-britischer Vertrag über die Rückkehr Hongkongs unter chinesische Souveränität im Jahre 1997

Afrika

1984 (16. 2.) Waffenruhe Südafrika–Angola
1984 (16. 3.) Nichtangriffspakt Südafrika–Moçambique
1984 (13. 8.) Vereinbarung einer Konföderation Marokko–Libyen
1984 (3. 9.) Südafrika gesteht Mischlingen und Asiaten politische Mitbestimmung durch eigene parlamentarische Vertretungen zu.
1984 (17. 9.) Einigung Frankreichs und Libyens über Truppenabzug aus dem Tschad
1984 (16. 10.) Friedensnobelpreis an den südafrikanischen schwarzen Bischof der Anglikan. Kirche Desmond Tutu
1984 Hungersnot in großen Teilen Afrikas, bes. in Äthiopien
1984 (3. 11.) Einrichtung einer Luftbrücke zur Bekämpfung der Hungersnot in Äthiopien

1985

1985 (Januar) 2,6 Millionen (10,5%) Arbeitslose in der Bundesrepublik
1985 (1. 2.) Ermordung des deutschen Industriellen E. Zimmermann durch RAF-Terroristen
1985 (23. 2.) M. Bangemann als Nachfolger von H. D. Genscher Vorsitzender der FDP
1985 (10. 3.) Wahlen zum Berliner Abgeordnetenhaus: CDU 46,4%, SPD 32,4%, Alternative Liste 10,6%, FDP 8,4%. E. Diepgen erneut zum Regierenden Bürgermeister von Berlin gewählt, bildet einen CDU-FDP-Senat
1985 (23. 4.) DDR-Staats- und Parteichef E. Honecker besucht als ersten NATO-Staat Italien
1985 (April/Mai) Gedenkveranstaltungen zum 40. Jahrestag des Kriegsendes. US-Präsident R. Reagan nimmt am 5. 5. an Gedenkfeiern im ehem. KZ Bergen-Belsen und auf dem deutschen Soldatenfriedhof Bitburg teil; Proteste jüd. Organisationen in aller Welt
1985 (16. 7.) Tod des deutschen Schriftstellers und Nobelpreisträgers Heinrich Böll
1985 (2. 10.) Deutsche Bundesregierung billigt Verlängerung des Wehrdienstes auf 18, des Ersatzdienstes auf 24 Monate
1985 (8. 10.) Als erster deutscher Bundespräsident besucht R. v. Weizsäcker Israel
1985 (16. 10.) Physiknobelpreis an K. v. Klitzing (Bundesrepublik Deutschland)
1985 (7. 11.) Wahl des Berliner Bischofs Martin Kruse zum neuen Ratsvorsitzenden der Evangel. Kirche in Deutschland
1985 (27. 12.) Anschlag palästinensischer Terroristen auf den Wiener Flughafen
1985 Deutsche Gerichte verhängen Höchststrafen für RAF-Terroristen; Festnahme weiterer RAF-Terroristen

1985 (5. 2.) Nach 13 Jahren öffnet Spanien die Grenze nach Gibraltar
1985 (10. 3.) Tod des UdSSR-Staats- und Parteichefs Tschernenko; zum neuen Generalsekretär der KPdSU wird Michail Gorbatschow gewählt
1985 (12. 3.) Beginn neuer Rüstungskontrollgespräche USA–UdSSR
1985 (11. 4.) Tod des albanischen Parteichefs E. Hodscha; Nachfolger Staatspräsident Ramiz Alia
1985 (23. 4.) Staatsbesuch des DDR-Staats- und Parteichefs Erich Honecker in Italien
1985 (26. 4.) Verlängerung des Warschauer Paktes um weitere 20 Jahre
1985 (2. 6.) Bei Parlamentswahlen in Griechenland absolute Mehrheit für die regierende sozialistische PASOK
1985 (24. 6.) Wahl des Christdemokraten F. Cossiga zum Staatspräsidenten Italiens
1985 (2. 7.) Früherer Außenminister A. Gromyko neues Staatsoberhaupt der UdSSR
1985 (7. 10.) Kaperung eines ital. Kreuzfahrtschiffes durch palästinensische Terroristen im Mittelmeer
1985 (11. 10.) Friedensnobelpreis an die Internationale Ärztevereinigung zur Verhütung eines Atomkrieges
1985 (6. 11.) W. Jaruzelski tritt als Ministerpräsident Polens zurück und wird Partei- und Staatschef; Z. Messner neuer Ministerpräsident
1985 (15. 11.) Nordirland-Abkommen Großbritanniens und Irlands über begrenztes irisches Mitspracherecht in Ulster
1985 (19. 11.) Gipfeltreffen des US-Präs. R. Reagan mit dem sowjet. Parteichef M. Gorbatschow in Genf
1985 (27. 12.) Anschlag palästinensischer Terroristen auf den Flughafen von Rom

Amerika	Asien	Afrika	
1985 (15. 3.) Beendigung der Militärherrschaft in Brasilien 1985 (26. 3.) USA laden NATO-Mächte zur Teilnahme am Forschungsprogramm zur Bekämpfung von Interkontinentalraketen im Weltraum (SDI) ein 1985 (31. 3.) Bei Parlamentswahlen in El Salvador Sieg der Christdemokraten Duartes 1985 (19. 9.) Schweres Erdbeben in Mexiko; Hauptstadt zu 30% zerstört 1985 (15. 10.) Nicaragua hebt Bürgerrechte wegen kriegerischer Auseinandersetzungen mit den von den USA unterstützten Contras auf 1985 (14. 11.) Vulkanausbruch in Kolumbien fordert etwa 25 000 Opfer	1985 (20. 1.) Israel beginnt Truppenabzug aus Südlibanon 1985 (Mai) Schwere Flut-Katastrophe in Bangla Desh 1985 (10. 6.) Abzug der israelischen Invasionstruppen aus Südlibanon bis auf eine Sicherheitszone abgeschlossen 1985 (10. 7.) Französischer Geheimdienst versenkt im Hafen von Auckland (Neuseeland) ein Schiff der Umwelt-Organisation ‚Greenpeace' 1985 (1. 10.) Bombardierung des PLO-Hauptquartiers in Tunis durch die israelische Luftwaffe 1985 Seit 1984 Unruhen im französischen Überseegebiet Neukaledonien; Volksabstimmung über Unabhängigkeit oder Verbleib bei Frankreich vorgesehen 1985 Fortdauer und Verschärfung des Golfkrieges Iran–Irak	1985 Anhaltende Hungersnot in Afrika, bes. Äthiopien, aber auch im Sudan, Tschad, in Kenia u. a. Ländern 1985 (6. 4.) Im Sudan Sturz des Präsidenten Numeiri durch Militärputsch 1985 (15. 4.) Abschaffung des Verbots von ehelichen und Liebesbeziehungen zwischen Verschiedenrassigen in Südafrika 1985 (17. 6.) Einseitige Ausrufung einer Übergangsregierung für Namibia durch Südafrika 1985 (27. 7.) Präsident M. Obote von Uganda wird durch Militärputsch gestürzt; Nachfolger wird J. Okello 1985 (1. 10.) Bombardierung des PLO-Hauptquartiers in Tunis durch die israelische Luftwaffe 1985 (27. 12.) Grenzkämpfe zwischen Mali und Burkina Faso (ehem. Obervolta) 1985 Rücktritt des ersten Staatspräsidenten von Tansania Julius Nyerere	**1985**

1986

1986 (26. 1.) Der israelische Ministerpräs. S. Peres besucht die Bundesrepublik Deutschland
1986 (11. 2.) Ost-westlicher Gefangenenaustausch auf der Glienicker Brücke in Berlin; Regimekritiker Schtaranski freigelassen
1986 (27. 3.) Deutsch-amerikanisches Abkommen über Beteiligung dt. Firmen am amerikanischen SDI-Programm
1986 (5. 4.) Bombenanschlag auf eine vorwiegend von Amerikanern besuchte Diskothek in Berlin (West)
1986 (ab 26. 4.) Nach Reaktorkatastrophe von Tschernobyl (UdSSR) stark erhöhte radioaktive Wasser-, Boden- und Luftbelastung in großen Gebieten der Bundesrepublik, der DDR und Österreichs
1986 (8. 6.) Wahl des wegen seiner militärischen Vergangenheit (Einsatz auf dem Balkan) umstrittenen parteilosen ÖVP-Kandidaten Kurt Waldheim zum österreichischen Bundespräsidenten
1986 (9. 6.) Rücktritt des österreichischen Bundeskanzlers F. Sinowatz (SPÖ); Nachfolger F. Vranitzky (SPÖ)
1986 (27. 8.) SPD-Parteitag in Nürnberg beschließt Plan über den Ausstieg aus der Kernenergie innerhalb von 10 Jahren
1986 (Oktober) Nach Erschwerung der Asylanten-Einreise in Berlin (Ost) durch die DDR-Behörden starker Rückgang des Zustroms von Asylbewerbern über Berlin (West)
1986 (15. 10.) Physik-Nobelpreis an H. Rohrer (Schweiz), E. Ruska und G. Binnig (Bundesrepublik Deutschland)
1986 (4. 11.) Eröffnung des 3. Folgetreffens der KSZE in Wien
1986 (13. 11.) Deutsches Bundeskabinett beschließt umstrittene Verschärfung des Asylrechts

1986 (1. 1.) Spanien und Portugal werden Mitglieder der EG
1986 (28. 2.) Ermordung des schwedischen Ministerpräsidenten Olof Palme durch bisher unbekannte(n) Täter in Stockholm
1986 (12. 3.) Ingvar Carlsson wird neuer schwedischer Ministerpräsident
1986 (26. 4.) Reaktorkatastrophe in Tschnernobyl (UdSSR). In der Folgezeit werden große Gebiete Europas von der freigesetzten Radioaktivität betroffen
1986 (17. 7.) Amnestiegesetz des polnischen Parlaments
1986 (11. 9.) Verfügung der Freilassung aller politischen Gefangenen in Polen
1986 (11./12. 10.) Gipfeltreffen des US-Präsidenten R. Reagan und des UdSSR-Parteichefs M. Gorbatschow in Reykjavik; Einigung über Abrüstungsmaßnahmen scheitert am Streit über das amerikanische SDI-Projekt
1986 (24. 10.) Abbruch der Beziehungen Großbritanniens zu Syrien wegen eines im syrischen Auftrag geplanten Bombenanschlags
1986 (25. 10.) Internationale Rotkreuz-Konferenz schließt die Delegation Südafrikas aus
1986 (Okt./Nov.) Vergiftung des Rheins durch mehrere Unfälle der chemischen Industrie in der Schweiz und in der Bundesrepublik

1986

Amerika

1986 (14. 1.) Wahl von Vinicio Cereso zum Präsidenten von Guatemala. 32jährige Militärherrschaft beendet

1986 (18. 1.) Explosion der amerikanischen Raumfähre „Challenger“ unmittelbar nach dem Start; 7 Astronauten, darunter 2 Frauen, finden den Tod; weitere Raumfährenstarts gestoppt

1986 (7. 2.) Nach blutigen Unruhen auf Haiti verläßt der – selbsternannte – Präsident J.-C. Duvallier das Land

1986 (15. 4.) Als Vergeltung für den Libyen zugeschriebenen Bombenanschlag auf eine Diskothek in Berlin bombardieren amerikanische Flugzeuge Ziele in Libyen

1986 (12. 10.) Gipfeltreffen des US-Präs. R. Reagan mit dem UdSSR-Parteichef M. Gorbatschow in Reykjavik endet ergebnislos

Asien

1986 (13. 1.) Schwere Kämpfe in Südjemen nach mißglücktem Putschversuch

1986 (7. 2.) Wahlbetrug bei Präsidentenwahlen auf den Philippinen. Trotz Mehrheit für die Kandidatin C. Aquino wird der bisherige Präsident F. Marcos zum Sieger erklärt

1986 (25. 2.) Nach der Vereidigung von zwei Präsidenten – C. Aquino u. F. Marcos – gibt Marcos dank amerikan. Drucks auf und geht ins Exil nach Hawaii. C. Aquino anerkannte Präsidentin der Philippinen

1986 (6. 7.) Überwältigender Sieg der Liberal-Demokratischen Partei des Ministerpräs. Nakasone bei Parlamentswahlen in Japan

1986 (20. 10.) Vereinbarungsgemäß wird Israels Ministerpräsident Peres Außenminister, Außenminister Schamir neuer Ministerpräsident

Afrika

1986 (26.1.) Museveni, Führer der Widerstandsarmee, übernimmt die Macht in Uganda

1986 (26. 2.) Meuterei ägyptischer Bereitschaftspolizisten niedergeschlagen: über 100 Todesopfer, zahlr. Verletzte

1986 (22. 8.) Vulkankatastrophe in Kamerun fordert über 1700 Todesopfer

1986 (19. 10.) Tod des Staatspräsidenten von Moçambique S. Machel bei Flugzeugabsturz

1986 (23.10) Der 1979 gestürzte und geflüchtete Staatschef der Zentralafrikanischen Republik, ‚Kaiser‘ J. B. Bokassa, wird bei Rückkehr in seine Heimat verhaftet

	Deutschland/Österreich	Europa
1986	1986 (23. 11.) Parlamentswahlen in Österreich: SPÖ mit 80 Sitzen stärkste Partei, ÖVP erreicht 70 Sitze. Große Koalition aus SPÖ und ÖVP unter Bundeskanzler F. Vranitzky; Grüne erstmals im Parlament vertreten 1986 (3. 12.) Nach Vergiftung des Rheins beschließt Bundeskabinett Verschärfung der Umweltgesetze 1986 Verstärkter RAF-Terrorismus in der Bundesrepublik: Ermordung des Siemens-Managers K.-H. Beckurts und seines Fahrers sowie des Abt. Leiters im Auswärtigen Amt G. v. Braunmühl; Anschläge auf Dornier, das Bundesamt für Verfassungsschutz, die Lufthansa-Verwaltung, das IBM-Forschungszentrum u. a. Objekte	1986 (19. 12.) Nach Aufhebung der Verbannung durch die UdSSR-Behörden kehrt Atomphysiker A. D. Sacharow nach Moskau zurück; seine Frau J. Bonner wird begnadigt 1986 Anbahnung eines innenpolitischen Reformkurses in der UdSSR durch Parteichef M. Gorbatschow 1986 Terroristische Anschläge in Frankreich, Spanien und Nordirland
1987	1987 (25.1.) Bundestagswahlen: CDU/CSU 44,3%, SPD 37%, FDP 9,1%, Grüne 8,3%. (11. 3.) Wiederwahl von Helmut Kohl (CDU) zum Bundeskanzler; Bildung einer CDU/CSU-FDP-Koalitionsregierung 1987 (23. 3.) Rücktritt des SPD-Vorsitzenden Willy Brandt 1987 (6.–9. 4.) Chaim Herzog, Staatspräsident Israels, besucht die Bundesrepublik und Berlin (West) 1987 (Mai/Juni) Zur 750-Jahrfeier Berlins besuchen die Staatsoberhäupter der drei Schutzmächte Berlin (West): der französische Staatspräsident F. Mitterrand (11. 5.), die britische Königin Elisabeth II. (26. 5.), US-Präsident R. Reagan (12. 6.) 1987 (28. 5.) Im Rahmen eines Gipfeltreffens des Warschauer Pakts besucht der sowjet. Parteichef M. Gorbatschow Berlin (Ost)	1987 Fortdauer der Abrüstungsgespräche UdSSR-USA in Genf 1987 Mehrere Abrüstungsvorschläge des sowjet. Parteichefs M. Gorbatschow 1987 (29. 5.) Deutsches Sportflugzeug überfliegt, aus Helsinki kommend, im Tiefflug die UdSSR und landet auf dem Roten Platz in Moskau. Der sowjetische Verteidigungsminister und der Luftwaffenkommandeur werden ihrer Ämter enthoben

Amerika	Asien	Afrika	
1986 (ab Nov.) Affäre um Waffenlieferungen an Iran zwecks Freilassung amerikanischer Geiseln in Beirut und – nach deren Einstellung – Umleitung der Erlöse an die „Contras“ in Nicaragua führen zu anhaltenden politischen Auseinandersetzungen in den USA (Irangate-Affäre)	1986 (Dezember) Verschärfung des Golfkrieges Iran–Irak an der Südfront 1986 Fortdauer des Bürgerkrieges im Libanon		**1986**
1987 Fortsetzung der Abrüstungsgespräche USA–UdSSR in Genf 1987 (April) Mißglückter Militärputsch in Argentinien	1987 Fortdauer des Golfkrieges Iran–Irak 1987 Anhaltende Kämpfe in Afghanistan und auf Sri Lanka 1987 (Mai) Im Persischen Golf verschiedentlich Angriffe auf die Schiffahrt; eine US-Fregatte wird irrtümlich von der irakischen Luftwaffe angegriffen und beschädigt 1987 (Mai/Juni) Verschärfung der Kämpfe von Regierungstruppen gegen separatistische Tamilen auf Sri Lanka	1987 Mehrfach heftige Unruhen unter der schwarzen Bevölkerung Südafrikas	**1987**

1987

1987 (ab 6. 7.) Bundespräsident v. Weizsäcker besucht die UdSSR
1987 (17. 7.) Abschaffung der Todesstrafe durch DDR-Staatsrat beschlossen
1987 (17. 8.) Tod des letzten Gefangenen im Alliierten Kriegsverbrechergefängnis Spandau Rudolf Heß
1987 (ab 7. 9.) Erster Besuch des DDR-Staatsratsvorsitzenden Erich Honecker in der Bundesrepublik
1987 (7. 9.) Freilassung des deutschen Siemens-Technikers A. Schmidt aus libanesischer Geiselhaft
1987 (13. 9.) Starke Verluste der CDU bei Landtagswahlen in Schleswig-Holstein
1987 (19. 9.) Sensationeller Fall der Aktienkurse an deutschen Börsen
1987 (2. 10.) Rücktritt von Uwe Barschel (CDU) vom Amt des schleswig-holsteinischen Ministerpräsidenten nach einem Enthüllungsskandal
1987 (10. 10.) Gründung einer „Akademie der Wissenschaften" in Berlin (West)
1987 (11. 10.) In einem Genfer Hotel wird der ehem. Ministerpräsident von Schleswig-Holstein, Uwe Barschel, tot aufgefunden
1987 (11. 10.) Umstrittene Koalitionsbeschlüsse über Finanzierung der Steuerreform in der Bundesrepublik
1987 (14. 10.) Die Wissenschaftler Georg Bednorz (Bundesrepublik Deutschland) und Karl Alexander Müller (Schweiz) erhalten den Nobelpreis für Physik

1987 (13. 7.) EG-Beschluß über Wiederaufnahme offizieller Kontakte mit Syrien
1987 (17. 7.) Abbruch der diplomatischen Beziehungen Frankreichs mit dem Iran
1987 (18. 7.) Sozialdemokratischer Sieg bei Parlamentswahlen in Portugal
1987 (29. 7.) Christdemokrat G. Goria neuer Ministerpräsident Italiens
1987 (17. 12.) Rücktritt des tschechoslowakischen KP-Generalsekretärs G. Husak; Nachfolger M. Jakes. Husak bleibt jedoch bis Mai 1989 Staatspräsident
1987 (29. 12.) Nach Rekordaufenthalt im Weltraum (326 Tage) kehrt der sowjetische Kosmonaut Romanenko zur Erde zurück

1987

Amerika

1987 (7. 8.) Staatschefs von Costa Rica, El Salvador, Guatemala, Honduras und Nicaragua vereinbaren Friedensplan für Mittelamerika

1987 (19. 8.) Dramatischer Fall der Aktienkurse in der Wall Street und an den internationalen Börsen

1987 (10. 10.) Nach Nuklearunglück in Brasilien mehr als 200 Strahlengeschädigte

1987 (13. 10.) Friedensnobelpreis an den Präsidenten von Costa Rica, Oscar Arias Sanchez, für seinen Einsatz zur Befriedung Mittelamerikas (maßgebliche Beteiligung am Friedensplan vom 7. 8. 87)

1987 (8. 12.) Unterzeichnung eines Abkommens über die Beseitigung atomarer Mittelstreckenwaffen zwischen R. Reagan und M. Gorbatschow in Washington

1987 (26. 12.) Trotz Waffenruhevereinbarung heftige Kämpfe in Nicaragua

Asien

1987 (29. 7.) Abkommen Sri Lanka/Indien über weitgehende Autonomie der Tamilen in Sri Lanka

1987 (30. 7.) Landung indischer Truppen im Norden Sri Lankas, um Durchführung des Abkommens vom 29. 7. zu gewährleisten

1987 (31. 7.) 400 Todesopfer bei Zusammenstößen zwischen demonstrierenden iranischen Pilgern und saudi-arabischer Polizei in Mekka

1987 (28. 8.) Gescheiterter Putsch gegen Aquino auf den Philippinen

1987 (7. 9.) Französisches Überseeterritorium entscheidet sich durch Volksabstimmung für Verbleib bei Frankreich

1987 (25. 9.) Militärputsch auf den Fidschi-Inseln

1987 (Sommer/Herbst) Im Krieg Iran/Irak Kampfhandlungen gegen Schiffahrt im Persischen Golf; Iraner setzen Minen ein; amerikanischer Geleitschutz für kuwaitische Tanker

1987 (Oktober) Indische Friedenstruppen bekämpfen extremistische tamilische Separatisten auf Sri Lanka

1987 (ab 1. 10.) Unruhen in Tibet

1987 (16. 12.) Bei den ersten direkten Staatspräsidentenwahlen in Südkorea Sieg des Kandidaten der Regierungspartei Roh Tae Woo

1987 (Dezember) Verstärkung der Unruhen in den von Israel besetzten Gebieten

Afrika

1987 (Sommer/Herbst) Wiederaufleben der Kämpfe mit libyschen Truppen im Tschad

1987 (7. 11.) In Tunesien wird Präsident Habib Bourguiba durch General Sine al-Abidine ersetzt

1988

1988 (17. 1.) Bei offizieller Gedenkkundgebung für Karl Liebknecht und Rosa Luxemburg in Berlin (Ost) werden über 100 Mitglieder der DDR-Friedensbewegung festgenommen
1988 (11. 2.) Der Reg. Bürgermeister von Berlin (West), E. Diepgen, trifft erstmals mit dem DDR-Staats- und Parteichef E. Honecker in Berlin (Ost) zusammen
1988 (9. 3.) Tod des früheren Bundeskanzlers Kurt Georg Kiesinger
1988 (20. 3.) Heinz Galinski zum Nachfolger des am 21. 1. 88 verstorbenen Präsidenten des Zentralrats der Juden in Deutschland W. Nachmann gewählt
1988 (28. 3.) Vereinbarung eines innerstädtischen Gebietsaustausches Berlin (West)/DDR
1988 (8. 5.) Bei den wegen der Barschel-Affäre vorgezogenen Landtagswahlen in Schleswig-Holstein erringt SPD die Mehrheit. Min.Präs. Björn Engholm (SPD)
1988 (12. 5.) Österr. Bundeskanzler F. Vranitzky übernimmt Vorsitz der SPÖ
1988 (18. 5.) Rupert Scholz (CDU) neuer Bundesverteidigungsminister als Nachfolger von M. Wörner, der ab 1. 7. NATO-Generalsekretär wird
1988 (23. 6.) Zustimmung des Bundestages zum Steuerreformgesetz 1990
1988 (28. 8.) Bei Flugschau in Ramstein stürzt ital. Kunstflugmaschine in Zuschauermenge: 70 Tote, rd. 400 Verletzte
1988 (12. 9.) Freilassung des Hoechst-Managers R. Cordes nach 20monatiger Geiselhaft in Damaskus
1988 (3. 10.) Tod des bayerischen Ministerpräsidenten, CSU-Vorsitzenden und ehemal. Bundesministers Franz Josef Strauß
1988 (8. 10.) FDP wählt Otto Graf Lambsdorff zum neuen Parteivorsitzenden. Sein Vorgänger M. Bangemann wird EG-Kommissar
1988 (18. 10.) DDR erklärt sich zur Zahlung einer symbolischen Entschädigung jüdischer Opfer des NS-Regimes bereit
1988 (ab 24. 10.) Viertägiger Besuch von Bundeskanzler H. Kohl in Moskau

1988 (7. 1.) Erster offizieller Besuch des DDR-Staats- und Parteichefs E. Honecker in Paris
1988 (Februar) Demonstrationen in den Sowjetrepubliken Litauen und Estland anläßlich des Gedenkens an den 70. Jahrestag der Unabhängigkeit
1988 (15. 2.) Wiederwahl des finnischen Staatspräsidenten M. Koivisto
1988 (25. 2.) UdSSR beginnt mit dem Abzug nuklearer Mittelstreckenraketen aus der DDR und der ČSSR
1988 (11. 3.) Rücktritt des italienischen Ministerpräsidenten G. Goria; Nachfolger wird der Christdemokrat C. de Mita (April)
1988 (März) Erneut schwere Unruhen in Nordirland
1988 (April/Mai und Sommer) Streiks in Polen
1988 (8. 5.) Bei Präsidentenwahlen in Frankreich Sieg F. Mitterrands; M. Rocard wird Ministerpräsident
1988 (9. 5.) Zum achten Mal bildet in Belgien W. Martens ein Kabinett aus Christdemokraten, Sozialisten und der flämischen Volksunion
1988 (22. 5.) Wahl des ungarischen Min.Präs. K. Grosz zum KP-Generalsekretär als Nachfolger J. Kádárs
1988 (Juni) Europäische Proteste wegen der geplanten Vernichtung von rd. 8000 vorwiegend von Ungarn und Deutschen bewohnten Dörfern in Rumänien zugunsten landwirtschaftlicher Großprojekte
1988 (13. 6.) Umweltminister der Bundesrepublik und der skandinavischen Staaten beraten über Rettungsplan für die bedrohte Nord- und Ostsee (Robbensterben, Massenvermehrung von Algen)
1988 (16. 6.) Wiederaufnahme diplomatischer Beziehungen Frankreich/Iran
1988 (25. 6.) Vereinbarung der Aufnahme offizieller Beziehungen zwischen der EG und dem RGW (COMECON)
1988 (27. 6.) Gipfelkonferenz der EG-Staats- und Regierungschefs für EG-Binnenmarkt bis 1992
1988 (28. 6.–1. 7.) Allunionskonferenz der KPdSU in Moskau: Große Mehrheit für Reformkurs von M. Gorbatschow („Glasnost" und „Perestrojka")

Amerika

1988 (13.–28. 2.) XV. Olympische Winterspiele in Calgary
1988 (24. 3.) In Nicaragua einigen sich Sandinisten und Contras auf Waffenruhe
1988 (29. 5.) Viertes Gipfeltreffen zwischen US-Präsident R. Reagan und dem sowjet. Parteichef M. Gorbatschow mit Austausch der Ratifizierungsurkunden zum INF-Vertrag
1988 (25. 8.) Chilenische Regierung hebt Ausnahmezustand auf
1988 (29. 9.) Friedensnobelpreis für die UNO-Friedenstruppe
1988 (5. 10.) Inkrafttreten einer neuen, demokratischen Verfassung in Brasilien
1988 (5. 10.) Bei Volksabstimmung in Chile sprechen sich knapp 55 % gegen eine weitere achtjährige Amtszeit von Präsident A. Pinochet aus. 1989 sollen freie Parlamentswahlen stattfinden
1988 (8. 11.) Bei der Wahl des 41. Präsidenten der USA siegt der Republikaner George Bush über den Demokraten Michael Dukakis
1988 Demonstrationen und Unruhen in Panama um den zwielichtigen „starken Mann“ Panamas General M. A. Noriega

Asien

1988 (13. 1.) Tod des Staatspräsidenten von Taiwan Tschiang Tsching-kuo; Nachfolger wird Lee Tung-hui
1988 (Februar) Beginn von Unruhen und Demonstrationen in den Sowjetrepubliken Armenien und Aserbeidschan; Armenien fordert Vereinigung mit dem in Aserbeidschan gelegenen autonomen armenischen Gebiet Berg-Karabach
1988 (25. 2.) Amtsantritt des neugewählten südkoreanischen Präsidenten Roh Tae Woo
1988 (27. 2.) Wiederaufnahme des Städtekrieges im Golfkrieg Irak/Iran
1988 (13. 4.) Yang Shangkun wird zum Staatspräsidenten der Volksrepublik China gewählt
1988 (14. 4.) In Genf unterzeichnen die Außenminister von Afghanistan, Pakistan, USA und UdSSR Abkommen über Beendigung des Afghanistan-Konflikts
1988 (15. 5.) Beginn des sowjetischen Truppenabzuges aus Afghanistan
1988 (17./18. 7.) Irak bietet Iran Frieden an; Iran erklärt sich zu einem Waffenstillstand bereit
1988 (24. 7.) Rücktritt des Präsidenten Birmas
1988 (17. 8.) Tod des pakistanischen Staatspräsidenten M. Zia ul-Haq bei Flugzeugabsturz
1988 (20. 8.) Inkrafttreten des Waffenstillstandes Iran/Irak
1988 (August/September) Schwerste Überschwemmungen (3/4 des Landes) in Bangladesch

Afrika

1988 (6. 6.) Dreitägiger Generalstreik in Südafrika
1988 (10. 6.) Verlängerung des Ausnahmezustandes in Südafrika um ein Jahr
1988 (8. 8.) Angola, Südafrika und Kuba einigen sich auf sofortigen Waffenstillstand in Angola
1988 (Oktober) Blutige Unruhen in Algier
1988 (15. 11.) In Algier proklamiert der Palästinensische Nationalrat einen unabhängigen Staat Palästina
1988 (22. 12.) Unterzeichnung eines Abkommens der Außenminister Angolas, Kubas und Südafrikas zur Beendigung des Bürgerkrieges und der ausländischen Einmischungen in Angola und zur Vorbereitung auf die Unabhängigkeit Namibias

1988

Deutschland/Österreich

1988 (Oktober/November) Neuer bayer. Min. Präs. wird Max Streibl, neuer CSU-Vors. Theo Waigel
1988 (10./11. 11.) Nach mißverständlicher Gedenkrede zum 50. Jahrestag des NS-Judenpogroms vom 9. 11. 38 erklärt Bundestagspräsident Ph. Jenninger seinen Rücktritt; R. Süßmuth wird Bundestagspräsidentin
1988 (25. 11.) Deutscher Bundestag verabschiedet das umstrittene Gesetz zur Gesundheitsreform
1988 (9. 12.) H. Haussmann (FDP) übernimmt das Wirtschaftsministerium, U. M. Lehr das Familienministerium in Bonn
1988 Bundesrepublik Deutschland nimmt über 200000 deutsche Aussiedler aus Osteuropa und Zuwanderer aus der DDR auf
1988 im Jahresverlauf mehr Arbeitslose (2190496), aber auch mehr Beschäftigte in der Bundesrepublik
1988 Anhaltende Studentenproteste (Demonstrationen, Universitätsbesetzungen) wegen unhaltbarer Zustände an deutschen Hochschulen

Europa

1988 (18. 9.) Wahlsieg der Sozialisten und Kommunisten in Schweden
1988 (30. 9.) Rücktritt des Staatsoberhauptes der UdSSR A. Gromyko
1988 (1. 10.) Oberster Sowjet wählt M. Gorbatschow zum Staatspräsidenten
1988 (Oktober) In den drei baltischen Sowjetrepubliken bilden sich Volksbewegungen für mehr Autonomie und Demokratie
1988 (10. 10.) Rücktritt des tschechoslowakischen Ministerpräsidenten L. Strougal; Nachfolger: L. Adamec
1988 (24. 11.) Wahl von M. Németh zum Ministerpräsidenten Ungarns
1988 (7. 12.) Vor der UNO kündigt der sowjetische Staats- und Parteichef Gorbatschow einseitigen Truppenabbau von 500000 Soldaten und Abzug von rund 10000 Panzern, 8500 Geschützen und 800 Flugzeugen an
1988 (7. 12.) Erdbebenkatastrophe in der Sowjetrepublik Armenien: über 25000 Tote; große internationale Hilfsaktionen
1988 In Jugoslawien Wirtschaftskrise, hohe Inflationsrate, Nationalitätenprobleme, Unruhen

1989

Deutschland/Österreich

1989 (10. 1.) Bundesregierung beschließt Verschärfung von Exportkontrollen wegen Beteiligung deutscher Firmen an chemischen Produktionsstätten im Irak und in Libyen
1989 (29. 1.) Bei Wahlen zum Abgeordnetenhaus von Berlin (West) hohe Verluste von CDU und FDP, Gewinne von SPD und AL, Republikaner erstmals im Abgeordnetenhaus vertreten. – (2. 3.) Rücktritt des Regierenden Bürgermeisters E. Diepgen und des Senats von Berlin (West). – (16. 3.) Wahl von W. Momper (SPD) zum Regierenden Bürgermeister: Rot-grüne Koalition (SPD/Grüne-AL) regiert Berlin (West)
1989 (13. 4.) Kabinettsumbildung in der Bundesregierung
1989 (7. 5.) Bei Kommunalwahlen in der DDR erhalten die von der SED kontrollierten Kandidaten (durch Wahlfälschung) 98,85% der Stimmen

Europa

1989 (11. 1.) Auf Pariser Konferenz zur Ächtung chemischer Waffen verpflichten sich 149 Staaten, keine chemischen Kampfstoffe einzusetzen
1989 (11. 1.) Rücktritt der Führungsgremien von Partei und Staat in Montenegro
1989 (15. 1.) Einigung in der Wiener Konferenz über Sicherheit und Zusammenarbeit in Europa (KSZE) auf das Schlußdokument: Verbesserungen bei den Menschenrechten; Mandat für neue Gespräche über Rüstungskontrolle bei konventionellen Waffen
1989 (Januar) Gorbatschow kündigt weiteren Abbau von Atomraketen, Verminderung von Truppen und Panzern und Abschaffung der Chemiewaffen an
1989 (Februar) In Ungarn Einführung des Mehrparteiensystems

Amerika	Asien	Afrika	
	1988 (17. 9.–2. 10.) XXIV. Olympische Sommerspiele in Seoul 1988 (2. 12.) Benazir Bhutto neue Ministerpräsidentin Pakistans 1988 (13. 12.) Vor der UNO-Vollversammlung bietet PLO-Chef J. Arafat Israel Friedensgespräche unter UNO-Schirmherrschaft an 1988 (15. 12.) Aufnahme des Dialogs PLO/USA 1988 (19. 12.) Ramasinghe Premadasa wird zum Präsidenten von Sri Lanka gewählt 1988 (21. 12.) In Israel wird die bisherige Regierungskoalition fortgesetzt		**1988**
1989 (12. 1.) UN-Sicherheitsrat beschließt Rederecht für die PLO (Palästinensische Befreiungsorganisation) 1989 (20. 1.) Amtseinführung des US-amerikanischen Präsidenten George Bush 1989 (3. 2.) Durch Militärputsch Sturz des Staatschefs von Paraguay A. Stroessner; General Rodriguez übernimmt die Macht 1989 (19. 3.) Der Rechtsextremist Cristiani gewinnt bei den Präsidentenwahlen in El Salvador	1989 Fortdauer des Bürgerkriegs im Libanon 1989 Weiterhin Unruhen in den von Israel besetzten Gebieten 1989 (15. 2.) Sowjetische Armee beendet Räumung Afghanistans 1989 Nach dem Abzug der Sowjets aus Afghanistan anhaltend schwere Kämpfe zwischen Regierungstruppen und Rebellen während des ganzen Jahres 1989 (28. 2.) Rechter Likud-Block und religiöse Parteien gewinnen bei Kommunalwahlen in Israel 1989 (5. 3.) Nach antichinesischen Kundgebungen wird das Kriegsrecht in Tibet verhängt	1989 (23. 2.) Algerien bekommt eine neue Verfassung, die das Mehrparteiensystem vorsieht	**1989**

1989

1989 (23. 5.) Wiederwahl R. v. Weizsäckers zum Präsidenten der Bundesrepublik
1989 (6. 6.) Abkommen Bundesrepublik-Frankreich über Wiederaufbereitung von Kernbrennstoffen in Frankreich; Baustopp in Wackersdorf
1989 (12.–15. 6.) M. Gorbatschow, Präsident der Sowjetunion, wird bei Besuch der Bundesrepublik begeistert begrüßt
1989 (Juli/Oktober) Fluchtwelle von DDR-Bürgern über Ungarn nach Österreich, weiter in die Bundesrepublik; anfangs noch Festnahmen durch ungarische Grenzposten, jedoch keine Auslieferung an DDR; (10. 9.) Ungarn erlaubt allen DDR-Bürgern die Ausreise und erklärt am 13. 9., daß die Grenzen geöffnet bleiben. – (August/Oktober) DDR-Flüchtlinge suchen Zuflucht in der Vertretung der BRD in Berlin (Ost) und in den bundesdeutschen Botschaften in Budapest, Prag und Warschau; alle dürfen schließlich in die Bundesrepublik ausreisen
1989 (13. 8.) Demonstrationen in Berlin (Ost) am Jahrestag des Mauerbaus
1989 (26. u. 30. 8.) DDR-Regierung lehnt Reformpolitik nach Vorbild Polens und Ungarns ab
1989 (30. 8.) Zur Verstärkung der UNO-Friedenstruppe entsendet die Bundesrepublik 50 Bundesgrenzschutzbeamte nach Namibia
1989 (September) Gewaltsame Auflösung von Demonstrationen oppositioneller Kreise in Berlin (Ost) und Leipzig. – (18. 9.) Oppositionelle Gruppe „Neues Forum" versucht vergeblich Zulassung in Teilen der DDR. – (24. 9.) Oppositionelle Gruppen in der DDR treffen sich erstmalig in Leipzig. – (1. 10.) Bildung der DDR-Oppositionsgruppe „Demokratischer Aufbruch"
1989 (6. 10.) Zum 40. Jahrestag der DDR-Gründung kommt Gorbatschow nach Ostberlin; er fordert DDR zu Reformen auf
1989 (7. 10.) Große Parade in Ostberlin zum Jahrestag der DDR-Gründung vor den Machthabern der DDR und ihren Ehrengästen

1989 (21. 2.) In Prag Verurteilung des tschechoslowakischen Bürgerrechtlers und Schriftstellers Vaclav Havel zu 9 Monaten Haft; Havel wird am 17. 5. vorzeitig entlassen
1989 (9. 3.) Sowjetunion will in Zukunft den Internationalen Gerichtshof in Menschenrechtsfragen anerkennen
1989 (14. 3.) Massendemonstrationen in Ungarn
1989 (19. 3.) Demonstrationen in Moskau für Reformpolitiker Boris Jelzin. – (21. 3.) Gorbatschow kündigt Verminderung der Streitkräfte um 500000 Mann bis 1990 an. – (26. 3.) Anhänger des Reformkurses von UdSSR-Staats- u. Parteichef Gorbatschow setzen sich bei Wahlen zum „Kongreß der Volksdeputierten" durch
1989 (23. 3.) Anhaltende Unruhen in der von Albanern bewohnten jugoslawischen Provinz Kossovo
1989 (5. 4.) Polnische Regierung und Opposition vereinbaren politische, gesellschaftliche und wirtschaftliche Reformen. – (17. 4.) Wiederzulassung der verbotenen Gewerkschaft „Solidarität" in Polen
1989 (7. 4.) Nationalitätenunruhen in Tiflis, der Hauptstadt der Sowjetrepublik Georgien
1989 (30. 4.) Im schweizerischen Halbkanton Appenzell-Außerrhoden erhalten Frauen das kantonale Wahlrecht
1989 (2. 5.) Ungarn beginnt mit Abbau des „Eisernen Vorhangs" an der österreichischen Grenze
1989 (3. 5.) Nach Streit über Umweltschutzfragen Rücktritt der Regierung Lubbers in den Niederlanden. – (6. 9.) Bei Parlamentswahlen bleiben Christdemokraten unter Min. Präs. Lubbers stärkste Partei
1989 (8. 5.) In Ungarn wird der frühere Parteichef J. Kádár vom ZK der KP aller Ämter enthoben
1989 (10. 5.) Bei Gesprächen in Moskau mit US-Außenminister Baker macht Gorbatschow weitgehende Abrüstungsvorschläge
1989 (25. 5.) Neugeschaffener „Kongreß der Volksdeputierten" der UdSSR wählt Staats- und Parteichef Gorbatschow zum Staatspräsidenten

Amerika	Asien	Afrika	
1989 (7. 5.) Wahlbetrug bei Präsidentenwahlen in Panama führen zur Annullierung der Wahl. USA fordern Rücktritt des Machthabers Noriega 1989 (14. 5.) Bei Präsidentschaftswahlen in Argentinien siegt der Peronist Menem und wird Staatspräsident	1989 (7. 3.) Abbruch der diplomatischen Beziehungen Iran-Großbritannien wegen britischer Weigerung, ein vom Iran geächtetes Buch zu verbieten 1989 (2. 4.) Arafat wird zum Präsidenten des 1988 von der PLO proklamierten Staates Palästina bestimmt 1989 (19. 4.) Unruhen in Jordanien führen zum Rücktritt von Ministerpräsident Rifai 1989 (15. 5.) Durch Staatsbesuch des sowjetischen Staats- und Parteichefs Gorbatschow in China werden die beiderseitigen Beziehungen wieder normalisiert 1989 (April/Juni) Mehr Demokratie fordernde Massendemonstrationen von Studenten und Arbeitern in Peking und anderen Städten. Das Militär greift vorerst nicht ein. – (4. 6.) Auf dem „Platz des Himmlischen Friedens" wird Massendemonstration durch Militäreinsatz brutal niedergeschlagen: Große Zahl von Toten und Verhafteten; zahlreiche Todesurteile und Hinrichtungen 1989 (2. 6.) Zum neuen Ministerpräsidenten Japans wird Sosuke Uno gewählt 1989 (3. 6.) Tod des iranischen Revolutionsführers Ayatollah Khomeini; –	1989 (26. 4.) Grenzkonflikte zwischen Senegal und Mauretanien führen zu blutigen Unruhen 1989 (16. 5.) Niederschlagung eines Militärputsches gegen das Regime Mengistu in Äthiopien 1989 (30. 6.) Nach Putsch übernimmt das Militär die Macht im Sudan	**1989**

1989

1989 (7. 10.) Massendemonstrationen in Ostberlin werden von der Polizei gewaltsam aufgelöst. – Gründung einer Sozial-Demokratischen Partei (SDP) in der DDR.
1989 (9. 10.) Die reformunwillige DDR muß nach Gorbatschows Besuch erkennen, daß mit weiterer Unterstützung durch die Sowjetunion nicht mehr zu rechnen ist. – Massendemonstration in Leipzig wird nicht behindert. – Beginn der gewaltfreien Revolution in der DDR, die zum Zusammenbruch des Regimes und auf den Weg zur Wiedervereinigung der beiden Staaten in Deutschland führt. – Weiterhin Massendemonstrationen in Leipzig, Ostberlin, Dresden und anderen Städten. – (18. 10.) Entmachtung Honeckers; Egon Krenz wird Generalsekretär der SED. – (24. 10.) DDR-Volkskammer wählt Krenz zum Staatsratsvorsitzenden; gesamte alte Führungsspitze ausgeschaltet. – (4. 11.) Größte Demonstration seit Bestehen der DDR: In Ostberlin demonstriert 1 Million Menschen. – (8. 11.) Rücktritt der DDR-Regierung Stoph; Nachfolger wird der reformwillige Dresdner SED-Chef Hans Modrow. – Neues Zentralkomitee der SED unter Krenz. – (9. 11.) DDR öffnet ihre Grenzen. – (10. 11.) Bundeskanzler Kohl unterbricht Polenreise und kommt nach Berlin. – (ab 11. 11.) Millionen Deutsche strömen aus der DDR in die Bundesrepublik und nach Berlin (West). – (13. 11.) G. Maleuda zum neuen Volkskammerpräsidenten gewählt. – Aufhebung der Grenzsperrzonen. – (17. 11.) Amtsantritt der neuen DDR-Regierung unter Ministerpräsident H. Modrow. – Massendemonstrationen mit Forderung nach Wiedervereinigung. – Bundeskanzler Kohl stellt 10-Punkte-Programm zur Herbeiführung einer bundesstaatlichen Ordnung Deutschlands auf. – (1. 12.) Führende Rolle der SED wird aus der DDR-Verfassung gestrichen. – (3. 12.) Rücktritt von Krenz mit gesamtem Politbüro und Zentralkomitee der SED. – (6. 12.) Krenz verliert alle Ämter; Staatsratsvorsitzender wird vorerst der LDP-Vorsitzende Gerlach. –

1989 (4. 6.) Große Erfolge der Opposition bei den polnischen Parlamentswahlen
1989 (16. 6.) In Budapest erfolgt nach Rehabilitierung die ehrenvolle Neubestattung der 1956 hingerichteten Führer des ungarischen Volksaufstandes
1989 (18. 6.) Niederlage des Min. Präs. Papandreou und seiner PASOK bei Parlamentswahlen in Griechenland
1989 (Juni/Juli) Nationalitätenunruhen in der Sowjetrepublik Kasachstan und in der sowjetischen Moldaurepublik. – Unruhen zwischen Georgiern und Abchasiern
1989 (24. 6.) In Ungarn tritt Reformpolitiker Nyers an die Spitze des Präsidiums der KP
1989 (30. 6.) Amtsverzicht des polnischen Staatschefs Jaruzelski. – (19. 7.) Polnische Nationalversammlung wählt General Jaruzelski zum Staatspräsidenten. – (29. 7.) Wahl des bisherigen Ministerpräsidenten Rakowski zum Chef der KP Polens. – (2. 8.) Ernennung des Innenministers Kiszczak zum Ministerpräsidenten Polens; dieser gibt jedoch Auftrag am 16. 8. zurück. – (19.–24. 8.) Solidaritäts-Politiker Tadeusz Mazowiecki wird erster nichtkommunistischer Ministerpräsident Polens und bildet Koalitionsregierung aus allen Parteien. (12. 9.) Bestätigung der Regierung Mazowiecki durch das polnische Parlament
1989 (1. 7.) Konservative und Kommunisten bilden griechische Übergangsregierung unter Min. Präs. Tsannetakis
1989 (29. 7.) Radikalreformer, u. a. Jelzin und Sacharow, bilden „Interregionale Deputiertengruppe" im Volksdeputiertenkongreß der UdSSR
1989 (17. 8.) Sowjetregierung will den Sowjetrepubliken und autonomen Gebieten größere Selbständigkeit gewähren
1989 (21. 8.) Zahlreiche Festnahmen bei Massendemonstrationen in Prag am Jahrestag der Niederschlagung des „Prager Frühlings" 1968
1989 (23. 8.) Massendemonstrationen in den baltischen Sowjetrepubliken zum Gedenken der 1940 verlorenen Selbständigkeit

Amerika	Asien	Afrika	
1989 (5. 8.) Der Sozialdemokrat J. Zamora wird Präsident Boliviens	(28. 7.) Wahl des Parlamentspräsidenten Rafsandschani zum Staatspräsidenten 1989 (9. 8.) Als Nachfolger von Uno wird T. Kaifu Ministerpräsident Japans 1989 (18. 9.) Wiederaufnahme diplomatischer Beziehungen Israel-Ungarn	1989 (14. 8.) Rücktritt des südafrikanischen Präsidenten Pieter Willem Botha; sein Nachfolger wird Frederik de Klerk 1989 (30. 8.) Zur Verstärkung der UNO-Friedenstruppe in Namibia entsendet die Bundesrepublik Deutschland 50 Grenzschutzbeamte 1989 (6. 9.) Bei Parlamentswahlen in Südafrika (Schwarze haben kein Wahlrecht) behält die Nationale Partei von Präsident de Klerk die absolute Mehrheit 1989 (14. 9.) Rückkehr des SWAPO-Chefs Sam Nujoma nach Windhuk (Namibia) 1989 (27. 9.) In einigen öffentlichen Einrichtungen Südafrikas wird die Apartheid (Rassentrennung) aufgehoben	**1989**

1989

(8. 12.) Staatsanwaltschaftliche Ermittlungen gegen Honecker und ehem. hohe Parteifunktionäre. – (9. 12.) Gregor Gysi SED-Vorsitzender. – (11. 12.) 15000 DDR-Häftlinge werden amnestiert und freigelassen. – Botschaftergespräche der 4 Siegermächte in Berlin. – (17. 12.) SED nimmt Namen SED-PDS (Partei Demokratischer Sozialisten) an und rechnet mit dem Stalinismus ab. – Lothar de Maizière als Vorsitzender der Ost-CDU bestätigt. – (19. 12.) Zusammentreffen von Bundeskanzler Kohl mit Ministerpräsident Modrow in Dresden; Vereinbarung einer Vertragsgemeinschaft zwischen beiden Staaten. – (22. 12.) Kohl, Modrow und die beiden Bürgermeister Berlins eröffnen neuen Übergang am Brandenburger Tor in Berlin. – (24. 12.) Wegfall des Visumzwanges und Zwangsumtausches bei Einreise in die DDR für Westbesucher

1989 (5. 9./16. 10.) CSSR lehnt jegliche Reformpolitik ab

1989 (18. 9.) Wiederaufnahme diplomatischer Beziehungen Ungarn-Israel

1989 (20. 9.) ZK der KPdSU verspricht allen Unionsrepubliken wirtschaftliche Selbständigkeit

1989 (5. 10.) Verleihung des Friedensnobelpreises an den Dalai Lama

1989 (7. 10.) Selbstauflösung der KP Ungarns; Gründung einer demokratischen Ungarischen Sozialistischen Partei unter Nyers. – (18. 10.) Abschaffung der Volksdemokratie in Ungarn. – (20. 10.) Verabschiedung eines demokratischen Wahlgesetzes in Ungarn. – (25. 10.) Proklamierung der Republik durch den ungarischen Staatspräsidenten Szuros

1989 (16. 10.) Bürgerliche Koalitionsregierung in Norwegen unter Min.-Präs. Syse

1989 (30. 10.) In Bulgarien spricht sich Staats- u. Parteichef Schiwkoff für Mehrparteiensystem aus. – (10. 11.) Rücktritt von Schiwkoff, Nachfolger wird Mladenow. – (17. 11.) Schiwkoff wird auch als Staatspräsident abgesetzt. – 1989 (13. 12.) Aufgabe des Führungsanspruches der bulgarischen KP

1989 (9.–14. 11.) Der Aussöhnung mit Polen dienender Besuch von Bundeskanzler Kohl in Polen; Gespräche mit Min. Präs. Mazowiecki; Unterzeichnung einer deutsch-polnischen Erklärung in Warschau

1989 (November/Dezember) Anfangs noch brutal unterdrückte Massendemonstrationen in Prag führen in der CSSR zur Wende. – Zusammenschluß oppositioneller Gruppen zum „Bürgerforum". – Begeisterter Empfang von Dubček in Prag.– Wechsel in der Führungsspitze der KP. – Streichung der führenden Rolle der KP aus der Verfassung. – Nach kurzer Regierungszeit von Ministerpräsident Adamec übernimmt der Stellvertreter Calfa sein Amt. – Präsident Husak vereidigt das neue Kabinett und tritt am 10. 12. zurück. – Das Parlament wählt den Schriftsteller und Bürgerrechtler Vaclav Havel zum neuen Staatspräsidenten (29. 12). Alexander Dubček wird Parlamentspräsident (28. 12)

Amerika	Asien	Afrika	
	1989 (5. 11.) Wahl des christlichen Politikers Mouawad zum Präsidenten des Libanon, er wird am 22. 11. durch eine Bombe getötet. – (24. 11.) Sein Nachfolger wird der Politiker Hrawi 1989 (8. 11.) Bei Parlamentswahlen in Jordanien Sieg der moslemischen Fundamentalisten 1989 (22. 11.) Schwere Verluste der Kongreßpartei führen in Indien zum Rücktritt von Ministerpräsident Ghandi. –	1989 (ab 7. 11.) In Namibia erhält die SWAPO bei den Wahlen zur verfassunggebenden Versammlung 57% der Stimmen 1989 (24. 11.) Abzug der südafrikanischen Truppen aus Namibia abgeschlossen	**1989**

1989

1989 (8. 11.) Garantieerklärung für die deutsch-polnische Grenze durch den Bundestag
1989 (Dezember) Nobelpreis für Physik für den deutschen W. Paul
1989 (30. 12.) RAF-Terroristen ermorden Vorstandsvorsitzenden der Deutschen Bank, Herrhausen, in Bad Homburg
1989 Über 800000 Aussiedler, Übersiedler und Flüchtlinge wurden von der Bundesrepublik aufgenommen
1989 Österreich: (5. 3.) Beginn neuer Rüstungskontrollverhandlungen zwischen Ost und West in Wien
1989 (14. 3.) Tod der letzten Kaiserin Österreichs, Zita von Habsburg
1989 (18. 4.) Rücktritt des ÖVP-Parteichefs und Vizekanzlers A. Mock; Nachfolger Landwirtschaftsminister J. Riegler
1989 (30. 5.) Wahl des Vorsitzenden der FPÖ, J. Haider, zum Landeshauptmann in Kärnten
1989 (17. 7.) Antrag Österreichs auf EG-Mitgliedschaft

1989 (20. 11.) In Rumänien lehnt Staats- und Parteichef Ceausescu jegliche Reformen ab.
1989 (21. 11.) In Griechenland Übergangsregierung aus allen Parteien unter Ministerpräsident Zolotas
1989 (25. 11.) In der Schweiz stimmen bei Volksabstimmung 35% für die Abschaffung der Armee
1989 (1. 12.) Anläßlich seines Besuches beim Papst verspricht UdSSR-Präsident Gorbatschow Religionsfreiheit in der Sowjetunion
1989 (2./3. 12.) Gipfelkonferenz von UdSSR-Präsident Gorbatschow und US-Präsident auf Malta; einer der Schwerpunkte ist die Deutschlandfrage
1989 (15. 12.) Tod des russ. Friedens-Nobelpreisträgers Sacharow
1989 (17./18. 12.) Bundeskanzler Kohl besucht Ungarn und dankt für die den DDR-Flüchtlingen geleistete Hilfe; Hilfsversprechen für ungarische Reformpolitik
1989 (Dezember) Blutige Unterdrükkung von Demonstrationen besonders im rumänischen Temesvar und in Bukarest durch Militär und Sicherheitstruppen; der Ausnahmezustand wird verhängt. – (22. 12.) In Bukarest solidarisiert sich das Militär mit den Demonstranten. Ceausescu flieht und wird am 25. 12. zusammen mit seiner Frau festgenommen, militärgerichtlich zum Tode verurteilt und erschossen. – (26. 12.) Ion Iliescu wird neuer Präsident, Ministerpräsident Roman bildet neue Regierung. – Militär setzt sich gegen die Sicherheitsverbände durch
1989 (20. 12.) Litauische KP sagt sich von der KPdSU los; (25. 12.) Gorbatschow erklärt Loslösung als „null und nichtig"
1989 (21. 12.) Selbstauflösung des ungarischen Parlaments

Amerika	Asien	Afrika	
1989 (2./3. 12.) Gipfelkonferenz von US-Präsident Bush und UdSSR-Präsident Gorbatschow auf Malta; eines der Hauptthemen ist die Deutschlandfrage 1989 (15. 12.) Christdemokrat P. Aylwin gewinnt die Präsidentenwahlen in Chile 1989 (17. 12.) Der Konservative Collor de Mello wird Präsident Brasiliens 1989 (20. 12.) Militärische Intervention der USA in Panama; General Noriega kann entkommen und flüchtet am 24. 12. in die Vertretung des Vatikans in Panama	(1. 12.) Nachfolger wird der Chef der Nationalen Front, Singh 1989 (1. 12.) Niederschlagung eines Putsches auf den Philippinen 1989 (26. 12.) Umstrittenes israelisches Vorgehen gegen Guerillakämpfer im Südlibanon		**1989**

1990

1990 (ab Februar) Bildung zahlreicher neuer Parteien in der DDR; z. T. Anpassung an die Parteien der BRD; Beginn des Wahlkampfes in der DDR, auch durch Bundestagsparteien unterstützt
1990 (Februar) Kurzfristige Inhaftierung Honeckers
1990 (10. 2.) Kurzbesuch von Bundeskanzler Kohl bei Gorbatschow in Moskau; Gorbatschow stimmt grundsätzlich Wiedervereinigung zu
1990 (20. 2.) Volkskammer der DDR verabschiedet Wahlgesetz für Volkskammerwahlen; keine 5%-Klausel
1990 (23. 2.) Rücktritt des Ostberliner Oberbürgermeisters E. Karck; Nachfolger wird Ch. Hartenhauer (PDS)
1990 (24. 2.) Auf ihrem ersten Parteitag nimmt die SED-PDS den Parteinamen PDS (Partei des Demokratischen Sozialismus) an. – H. Modrow wird Spitzenkandidat
1990 (5. 3.) Koalitionskrise in Bonn wegen der Grenzfrage mit Polen und wegen des Ablaufes der Wiedervereinigung; – (6. 3.) Koalitionsparteien einigen sich
1990 (14. 3.) Beratungsrunde der BRD, DDR und der 4 Siegermächte über die Modalitäten zur Herbeiführung der deutschen Einheit
1990 (18. 3.) Erste demokratische Wahlen in der DDR. 24 Parteien bewerben sich um Volkskammersitze. „Allianz für Deutschland" erhält rd. 48% der Stimmen (CDU 40,9%, Demokratischer Aufbruch 0,9%, Deutsche Soziale Union 6,3%), SPD 21,8%, Liberale (Deutsche Forum Partei, Liberaldemokratische Partei, Freie Demokratische Partei, Liberale) 5,3%, Partei des Demokratische Sozialismus (PDS) 16,3%, Bündnis 90 (Neues Forum, Demokratie jetzt, Initiative für Menschenrechte) 2,9%
1990 (14. 3.) Oskar Lafontaine wird Kanzlerkandidat der SPD

1990 Nationalitätenunruhen in den Sowjetrepubliken Armenien, Aserbeidschan, Tadschikistan, Kirgisien, Usbekistan, Tuwa
1990 Einführung des Mehrparteiensystems in den baltischen Sowjetrepubliken Litauen, Lettland und Estland. – (25. 2.) Bei Parlamentswahlen in Litauen große Mehrheit für Unabhängigkeitspartei „Sajudis". – (11. 3.) Litauisches Parlament verabschiedet „Akt über die Wiederherstellung eines unabhängigen Staates". Staatsoberhaupt wird der Nicht-Kommunist Vytautas Landsbergis. – (13. 3.) Gorbatschow erklärt Unabhängigkeitserklärung für illegal; Litauen wird wirtschaftlich unter Druck gesetzt; ab April Wirtschaftssanktionen. Ende Juni setzt Litauen Unabhängigkeitserklärung aus. – (März) Bei Parlamentswahlen große Erfolge der die Unabhängigkeit anstrebenden Parteien in Lettland und Estland. – (April/Mai) Unabhängigkeitserklärungen beider Staaten (schrittweise Durchführung, Ziel soll in Verhandlungen erreicht werden) werden von Gorbatschow annulliert
1990 (Februar) Zusammenschluß von Reform- und Demokratiegruppen zum Block „Demokratisches Rußland; Demonstrationen in Moskau, Leningrad, Minsk, Kiew, Wolgograd. – (13. 3.) UdSSR erhält ein Präsidialsystem (Staatsoberhaupt mit umfassenden Vollmachten) und entscheidet sich für Aufhebung des Machtmonopols der KPdSU. – (15. 3.) Wahl Gorbatschows zum Staatspräsidenten der UdSSR. – (1. 5.) Nach offizieller Maifeier in Moskau Demonstrationen oppositioneller Gruppen auf dem „Roten Platz". – (29. 5.) Boris Jelzin wird Präsident der Russischen Föderation. – (10. 7.) Wiederwahl Gorbatschows zum Generalsekretär der KPdSU. – (12. 7.) Jelzin und die Bürgermeister von Moskau und Leningrad treten aus der KPdSU aus. – (Juli) Nach der Russischen Föderation, Usbekistan, der Moldaurepublik und den baltischen Republiken erklären sich auch die Ukraine und Weißrußland für souverän (im Rahmen der UdSSR)

1990

1990 Anhaltender Kampf gegen den Drogenhandel in Mittel- und Südamerika, besonders in Kolumbien

1990 (Januar) Militärdiktator Noriega verläßt Vatikanbotschaft in Panama und wird von US-Truppen festgenommen, um in den USA vor Gericht gestellt zu werden

1990 (Februar) Wiederaufnahme diplomatischer Beziehungen Großbritannien-Argentinien

1990 (Februar) Außenminister der Staaten der NATO und des Warschauer Paktes vereinbaren in Ottawa Truppenreduzierungen in Europa

1990 (25. 2.) Sieg der konservativen Oppositionskandidatin V. Barrias de Chamorro über den Sandinisten D. Ortega in Nicaragua

1990 (11. 3.) Mit Amtsübernahme des freigewählten Präsidenten P. Aylwin begibt sich Chile wieder auf den Weg zum demokratischen Staat

1990 (15. 3.) Amtseinführung des neuen brasilianischen Präsidenten F. Collor de Mello

1990 Fortdauer des Bürgerkrieges im Libanon

1990 (11. 1.) China hebt Kriegsrecht in Peking auf

1990 (12. 1.) Demokratie-Forderungen in der Mongolischen Volksrepublik; KP will auf Führungsanspruch verzichten

1990 (17. 2.) Kämpfe zwischen Demonstranten und iranischen Regierungstruppen in Teheran

1990 (27. 2.) Nach Unterhauswahlen in Japan Wiederwahl des liberalen Ministerpräsidenten T. Kaifu

1990 (27. 2.) Wiederaufnahme diplomatischer Beziehungen Polen – Israel

1990 (6. 3.) Putschversuch des afghanischen Verteidigungsministers Tanai gegen das Nadschib-Regime in Kabul

1990 (13. 3.) Israelische Regierungskoalition Likud/Arbeiterpartei zerbricht; alle Minister der Arbeiterpartei verlassen das Kabinett. (15. 3.) Sturz der Regierung Schamir durch ein Mißtrauensvotum der Knesset. – (11. 6.) Knesset bestätigt neue Regierung (Rechtskoalition) unter Schamir

1990 (8. 4.) Einführung des Mehrparteiensystems im Königreich Nepal

1990 (22. 5.) Wiedervereinigung der Arabischen Republik Jemen (Nord-Jemen) und der Sozialistischen Volksrepublik (Süd-Jemen) zur Republik Jemen

1990 (22. 6.) Schwere Erdbeben im Iran, etwa 40000 Todesopfer

1990 (Februar) Südafrikanische Regierung legalisiert den bisher verbotenen ANC (African National Congress) und andere oppositionelle schwarze Gruppen

1990 (11. 2.) Die südafrikanische Regierung entläßt den 1964 zu lebenslänglichem Zuchthaus verurteilten schwarzen Politiker N. R. Mandela aus der Haft

1990 (5. 3.) Putsch im südafrikanischen „Homeland“ Ciskai: Rückgliederung an Südafrika angestrebt

1990 (21. 3.) Namibia, die frühere deutsche Kolonie Deutsch-Südwest-Afrika, wird unabhängig

1990

1990 (5. 4.) Erstes freigewähltes Parlament der DDR nimmt seine Arbeit auf: Staatsrat wird abgeschafft; Staatsoberhaupt soll ein Präsident werden; Begriff „Sozialismus" wird aus der Verfassung gestrichen (CDU-Abgeordnete S. Bergmann-Pöhl wird Präsidentin der Volkskammer u. übernimmt formell das Amt des Staatspräsidenten)
1990 (12. 4.) DDR-Volkskammer wählt Lothar de Maizière zum Ministerpräsidenten und billigt seine Ministerliste: Regierung der großen Koalition (CDU/DSU/DA, SPD, Liberale)
1990 (25. 4.) Anschlag auf O. Lafontaine; Lafontaine wird durch Messerstiche verletzt
1990 (30. 4.) Umbenennung der Sozialistischen Einheitspartei Westberlins (SEW) in Sozialistische Initiative (SI)
1990 (5. 4.) Beginn der Außenministergespräche „2+4" (BRD, DDR, 4 Siegermächte) über die Wiedervereinigung der beiden Staaten in Deutschland
1990 (2. 5.) Einigung über den Umtauschkurs DM zu DDR-Mark bei Einführung der DM: Umtauschkurs eines bestimmten festen Betrages 1:1, aller restlichen Beträge 1:2
1990 (Mai) Als erster bundesdeutscher Präsident besucht R. v. Weizsäcker Polen
1990 (6. 5.) Ergebnisse der Kommunalwahlen in der DDR bestätigen im wesentlichen die der Volkskammerwahlen
1990 (Mai) Fertigstellung und Paraphierung des Entwurfs zum Staatsvertrag BRD/DDR über Währungs-, Wirtschafts- und Sozialunion
1990 (29. 5.) Beschluß des DDR-Ministerrates zur Beseitigung aller Grenzsperren zum 1. Juli 1990
1990 (30. 5.) Wahl des DDR-SPD-Politikers Tino Schwierzina zum Oberbürgermeister von Ostberlin und Bestätigung des Koalitionsmagistrates SPD/CDU. – (12. 6.) Erste gemeinsame Sitzung Senat (Westberlin) – Magistrat (Ostberlin)

1990 (10. 2.) Bei Besuch von Bundeskanzler Kohl in Moskau stimmt Gorbatschow der Wiedervereinigung zu. – (15./17. 7.) Nach Besuch Kohls bei Gorbatschow steht der deutschen Einheit nichts mehr im Wege: Deutschland wird Souveränität zugestanden
1990 (25. 2.) Beginn des Abzuges sowjetischer Truppen aus der CSSR. – (26. 2.) UdSSR bietet Polen Gespräche über Truppenabzug an. – (12. 3.) Beginn des Abzuges sowjetischer Truppen aus Ungarn
1990 (April) UdSSR gibt Ermordung 5000 polnischer Offiziere 1941 in Katyn unter Stalin zu
1990 (8. 4.) Bei Parlamentswahlen in Ungarn Sieg der Konservativen unter J. Antall. – (2. 5.) Zusammentritt des ersten freigewählten ungarischen Parlaments. – (3. 8.) Schriftsteller Árpád Göncz wird Staatspräsident
1990 (15. 3.) Staatsbesuch des Bundespräsidenten R. v. Weizsäcker in Prag. Versöhnliche Rede des Staatspräsidenten V. Havel über das deutsch-tschechoslowak. Verhältnis. – (April) Neue Staatsbezeichnung „Tschecho-Slowakische Föderalistische Republik" (CSFR) – (Juni) Bei den ersten freien Parlamentswahlen seit 1946 in der Tschechoslowakei (8./9. 6.) erhält das „Bürgerforum" V. Havels die absolute Mehrheit. Bestätigung von V. Havel als Staatspräsident (5. 7.). Das neue Parlament wählt A. Dubček zu seinem Präsidenten
1990 In Rumänien fordern Demonstrationen völlige Beseitigung des Kommunismus. – (März) Schwere Ausschreitungen rumänischer Nationalisten gegen die ungarische Minderheit. – (20. 5.) Bei Parlaments- und Präsidentenwahlen in Rumänien Sieg von I. Iliescu und seiner „Front zur Nationalen Rettung". – (Juni) Massendemonstrationen in Bukarest gegen das Regime Iliescus werden brutal niedergeschlagen.
1990 (Juni) Bei ersten freien (jedoch umstrittenen) Wahlen in Bulgarien Sieg der Bulgarischen Sozialistischen Partei (ehem. Kommunisten). – (1. 8.) Der nichtkommunistische Schriftsteller S. Schelow wird neuer Präsident

Amerika	Asien	Afrika	
1990 (27. 5.) Der liberale Politiker C. Gaviria siegt bei Präsidentenwahlen in Kolumbien 1990 (Juni) Bei Präsidentenwahlen in Peru siegt der unabhängige Kandidat A. Fujimoro 1990 (Juli) Rebellenputsch auf Trinidad-Tobago scheitert	1990 (30. 7.) Abbruch der diplomat. Beziehungen Taiwans zu Saudi-Arabien 1990 (Juli/August) Ölkonflikt zwischen dem Irak und Kuwait führt zur Invasion und Besetzung Kuwaits durch irakische Truppen und schließlich Anschluß des Ölscheichtums an den Irak. – Verurteilung des irakischen Vorgehens durch die USA, UdSSR und viele weitere Staaten. – EG-Embargo gegen den Irak. – (6. 8.) UNO verhängt scharfe Boykottmaßnahmen gegen den Irak. Ausrufung der Republik in Kuwait. – (7. 8.) Irak verstärkt Truppen an der Grenze zu Saudi-Arabien. – USA entsenden Truppen nach Saudi-Arabien. – (8. 8.) Irak annektiert Kuwait. – (August). Auch mehrere arabische Staaten wollen Saudi-Arabien militärisch unterstützen 1990 (Juli/August) Kämpfe tamilischer Rebellen gegen die moslemische Bevölkerung Sri Lankas 1990 (8. 8.) Pakistans Präsident entläßt Ministerpräsidentin Benazir Bhutto und löst das Parlament auf. G. M. Jatoi wird Chef einer Übergangsregierung	1990 (ab Mai) Bürgerkrieg in Liberia. – (5. 8.) USA landen Truppenkommando in Monrovia zum Schutz der in Liberia lebenden Amerikaner 1990 (Juli) Äthiopien sagt sich vom Kommunismus los 1990 (8. 8.) Nach Gesprächen de Klerk – Mandela stellt der ANC den bewaffneten Kampf in Südafrika ein	**1990**

1990

1990 (11. 6.) Westalliierte geben Weg zur Direktwahl der Berliner Bundestagsabgeordneten frei. – (21. 6.) Berliner Bundestagsabgeordnete erhalten volles Stimmrecht im Bundestag und -rat

1990 (21. 6.) Bundestag/Bundesrat und Volkskammer stimmen dem Staatsvertrag BRD/DDR zu. Beide Parlamente billigen Erklärung zur Anerkennung der Oder-Neiße-Linie als endgültiger deutsch-polnischer Grenze

1990 (1. 7.) Inkrafttreten der deutschen Währungs-, Wirtschafts- und Sozialunion

1990 (Juli) Koalitionsstreit in der DDR-Regierung um Wahlmodus für erste gesamtdeutsche Wahlen; im wesentlichen wird das Wahlrecht der BRD übernommen

1990 (15./16. 7.) Besuch von Bundeskanzler Kohl bei Gorbatschow: Deutscher Einheit steht nichts mehr im Weg; Deutschland wird volle Souveränität und NATO-Mitgliedschaft zugestanden

1990 (23. 7.) Ostberlin gibt sich eine eigene Verfassung

1990 (27. 7.) Bombenanschlag von RAF-Terroristen auf Staatssekretär Neusel in Bonn; Neusel leicht verletzt

1990 (29. 7.) Tod des österreichischen Alt-Bundeskanzlers Bruno Kreisky

1990 (4. 8.) „Demokratischer Aufbruch" vereinigt sich mit DDR-CDU

1990 (11. 8.) Liberale Parteien der DDR vereinigen sich mit der FDP der Bundesrepublik

1990 (19. 8.) DDR-SPD tritt aus der Koalitionsregierung aus

1990 (23. 8.) Volkskammer beschließt Beitritt der DDR zur BRD zum 3. 10. 90

1990 (31. 8.) BRD und DDR unterzeichnen Einigungsvertrag über den Beitritt der DDR zur BRD am 3. 10. 90

1990 (12. 9.) In Moskau unterzeichnen die beiden deutschen Außenminister und die der vier Siegermächte zum Abschluß der Zwei-plus-Vier-Gespräche den „Vertrag über die abschließende Regelung in bezug auf Deutschland": Deutschland erhält mit dem Zeitpunkt der Einheit ohne Friedensvertrag die volle Souveränität

1990 (Juli) Unruhen in Albanien; Massenflucht von Albanern in westliche Botschaften, um Ausreise zu erlangen, die schließlich zugestanden wird

1990 (Februar) Wiederaufnahme diplomatischer Beziehungen Großbritannien-Argentinien und Polen-Israel

1990 (11. 2.) Kommunist. Partei Italiens beschließt Wandel zu einer sozialdemokratischen Partei

1990 (8. 4.) Bei Parlamentswahlen in Griechenland Sieg der Konservativen unter K. Mitsotakis. – (4. 4.) K. Karamanlis wird griechischer Staatspräsident

1990 (Mai) Als erstes Staatsoberhaupt der BRD besucht Bundespräsident R. v. Weizsäcker Polen

1990 (15. 8.) Inthronisation des Fürsten Hans-Adam II. von Liechtenstein; Aufnahme des Landes in die UNO

1990 (August) Die Sowjetrepubliken Abchasien, Armenien, Tadschikistan und Turkmenien erklären sich für souverän (im Rahmen der Sowjetunion)

Amerika	Asien	Afrika	
1990 (August) USA entsenden starke Truppenkontingente nach Saudi-Arabien an die irakische Grenze, um eventuell in den durch Überfall des Irak auf Kuwait entstandenen Golfkonflikt einzugreifen. 1990 (26. 8.) Nach dem Beschluß des UNO-Sicherheitsrats, das gegen den Irak verhängte Wirtschaftsembargo notfalls mit militärischer Gewalt durchzusetzen, versuchen die UNO erneut eine Vermittlung in der Golfkrise	1990 (August) Irak räumt die im Krieg gegen Iran besetzten Gebiete. – Irak und Iran geben die Kriegsgefangenen des Golfkriegs frei. – (15. 8.) Irak erkennt das Abkommen von Algier (1975) über den Grenzverlauf Irak-Iran an 1990 (August) Irak gibt alle als Geiseln festgehaltenen österreichischen Staatsbürger frei, in den darauffolgenden Monaten Frauen und Kinder anderer Nationen; vereinzelt auch Freigabe männlicher Geiseln 1990 (August) Panarabische Truppe bezieht Stellungen an der saudiarabischen Grenze zum Irak. Weiterhin Verstärkung auch der anderen dort eingesetzten, besonders der amerikanischen Truppen; zahlreiche Staaten entsenden Seestreitkräfte in die Golfregion 1990 (September) Wiederaufnahme diplomatischer Beziehungen Irak – Iran, UdSSR – Saudi-Arabien, Großbritannien – Iran; Aufnahme konsularischer Beziehungen UdSSR – Israel 1990 (8. 10.) Bei schweren Zusammenstößen mit der israelischen Polizei werden in Jerusalem am Tempelberg 21 Palästinenser getötet; weiterhin Unruhen in Jerusalem. – (13. 10.) Verurteilung Israels wegen dieses Massakers durch den UN-Sicherheitsrat	1990 (August/September) In Südafrika weiterhin Kämpfe zwischen Zulus (Inkatha-Bewegung) und Xhosa (ANC) 1990 (August) Von fünf westafrikanischen Staaten gestellte Friedenstruppe greift in Bürgerkriegskämpfe in Liberia ein	**1990**

1990

1990 (13. 9.) BRD und UdSSR schließen einen Grundlagenvertrag für 20 Jahre
1990 (20. 9.) Volkskammer und Bundestag stimmen dem Staatsvertrag (Einigungsvertrag)
1990 (24. 9.) Die DDR tritt aus dem Warschauer Pakt aus
1990 (27. 9.) Zusammenschluß der beiden sozialdemokratischen Parteien in der BRD/DDR und (1. 10.) der beiden christlich-demokratischen Parteien in der BRD/DDR
1990 (3. 10.) Durch Beitritt der DDR zur BRD wird die Wiedervereinigung vollzogen; Deutschland erlangt volle, uneingeschränkte Souveränität; die vier Siegermächte verzichten auf ihre bisherigen Rechte
1990 (9. 10.) Parlamentswahlen in Österreich: Wahlsieg der SPÖ, hohe Verluste der ÖVP. Gewinne der FPÖ
1990 (12. 10.) Bundesinnenminister W. Schäuble bei Attentat eines Einzeltäters schwer verletzt
1990 (14. 10.) Bei Landtagswahlen in den fünf neuen Ländern Sachsen, Thüringen, Sachsen-Anhalt, Mecklenburg-Vorpommern und Brandenburg meist CDU-Mehrheiten, nur in Brandenburg SPD-Mehrheit
1990 (14. 11.) Unterzeichnung des Grenzvertrages Deutschland – Polen; Deutschland verzichtet damit auf ¼ des ehemal. Reichsgebietes und erkennt die 1945 geschaffenen Grenzen völkerrechtlich als endgültig an
1990 (2. 12.) Bei den ersten gesamtdeutschen Bundestagswahlen siegen die Parteien der Koalitionsregierung unter Bundeskanzler H. Kohl; Verluste der SPD: CDU/CSU 44,1 %, SPD 33,5 %, FDP 10,9 %. – Bei den ersten Gesamtberliner Parlamentswahlen erreicht die CDU 39,6 %, SPD 31,2 %, FDP 7,2 %, PDS 8,9 %; E. Diepgen bildet eine neue Koalitionsregierung
1990 (Dezember) Schwierige Koalitionsverhandlungen zwischen CDU/CSU und FDP. – Min.-Präs. B. Engholm Kandidat für SPD-Vorsitz. – L. de Maizière wegen angeblicher Stasi-Mitarbeit zurückgetreten.

1990 (12. 9.) Die Außenminister der BRD, DDR und der vier Siegermächte unterzeichnen in Moskau den „Vertrag über die abschließende Regelung in bezug auf Deutschland". – (13. 9.) Unterzeichnung des Grundlagenvertrages BRD - UdSSR
1990 (September) Wiederaufnahme diplomatischer Beziehungen UdSSR – Saudi-Arabien und konsularischer Beziehungen UdSSR – Israel
1990 (27. 9.) Wiederaufnahme diplomatischer Beziehungen Großbritannien – Iran
1990 (September/Oktober) Sowjetisches Parlament entscheidet sich für Übergang von der Plan- zur Marktwirtschaft, für die Möglichkeit eines Mehrparteiensystems sowie für Religionsfreiheit
1990 (15. 10.) Friedensnobelpreis 1990 für den sowjetischen Staatspräsidenten Michail Gorbatschow
1990 (14. 11.) Unterzeichnung des Grenzvertrages Bundesrepublik Deutschland–Polen
1990 (19. 11.) Auf der KSZE-Gipfelkonferenz in Paris Unterzeichnung des ersten Vertrags über Verringerung der konventionellen Rüstung zwischen der NATO und den Warschauer-Pakt-Staaten
1990 (22. 11.) Rücktritt der brit. Premierministerin M. Thatcher. – (27. 11.) Nachfolger wird der bisherige Schatzkanzler J. Major
1990 (Dezember) Wahl L. Walesas zum poln. Staatspräsidenten
1990 (Dezember) In der UdSSR Ankündigung des Rücktritts von Außenminister Schewardnadse. – Erweiterte Vollmachten für Staatspräsident Gorbatschow

Amerika	Asien	Afrika	
1990 (November) Der US-amerik. Präsident Bush drängt auf ultimative Forderung des Sicherheitsrats der UNO an den Irak nach Räumung Kuweits 1990 (Dezember) Putsch rechtsgerichteter Militärs in Argentinien niedergeschlagen; Besuch des US-amerik. Präsidenten Bush in Argentinien	1990 (13. 10.) Der libanesische christliche General Aoun gibt mit seinen Truppen den Kampf im Bürgerkrieg auf 1990 (Oktober) Anbahnung von Beziehungen Nordkorea–Südkorea 1990 (November) Friedensnobelpreisträger Willy Brandt erreicht im Irak die Freilassung von rd. 200 vorwiegend deutschen Geiseln. – Irak gibt alle deutschen Geiseln sowie Geiseln einiger anderer Nationen frei. – Ultimatum des Sicherheitsrats der UNO an Irak verlangt Rückzug der irakischen Truppen aus Kuweit bis 15. 1. 91; Androhung militär. Intervention 1990 (Dezember) Freilassung aller noch im Irak festgehaltenen Geiseln. – Amerikan.-irak. Gespräche auf Außenministerebene scheitern zunächst	1990 (12. 10.) Der ägyptische Parlamentspräsident Rifaat Mahgub wird bei Attentat von einem Extremisten erschossen 1990 (Oktober) Bürgerkrieg in Ruanda 1990 (2. 12.) Im Tschad übernehmen nach Flucht der Regierung die Rebellen die Macht 1990 (Dezember) Vormarsch von Rebellen-Streitkräften in Somalia zum Sturz der Regierung	**1990**

Register

Register der Nachträge 1989/90